Homo Sapiens 호모 사피엔스

HOMO SAPIENS
호모 사피엔스

인류를 지배종으로 만든 문화적 진화의 힘

조지프 헨릭 지음
주명진·이병권 옮김

기술
Technique

제도
Culture

학습
Learning

언어
Language

THE SECRET OF OUR SUCCESS

21세기북스

기록하는 지성의 역사가
호모 사피엔스의 문명을 이끌다

최근 학계에서 가장 주목받는 단 한 권의 책을 꼽으라고 한다면 나는 감히 당신이 지금 펼친 이 책을 고르겠다. 전 세계 진화심리학과 생물인류학 연구를 주도하고 하버드대 인간진화생물학과를 이끌고 있는 조지프 헨릭 교수는 '유전자-문화 공진화' 가설을 정교하게 정리해 인간 문명의 기원을 설명하고 있는데, 이 책이 그가 제시한 가설의 고갱이를 가장 잘 설명하고 있기 때문이다.

인간은 도대체 왜 이렇게 특이한가? 우리를 독특한 종으로 만든 가장 강력한 원인은 무엇인가? 이 질문은 오랫동안 학계의 핵심 연구 주제였다. 인간이 지구에 끼친 해악을 생각하면 더 이상 우리가 가장 발달한 동물이라고 말하긴 민망하고, 진화가 결코 진보는 아니기에 가장 진보한 존재라고 보기도 어려운 상황에서, 그럼에도 불구하고 거부할 수 없는 명제는 '우리 인간이 지구 생태계의 다른 종들과는 각별히 구별되는 독특한 종'이라는 사실이다. 북극에서 적도까지, 사바나 초원에서 아마존 밀림까지, 지구 모든 지역에서 유일하게 서식하고 있는 종이며, 문명이라는 이름으로 지구 표면을 송두리째 바꾸어 자신만의 도시 서식지를 개척하는 유일한 종이다. 우리는 어떻게 이렇게 '참 희한한 종'이 되었을까?

생물인류학자들은 자연선택과 성선택이라는 가설에 기반하며 진화생물학을 통해 인간 문명의 기원을 오랫동안 설명해 왔다. 특히 1970년대에 등장한 문화-유전자 공진화 가설은 문화야말로 인간 문명의 핵심이라고 주장한다. 다시 말해, 인간은 기록하는 언어를 가진 유일한 동물이기에 기록을 통해 지적 성취를 다음 세대에 물려줄 수 있었고, 그것이 체계화되고 축적돼 제도와 규범, 문화로 자리 잡게 되었으며, 지역마다 독특하게 발달한 문화가 특정 유전자를 선택하는 수준의 공진화가 이루어져 지금과 같은 문명의 모습을 갖게 되었다는 주장이다. 생존을 위해 자연이 선택하고, 유전자를 다음 세대에 전하기 위해 성선택이 이루어졌다면, 문화 역시 선택압에 영향을 미쳤을 것이란 이야기다.

매력적인 학자 조지프 헨릭 교수는 이 책에서 경제학과 심리학, 인류학, 뇌과학을 넘나들며, 문화-유전자 공진화 가설이 인류 문명의 많은 부분을 설명할 수 있음을 보인다. 나 역시 인류 문명의 기원을 뇌과학적으로 탐구하는 학자로서, 이 책에 완전히 매료되었다. 몇 해 전 EBS와 다큐멘터리를 만들면서는 제일 먼저 하버드대에 찾아가 그와 2시간이나 인터뷰하며 궁금했던 것들을 쏟아내고 흥미진진한 대화를 나눈 적이 있다. 짧은 대화에서 그는 의사결정 신경과학과 문화에 대한 진화적 접근 방식을 강조하면서, 문화 학습, 문화 진화, 문화-유전자 공진화, 인간 사회성, 평판, 리더십, 대규모 협력, 종교 및 복합체 등 온갖 주제를 넘나들며 확신에 찬 어조로 자신의 주장을 설득력 있게 주장했다. 이 책은 바로 그 대화의 확장판이라고 할 수 있다.

특히 그는 생물인류학을 연구하는 학자답게, 아마조니아, 칠레, 피지 등에서 직접 사례 연구를 수행한 증거들을 제시하며, 문화가 유전자에 어떻게 영향을 미치는지 논리적이면서 구체적인 근거를 제시하고 있다. 재러드 다이아몬드의 《총, 균, 쇠》가 지리적 조건과 자연이 인류 문명에 어떻게 영향을 미쳤는가를 설득력 있게 주장하고 있다면, 이 책은 그 소프트웨어 버전이라고 할 수 있는, '규범과 제도, 문화가 인간 문명에 생물학적인 개입을 통해 어떻게 영향을 미치고 있는가'를 주장하고 있다.

내가 속한 KAIST 융합인재학부는 학부를 졸업할 때까지 인간, 사회, 우주, 생명, 테크놀로지, 예술 등 여섯 개 분야에서 100권의 책을 읽고 토론하는 수업을 여섯 학기 동안 진행한다. 이 책은 그 100권의 책 리스트에서 학생들이 가장 즐기는 책 중 하나며, 수업에서도 가장 열띤 토론이 벌어지는 저작이다. 이 책의 더할 나위 없는 매력은 경제학과 인류학에서부터 심리학과 뇌과학, 역사학 등 다양한 분야를 넘나들며 '도대체 인간이란 어떤 종인가?'에 대해 전방위적인 질문들을 쏟아내고 '문화'라는 키워드 하나로 온갖 개별 사실들을 놀랍도록 명쾌하게 꿰어내고 있다는 사실이다.

인간이 학문을 하는 이유가 '나는 누구인가?', '우리는 도대체 누구

호모 사피엔스

인가?'라는 질문에 답하기 위해서라면, 이 책은 당신의 책장에 두고두고 함께하며 시도 때도 없이 꺼내 읽어야 할 명저다. 우리를 성찰하고 탐구하게 해줄 이 책을 꼭 곁에 두시길.

정재승(KAIST 뇌인지과학과+융합인재학부 교수)

사회과학은 지금 혁명의 기로에 서서, 우리의 능력과 문화가 어떻게 진화해왔으며 사회적·정치적 선택의 상호작용이 어떻게 인간의 경험을 형성하는지에 대한 더 나은 이해를 축적하고 있다. 조지프 헨릭은 더 넓게 전체를 아우르려는 이 사회과학의 최전선을 지켜왔다. 아주 잘 읽히는 이 책에서 헨릭은 어떻게 해서 우리 종이 특별해졌는지, 그리고 문화적 학습이 어떻게 우리의 갖가지 관행, 믿음, 본능을 출현시켰는지를 보여준다. 이 필독서는 아이디어와 통찰의 참고서로 소중히 간직될 것이다.

대런 아세모글루 | 매사추세츠공과대학 응용경제학 교수, 《국가는 왜 실패하는가》 저자

인간 문화의 누적적이고 협동적인 본성이야말로, 우리 개인의 지능보다 훨씬 더, 인간의 문화를 그리고 우리를 특별하게 만드는 주인공이다. 이 집단두뇌가 언제 어떻게 등장해서 진화했는지는 최근까지도 모호한 상태로 남아 있었다. 이제 조지프 헨릭이 다채롭고 깊이 있는 엄밀한 눈으로 딱딱하고 장엄한 이 주제를 쉽게 이해할 수 있도록 이야기해준다. 주목할 만한 책이다.

매트 리들리 | 생물학자, 《붉은 여왕》 저자

접근하기 쉬우면서도 권위 있는 이 책에서, 조지프 헨릭은 왜 문화가 인간의 진화를 이해하는 데에 꼭 필요한지를 설명한다. 왜 우리가 지금의 우리와 같은지 궁금한 모든 사람의 필독서다.

로버트 보이드 | 캘리포니아 대학교 인류학과 교수

조지프 헨릭이 굉장한 책을 썼다. 열정과 명료함으로 유전자와 문화의 상호작용에 관한 강렬한 이론을 내놓은 뒤 역사학, 영장류학, 신경과학, 체육학을 넘나드는 다양한 현장에서 놀랍도록 광범위한 증거를 가져와 자신의 이론을 뒷받침한다. 이 책은 우리가 성공한 비밀에 대해 아주 매력적인 해석을 제공한다.

스티븐 스티치 | 러트거스 대학교 철학 및 인지과학 석좌교수

헨릭은 진화에 관한 우리의 생각에 혁명을 일으켜온 작은 인류학자 집단의 일원이다. 그의 새 책은 우리의 유전자와 문화적 변이체들이 어떤 식으로 함께 진화했는지를 매우 읽기 쉽게 소개한다. 미묘하게 남다른 이 저작은 우리가 어떻게 인간이 되었느냐는 질문에 대해 내가 아는 한 가장 포괄적인 답을 내놓는다. 그리고 문화와 문화적 학습, 문화적 진화가 우리를 이토록 영리하게 만든 사연을 들려준다.

조너선 하이트 | 《바른 마음》, 《바른 행복》 저자

이 책은 인간의 진화와 행동 분야의 중대한 쟁점들에 대해 가치 있고 새로운 관점을 제공한다. 경제학, 심리학, 신경과학, 고고학에 이르는 너무도 다양한 영역의 주제를 망라하고 있는 만큼, 이 책은 격렬한 논쟁을 불러일으킬 테고, 또 널리 읽힐 것이다.

알렉스 메수디 | 진화인류학자

언어나 기술과 같은 고도로 진화한 문화체계를 습득하는 능력이야말로 인간이 한 종으로서 성공한 비밀이 아닐까? 이 책은 그 답이 단호히 '그렇다'임을 납득시킨다. 과거의 아무 소득도 없는 본성 대 양육 논쟁 너머로 나아가며, 조지프 헨릭은 '문화'가 인간을 지탱하는 생물학적 특징이며, 오랜 시간에 걸쳐 우리의 선천적 역량들을 손봄으로써 작동하는 일종의 진화체계임을 입증한다.

피터 J. 리처슨 | 캘리포니아대학교 환경과학·정책학부 교수, 《유전자만이 아니다》 저자

최근 10여 년 사이에 생물학, 인류학, 경제학, 심리학의 틈바구니에서, 인간사회의 발달을 설명하는 주목할 만한 새 접근법이 등장했다. 이는 1970년대에 제도로 경제를 설명한 더글러스 노스 이후로 가장 중요한 지적 혁신으로서 다음세대 사회과학 연구를 근본적으로 결정할 것이다. 이 비범한 책은 이 패러다임 최초의 포괄적 성명서다. 당신은 증거의 폭과 발상의 창의성에 압도될 것이다. 내가 그랬듯이.

제임스 로빈슨 | 《국가는 왜 실패하는가》 공저자

장과 절마다 술술 읽히는 문체로 설득력 있게 쓰인 조지프 헨릭의 책은 강력하게 논증한다. 우리를 다른 영장류와는 다른 존재로 만들어온 유전자-문화 공진화 과정에서, 문화는 조력자가 아닌 주도력으로 작용해왔다고. 논쟁의 관점을 바꿔놓는 멋진 책.

스티븐 섀넌 | 유니버시티칼리지런던

인간을 이토록 '수수께끼 같은 영장류'로 만들어온 유전적 진화와 문화적 진화의 다채로운 과정을 속속들이 둘러보는 유쾌하고 흥미진진한 탐험.

마이클 토마셀로 | 영장류 학자, 《도덕의 기원》《생각의 기원》 저자

헨릭은 자신의 광범위한 민족지적 현장연구와 동료 학자들의 논문을 통해 인간 문화의 적응력을 선명하게 그려낸다.

〈더 사이언티스트〉

헨릭의 접근방법은 독특하다. 그는 인간의 행동을 순수한 진화의 용어를 뛰어넘는 문화적 진화의 과정으로 이해한다.

짐 한 | 〈라이브러리 저널〉

이 놀라운 책은 인간 진화 분야의 핵심적인 텍스트가 되고, 저자를 중요한 현대 사상가로 세울 것이다.

케빈 랠런드와 루크 렌들 | 〈Trends in Ecology & Evolution〉

조지프 헨릭은 문화는 유전학과 생물학에 기초하지만 별개의 것이라는 전통적인 설명을 뒤집고자 했다. 사람, 사회, 그리고 기업들에 대해 우리가 생각하는 방식에 대한 이 새롭고 계속 이어지는 설명의 함의는 미묘하면서도 의미심장하다.

데이비드 허스트 | 〈Strategy+Business〉

헨릭은 대단히 매력적인 읽을거리와 함께 흥미로운 주장을 제시한다. 문화적 진화라는 관점은 발생생물학, 틈새구축(niche construction) 그리고 후생유전을 지지하는 얼마간의 사람들과 더불어, 진화를 보는 공인된 시각에 도전하는 점점 더 커가는 합창에 목소리를 보탠다.

제이슨 진저 | 〈The Quarterly Review of Biology〉

호모 사피엔스

문화적 진화를 다 이해하고 있다고 생각했지만, (…) 내가 지금껏 읽은 10여 권의 책보다 이 책에서 더 많은 걸 배웠다고 느꼈다.

로빈 핸슨 | 조지메이슨 대학 경제학과 교수

꼼짝없이 생각에 잠기게 하는 책. 통 크고, 여러모로 설득력 있으며, 은근히 급진적이다.

대니얼 켈리와 패트릭 호버그 | 〈Philosophical Psychology〉

헨릭은 심리학과 사회학습이론에서부터 인지, 협력, 근친상간 금기, 폐경, 종교, 오래달리기, 형태론적 진화와 유전적 적응과 같은 주제들 사이를 자신 있게 넘나든다. 그는 이 작업을 분명하게, 그리고 일반 독자들도 쉽게 이해할 수 있으면서도 학생과 연구자에게는 쓸모있는 자료가 될 방식으로 기술한다.

마크 페이절 | 〈Current Biology〉

조리 있고 강렬한 이야기의 형태로 생명과학 전 분야를 기막히게 통합하는, 한 장 한 장이 신선한 통찰로 고동치는, 독창적 사고의 걸작품.

나이젤 니콜슨 | 런던비즈니스스쿨 조직행동학 교수

사고의 나래를 활짝 펼쳐주는… 인간 본성과 사회를 관통하는 경이로운 여정

앨런 앤더슨 | 〈뉴 사이언티스트〉

유연하고, 명쾌하다

바버라 카이저 | 〈네이처〉

사회과학의 역작이자 중대한 진보

'Darwinian Business' blog

문화에 관한 기존의 진부한 서술에 도발적인 대안을 제시한다. (…) 대단히 야심차고, 유익하며, 중요하다.

글렌 알트슐러 | 〈사이콜로지 투데이〉

우리 인간은 다른 동물과 같지 않다. 우리가 원숭이나 다른 유인원들과 여러모로 뚜렷이 닮은 것은 틀림없지만, 우리는 변화무쌍하게 체스를 두고, 책을 읽고, 미사일을 조립하고, 매운 요리를 즐기고, 헌혈을 하고, 음식을 익혀 먹고, 금기를 지키고, 신에게 기도하고, 복장이 다르거나 말씨가 다른 사람을 놀리기도 한다. 그리고 모든 사회가 세련된 기술을 발휘하고, 규칙을 따르고, 대규모로 협력하고, 복잡한 언어로 소통하지만, 사회마다 이 모두를 하는 방식과 정도는 천차만별이다. 진화가 어떻게 이런 생명체를 만들어 낼 수 있었으며, 이 의문에 답하면 우리가 인간의 심리와 행동을 이해하는 데에 어떻게 도움이 될까? 어떻게 하면 우리가 문화적 다양성과 인간의 본성을 둘 다 설명할 수 있을까?

이러한 의문을 해결하는 여정이자 이 책을 쓰는 여정은 1993년, 내가 워싱턴 D. C. 근처 마틴 매리에타사社 엔지니어 일을 그만둔 뒤 캘리포니아 대학 로스앤젤레스 캠퍼스(이하 UCLA) 인류학과 대학원에 입학하면서 시작되었다. 당시 내게는 노트르담 대학 학부에서 인류학 학위와 항공우주공학 학위를 동시에 뒤쫓던 시절에 생겨난 두 가지 관심사가 있었다. 하나는 개발도상국에서 이루어지는 경제 관련 행동과 의사결정을 이해하는 데에 있었는데, 취지는 그렇게 해서 새로운 통찰을 얻으면 전 세계 사람들의 삶을 향상시키는 데에 도움이 될지도 모른다는 것이었다. 내가 인류학에 끌린 부분적인 이유는 이 학문이 깊이 있고 장기적인 현장 연구를 수반하기 때문이었다. 나는 사람들의 결정과 행동, 그들이 직면하는 난관을 이해하는 일에는 현장연구가 꼭 있어야 한다고 느꼈다. 이것이 내 '응용' 방면의 초점이었다. 지적인 방면으로는 인간 사회의 진화에, 특히 상대적으로 소규모 사회에서 살던 인간이 어떻게 최근 1만 년에 걸쳐 복잡한 민족 국가로 갔을까 하는 기본적 의문에도 강렬한 흥미를 느꼈다. 그래서 계획한 게 저명한 인류학자 두 사람 밑에서 공부하는 것이었다. 한 사람은 앨런 존슨이라는 사회문화인류학자 겸 민족지학자였고, 다른 한 사람은 팀 얼이라는 고고학자였다.

페루에서 여름 한 철을 아마존 지역의 원주민 마치헨카족族 공동체들 사이에서 통나무 카누를 타고 돌아다니며 조사를 한 뒤, 시장 통합이 농사를 결심하고 벌채를 하는 데에 미치는 효과를 주제로 석사학위 논문을 썼다. 일이 잘 풀리고(팀 교수는 다른 대학으로 떠났지만) 지도교수들이 만족해 논문은 받아들여졌다.

그렇지만 나는 마치헨카족이 하고 있는 일들을 그들이 왜 하고 있는지에 대해 인류학이 내놓는 설명이 불만스러웠다. 무엇보다도, 마치헨카족 공동체는 왜 인접한 원주민인 피로족 공동체와 그토록 달랐으며, 왜 스스로 설명하지 못하는 미묘하게 적응적인 관행들을 갖고 있는 것처럼 보였을까?

이쯤에서 인류학을 벗어나 꽤 좋아했던 옛날 엔지니어 직장으로 돌아갈까도 생각했다. 그러나 그에 앞서 몇 년 사이에 나는 인간의 진화라는 주제에 마음이 들떠 있었다. 노트르담에서도 인간의 진화를 공부하는 것은 즐거웠지만, 그때는 그게 경제적 의사결정이나 복잡한 사회의 진화를 설명하는 데에 어떻게 도움이 될 수 있을지 몰랐고, 단지 취미에 가까운 것으로 여겼다. 그래서 대학원을 시작하면서는, 내 에너지를 주된 관심사로 집중시키기 위해 대학원에서 요구하는 인간의 진화 과목 수강을 피해보려고도 했다. 그러려면 대학원에서 생물인류학 과목을 가르치던 로버트 보이드에게 내가 학부 때의 공부로 이수 조건을 갖췄음을 입증해야 했다. 똑같이 필수였던 사회문화 과목의 경우는 그렇게 하는 데에 이미 성공한 터였다. 로버트는 매우 우호적이었지만, 내가 들었던 수업들을 주의 깊게 훑어보고는 요청을 거절했다. 로버트가 내 요청을 거절하지 않았더라면, 나는 지금 엔지니어 일을 하고 있지 않을까 생각한다.

알고 보니 인간의 진화와 생물인류학 분야에는 인간이 하는 행동과 의사결정의 중요한 측면들을 설명하는 데에 이용할 수 있는 발상들이 가득했다. 게다가 로버트는 그의 오랜 동료인 생태학자 피터 리처슨과 함께 집단유전학에서 빌려온 수학적 도구를 이용해 문화의 모형을 세우는 방법에 공을 들여왔다는 사실도 알게 되었다. 그들의 접근법은 자연선택이 어떤 방식으로 인간의 학습 능력과 심리를 조형해 왔을지에 관해서도 체계적으로 생각할 수 있도록 해주었다. 나는 집단유전학은 몰랐지만 상태 변수, 미분방정식, 안정적 평형상태에 관해서는 알고 있었기 때문에(나는 항공우주공학자였다), 그들의 논문을 어느 정도 읽고 이해할 수 있었다. 나의 첫해가 끝나갈 무렵에는, 로버트의 지도 아래 어느 곁가지 과제에 매달려, 순응전달(이에 관해서는 4장에서 더 듣게 될 것이다)의 진화를 연구할 MATLAB 프로그램의 작성을 마쳤다.

3년 차에 들어서면서, 석사학위는 이미 챙긴 상태로, 나는 밑그림으로 돌아가기로—어떤 의미에서는 처음부터 다시 시작하기로—결심했다. 박사과정이 한 해 더 길어질 줄 알면서도 의식적으로 '독서의 해'를 갖기로 마음먹은 것이다. 그러고도 무사할 수 있는 곳은 아마 인류학과뿐일 것이다. 나는 들어야 할 수업도, 섬겨야 할 지도교수도 없었고, 내가 뭘 하고 있든 정말로 아무도 신경 쓰지 않는 듯했다. 시작은 도서관에서 책

호모 사피엔스

을 한 무더기 대출하는 것이었다. 인지심리학, 의사결정, 실험경제학, 생물학, 진화심리학에 관한 책들을 읽었다. 그런 다음 학술지의 논문들로 옮겨갔다. 최후통첩 게임이라 부르는 경제학 실험에 관해 쓰인 논문이란 논문은 모조리 읽었다. 내가 두 번째와 세 번째로 마치헨카족과 함께 여름을 보내는 동안 사용하게 될 게임이었다. 심리학자 대니얼 카너먼과 아모스 트버스키의 논문뿐만 아니라, 엘리너 오스트롬이라는 정치학자의 논문도 많이 읽었다. 카너먼과 오스트롬은 몇 년 뒤, 두 사람 다 경제학 분야에서 노벨상을 받을 것이었다. 당연히, 그러는 동안에도 인류학적 민족지학을 ('재미삼아') 읽는 일 또한 결코 멈추지 않았다. 여러모로, 그해가 바로 이 책과 관련된 조사를 시작한 첫해였고, 그 해가 끝날 무렵에는 내가 무엇을 하고 싶은지 어렴풋한 그림이 그려졌다. 목표는 사회과학과 생명과학 전반의 통찰을 종합해, 우리 종의 문화적 본성을 진지하게 다루면서 인간의 심리와 행동 연구에 진화적으로 접근하는 법을 정립하는 것이었다. 실험, 면담, 체계적 관찰, 사료 수집, 생리적 측정, 다채로운 민족지학을 포함해 이용 가능한 모든 방법을 충분히 활용할 필요가 있었다. 대학 실험실이 아니라 공동체에 속해 있는 사람들을 (아기부터 노인까지) 인생 전체에 걸쳐서 연구해야 했다. 이 관점에서 인류학과 같은 분야는, 그리고 특히 경제인류학과 같은 하위분야는, 작은 섬처럼 보이기 시작했다.

물론, 핵심적인 이론적 기초는 보이드와 리처슨이 마크 펠드먼과 루카 카발리-스포르차의 연구를 기반으로, 1985년에 출간된 공저 《문화와 진화 과정Culture and the Evolutionary Process》에서 이미 어느 정도 쌓아둔 터였다. 그러나 1990년대 중반에도 여전히 본질적으로는 실증적 연구 프로그램도, 방법론이 담긴 도구상자도, 진화적 모형들에 의해 발생하는 이론을 시험할 확립된 방법도 없었다. 게다가 심리적 과정에 관한 기존 관념들도 그다지 멀리까지 발달되어 있지 않았고, 그게 아니라도 문화·진화심리학과 신경과학 분야에서 떠오르고 있던 지적 풍조와-아니 심지어 문화인류학의 과학적 계파들과도-쉽게 이어지는 방식으로는 발달되어 있지 않았다.

이 시기 동안, 로버트 보이드와 같이 일할 신입 대학원생 두 명이 도착했다. 프랜시스코 길 화이트와 리처드 매컬레스(지금은 막스플랑크 진화인류학연구소장)였다. 조금 뒤에, 내털리 스미스(지금은 내털리 헨릭)도 로버트와 협력해서 연구하기 위해 고고학 쪽에서 건너왔다. 갑자기, 나는 더 이상 혼자가 아니었다. 뜻이 맞는 친구들과 관심사를 공유하는 동료들이 생긴 것이었다. 이제는 모든 것이 신나게 쌩쌩 돌아갔고, 새로운 아이디어와 참신한 지적 방안이 사방에서 부글부글 용솟음치는 듯했다. 누군가 갑자기 브레이크를 떼어내어 멈출 길이 없어진 것만 같았다. 로버트와 나는 지구 곳곳에서 행동실험을 수행하고 인간의 사회성을 연구할 현장 민족지학자와 경제학자 한 팀을 모집하고 있었다. 민족지학자들은 팀으로 일하지 않을뿐더러 경제 게임은 확실히 사용하지 않(았)으므로, 이는 사실상 들어본 적도 없는 일이었다. 나는 페루에서 했던 첫 실험을 바탕으로 쓴 논문에 '경제 행동에서 문화가 중요한가?'라는 제목을 달아, 도서관에서 본 적이 있던 〈아메리칸 이코노믹 리뷰〉라는 학술지에 보냈다. 인류학과 대학원생이던 나는 그게 경제학 분야 최고의 학술지라는 것도 몰랐고, 당시 경제학자들이 문화에 얼마나 회의적이었는지도 몰랐다. 그동안 프랜시스코는 몽골 유목민들 사이에서 민간사회학과 민족에 관한 자신의 발상들(11장 참조)을 검증하려고 발달심리학 쪽에서 여러 방법을 들여오고 있었다. 내털리와 나는 페루에서 보존 행동을 연구하려고 공유지 게임을 고안했다(실망스럽게도 이 게임이 이미 창안되어 있었다는 사실은 나중에 알았다). 리처드는 '문화적 계통발생학'이라는 아무도 해본 적 없는 뭔가를 창시해 연구하려고 컴퓨터 프로그램을 짜면서, 동시에 콜린 캐머러라는 캘리포니아 공과대학(이하 칼텍)의 경제학자와 함께 컴퓨터에 기반을 둔 실험 기법을 써서 사회적 학습 이론을 검증하는 법을 논의하고 있었다. 프랜시스코와 나는 어느 날 아침 커피를 마시다가, 인간의 지위에 관한 새로운 이론(8장 참조)을 떠올렸다. 그런 다음 혁신의 확산에 관한 사회학 문헌을 읽고 고무된 나는 시간 경과에 따른 새로운 관념과 기술의 확산 데이터에서 문화적 학습의 '징후'를 탐지하는 게 가능한지를 탐문하기 시작했다. 이러한 초기의 시도들 가운데 여럿이 나중에 다양한 학문 분야에서 실질적인 연구로 발전했다.

1995년에 이 일이 시작된 뒤로 이제 20년이 흘렀으므로, 진행 중인 작업의 하나이자 일종의 이정표로서 이 책을 내놓는다. 우리 종을 이해하려면, 그리고 인간의 행동과 심리에 대한 과학을 정립하려면 인간 본성의 진화 이론에서 시작해야 한다고, 나는 어느 때보다 더 확신한다. 그 이론을 일부나마 똑바로 세우는 게 다음 단계를 밟는 데에 가장 중요하다. 최근에 나는 〈세계개발보고서 2015〉에 '마음, 사회 그리고 행동'이라는 부제가 달린 것에서 큰 용기를 얻었다. 세계은행에서 발간하는 이 기록물에서는 사람은 자동적인 문화적 학습자라는 점, 우리는 사회규범을 따른다는 점, 우리가 성장하는 문화적 세상이 우리가 무엇을 주목하고 지각해서 처리하고 가치를 두느냐에 영향을 준다는 점을 깨닫는 게 얼마나 중요한지를 강조하고 있다. 내 오래된 논문의 단순한 의문이 '경제 행동에서 문화가 중요한가?'였음을 돌아보면, 이는 대단한 진전이다. 경제 행동에서 문화가 중요하다는 것을 이제는 세계은행의 경제학자들도 납득한 모양이다.

이 책을 묶으면서 내가 지적으로 진 빚을 들자면 한도 끝도 없다. 무엇보다도, 이 책은 나와 아내 내털리 사이의 줄기찬 지적 대화에 많은 빚을 지고 있다. 아내는 모든 장을 최소한 한 번씩 읽은 다음 줄곧 결정적인 의견을 되돌려주었다. 내 글은 아내가 읽은 다음이 아니면 딴 사람은 볼 수도 없었다.

UCLA의 많은 사람들이 이 노력에 크게 기여했다. 나의 오랜 동료이자 스승이자 친구인 로버트 보이드가 이 책의 중심이며, 20여 년에 걸쳐 도와주고 상담해 준 그는 많은 감사를 받아 마땅하다. 마찬가지로, 나는 앨런 존슨이 여러 장의 초고에 대해 제시해 준 의견들에 큰 도움을 받았다. 앨런은 나를 UCLA로 데려와 민족지학자로 훈련시켰고, 대학원 생활을 하는 동안 많은 자유를 허락해 주었다. 조앤 실크에게도 감사를 표한다. 많은 주제들에 대한 그녀의 현명한 조언과 영장류에 대한 깊은 지식에 나는 아직도 번번이 의지한다.

돌아보면, 나는 에모리 대학 인류학과에서(4년), 그리고 브리티시 컬럼비아 대학(이하 UBC) 심리학과와 경제학과 양쪽에서(9년) 교수 생활을 하는 믿기 힘든 행운을 누렸다. 미시간대학 경영대학원 학자회에서 2년을, 베를린의 첨단연구소에서 1년을 보내기도 했다. 깊이 있는 현장 연구는 나에게 사회과학을 심리학자, 사회학자, 인류학자, 경제학자의 관점에서 바라보는 드문 기회를 제공했다. 특히 UBC에서는 스티브 헤인, 아라 노렌자얀, 제시카 트레이시, 수 버치, 킬리 햄린을 포함한 심리학과 동료 다수와 몇 차례 중요한 협업을 추진했을 뿐만 아니라, 그레그 밀러와 이디스 첸에게서 많은 것을 배우기도 했다. 스티브와 제시카는 이 책의 초고에 유익한 의견을 제시해 주었다.

나와 공부하고 있거나 공부했던 학생들, 그리고 UBC 산하 마음·진화·인지와 문화 실험실MECC의 일원들도 감사를 받을 자격이 충분하다. 특히 마치에크 후데크, 마이클 무투크리슈나, 리타 맥나마라, 제임스 브로에스크, 타냐 브로에스크, 크리스티나 모야, 벤 퓌르지키, 테일러 데이비스, 댄 흐루슈카, 라훌 부이, 아야나 월라드, 조이 청에게 깊은 감사를 전한다. 우리가 협업한 결과물은 이 책 구석구석에서 모습을 드러낸다. 마이클과 리타도 초안을 읽고 유용한 의견을 들려주었다.

UBC 산하 인간진화·인지·문화센터 공동소장들은 이 계획들을 이끌고 나아가는 데에 중요한 구실을 했다. 진화인류학자 마크 칼러드와 중국학자로 진로를 바꾼 인지학자 테드 슬링거랜드와의 대화는 항상 자극이 되었고, 테드도 이 원고의 거의 최종본에 유용한 의견을 많이 제시해주었다.

집필의 결정적 국면에 접어든 동안, 뉴욕 대학의 스턴 경영대학원은 관대하게도 2013~2014년 연구원 자리를 제공해 주었다. 이 기간에 심리학자 존 하이트, 경제학자 폴 로머, 철학자 스티븐 스티크에게서 많은 것을 배웠다. 세 사람 모두 집필의 다양한 단계에서 훌륭한 의견을 제시해주었다. 나는 또 다른 행운으로 MBA 강의 하나를 존과 함께 했는데, 그때 이 책의 많은 내용을 미래의 경영 지도자들에게 시험해 보았다.

이 책에 매달려 있는 동안 나는 운 좋게도 캐나다 고등연구원 CIFAR의 연구원 자격을 얻어, 산하기관인 '조직과 성장 연구단'의 일원이 되었다. 이 집단은 놀라울 정도로 나를 자극하고 지지해 주었고, 나는 거기속한 많은 사람들에게서 많은 것을 배웠다. 특히 수레시 나이두는 이 책의 초고를 읽고 정말 훌륭한 의견을 내주었다.

민족지학자로서도 나는 운이 좋아서, 페루의 마치헨카족, 칠레 남부의 마푸체족, 남태평양 야사와군도의 피지 사람들이라는 완전히 다른 세 집단을 오가며 살고 일해왔다. 어느 곳에서든 많은 가족들이 가정과 생활을 나와 공유했고, 내 끝없는 질문에 답해주었으며, 인간의 다양성에 대한 내 이해에 깊이를 더해주었다. 이들에게 특별히 감사의 말을 전한다.

이 책에 쓴 다양한 생각을 발전시키는 동안 의문이 생길 때마다 내가 의지하는 저자나 전문가에게 물어보곤 했다. 그 과정에서, 아래에 언급하는 이들을 포함한 수많은 사람들에게서 도움되는 답변을 받았다. 다론 아제모을루, 시완 앤더슨, 코렌 애피셀라, 퀜틴 앳킨슨, 클라크 배럿, 피터 블레이크, 모니크 보거호프 멀더, 샘 보울스, 조셉 콜, 콜린 캐머러, 니컬러스 크리스타키스, 모르텐 크리스티안센, 앨리사 크리텐던, 얘로 더넘, 니컬러스 에번스, 댄 페슬러, 짐 피런, 에른스트 페르, 패트릭 프랑수아, 지몬 게흐터, 조시 그린, 애브너 그리프, 폴 해리스, 에스터 헤르만, 배리 휼렛, 킴 힐, 댄 흐루슈카, 에릭 킴브로, 미셸 클라인, 케빈 랠런드, 요한 린드, 존 랜먼, 크리스틴 레거리, 해나 루이스, 대니얼 리버만, 프랭크 말로, 새라 매튜, 리처드 매컬레스, 조엘 모키르, 톰 모건, 네이선 넌, 데이비드 파이어트래제스키, 데이비드 랜드, 피터 리처슨, 제임스 로빈슨, 카럴 판 사이크, 조앤 실크, 마크 토머스, 마이클 토마셀로, 페테르 투르친, 펠릭스 바르네켄, 재닛 워커, 애니 워츠, 폴리비스너, 데이비드 슬론 윌슨, 하비 화이트하우스, 앤디 화이튼, 리처드 랭엄.

여러 해에 걸쳐 이 책을 계획하고 쓰는 동안, 나와 대화를 나눈 엄청난 숫자의 친구, 공저자, 동료가 내 생각을 조형해왔다. 이것은 나의 집단 두뇌(12장 참조)다.

2015년 1월 22일
캐나다 밴쿠버에서
조지프 헨릭

차례 ──

+ + + + +

+ + + + +

1장

수수께끼 같은
영장류

당신과 나는 꽤나 별난 종, 수수께끼 같은 영장류의 구성원이다.

농경이나 최초의 도시, 산업기술이 시작되기 오래 전, 우리의 조상은 오스트레일리아의 건조한 사막에서 시베리아의 추운 스텝에 이르는 지구 전역에 퍼져 세계의 주요한 육상 생태계 대부분에—다른 어떤 육상 포유류보다도 다양한 환경에—거주하게 되었다. 그런데 곤혹스러운 점은, 우리 종은 몸도 약하고 느린 데다, 딱히 나무를 잘 타지도 못한다는 것이다. 우리는 기묘하게도 장거리 달리기나 빠르고 정확하게 던지기에는 능숙하지만, 어른 침팬지도 우리를 손쉽게 제압할 수 있고, 큰 고양잇과 동물은 우리를 가볍게 덮쳐 손쉽게 쓰러뜨릴 수 있다. 우리의 창자는 독성 식물을 해독하는 능력이 크게 떨어지는데도, 대부분의 사람들은 독이 있는 식물과 먹을 수 있는 식물을 잘 구별하지 못한다. 우리는 날 때부터 불을 지피고 조리하는 법을 아는 건 아니지만, 조리한 음식에 의존해 살아간다. 몸집과 식성이 우리와 비슷한 다른 포유류에 비하면 우리는 결장(잘록창자)도 너무 짧고, 위도 너무 작으며, 치아도 너무 조그맣다. 아기는 뚱뚱한 데다 머리뼈도 아직 붙지 않은, 위험할 정도로 미숙한 상태로 태어난다. 다른 유인원들과 달리, 우리 종의 암컷은 월경주기 내내 변함없이 성관계를 가질 수 있고, 생식 능력이 멈춘(폐경이 일어난) 뒤로도 한참 있다가 죽는다. 아마도 무엇보다 놀라운 점은, 엄청나게 큰 뇌에도 불구하고 우리 종이 그다지 총명하지 않다는 사실이 아닐까 싶은데, 적어도 우리 종이 거둔 엄청난 성공을 설명할 만큼 선천적으로 영리한 것은 아니다.

어쩌면 당신은 이 마지막 사실에 의심이 들지도 모르겠다.

우리가 당신과 당신의 직장 동료 49명을 데려다 어느 서바이벌 게임에 던져넣고 코스타리카 출신의 꼬리감는원숭이 50마리로 구성된 부대와 싸움을 붙인다고 하자. 우리는 두 영장류 팀을 모두 낙하산에 태워 중앙아프리카의 외딴 열대림에 떨어뜨릴 것이다. 그리고 2년 뒤에 돌아와 각 팀의 생존자를 세어볼 것이다. 생존자가 더 많은 팀이 이긴다. 당연히, 장비를 가져가는 것은 어떤 팀에게도 허용하지 않을 것이다. 성냥도, 물통도, 칼도, 신발도, 안경도, 항생제도, 냄비도, 총도, 밧줄도 안 된다. 친절을 베풀어, 인간은—하지만 원숭이는 말고—옷을 입는 것은 허락할 것이다. 양 팀은 따라서 의지할 것이라고는 자신들의 기지와 팀원들뿐인 생소한 밀림 환경에서 2년 동안 살아남아야 하는 상황에 직면할 것이다.

당신이라면 어느 팀에 판돈을 걸겠는가. 원숭이? 아니면 당신과 당신의 동료들? 글쎄, 당신은 화살이나 그물, 피신처를 어떻게 만드는지 아는가? 어느 식물 또는 곤충에 독이 있는지(많은 종에 있다), 아니면 해독은 어떻게 하는지 아는가? 성냥 없이 불을 붙이고 냄비 없이 조리할 수 있는가? 낚싯바늘은 만들 수 있는가? 천연 접착제는 어떻게 만드는지 아는가? 어떤 뱀이 독사일까? 밤에는 어떻게 해서 포식자로부터 자신을 보호할 텐가? 물은 어떻게 구할 것인가? 동물 추적에 대해서 아는 건 있는가?

직시하자. 당신이 속한 인간 팀이 질 공산이 크다. 당신 팀에게 커다란 뇌와 풍부한 자만심이 있거나 말거나, 원숭이 한 무리에게, 져도 아마 형편없이 질 것이다. 우리 종이 진화한 대륙인 아프리카에서 수렵채취인으로 살아남는 데에도 쓸모없다면, 우리의 커다란 뇌는 도대체 무엇에 쓰자는 것일까? 우리가 무슨 수로 지구 방방곡곡의 그 모든 다양한 환경으로 확장해 들어갔을까?

우리 종이 이처럼 번영할 수 있었던 비밀은 우리의 타고난 지능이나, 혹은 홍적세[a]에 살아남기 위해 우리 조상들이 자주 마주했던 전형적인 문제를 해결하는 특별한 정신적 능력에 있다고 말할 수 없다. 우리가 수렵채집족이든 다른 형태의 삶이든, 우리가 지구의 다양한 환경에서 살아남고 번성하는 능력은 단순히 개인의 지적 능력에 기인하지 않는다. 2장에서 살펴보겠지만, 우리에게서 문화적으로 습득한 정신적 기량과 노하우를 제외하면, 다른 유인원들과 문제 해결 테스트에서 경쟁할 때 특별히 뛰어나지 않다. 더욱이, 우리의 종의 엄청난 성공이나 우리의 훨씬 큰 뇌를 설명하는 데 충분히 인상적인 해답을 제시하지 못한다.[1]

사실, 우리는 생존자 실험의 다양한 형태를 여러 차례 보아왔다. 불운한 유럽 탐험가들이 캐나다 북극 지역부터 텍사스의 멕시코만 연안에 갇혀 적대적이고 험한 환경에서 살아남기 위해 고군분투한 사례가 여러 번 있기 때문이다. 3장이 보여주듯이, 이러한 사례들은 대개 똑같은 방식으로 끝난다. 탐험가들이 모두 죽거나, 그 가운데 몇몇이 현지 원주민에

---

a 원명으로 플라이스토세Pleistocene라고도 하며, 지질시대 중 신생대 마지막 단계로 흔히 '빙하시대'라고 불리기도 한다. 따라서 인류 조상들이 살았던 시대로, 사냥과 채집 등의 생존 전략이 중요했던 시기를 가리킨다. — 편집자 주

의해 구조되거나, 둘 중 하나다. 원주민들은 그런 '적대적 환경'에서 수백 년 또는 수천 년 전부터 편안하게 살아오고 있다. 따라서 당신의 팀이 원 숭이들에게 진다면, 그 이유는 당신의 종이—다른 모든 종과 달리—문 화에 중독되도록 진화해왔기 때문이다. 내가 말하는 '문화'란 우리 모두 가 성장하는 동안 주로 다른 사람에게서 배우는 방법으로 습득하는 관 행, 기법, 발견법(휴리스틱), 도구, 동기, 가치, 믿음 따위로 이루어진 커다란 덩어리다. 당신 팀의 유일한 희망은 중앙아프리카 숲에 살고 있는 수렵채 취인 집단 가운데 하나와 우연히 마주칠지도 모르고, 그런 다음 그들과 친구가 될지도 모른다는 것이다. 예컨대 에페 피그미족이라는 피그미 집 단은 비록 키는 작아도 이 숲에서 아주 오래전부터 번성하고 있는데, 왜 냐하면 과거 세대들이 이들에게 대물림해온 전문지식, 기량, 능력의 엄청 난 덩어리가 이들이 그 숲에서 살아남아 번성하도록 해주기 때문이다.

인류가 어떻게 진화했으며 왜 우리는 다른 동물들과 이토록 다른 지 를 이해하는 열쇠는 우리가 **문화적인 종**이라는 점을 깨닫는 것이다. 100 만 년도 더 전에 다음과 같은 일이 일어났을 것이다.

우리의 진화적 계통에 속하는 구성원들이 어떤 방식으로든 서로에게 서 배우기 시작함으로써 문화가 누적적이게 되었다. 다시 말해, 사냥 관 행, 도구를 만드는 기량, 짐승을 추적하는 노하우, 먹을 수 있는 식물에 대한 지식이-남을 통한 학습에 의해-개선되고 뭉치기 시작함으로써, 한 세대가 그것을 토대로 이전 세대에게서 조금씩 주워 모은 기량과 노하우 를 연마할 수 있었다. 여러 세대 뒤에는, 이 과정이 생산한 관행들과 기법 들의 도구모음이 너무 크고 복잡해진 나머지, 개인들이 자신의 독창성과 사적인 경험에만 의지해서는 생전에 결코 알아낼 수가 없을 정도가 되었 다. 이처럼 복잡한 문화적 묶음의 보기들을 앞으로 이누이트족의 얼음 집, 푸에고인의 화살, 피지인의 물고기 금기에서부터 숫자, 글자, 주판에 이르기까지 셀 수 없이 보게 될 것이다.

이 유용한 기량과 관행이 여러 세대에 걸쳐 누적되며 개선되기 시작한 순간, 자연선택은 커져만 가는 적응적인 가용 정보의 덩어리를 더 효과적으로 활용할 수 있는 더 나은 문화적 학습자를 선호해야 했다. 이 문화적 진화의 새로운 산물인 불, 조리, 자르는 도구, 옷, 간단한 몸짓언어, 투창, 물통 따위는 주요한 선택압의 원천이 되어 우리의 마음과 몸을 유전적으로 모양지었다. 이 문화와 유전자 사이의 상호작용, 또는 내가 **문화-유전자 공진화**라 부를 것의 주도로, 우리 종은 자연의 다른 곳에서 관찰되지 않는 생소한 진화 경로를 거치며 매우 남다른 종—새로운 종류의 동물—이 되어왔다.

그러나 우리가 문화적인 종이라는 깨달음은 진화적 접근법을 더더욱 중요하게 만들 뿐이다. 4장에서 곧 보겠지만, 우리가 타인에게서 배우는 데에 필요한 역량들 자체도 섬세하게 연마된 자연선택의 산물이다. 우리는 심지어 젖먹이 때부터 언제, 무엇을, 누구에게서 배울지를 주의 깊게 선택하는 적응적인 학습자다. 어린 학습자부터 어른에 이르기까지 시종일관 (심지어 경영대학원 학생도) 명망, 성공, 기량, 성별, 민족의 단서를 기반으로 자동적으로 또 무의식적으로 선택한 남을 주목하고 우선적으로 본받는다. 우리는 다른 사람에게서 취향, 동기, 믿음, 전략, 상벌의 기준을 쉽사리 습득한다. 문화는—많은 경우 보이지 않게—진화하며, 그러는 동안 이러한 선택적 주의와 학습 편향이 저마다 무엇을 주목하고 기억하고 전달할지를 모양짓는다. 그럼에도 이러한 문화적 학습능력은 누적되고 있는 문화적 정보 덩어리와 유전적 진화 사이에서 상호작용을 낳음으로써 우리의 해부구조, 생리, 심리를 형성해왔으며, 계속해서 형성하고 있다.

해부구조와 생리로 말하자면, 이 적응적인 문화적 정보를 습득해야 할 필요성이 점점 커지며 우리 뇌의 급속한 확장을 주도해 우리에게 이 모든 정보를 저장하고 정리할 공간을 주었고, 한편으로 아동기를 연장하고 폐경 이후의 삶을 늘여 이 모든 노하우를 습득할 시간과 습득한 노하우를 전달할 기회도 마련해주었다. 앞으로 보게 되듯, 그 과정에서 문화는 우리의 발, 다리, 종아리, 엉덩이, 위장, 갈비뼈, 손가락, 인대, 턱, 목구멍, 이빨, 눈, 혀를 비롯한 많고 많은 신체 부위의 유전적 진화를 모양지으면서, 우리의 온몸에 흔적을 남겨왔다. 안 그랬다면 신체적으로 약하고 뚱뚱하기만 할 우리를 강력한 던지기 선수이자 장거리 주자로 만들어주기도 했다.

심리로 말하자면, 우리는 생존을 위해 문화적 진화의 정교하고 복잡한 산물에 너무나 심하게 의존하게 된 나머지, 이제는 종종 자신의 사적인 경험이나 선천적 직관보다 공동체로부터 배운 것에 더 커다란 신뢰를 부여한다. 문화적 학습에 대한 우리의 의존성, 그리고 문화적 진화의 미묘한 선택 과정이 어떻게 우리보다 더 나은 '해결책'을 생산할 수 있는지를 이해하는 순간, 당혹스럽던 현상들이 설명될 수 있다. 6장에서 이 점을 분명히 보여주기 위해 다음과 같은 질문과 씨름할 것이다.

왜 더운 기후의 사람들은 향신료를 더 많이 사용하고 그것을 더 맛있어하는 경향이 있을까? 왜 아메리카 원주민들은 공통적으로 옥수수 알곡을 삶을 때 태운 조개껍데기나 나뭇재를 집어넣었을까? 옛날의 점치는 의례는 어떻게 해서 사냥 성공률 개선을 위해 게임이론에서 쓰는 전략을 효과적으로 이행할 수 있었을까?

다른 사람들의 마음속에서 구할 수 있는 적응적 정보 덩어리가 커가면서 주도한 유전적 진화는 인간에게 두 번째 형태의 지위를 만들어 주기도 한다. 명망이라 불리는 이 지위는 오늘날, 우리가 유인원 조상에게서 물려받은 권력이라는 지위와 나란히 작용한다. 명망을 이해하는 순간, 왜 사람들은 대화하는 동안 더 성공한 사람을 무의식적으로 흉내내는지, 왜 르브론 제임스와 같은 스타 농구 선수가 자동차보험을 팔 수 있는지, 어떻게 누군가가 유명하기 때문에 유명해질 수 있는지(패리스 힐튼 효과), 그리고 왜 명망이 가장 높은 참석자가 자선행사에서는 처음으로 기부해야 하지만 대법원과 같은 의사결정 조직에서는 마지막으로 발언해야 하는지도 분명해질 것이다. 명망의 진화는 권력과 관련된 것과는 분명히 다른 새로운 정서, 동기, 몸짓을 동반했다.

지위 말고도, 문화는 사회규범을 발생시킴으로써 우리 유전자가 직면한 환경을 바꾸어 놓았다. 규범은 친족관계, 짝짓기, 식량 공유, 양육, 호혜와 같은 유서 깊고 근본적으로 중요한 분야를 포함해 광범위한 인간의 행위에 영향을 미친다. 우리 진화사에 걸쳐서, 음식 금기나 의례를 무시하거나 사냥에 성공한 뒤 사돈에게 그 몫을 주지 않는 것과 같은 규범 위반은 평판의 손상과 구설수, 그리고 결과적으로 결혼 기회와 동맹자의 상실을 의미했다. 반복되는 규범 위반은 때때로 추방을, 혹은 공동체의 손에 의한 처형까지 불러일으켰다. 그래서 문화적 진화는 **자기 길들이기** 과정을 개시하여 우리를 친사회적이고 유순하며 규칙을 따르는 사람으로 만들기 위한 유전적 진화를 주도해왔고, 그 결과로 우리는 세상이 공동체가 감시하고 강요하는 사회규범에 의해 다스려지기를 기대한다.

자기 길들이기 과정을 이해하면 많은 핵심 질문들을 다룰 수 있다. 9장과 11장에서 살펴볼 질문은 다음과 같다.

어떻게 의례가 사회적 결속을 굳히고 공동체 안에서 화합을 조성할 수 있을 만큼 심리적으로 강력해졌을까? 어떻게 결혼 규범이 더욱 성공적인 아버지를 만들고 우리의 가족 연결망을 확장했을까? 왜 우리는 개인적인 손해를 감수하면서도 사회규범을 준수하는 쪽으로 자동적이고 직관적인 대응을 하는 걸까? 같은 맥락에서, 언제 그리고 왜 깊은 생각이 더 커다란 이기심을 불러올까? 왜 신호등 앞에서 '보행신호'를 기다리는 사람은 또한 좋은 협력자인 경향이 있을까? 제2차 세계대전은 전후세대인 미국의 '위대한 세대'에게 심리적으로 어떤 영향을 미쳤을까? 왜 우리는 같은 방언을 사용하는 사람과 상호작용하고 그 사람에게서 배우기를 선호할까? 어떻게 우리 종은 수백만의 개체군 안에서 살아갈 수 있는 가장 사회적인 영장류가 된 동시에, 가장 편파적이고 호전적인 영장류가 되었을까?

우리 종이 성공한 비밀은 우리 개개인이 지닌 마음의 힘에 있는 것이 아니라, 우리 공동체의 **집단두뇌**에 있다. 우리의 집단두뇌는 우리의 문화적 본성과 사회적 본성의 통합에서—우리는 쉽사리 남을 본받으며(**문화적**이며) 적절한 규범을 써서, 폭넓게 상호 연결된 커다란 집단 안에서 살 수 있다는(**사회적**이라는) 사실에서—생겨난다. 수렵채취인이 사용하는 카약과 복합궁ᵃ에서부터 현대 세계의 항생제와 비행기에 이르기까지, 우리 종을 특징짓는 두드러진 기술들은 비범한 천재들에게서 나오는 게 아니라, 상호 연결된 마음들 사이에서 세대를 가로질러 생각과 관행, 운 좋은 실수와 우연한 통찰이 흐르고 재조합되는 과정에서 나온다.

12장에서는 집단두뇌에 중심을 두었다는 사실이 바로 더 크고 더 상호 연결된 사회가 더 세련된 기술, 더 큰 도구모음, 더 많은 노하우를 생산하는 까닭, 그리고 작은 공동체가 갑자기 고립되면 기술적 정교함과 문화적 노하우가 점차 퇴조하기 시작하는 이유에 대한 설명임을 보여준다. 곧 알게 되겠지만, 우리 종의 혁신은 지능보다 사회성에 더 의존하며, 공동체의 분열과 사회연결망의 와해를 어떻게 방지하느냐 하는 문제는 언제나 큰 도전 과제였다.

---

a 나무토막을 이어서 만든 활.

호모 사피엔스

우리의 세련된 기술이나 복잡한 일련의 사회규범과 마찬가지로, 언어의 강력함과 우아함도 많은 부분이 문화적 진화에서 오며, 이러한 의사소통체계의 등장이 유전적 진화의 많은 부분을 주도했다. 문화적 진화가 우리의 의사소통 목록을 조립하고 개조하는 방식은 복잡한 도구를 제작하거나 까다로운 의례를 수행하는 것과 같은 여러 문화적 양상들을 만들고 바꿔나가는 방식과 비슷하다. 언어가 문화적 진화의 산물임을 이해하는 순간, 여러 가지 새로운 질문을 할 수 있을 것이다. 왜 더 따뜻한 기후의 사람들에게서 나온 언어는 더 낭랑할까? 왜 더 큰 공동체가 사용하는 언어에는 단어도, 소리음소도, 문법적 도구도 더 많을까? 소규모 사회의 언어와 지금 현대 세계를 지배하는 언어는 왜 그토록 다를까? 결국에 가서는, 문화적으로 진화한 이런 의사소통 목록의 존재가 만들어 낸 유전적 선택압[a]이 우리의 후두(목소리 상자)를 끌어내렸고, 우리 눈에 흰자위를 만들었고, 우리에게 새처럼 성대모사를 하는 성향을 부여했다.

물론, 단어에서 도구에 이르는 이 문화적 진화의 산물들 모두는 실제로 우리를 개인적으로 더 영리하게 만들거나, 아니면 최소한 정신적으로 우리의 현재 환경에서 번성할 준비라도 더 잘 되어 있도록 (그래서 '더 영리하게') 만든다. 예컨대 당신은 자라는 동안 아마도 엄청난 용량의 문화적 정보를 내려받았을 테고, 거기에는 편리한 십진법, 표기하기 쉬운 아라비아숫자, 최소 6만 단어의 어휘(당신의 모국어가 영어라면)를 비롯해 도르래, 용수철, 나사, 활, 바퀴, 지레, 접착제를 둘러싼 개념들의 유효한 보기들이 들어 있었을 것이다. 문화는 우리의 뇌와 생물학에 잘 들어맞으면서도 우리의 뇌와 생물학을 어느 정도는 수정할 수 있도록 문화적으

---

a   selective pressure, 選擇壓. 자연돌연변이체를 포함하는 개체군에 선택적 증식을 재촉하는 환경적(생물적, 화학적, 물리적) 요인—편집자 주

로 진화해 온 발견법들, 읽기와 같은 정교한 인지적 기량들, 주판과 같은 인지 보조물도 제공한다.

그러나 곧 알게 되듯이, 우리는 우리 종이 영리하기 때문에 이러한 도구, 개념, 기량, 발견법을 갖고 있는 게 아니다. 우리는 도구, 개념, 기량, 발견법과 같이 문화적으로 진화시켜 온 방대한 목록을 갖고 있기 때문에 영리한 것이다. 문화가 우리를 영리하게 만든다.

문화는 우리 종의 유전적 진화 중 많은 부분을 주도하고 우리를 (어느 정도) '자기 프로그래밍 가능'한 장치로 만든 것 외에도, 여러 방식으로 우리의 생물학적 특징과 심리 속으로 침투해왔다. 기나긴 세월에 걸쳐 제도와 가치, 평판 체계와 기술을 점진적으로 선별함으로써, 문화적 진화는 우리의 주의와 지각, 동기와 추리 과정을 우리가 성장하는 문화적으로 지어진 다양한 세상에 더 적합하도록 조정해 왔을 뿐만 아니라, 우리의 뇌와 호르몬 반응, 면역 반응의 발달에도 영향을 미쳐왔다. 14장에서 보게 되듯이, 문화적으로 습득한 믿음만으로도 통증을 쾌감으로 바꾸고 포도주를 더 또는 덜 즐길 만하게 만들고, 중국 점성술의 경우는 믿는 사람의 수명마저 바꿀 수 있다. 언어에 담긴 규범을 포함해, 사회규범은 해마를 부풀리는 데에서부터 뇌량(뇌의 두 반구를 연결하는 정보고속도로)의 굵기를 늘리는 데까지, 사실상 다양한 방식으로 우리 뇌를 조형하는 훈련체제를 공급한다. 심지어 유전자를 건드리지 않고서도, 문화적 진화는 개체군 간에 심리적 차이와 생물적 차이를 모두 만들어 낸다. 예컨대 당신도 앞에서 언급한 기량과 발견법 따위를 문화적으로 전수받음으로써 생물적으로 바뀌어왔다.

17장에서는, 우리 종에 대한 이 관점이 아래의 몇 가지 핵심 질문에 관한 생각을 어떻게 변화시키는지 살펴볼 것이다.

호모 사피엔스

1. 무엇이 인간을 독특하게 만들까?

2. 왜 인간은 다른 포유류에 비해 이토록 협력적일까?

3. 왜 사회마다 협동성이 그토록 다를까?

4. 왜 우리는 다른 동물에 비해 이토록 영리해 보일까?

5. 무엇이 사회를 혁신적으로 만들며, 인터넷은 여기에 어떤 영향을 줄까?

6. 문화는 지금도 유전적 진화를 주도하고 있을까?

이러한 질문에 대한 답들은 우리가 문화, 유전자, 생물, 제도, 역사의 접점에 관해 생각하는 방식과 인간의 행동 및 심리에 접근하는 방식을 바꿔놓는다. 이 접근법은 우리가 제도를 입안하고, 정책을 고안하고, 사회문제를 처리하고, 인간의 다양성을 이해하는 방식에도 실천적으로 중요한 영향을 미친다.

2장

우리가 똑똑해서
살아남았을까?

인류는 지구 육지의 표면을 3분의 1도 넘게 변화시켜 왔다. 우리는 다른 육상생물이 순환시키는 질소를 모두 합한 것보다 더 많은 질소를 순환시키며 지금까지 지구의 강 셋 가운데 둘의 흐름을 바꿔놓았다. 우리 종은 지금껏 살았던 어떤 대형 종보다도 100배나 더 많은 생물자원을 사용한다. 우리가 키우는 어마어마한 가축 떼를 포함시키면, 우리는 육상 척추동물 생물자원을 98퍼센트도 넘게 차지하는 셈이 된다.[1]

따라서 우리가 지구상에서 생태적으로 우세한 종이라는 사실에는 의심의 여지가 거의 없다.[2] 그럼에도 한 가지 의문에는 답을 주지 않는다. **왜 우리일까?** 무엇이 우리 종의 생태적 우세함을 설명해줄까? 우리가 성공한 비밀은 무엇일까?

그 답을 찾기 위해서는 현대 세계의 수력발전 댐과 기계화된 농경, 항공모함 따위는 고대 세계의 철제 쟁기와 거대한 무덤, 관개사업, 대운하와 함께 제쳐놓고 시작하는 것이 좋다. 한 특이한 열대 영장류가 무슨 수로 온 지구에 퍼졌는지를 이해하려면 산업기술, 도시, 농경 이전으로 멀리 돌아가야 한다.

옛날 옛적의 수렵채취인들이 지구의 육상 생태계 대부분으로 확장해 들어갔을 뿐 아니라, 우리는 아마 대형 동물군 대부분의 멸종에도—다시 말해 코끼리, 하마, 사자의 일부 종과 마찬가지로, 매머드, 마스토돈, 큰뿔사슴, 털코뿔소, 거대한 땅늘보, 큰아르마딜로 같은 대형 척추동물의 멸종에도—기여했을 것이다. 기후 변화도 이러한 멸종에 기여한 요인이었겠지만, 많은 대형 동물군 종들이 사라진 시기는 인류가 여러 대륙과 큰 섬에 도착한 시기와 오싹하리만치 일치한다. 예컨대 우리가 6만 년 전쯤 오스트레일리아에 나타나기 전까지, 이 대륙은 2톤짜리 웜뱃과 거대한 육식 도마뱀(〈그림 2.1〉), 그리고 표범 크기의 유대류 사자를 포함한 온갖 대형 동물의 고향이었다. 이들은 우리가 도착한 뒤로 다른 대형 동물군 55종과 함께 멸종했고, 그 결과로 우리는 오스트레일리아의 대형 척추동물 가운데 88퍼센트를 잃었다. 수만 년 뒤, 인류가 마침내 아메리카에 도착했을 때에는 말, 낙타, 매머드, 땅늘보, 사자, 다이어울프를 포함해 대형 동물군 83속屬이 멸종했다. 그때 살고 있었던 대형 동물군을 75퍼센트도 넘게 잃었다는 뜻이다. 서로 다른 시기에 인류가 마다가스카르, 뉴질랜드, 카리브해 지역에 도착했을 때에도 유사한 양상이 나타났다.

이 논점은 아프리카의 대형 동물군은, 그리고 좀 덜한 정도로 유라시아의 대형 동물군은, 훨씬 더 무사히 지냈다는 사실에서 더욱 분명해진다. 그 이유는 아마도 이 종들이 수십만 년에 걸쳐 오랫동안 우리의 직계 조상, 그리고 네안데르탈인과 같은 진화적 사촌을 모두 포함한 인류와 공진화해왔기 때문일 것이다. 아프리카와 유라시아의 대형 동물군은, 우리가 발톱도, 송곳니도, 독도 없고 빠르지도 않으니 별로 무서워 보이지도 않고 어쩌면 손쉬운 먹잇감일 듯도 하지만, 우리는 발사무기와 창, 독, 덫, 불, 그리고 협력적 사회규범을 포함해 우리를 최상위 포식자로 만드는 속임수들이 담긴 위험한 자루를 둘러메고 온다는 점을 인식하도록 진화했던 것이다.[3] 산업화된 사회만 잘못한 게 아니다. 우리 종의 생태적 영향력에는 깊은 내력이 있다.[4]

다른 종들도 널리 퍼져왔고 엄청난 생태적 성공을 거둬왔지만, 그러한 성공은 대체로 종 분화에 의해, 다시 말해 자연선택이 유기체를 서로 다른 환경에서 살아남도록 개조하고 특수화해옴에 따라 이루어졌다. 예컨대 개미는 현대의 인간과 대등한 생물량을 차지함으로써 가장 우세한 육상 무척추동물이 되었다. 이 위업을 이루기 위해, 개미 계통들은 갈라져서 유전적으로 적응해 온 끝에 광범위하고 복잡한 일련의 유전적 적

그림 2.1 홍적세 오스트레일리아에서 발견된 거대한 육식성 파충류

호모 사피엔스

응물을 지닌 1만 4,000종이 넘는 서로 다른 종으로 분화했다.[5] 반면에 인류는 변함없이 단 한 종이고 상대적으로, 특히 우리가 거주하는 다양한 범위의 환경을 고려할 때, 유전적 변이를 거의 보이지 않는다. 우리는 예컨대 침팬지보다 유전적 변이가 훨씬 적고, 아종으로 분화하고 있다는 징후도 전혀 보이지 않는다. 이와 대조적으로, 침팬지는 여전히 아프리카 열대림의 좁은 지역에 갇혀 있으면서도, 이미 세 갈래의 뚜렷한 아종으로 분기했다.[6] 3장에서 분명해지겠지만, 다양한 환경에 적응하는 우리의 방식, 그리고 우리가 이토록 많은 종류의 생태계에서 번성하는 까닭은, 대부분의 종이 하듯이 환경특이적인 유전적 적응을 거듭한 데에서 비롯하지 않는다.

유전적 적응을 어지러울 만큼 많이 해서가 아니라면, 우리 종이 성공한 비밀은 무엇일까? 비밀의 최소한 일부는, 우리가 지역 특성에 잘 맞는 도구, 무기, 피신처를 만들 줄 알 뿐만 아니라 불을 제어하고 꿀, 들짐승, 열매, 뿌리, 견과 따위의 다양한 식량원을 활용할 줄 안다는 점에서 찾을 수 있다는 데에는 대부분이 동의할 것이다. 많은 연구자가 가리키는 또 한 가지는 우리의 협동능력과 다양한 형태의 사회조직이다.[7] 수렵채취인은 모두 가족 안에서 집중적으로 협력할 뿐 아니라, 군집band이라 불리는 몇 가족에서부터 수천 가족으로 구성된 부족tribe에 이르기까지, 더 큰 규모에서도 어느 정도는 협력한다. 이 여러 형태의 사회 조직은 당황스러울 만큼 많은 차원에서 서로 달라서, 집단의 구성원 자격/정체성(예: 부족 집단), 결혼(예: 사촌간의 결혼, 9장 참조), 교환, 공유, 소유권, 거주에 관해 저마다 다른 규칙을 보유하고 있다. 수렵채취인만 고려해도, 우리 종은 나머지 영장목目 전체가 가진 것보다 더 많은 형태의 사회조직을 보유하고 있다.

대체로 답에 가깝기는 하지만, 이와 같은 관찰은 질문을 되돌려줄 뿐이다. 어떻게, 왜, 인류는 그처럼 다양한 환경에 적응하고 그 안에서 번성하는 데에 필요한 도구, 기법, 조직형태를 창조할 능력이 있는가? 왜 다른 동물은 그것을 할 수 없는가?

가장 흔한 대답은, 우리가 단순히 더 똑똑하다는 것이다. 우리는 커다란 뇌와 더불어 풍부한 인지적 처리 능력을 비롯해 성능을 높인 정신적 능력들(예: 더 뛰어난 작업기억)을 갖고 있어서 문제 해결 방법을 창의적으로 알아낼 수 있다는 것이다. 예컨대 세계적인 진화심리학자들이 주장해 온 바에 따르면, 인류는 '즉흥적 지능'을 진화시켰으며, 그 덕에 우리는 세상이 작동하는 방식에 관한 인과 모형을 세울 수 있다. 그런 다음, 이러한 모형은 우리로 하여금 유용한 도구, 전술, 책략을 '즉흥적으로' 고안하게 해준다. 이 관점에 따르면, 사람마다 어떤 환경적 난제, 이를테면 새 사냥에 직면한 순간 전속력으로 자신의 커다란 영장류 뇌를 돌리기 시작해 목재가 탄성에너지를 저장할 수 있음(인과 모형)을 알아낸 다음, 새를 잡을 활과 화살, 그리고 걸리면 튀어 오르는 덫을 정교하게 만드는 데까지 나아간다.[8]

어쩌면 보완적인 관점일 수도 있지만, 이를 대체하는 한 관점은 우리의 커다란 뇌에 유전적으로 부여된 인지능력들이 꽉 차 있으며, 이 능력들은 우리의 수렵채취인 조상들이 반복해서 직면한 가장 중요한 문제들을 해결하려던 자연선택을 거쳐 등장해 왔다는 것이다. 이 문제들은 종종 근친상간, 뱀, 질병을 피하는 일뿐 아니라 식량과 물, 짝과 친구를 찾는 일 따위 특정한 분야들과 관련된 것으로 생각된다. 주변 상황이 단서를 주면, 이러한 인지 기제들이 그 문제와 관련된 정보를 받아들인 뒤 해결책을 넘겨준다. 예컨대 심리학자 스티븐 핑커가 오래전부터 주장해 온 바에 따르면, 우리가 더 영리하고 더 유연한 이유는 "우리가 다른 동물들보다 본능을 더 적게 갖고 있기 때문이 아니라, 더 많이 갖고 있기 때문"[9]

이다. 이 관점이 시사하는 대로라면, 우리 종은 오래전부터 추적과 사냥에 의존해 왔으므로, 우리는 우리가 적절한 상황에 놓이면 작동하여 우리에게 (고양이가 가진 것과 같은) 추적 능력이나 사냥 능력을 부여하는 심리적 특수화를 진화시켰을지도 모른다.

우리 종의 생태적 우세함을 설명하는 문제에 대한 세 번째 흔한 접근법은 우리의 친사회성, 다시 말해 서로 다른 많은 분야 어디서나 집중적으로 협력하고 큰 집단 안에서 폭넓게 협력하는 능력에 초점을 맞춘다. 여기서 요지는 자연선택이 우리를 고도로 사회적이면서 협력적인 개체들로 만들었으며, 그래서 그런 다음 우리가 협력에 의해서 지구를 정복했다는 것이다.[10]

이렇게 해서, 우리 종의 생태적 성공에 대한 세 가지 흔한 설명은 다음과 같다. (1)일반화된 지능 또는 정신적 처리 능력, (2)우리가 진화적 과거에 수렵채취인이었던 환경에서 살아남기 위해 진화시킨 특수화 된 정신적 능력들, 그리고/또는 (3)높은 수준의 협력을 가능케 하는 협력 본능 또는 사회지능.

세 가지 설명 모두가 인간의 본성에 대한 더 완전한 이해를 쌓는 데에 필요한 요소들이다. 그러나 앞으로 보게 되듯, 이 접근법들 가운데 어느 것도 우리의 생태적 우세 또는 우리 종의 독특성을 설명하지 못한다. 우리는 국지적으로 적응적이며 문화적으로 전달되는 대량의 정보에 강하게 의존하고 있지만, 혼자서는—심지어 집단도—생전에 그 전부를 알아낼 만큼 영리하지는 않다는 사실을 먼저 인식해야 하기 때문이다. 인간의 본성과 우리의 생태적 우세를 둘 다 설명하려면, 먼저 어떻게 문화적 진화가 적응적인 관행, 믿음, 동기의 복잡한 목록들을 낳는지를 탐구해야 한다.

3장에서는 길 잃은 유럽인 탐험가들이 우리에게 우리의 비약적으로 발달한 지능, 협동의 동기, 특수화된 정신적 능력들에 관해 가르쳐줄 것이다. 그렇지만 그 탐험가들과 항해를 떠나기 전에, 나는 우리 종이 다른 영장류에 비해 실제로 얼마나 영리한지에 관한 당신의 확신을 흔드는 것으로 준비운동을 하고 싶다. 그렇다. 우리는 지구 생명체 치고는 지적이다. 그래도 우리의 영리함은 엄청난 생태적 성공을 설명하기에는 턱없이 모자란다. 게다가 우리 인간은 어떤 인지적 묘기에는 능한 반면, 다른 인지적 묘기에는 그다지 능하지 않다. 우리의 뇌는 커져만 가는 문화적 정보의 덩어리를 습득하고, 저장하고, 조직화하고, 재전달하는 우리의 능력이 결정적 선택압이었던 세상 속에서 진화했고 확장되었다는 점을 인식하면, 우리의 정신적 기량과 결함 모두를 많은 부분 예측할 수 있다. 자연선택과 마찬가지로 우리의 문화적 학습능력도 '멍청한' 과정을 낳지만, 그 과정이 여러 세대에 걸쳐 작동하면서, 어느 개인이나 심지어 집단보다도 더 영리한 관행을 생산할 수 있다. 우리의 겉보기 지능 대부분은 사실, 타고난 정신능력이나 넘치는 본능에서 오는 게 아니라, 오히려 우리가 이전 세대들에게서 문화적으로 물려받은 정신적 도구들-예를 들면 정수整數, 기량들(좌우 구분), 개념들(플라이휠), 범주들(기본 색이름)-의 누적된 목록에서 온다.[11]

　유인원들과 대결하기 전에 잠깐 용어부터 정리해두기로 하자. 이 책 전체에서, **사회적 학습**이란 어느 개체의 학습이 다른 개체에 의해 영향을 받는 모든 경우를 가리키며, 서로 다른 많은 종류의 심리적 과정을 포함한다. **개별적 학습**이란 개체가 자신의 환경을 관찰하거나 환경과 직접 상호작용함으로써 학습하는 상황을 가리키며, 그 범위는 어떤 먹잇감이 언제 나타나는지를 관찰해 사냥하기에 가장 좋은 때를 계산하는 것에서부터 여러 가지 땅 파는 도구를 가지고 열심히 시행착오 학습을 하는 것까지 다양할 수 있다. 그러므로 개별적 학습도 서로 다른 많은 종류의 심리적 과정을 담고 있다. 따라서 가장 조잡한 여러 형태의 사회적 학습은 단순히 다른 개체들 주변에 있으면서 열심히 개별적 학습을 하는 것의 부산물로서 일어난다. 예컨대 내가 당신 주위를 맴도는데 당신은 돌멩이를 써서 견과를 깬다면, 나는 돌멩이와 견과 주변에 더 자주 있게 될 것이고 따라서 더 쉽게 돌과 견과를 연결시킬 수 있기 때문에, 나는 돌멩이가 견과를 깨는 데에 쓰일 수 있다는 것을 스스로 알아낼 가능성이 더 높다. **문화적 학습**이란 사회적 학습능력의 더 정교한 부분집합으로서, 개체가 흔히 다른 개체의 선호, 목표, 믿음, 전략에 관해 추론함으로써 그리고/또는 그의 동작이나 운동 양상을 베낌으로써, 다른 개체에게서 정보를 얻고자 하는 경우를 가리킨다. 인간에 관해 논의할 때에 내가 일반적으로 가리킬 것은 **문화적 학습**이지만, 인간 이외의 종이나 우리의 옛날 조상에 관해 논의할 때에는 그것을 **사회적 학습**이라 부를 것이다. 그들의 사회적 학습에 실제적인 문화적 학습이 포함되는지 어떤지를 우리가 자신하기는 어렵기 때문이다.

결전: 유인원 대 인간

....

인간의 정신적 능력들을 인간과 유연관계가 가깝고 뇌도 큰 다른 유인원 둘, 침팬지와 오랑우탄과 비교하는 것으로 시작하자. 좀 전에 언급했듯이, 우리가 '영리해지는' 원인의 일부는 우리가 문화적 학습을 통해 엄청나게 다양한 인지능력을 획득하는 데에 있다. 문화적 진화는 우리의 정신적 능력들을 활용하고, 연마하며, 확장시키는 도구들과 경험들, 그리고 구조화된 학습기회들로 가득 차 있는, 발전하는 세계를 구축해왔다. 이 일은 많은 경우 아무도 의식하지 못하는 사이에 일어난다. 그래서 인간 이외의 동물과 제대로 된 비교를 하겠다면서, 유인원을 문화적으로 충분히 갖춰진, 예컨대 분수를 계산할 줄 아는 성인과 비교하는 것은 말도 안 된다. 그렇다고 아이들을 키우면서 문화적으로 진화한 정신적 도구들에 대한 접근을 막는다는 것은 애초에 불가능하려니와 명백히 비윤리적이므로, 연구자들은 흔히 막 걸음마를 시작한 아기들을 비인간 유인원(이후로는 간단히 '유인원')과 비교한다. 걸음마쟁이도 이미 고도의 문화적 존재라는 점은 인정하지만, 그나마 추가적인 인지적 재능(예: 좌우 구분, 뺄셈 따위)을 획득할 시간이 훨씬 적었고, 정식 교육을 받은 적도 없기 때문이다.

독일 라이프치히에 있는 진화인류학연구소의 에스터 헤르만, 마이클 토마셀로와 동료들이 수행한 획기적 연구에서는 침팬지 106마리, 독일인 어린이 105명, 오랑우탄 32마리가 38가지에 이르는 인지 검사를 받았다.[12] 이 일련의 검사는 공간, 수량, 인과, 사회적 학습과 관련된 능력을 파악하는 하위 검사들로 나눌 수 있다. 공간 검사에는 피검자가 물건의 위치를 기억해내야 하거나 물건을 머릿속에서 돌려보는 과정을 통해 추적해야 하는 공간 기억 및 공간 회전 관련 과제들이 들어간다. 수량 검사에서는 피검자가 상대적인 양을 가늠하거나 양의 증감을 알아차리는 능력을 측정한다. 인과 검사에서는 피검자가 문제를 해결하기에 적당한 속성을 가진 도구를 고르는(인과 모형을 세우는) 능력을 비롯해, 모양이나 소리 관련 단서를 써서 갖고 싶은 것의 위치를 찾아내는 능력을 판단한다. 사회적 학습 검사에서는 시연자가 알아내기 힘든 기법을 써서 갖고 싶은 물건을 얻는(예컨대 좁은 관에서 먹을 것을 빼내는) 모습을 관찰할 기회를 준 다음, 피검자에게 방금 본 것과 똑같은 과제를 주면서, 갖고 싶었던 물건을 얻는 데에 도움이 된다는 것이 방금 눈앞에서 입증된 기법을 쓸 수 있게 한다.

호모 사피엔스

〈그림 2.2〉는 인상적이다. 두 살 반배기들이 훨씬 더 큰 뇌를 지녔는데도, 사회적 학습 검사를 제외한 하위의 정신적 능력 검사 모두에서, 침팬지와 두 살 반 된 인간 사이에는 본질적으로 아무 차이도 없다. 침팬지보다 뇌가 약간 작은 오랑우탄은 성적이 조금 나쁘지만, 많이 나쁘지는 않다. 심지어 도구가 지닌 속성의 인과적 효력 판단에 특별히 초점을 맞춘 하위 검사(인과 모형 세우기)에서는 걸음마쟁이가 71퍼센트, 침팬지가 61퍼센트, 오랑우탄이 63퍼센트의 정답률을 얻기도 했다. 반면에 도구 사용에서는 침팬지가 걸음마쟁이를 74퍼센트 대 23퍼센트로 압도했다.

이와 대조적으로, 사회적 학습 검사의 경우 〈그림 2.2〉에 보이는 평균 성적에는 두 살 반배기 대부분이 검사에서 100점을 받은 반면, 유인원은 대부분 0점을 받은 사실이 감춰져 있다. 이 연구 결과는 종합적으로, 다른 두 대형 유인원에 비해 어린아이들이 보유하고 있는 유일하게 특출한 인지능력이 사회적 학습과 관계가 있으며, 공간이나 수량 또는 인과와는

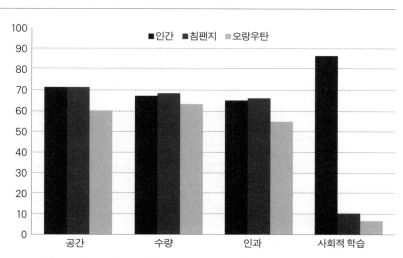

그림 2.2 침팬지 오랑우탄, 걸음마쟁이가 네 가지 인지 검사에서 거둔 평균 성적

관계가 없음을 시사한다.

　결정적으로, 이와 똑같은 검사를 성인 인간이 받으면, 그들의 성적은 만점(100퍼센트 정답) 또는 만점 가까이에 도달하며 여러 검사의 상한치에 이를 것이다. 그래서 당신은 설정 전체가 인간에게 불리하다고 생각할지도 모른다. 에스터, 마이클과 동료들은 걸음마쟁이들을 세 살에서 스물한 살 사이의 더 나이 든 유인원들과 비교하고 있기 때문이다. 그렇지만 흥미롭게도, 나이 든 유인원은—인간과는 전혀 다르게—이러한 검사에서 일반적으로 더 어린 유인원보다 낫지 않다. 세 살이 되면, 침팬지와 오랑우탄의 인지 수행능력은—최소한 이 과제들에서는—다다를 수 있는 최상의 수준에 이른다.[13] 반면에 어린아이들은 남은 일생동안 적어도 20년에 걸쳐 인지 점수가 계속해서, 마침내 엄청나게 향상되는 경험을 하게 될 것이다. 향상의 정도만이 어디에서 누구와 함께 성장하느냐 따라 크게 달라질 것이다.[14]

　침팬지와 오랑우탄도 실제로 어느 정도는, 특히 다른 동물들에 비해서는 사회적 학습능력을 갖고 있지만, 유인원과 인간 양자에 적용할 수 있는 검사를 설계해야 한다면, 결국 유인원은 성적이 바닥에 가깝고 인간은 천장에 가까울 수밖에 없게 된다는 점을 인식하는 게 중요하다. 실은, 나중에 알게 되겠지만, 유인원에 비하면 인간은 왕성하고 자발적이고 자동적인 모방자여서, 심지어 언뜻 불필요하거나 순전히 보여주는 것이 목적인 것까지 기꺼이 모방한다. 시연에 '여분의' 단계나 '쓸데없는' 단계를 포함시키면 침팬지의 사회적 학습이 인간보다 우수한 것으로 드러난다. 우리는 결과적으로 쓸데없거나 비효율적인 요소까지 습득하는 반면 침팬지는 그런 것들을 걸러내 버리기 때문이다.

호모 사피엔스

침팬지와 대학생의 기억 테스트

....

우리의 인지능력이 우리가 성장함에 따라, 특히 자극이 풍부한 문화적 환경에서 향상되는 것은 사실이지만, 그래도 우리가 다른 유인원에 비해 하나같이 우월한 정신적 능력들을 갖게 되는 것은 아니다. 먼저 (1) 작업기억과 정보처리속도 분야에서, 그런 다음 (2)전략적 갈등 게임 분야에서 구할 수 있는 인간과 침팬지 비교 자료를 살펴보자. 두 벌의 연구 결과 모두가, 하나의 종으로서 우리가 거둔 성공은 순전한 지능 또는 더 나은 정신적 처리장치에서 나온 결과라는 관념에 의문을 던진다. 그리고 두 번째 연구 결과는 우리의 마음이 마키아벨리적 세계에서 사회적 책략을 쓰거나 전략을 짜는 일에 특수화되어 있다는 관념에도 이의를 제기한다.

지능검사를 받다 보면, 일련의 숫자를 들은 다음 그 숫자들을 역순으로 기억해내라는 요구를 받을 것이다. 이것으로 작업기억[a]을 측정한다. **작업기억**은 **정보처리속도**와 함께, 흔히 지능의 두 가지 기초 요소로 여겨진다. 더 훌륭한 작업기억 및 정보처리속도 점수는 더 나은 문제 해결 및 귀납적 추리(이른바 유동지능)와 관련 있다는 것을 보여주는 증거들이 있다. 어느 나이에 작업기억 및 정보처리속도 점수가 높았던 어린이와 청소년은 훗날 여러 나이대에 더 나은 문제 해결 및 추리 능력을 갖고 있는 경향이 있다.[15] 작업기억은 뇌의 신피질[b] 을 사용하는데 인간은 침팬지보다 훨씬 더 큰 신피질을 갖고 있으니, 우리는 대결에서 성인 인간이 모

---

a   Working memory. 감각기관을 통해 입력된 정보를 단기적으로 기억하며 능동적으로 이해하고 조작하는 과정 −편집자 주

b   新皮質. 대뇌 겉질에서 가장 최근에 진화하여 형성된 부분. 여섯 층의 구조를 이루며 사람 뇌의 거의 대부분을 이룬다. − 편집자 주

든 침팬지를 크게 압도하리라 기대해도 좋을 것이다.

일본의 두 연구자, 이노우에 사나#上紗奈와 마쓰자와 데쓰로松沢哲郎가 바로 그러한 침팬지 대 인간의 대결을 기획했다. 그들은 침팬지 어미와 새끼 세 쌍을 터치스크린에 뜬 숫자들(1~9)을 알아보고 순서대로 두드리도록 훈련시킨 뒤, 처리속도와 작업기억을 검사하기 위한 과제를 개발했다. 이 과제에서는 숫자들이 스크린에 한 번 비친 다음 흰 사각형들로 가려졌다(《그림 2.3》). 피검자는 그런 다음에 숫자를 (가리고 있는) 사각형들을 1부터 가장 높은 숫자까지 순서대로 두드려야 했다. 흰 사각형이 숫자를 가리기 전에 피검자가 스크린에 자리 잡은 숫자들을 볼 수 있는 시간은 0.65초에서 출발해 0.2초까지 짧아졌다.

이 침팬지들이 대학생들과 맞붙었다.[16] 작업기억의 경우는, 우리 종이 우수했다. 여섯 숫자가 0.65초 내내 화면에 떠 있는 가장 쉬운 과제에서, 인간 12명 가운데 7명이 모든 침팬지를, 심지어 침팬지들의 스타였던 다섯 살배기 아유무까지 물리쳤다. 인간의 평균은 아유무와 동점이었고, 다른 침팬지들은 가볍게 이겼다. 그리고 동점이라는 말은 좀 오해하기가 쉬운데, 인간의 점수는 '잃어버린 고리(집단에서 가장 취약한 한 사람을 말하지만, 어쩌면 진화 과정에서 유인원과 인간 사이에 존재했을 것으로 추정되나 화석은 발견되지 않은 미지의 동물이 나타난 것일지도 모른다는 농담이다–옮긴이)'가 끌어내렸기 때문이다. 그 사람은 30퍼센트가 간신히 넘는 수열만 정확히 짚어서 모든 어린 침팬지보다 낮은 점수를 받았다. 그러나 숫자가 더 빨리 꺼지고 과제가 더 힘들어지자, 아유무가 모든 인간을 이겼다. 흥미롭게도, 숫자가 꺼지는 속도가 빨라지는 동안 아유무의 성적은 꾸준히 유지된 반면에 인간의 성적은 다른 침팬지들과 마찬가지로 급속히 떨어졌다.

숫자가 꺼진 순간부터 피검자가 첫 번째 흰 사각형을 두드릴 때까지

그림 2.3 작업기억 과제 피검자는 스크린에 한 번 비친 뒤 곧바로 흰 사각형에 의해 가려지는 1에서 9까지의 숫자를 본 다음 기억에 의존해 숫자가 있던 자리를 순서대로 두드려야 했다.

의 시간을 말하는 정보처리속도의 경우는, 침팬지가 압도적으로 뛰어났다. 모든 침팬지가 모든 인간보다 빨랐고 속도에 따라 성적이 달라지지도 않았다. 반면에 인간의 대응은 빠를수록 덜 정확한 경향이 있었다.

이 시점에서 인간은 경쟁 조건이 공정하지 않다고 주장하면서, 자신들의 고르지 않은 성적에 대해 변명을 늘어놓기 시작한다. 예컨대 침팬지의 성적은 400회의 연습 후 마지막 100회를 가지고 측정했지만, 인간의 점수는 **아무 연습 없이** 수행한 50회를 토대로 했다는 것이다. 뒤따른 연구는 대학생들도 실제로 정확도 면에서 아유무와 비기거나 아유무를 이기도록 훈련될 수 있음을 보여준다.[17]

그러나 이러한 변명은 피차일반일 수 있다. 인간 팀은 인간이 도달할 수 있는 작업기억과 처리속도의 정점에 있을 법한 젊고 교육받은 성인들로 구성되었다. 만일 침팬지 팀이 복잡한 의사소통을 자유자재로 할 수 있다면, 인간처럼 그들도 틀림없이 어린 침팬지들의 나이에 어울리는 다섯 살배기 어린이들을 상대로 재대결을 요구할 것이다. 실제로 어미를 능가했던 어린 침팬지들은 아마 모든 어린애 집단을 무찌를 것이다. 침팬지

팀은 또한 자기들이 사로잡혀 있는 동안 억지로 배운 괴상한 아라비아숫자를 학생들은 평생 동안 경험했다고 비난할 것이다.[18]

이 논쟁은 끝도 없이 이어지고 기존 데이터로는 해결하지 못할 수도 있다. 그러나 우리의 뇌가 훨씬 더 크건만, 작업기억이나 정보처리속도에서 인간이 같은 처지의 유인원보다 명백하게 우세하지 않았다는 점은 부정할 수 없다. 이 증거를 고려한다면, 우리 종이 생태적으로 우세한 원인이 우리의 눈부신 작업기억과 타고난 정보처리속도에 있다고 단정하기는 힘들 것이다.

진정한 마키아벨리주의자
··········

이제 전략적 갈등을 고려해보자. 우리는 고도로 사회적인 종이므로, 어쩌면 우리가 세상을 지배하게 된 원인은 사회적 지능에 있을지도 모른다. 여러 선택압이 인간 뇌의 확장을 주도해 우리의 세련된 정신적 능력들을 창조했다는 한 관점을 **마키아벨리적 지능 가설**이라고 부른다. 이 관점은 우리의 뇌와 지능이 다른 사람을 다루는 데에 특수화되어 있음을 강조하고, 우리 뇌의 크기와 지능은 저마다 질세라 서로를 전략적으로 조종하고, 골탕 먹이고, 이용하고, 속이기 위한 머리싸움을 끊임없이 확대해가는 '군비 경쟁'에서 발생했다고 주장한다. 이 주장이 옳다면, 우리는 전략적 갈등을 조장하는 게임에서 침팬지에 비해 출중해야 한다.[19]

동전 맞추기 게임은 침팬지와 인간 모두가 일찍부터 해온 고전적인 전략적 갈등 게임이다. 게임에 들어간 개체는 같은 종끼리 짝을 이루어 수차례의 상호작용을 갖게 된다. 경기자마다 '동조자'와 '비동조자' 가운데 한 역을 배정받는다. 매회, 모든 참가자가 왼쪽 아니면 오른쪽을 선택

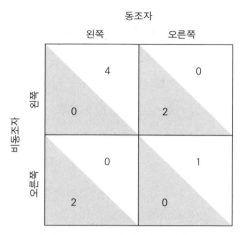

그림 2.4 비대칭 동전 맞추기 게임에서 동조자와 비동조자가 받는 보수. 경기자마다 왼쪽과 오른쪽 가운데 하나를 선택해야 한다. 칸마다 그늘진 부분에는 비동조자의 보수가 보이고, 밝은 부분에는 동조자의 보수가 보인다. 동조자는 왼쪽으로 일치시키는 데에 성공하면 오른쪽으로 일치시키는 때(1)보다 네 배 높은 보수(4)를 받는다. 그러나 비동조자는 어떻게 불일치시키든 똑같은 보수(2)를 받는다.

해야 한다(이 게임은 실제로는 침팬지와 인간, 각 참가자가 동전이 아니라 자기 앞의 터치패널에 있는 조그만 사각형 두 개 중 왼쪽, 또는 오른쪽을 터치하는 형태로 진행된다-옮긴이). 동조자는 자신의 선택(왼쪽 또는 오른쪽)이 상대방의 선택과 일치할 때에만 보상을 받는다. 반대로, 비동조자는 자신의 선택이 상대방과 불일치할 때에만 보상을 받는다. 그러나 〈그림 2.4〉에서 예시하듯이, 보상이 대칭일 필요는 없다. 이 비대칭 형태에서는 동조자가 왼쪽으로 일치시키는 데에 성공하면 사과 네 조각(사람의 경우는 해당 현금)을 받는데, 오른쪽으로 일치시키면 한 조각을 받는다. 반면에 비동조자는 어떤 식으로든 불일치시키는 데에 성공한 대가로 두 조각밖에 받지 못한다.

　　이러한 종류의 상호작용은 게임이론을 써서 분석할 수 있다. 가장 먼저 깨달아야 하는 것은, 이기려면 두 경기자 모두 가능한 한 예측할 수 없는 상대가 되어야 한다는 점이다. 당신의 앞선 선택에 관한 어떤 것도 상대가 당신의 다음 수를 예상하게끔 해서는 안 된다. 다시 말해, 당신은 무작위로 대응해야 한다. 이를 이해하기 위해, 당신이 직접 동조자의 입장이 되어보라. 당신의 상대는 그가 왼쪽을 찍든 오른쪽을 찍든 두 조각을 얻으므로, 당신은 기본적으로 상대가 왼쪽을 찍으면 왼쪽을 찍고, 상대가 오른쪽을 찍으면 오른쪽을 찍어야 한다. 이는 당신이 왼쪽과 오른쪽을 50퍼센트 빈도로 찍을 것이며, 상대는 당신의 선택을 예측할 수 없게 된다는 뜻이다. 당신이 50퍼센트에서 벗어나면, 상대가 더 자주 당신을 이용해먹을 수 있게 된다. 이제 비동조자의 입장에서 상황을 고려하자. 당신이 이번에도 왼쪽과 오른쪽을 비슷하게 찍는다면, 동조자는 태도를 바꿔 주로 왼쪽을 찍을 것이다. 그래야 보수가 한 조각이 아니라 네 조각이 생기기 때문이다. 이를 벌충하려면, 비동조자인 당신은 80퍼센트의 빈도로 오른쪽을 찍어야 한다. 따라서 지능적이고 합리적인 행위자들의 경합에서 예측되는 승리 전략은, 동조자는 왼쪽을 50퍼센트 빈도로 찍으면서 무작위로 대응하고, 그동안 비동조자는 무작위로 대응하되 왼쪽을 20퍼센트 빈도로만 찍는 것이다. 이 결과를 내시 균형Nash Equilibrium이라 한다. 왼쪽을 찍어야 하는 빈도는 왼쪽이나 오른쪽을 일치시키거나 불일치시키는 경우의 보수만 바꾸면 달라질 수 있다.

캘리포니아 공과대학(칼텍)과 교토 대학의 한 연구팀은 침팬지 여섯 마리와 두 집단의 성인, 다시 말해 일본인 학부생들과 기니공화국 보수 Bossou 지역 출신의 아프리카인들을 시험했다. 이 비대칭형 동전 맞추기(《그림 2.4》)를 했을 때, 침팬지들은 예측되는 결과인 내시 균형에 가까웠다. 그러나 인간은 체계적이면서도 일관되게 합리적 예측을 벗어났고, 비동조자는 특히 더 성적이 나빴다. 이때 '합리성'에서 벗어난 정도는 이전에 인간의 합리성을 시험한 많은 경우와 같은 선상에 있었지만, 침팬지들의 편차에 비하면 거의 일곱 배나 더 컸다. 나아가 많은 회수에 걸쳐 경기자의 대응 양상을 자세히 분석한 결과로 보자면, 침팬지는 상대의 최근 선택과 보수의 변화(다시 말해, 배역이 동조자에서 비동조자로 바뀌었을 때)에도 더 빠르게 대응했다. 최소한 이 게임에서는, 침팬지가 개별적 학습과 전략적 예측에 더 능한 것 같다.[20]

이 설정에서 유인원들이 거둔 성적은 요행이 아니었다. 칼텍-교토팀은 이 밖에도 게임마다 보수를 달리한 두 가지 변형 게임을 진행했다. 두 변형 모두에서, 침팬지들은 계속 뒤바뀌는 게임에서 내시 균형에 정확히 가까워져갔다. 이는 침팬지가 게임이론 연구자들이 **혼합전략**이라고 부르는 것을 개발할 수 있음을 의미한다. 혼합전략은 행동을 일정한 확률 주변에서 무작위화할 것을 요구하지만, 인간은 많은 경우 이를 힘겨워한다.

인간의 형편없는 성적에 대한 마지막 통찰은 참가자들의 대응 시간을 분석한 결과에서 나온다. 대응 시간은 한 회를 시작한 뒤 경기자가 자신의 수를 선택하기까지의 시간으로 측정한다. 두 종 모두, 동조자보다 비동조자가 더 오래 걸렸다. 그렇지만 인간은 침팬지보다 **훨씬 더 오래** 걸렸다. 마치 인간은 자동적인 반응을 막거나 참으려고 기를 쓰고 있었던 듯하다.

이 양상은 인간의 인지에 폭넓게 내장된 오류, 다시 말해 우리의 자동적이고 무의식적인 모방(동조) 경향을 반영할 것이다. 동전 맞추기뿐만 아니라 가위바위보 같은 다른 게임에서도, 한 경기자가 어쩌다 가끔씩 자신의 선택을 상대 경기자보다 몇분의 1초 먼저 드러낸다. 이 순간 상대의 수를 보면 그 결과로 꾸물거리는 사람이 더 많이 승리할 수 있을 것이다. 그리고 동전 맞추기 게임에서는, 모방하는 행위가 승리로 이어지는 동조자의 경우 실제로 그렇다는 것을 여러 실험들이 보여준다. 그러나 비동조자의 경우는 상대의 수를 보면 때때로 모방을 막지 못해서 더 많이 지게 된다. 가위바위보에서는 그 결과로 비기는 경우(예: 바위 대 바위)가 더 많은데, 더 느린 선수가 때때로 상대의 선택을 무의식적으로 모방하기 때문이다.[21] 그 이유는 우리 인간이 다소—자발적으로, 자동적으로, 그리고 흔히 무의식적으로—모방하는 것에 끌린다는 데에 있다. 침팬지들은 이 인지적 '오류'로 시달리지 않는 것처럼, 적어도 결코 인간과 비슷한 정도로 시달리지는 않는 것처럼 보인다.

이는 단지 시작일 뿐이다. 우리가 지적인 종이기는 하지만 결코 우리 종의 생태적 성공을 설명할 만큼 영리하지는 않다는 점을 보여주기 위해, 지금까지는 인간과 유인원의 인지를 비교한 사례들을 강조했다. 마음만 먹었다면 학부생들의 판단과 의사결정을 통계와 확률, 논리와 이성에서 제시하는 기준들과 대비시켜 실험하는 심리학과 경제학 분야의 방대한 문헌도 활용할 수 있었을 것이다. 전부는 아니지만 많은 맥락에서, 우리 인간은 체계적으로 논리적 오류를 저지르고, 있지도 않은 상관관계를 보며, 인과적인 힘을 무작위 과정으로 치부하는가 하면, 크고 작은 표본에 똑같은 가중치를 부여하기도 한다. 우리 인간은 흔히 이러한 보통 기준에도 체계적으로 미달일 뿐 아니라, 실은 이러한 시험에서 종종 다른 종들—새와 벌, 설치류 따위—보다 눈에 띄게 좋은 성적을 거두지도 않는다. 때로는 우리 성적이 더 나쁘다.[22] 대표적인 예로, 우리는 도박꾼의 오류, 콩코드(또는 매몰비용)의 오류, 뜨거운 손의 오류에 시달린다. 도박꾼들은 도박판에서 (실제로는 그렇지 않은데도) 이제는 자신이 '이길 차례'라고 믿고, 영화를 보러 가는 사람들은 차라리 다른 뭔가를 (잠을 잔다든지) 하면 더 재미를 보리라는 것을 알면서도 형편없는 영화를 끈질기게 계속 보며, 농구 내기꾼들은 실제로는 어떤 선수의 전형적인 평균 득점률에서 벗어나지 않는 행운의 연속골을 보고 있을 때조차 그 선수의 '손이 뜨거워진다'고 본다. 반면에 쥐와 비둘기를 비롯한 다른 종들은 이러한 추리의 오류를 겪지 않으며, 그래서 많은 경우 유사한 상황에서 더 유리한 선택을 한다.

우리 종이 그처럼 멍청하다면, 우리 종의 성공은 어떻게 설명할 수 있을까? 그리고 왜 우리는 이토록 영리해 보이는 걸까? 다음 열다섯 장에 걸쳐 그 답을 이야기할 것이다. 하지만 그 전에, 먼저 내 주장들을 시험대에 올리자. 문화적 노하우를 빼앗겨도, 우리 인간은 커다란 뇌를 가동하고 세련된 지성을 불살라 수렵채취인으로서 충분히 살아남을 수 있을까?

3장

무인도에 떨어지면
살아남을 수 있을까?

1845년 6월, 존 프랭클린 경의 지휘 아래 에레버스호와 테러호, 두 척의 배가 영국제도를 빠져나와 전설 속의 북서항로, 서유럽과 동아시아를 이어 무역에 활기를 불어넣을 바닷길을 찾아 돛을 올렸다. 이는 19세기 중반의 아폴로 탐사였다. 당시 영국은 캐나다 북극 지대를 차지하고 지자기 지도를 완성하기 위해 러시아와 경주를 벌이고 있었다. 영국 해군성은 북극의 여러 난관에 맞섰던 전력이 있는 노련한 해군 장교 프랭클린에게 최신 증기기관, 접어 넣을 수 있는 프로펠러, 분리되는 방향타로 장비를 보강하고 현장 시험을 마친 쇄빙선 두 척을 마련해주었다. 코르크로 단열하고 석탄을 때서 실내를 덥혔을 뿐만 아니라 염분을 제거해 담수화하는 설비, 통조림(통조림 제조는 당시 신기술이었다) 깡통 수만 개를 포함한 5년 치 식량, 장서 2,000권을 보유한 도서관까지 갖춘 두 배는 얼음으로 덮인 북쪽 바다를 탐험하고 북극의 긴 겨울을 견딜 수 있도록 치밀하게 준비되어 있었다.[1]

예상했던 대로, 탐험대의 첫 탐험 기간은 해빙海氷이 겨울 동안 그들을 북극권에서 거의 1,000킬로미터 북쪽에 위치한 데번섬과 비치섬 부근에 꼼짝도 못하게 가두면서 마감되었다. 10개월을 성공적으로 버틴 뒤 바다가 열려 뱃길을 살피러 남쪽으로 이동한 탐험대는 킹윌리엄섬 부근에서 9월에 다시 얼음에 갇혀버렸다. 다음 여름이 다가왔을 때, 이번에는 얼음이 물러나지 않고 있어서 또 한 해를 감금된 채로 보내게 되리라는 게 곧 분명해졌다. 프랭클린은 급사했고, 남은 선원들은 줄어드는 식량과 석탄(열)을 가지고 유빙流氷에 갇혀 새해를 맞이하게 되었다. 1848년 4월 얼음 위에서 19개월을 보낸 뒤, 극지 경험이 많았던 부함장 크로지어의 명령으로 105명의 대원은 배를 버리고 킹윌리엄섬에 주둔지를 세웠다.

다음에 벌어진 일의 자세한 사항은 완전히 알려져 있지 않지만, 모든 대원이 차례로 죽어간 것만은 분명하다. 고고학적 증거와 탐험대를 구하기 위해 보냈던 많은 탐험가들이 이누이트족 현지인에게서 수집한 이야기들은 모두, 선원들이 여러 그룹으로 나뉘어서 남쪽으로 이동했으며, 식인 행위가 뒤따랐음을 암시한다. 한 이야기에서는, 어느 이누이트족 집단이 선원 무리 가운데 하나를 마주쳤다고, 그래서 굶주린 사람들에게 바다표범 고기를 주었지만, 그 선원들이 사람의 팔다리를 지니고 있음을 알아차리고는 곧바로 떠났다고 전한다. 탐험대의 흔적은 섬의 여러 군데에서 발견되어왔다. 크로지어는 치폐와족[a]에 섞여 들어갈 만큼 남쪽으로 멀리 도달했으면서도, 지속적이고 조직적인 식인 행위에 대한 수치심 때문에 죽을 때까지 그곳에 숨어 살았다는, 끝내 확인되지 않은 소문도 있다.[2]

---

a   슈피리어 호수 지방에 사는 북아메리카 최대의 원주민.

어떤 인간들은 같은 환경에서 잘만 지내는데, 왜 이 사람들은 살아남지 못했을까? 킹윌리엄섬은 넷실릭족의 영토 중심부에 있다. 이누이트족의 한 개체군인 넷실릭족은 프랭클린의 대원들이 그랬던 것처럼 겨울은 유빙 위에서, 여름은 섬 위에서 보냈다. 겨울에는 얼음집에 살면서 작살을 써서 바다표범을 사냥했다. 여름에는 천막에 살면서 복잡한 복합궁과 카약을 써서 순록과 사향들소와 새를 사냥하고, 창끝에 세 갈래의 촉이 달린 〈그림 3.1〉의 작살을 써서 연어를 잡았다. 넷실릭족이 킹윌리엄섬의 중심 항구에 붙인 욱숙투크Uqsuqtuuq라는 이름은 (바다표범의) '지방이 많다'라는 뜻이다.[3] 넷실릭족에게 이 섬은 의식주를 위한 자원뿐 아니라 도구 제작에 필요한 자원(떠다니는 나무 따위)까지 풍부한 곳이다.

프랭클린의 대원 105명은, 커다란 뇌도 있고 동기도 충만한 영장류로서 인간이 3만 년 넘게 식량약탈자forager로서 살아온 환경을 마주했을 뿐이다. 그들은 북극에서 3년 동안, 그리고 보급품이 서서히 줄어드는 가운데 얼음 속에서 꼼짝도 못한 채 19개월 동안, 그 환경을 경험하고 그

그림 3.1 넷실릭족이 물고기를 잡는 데 쓰는 작살의 머리 부분. 미늘처럼 생긴 창끝은 순록 뿔로 만들었다. 로알 아문센이 1903~1906년에 킹윌리엄섬을 방문했을 때 수집한 것이다.

호모 사피엔스

커다란 뇌들이 문제를 해결하도록 할 시간이 있었다. 대원들은 이 모든 시간을 배 위에서 함께 일했고 서로를 잘 알고 있었으므로, 공통의 목표를 가진 결속력 높은 집단이었음이 틀림없다. 105명이었을 때, 이 집단에는 먹여야 할 입이 대략 넷실릭족의 큰 천막촌 하나와 같은 수만큼 있었고, 돌보아야 할 아이들이나 노인들도 없었다. 그럼에도 선원들은 가혹한 환경에 패배해 사라졌고, 이누이트족의 이야기 속에서만 기억될 뿐이다.

프랭클린의 대원들이 살아남지 못한 이유는 인간이 생소한 환경에 다른 동물들이 하는 방식으로, 또는 우리의 개별적 지능을 써서 적응하지 않은 데에 있다. 커다란 뇌 105개 가운데 대원들이 야영했던 킹윌리엄섬 서해안에서 구할 수 있었던 유목流木을 써서, 이누이트족이 순록을 사냥할 때 쓰던 반곡합성궁[a] 만드는 법을 알아낸 뇌는 하나도 없었다. 나아가 그들에게는 얼음집을 짓고, 민물을 만들고, 바다표범을 사냥하고, 카약을 만들고, 연어를 창으로 찌르고, 추운 날씨에 맞춰 옷을 짓는 일에 관한 방대한 양의 문화적 노하우도 없었다.

당신이 킹윌리엄섬에서 살아남으려면 알아낼 필요가 있을 이누이트족의 문화적 적응물을 몇 가지만 잠시 살펴보자. 바다표범을 사냥하려면, 먼저 얼음 안에서 바다표범의 숨구멍을 찾아야 한다. 구멍 주위에는 눈이 덮여 있어야 한다(그렇지 않으면 바다표범이 당신의 기척을 듣고 사라져버릴 것이다). 구멍 주위의 냄새를 맡아 구멍이 아직 사용되고 있는지를 확인하고(바다표범은 어떤 냄새가 날까?), 이번에는 특수하게 휘어진 순록의 뿔 조각을 써서 구멍의 모양을 가늠한다. 다음에는 구멍 위에 눈을 덮되 작은 틈을 남긴 뒤 꼭대기에 아래를 가리키는 표지물을 얹는다. 바다표범

---

a   반곡궁은 활대의 줄 매는 부분이 쏘는 사람의 반대쪽으로 휘어져 있어 시위를 당기면 더 많은 에너지를 저장했다가 화살을 더 빨리 쏘아보내는 활을 말하고, 합성궁은 목재와 짐승의 뿔, 힘줄 따위를 조합해 만든 활을 말한다.

이 구멍으로 들어와서 표지물이 움직이면, 당신은 앞뒤 가리지 않고 온힘을 다해 작살을 구멍으로 쑤셔 박아야 한다. 작살은 대략 1.5미터 길이로 하고, 촉 부분을 굵게 많은 힘줄로 묶어서 떨어져 나갈 수 있도록 해야 한다. 뿔은 앞서 당신의 눈에 띄는 바람에 당신의 유목 활에 쓰러진 순록한테서 얻을 수 있다. 작살 뒤쪽의 꼬챙이는 아주아주 단단한 북극곰의 뼈로 만든다(그렇다, 북극곰을 어떻게 죽이는지도 알아야 한다. 굴에서 낮잠자는 녀석을 잡는 게 최선이다). 작살의 머리를 바다표범에게 박아 넣었으면, 한바탕 씨름하며 놈을 얼음 위로 끌어당긴 뒤, 얼음 위에서 앞서 언급한 곰뼈 꼬챙이로 끝장을 내면 된다.[4]

바다표범이 생겼지만, 이제 조리를 해야 한다. 그렇지만 이 위도에는 목재로 쓸 나무들이 없고, 유목도 땔감으로 쓰기에는 너무 드물고 귀하다. 든든한 불이 있으려면, 비누석을 깎아 등잔을 만들고(비누석이 어떻게 생겼는지는 알잖아, 그렇지?), 고래기름으로 등잔용 기름을 마련하고, 특별한 종류의 이끼로 심지를 만들어야 한다. 물도 필요하다. 유빙은 꽁꽁 언 소금물이므로, 그것을 식수로 쓰면 탈수만 더 빨라진다. 그러나 오래된 해빙은 염분을 거의 다 잃었으므로, 녹이면 마실 수 있는 물이 된다. 당연히, 오래된 해빙은 빛깔과 감촉으로 찾아내고 확인할 수 있어야 한다. 찾은 해빙을 녹이려거든, 비누석 등잔에 부을 기름을 넉넉히 확보하라.

이 몇 가지 예는 북극에서 살아가는 데 필요한 문화적 노하우 가운데 빙산의 일각에 지나지 않는다. 썰매를 이용해 안전하게 돌아다니는 데에 필요한 날씨, 눈, 얼음 상태에 대한 모든 지식은 말할 것도 없고 바구니, 어살, 썰매, 고글, 약품이나 (《그림 3.1》과 같은) 작살을 만드는 노하우는 비치지도 않았다.

그럼에도, 비록 이누이트족이 인상적이긴 하지만, 어쩌면 내가 너무 많은 것을 요구하고 있는지도 모른다. 북극에서 2년 동안 얼음 속에서

호모 사피엔스

오도 가도 못하게 되면 아무도 살아남지 못했을 것이다. 어쨌거나 우리는 열대 영장류인데, 킹윌리엄섬의 겨울철 평균기온은 섭씨 영하 35도에서 영하 25도 사이이고, 19세기 중반에는 더욱더 낮았다. 그렇지만 공교롭게도, 다른 두 탐험대 또한 둘 다 프랭클린 탐험대 전후에 킹윌리엄섬에서 오도 가도 못하게 된 적이 있었다. 프랭클린의 대원들보다 인원도 훨씬 적고 장비도 덜 갖췄지만, 두 탐험대 선원들은 살아남았을 뿐만 아니라 훗날까지 탐험을 이어갔다. 그들이 성공한 비밀은 무엇이었을까?[5]

존 로스와 선원 22명은 프랭클린 탐험대보다 15년 먼저, 빅토리호를 킹윌리엄섬 앞바다에 버려야 했다. 섬에서 지낸 3년 동안 로스는 살아남았을 뿐만 아니라, 지자기극의 위치를 찾아낸 것을 포함해 용케 그 지역을 탐사하기까지 했다. 로스가 성공한 비밀은 놀랍지 않다. 그것은 이누이트족이었다. '사교적인 사람'으로 알려지진 않았지만, 로스는 어떻게든 현지인들과 친구가 되어 거래관계를 맺었고, 다리를 저는 이누이트족에게 나무 의족을 만들어주기까지 했다. 로스는 이누이트족의 얼음집과 다용도 도구들과 기막힌 방한복에 경탄했고, 이누이트족이 바다표범과 다른 동물들을 사냥하는 법, 개들, 개썰매로 이동하는 법을 열정적으로 배웠다. 그 답례로, 이누이트족에게 로스의 선원들은 정찬을 드는 동안 포크와 나이프를 올바로 사용하는 법을 가르쳐주었다. 로스는 다량의 민족학적 정보를 수집한 것으로 인정받는데, 사실 부분적으로는 생존에 결정적인 정보를 얻고 좋은 관계를 유지해야 할 현실적 필요에 따른 것이기도 했다. 대원들과 머무는 동안, 로스는 일기에 이누이트족이 보이지 않는 기간이 길어져서 걱정을 하고, 그들이 돌아와 물고기 80킬로그램, 바다표범 50마리의 가죽, 곰, 사향소, 사슴 고기, 신선한 물 따위의 선물 꾸러미를 포함한 선심을 베풀어 주기를 고대하는 마음을 담고 있다. 그는 이누이트족의 건강과 활력에도 경탄해 마지않았다. 이 기간에 로스의 썰매 탐험에는 항상 일군의 이누이트족이 포함되었고, 그들은 길잡이, 사냥꾼, 피신처 건설자가 되어주었다. 4년 뒤, 영국 해군성이 그동안 죽었을 것이라고 생각했던 로스는 기어코 대원 22명 가운데 19명과 함께 영국으로 돌아갔다. 몇 년 뒤인 1848년, 로스는 프랭클린의 길 잃은 탐험대를 찾기 위한 육상 수색에서 다시금 이누이트족의 설계를 기초로 한 경량 썰매를 배치하게 된다. 그리고 훗날 영국의 많은 탐험대가 이 썰매들의 설계를 도입했다.

50여 년 뒤, 로알 아문센은 킹윌리엄섬에서 두 겨울을 보내고 북극에서 세 번의 겨울을 보냈다. 재정비한 외돛 어선을 타고, 그는 북서항로 횡단에 성공한 최초의 유럽인이 되는 길로 나아갔다. 로스와 프랭클린에 대해 잘 알고 있었던 아문센은 곧바로 이누이트족을 수소문해 그들에게서 가죽옷 짓는 법, 바다표범 잡는 법, 개썰매 다루는 법을 배웠다. 나중에 그는 로버트 스콧을 물리치고 남극에 먼저 도달할 적에 이러한 이누이트족의 기량과 기술—옷, 썰매, 집—들을 훌륭하게 활용하게 된다. 섭씨 영하 53도에서 이누이트족의 옷이 얼마나 효율적인지 칭찬하면서, 노르웨이인 아문센은 이렇게 썼다. "이 지역 에스키모들의 겨울옷은 우리 유럽인의 옷보다 훨씬 우수하다. 하지만 전부 갖춰 입든지 아니면 아예 입지 말아야지, 섞어 입는 것은 좋지 않다. … (양모와 달리) 입는 순간 따뜻하고 편안해진다." 아문센은 이누이트족의 얼음집에 대해서도 비슷한 평을 했다(얼음집에 관해서는 7장에서 더 얘기하기로 하자). 마침내 자신의 썰매에 달린 쇠 날을 나무 날로 바꾸기로 결심한 뒤에는 이렇게 말했다. "이런 문제에서는 에스키모를 따라 하고, 날이 꽁꽁 언 빙판에 닿게 해주는 게 최선이다. 그러면 날은 버터처럼 미끄러진다."[6]

프랭클린 탐험대는 우리의 '길 잃은 유럽인 탐험가 파일'에서 첫 번째 보기다.[7] 보통, 사건은 다음과 같이 진행된다. 어느 불운한 유럽인 또

호모 사피엔스

는 미국인 탐험대가 길을 잃거나 길이 끊겨서 외지고 얼핏 살기 힘든 곳에서 꼼짝달싹 못하게 된다. 마침내 식량이 떨어지고 먹을 것을 찾기가, 때로는 물을 찾기도 점차 힘들어진다. 옷은 헤져가고, 피신처는 대개 부실하다. 이동 능력이 나빠지면서, 많은 경우 병이 뒤따른다. 상황이 절박해지면, 식인 행위도 자주 일어난다. 그렇게 되는 대표적인 사례는 탐험가들이 '가혹한' 환경에 노출된 뒤 그 안에서 보급품이 바닥날 때까지 살아남아야(살아남으려 애써야) 하는 경험을 운명이 허락하는 경우이다. 슬프게도, 이러한 탐험가들은 일반적으로 죽는다. 일부가 살아남는다면, 그것은 그들이 현지 원주민과 어우러져서 원주민이 그들에게 의식주와 의료와 정보를 제공하기 때문이다. 이러한 원주민들은 흔히 그런 '가혹한' 환경에서 지금껏 수백 년 또는 수천 년 동안 생존해 왔고, 곧잘 번성해 왔다.

이 사례들은 우리에게, 인간은 먹을 것과 쉴 곳을 찾아내는 본능적 능력에 의해 살아남는 것도 아니고, 국지적 환경의 난관에 대해 '즉흥적으로' 해결책을 찾아내는 개인적 역량에 의해 살아남는 것도 아님을 가르쳐준다. 우리가 살아남을 수 있는 이유는 문화적 진화의 선택 과정들이 여러 세대에 걸쳐 도구, 관행, 기법을 포함한 문화적 적응물의 묶음들을 조립해 왔기 때문인데, 이러한 묶음은 아무리 동기로 충만하고 협동적인 개인들의 집단이라도 몇 년 만에 고안해 내지 못한다. 게다가 이 같은 문화적 적응물의 보유자 자신들도 그것을 효과적으로 이용하는 데 꼭 필요한 지식은 고사하고, 그 적응물이 어떻게 혹은 왜 작용하는지도 잘 모르는 경우가 많다. 여러 세대에 걸쳐 문화적 적응물을 쌓아가는 그 과정의 기초들을 4장에서 제시할 것이다.

그러나 더 나아가기에 앞서, 그저 북극이 지나치게 도전적인 환경의 특수한 사례가 아니라는 점을 확실히 하기 위해, 길 잃은 유럽인 탐험가들의 파일을 다시 꺼내보기로 하자.

버크와 윌스 탐험대

....

1860년, 유럽인 최초로 멜버른에서 출발해 북쪽으로 카펀테리아만까지 오스트레일리아 내륙을 종단하고 돌아오는 길에, 석 달 치 식량을 거의 다 소모한 네 명의 탐험가는 이제 스스로 식량을 구하지 않으면 안 되는 처지로 내몰렸다. 형사였던 탐험대장 로버트 버크와 측량사인 부대장 윌리엄 윌스는 쉰두 살의 선원 찰스 그레이, 스물한 살의 군인 존 킹과 함께 얼마 뒤부터는 짐을 나르던 짐승들을 잡아먹어야 했고, 거기에는 이 사막여행을 위해 특별히 수입했던 낙타 여섯 마리도 포함되어 있었다. 말과 낙타 고기는 식량을 늘려주었지만, 이제 이동할 때는 장비를 버려야 한다는 뜻이기도 했다. 갈수록 쇠약해지며 먹을 것을 훔치던 그레이는 곧 이질로 죽었다. 남은 세 사람은 마침내 집결지였던 쿠퍼 강변의 탐험대 보급창에 도착했다. 그들은 거기서 대규모 탐험대의 나머지 대원들이 말끔한 물자와 식량을 가지고 자신들을 기다리고 있으리라 기대했다. 그러나 마찬가지로 병들고 다치고 식량이 모자랐던 이 대기조는 같은 날 더 일찍 그곳을 떠난 터였다. 버크와 윌스와 킹은 간발의 차이로 그들을 놓쳐버린 것이었는데, 그나마 셋이서 가까스로 땅속에 묻혀 있던 식량을 얼마간 찾을 수는 있었다. 그럼에도 지치고 쇠약해진 버크는 남쪽으로 향해 나머지 대원들을 따라잡으려 애쓰는 대신, 쿠퍼강을 따라 서쪽으로 호플리스산Mount Hopeless(그렇다. 정말로, 가망 없는 산!)을 향하기로 했다. 약 240킬로미터 떨어진 그곳에는 방목장과 경찰 초소가 있었다. 쿠퍼강을 따라 이동하는 동안, 집결지를 떠난 지 오래지 않아, 남은

호모 사피엔스

낙타 두 마리가 모두 죽었다. 남겨진 그들은 쿠퍼 강줄기에 꼼짝없이 발이 묶였다. 물을 나를 낙타도 없고 오지에서 물을 찾는 법도 모르는 채로는 셋이서 개울과 호플리스산 초소 사이에 마지막으로 휑하니 펼쳐진 사막을 건널 수 없었기 때문이다.[8]

오도 가도 못하는 데다 이제는 겨우 구한 식량마저 떨어져가자, 탐험가들은 현지 원주민 집단인 얀드루완다족과 용케 평화적으로 접촉했다. 이 원주민 수렵채취인들은 그들에게 물고기와 콩과 함께 어떤 빵을 선물로 주었고, 그들은 그 빵을 나두nardoo라는 '씨앗'(엄밀히 말하자면 씨앗이 아니라 홀씨주머니열매)으로 만든다는 사실을 알게 되었다. 세 탐험가는 원주민들과 함께 있을 때 분명히 나름 주의를 기울였지만, 그것만으로는 낚시를 하거나 덫을 놓아서 성공하는 빈도가 높아지지 않았다. 그러나 빵에서 감명을 받은 그들은 나두 씨앗이 나무에서 나온다고 믿고서 나두 나무를 찾기 시작했다. 수없이 찾아다니다 빈손으로 돌아오기를 반복한 끝에, 그들은 마침내 나두로 뒤덮인 평지를 가로지르게 되었다. 나두는 알고 보니 나무가 아니라 클로버처럼 생긴 반수생半水生 양치류였다. 그들은 처음에는 홀씨주머니열매를 그냥 끓였지만, 나중에 맷돌을 (만든 게 아니라) 발견하고는 얀드루완다족 여인들을 따라했다. 여인들이 빵을 준비할 때 잘 봐두었던 그들은 먼저 씨앗을 빻아 가루로 만든 다음 나두 빵을 구웠다.

그들의 역경 속에서 이것은 명백한 은혜였다. 마침내 믿을 만한 열량원이 생긴 것처럼 보였기 때문이다. 그런데 한 달이 넘도록 나두를 따다 먹었을 때, 그들은 모두 갈수록 피곤해지면서 엄청난 양의, 그리고 아주 고통스러운 배변활동에 시달리게 되었다. 열량을 내기에 충분한 양(월스의 일기에 따르면 하루에 2킬로그램 전후)을 먹었는데도 버크와 월스와 킹은 점점 더 약해지기만 했다(《그림 3.2》). 월스는 자신들에게 벌어지고 있는 일에 관해 쓰면서 나두 때문에 생긴 배변 현상을 가장 먼저 묘사했다.

이 나두는 도무지 이해할 수가 없다. 분명 어떤 형태로도 내 몸에는 안 받는 것 같다. 우리는 이제 나두만 먹고 사는 신세가 되었고, 우리끼리 그럭저럭 하루에 4~5파운드를 손에 넣는다. 나두를 먹은 뒤 누는 대변은 엄청나서, 먹은 빵의 양보다도 훨씬 더 많은 것 같고, 모양새도 먹었을 때와 아주 조금밖에 달라지지 않는다. (…) 기운이 빠지고 몸을 전혀 움직일 수 없는 것만 빼면, 나두만 먹으며 굶주리는 것은 결코 불쾌하지 않다. 왜냐하면 맛에 관한 한, 나두는 최상의 만족감을 주기 때문이다.[9]

버크와 윌스는 윌스가 이 일기를 쓴 날로부터 일주일이 안 되어 죽었다. 혼자 남은 킹은 얀드루완다족에게 의지해 근근이 목숨을 이었다. 그들은 킹을 받아들여 먹이고 가르쳐서 제대로 된 피신처를 지을 수 있게 해주었다. 석 달 뒤, 킹은 구조 원정대에게 발견되어 멜버른으로 돌아왔다.

버크와 윌스는 왜 죽었을까?

수렵채취인들이 이용하는 많은 식물들과 마찬가지로, 나두는 소화되지도 않을뿐더러 적절히 조리하지 않으면 약하게나마 독성이 있다. 조리하지 않은 나두는 일부만 소화되어 통과하는 데다, 몸에 저장된 티아민(비타민 B1)을 고갈시키는 티아민 분해 효소가 잔뜩 들어 있다. 티아민이 부족하면 각기병에 걸려 극도의 피로, 근육 소모, 저체온증을 겪게 된다. 이 문제를 해결하기 위해, 원주민들은 조리 과정에 나두의 독성을 없애고 먹을 수 있게 만드는 다양한 요소를 포함시킨 것으로 보인다. 첫째, 나두를 간 뒤 엄청난 양의 물로 가루를 걸러낸다. 이로써 소화율을 높이

호모 사피엔스

고 비타민 B1을 파괴하는 티아민 분해 효소의 농도를 낮춘다. 둘째, 빵을 구울 때, 가루를 가열하는 동안 재에 직접 노출시킨다. 이로써 산성도를 낮추면 티아민 분해 효소가 파괴될 것이다. 셋째, 나두 죽의 경우는 홍합 껍데기로만 떠서 먹는다. 이로써 티아민 분해 효소는 비타민 B1 파괴 반응을 본격적으로 개시하는 데에 필요한 유기물에 제대로 접근하지 못할 것이다.

이러한 현지의 관행들을 동원하지 않은 우리의 불운한 삼인조는 위장을 채우는 동안 기를 쓰고 스스로를 굶기고 독살한 셈이었다.[10] 이처럼 민감하면서도 미묘한 해독 관행은 소규모 사회에 공통된 것으로, 나중에 여러 장에서 더 많은 보기를 보게 될 것이다.

나두의 효과는 그나마 있는 옷마저도 해져가고 제대로 된 피신처 하

그림 3.2 쿠퍼 강줄기에서 살아남으려 몸부림치던 버크와 윌스와 킹을 표현한 그림. 출간된 윌스의 일기에 들어 있는 스콧 멜버른의 작품(Wills, Wills, and Farmer 1863).

나 만들 줄 모르는 상황과 맞물려, 세 사람이 추운 6월의 겨울 동안 아주 고통스러운 나날을 보냈다는 것을 의미했다. 추위가 그들을 더 빨리 약화시켜 결국 죽음을 재촉했을 것이다. 그들이 로스와 아문센처럼 현지인에게서 가르침을 얻을 기회는 버크가 걸핏하면 화를 내며 가버리고 얀드루완다족을 못 견뎌함으로써 줄어들었다. 한번은 선물을 요구한 그들의 머리 위로 총을 쏴서 그들을 사라지게 한 적도 있었다. 서툰 짓이었다.

오스트레일리아의 사막도 여전히 너무 극단적으로 보인다면, 어쩌면 아열대 기후에서는 우리의 지능, 그리고/또는 진화한 본능들이 우리를 더 잘 돌봐줄지도 모른다. 길 잃은 유럽인 탐험가 파일을 다시 꺼내보자.

나르바에스 탐험대

....

1528년, (플로리다주) 탬파만 바로 북쪽에서 판필로 나르바에스는 치명적인 실수를 저질렀다. 자신의 탐험대를 쪼개어, 스페인인 정복자 300명은 전설 속의 황금도시를 찾아 내륙으로 데려가는 한편, 배들은 나중에 다른 곳에서 만나기로 하고 해안을 따라 더 멀리 보냈던 것이다. 플로리다 북부의 습지와 관목숲을 두 달간 헤매고 다니며 (황금도시를 찾는 일에서는 아무런 운도 없이) 현지인들을 등쳐먹은 뒤, 이 막강한 정복자들은 배를 만나러 남쪽으로 가려 했다. 그러나 천신만고 끝에 늪지대를 통과했음에도, 육로로 배까지 갈 수는 없었다. 만나기로 한 날짜를 놓치자, (50여 명은 이미 죽고) 남은 242명은 보트 다섯 척을 지은 뒤 멕시코만 연안을 따라 멕시코에 있는 스페인령 항구로 노를 저어 갈 계획을 세웠다.

불행히도, 정복자들은 멕시코까지의 거리를 터무니없이 과소평가 한 터였고, 그들이 만든 조잡한 보트들은 멕시코만 연안을 따라 늘어선 섬들에 차례로 좌초했다. 이제 뿔뿔이 흩어져 버린 스페인 사람들은 굶주 렸고, 때로는 식인 행위도 하다가, 마침내 텍사스주 해안을 따라 오래 살아온 평화적인 카란카와족 수렵채취인들의 도움을 받았다. 여러 이야기로 미루어 보자면, 카란카와족의 도움으로 살아남은 대원들은 다시 멕시코를 향해 길을 떠날 수 있었지만 결국은 다시 굶주림 때문에 비참한 상태로 고립되었다. 그런데 이들 가운데 최소한 한 무리는 현지인에게서 해초와 굴 따는 법을 배운 덕에 먹을 것을 찾는 솜씨가 나아졌다. 흥미롭게도, 허우적거리던 이 스페인 사람들은, 나중에 유럽인 여행자들도 그랬듯, 언제나 카란카와족을 눈에 띄게 키 크고 탄탄하고 건강한 모습으로 묘사했다. 그러므로 그곳은 수렵채취인에게는, 자기가 할 일을 좀 알기만 한다면, 풍요롭고 너그러운 환경이었다.

대부분은 굶어 죽었지만, 몇 안 되는 스페인 사람과 무어인 노예 한 명이 인구가 더 밀집된 카란카와족 영토의 중심부에 다다르기는 했다. 간신히 살아남아 이 지점에 도달했건만, 남은 모험가들은 순식간에 사나운 카란카와족의 노예가 되었고, 여성의 역할을 강요받았을 것이다. 북아메리카 원주민 사이에서는 이처럼 남성이 여성으로 성역할을 바꾸는 경우도 드물지 않았다. 우리의 정복자들에게 그것은 고달픈 노동의 연속, 이를테면 물을 긷고 땔감을 마련하는 것 말고도 여러 가지 불쾌한 의무를 의미했다.

이 수렵채취인들 사이에서 뿔뿔이 흩어져 몇 해를 산 뒤, 나르바에스의 선원들 가운데 네 사람이 해마다 돌아오는 선인장 열매 수확 철에 한데 모이게 되었다. 많은 지역의 부족들이 모여들어 먹고 마시고 축하하는 기간이었다. 네 사람은 그 들뜨고 흥분된 공간을 슬그머니 빠져나올 수 있었다. 그리고 멕시코와 텍사스 안의 서로 다른 많은 사람들 사이에서 머무는 동안 치유자 겸 주술사 노릇을 하면서 길고도 멀리 빙 돌아가는 경로를 거친 끝에, 플로리다에서 출발한 지 8년 만에, 마침내 뉴 스페인(식민지 시대의 멕시코)으로 되돌아갔다.[11] 이처럼, 네 사람이 용케 살아남을 수 있었던 것은 아메리카 원주민 사회에서 쳐주는 사회적 소임을 받아들인 덕택이었다.

섬에서 홀로 18년을 생존한 여자

....

우리는 강인하고 노련한 탐험가들로 이루어진 용맹한 무리들이 생소한 환경에서 고군분투하는 이 길 잃은 유럽인 탐험가 이야기들을, 어느 젊은 여인이 홀로 자신이 성장한 곳에서 18년 동안 오도 가도 못하게 되었던 다른 이야기와 대조해 볼 수 있다.

로스앤젤레스 해안에서 100킬로미터 넘게, 가장 가까운 육지에서도 50킬로미터 가까이 떨어져 있는 안개 짙고 황량하며 바람도 심한 샌니콜라스섬에는 한때 한 원주민 사회가 채널제도諸島의 다른 섬들 및 해안과 교역하며 번성했다. 그러나 1830년 무렵에는 섬 인구가 줄어들고 있었는데, 그것은 부분적으로는 당시 러시아령이던 알류샨열도에서부터 수달을 잡으러 내려와 샌니콜라스섬에 야영지를 세운 코디액섬 출신 수렵 채취인들이 학살을 자행한 탓이었다. 1835년, 스페인인 선교사들이 남아 있는 섬 주민들을 본토의 선교단에게 데려오려고 샌타바버라에서 배 한 척을 보냈다. 다급히 대피가 이루어지는 동안, 20대 중반의 한 토박이 여인이 잃어버린 아이를 찾으러 뛰쳐나갔다. 다가오는 폭풍을 피하기 위해 배는 결국 그녀를 섬에 남겨두고 떠났고, 얄궂은 운명의 장난으로 그녀는 완전히는 아니었지만 거의 잊히고 말았다.

18년 동안 생존하면서, 이 홀로 남은 조난자는 바다표범과 조개, 바닷새와 물고기와 다양한 뿌리를 먹고 살았다. 그리고 아프거나 위급할 때를 대비해 말린 고기를 섬 여러 곳에 저장했다. 뼈로 칼과 바늘과 송곳을, 조개껍데기로 낚싯바늘을, 힘줄로 낚싯줄을 만들었다. 고래 뼈로 지은 집에서 살고, 동굴에서 폭풍을 피했다. 물을 나르기 위해 캘리포니아 원주민들이 흔히 쓰던 한 형태의 놀랍도록 빈틈없는 바구니를 짰다. 입을 것으로는 갈매기 가죽을 깃털이 붙은 채로 꿰매어 붙여 소매 없는 방수 웃옷을 만들어 걸치고, 풀로 샌들을 짜서 신었다. 마침내 발견되었을 때, 그녀는 '양호한 건강상태'였을 뿐만 아니라 '주름살 하나 없는 얼굴'을 지닌 매력적인 모습이었다. 그녀는 자신이 갑자기 수색대에게 발견되었단 사실에 겁먹었으나, 금방 진정한 후 자신이 만들고 있던 음식으로 수색대에게 저녁을 대접했다.[12]

우리의 길 잃은 유럽인 탐험가들과 이보다 더 극명하게 다를 수는 없을 것이다. 조상들이 쌓아온 노하우만 가진 채로 홀로 남겨진 한 여인은 18년 동안 살아남은 반면, 양식도 충분했고 재정도 넉넉했던 노련한 탐험가 팀들은 오스트레일리아, 텍사스, 북극에서 사투를 벌였다.

이 다양한 사례들이 우리 종의 적응이 지닌 본성을 적나라하게 보여준다. 아득히 먼 옛날부터 쌓여온 방대한 양의 문화적 지식에 의존하는 동안, 우리 종은 이 문화적 입력에 중독된 신세가 되었다. 식물을 찾아내어 처리하는 법, 구할 수 있는 재료로 도구를 만드는 법, 위험을 피하는 법에 관한 지식을 문화적으로 전달받지 않으면, 우리는 수렵채취인으로서 오래가지 못한다. 그토록 커다란 뇌를 보유하는 결과로 지능을 얻으면서도, 우리는 수렵채취인 조상들이 우리의 진화사에 걸쳐 너무도 흔히 거주했던 것과 같은 환경에서 살아남지 못한다. 우리의 주의력, 협력하는 성향, 인지능력들은 우리 조상들이 처했던 환경 안의 생명체에 대한 자연선택에 의해 만들어져왔을 가능성이 높지만, 이 유전적으로 진화한 심리적 적응물들이 우리 종에게는 전적으로 불충분하다. 우리의 지능도 분야 특수적인 심리적 능력들도, 먹을 수 있는 식물과 유독한 식물을 구별하거나 배, 뼈송곳, 얼음집, 카누, 낚싯바늘, 나무썰매 가운데 하나를 제작할 용도로는 작동하지 않는다. 우리 종의 진화사에서 사냥, 옷, 불이 지니는 결정적 중요성을 무릅쓰고, 타고난 정신적 기계장치는 어느 것 하나 우리의 탐험가들에게 눈으로 덮인 바다표범 구멍 찾기나 발사 무기 만들기, 혹은 불 피우기에 관한 정보를 전해주지 않았다.

우리 종의 독특함, 그리고 그 결과인 생태적 우세함은 문화적 진화가 종종 수백 년 또는 수천 년에 걸쳐 작용하면서 문화적 적응물을 조립할 수 있는 방식으로 진행하는 데에서 기인한다. 위의 사례들에서 내가 강조해 온 문화적 적응물은 먹거리 찾기와 처리하기, 물이 있는 곳 찾아내기, 조리하기, 이동하기에 관한 도구와 노하우 따위였다. 하지만 이 책을 읽어 나가는 동안, 문화적 적응물에는 우리가 만들 수 있는 것뿐 아니라 우리의 사고방식, 우리가 좋아하는 것도 포함된다는 점이 분명해질 것이다.

4장에서는 진화론이 어떻게 문화에 대한 이해를 형성하는 데에 성공적으로 적용될 수 있는지를 보여줄 것이다. 남에게서 배우는 데에 필요한 우리의 능력들을 형성하고 연마하기 위해 자연선택이 어떤 식으로 우리의 유전자와 마음을 다듬어왔는지를 이해하는 순간, 어떻게 복잡한 문화적 적응물들이—도구, 무기, 먹거리 처리 기법뿐만 아니라 규범, 제도, 언어까지 포함해—작동 원리나 이유를 완전히 파악하는 사람 없이도 점진적으로 등장할 수 있는지 알게 될 것이다.

5장에서는, 문화적 적응물의 등장이 어떻게 우리의 유전적 진화를 주도하기 시작했는지 살펴볼 것이다. 그 결과로 지속되는 문화-유전자 공진화의 이중주가 우리를 데리고 생소한 경로를 따라가며, 마침내 우리를 진정으로 문화적인 종으로 만들어왔다.

4장

문화적인 종을
만드는 법

유럽인 탐험가들은 수렵채취인으로 살아남을 수 없었던 반면에 현지인들은 심지어 혼자 고립되어서도 살아남을 수 있었던 까닭을 이해하려면, 개체군이 어떻게 해서 문화적 적응물—다양하고 도전적인 다양한 환경에서 사람들에게 생존을, 그리고 곧잘 번성을 허락하는 한 벌 또는 묶음 단위의 기량, 믿음, 관행, 동기, 조직형태 따위—을 발생시키는지를 이해해야 한다.

이 과정은—몇 가지 결정적 의미에서—우리보다 더 영리하다. 여러 세대에 걸쳐, 많은 경우 의식적 자각이 없는 상태에서, 개개인들의 선택과 학습된 선호, 운 좋은 실수와 우연한 통찰이 뭉쳐서 문화적 적응물을 생산한다. 흔히 복잡한 이 묶음들에는 현대의 공학자와 과학자에게 감명을 주는 미묘하고 암시적인 통찰들이 담겨 있다(7장 참조). 우리는 이누이트족의 옷에서부터 나두 해독에 이르기까지 이러한 문화적 적응물의 일부를 엿보았고, 그 밖에도 임산부를 어패독에서 보호하는 음식 금기에서부터 친사회성을 불러일으키는 종교의례에 이르기까지 그러한 적응물을 더 공부할 것이다. 하지만 그러기에 앞서, 문화적 진화에 대한 이해를 밑바닥에서부터 철저히 쌓아 올려야 인간 개체군이 어떻게 해서 결국 국지적 환경의 난관에 맞게 연마된 도구, 취향, 기법의 복합체를 얻게 되는지를 설명할 수 있다.

이것이 우리를 핵심적 통찰로 이끌어 준다. 연구자들이 요즈음 '문화적' 설명을 '진화적' 설명이나 '생물학적' 설명과 대결시키는 대신 일련의 다채로운 작업을 통해 보여주고 있는 것은 다음과 같다.

자연선택은, 유전자에 작용하고 있는 가운데, 복잡한 문화적 적응물을 생산할 능력이 있는 **비유전적 진화 과정**을 발생시키는 방식으로 우리의 심리를 담금질해왔다. 그렇다면 문화와 문화적 진화란 남에게서 배우는 데 필요한 심리적 적응물들을 유전적으로 진화시킨 결과가 된다. 다시 말해, 자연선택이 남에게서 배우기 위해 필요한 능력들을 가진 뇌를 만드는 데에 관여하는 유전자를 선호한 결과다. 이 학습능력들은, 개체군 안에서 작동하면서 시간이 흐르면, 세련된 도구들에 관련된 행동 목록을 포함한 미묘하게 적응적인 행동 목록들과 동식물에 관한 커다란 지식의 모음을 낳을 수 있다. 이 창발적 산물들은 처음에는 개체군 안에서 배우려는 마음들이 상호작용한 예기치 않은 결과로서, 세월의 흐름 속에서 태어났다. 이러한 지적 추세에 따르면, '문화적 설명'은 '진화적 설명'의 한 유형, 그 밖에도 많을 수 있는 비문화적 설명들 가운데 하나에 지나지 않게 된다.

로버트 보이드와 피터 리처슨이 이제는 고전이 된 그들의 논문 〈문화와 진화 과정〉에서 일련의 수학적 모형을 개발함으로써 이 접근법의 기초를 놓았다. 그 모형은 문화적 학습에 필요한 우리의 역량들을 유전적으로 진화한 심리적 적응물로 상정하고 탐구를 진행한다. 문화적 학습을 심리적 적응물 또는 한 벌의 적응물들로 보고 접근하면, 우리가 남에게서 유용한 관행, 믿음, 관념, 선호를 가장 효과적으로 습득하도록 하기 위해 자연선택이 우리의 심리와 동기를 어떻게 다듬어왔는가라는 질문을 던질 수 있다.[1] 이는 우리가 **누구**에게 배울지, **무엇**에 주목해서 추론을 해야 하는지, **언제** 문화적 학습을 통해 입력한 정보로 우리 자신의 직접적 경험이나 본능을 억눌러야 하는지에 관한 질문이다.

다양한 과학 분야에서 나오는 증거들이 이제 문화적 학습을 위한 우리의 심리적 적응물들이 얼마나 정교하게 조율되어 있는지를 드러내고 있다. 자연선택은 우리가 효과적이고 효율적으로 남들의 마음과 행동에서 정보를 얻도록 해주는 광범위한 정신적 능력들을 우리 종에게 부여해왔다. 이러한 학습본능은 일찍이 젖먹이와 어린아이 시절부터 나타나고, 보통 무의식적으로 또 자동적으로 작용한다. 동전 맞추기 게임과 가위바위보에서 보았듯이, 많은 상황에서 우리는 자동적인 모방본능을 막기 어려워한다. 아래에서 보겠지만, '정답'을 얻는 게 중요한 때조차 우리의 문화적 학습기제들이 작동해 우리의 관행, 전략, 믿음, 동기에 영향을 준다. 사실, 정답을 얻는 게 중요할수록 문화적 학습에 더 많이 의존하기도 한다.

문화적 학습이 우리의 행동과 심리에 미치는 효과가 얼마나 구석구석 배어 있는지를 고려하면서 시작해보자. 〈상자 4.1〉에 나열한 것은 문화적 학습의 영향이라고 밝혀진 영역의 일부일 뿐이다.[2] 목록에는 음식 선호, 짝 선택, 기술 도입, 자살을 비롯해 이타주의 및 공정성과 관련한 사회적 동기와 같은 진화적 중요성이 뚜렷한 분야들이 포함된다. 이어질 장에서 보겠지만, 문화적 학습은 우리 뇌 안으로 직접 도달해 우리가 물건과 사람에게 두는 **신경적 가치**들을 바꾸고, 그렇게 하면서 우리가 스스로를 판단하는 기준들도 설정한다.

- 음식 선호와 먹는 양
- 짝 선택(개인과 그 개인의 형질들)
- 경제전략(투자)
- 인공물(도구)의 기능과 사용
- 자살(결심과 방법)
- 기술 도입
- 단어의 의미와 방언
- 범주('위험한 동물')
- 믿음(예: 신이나 세균 따위에 관한)
- 사회규범(금기, 의례, 팁 주기)
- 상벌의 기준
- 사회적 동기(이타주의와 공정성)
- 자기 조절
- 판단의 발견법

일련의 고전적 실험은 아이들이 자신에게 스스로 보상을 주거나 주지 않는 방법으로 성과의 기준을 정하게 되는 것을 보여준다.[3] 아이들은 볼링 게임에서 상대적으로 더 높은 점수를 넘은 뒤에만 스스로에게 초콜릿으로 보상을 주는 시연자를 보았거나, 상대적으로 더 낮은 점수를 넘은 뒤에 그렇게 하는 시연자를 보았다. 아이들은 그 시연자의 보상 기준을 베낌으로써, '높은 기준' 본보기에 노출된 아이들은 자신의 점수가 더 높은 문턱을 넘어서지 않으면 초콜릿을 먹지 않는 경향을 보였다. 곧 명확해지겠지만, 문화적으로 습득한 기준이나 가치가 개별적 학습, 훈련, 시행착오 학습을 하는 과정에서 우리의 노력과 끈기를 유도한다.

우리의 문화적 학습능력을 유전적으로 진화한 심리적 적응물로 여기

호모 사피엔스

는 것이 어떻게 우리가 한 개체로서 우리의 세상에 적응하는 방식과 개체군이 여러 세대에 걸쳐 개체군의 환경에 적응하는 방식 둘 다에 대한 이해를 심화하는지 살펴보는 것으로 시작하자. 첫 번째 질문은 이것이다. "**누구**에게서 배울지를 개인이 어떻게 알아내야 할까?" 이는 문화적 적응물이 어떻게 등장할 수 있는지를 예증할 것이기 때문에 중요한 질문이다.

당신이 수렵채취인 무리band에서 살고 있는 소년이라고 하자. 살아 남기 위해, 당신의 공동체에 속한 남자들은 다양한 사냥감을 잡는다. 당신은 어떤 식으로 사냥을 시작해야 할까? 무작정 실험을 시작할 수 있겠다. 가젤을 향해 돌을 던져보든가, 얼룩말을 쫓아다녀보든가. 아니면 사냥을 위해 진화한 모종의 본능들이 작동해 당신이 할 일을 말해줄 때까지 기다릴 수도 있을 것이다. 이 경로로 가면 아마 긴 시간을 기다리게 될 것이다. 바로 프랭클린, 버크, 나르바에스가 처했던 상황이기 때문이다. 유빙 위에서 사는 19개월 동안 굶주림이 서서히 다가왔지만, 프랭클린의 대원들 중 그 누구도 작살로 바다표범 잡는 법을 알아내지 못했다. 실은, 당신은 문화적인 종의 일원이므로 본능들이 작동하긴 하겠지만, 그 본능은 특수화된 사냥 능력을 제공하는 대신 당신이 베낄 사람을 찾기 시작하도록 만들 것이다. 하지만 무턱대고 아무나 찾는 게 아니라, 야심찬 어린 사냥꾼은 먼저 자신의 형제, 아버지, 삼촌처럼 쉽게 접근할 수 있는 사람에게서 최대한 많은 정보를 주워모은다. 나중에, 아마도 청소년기 동안, 학습자는 공동체 안에서 나이가 더 많고 가장 크게 성공했고 가장 명망이 높은 사냥꾼에게 집중적으로 배움으로써 이전의 노력을 갱신하고 개선한다. 다시 말해, 학습자는 나이와 성공과 명망이라는 세 가지 문화적 학습 단서를 써서 학습 대상을 찾아야 한다.

당신은 '남성이라는 점'도 단서로 사용할지 모른다. 가정하자면 사냥은 주로 남성의 활동이기 때문이다. 이러한 단서는 당신이 공동체 안에서 사냥과 관련된 적응적 관행, 일상, 믿음, 기량을 보유했을 가능성이 가장 높은 사람에게 집중하도록 도와줄 뿐 아니라, 당신을 아끼는 사람들이 알고 있는 것을 십분 활용하면서 당신이 자신의 능력과 노하우를 차츰 쌓아올릴 수 있도록 해줄 것이다. 게다가 특정한 개인은 색다른 이유로(예컨대 좋은 유전자를 지녀서) 성공했거나 명망을 얻었을 수도 있으므로, 당신은 최상위 사냥꾼 여러 명을 표본으로 추출한 다음 그들 가운데 다수가 선호하는 관행만 사용할 필요가 있다.[4]

진화적 추론은 더 일반적으로, 학습자가 광범위한 단서를 활용해서 누구를 선택적으로 주목하고 본받을지를 알아내야 한다는 것을 시사한다. 그러한 단서들이 학습자로 하여금 자신의 생존과 번식을 늘려줄 정보를 보유했을 가능성이 가장 높은 사람을 겨냥하도록 해준다. 잠재적으로 본받을 수 있는 사람(이후로는, **본보기**)의 중요도를 저울질하는 데에서, 개인은 그 본보기의 건강, 행복, 기량, 신뢰도, 실력, 성공, 나이, 명망과 관계 있는 단서들뿐만 아니라, 자신감이나 자부심의 표시처럼 그 단서들과 상관 있는 단서들까지 모두 합쳐야 한다. 그리고 이 단서들을 성별, 기질, 민족(언어, 방언, 옷차림 따위에 의해 티가 나는)과 같은, 자기유사성과 관계있는 다른 단서들과 통합해야 한다.

자기유사성단서는 학습자가 훗날 제 구실을 하는 데에 유용할 문화적 형질(예: 관행이나 선호)을 보유했을 법한 사람에게 초점을 맞추는 데에 도움이 된다. 예컨대 성별단서는 십대 소년이 여성 특수적 활동의 많은 세부사항, 이를테면 젖먹이를 어떻게 업는지, 또는 출산 후 젖꼭지에서 끈끈하고 노르스름한 분비물(초유)이 먼저 나오면 어떻게 해야 하는지에 주의를 기울이며 보내는 시간을 줄여준다. 이러한 단서는 개인이 누구를 본받을지 알아내는 데에 도움이 되기 때문에, 모두 합쳐져서 '본보기기반' 문화적 학습 기제에 입력된다. 우리의 선택적인 문화적 학습을 더 자세히 살펴보자.

기량과 성공

....

많은 본보기기반 단서(성공과 명망 따위)는 특정한 행동 분야-사냥과 골프 따위-에는 느슨하게만 묶여 있으므로, 이 단서들은 음식, 짝, 포도주, 언어적 명칭 따위에 대한 선호에서부터 신, 세균, 천사, 업보, 중력처럼 보이지 않는 매개자나 힘에 관한 믿음에 이르기까지, 광범위한 문화적 형질을 학습하는 데에 영향을 줄 것으로 예상된다. 그렇다고 해서, 똑같은 단서가 매우 다른 여러 분야에 같은 크기의 영향을 미칠 거라고 예상해야 한다는 말은 아니다. 누군가를 사냥꾼이나 농구 선수로 성공시킨 게 무엇인지는 분명 그 사람의 화살 제조 기법이나 점프슛 자세로 더 잘 예측되지만, 당근을 먹는 습관이나 사냥 또는 농구시합에 나가기 전에 잠깐 기도를 하는 것도 영향을 미칠 수 있다. 당근을 먹어서 슛을 하는 사람의 시력이 좋아질지도 모르고, 기도 의례가 차분하게 정신을 집중시켜줄지도(아니, 어쩌면 초자연적인 도움을 가져다줄지도) 모른다.

실력과 신뢰도라는 관념을 담아내는, 기량과 성공 관련 단서들의 영향력을 더 깊이 살펴보는 것으로 시작하자. '기량단서'는 한 분야에서의 실력과 가장 직접적으로 관계있는 단서다. 예컨대 작가의 기량은 그의 책을 읽어서 판단하면 된다. 수렵채집사회의 야심찬 사냥꾼은 손위 사냥꾼이 능숙하게 기린의 뒤를 밟고, 나뭇그늘에 웅크리고 있다가, 정확히 겨냥한 화살을 물 흐르듯 날리는 모습을 지켜보면 된다. 반면에 '성공단서'는 더 간접적이지만, 정보를 뭉쳐주기 때문에 잠재적으로는 더 유용하다. '성공단서'를 쓰자면, 작가는 그의 책 판매 부수로 평가하면 되고, 사낭꾼은 그가 집에 커다란 포획물을 가져오는 빈도로 평가하면 된다. 많은 수렵사회가 이전에 잡은 짐승을 세기 쉽게 거들어주는 관행을 갖고 있으므로, 사냥꾼의 목걸이에 달린 원숭이 이빨 수나 그의 집 밖에 걸린 돼지 턱 수를 세어보면 된다.[5]

문화적 학습에서 성공단서를 사용하는 관행이 얼마나 강력하고 깊이 배어 있는지 보기 위해, 다음 실험을 생각해보자. 경영대학원 학생들이 두 가지 다른 형태의 투자게임에 참가했다. 게임에서 그들은 A, B, C라는 세 가지 투자 선택지에 자신의 돈을 분배해야 했다. 먼저 투자마다 평균수익률과 그것의 변동률은 얼마라는(수익이 평균보다 많을 때도 있고 적을 때도 있다는) 말을 들었다. 그리고 투자들 사이에 관계 또는 상관관계, 예컨대 A의 투자가치가 올라가면 B의 가치는 내려가는 경향이 있다는 말도 들었다. 참가자들은 투자할 돈을 빌릴 수 있었다. 게임을 하는 동안 매회, 경기자마다 분배를 하고 수익금을 받을 것이었다. 한 회가 끝날 때마다, 경기자들은 다음 회의 투자 분배를 변경할 수 있었다. 투자는 16회 진행된다. 게임 끝에 모든 경기자가 기록한 상대적인 자산 실적 순위는 그 수강과목에서 받을 각자의 학점 등락에 큰 영향을 끼쳤다. 경영대학원 과정을 아는 사람은 알겠지만 이것은 무시할 수 없는 유인책이어서, 참가한 경기자들은 게임에서 최대한 많은 돈을 벌겠다는 강한 동기를 지니고 있었다.

실험자는 두 가지 형태 가운데 하나에 경기자를 무작위로 배정했다. 한 형태에 배정된 경영대학원생들은 다른 참가자들과 격리된 채 16회에 걸쳐 자신의 선택이 낳은 결과만을 아는 상황에서 다음 회의 투자를 결정했다. 두 번째 형태가 첫 번째와 다른 점은, 한 회가 끝날 때마다 모든 참가자가 선택한 투자와 실적 순위를 무기명으로 게시해 알려준다는 것이었다.

호모 사피엔스

실험을 설계한 경제학자들은 두 형태의 결과에서 나타난 차이에 깜짝 놀랐다(인정하건대, 많은 경제학자들이 인간의 행동에 꽤 쉽게 놀라기는 하지만).[6] 실험 결과 세 가지 양상이 두드러졌다. 첫째, 경영대학원생들은 (실적을 게시한) 두 번째 형태에서 이용할 수 있었던 추가정보를 경제학 이론이 가정하는 복잡하고 정교한 방식으로는 사용하지 않았다. 대신에, 면밀한 분석 결과는 많은 참가자들이 단지 이전 회에서 최고의 실적을 올린 사람이 했던 투자 분배를 모방하고('흉내내고') 있었음을 보여준다. 둘째, 이 실험의 환경은 이익을 최대화하는 투자 분배를 실제로 계산할 수 있을 정도로 단순했다. 이 최적의 분배를 참가자들이 실제로 두 형태 각각에서 16회째에 궁극적으로 도달한 분배와 비교할 수 있다. 오로지 자신의 개인적 경험에 내맡겨진 경영대학원생들은 결국 최적의 분배에서 아주 멀리 벗어났다. ─따라서 전체적 실적이 좋지 않았다─ 그러나 두 번째 형태에서 서로의 투자를 흉내낸 집단은 게임이 끝날 무렵 정확히 최적의 분배를 향하고 있었다. 여기서는 집단 전체가 돈을 더 많이 벌었는데, 학점은 전적으로 상대순위를 바탕으로 매겨서 집단 실적을 위한 유인책은 전혀 없었으므로 이는 흥미로운 결과다. 마지막으로, 서로를 모방할 기회는 집단 전체의 실적을 향상시키는 데에 극적인 효과를 미친 반면, 개인적으로는 약간의 재앙을 낳기도 했다. 가끔은 큰 위험을 감수했다가 단기간에 보상을 받아서─운이 좋아서─최상의 실적을 올린 경우가 있었다. 하지만 그것은 곧잘 엄청난 대출을 포함하는 위험한 분배였는데, 다른 학생들이 그것을 베꼈다. 그러나 분배의 선택은 베낄 수 있어도 운은 베낄 수 없으므로, 부작용으로 파산하는 횟수가 급증했다.[7]

사람들은 더 성공한 사람을 모방하는 경향이 있다는 이 실험의 핵심적 연구 결과는 엄청나게 다양한 분야에서, 통제된 실험실 조건과 실세계의 양상에서 모두 거듭 관찰되어왔다.[8] 여러 실험에서 학부생들이 **성공**

편향 학습에 의존하는 때는 진짜 돈이 걸려 있는 경우다. 정답이나 우수한 성적의 대가로 보상을 받는 경우 말이다. 사실 문제가 난해할수록, 또는 불확실성이 클수록 사람들이 문화적 학습에 의존하는 경향도 커진다는 것은 진화 모형들이 예측한 바다. 이는 우리에게 언제 개인들이 자신의 직접적인 경험이나 직관을 누르고 문화적 학습에 의존할 것인지에 관해 중요한 것을 알려준다.

흥미롭게도, 당신이 진짜 주식시장의 투자자라면, 이것은 이제 다음과 같은 공식 전략이 된다. 투자 전문가(GURU)나 억만장자 투자자(iBillionair), 혹은 최상위 금융자산관리자(ALFA)가 점찍은 것과 일치하는 상장지수펀드(ETF)를 구매하면 된다.[10] 하지만 기억하라, 그들의 운은 베낄 수 없다는 것을.

경제학자들은 사람들이 (1)남들도 모두 동일한 정보를 갖고 있을 때조차 세상 물정에 관한 남들의 믿음을 추론하고 모방하기 위해, 그리고 (2)남들을 모방하는 것은 결코 최적의 전략이 아닌 경쟁적 상황에 적응하기 위해, 이 기량 또는 성공 편향된 문화적 학습에 의존한다는 사실도 실험적으로 보여줘왔다. 실세계에서도 전 지구의 농부들은 새로운 기술, 관행, 작물을 더 성공한 이웃에게서 도입한다.[11]

경제학 분야의 연구와 동일선상에서 심리학자들이 수십 년간 수행해온 연구도 성공 편향과 기량 편향의 중요성을 보여줘왔다. 이 연구는 이러한 학습기제가 의식적 자각이 없는 상황에서, 그리고 정답을 위한 유인책이 있건 없건 작용한다는 점을 강조한다.[12] 앨릭스 메수디와 그의 동료들이 최근에 수행한 일련의 실험이 여기서 우리가 복잡한 기술에 초점을 맞추는 데에 특히 적절하다.[13] 그의 화살촉 설계 과제에서, 참가자들은 컴퓨터로 가상의 사냥을 하기 위해 다양한 화살촉 설계를 사용하면서 시행착오 학습을 여러 회에 걸쳐 반복했다. 기회가 주어지기만 하면,

호모 사피엔스

학생들은 곧바로 성공 편향된 문화적 학습을 이용해 자신의 화살촉 설계에 도움을 받았다. 문화적 정보를 이용할 수 있었을 때 집단은 최적의 화살촉 설계로 급속히 다가갔고, 그 효과는 더 복잡하고 더 실전적인 환경에서 가장 뚜렷했다.

최근 15년 사이에는 발달심리학자들이 어린이와 젖먹이의 문화적 학습으로 초점을 돌리기 시작하면서, 중요한 일련의 보완적 증거를 구할 수 있게 되었다. 새로운 진화적 사고의 기운이 감도는 가운데, 그들은 문화적 학습의 **대상**과 **시기**, 그리고 **목적**에 관한 특수한 개념들을 시험하는 데까지 과녁을 좁혀왔다. 지금 분명한 것은 젖먹이와 어린아이가 누구를 본받을지를 알아내기 위해 친숙함 말고도 실력과 신뢰도의 단서들을 사용한다는 점이다. 실은 한 살 무렵이면, 젖먹이도 자신의 초기 문화적 지식을 사용해 누가 무엇에 대해 더 잘 아는지를 알아낸 다음 이 수행능력 정보를 사용해 자신의 학습, 주의, 기억을 집중시킨다.

젖먹이들은 발달심리학자들이 '사회적 참조'라 부르는 행동을 하는 것으로 잘 알려져 있다. 뭔가 생소한 것에 마주칠 때, 말하자면 쇠톱을 향해 기어가고 있을 때 젖먹이나 어린아이는 많은 경우 방안의 엄마나 다른 어른을 쳐다보고 정서적 반응을 확인하려 한다. 같이 있는 어른이 긍정적인 표정을 보이면, 흔히 생소한 물건을 자세히 살펴보러 나아간다. 어른이 두려움이나 걱정을 보이면, 뒤로 물러난다. 이 일은 같이 있는 어른이 낯선 사람이어도 일어난다. 한 실험에서는, 엄마들이 대학의 실험실로 한 살배기들을 데려왔다. 젖먹이들은 놀면서 새로운 환경을 익힐 수 있었고, 그동안 엄마들은 실험에서 맡은 일을 수행하기 위한 훈련을 받았다. 연구자들은 젖먹이들이 대개 (1)긍정적으로, (2)부정적으로, (3)(장난감이 모호해서) 미심쩍은 호기심으로 반응하는 세 범주의 장난감을 미리 골라두었다가, 이 장난감들을 종류별로 한 번에 하나씩 젖먹이 앞에 놓은 다음, 젖먹이의 반응을 기록했다. 엄마와 낯선 여성 한 명은 아기의 좌우에 앉아 있다가 미소와 흥분으로 반응하라거나 공포로 반응하라는 지시를 받았다.

이 연구의 결과는 어린아이와 대학생 둘 다의 문화적 학습을 연구한 결과와 뚜렷하게 유사했다. 첫째, 아기들은 모호한 장난감이 앞에 놓이면 네 배 더 자주 그리고 더 빨리 두 어른 가운데 한 명을 쳐다보면서 사회적 참조를 수행했다. 다시 말해, 불확실한 상황에 놓이자 문화적 학습을 이용했다. 이는 개인들이 **언제** 문화적 학습을 사용할 것인지에 관해 진화적 접근법이 예측하는 바와 정확하게 일치한다(9번 후주 참조). 둘째, 모호한 장난감과 마주친 아기들은 어른의 정서적 반응에 근거해 자신의 행동을 바꾸었다. 다시 말해, 공포를 보았을 때는 뒤로 물러났지만, 기쁨을 보았을 때는 장난감에 접근했을 뿐 아니라 그때부터 그 장난감을 더 긍정적으로 여겼다. 셋째, 젖먹이들은 엄마보다 낯선 사람을 더 자주 참조하는 경향이 있었다. 어쩌면 아기가 엄마 자신도 이 환경은 처음이니 실력이 떨어질 거라고 판단했기 때문일 수 있다.[14]

14개월에 이르면, 젖먹이들은 이미 사회적 참조를 훌쩍 넘어 벌써 본보기를 고르기 위해 기량 또는 실력 단서를 사용한다는 징후를 보여준다. 독일의 젖먹이들도 신발을 보고 당황한 척 손에 신는 어른 본보기를 관찰한 뒤에는, 그 어른이 생소한 조명장치를 켜는 특이한 방식, 말하자면 머리를 사용하는 방식을 모방하지 않는 경향을 보였다. 그러나 본보기가 자신 있게 신발을 발에 신으며 유능하게 행동한 경우는, 아기들도 본보기를 모방하여 생소한 조명기구를 켜기 위해 머리를 사용하는 경향이 있었다.[15]

상당량의 연구가 보여주듯이, 나중에 세 살에 이르면, 아이들은 당장의 문화적 학습에서 실력을 추적해 사용할 뿐만 아니라, 훗날 다양한 분

호모 사피엔스

야의 학습에서 선택적으로 본보기로 삼기 위해 이 정보를 간직하기도 한다. 예컨대 어린아이들은 누가 흔한 물건의 언어적 명칭(이를테면 '오리') 을 정확히 알고 있는지 눈여겨보았다가, 생소한 도구나 단어 모두에 관한 학습을 목적으로 이 정보를 사용하고, 그 다음에는 이 능력에 관한 정보를 일주일 정도 기억하면서, 이전에 좀더 유능했던 본보기로부터 새로운 것을 우선적으로 배우는 데에 이용할 것이다.[16]

명망
....

학습자들은 남들이 누구를 주시하고, 경청하고, 공경하고, 어울리고, 모방하는지 관찰함으로써, 누구를 본받을지를 더 효과적으로 알아낼 수 있다. 이러한 '명망단서'를 사용하는 학습자는, 다른 사람들도 그 지역 공동체 안에서 유용하고 적응적인 정보를 보유했을 가능성이 높은 사람이 누구인지 파악하는 방법을 알려고 애쓰고 또 그 방법을 터득해왔다는 사실을 이용할 수 있다. 어떤 사람을―아마도 그 사람의 성공에 관해 알았기 때문에―본받을 가치가 있는 사람으로 규정한 순간, 사람들은 필연적으로 그 사람 주변에 있으면서 지켜보고 경청하며 상호작용을 통해 정보를 끌어내야 한다. 정보를 얻으려고 노력하는 중이므로, 학습자는 대화하는 동안 자신이 선택한 본보기를 공경하면서, 많은 경우 그에게 '발언권'을 준다. 그리고 물론, 학습자는 자신이 선택한 본보기를 자동적으로 또 무의식적으로 모방하는데, 그 방식에는 말투를 일치시키기는 것까지 포함된다(8장 참조). 따라서 인간은 시각적 주의, '발언권 소지', 대화에서의 존대, 성대모사 따위를 포함한 일련의 비교행동학적 양상(몸의 자세나 표시)에 민감하다. 우리는 본받을 사람에게 재빨리 집중하는 데에 도움을 받기 위해 이러한 명망단서를 사용한다. 본질적으로, 명망단서들은 남들이 본받을 가치가 있다고 생각하는 사람이 누구인지를 남들의 행동을 보고 추론함으로써 알아내는—다시 말해, 누구에게서 배울지를 문화적으로 배우는—일종의 이차적인 문화적 학습에 해당한다.

이 현상은 실세계 어디에서나 일어나는 것 같은데도, 사실 사람들이 명망단서를 사용한다는 직접적인 실험적 증거는 비교적 드물다. 어떤 사람이나 출처의 명망, 이를테면 유명인이 하는 말 또는 특정 신문 기사에 실린 이야기가 더 설득력이 크거나 기억될 가능성이 크다는 사실을 보여주는 간접적인 증거는 매우 많다. 이 효과는 심지어 어떤 사람의 명망이 그가 언급하고 있는 쟁점(예: 자동차의 품질)과는 멀리 떨어진 분야(예: 골프)에서 나오는 경우에도 발생한다. 이것이 어느 정도 증거가 되어준다. 비록 학습자가—누군가가 '전문가' 또는 '최고'라는 말을 들은 것과는 별개로—실제로 그 특정 단서를 사용하는 단계까지는 이르지 못하지만 말이다.[17]

이 문제를 우리 실험실에서 다루려고, 나는 마치에이 후데크, 수 버치와 함께 이 명망발상을 더 직접적으로 시험했다. 수는 발달심리학자이고 마치에이는 내 대학원생이었다(실제적인 작업은 마치에이가 다 했다). 우리는 취학 전 아이들에게 비디오 한 편을 보여주었는데, 아이들은 거기서 잠재적인 본보기 두 명이 똑같은 물건을 서로 다른 두 방식 중 한 방식으로 사용하는 것을 보았다. 비디오에서는 방관자 두 명이 들어와 본보기 두 사람을 모두 쳐다본 다음, 한 사람을 우선적으로 주시했다. 방관자들의 시각적 주의가 마치 잠재 본보기 두 사람 중 한 사람에게 표시를 한 것처럼 '명망단서'를 제공했다. 그런 다음, 참가자들은 본보기 두 사람이 저마다 두 유형의 낯선 음식 가운데 하나와 두 빛깔의 음료 가운데 하나를 선택하는 것을 보았고, 어떤 장난감을 두 방식 가운데 한 방식으로

호모 사피엔스

사용하는 것도 보았다. 비디오가 끝난 뒤에는 아이들에게 생소한 두 음식 가운데 하나와 원색의 두 음료 가운데 하나를 선택하게 해주었고, 장난감도 원하는 방식으로 사용하게 해주었다. 아이들은 다른 본보기에 비해 명망단서가 표시된 본보기와 같은 방식으로 장난감을 사용할 가능성이 13배나 높았다. 명망단서가 표시된 본보기가 선호한 음식이나 음료를 선택할 가능성도 4배쯤 높았다. 실험을 끝내면서 했던 질문을 근거로 볼 때, 아이들에게 명망단서나 그것의 효과를 의식하거나 표현할 만한 자각은 전혀 없었다. 이러한 실험은 어린아이들이 남들의 시각적 주의에 빠르고도 무의식적으로 동조하며 그것을 자신의 문화적 학습에 이용한다는 것을 보여준다. 우리는 기량과 성공에 편향될 뿐만 아니라, 명망에도 편향된다.[18]

8장에서는 이 발상을 확장해 어떻게 선택적인 문화적 학습이 인간에게서—우리가 영장류 조상에게서 물려받은 '권력' 지위와 더불어 우리 종 안에 거주하는—명망이라 불리는 두 번째 형태의 사회적 지위가 진화하도록 주도했는지 살펴본다. 예컨대 왜 현대 세계에서는 유명하기 때문에 유명해지는 게 가능한지 알게 될 것이다.

자기유사성: 성별과 민족

....

자동적으로 그리고 무의식적으로, 사람들은 또한 성별과 민족 같은 '자기유사성단서'를 사용해 자신의 문화적 학습을 더욱 연마하고 지기만의 것으로 만든다. 자기유사성단서들은 학습자가 자신이나 자신의 재능, 혹은 자신이 살면서 나중에 맡을 소임에 알맞을 가능성이 가장 높은, 또는 우리의 진화적 과거에 그러했던 기량, 관행, 믿음, 동기를 습득하도록 돕는다. 예컨대 많은 인류학자들은 우리 종의 계통에서 남성과 여성의 노동이 구분된 역사가 수십만 년이 되었다고 주장한다. 그게 사실이라면, 우리는 남성이 우선적으로 주위를 맴돌고, 주목하고, 본받는 대상은 남성일 것으로—그리고 여성의 경우는 여성일 것으로—예상해야 한다. 이는 초보자들이 살면서 나중에 맡을 가능성이 높은 어머니, 사냥꾼, 요리사, 직녀로서의 소임에 필요한 기량과 기대를 학습하는 결과를 낳을 것이다. 유사하게, 키나 성격과 같은 개인적 차이도 다양한 노력에서 성공에 영향을 미칠 수 있으므로, 학습자는 이처럼 여러 차원에서 자신과 닮은 사람을 우선적으로 주목할 것이다.

11장에서, 학습자는 언어, 방언, 믿음, 음식 선호 따위 민족 집단의 표지를 공유하는 사람을 우선적으로 주목하고 본받아야 한다는 예측의 바탕에 깔린 진화적 논리를 더욱 자세히 설명할 것이다. 간단히 말해, 이러한 단서는 학습자로 하여금 평생에 걸쳐 성공적이고 조화로운 사회적 상호작용을 위해 자신에게 필요할 사회규범, 상징, 관행을 보유했을 가능성이 가장 높은 사람에게 초점을 맞추도록 해준다.

어린이와 어른 모두 우선적으로 상호작용하며 본받는 상대는 이성 본보기가 아니라 동성 본보기라는 증거는—40년을 거슬러 올라가는—심리학 실험들에서 풍부하게 나와 있다. 이러한 편향은 어린아이일 때, 심지어 성 정체성이 발달하기도 전에 나타나 부모, 선생, 또래, 낯선 사람, 유명인을 본받는 데에 영향을 준다. 사실, 아이들은 동성 본보기를 모방하기 때문에 자신의 성 역할을 배우는 것이지 성 역할을 배우기 때문에 동성 본보기를 모방하는 게 아니다. 학습 편향이 음악적 취향, 공격성, 자세, 물건 선호를 포함한 다양한 문화적 분야에 영향을 미친다는 증거가 있다. 나중에 보게 되겠지만, 이 편향은 실세계에서 학생들의 학습(그리고 성적)뿐만 아니라 모방자살의 양상에도 영향을 미친다.[19]

과거에 내 학생이었던 뇌과학자 엘리자베스 레이놀즈 로신은 최근에
UCLA 동료들과 함께 수행한 연구에서 성별 편향된 문화적 학습의 신경
적 기반을 밝혀내기 시작했다. 기능성 자기공명영상fMRI 기술을 이용해,
엘리자베스는 사람들이 동성 본보기를 모방할 때와 이성 본보기를 모방
할 때 뇌가 보이는 차이점에 초점을 맞추었다. 로스앤젤레스에서 그녀는
남성과 여성 모두에게 동성 또는 이성 본보기가 임의로 하는 손짓을 처
음에는 지켜보고 다음에는 모방하라고 했다. 동일인이 동성과 이성 양쪽
의 본보기를 지켜보기만 할 때와 지켜보면서 모방할 때의 뇌 활동을 비
교해, 엘리자베스는 여성이 남성을 흉내내는 것보다 다른 여성을 흉내
내는 것에서—신경학적으로 말해—더 많은 보상을 받는다는 것을 보여
주었다. 남성은 반대 양상을 보여주었다. 사람들이 동성 본보기를 베낄
때에는 측좌핵nucleus accumbens, 배측선조체dorsal striatum, 복측선조체
ventral striatum, 안와전두피질orbital frontal cortex, 좌측 편도체amygdala가
더 활발하게 발화했다. 그녀가 기존의 뇌 연구 데이터베이스를 분석해서
밝혀낸 바에 따르면, 이와 같은 뇌 활동 양상이 나타나는 때는 사람들이
보상을 받을 때, 이를테면 정답을 맞힌 대가로 돈을 받을 때다. 이 연구
결과는 우리가 다른 이성을 모방하는 것보다 다른 동성을 모방하는 것
에서 내심 더 큰 보람을 경험한다는 것을 시사한다. 우리는 그것을 더 좋
아하고, 그래서 자연히 그것을 더 하고 싶어지는 것이다.

　문화적 학습 분야에서 민족 편향에 대해 이루어진 연구는 더 한정되
어 있지만, 젖먹이, 어린아이, 어른 할 것 없이 우선적으로 같은 민족을
본받는다는—사람들은 민족적 표지를 공유하는 사람을 주목해 선택적
으로 본받는다는—사실은 갈수록 분명해지고 있다. 어린아이는 선호하
는 음식도 생소한 물건의 기능도 자신과 언어 또는 방언을 공유하는 사
람에게서 우선적으로 습득한다. 이는 심지어 잠재 본보기가 말장난—영

어처럼 들리게 무의미한 단어들을 조합한 말—을 할 때도 해당된다. 다시 말해, 꼬마들은 헛소리조차도 다른 방언으로 하는 누군가보다 **자신의 방언**으로 하는 사람을 본받기를 선호한다(갑자기 미국의 많은 정치적 담화가 떠오른다). 젖먹이들이 더 특이하고 어려운 동작—머리로 전등 켜기—을 우선적으로 모방하는 대상도 친숙하지 않은 언어(러시아어)가 아니라 자신의 언어(독일어)를 사용하는 누군가다. 그리고 어린이도 어른도 믿음의 일부를 이미 공유하는 사람을 본받기를 선호한다.[20]

실험실에서 얻은 이러한 연구 결과는 성별과 민족 관련 단서들이 여러모로 본보기가 하고 있거나 말하고 있는 것에 대한 흥미를 촉발해 우리의 주의와 기억을 집중시키는 우리의 문화적 학습 심리를 작동시킨다는 것을 시사한다. 그게 사실이라면, 학생들은 이러한 차원에서 자신과 맞는 선생이나 교수를 더 효과적으로 본받을 것이고, 이는 한 사람의 성적, 전공 선택, 직업 선호에 영향을 미칠 것이다. 정규교육이란 결국, 일차적으로 집중적인 문화적 전달을 위한 기관이다. 말할 것도 없이, 이 학습 편향을 하나의 인과적 영향력으로서 실세계에서 확인하는 일은 까다롭다. 선생 또한 편향성을 지니고 있고, 그 결과로 자신과 성별이나 민족적 표지를 공유하는 학생을 우선적으로 돕거나 포상할 수 있기 때문이다. 실세계에서 인과관계를 가려내는 일은 경제학자가 가장 잘하니, 경제학자를 한번 모셔오자.

나의 브리티시컬럼비아대학 동료인 플로리언 호프먼과 그의 공동 연구자들은 학생, 과목, 강사에 관한 방대한 데이터를 활용해 위에서 논의한 실험적 연구 결과와 일치하는 실세계의 증거, 다시 말해 민족·인종이 같은 강사에게서 가르침을 받으면 중도포기율이 줄고 학점이 올라간다는 증거를 찾아냈다. 실제로 어느 지역 전문대학의 아프리카계 미국인 학생들의 경우는 아프리카계 미국인 강사에게서 가르침을 받았을 때 수강을 중도에 포기하는 비율이 6퍼센트 감소했고, B학점 이상의 성적을 받는 비율이 13퍼센트 증가했다. 마찬가지로, 토론토대학 신입생들의 데이터를 사용해, 플로리언 팀은 학생들이 동성의 강사에게 배정되는 경우에도 학점이 조금 더 올라간다는 것을 보여주었다.

이전의 많은 연구자들과 달리, 플로리언과 동료들은 이러한 양상이 강사들의 편향에 의해 생겨날 우려를 해결할 방법으로 대형 학부 강의에 초점을 맞추었으므로, 학생들은 (1)강사가 정해지는 데에 영향을 미칠 수 없었고, (2)교수에게 이름이 알려지지 않았고, (3)교수가 아니라 조교가 학점을 매겼다.[21] 이 모든 것이 학습자가 쉽사리 동조해서 본받는 대상을 결정하는 데에 영향을 미치는 편향들을 가리킨다.

역할 본보기가 그처럼 중요한 까닭도 우리의 문화적 학습 편향들 때문이다.

대체로 손윗사람이 더 많이 안다

....

실력이나 경험의 간접적 척도로서도, 자기유사성의 척도로서도, '나이단서'는 두 가지 별개의 진화적 이유로 문화적 학습에 중요할 수 있다.

아이들의 경우, 손위 아이를 집중적으로 본받으면 더 경험 많은 사람에게서 배울 수 있는 동시에, 스스로 발판을 만들어 덜 복잡한 기량에서 더 복잡한 기량으로 서서히 올라갈 수단을 얻을 수 있다. 여기서 요지는, 학습자가 자신의 공동체에서 가장 성공했거나 숙련된 사람(말하자면, 수렵채집인 무리에서 가장 뛰어난 사냥꾼)을 찾아낼 수 있고 때로는 배울 능력까지 있더라도, 어린 학습자는 많은 경우 경험이 너무 없거나 준비가 갖춰지지 않아서 최상위 사냥꾼을 구분짓는 미묘한 차이와 미세한 점들을 이용할 수 없으리라는 것이다. 대신에 손위 아이에게 집중함으로써, 어린 학습자는 기량과 복잡성이 자기보다 적당히 높은 수준에서 작동하고 있는 본보기를 가려낼 수 있다. 이로써 더 순조롭고 더 연속적인 점진적 기량 습득 과정이 만들어진다. 학습자가 손위 본보기 관찰하기에서 연습하기를 왔다 갔다 하면서, 이 과정을 성장하는 동안 반복하기 때문이다. 이 것이 바로, 예컨대 더 어린 아이들이 곧잘 그토록 기를 쓰고 '사촌 형'이나 손위 형제 주위를 맴도는 이유이고, 소규모 사회의 놀이집단에는 보통 다양한 나이의 아이들이 섞여 있는 이유이기도 하다.

진화론적 예측과 일관되게, 어린 아이들이 잠재 본보기의 나이를 평가하기는 하는데, 그 기준으로는 아마도 신체적 크기를 평가하는 것 같다. 어린 아이들은 많은 경우 손위의 본보기를 선호하지만, 그러다 그 개인이 신뢰할 수 없는 본보기로 판명되고 나면, **나이**를 **실력**으로 상쇄해 어떤 경우는 손위면서 실력이 떨어지는 본보기보다, 손아래지만 실력이 나은 본보기를 선호할 것이다. 예컨대 한 실험에 참가한 초등학교 2학년생들은 유치원생 본보기들을 무시하고 같은 2학년생 본보기들의 과일 선택을 우선적으로 모방했다. 그러나 일부 유치원생과 2학년생이 우수한 퍼즐 해결사라는 사실을 보여주자, 많은 2학년생이 이 훌륭한 퍼즐 해결사들의 과일 선택으로 옮겨갔다. 설사 그 본보기가 때로는 유치원생이었어도 말이다. 일반적으로, 어린이와 젖먹이는 동성인 손위의 본보기가 어떤 음식을 맛있게 먹는 모습을 관찰한 데 대한 응답으로 자신의 음식 선호를 바꾼다. 심지어 14개월밖에 안 된 젖먹이들도 나이단서에 민감하다.[22]

나이 스펙트럼의 반대편 끝에서 보자면, 과거 사회에서는 그저 고령에 도달한 것만으로도 대단한 성취였다. 고대의 수렵채취인이—일부는 실제로—65세에 도달했을 무렵에는 자연선택이 이미 동세대 집단의 다

호모 사피엔스

수를 걸러낸 뒤였다. 이는 공동체의 고령자 구성원이란 경험이 가장 많은 개체일 뿐 아니라 수십 년 동안 선택적으로 작용해 동세대 집단을 제거해온 자연선택에서 무사히 살아남은 개체임을 뜻한다.

이 과정이 어떻게 작동하는지 알기 위해, 나이가 20~30세인 사람 100명으로 이루어진 공동체가 있다고 상상해보자. 이 100명 가운데 40명만이 고기 요리를 준비할 때마다 고추를 사용한다. 고추를 쓰면, 고추의 항균성 덕에 음식물을 통해 감염되는 병원균이 억눌려 사람이 병에 걸릴 확률이 낮아진다고 하자. 해마다 고추를 먹으면 어떤 사람이 65세가 지나서도 살아 있을 확률이 10퍼센트에서 20퍼센트로 높아진다면, 이 집단이 65세에 이를 무렵에는 이들 가운데 다수인 57퍼센트가 고추를 먹는 사람이 될 것이다. 만약에 학습자들이 더 젊은 집단 대신에 더 나이 든 집단을 먼저 모방한다면, 이 생존율을 높이는 문화적 형질을 획득할 기회는 훨씬 더 많아질 것이다. 설사 고추가 건강에 어떤 영향을 주는지를 전혀 몰라도 이 사실은 변함없다(7장 참조). 여기서 나이 편향된 문화적 학습은 사망률의 차이를 만들어냄에 따라 결과적으로 자연선택의 작용을 증폭시킬 수 있다.[23]

왜 남의 생각에 신경을 쓸까?: 순응전달
....

당신이 외국의 한 도시에 있는데 배가 고파서, 붐비는 거리에서 갈 수 있는 식당 열 곳 가운데 한 곳을 선택하려고 한다고 치자. 당신은 그 지역의 언어를 몰라서 메뉴를 읽을 도리는 없지만, 식당들이 가격과 분위기가 똑같다는 것만은 알아볼 수 있다. 한 곳에는 손님이 40명, 여섯 곳에는 10명씩 있고, 세 곳에는 종업원 말고는 아무도 없다. 당신이 만약

(당신이 관찰한 100명 중에서) 40명이 앉아 있는 식당을 선택하겠다면, 당신은 40퍼센트가 넘는 빈도로 '순응전달'을 사용하고 있는 것이다. 다시 말해, 당신은 가장 흔한―절대다수 또는 비교다수―형질을 모방하는 경향이 강하다.

자연선택의 논리를 수학적으로 담아내도록 지어진 진화 모형들은 학습자가 다양한 학습 문제에 도전하기 위해 이른바 **순응전달**을 사용해야만 하리라고 예측한다. 개별적 학습, 직관, 직접적 경험과 그 밖의 문화적 학습 기제들이 적응적인 관행, 믿음, 동기를 생산하는 경향이 있는 한, 순응전달은 학습자가 집단 전역에 흩어져 있는 정보를 모으는 데에 도움이 될 수 있다. 예컨대 낚시를 오래 하면 낚시꾼에게 (낚싯줄을 연결하는 데에) 양쪽꼬임매듭을 그 밖의 가능한 매듭보다 선호하는 경향이 생기는데, 그 이유는 양쪽꼬임매듭이 객관적으로 가장 좋기 때문이라고 하자. 그러나 개인마다 경험에 차이가 있을 테고, 그래서 오랜 경험만으로는 결국 낚시꾼들이 겨우 50퍼센트 확률로 양쪽꼬임매듭으로 수렴하고, 30퍼센트 확률로 장구매듭을 사용하고, 20퍼센트 확률로 그 밖의 다섯 가지 매듭 가운데 하나를 쓰게 된다고 하자. 순응 학습자는 이 상황을 이용해서 경험 없이도 양쪽꼬임매듭으로 곧장 건너뛸 수 있다. 이렇듯, 대중의 지혜는 우리 심리에 내장되어 있다.

순응전달을 뒷받침하는 실험실 증거들은, 인간과 큰가시고기 두 경우 모두에서 어느 정도 나와 있다. 위에서 논의한 본보기 기반 단서들에 비하면 증거의 양은 턱없이 적지만, 그래도 문제가 어렵거나 불확실성이 높거나 보수가 걸렸을 때는, 사람들은 순응전달을 사용하는 경향이 있다.[24]

물론, 우리는 학습자들이 내가 기술해온 학습의 발견법들을 조합할 것으로 예상해야 한다. 예컨대 고추에 관해서라면, 순응전달을 손위 집

호모 사피엔스

단에만 적용하는(나이단서를 써서 분류하는) 학습자들은 이 적응적 관행을 도입할 확률이 높아질 것이다. 이들이 강고한 순응주의 학습자라면, 이들은 100퍼센트 빈도로 적응적인 답을 얻을 것이다.

문화적으로 전달되는 자살

....

당신이 알지 모르지만, 자살 또한 명망 편향된다. 다시 말해, 유명인이 자살하면 자살률이 급등한다(유명인, 이 단어를 명심할 것!). 이 양상은 미국, 독일, 오스트레일리아, 한국, 일본을 비롯한 여러 나라에서 관찰되어왔다. 명망과 나란히, 자살의 문화적 전달도 자기유사성단서에 의해 영향을 받는다. 유명인을 뒤따라 곧 자살하는 사람들은 자신의 본보기와 성별, 나이, 민족이 일치하는 경향이 있다. 게다가 유명인의 자살이 막연하게 남들의 자살만 촉발하는 것도 아니다. 사람들이 모방하고 있음을 우리가 아는 이유는 사람들이 자살행위 자체뿐만 아니라 사용된 특정한 방법, 이를테면 기차 앞에 몸을 던지는 행위까지 모방하기 때문이다. 더욱이 유명인이 유발한 모방자살은 대부분 **일어날 수밖에 없었던 비극이 아니다.** 그게 그런 경우였다면, 자살률이 급등한 뒤 어느 시점에는 마침내 장기 평균 아래로 급감하는 지점이 있겠지만, 그런 지점은 없다.[25] 이는 다른 경우라면 일어나지 않았을 예외적인 자살이다.

이 효과는 유행성 자살에서도 볼 수 있다. 1960년부터 뚜렷한 한 유형의 자살이 태평양 미크로네시아의 섬들 전체로 약 25년 동안 물결처럼 번져나갔다. 이 유행이 퍼지는 동안, 자살은 독특한 유형을 띠었다. 전형적 희생자는 아직 부모와 함께 살고 있던 15세에서 24세 사이(최빈 연령 18세)의 젊은 남성이었다. 부모나 여자친구와 다툰 뒤, 희생자는 과거의 희생자들이 자기더러 오라고 손짓하는 환영을 경험했다(우리는 이것을 자살미수자들에게 들어서 알고 있다). 그들의 부름에 귀를 기울이며, 때로는 버려진 집에서, 희생자는 '기울여 목매기'를 실행했다. 기울여 목을 맬 때, 희생자는 서거나 무릎을 꿇은 자세에서 올가미 안으로 몸을 기울인다. 그러면 산소공급량이 서서히 떨어진 결과로 의식을 잃은 다음 죽게 된다. 이 자살은 사회적으로 연계된 청소년과 청년 사이에서 국지적으로 그리고 산발적으로 터지면서 일어났지만, 다른 곳에서도 흔한 유형이다. 때로는 이러한 유행의 특정한 발화점을 추적할 수도 있었다. 어느 부유한 가문의 스물아홉 살 먹은 이름난 아들이 저지른 자살이 그런 경우였다. 사례들 가운데 75퍼센트에는 사전에 자살이나 우울증의 기미가 전혀 없었다. 흥미롭게도, 이 유행의 범위는 미크로네시아 안에서도 오직 두 민족집단, 트루크(추크)섬과 마셜군도 사람들로 한정되었다.[26] 여기서 우리는 명망 말고도 성별과 민족을 모두 포함한 자기유사성이 자살을 확산시켰음을 알 수 있다.

대부분의 사람은 자살을 모방하지 않지만, 이 분야는 우리의 문화적 학습능력이 도대체 얼마나 강력할 수 있는지, 그리고 그 능력이 어떻게 광범위한 사회적 양상에 영향을 주는지를 예증한다. 만약 사람들이 자살 행동까지 문화적 학습을 통해 습득하게 된다면, 우리 종 안에서 문화의 힘에 부여된 한계가 어디까지인지도 불분명해진다. 자살을 모방한다는 것은 우리가 지닌 모방 성향의 효력을 부각시키는 동시에, 대부분의 조건에서는 자연선택이 직접 작용해 제거해 온 관행을 조건이 맞으면 문화적 학습을 통해 획득할 수 있음을 의미한다. 만약 인간이 자신의 이익이나 우리 유전자의 이익에 그토록 철저히 위배되는 뭔가를 모방하게 된다면, 우리가 그보다 덜한 비용을 치르고 문화적 전달로 기꺼이 획득하는 다른 모든 것은 어떻겠는지 상상해보라.

우리가 문화적 학습을 위해 본보기 기반 기제들을 사용하도록 한 것 말고도, 자연선택은 우리에게 예측 가능한 특정 내용영역들, 이를테면 음식, 불, 식용식물, 동물, 도구, 사회규범, 민족집단, 평판(소문)처럼 기나긴 우리 종의 진화사 동안 중요했을 분야에 관해 배우는 데에 필요한 심리적 능력과 편향도 부여해왔을 것으로 예상해야 한다. 여기서 자연선택은 이러한 분야에 대한 주의와 관심뿐만 아니라, 관련 정보를 쉽사리 기억 안에 암호화하도록 해주는 추론 편향과 훨씬 더 큰 학습 용이성도 선호했을 것이다. 앞으로 맞이할 장들에서는 문화-유전자 공진화가 어떻게 이 특수화된 인지능력, 또는 **내용 편향**의 등장을 주도했는지 탐구하고, 이를 뒷받침하는 몇 가지 핵심적 증거를 살펴볼 것이다.

정신화는 어디에 쓸까?
....

인간이 문화적인 종이라면, 우리에게 가장 결정적인 적응물 가운데 하나는 남을 날카롭게 관찰해서 배우는 능력일 것이다. 우리의 문화적 학습의 중심에는 남들의 마음속에 있는 목표, 선호, 동기, 의도, 믿음, 전략에 관해 추론하는 능력이 있다. 이러한 인지능력은 **정신화** 또는 **마음의 이론** 등으로 다양하게 명명되는 것과 관련이 있다. 정신화와 문화적 학습의 강에서 배를 놓치거나 너무 늦게 출발하는 학습자는 심각하게 불리해질 텐데, 이들은 더 나은 문화적 학습자들과 경쟁하는 데에 필요한 모든 규범, 기량, 노하우를 습득하지 못했을 것이기 때문이다. 이 논리는 문화적 학습에 필요한 정신적 장치가 우리의 발달 과정에서 비교적 일찍 작동해야 함을 시사한다. 우리가 무엇을 먹을지, 어떻게 소통할지, 누구를 피할지, 어떻게 행동할지, 어떤 기량을 연습할지를 비롯해 많고 많은 것들을 알아내기 위해 의존하게 될 게 바로 이 정신적 장치이기 때문이다.

서양의 여러 집단에 속하는 어린아이와 젖먹이에게서 나온 증거는 피지, 아마조니아, 중국에서 최근에 실시한 비교문화연구와 결합해, 이러한 정신화 능력이 다양한 인간사회 전역에서 일찍이 확실하게 발달하기 시작한다는 것을 시사한다. 월령이 대략 8개월에 이르기 전에, 최소한 일부 사회의 젖먹이들은 의도와 목표를 추론하고 유식한 사람과 그렇지 않은 사람을 알아보는 능력이 발달해 있었다. 예컨대 젖먹이들은 본보기의 목표나 의도(예: 장난감을 집는 것)를 설사 그 본보기가 자신의 목표를 이루지 못하더라도 모방할 테지만, 의도하지 않은 동작은 거기서 똑같은 물리적 결과가 나와도 모방하지 않을 것이다. 걸음마를 하는 때에 이르면, 아이들은 이미 남들의 정신적 상태에 관해 정교한 판단을 내리고 있다. 예컨대 잠재 본보기가 익숙한 물건의 명칭을 잘못 말했음을 알고 나면 다음부터는 그 본보기가 하는 말을 낮잡아본다. 유사하게, 걸음마하는 이 아이들은 맥락 속에서 어떤 측면이 자신의 본보기에게 새로운지를 알아낼 수 있고, 설사 같은 측면이 학습자에게는 익숙하더라도, 이를 사용해 자신의 학습을 더 잘 조준한다.[27]

정신화가 중요하다는 데에는 동의하는 많은 진화 연구자가, 이러한 인지능력이 우리 계통에서 유전적으로 진화한 것은 우리가 우리 집단의 다른 구성원들을 더 잘 기만하고 조종하고 속일 수 있기 위해서라고 주장한다. 이는 마키아벨리적 지능 가설의 일부다. 로빈이 마이크의 목표, 동기, 믿음을 추론할 수 있으면 로빈은 마이크를 이용하거나 조종할 수 있다는 것, 다시 말해 생각으로 이길 수 있으면 책략으로도 이길 수 있다는 게 가설의 요지다.[28]

그러나 다른 가능성은, 정신화가 맨 처음 우리 계통에서 진화했거나, 어쩌면 임무가 재조정되어 기만, 사기, 조종에서 벗어난 것은, 우리가 본

호모 사피엔스

보기의 바탕에 깔린 목표, 전략, 선호를 더 효과적으로 추론함으로써 남에게서 더 잘 배울 수 있기 위해서였다는 것이다. 정신화는 우리가 더 효과적으로 가르치는 데에도 도움이 될 텐데, 잘 가르치려면 학습자가 무엇을 알아야 하는지를 판단해야 하기 때문이다. 이 같은 예측은 **문화적 지능 가설**에서 흘러나온다.[29]

브리티시컬럼비아대학에 있는 나의 심리학 실험실에서, 우리 팀은 이 두 가설을 대결시킬 방도를 찾아왔다. 우리는 어린아이들에게, 생소한 상황에서 자신의 정신화 능력을 남들의 전략을 모방하는 데에 동원해도 되고 불운한 상대를 이용하는 데에 동원해도 되는 기회를 주었다. 결과는 극명하다. 아이들은 마키아벨리적 이용보다 문화적 학습을 강하게 선호한다. 심지어 돌아올 대가와 개인적 경험을 생각하면 남들을 모방하지 말아야 하는 때에도 말이다.

물론, 이는 정신화가 사회적 전략화에도 동원된다는 것을 부정하는 게 아니다. 침팬지 사이에서는 분명 정신화가 그렇게 동원된다.[30] 위의 결과가 함축하는 의미는 그게 아니라, 인간 사이에서는 당신이 작동하고 있는 세상을 다스리는 사회규범과 규칙을 먼저 습득해야 하며, 그런 다음에만 전략적 사고가 유용해진다는 것이다. 우리의 세상에서, 마키아벨리주의자로 성공하려면 먼저 숙련된 문화적 학습자가 되어야만 한다. 먼저 규칙이 뭔지를 알아내기 전에는, 규칙을 왜곡하고 이용하고 조작할수도 없다.

배우고 가르치기 위해 배우기

....

젖먹이와 어린아이에게서 나오는 증거가 이 시점에 시사하는 바에 따르면, 인간은 다른 사람을 주의 깊게 주목한 뒤 많은 경우 자신의 정신화 기량을 사용해 그를 본받는 것에 전적으로 의존하는 성향이 급속히 발달하며, 누구를 본받을지를 알아내기 위해 성공이나 명망 같은 단서를 쉽사리 사용하기 시작한다. 그러나 우리가 자신의 경험이나 선천적 직관을 누르고 문화적 학습에 의존하는 정도뿐만 아니라, 우리가 명망이나 성별 단서를 다른 단서들에 비해 중시하는 정도도 그 자체는 우리 자신의 직접 경험과 타인 관찰에 의해 조율될 수 있는 것처럼 보인다. 다시 말해, 우리는 이 체계들을 우리가 세상에서 마주치는 맥락에 맞게 조정할 줄 알아야 한다.[31]

직접 경험과 타인 관찰 둘 다의 중요성은 가르치는 능력을 발달시킬 필요가 있을 때 특히 분명해진다. 가르치기는 문화적 학습의 다른 일면이다. 이 상황은 본보기가 능동적인 정보전달자가 될 때 발생한다. 나중에 논의할 몇몇 증거에 비추어 볼 때, 자연선택은 우리의 전달 또는 의사소통 능력을 개선하는 방향으로 작용해왔다. 언어의 진화 이래로는 특히 더 그랬음에도, 대부분의 사람들은 여전히, 특히 복잡한 과제, 개념, 기량을 가르칠 때에는 별로 훌륭한 선생이 아니고, 그래서 문화적 진화는 유도柔道, 대수代數, 요리와 같은 특정 유형의 내용을 더 효과적으로 전달할 필요에 적응된 광범위한 전략과 기법을 생산해왔다. 이는 문화적 전달이 자체의 충실도를 높이는 한 방법이다. 학습자가 기량 자체뿐만 아니라 그 기량을 전달하기 위한 기법까지 모두 습득한다.

초기에 우리 종이 문화적 학습에 막 의존하기 시작했을 때에는 문화적 진화가 시동을 거는 중이었으므로, 남을 주목하고 모방하는 전략은 경험에 의해—아마도 시행착오 학습을 통해—그것이 다른 학습전략들을 능가하는 가장 훌륭한 답을 얻는 경향이 있었기 때문에 습득되었을 것이다.[32] 사람이 (때로는 인간 가족 안에서) 키운 유인원은 다른 유인원보다 모방을 더 잘하는 것도 이러한 생각과 일치한다. 그러나 이들도, 인간이 키우지 않은 침팬지보다는 상대적으로 나아지지만, 같은 기간 동안 동일한 환경에서 키운 인간 아이들보다는 못하다는 점이 중요하다. 이러한 증거는 문화적 학습이 처음에는 문화적 진화의 맨 처음 축적물에 의해 생겨난 자극이 풍부한 환경에 대한 응답으로 발달했을 것임을 시사한다(16장 참조).[33] 이 후천적인 문화적 학습의 증가가 더 커다란 문화적 노하우의 축적물을 가능케 하고 우리를 더 나은 문화적 학습자로 만들기 위한 유전적 진화를 한층 더 강하게 주도했을 것이다. 오늘날, 같은 환경에서 키운 유인원과 인간 젖먹이 사이에서 우리가 관찰하는 어마어마한 차이들은 문화적 학습의 등장이 우리 종 안에서는 상대적으로 집중적이고 빠르다는 것을 시사한다. 물론 경험에 의해 수정될 수 있음은 말할 것도 없지만.[34]

5장

문화가 우리 몸을
약하게 만들었다

음식, 성관계, 도구와 같은 일정한 유형의 문화적 내용을, 그리고 명망, 성공, 건강 관련 단서를 기반으로 특정한 본보기를 선택적으로 주목함으로써, 개인은 그가 이용할 수 있는 최고의 문화적 노하우를 가장 효과적으로 갖출 수 있다. 그 사람은 이렇게 습득한 목록을 자신이 세상에서 얻는 경험을 통해 연마하고 확장할 수 있다. 그러나 결정적으로, 이 개인적으로 적응적인 추구가 뜻하지 않은 결과를 낳는다. 우리는 경영대학원생들이 서로를 모방할 수 있도록 허락했을 때 그 결과를 보았다. 다시 말해, 집단 전체가 점차 최적의 투자 분배에 정확히 수렴했다. 개인들이 자신의 집단에서 타인에게 배우는 일을 하는 동안, 그 집단의 마음들 전체에 분산되어 담겨 있는 문화적 정보의 덩어리 전체가 여러 세대를 거치며 개선되고 커져갈 수 있다.

누적적인 문화적 진화가 어떻게 작용하는지를 더 정확히 이해하기 위해, 숲에 사는 영장류의 소집단을 상상해보자. 〈그림 5.1〉에서 이 집단을

호모 사피엔스

맨 윗줄에 표시한 뒤 0세대로 분류했고, 개체들은 원으로 표시했다.

이 세대의 한 구성원이 막대기를 써서 흰개미집에서 흰개미를 꺼내는 법(이 형질을 T로 분류했다)을 스스로 알아냈다. 현대 침팬지가 이렇게 하므로, 우리 조상들도 이를 알아냈을 개연성이 높다.

1세대(둘째 줄)에서는, 두 자손이 나이 든 흰개미 낚시꾼의 성공을 눈치 채고, 일반적으로 '먹이와 관계있는 것'에 관심이 있기 때문에 그를 모방한다. 그러나 이 흰개미 수확 기법을 모방하는 동안, 1세대의 한 구성원은 그의 본보기가 사용하고 있던 막대기가 (사실은 그 본보기가 막대기를 쥐었을 때 우스꽝스럽게 부러졌을 뿐이지만) 날카롭게 깎였던 거라고 잘못 추론한다. 이 학습자는 자신의 막대기를 만들 때, 본보기의 막대기와 일치시키려고 이빨을 써서 막대기를 날카롭게 깎았다(〈그림 5.1〉에서는 T*가

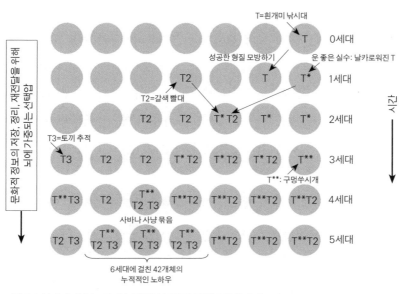

그림 5.1 남에게 배우는 것이 누적적인 문화적 진화를 발생시키는 경로

깎인 막대기를 표시한다).

　다른 곳에서는, 1세대의 다른 구성원 하나가 큰 나무들의 깊은 홈에 고여 있는 물을 속이 빈 갈대를 써서 꺼내 마실 수 있다는 것을 깨닫는다(이 '빨대'는 〈그림 5.1〉에서 T2로 표시했다). 그는 숲과 숲 사이의 사바나를 건널 때 이 기법을 써서 물을 얻는다. 2세대에서는 T2와 T*의 보유자가 둘 다 우선적으로 모방되었고, 그래서 이들의 관행이 조금 퍼졌다. 2세대의 한 구성원은 심지어 용케 T2와 T*를 둘 다 습득했고, 그래서 특히 성공하게 되어 3세대의 세 구성원이 그를 모방했다.

　그런 다음 어느 날, 3세대의 부주의한 구성원 하나가 오래전에 버려진 흰개미집에, 흰 개미들이 오래전에 떠난 줄도 모르고 자신의 낚싯대를 쑤셔넣었다. 공교롭게도, 그는 흰개미가 떠난 뒤에 이사를 와 있던 쥐 한 마리를 찌르게 되었다. 갑자기 '흰개미 낚싯대'는 다용도 '구멍쑤시개'(이제는 T**로 표시했다)가 되었고, 그가 찾을 수 있는 구멍마다 창을 쑤셔넣기 시작했으므로, 그 쑤시개는 결과적으로 이 운 좋은 친구가 새로운 식량원을 이용할 수 있게 해주었다. 구멍쑤시개 사용자로서 그가 거둔 성공은 4세대의 여러 구성원이 그를 주목하고 본받았음을 의미했다.

　한편 3세대의 다른 구성원 하나는 빈둥거리다가, 그냥 우연히 토끼 한 마리가 비 온 뒤에 자기 구멍으로 들어가는 것을 보게 되었다. 그리고 진흙에 찍힌 토끼 발자국을 보며 저 토끼는 얼마나 맛있을까 생각하다가, 이런 자국을 찾아서 따라가면 토끼가 살고 있는 토끼 구멍을 찾을 수 있겠다는 생각을 떠올렸다(이 '토끼 추적'은 T3로 분류했다). 이 생각은 흥미롭기는 했지만, 토끼를 구멍에서 꺼낼 길이 없으니 당장 쓸모가 있는 건 아니었다. 그래도 몇 년 뒤, 엄마가 된 이 구성원은 딸과 함께 토끼 한 마리를 본 뒤 딸에게 토끼 발자국을 보여주었다. 이 우연한 사건이 결정적이었는데, 딸은 이미 배움을 통해 T**(구멍쑤시개)를 알고 있었기 때문이다. 이제 딸은 토끼가 들어 있는 굴을 찾은 다음 자신의 쑤시개—매우 유용한 기법—를 동원할 수 있었다.

5세대에서는 발명을 했거나 운 좋게 뭐라도 마주친 구성원은 하나도 없었지만, 세 구성원이 배움을 통해 T**, T2, T3를 알게 되었다. 이 묶음—문화적 적응물—은 이들이 토끼를 구멍까지 뒤쫓는 동안 사바나에서 더 많은 시간을 보낼 수 있게 해주었다. 이들은 T2(빨대)를 가지고 물도 구할 수 있었기 때문이다. 머지않아 이 영장류들은 사바나에서 사냥을 할 수 있도록, 숲의 가장자리에서 살기 시작했다. 형질 T**, T2, T3의 이 조합을 나는 '사바나 사냥 묶음'이라고 부를 것이다.

이것은 선택적인 문화적 학습이 어떻게 문화적 묶음의 최초 보유자보다 더 똑똑한 문화적 묶음을 발생시키는 누적적인 진화 과정을 발생시킬 수 있는지를 보여주려는 아주 단순한 예라는 점을 명심하자. 내가 상상한 영장류는 우리를 제외한 어떤 현생 영장류보다도 더 훌륭한 문화적 학습자다. 그렇지만 설사 그들을 더 서투른 학습자로 만들었다 해도, 개체군을 키우거나 세대를 늘려서 같은 결과를 얻을 수 있었을 것이다. 우리 또는 최소한 나처럼, 이 영장류들은 일상생활을 둘러싸고 근시안적으로 갈팡질팡하고 있었을 뿐이다. 때로는 이들의 실수가 혁신으로 이어졌고, 때로는 드문 상황이 다른 상황이었다면 빈둥거리고 있었을 누군가에게 통찰을 얻게 해주었다. 핵심은 사바나 사냥 묶음을 창조하기까지 이 우연한 통찰과 운 좋은 실수가 우선적으로 전달되었고, 지속되었으며, 마침내 다른 형질들과 재조합되었다는 것이다.

이제 이 질문을 고려해보자. 5세대는 0세대보다 영리할까? 5세대는 더 좋은 도구를 지녔고, 더 효율적으로 먹이를 구할 수 있다. 나중에 보게 될 갖가지 증거가 5세대는 실제로 0세대보다 더 영리할 것임을 시사한다. '영리함'을 어느 개체의 생소한 문제 해결 능력으로 정의한다면 말이다. 당연히, 이러한 가정에는 많은 단서 조항과 주의사항이 따를 것이다.

이 상상의 조상 영장류는 **누적적인 문화적 진화**의 체제regime에 들어선 순간 결정적인 진화적 문턱을 넘어섰다. 이 문턱은 문화적으로 전달되는 정보가 여러 세대에 걸쳐 누적되기 시작함으로써 도구와 노하우가 국지적 환경에 점점 더 잘 맞춰져가는—바로 '톱니효과'가 나타나는—지점이다.[1] 이 과정이 우리의 문화적 적응들, 그리고 궁극적으로는 우리 종의 성공을 설명한다. 7장에서 보겠지만, 문화적 적응에 의존하는 개인들은 많은 경우 그 적응이 어떻게 또는 왜 효과가 있는지를, 혹은 그것이 적응적인 어떤 일을 '하고 있다'는 사실조차 거의 또는 전혀 이해하지 못한다.

이 책의 중심 주장은 우리 종의 진화사에서 비교적 이른 시기에, 아마도 약 200만 년 전 우리 속(호모)이 기원했을 무렵, 우리가 먼저 이 진화의 루비콘강을 건넜으며, 그 시점부터는 문화적 진화가 **우리 종의 유전적 진화의 일차적인 동력**이 되었다는 것이다. 이 문화적 진화와 유전적 진화의 상호작용은, 자기를 추진하는 연료를 스스로 생산한다는 의미로 **자기촉매적**이라 기술할 수 있는 하나의 과정을 발생시켰다. 문화적 정보가 누적되며 문화적 적응들을 생산하기 시작한 순간, 유전자에 대한 주된 선택압은 자신의 집단에 속한 남들의 마음 속에서 점점 더 많이 구할 수 있게 된, 적합도를 키워주는 수많은 기량과 관행을 습득, 저장, 처리, 조직화하는 우리의 심리적 능력을 향상시키는 일을 중심으로 돌아갔다. 유전적 진화가 남에게서 배우는 일을 위해 우리의 뇌와 능력들을 향상시킴에 따라, 문화적 진화는 자발적으로 더 나은 문화적 적응을 더 많이 발생시켰고, 이러한 적응은 문화적 정보를 습득하고 저장하는 데에 더 능숙한 뇌를 선호하는 압력을 계속 유지시켰다. 이 과정은 외적인 제약에 의해 중단될 때까지 계속될 것이다.

나는 전형적인 유전적 진화와 자기촉매적인 문화가 유전적 진화를 주도하는 체제 사이의 문턱을 루비콘강이라고 부른다. 로마공화국 시대, 루비콘강의 붉은 흙탕물은 속주인 갈리아 키살피나와 로마가 몸소 통치하는 엄밀한 의미의 이탈리아 사이의 경계를 표시했다. 속주의 총독들은 이탈리아 밖에서는 로마 병력을 지휘할 수 있었지만, 어떤 상황에서도 군대의 수장으로서 이탈리아에 들어올 수는 없었다. 그렇게 한 지휘관과 그를 따른 병사들은 즉시 범법자로 여겨졌다. 이 법은 옛 공화국에 훌륭하게 기여해왔지만 마침내 기원전 49년, 율리우스 카이사르가 충성스러운 제13군단을 이끌고 루비콘강을 건넜다. 카이사르와 그의 군대에게는 루비콘강을 건넌 뒤 돌아갈 길이 없었으므로, 내전은 피할 수 없었고 로마의 역사는 영원히 바뀔 것이었다. 마찬가지로, 우리의 진화적 루비콘강을 건너면서, 인간 계통은 돌아올 길 없는 생소한 진화의 경로로 올라섰다.

왜 돌아올 길이 없는지 이해하기 위해, 〈그림 5.1〉에서 6세대의 구성원이 된다고 상상해보라. 당신은 새로운 형질을 발명하는 데에 집중해야 할까, 아니면 T^{**}, T2, T3를 가진 개체들을 정확히 찾아내어 모방하는 일을 확실히 하는 데에 집중해야 할까? 당신은 T만큼 적응적인 좋은 형질 하나는 발명할지도 모르지만, T^{**}+T2+T3로 구성된 사바나 사냥 묶음만큼 훌륭한 뭔가는 결코 발명하지 못할 것이다. 따라서 당신이 문화적 학습에 집중하지 않는다면, 그것에 집중하는 구성원에게 밀려날 것이다.

이 과정이 여러 세대에 걸쳐 계속됨에 따라, 선택압은 커지기만 한다. 다시 말해 문화가 더 많이 누적될수록, 더 커다란 뇌를 갖고 있어서 나선형으로 올라가기만 하는 문화적 정보의 덩어리를 활용할 능력이 있는 숙련된 문화적 학습자를 만드는 데에 관여하는 유전자를 선호하는 선택압이 더욱 커진다. 〈그림 5.1〉이 이 점을 예시한다. 우리의 서로 다른 여섯 세대에게 필요한 기억력—또는 뇌의 저장공간—을 고려해보라. 0세대에서는 기껏해야 일생 동안 형질 하나를 발명할 수 있을 것이므로, 한 형질을 저장할 뇌 공간만 있으면 된다. 그러나 5세대에 이르면 뇌 안에 T**, T2, T3를 저장할 공간이 있는 게 좋을 것이다. 그래야 그것들이 어떻게 함께 들어맞는지를 가장 잘 알 테니 말이다. 5세대에서 요구되는 기억공간이, 이 개체군 안에서 남들보다 더 오래 살아남고 더 많이 번식할 기회를 원한다면, 겨우 여섯 세대 만에 세 배로 늘어난 것이다. 6세대의 뇌를 확장시키는 유전자들이 퍼져도, 더 크고 더 나은 뇌를 선호하는 선택압은 줄어들지 않을 것이다. 학습할 준비를 충분히 잘 갖추면, 문화적 진화가 계속해서—학습할 수 있는 노하우 덩어리인—문화적 목록의 길이를 늘려갈 것이기 때문이다. 이 문화-유전자 공진화의 톱니바퀴가 우리를 인간으로 만들었다.

문화가 인간의 진화를 주도했다는 몇 가지 증거는 이미 보았다. 2장에서 유아들이 다양한 인지 과제에서 다른 유인원들과 경쟁했을 때, 그들을 뛰어넘은 유일한 분야가 사회적 학습이고 그 밖에는 수량에서건, 인과관계에서건, 공간에서건 막상막하였던 것을 기억하는가? 이것이야말로 만약 문화가 우리 뇌의 확장을 주도했고, 우리의 인지능력을 연마했고, 우리의 사회적 동기를 수정했다면 예상할 수 있는 결과다. 3장에서는 여러 불운한 탐험가들과 동행하면서, 우리 종이 수렵채취인으로서 살아가는 능력은 현지의 문화적 지식과 기량을 습득하는 데에 달려 있음을 보았다. 그리고 4장에서는 우리가 우리의 사회적 환경에서 적응적 정보를 선택적으로 조준해 뽑아낼 수 있도록, 자연선택이 우리의 심리를 어떻게 형성해왔는지도 탐구했다.

〈표 5.1〉에 이 책에서 다루는 문화-유전자 공진화의 산물들 일부를

호모 사피엔스

요약했다. 우선, 이 장에서는 문화적 진화가 유전적 진화에 영향을 주고, 유전적 진화와 상호작용하며 우리의 몸, 뇌, 심리를 형성해온 다섯 가지 방식을 살펴본다. 〈표 5.1〉을 이해하려면, 먼저 '문화적으로 전달 되는 선택압'으로 분류한 열을 보라. 이는 문화적 진화에 의해 생겨났지만 결과적으로 ('공진화한 유전적 결과' 열에 제시한) 유전적 진화를 가져와 유전자와 문화 간 공진화의 이중주를 촉발한 이 세상의 특징들이다.

이제, 진화적 루비콘강을 건너 누적적인 문화적 진화의 체제로 들어가는 사건이 어떻게 우리 종의 여러 특성들을 설명하는 데에 도움을 주는지 살펴보자.

커다란 뇌, 빠른 진화, 그리고 느린 발달

....

다른 동물들에 비해 인간의 뇌는 커다랗고, 정교하고, 세련되었다. 자연계에서 가장 큰 것은 아니지만—고래와 코끼리의 뇌가 더 크다—피질이 가장 촘촘하게 서로 연결되어 있고 가장 구불구불하게 접혀 있는 것은 사실이다. 피질이 접힌 탓에 인간 뇌 특유의 '구겨진 종이뭉치' 같은 (홈이 많은) 모습이 생겨난다. 하지만 그것은 우리가 지닌 기묘함의 시작일 뿐이다. 우리의 뇌는 침팬지 뇌의 크기인 350세제곱센티미터 부근에서 출발해, 약 500만 년 만에 1350세제곱센티미터까지 진화했다. 이 확장의 대부분, 다시 말해 약 500세제곱센티미터 이후의 확장은 오로지 지난 200만 년 사이에 일어났다. 유전적 진화로 볼 때 이는 빠른 것이다.

이러한 확장은 약 20만 년 전에 마침내 멈추었는데, 아마도 머리통이 점점 더 볼록해지는 아기를 출산하기가 어려워서였을 것이다. 대부분의

[표 5.1] 문화적 진화와 그 산물이 인간의 유전적 진화를 모양지어온 방식의 보기

다루는 장	문화적으로 전달되는 선택압	공진화한 유전적 결과	기타 영향
2~5, 7~8, 12, 16	**누적적인 문화** 축적되어가는 문화적 지식의 덩어리가 의존성을 창출	남에게서 적응적 정보를 선택적으로 습득하기 위해 특수화된 문화적 학습 능력들. 문화적 학습 및 연습과 함께 수십 년에 걸쳐 집중적 뇌 '배선'이 필요할 것에 대비한 긴 아동기와 더 큰 뇌.	더 커다란 사회를 선호하는 선택압. 너무 커진 머리 때문에 출산이 어려워짐 늘어난 육아 부담
5~7, 12, 16	**먹거리 가공** 익히기, 걸러내기, 찧기(빻기), 썰기	조리한 음식을 포함, 가공한 먹거리에 대한 의존도 증가. 그 결과로 작아진 이빨, 구경, 입, 결장, 위 및 (가능한 결과로서) 불에 대한 아동기의 관심.	뇌 건축을 위한 여분의 에너지와 성별 분업의 선호
5, 15, 16	**지구력 사냥** 추적, 물통, 동물 행동에 관한 노하우	탄력 있는 발바닥 아치, 지근섬유, 충격에 강해진 관절, 목덜미 인대, 신경이 분포된 에크린 땀샘이 장거리 달리기를 보조.	인간 계통이 상위 포식자로 등극
5, 7	**민간생물학** 증가하는 동식물 지식	민간생물학적 인지: 본질화한 범주, 범주 기반 귀납, 분류학적 유산을 사용하는 계층적 분류,	자연세계를 범주화하기 위한 보편적인 나무 형태의 분류학
5, 12, 13, 15, 16	**인공물** 점점 더 복잡해지는 도구와 무기	손, 어깨, 팔꿈치의 해부 구조변화. 척수로 직접 연결된 대뇌 피질. 인공물 인지: 기능적 입장,	더 훌륭해진 손재주와 던지기 능력. 심화된 신체적 나약함
4, 5, 8, 12, 15, 16	**연륜** 평생 모은 문화를 사용하고 전달할 기회	인간 생활사의 변화: 연장된 아동기, 청소년기, 길어진 번식후기(폐경기),	자식에 대한 투자와 양육의 협동
4, 7, 12, 13	**복잡한 적응들** 충실도 높은 문화적 학습을 선호하는 압력	남의 정신적 상태를 추론하는 정교한 능력-마음의 이론 또는 정신화, 과잉모방.	이원론: 몸이 없는 마음을 이해할 용의
4, 8	**정보자원** 개체 간 기량 또는 노하우의 차이	명망 지위: 이차적 유형의 지위를 만들어내는 한 벌 단위의 동기, 정서, 행동 양식.	명망에 기반을 둔 지도력과 더 큰 협동

호모 사피엔스

다루는 장	문화적으로 전달되는 선택압	공진화한 유전적 결과	기타 영향
9~11	**사회규범** 평판과 제재에 의한 강요	규범 심리: 평판에 대한 염려, 규범의 내면화, 친사회적 편향, 규범 위반자에 대한 수치심과 분노, 위반 탐지를 위한 인지능력들.	집단 간 경쟁이 문화적 진화에 미치는 효과를 강화
11	**민족집단** 사회집단 전역에서 문화적으로 표시되는 구성원 자격	민간사회학: 표현형적 표지와는 무관한 단서를 주면서 문화적 학습과 상호작용에 영향을 주는 내집단 대 외집단 심리.	부족·민족 집단, 나중에는 민족주의 및 지역주의적 종교
13	**언어** 전달되는 몸짓과 발성	목구멍 해부구조, 소리 처리, 전담 뇌 영역, 혀 재주의 변화.	문화적 전달 속도의 엄청난 증가
13	**교육** 문화적 전달을 촉진할 기회	의사소통용 또는 교육용 적응물: 눈의 흰 공막, 눈맞춤, 가르치려는 성향 따위.	더 충실한 전달과 더 급속한 문화적 진화

종은 산도가 신생아 머리보다 크지만, 인간은 그렇지 않다. 젖먹이의 머리뼈가 붙지 않은 채로 있어야 하는 이유는 다른 종에서는 보이지 않는 방식으로 눌려서 산도를 통과해야 하기 때문이다. 우리의 뇌가 확장을 그만둔 까닭은 오직 우리의 영장류 몸설계가 세워둔 정지신호에 부딪혔기 때문인 듯하다. 아기의 머리가 조금이라도 더 커진다면, 출산할 때 엄마 몸 밖으로 빠져나올 수 없을 것이다. 도중에 자연선택은 이 **머리 큰 아기 문제**를 해결하기 위해 수많은 요령을 생각해냈는데 여기에 포함된 게 피질을 열심히 접고, 촘촘하게 서로 연결하고(그러면 우리의 뇌가 더는 커지지 않고도 정보를 더 많이 담을 수 있다), 태어난 뒤에 급속히 확장시키는 것이다. 구체적으로 말하자면, 갓 태어난 인간의 뇌는 상대적으로 빠른 출생 전 임신기의 속도를 유지하면서 첫해 동안 확장을 계속해, 마침내 세 배로 커진다. 대조적으로, 갓 태어난 영장류의 뇌는 출생 후에는 더 느리게 자라고, 두 배까지만 커진다.[2]

이 초기 급성장 뒤에, 우리의 뇌는 그다음 30년을 사는 동안, 특히 신피질에서는 그 이후까지도, 정보를 보유하고 처리하기 위한 연결부(새로운 아교세포, 축삭, 시냅스)를 계속해서 더 보태간다. 우리의 백질을, 구체적으로는 '수초화' 과정을 생각해보자. 척추동물의 뇌는 성숙하는 동안 신경세포들 사이의 (축삭) 연결망이 점차적으로 '안으로 묻히고' 성능을 높여주는 수초라는 (흰 빛깔의) 지방질 겉껍질에 둥글게 말려지면서 뇌의 백질이 증가한다. 이 수초화 과정은 뇌 영역들을 더 효율적으로 만들지만, 가소성이 떨어져서 결국 학습의 영향을 덜 받게 된다.

인간의 뇌가 어떻게 다른지 보려면, 우리와 가장 가까운 친척인 침팬지의 수초화를 우리와 비교해보면 된다. 〈그림 5.2〉가 세 종류의 발달기, 다시 말해 (1)유아기, (2)아동기(영장류에서 '소년기'라 불리는 시기), (3)청소년기·청년기 동안에 대뇌피질에 일어나는 수초화의 비율을 (성년기 수준의 백분율로) 보여준다.[3] 젖먹이 침팬지는 피질의 15퍼센트를 이미 수초화한 뒤 이 세상에 발을 딛는 반면, 인간은 고작 1.6퍼센트를 수초화한 상태에서 출발한다. 상대적으로 최근에 진화해왔고 인간에게 엄청나게 많은 신피질의 경우는, 그 백분율이 각각 20퍼센트와 0퍼센트이다. 청소년기와 청년기 동안에도 인간은 여전히 최종적 수초화의 65퍼센트만 완성시키는 반면에, 침팬지는 96퍼센트를 완성해 수초화를 거의 끝낸다. 이데이터는 우리가 침팬지와 달리 30대에 접어들어서도 상당량의 '연결망 작업'을 계속한다는 것을 시사한다.

인간의 뇌 발달은 우리 종의 또 한 가지 유별난 특징인 긴 아동기 및 청소년기라는 잊지 못할 기간의 등장과 연관된다. 다른 영장류에 비해 우리는 임신기와 유아기(태어나서 젖을 뗄 때까지)가 짧아져온 반면에 아동기가 길어져왔고, 독특하게 인간에게만 있는 기간인 청소년기가 완전한 성숙에 앞서 등장해왔다. 아동기는 놀이를 하고 어른이 할 일과 각종 기량을 연습하는 일을 포함한 집중적인 문화적 학습의 기간으로, 이 시간

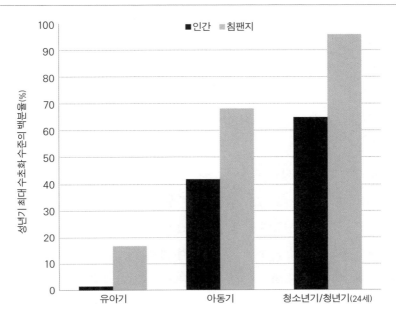

그림 5.2 발달기 침팬지와 인간의 수초화

동안 몸은 여전히 작은 채로 우리 뇌는 거의 어른 크기에 다다른다. 청소년기는 이후로 급성장이 뒤따르는, 성적 성숙을 신호탄으로 시작된다. 이 시간 동안, 우리는 견습생으로서 어른의 기량과 지식 분야 중에서도 가장 복잡한 것들을 연마할 뿐만 아니라, 또래와 관계를 쌓고 짝을 찾는다.[4]

청소년기와 청년기의 등장은 우리의 진화사에서 결정적인 구실을 해왔을 가능성이 높다. 사냥도 하고 채집도 하는 개체군에서, 사냥꾼은 18세 즈음이 되기 전에는 (남들은커녕) 자신을 먹일 만큼도 열량을 생산하지 못하고 30대 후반이 되어서야 생산성이 정점에 이를 것이기 때문이다. 흥미롭게도, 사냥꾼들의 힘과 속력은 20대에 정점에 도달하지만, 개인의 사냥 성공률은 대략 40세가 되어야 정점을 찍는다. 성공이 신체적 능력보다 노하우와 정제된 기량에 더 많이 의존하기 때문이다. 대조적으로, 침팬지는—마찬가지로 사냥도 하고 채집도 하는데—유아기가 끝나자마자, 다섯 살 무렵이면 혼자 먹고살기에 충분한 열량을 구할 수 있다.[5] 우리의 긴 배선 기간과 일치하는, 이러한 양식 및 침팬지와의 차이가 우리 인간이 수렵채취인으로서 살아남기 위해 학습에 의존하는 정도를 드러낸다.

신경적·행동적 발달 과정은 느리지만 급속한 진화적 확장을 해온 우리의 유별나게 커다란 뇌는, 우리 종의 진화에서 누적적인 문화적 진화가 주된 선택압이 되었다면 예상되는 결과와 정확히 일치한다. 누적적인 문화적 진화가 조리나 창과 같은 문화적 적응물을 낳기 시작한 순간, 문화적 정보를 가장 효과적으로 습득, 저장, 조직화하게 해주는 뇌와 발달 과정을 가능케 한 유전자를 가진 개인들이 살아남아 짝을 찾아서 자손을 남길 가능성이 가장 높아질 것이다. 세대마다 조금 더 커다란 뇌를 얻어 문화적 학습을 조금 더 잘하게 되면, 적응적인 노하우 덩어리가 급속히 확장해 이용 가능한 모든 뇌 공간을 채울 것이다. 이 과정은 뇌의 가소성을 최대로 유지해 뇌가 '받도록 프로그램이 되어 있게' 만드는 방식으로 뇌의 발달을 모양지을 것이고, 몸은 우리가 살아남을 만큼 배웠을 때까지 작게 (그래서 열량이 덜 들게) 유지할 것이다. 이 문화-유전자 공진화의 상호작용이 자기촉매적 과정을 창출함으로써, 우리 뇌가 아무리 커져도 세상에는 언제나 우리 가운데 한 사람이 생전에 배울 수 있는 것보다 훨씬 더 많은 문화적 정보가 존재할 것이다. 우리의 뇌가 문화적 학습을 잘하게 될수록 적응적인 문화적 정보는 더 빨리 누적되고, 이 정보를 습득하고 저장하기 위해 뇌에 가해지는 압력도 더욱 커진다.

이 관점은 인간의 젖먹이들에 관한 세 가지 당혹스러운 사실도 설명해준다. 첫째, 우리 아기들은 다른 종에 비해 늦된다. 약하고 근육도 없

호모 사피엔스

는 데다 뚱뚱하고 둔하기까지 하다는 뜻이다(미안, 아가들아! 하지만 사실이야!). 대조적으로, 일부 포유류는 자궁에서 나오자마자 걷고, 심지어 몇몇 영장류는 어미에게 매달리는 법도 금세 알아낸다. 반면에 목 위를 보면, 인간 아기들의 뇌는 날 때부터 포유류의 신경적 이정표들을 다른 종보다 더 많이 통과한 다음이라, 다른 동물의 뇌에 비해 발달적으로 앞서 있다. 태아는 자궁 안에서 이미 언어의 여러 측면을 익히고 있고(13장 참조), 아기들은 문화적 학습에 임할 준비를 갖추고 세상에 나온다. 젖먹이들은 걷거나 스스로 먹거나 똥을 가릴 수 있기도 전에, 실력과 신뢰도 단서를 기반으로 선택적으로 다른 사람들로부터 배우고(4장), 다른 사람들의 목적을 모방하기 위해 그 의도를 읽을 수도 있다.[6] 셋째, 다른 면에서는 발달적으로도 인지적으로도 앞서 있으면서도, 아기들의 뇌는 높은 가소성을 지니고(수초화되지 않은 채) 세상에 나와서 출생 전의 속도로 계속 확장된다. 간단히 말해, 다른 면에서는 거의 무력하지만, 아기들과 걸음마쟁이들은 문화적으로는 정교한 학습기계다.

자연선택은 여러모로 우리의 발달을 바꿈으로써 우리를 문화적인 종으로 만들어왔다. (1)유아기를 줄이고 아동기를 늘려 몸의 성장을 늦추었지만 청소년기에 급성장을 추가했다. (2)우리의 뇌를 날 때부터 앞서 있지만 그럼에도 급격히 확장할 수도 있고 가소성을 유지할 수도 있게끔 만드는 복잡한 방식으로 신경 발달을 바꾸었다. 앞으로, 우리의 빠른 유전적 진화, 커다란 성년의 뇌, 느린 신체 발달, 점진적 배선이 어떻게 가능해지는지는 더 커다란 한 묶음의 특징 가운데 일부로서만 고려할 것이다. 성별 분업, 집중적인 양육 투자, 우리가 폐경기와 연관시키는 긴 번식 후기를 포함하는 우리 종의 이러한 특징들은 결정적인 여러 방식으로 문화적 진화와 상호작용할 것이다.

몸 밖에서 소화시키기: 음식의 조리

....

다른 영장류에 비해, 인간은 특이한 소화계를 지니고 있다. 맨 위에 있는 입에서 출발하자면, 우리의 입은 구경, 입술, 이가 이상하리만치 작고 입술 근육도 약하다. 우리의 입은 체중이 1.5킬로그램도 안 되는 종인 다람쥐원숭이의 입만 하다. 침팬지는 우리보다 입을 두 배나 더 크게 벌려 입술과 큰 이빨 사이에 상당량의 먹이를 물 수 있다. 우리는 또한 귀 밑에 겨우 닿는 보잘것없는 턱 근육을 지니고 있다. 다른 영장류들의 턱 근육은 머리 꼭대기까지 이어지고, 거기서 때로는 한가운데의 뼈 능선에 달라붙기까지 한다. 우리의 위장은 표면적이 우리만 한 영장류에게 예상할 수 있는 양의 3분의 1에 지나지 않을 만큼 작고, 우리의 대장은 예상 질량의 60퍼센트에 지나지 않을 만큼 짧다. 우리의 몸은 야생의 먹거리를 해독하는 능력도 형편없다. 우리의 장—위장, 소장, 대장—은 전체적으로, 우리의 전신 크기를 볼 때 마땅한 크기보다 훨씬 더 작다. 다른 영장류에 비해 우리는 그 줄을 내려가는 내내, 음식을 부수는 입의 (무)능력에서부터 섬유질을 처리하는 대장의 역량에 이르기까지, 소화력의 상당량이 부족하다. 흥미롭게도 우리의 소장만은 거의 마땅한 크기인데, 이 예외는 아래에서 해명할 것이다.[7]

인간에게 나타나는 이 이상한 생리적 양상을 문화가 어떻게 설명할 수 있을까?

답은 우리의 몸이, 이 경우에는 소화계가, 문화적으로 전달되는 먹거리 가공 관련 노하우와 공진화해왔다는 것이다. 모든 사회의 사람들이 대대손손 누적되어온 여러 기법을 써서 먹거리를 가공한다. 익히기, 말리기, 찧기(빻기), 갈기, 걸러내기, 썰기, 재기, 연기 쐬기, 발라내기 따위가 여기에 들어간다. 이 가운데 석기로 썰고, 발라내고, 찧기가 가장 오래되었

호모 사피엔스

을 것이다. 고기를 썰고, 발라내고, 찧으면 크게 도움이 되는 데, 왜냐하면 이빨, 입, 턱의 기능을 어느 정도 대신해 근섬유를 잘게 썰고, 조각내고, 으깨어 고기를 연하게 만들기 때문이다. 마찬가지로, 양념장은 먹거리를 화학적으로 분해하기 시작한다. 남아메리카 해안지역 요리인 세비체에 쓰는 것과 같은 시큼한 양념장은 위산이 취하는 접근법을 흉내내어 고기가 입에 닿기 전에 고기 단백질을 문자 그대로 분해하기 시작한다. 그리고 3장의 나두에서 보았듯이, 걸러내기는 수렵채취인이 먹거리를 가공하고 독소를 제거하려고 오래전부터 사용해온 수많은 기법 가운데 하나다.

이 모든 기법 가운데, 익히기가 아마도 우리의 소화계를 다듬어온 문화적 노하우 가운데 가장 중요한 부분일 것이다. 영장류학자인 리처드 랭엄은 조리가 (그래서 불과 함께) 인간의 진화에서 결정적인 구실을 해 왔다고 설득력 있게 주장해왔다. 리처드와 그의 공동연구자들은 조리 과정이, 제대로만 하면 우리를 대신해 엄청난 양을 소화한다는 것을 잘 보여주었다. 익히면 육류와 식물성 먹거리 모두 물러져서 소화될 준비가 된다. **적당한** 정도로 가열하면 섬유가 많은 덩이줄기를 비롯한 식물성 먹거리가 연해지고, 해독되며, 분해된다. 가열하면 육류에 들어 있는 단백질도 분해되어 우리 위산이 해야 할 일이 극적으로 줄어든다. 그 결과로, 고기를 먹는 육식동물(예: 사자)과 달리 우리는 고기가 위장 안에 몇 시간 동안 남아 있는 일이 별로 없다. 이미 찧고, 발라내고, 절이고, 익혀서 어느 정도 소화된 상태로 도착하기 때문이다.

먹거리의 이 모든 전처리는 우리 입, 위장, 대장의 소화 작업량을 줄여주지만, 그렇다고 그 영양분을 실제로 흡수해야 할 필요성이 달라지지는 않는다. 이것이 우리의 소장만은 우리 키의 영장류에게 거의 맞는 크기인 이유다.

이 해명에서 많은 경우 충분히 강조되지 않는 것은 먹거리 처리 기법이 주로 문화적 진화의 산물이라는 점이다. 예컨대 익히기도, 어떻게 하는지 우리가 본능적으로 아는 뭔가가 아니고, 심지어 쉽게 알아낼 수 있는 뭔가도 아니다. 나를 못 믿겠거든, 밖으로 나가 현대의 기술을 전혀 쓰지 않고 불을 피워보라. 막대 두 개를 서로 비비든가, 불 피우는 드릴을 만들든가, 자연에서 나는 부싯돌이나 석영을 찾든가. 그 커다란 뇌에게 일을 시켜보라. 어쩌면 우리 조상들이 처했던 환경에서 되풀이되었던 이 난제를 풀기 위해 자연선택이 설계한 모종의 불 본능들이 효과를 발휘해 당신을 인도하리라.

......

운이 없어서 못 해냈다고? 훈련받은—다시 말해, 문화적으로 전달받은—적이 없었다면, 당신이 성공했을 가능성은 매우 낮다. 우리의 몸은 불과 조리가 만들어왔지만, 우리는 불을 피우고 조리하는 법을 남에게서 배워야 한다. 불 피우기가 너무도 '부자연'스럽고 기술적으로 어려운 나머지 일부 수렵채집 집단은 실제로 불 피우는 능력을 잃어버린 적도 있다. 안다만제도 사람들(말레이시아), 시리오노족(아마조니아), 북부 아체족(인도네시아)이 그랬고, 어쩌면 태즈메이니아섬 사람들도 여기에 들어갈 것이다. 여기서 분명히 해두지만, 불이 없었다면 이 집단들은 살아 남지 못했을 것이다. 이들은 불을 간직하고 있었지만, 필요할 때마다 새로 붙일 능력을 잃어버린 것이었다. 한 **군집**의 불이 어쩌다, 이를테면 폭풍이 몰아치는 동안 꺼져버리면, 이들은 (바라건대) 불이 나가지 않은 다른 군집을 찾아나서야 했다.[8] 그렇지만 서리가 뒤덮인 구석기시대의 유럽에서 뿔뿔이 흩어진 채 소규모로 모여 살던, 우리보다 뇌가 큰 사촌이었던 네안데르탈인의 불은 때때로 나갔을 테고, 수천 년 동안 다시 붙을 기약이 없었을 것이다.[9] 12장에서는 어떻게, 그리고 왜, 그토록 중요한 것을 잃어

호모 사피엔스

버리는 일이 놀랍지 않은지를 보게 될 것이다.

우리 종의 불에 대한 의존성은 **불을 제어**하게 됨과 동시에 시작되었을 가능성이 높다. 그 불은 아마도 자연에서 얻었겠지만, 불을 붙들어서 유지하고 제어하기만 하는 데에도 어떤 노하우가 필요하다. 불이 타게 둔다는 게 쉽게 들릴 수도 있지만, 그 불은 폭풍우가 몰아치고 강풍이 부는 동안에도, 강을 건너고 늪을 거쳐 먼 길을 가는 동안에도 줄곧 꺼지지 않고 타오르도록 지켜야 한다. 나는 페루의 아마존 지역에서 마치헨카라는 원주민 집단에 들어가 사는 동안 이에 관해 배운 바가 있다. 나는 어느 마치헨카족 여인이 다 타서 죽은 것처럼 보이는, 숯이 된 통나무 하나를 꽤 먼 자기 집 뜰로 옮긴 뒤, 자기가 가져온 마른 이끼와 다른 통나무들에서 나오는 반사열을 조합해 숨어 있던 잉걸불에 다시 생명을 불어넣는 것을 보았다. 내가 또 한 번 망신을 당한 것은 또 다른 젊은 마치헨카족 여인이, 떼어놓을 수 없는 젖먹이를 옆구리에 매단 채, 마을에 있던 내 집에 들러 내가 요리에 쓰는 불을 다시 매만져주었을 때였다. 그녀가 손을 보자 불길이 세어졌고, 냄비를 올리기 편한 곳도 생겨났으며, 연기도 (따라서 나의 숨막힘도) 줄었고, 내가 끊임없이 보살필 필요도 별로 없어졌다.[10]

조리 또한 개인이 시행착오를 겪으며 배우기 어려운 일이다. 조리가 소화에 도움을 주려면, 제대로 되어야 한다. 잘못 조리하면 실제로 음식의 소화가 더 어려워지고 독소가 증가할 수도 있다. 그리고 무엇이 효과적인 조리인지는 먹거리의 유형에 달려 있다. 고기의 경우, (내가 볼 때) 가장 명백한 걸 한답시고 고깃덩어리를 불꽃 한가운데로 집어넣으면, 겉은 타서 딱딱해지고 속은 익지 않는—원하지 않는 것과 정확히 일치하는—결과를 낳을 수 있다. 그래서 소규모 사회에는 특정 먹거리에만 들어맞는 가공방법을 열거한 복잡한 목록이 있기 마련이다. 예컨대 일부 먹거리의 가장 좋은 조리법은 나뭇잎으로 싸서 불이 꺼진 재 속에 오랫동안(얼마나 오래?) 묻어두는 것이다. 반면에 많은 사냥꾼들은 자신이 잡은 짐승의 간을 그 자리에서 날것으로 먹는다. 간은 알고 보면, 날것으로 먹을 때 오히려 에너지가 풍부하고 연한 데다 맛도 있다. 간을 먹는 게 치명적일 수 있는 종만 아니면 말이다(당신은 그게 어떤 종인지 아는가?).[11] 이누이트족 사냥꾼들이 북극곰의 간을 날것으로 먹지 않는 이유는 그 간에 독성이 있다고 믿기 때문이다(그리고 그 문제에 관한 실험실 연구에 따르면 그들이 옳다). 잡은 짐승의 나머지 부위는 대개 각을 떠서 가끔은 찧을 때도 있고 말려둘 수도 있는데, 그다음에 조리한다. 부위에 따라 조리 방법은 다르지만 말이다.

이 문화적으로 전달된 불과 조리에 관한 노하우의 영향력이 우리 종의 유전적 진화에 너무도 큰 영향을 미쳐온 나머지 우리는 이제 본질적으로, 조리한 음식에 중독되어 있다. 랭엄은 날음식만 먹고 살아남을 수 있는 인간의 능력에 관한 문헌을 검토했다. 그의 검토 대상에는 사람들이 조리 없이 살아남아야 했던 역사적 사례들뿐 아니라, 생식生食운동 같은 현대의 유행에 대한 연구들도 포함된다. 모든 연구의 요점은 바로 조리 없이는 몇 달도 살아남기가 어렵다는 것이다. 생식주의자들은 몸이 마르고 자주 허기를 느낀다. 체지방이 너무 많이 떨어져서 여성들은 자주 월경이 멈추거나 불규칙해진다. 슈퍼마켓에 가면 엄청나게 다양한 날음식을 구할 수 있고, 믹서와 같은 강력한 가공기술을 사용하고, 어느 정도 미리 가공된 음식을 먹어도 이 일은 벌어진다. 결론은, 수렵채취생활을 하는 인간 집단은 조리 없이는 결코 살아남을 수 없으리라는 것이다. 반면에 유인원들은, 이들도 조리한 음식을 몹시 좋아하기는 하지만, 조리 없이도 잘만 지낸다.[12]

우리의 진화사에서 우리 종의 점점 더 커져가는 불과 요리에 대한 의

호모 사피엔스

존성은 여러 방식으로 불 피우기에 관한 노하우의 습득을 촉진하게끔 문화적 학습 심리를 형성해왔을 것이다. 이는 우리의 문화적 학습에 존재하는 내용 편향의 한 종류다. UCLA의 인류학자 댄 페슬러의 주장에 따르면, 아동기 중반 동안(6~9세)에 인간은 남들을 관찰하기도 하고 직접 불을 다루기도 함으로써 불에 관해 배우는 것에 강하게 끌리는 한 시기를 거친다. 아이들이 마음껏 이 호기심에 몰입하는 소규모 사회에서는, 청소년기에 이른 사람은 불에 통달하는 동시에 더는 불에 끌리지도 않게 된다. 흥미롭게도, 페슬러의 또 다른 주장에 의하면 현대 사회는 너무도 많은 아이들이 결코 호기심을 충족시키지 못하기 때문에 비정상이며, 그래서 불에 대한 매혹이 십 대와 성년기 초반에 들어설 때까지 이어진다.[13]

사회적으로 학습된 먹거리 가공 기법이 우리의 유전적 진화에 영향을 미치는 일은 매우 점진적으로 발생했을 것이고, 아마 최초의 석기와 함께 시작되었을 것이다. 그러한 도구들은 늦어도 약 300만 년 전부터는 등장하기 시작했을 가능성이 높고(15장 참조), 아마 고기 가공—찧기, 다지기, 저미기, 썰기—에 쓰였을 것이다.[14] 고기를 말리거나 식물성 먹거리를 절이는 가공 기법은 어느 때고, 아마도 거듭해서 등장했을 것이다. 호모속이 등장했을 무렵에는 조리가 산발적이나마 점점 더 자주, 특히 크고 섬유질 많은 덩이줄기나 고기가 비교적 풍부하던 곳에서 이루어지기 시작했을 개연성이 높다.

우리의 먹거리 가공 방법 목록은 우리의 소화기능 가운데 일부를 점차 문화적 대용품으로 대체함으로써 우리 소화계에 가해지는 유전적 선택압을 바꿔놓았다. 조리와 같은 기법들은 실제로 먹거리에서 구할 수 있는 에너지를 높이고, 먹거리를 소화하기 쉽게 만들며, 독성을 없애 주기도 한다. 이 효과가 우리 몸에서 (뇌 조직 다음으로) 두 번째로 에너지가 많이 드는 장 조직과 더불어 장 조직과 연관된 다양한 질병에 걸릴 가능성도 줄임으로써 자연선택으로 하여금 상당량의 에너지를 절약할 수 있게 해주었다. 문화적 진화가 소화기능을 외부화하면서 절약한 에너지는 우리 종이 점점 더 커다란 뇌를 만들고 운영하는 데에 들어가는 경비를 제공하는 한 요소가 되었다.

도구는 어떻게 우리를 뚱뚱한 약골로 만들었나
....

"강인한 남성 구함. 40킬로그램 유인원의 어깨를 바닥에 닿게 누르고 있으면, 초당 5달러를 주겠음." 이렇게 쓰인 벽보를 보고 미식축구 수비수 같은 우람한 사내들이 '노엘의 방주 고릴라 쇼' 앞에 줄을 서곤 했다. 이 쇼는 1940년대부터 1970년대까지 미국의 동부 해안을 오르내린 어느 서커스의 프로그램이었다. 이 간판 쇼에서 관중에게 깊은 인상을 남길 수 있다는 데에 고무되고도, 30년 동안 단 한 사람도 찍어누르고 5초를 넘기지 못했던 침팬지는 다 자란 어른도 아니었다. 더욱이, 침팬지들은 심각하게 불리한 조건을 받아들여야 했는데, 영화 〈양들의 침묵〉에 나오는 입마개를 쓰고 있어서 자기들이 선호하는 무기인 커다란 송곳니를 쓸 수 없었기 때문이다. 나중에는 이 쇼의 유인원들에게 강제로 커다란 장갑까지 끼게 했는데, 그건 스누키라는 이름의 침팬지가 도전자 코에 양손 엄지를 쑤셔넣어 그 사람의 콧구멍을 찢어버렸기 때문이었다. '노엘의 방주 고릴라 쇼' 주최 측이 어린 침팬지들을 이용한 것은 현명한 처사였는데, 다 자란 (68킬로그램의) 수컷 침팬지는 사람 허리를 부러뜨리고도 남기 때문이다. 당국이 마침내 이 구경거리에 종지부를 찍었지만, 그들이 걱정한 게 어린 유인원들인지 아니면 그들과 함께 제 발로 링 안으로 들

호모 사피엔스

어가던 건장한 레슬러들인지는 분명치 않았다.[15]

우리는 어쩌다 이런 약골이 되었을까?

주범은 문화였다. 누적적인 문화적 진화가 칼날, 창, 도끼, 올가미, 투창기, 독, 옷과 같은 갈수록 더 효과적인 도구와 무기를 낳자, 자연선택은 이 문화적 산물들에 의해 달라진 환경에 대한 응답으로 유전자를 조정해 우리를 약하게 만들었다. 목재, 부싯돌, 흑요석, 뼈, 사슴뿔, 상아로 만들어진 효과적인 도구와 무기가 큰 어금니를 대신해 씨앗과 질긴 식물을 짓이기고, 커다란 송곳니, 강한 근육, 치밀한 뼈를 대신해 싸우고 사냥하면 되니까 말이다.

이것을 이해하려면, 커다란 뇌는 에너지를 독식하는 돼지라는 점을 깨달아야 한다. 우리의 뇌는 우리가 하루에 섭취하는 에너지의 5분의 1 내지 4분의 1을 쓰는 반면, 다른 영장류의 뇌는 8~10퍼센트를 쓴다. 다른 포유류는 3~5퍼센트밖에 사용하지 않는다. 더욱이, 근육과 달리 뇌는 에너지를 절약하기 위해 꺼둘 수도 없다. 활동하는 뇌를 유지하는 데에나 쉬는 뇌를 유지하는 데에나 거의 같은 양의 에너지가 든다. 자연계에 관한 우리의 문화적 지식은 먹거리 가공 기법을 포함한 우리 도구들과 결합해, 우리 조상들로 하여금 다른 종들보다 훨씬 적은 시간과 노력으로 고에너지 식사를 할 수 있게 해주었다. 이것이 우리 계통에서 뇌가 커지는 데에 결정적인 구실을 했다. 그러나 뇌에는 끊임없이 에너지를 공급해야 하므로—홍수, 가뭄, 부상, 질병 따위가 초래하는—식량난의 기간은 인간에게 심각한 위협이 된다. 이 위협에 대처하기 위해, 자연선택은 뇌를 제외한 우리 몸의 에너지 예산을 쳐내고 궁핍한 시기를 위한 곳간을 마련할 필요가 있었다.

도구와 무기의 등장은 자연선택으로 하여금 유지비가 비싼 세포 조직들을 지방으로 교환할 수 있게 해주었다. 지방은 유지비도 더 싸고 궁핍한 기간을 견뎌내는 동안 커다란 뇌를 부양하는 데에 결정적인 에너지 저장 장치를 제공한다.[16] 이것이 바로, 에너지의 85퍼센트를 뇌 건축에 바치는 젖먹이들이 그토록 통통한 이유다. 젖먹이들은 신경 발달을 지속하고 문화적 학습을 최적화하기 위해 에너지 완충 장치가 필요한 것이다.

그러니 만약에 침팬지가 레슬링 한 판 하자고 도전해 오거든, 그건 사양하고 대신에 (1)바늘에 실 꿰기(바느질 시합?), 또는 (2)강속구 던지기, 아니면 (3)거리달리기가 기본인 시합을 제의할 것을 권한다.[17]

자연선택이 힘을 지방과 맞바꾸기는 했지만, 갈수록 복잡해지는 도구와 기법은 또 한 가지 주요한 유전적 변화를 주도했다. 다시 말해, 다른 포유류에 비해 인간의 신피질은 피질과 척수의 연결로를 운동신경세포, 척수, 뇌간으로 더 깊이 보낸다. 학습된 운동 양식들을 위한 우리의 정밀한 재주를 보조하는 것이 바로—어느 정도는—이 연결로의 깊이다(위에서 언급한 신피질의 가소성을 떠올려보라). 특히, 이러한 운동신경세포는 우리 손에 직접 분포해 우리가 바늘에 실을 꿰거나 정확하게 던질 수 있게 해 줄 뿐만 아니라, 혀와 턱과 성대에 분포해서 말하기도 거들어 준다(13장 참조).

향상된 운동 제어가 선호된 것은 누적적인 문화적 진화가 더 정밀한 도구를 더 많이 제공하기 시작한 순간부터였다. 그러한 도구는 우리에게 더 넓은 손끝, 근육이 더 많은 엄지, '정밀한 쥐기precision grip' 능력(15장 참조)을 가질 수 있도록 우리 손의 해부구조를 모양지은 유전적 진화 압력도 만들어냈다.

문화적 진화는 던지기를 위한 묶음들도 생산했을 것이고, 여기에는 사냥, 죽은 짐승 차지하기, 기습, 또는 공동체 치안에서 발사무기를 사용하는 데에 적합한 기법들, 인공물들(나무로 만든 창과 던지는 곤봉), 전략들이 포함되었을 것이다. 이 묶음들의 등장은 남들을 관찰함으로써 던지기를 연습할 줄 알게 되는 능력과 조합되어, 우리 어깨와 손목에서 일어난 해부구조 특수화의 일부를 촉진했을 테지만, 동시에 왜 많은 아이들이 던지기에 그토록 강렬하게 흥미를 느끼는지를 설명해주기도 한다(이에 관해서는 15장에서 더 살펴보기로 하자).[18]

복잡한 도구와 함께한 우리 종의 오랜 역사는 이러한 해부구조의 변화를 가져온 것과 더불어, 우리의 학습 심리도 모양지어왔을 것이다. 우리는 '인공물'(예컨대 도구나 무기)을 돌이나 동물 같은 세상의 다른 모든 것과 따로 범주화하도록 인지적으로 대비되어 있다. 식물, 동물, 물과 같은 무생물과 달리, 우리는 인공물을 생각할 때 기능을 떠올린다. 예컨대 어린아이들도 인공물에 관해 물을 때에는, 신기한 동물이나 식물을 보았을 때 처음 하는 질문인 "이건 뭐예요?" 대신에 "이건 뭐에 써요?" 또는 "이걸로 뭘 해요?"라는 질문을 던진다. 이렇듯 인공물을 특별히 생각하려면, 다른 무생물을 생각할 때와 달리, 먼저 세상에는 기능이 명백하지 않거나 **인과적으로 불투명한** 복잡한 인공물들이 있음을 배워야 한다.[19] 누적적인 문화적 진화는 그 같은 인지적으로 불투명한 인공물을 쉽사리 발생시키리라는 게 7장에서 역설할 논점이다.

물통과 추적은 어떻게 우리를 오래달리기 선수로 만들었나

....

전 세계의 전통적인 사냥꾼들은 우리 인간이 영양, 기린, 사슴, 스틴복, 얼룩말, 워터벅, 누를 쫓아가 잡을 수 있다는 걸 보여주었다.[a] 이러한

---

a   스틴복, 워터벅, 누는 모두 아프리카에 분포하는 영양의 일종이다.

추격은 때로 세 시간도 더 걸리지만, 결국에는 사냥감이 지치거나 열이 나서 기진맥진해 쓰러진다. 우리가 지구력에 초점을 두고 인위적으로 선택해오며 길들인 말을 빼면,[20] 포유류 가운데 우리 종과 지구력 챔피언 자리를 다툴 주된 경쟁자는 사회적인 육식동물의 일부밖에 없다. 이를테면 아프리카의 들개, 늑대, 하이에나도 끈질기게 사냥을 하며 으레 하루에 10~20킬로미터를 달린다.

이 종들을 이기려면 우리는 문자 그대로, 열을 올리기만 하면 된다. 이 육식동물들은 높은 온도에 우리보다 훨씬 더 취약하기 때문이다. 열대 지방에서 개와 하이에나가 사냥할 수 있는 때는 좀 더 시원한 새벽녘이나 저물녘뿐이다. 그러니 개와 경주를 하고 싶다면, 뜨거운 여름날 25킬로미터 경주 계획을 짜라. 개는 거의 뻗어버릴 것이다. 그리고 더우면 더울수록, 당신은 더 일방적인 승리를 거둘 것이다. 침팬지는 이 분야에서는 아예 우리 리그에 끼지도 못한다.[21]

인간의 해부구조와 생리를 현생 영장류와 호미닌(우리의 조상 종과 멸종한 친척들)을 모두 포함하는 다른 포유류와 비교하면, 자연선택이 100만 년이 넘는 기간 동안 장거리달리기를 위해 우리 몸을 모양지어왔다는 게 드러난다. 우리는 머리부터 발끝까지, 완전한 한 벌의 특수화된 장거리달리기 적응물들을 지니고 있다. 몇 가지만 뽑아보자면, 다음과 같다.

- 다른 유인원과 달리, 우리 발은 탄력 있는 아치를 가지고 있어서 이것이 에너지를 저장하고 반복되는 부딪침의 충격을 흡수한다. 우리가 적절한 자세를 배워서 뒤꿈치 착지만 피한다면 말이다.
- 우리의 비교적 긴 다리는 긴 용수철 같은 힘줄들을 가지고 있는데, 그 결정적인 아킬레스건을 포함한 이 힘줄들은 짧은 근육섬유들로 이어진다. 이 장치가 효율적인 동력을 발생시켜 우리에게 에

너지를 아끼면서도 보폭을 넓혀 속도를 높이는 능력을 제공한다.[22]

- 속도를 내는 데에 능한 동물들이 주로 (빠르게 수축하는) 속근섬유를 가지고 있는 것과 달리, 우리 다리에서는 잦은 장거리달리기가 그 균형점을 옮겨 50퍼센트였던 (느리게 수축하는) 지근섬유를 80퍼센트까지 늘림으로써 유산소 에너지 전환 능력을 훨씬 더 키울 수 있다.

- 우리 하체에 있는 관절들은 모두 오래달리기의 스트레스를 견디도록 보강되어 있다.

- 달리는 동안 몸통을 안정시키기 위해, 우리 종은 척추를 타고 올라가는 상당량의 근육(척추기립근)과 더불어 뚜렷하게 커진 대둔근(큰볼기근)을 뽐낸다.

- 우리의 눈에 띄게 넓은 어깨 및 짧은 팔목과 짝을 이루어, 팔 흔들기가 이 운동을 상쇄하는 회전력을 만들어내어 우리가 달리는 동안 균형을 잡아준다. 그리고 우리는 등의 근육 조직이 다른 영장류와 달라서, 고개를 몸통과 상관없이 비틀 수 있다.

- 목덜미인대가 우리 어깨와 머리를 연결함으로써 달리기에 수반되는 충격에 맞서 머리뼈와 뇌의 안전과 균형을 지켜준다. 목덜미인대는 다른 달리는 동물들에게도 있지만, 다른 영장류에게는 없다.

무엇보다도 인상적인 것은 아마도 우리의 체온조절 적응일 것이다. 우리는 확실히 가장 땀이 많은 종이다. 포유류는 체온을 비교적 좁은 범위인 대략, 36~38도 사이에서 유지해야만 한다. 포유류 대부분의 치명적 심부 체온은 섭씨 42~44도 범위다. 달리면 열이 열 배는 더 날 수 있으므로, 포유류 대부분이 장거리를 달리지 못하는 까닭은 이 쌓이는 열을 감당할 능력이 없기 때문이다.

이 적응적 난관을 극복하기 위해, 자연선택은 (1)털의 거의 완전한 상실, (2)에크린 땀샘의 급증, (3)'머리 냉각' 체계의 등장을 선호했다. 여기서 발상은 피부에 땀을 발라 증발시킴으로써 피부를 식히면, 달리기로 발생하는 공기의 흐름이 증발을 촉진하리라는 것이다.

어떤 일이 벌어졌는지 알아듣기 위해, 땀샘에는 아포크린 땀샘과 에크린 땀샘 두 종류가 있다는 점에 유의하자. 아포크린샘은 사춘기에 페로몬을 함유한 끈끈한 분비물을 생산하기 시작하고, 이 분비물은 곧잘 세균에 의해 처리되어 강한 향을 낸다. 이 샘들은 우리 겨드랑이, 젖꼭지, 사타구니에 국한되어 있다(용도가 무엇인지 짐작이 가는가?). 이와 대조적으로, 맑은 소금물과 몇몇 다른 전해질을 분비하는 에크린샘은 우리의 온몸에서 찾아볼 수 있고, 우리 몸에는 다른 영장류보다 에크린샘이 훨씬 많다. 이 샘들이 가장 밀집해 있는 곳은 두피와 발, 다시 말해 달리는 동안 냉각이 가장 필요한 곳이다. 여러 몸 표면을 측정한 바에 의하면, 다른 어떤 동물도 우리보다 빨리 땀을 내지 못한다. 게다가 우리의 에크린샘은 '지능형 샘'이다. 뇌의 중앙통제가 가능한 신경들을 담고 있기 때문이다(다른 동물들은 땀 분비를 국부적으로 통제한다). 인간이 진화하는 동안 급증해서 우리 몸을 덮은 것은 이 신경이 분포한 에크린샘이었지, 아포크린샘이 아니었다.

뇌는 특히 과열에 취약하기 때문에, 자연선택은 우리 조상들에게 특수한 **뇌 냉각 체계**도 설계해 넣었다. 이 체계는 머리뼈의 표면 가까이에서 달리는 정맥들의 그물망을 끌어들여, 얼굴과 머리에 풍부한 땀샘들로 이곳의 정맥들을 먼저 식힌다. 그 정맥들은 이어서 부비강(코곁굴)으로 흘러 들어가 거기서 뇌로 혈액을 나르는 일을 맡고 있는 동맥들의 열을 흡수한다. 이 냉각장치가 아마도 인간이 그 많은 포유류와 달리, 상한인 섭씨 44도 너머의 심부 체온을 견딜 수 있는 이유일 것이다.[23]

호모 사피엔스

이 지점에서 당신은, 우리 몸의 이 특징들이 모두 적응적인 게 분명한데, 내가 왜 우리 종의 달리기 적응물들을 진화시킨 조건들을 문화적 진화가 만들어냈다고 생각하는 건지 궁금해하고 있을지도 모른다. 이 점을 이해하기 위해, 이 적응적 설계의 세 가지 측면을 더 자세히 살펴보자. 첫째, 우리의 지구력을 그것이 우리에게 생존과 관련하여 가장 큰 이점을 주는 곳에서 실제 행동으로 옮기려면, 열대에서 한낮에 여러 시간 동안 달릴 수 있어야 한다. 우리의 증발 냉각 체계가 전력을 다하면, 일류 운동선수는 시간당 1~2리터의 땀을 내기 시작할 테고, 3리터까지는 우리 몸의 역량 안에 충분히 들어간다. 이 체계는 몇 시간이고 작동할 수 있고, 그래서 우리를 몇 시간이고 달리게 해줄 수 있다. 결정적인 재료 하나, 물이 떨어지지만 않는다면 말이다. 그렇다면, 유전적으로 진화한 물 저장 체계나 탱크는 어디에 있을까?

거리에 관해서라면 우리와 겨룰 수 있는 동물로 꼽았던 말은, 실제로 많은 양의 물을 저장하는 능력을 지니고 있다. 이와 대조적으로, 인간은 다량의 물을 마시지도 저장하지도 못할 뿐만 아니라, 실은 상대적으로 다른 동물들보다 물을 잘 보관하지도 못한다. 당나귀는 3분에 20리터의 물을 마실 수 있지만, 우리는 10분에 2리터면 끝이다(낙타는 같은 시간에 100리터를 마신다). 어떻게 이 결정적 요소가 우리의 체온조절 체계에서 빠져 있을 수 있을까? 모든 면에서 정밀한 우리의 달리기 설계에 치명적 결함이 있는 것일까?[24]

답은 문화적 진화가 물통과 물 찾는 노하우를 제공했다는 것이다. 민족지학적으로 알려져 있는 수렵채집 집단 사이에서는, 사냥꾼들이 호리병박, 가죽, 타조 알에 담은 물을 가지고 다닌다. 이러한 용기들은 어디서 어떻게 물을 찾을지에 관해 그 지역에서 문화적으로 전달되는 자세한 지식과 조합되어 사용된다. 남아프리카의 칼라하리 사막에서는 수렵채취인들이 타조 알을 반합(물통)으로 사용하는데, 이것이 물을 청량하게 유지해주고, 이따금 작은 영양의 위주머니를 그렇게 쓰기도 한다. 이들은 속이 빈 나무 몸통에 고인 물을 기다란 갈대 빨대로 빨아먹기도 하고, 어떤 시든 덩굴 몇 가닥을 알아보고 물을 머금은 뿌리를 쉽사리 찾을 수도 있다. 오스트레일리아에서는 수렵채취인들이 작은 포유동물의 안팎을 '뒤집는' 방법으로 물통을 만들어냈다(《그림 5.3》 참조). 칼라하리의 수렵채취인들처럼, 이들도 지표면의 표지들을 살펴서 땅속에 숨어 있는 수원을 찾아내기도 했다. 이러한 기법들은 누구 눈에도 빤히 보이고 누구라도 가뿐히 갖출 수 있는 게 아니다. 버크와 윌스는 그러한 노하우가 없

그림 5.3 오스트레일리아에서 수렵채취인들이 사용했던 물통들.

호모 사피엔스

어서 쿠퍼스 강줄기에 갇히고 말았다는 사실을 떠 올려보라.

이러한 추론이 시사하는 바에 따르면, 땀에 기반을 둔 우리의 정교한 체온조절 체계는 문화적 진화가 물통을 만들고 다양한 환경에서 수원을 찾아내기 위한 노하우를 발생시킨 **뒤에야** 진화를 시작할 수 있었을 것이다. 우리를 기막힌 오래달리기 선수로 만드는 한 벌의 적응물은 실은 공진화 묶음의 일부일 뿐이고, 그 묶음 안으로 문화가 결정적 재료의 하나인 물을 배달했던 것이다.

물만 공급된다면, 얼룩말이든 영양이든 스틴복이든 쫓아가 잡을 끈기는 어느 마라톤 선수에게나 있을 것이다. 그러나 지구력 사냥에는 끈기보다 훨씬 더 많은 것이 필요하다. 지구력 사냥꾼은 특정한 목표 사냥감을 알아본 다음, 그 특정한 개체를 장거리에 걸쳐 추적할 능력이 있어야 한다. 우리가 뒤쫓고 싶을지도 모르는 거의 모든 동물은 단거리 경주에서는 우리보다 훨씬 빠르므로 냉큼 저 멀리로 사라져 버릴 것이다. 우리가 지닌 끈기의 우위를 활용하려면, 특정 개체의 자취를 확인하고 읽은 다음 행동을 예측해서 그 개체를 몇 시간 동안 추적할 수 있어야 한다. 목표물을 구분하는, 이를테면 이 얼룩말을 저 얼룩말과 구분하는 능력이 결정적인 이유는, 떼 지어 사는 많은 동물들이 크게 한 바퀴를 돈 다음 자신의 떼로 돌아가서 무리 속으로 다시 섞여 사라지기를 꾀하는 방어전략을 가지고 있기 때문이다. 지금껏 뒤쫓아왔던 놈, 바로 그 지친 놈을 콕 집어서 겨냥하지 못하면, 결국은 어느 팔팔한 얼룩말(재앙)을 뒤쫓게 될 수도 있다. 그래서 지구력 사냥꾼은 개체들을 추적하며 확인할 줄 알아야만 한다.

많은 종들이 어떤 형태로든 추적을 하지만, 다른 어떤 동물도 우리가 하는 식으로 추적하지는 않는다. 현대 수렵채취인들의 추적을 연구 해보면, 추적이 철두철미한 문화적 지식의 장場이라는 게 드러난다. 그 지식은 일종의 수습기간을 통해 습득된다. 이 기간에 청소년기와 청년기 사내들은 자기 집단에서 가장 뛰어난 사냥꾼들이 동물의 자취를 해석하고 논의하는 모습을 지켜본다. 그 자취를 토대로, 숙련된 추적자는 어느 개체의 나이, 성별, 건강상태, 속도, 지친 정도를 비롯해 놈이 지나간 시간까지 유추할 수 있다. 그러한 성취는 특정한 종의 습성, 좋아하는 먹이, 사회적 구성, 생활양식에 대한 지식에 의해 어느 정도 달성된다.[25]

문화적으로 전달되는 몇 가지 요령이 지구력 사냥꾼을 추가로 돕는다. 이 단편적 전략들 가운데 가장 흥미로운 전략은 문화-유전자 공진화가 분리시켜 활용해온, 미묘한 적응적 우위를 강조한다. 이 대목은 조금 복잡하므로, 집중하기 바란다.

많은 네발동물들은 몸 설계상 불리한 점 하나를 떠안고 있다. 사냥감이 된 동물은 개처럼, 헐떡거리는 방법으로 체온을 조절한다. 열을 더 많이 내보내려면, 더 자주 헐떡거려야 한다. 이건 효과가 그런대로 좋다. 달리고 있지만 않다면 말이다. 달리고 있다면, 앞다리의 충격이 흉강을 눌러서, 눌리는 동안 호흡의 효율이 떨어진다. 산소와 체온조절이 필요한 것은 둘째 치고, 달리는 네발짐승은 네 다리를 한 주기 놀릴 때마다 숨을 한 번만 쉬어야 한다는 뜻이다. 하지만 필요한 산소량은 속도에 비례해 늘어나므로, 어떤 속도에서는 숨을 너무 자주 쉬고, 어떤 속도에서는 숨 쉬는 횟수가 모자라게 될 것이다. 그 결과로, 달리는 네발짐승은 (1)한 주기당 호흡은 한 번만 하면 되지만, (2)(피로가 시작되지 않도록) 근육에 속도를 내는 데에 필요한 산소를 충분히 공급하고, (3)(열사 병으로) 주저앉지 않을 만큼 헐떡거릴 수 있는 속도를 골라야만 하는데, 세 조건은 온도와 바람 같은 속도와 무관한 인자들에 의존한다. 이러한 제약들의 결과로, 네발짐승들에게는 (수동변속 자동차의 기어처럼) 이동의 유형 (예컨대 보행, 속보, 질주)에 따라 다르게 설정된 일련의 최적속도 또는 선호속도가 있다.

호모 사피엔스

이 설정에서 벗어나면, 네발짐승의 움직임은 효율이 떨어진다.

인간에게는 그런 제약이 없다. 왜냐하면 (1)우리 폐는 우리가 활보해도 눌리지 않고 우리는 두발짐승이다. 그래서 (2)우리의 호흡속도는 우리 속도와 무관하게 바뀔 수 있고, (3)우리의 체온은 효율적인 발한 체계가 관리하고 있어서, 헐떡이느라 숨을 쉴 수가 없게 되지는 않기 때문이다. 덕분에, (전력질주가 아닌) 유산소 달리기 속도의 범위 안에서는 에너지 사용량이 그다지 많이 변하지 않는다. 이 범위 안에서는 우리가 불이익을 받지 않고도 속도를 바꿀 수 있다는 말이다. 그 결과로, 숙련된 지구력 사냥꾼은 전략적으로 사냥감이 비효율적으로 달릴 수밖에 없도록 자기 속도를 조절할 수 있다. 만약 사냥감이 처음에 그저 사냥꾼보다 조금 빠른 속도로만 도망치고 있다면, 사냥꾼은 속도를 높일 수 있다. 그러면 사냥감은 하는 수 없이 더욱더 빠른 속도로 옮겨가고, 그 결과로 급속히 과열된다. 사냥감의 유일한 대안은 속도를 낮춰 비효율적으로 달리는 것인데, 그러면 놈의 근육은 더 빨리 기진맥진하게 된다. 결과는 사냥꾼에게 쫓기는 사냥감이 전력질주와 휴식을 반복한 끝에 결국 열사병으로 쓰러지는 것이다. 과열된 사냥감은 쓰러지고, 그다음의 처치는 쉽다. 타라후마라족, 파이우테족, 나바호족 사냥꾼들이 전하는 말에 따르면, 그들은 그 순간에 쓰러진 사슴이나 가지뿔영양을 간단하게 질식시킨다.[26]

지구력 사냥꾼들은 그 밖에도 폭넓은 요령을 활용해 자신들의 우위를 더 높일 수 있다. 이 측면이 가장 많이 연구되어온 곳 칼라하리에서는 사냥꾼들이 대체로 한낮에, 기온이 섭씨 39~42도로 가장 높은 때에 사냥감을 뒤쫓는다. 이들은 계절에 따라 달라지는 목표물 종의 건강상태에 맞추어 사냥감을 선택한다. 우기에는 다이커, 스틴복, 젬스복 같은 영양들을 뒤쫓고, 건기에는 얼룩말과 누를 잡는다. 그리고 (구름 없이) 밝은 보름달이 뜬 다음날 아침에 사냥을 한다. 조명이 환한 밤에 많은 종들이 잠을 안 자고 움직인 끝에 피곤에 절어 있을 것이기 때문이다. 무리를 뒤쫓을 때, 사냥꾼들은 '낙오자'를 노린다. 이들이 가장 약한 구성원일 테니까. 인간을 제외한 포식자들이 외톨이가 아니라 무리를 뒤쫓는 경향이 있는 이유는, 이들이 보이는 것이나 자취가 아니라 냄새에 의존하기 때문이다. 어쩌면 놀라울 것도 없이, 수렵채취인들은 다른 사람이 더위 먹은 걸 알아볼 수 있고 처치법도 알고 있다는 것을, 현지인(직업적 위험요소의 하나다)과 보조를 맞추려던 한 인류학자가 몸소 확인했다.[27]

끝으로, 주력을 최대화하고 부상의 위험을 최소화하는 달리기 자세를 얻기까지, 인간은 혼자서 많이 연습하는 외에도 얼마간은 문화적 학습에 의존해야 한다. 진화생물학자이자 해부학자인 대니얼 리버만은 세계 곳곳의 공동체에서 맨발로 또는 신발을 거의 신지 않고 하는 장거리 달리기를 연구해왔다. 그가 모든 연령의 주자들에게 달리기를 어떻게 배웠느냐고 물어보면, 그들은 결코 "그냥 알게 되었어요"라고 말하지 않는다. 대신에 자신의 집단 또는 공동체에서 나이가 더 많고, 기량이 뛰어나고, 명망이 더 높은 어느 구성원을 거명하거나 지목한 뒤, 자신은 그를 지켜보고 그가 하는 대로 했을 뿐이라고 말한다. 우리는 너무나도 문화적인 종인 나머지 우리의 해부학적 적응물들을 가장 잘 활용하는 방식으로 달리는 법을 알아내는 일조차 남을 본받는 데에 의존하게 된 것이다.[28]

동식물에 관한 사고와 학습

....

여러 세대에 걸쳐, 문화적 진화는 크고 잠재적으로 확장되기만 하는 동식물에 관한 지식 모음을 낳는다. 우리의 길 잃은 유럽인 탐험가들의 경우에서 보았듯이, 이 지식은 생존에 결정적이다. 이 지식의 중대성을 고려할 때, 우리는 인간이 나이 어릴 때부터 이 정보를 습득하고, 저장하고, 조직화하고, 추론을 통해 확장하고, 재전달하기 위한 심리적 능력과 동기를 갖추고 있으리라 예상해야 한다. 사실, 우리 인간은 동식물에 관한 정보를 처리하는 데에 필요한 인상적인 **민간생물학적 인지체계**를 지니고 있다. 역동적인 2인조 스콧 애트런과 더글러스 메딘 같은, 다양한 인간 집단에 들어가 작업 중인 인류학자 및 심리학자의 많은 연구들이 이러한 인지체계들이 여러 가지 흥미로운 속성을 지니고 있음을 보여주었다. 아이들은 동식물에 관한 정보를 (1)**본질화한 범주**(예컨대 '코브라나 펭귄')로 재빨리 정리하는데, 이 범주들이 삽입되어 있는 (2)**(나무모양의) 계층적 분류법**이 (3)**범주 기반 귀납**과 (4)**분류학적 유산**을 활용한 추론을 가능하게 해준다.

이것들은 상당히 직관적인 관념들을 가리키는 세련된 인지과학 용어다. **본질화한 범주**를 사용하는 데에서 학습자는, 어느 범주('고양이'라고 하자)의 구성원 자격은 모든 구성원이 공유하는 내면에 깊이 숨어 있는 어떤 본질에서 나오는 결과라고 암묵적으로 가정한다. 이 본질은 어느 개체에 표면적 변화를 주어도 제거할 수 없다. 예컨대 고양이 한 마리를 수술한 다음 색칠을 해서 이 개체가 이제는 정확히 스컹크처럼 보인다고 하자. 이것은 고양이일까, 스컹크일까? 아니면 새로운 어떤 것, 이를테면 '고컹크' 또는 '스컁이'일까? 아이들도 어른들도 전형적으로, 그것은 여전히 고양이인데 현재는 스컹크처럼 보인다고 말할 것이다. 이와 대조적으로, 탁자를 해체한 뒤 의자로 재구성하면, 아무도 그것이 여전히 탁자라고 생각하지 않는다.

그것'이란' 그것이 '하는' 것이다. **범주 기반 귀납**을 사용하고 있는 학습자는 특정한 고양이 한 마리에 관해 알게 된 정보를 곧바로 모든 고양이로 확장할 수 있다. 우리집 고양이 나옹이가 개박하풀에 환장하는 모습을 보면, 곧바로 모든 고양이가 아마도 개박하에 비슷하게 반응할 거라고 추론한다. 발달과 문화적 진화를 거치는 동안 이 본질화한 범주들이 조립되어 점점 더 복잡한 계층적 분류법이 되어가는 과정을 〈그림 5.4〉가 보여준다.

이러한 분류법이 마음에 담기면, 범주 기반 귀납이 사람들로 하여금 한 범주에 대한 자신의 지식, 말하자면 '침팬지'를 써서 다른 범주들에 관해서도 추론할 수 있다. 한 사람이 이러한 추론에 부여하는 확신은 그 사람의 정신적 분류법 안에서의 관계에 달려 있다. 예컨대 침팬지에 관한 사실 하나(예: 새끼에게 젖을 먹인다)를 알고 있는 사람은 어미 늑대 또한 아마도 새끼 늑대에게 젖을 먹일 거라고 곧바로 추론할 수 있는데, 이유는 침팬지도 늑대도 다 포유류의 유형들이기 때문이다.

관계들의 나무는 우리로 하여금 **분류학적 유산**도 사용하게 해준다. 가령 학습자가 자신의 상위 범주들 가운데 하나, 이를테면 '새'가 알을 낳는다거나 속이 빈 뼈를 지니고 있다거나 하는 특정 형질들을 보유하고

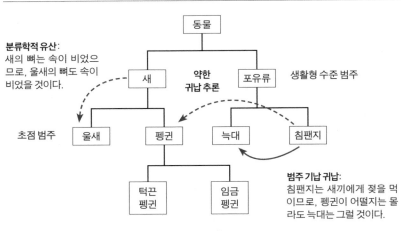

그림 5.4 다양한 측면의 민간생물학적 사고를 예시하는 도표

호모 사피엔스

있다는 사실을 알아낸다고 하자. 그런 다음 새로운 유형의 새, 이를테면 울새를 마주치면, 울새에 관해서는 이 사실들을 명시적으로 배우지 않고도, 울새 또한 십중팔구 알을 낳고 속이 빈 뼈를 지니고 있을 것이라고 곧바로 추론할 수 있다.[29]

이 같은 사고방식은 다양한 소규모 사회 전역에서 상당히 일관되게 나타나지만, 서구의 도시 개체군들에는 민간생물학적 심리에 약간의 변칙이 있는 것처럼 보인다는 점을 언급해둘 가치가 있다. 소규모 사회에서는 사람들이 전형적으로 '울새', '늑대', '침팬지' 같은 초점 범주((그림 5.4) 참조)를 쓰고, 아이들도 그것을 먼저 배운다. 하지만 심리학자들이 흔히 연구하는 도시 거주 어린이와 대학생은 '새'나 '물고기' 같은 이른 바 '생활형 수준' 범주를 쓴다. 게다가 이 도시인들은 인간을 그냥 분류법 안에 배치한 뒤 다른 동물과 마찬가지로 대우하는 대신에, 인간에 관해 자신이 아는 것에서 출발해 다른 종에 접근하는 방식으로 추리하기를 좋아하는 것 같다. 마야족 아이들과 시골에 사는 미국인에 대한 비교연구들이 그 이유를 알려준다. 도시 아이들은 동식물에 관해 매우 적은 양의 문화적 입력밖에 받지 못하고, 따라서 도시 아이들이 많이 아는 유일한 생물은 인간이다. 요컨대, 도시화한 서구의 민간생물학 체계는 인지발달 기간 동안의 입력이 빈곤한 탓에 오작동을 하고 있다는 것이다.[30]

이 강력한 인지 체계가 정리하는 방대한 양의 정보는 개인들이 사는 동안 문화적 전달과 개인적 경험 둘 다를 통해 점진적으로 쌓아간다.[31] 사람들이 동식물에 관해 지니고 있는 지식 대부분이 문화적 전달을 통해 그들에게 온다는 점은 말할 나위도 없다.

이 장치가 작동하는 모습을 보기 위해, 젖먹이들이 낯선 식물에 어떻게 반응하는지를 살펴보자. 식물에 잔뜩 있는 따끔따끔한 가시, 유독한 기름, 얼얼한 쐐기, 위험한 독소는 모두 우리 같은 동물들과 얽히는 일을 피하기 위해 유전적으로 진화했다. 우리 종이 지리적으로 넓은 범위에서 식물을 먹거리, 의약품, 건축자재 같은 다양한 용도로 쓴다는 것을 감안하면, 우리는 식물에 관해 배우는 동시에 식물의 위험을 피하도록 대비되어 있어야 마땅하다.

이 발상을 실험실에서 탐구하기 위해, 심리학자 애니 워츠와 캐런 원은 먼저 월령이 8~18개월 범위에 들어가는 젖먹이들에게 생소한 식물(바질과 파슬리)과 인공물(나무숟가락 같은 생소한 물건과 작은 전등 같은 흔한 물건 모두)을 만져볼 기회를 주었다. 결과는 뚜렷했다. 나이와 상관없이, 많은 젖먹이들이 식물은 아예 만지는 것부터 단호하게 거부했다. 만졌다 해도, 인공물을 만졌을 때보다 꽤나 더 오래 기다린 뒤에야 그렇게 했다. 이와 대조적으로, 생소한 물건이라도 인공물에 대해서는 조금도 주저하지 않았다. 이는 젖먹이들이 한 살도 채 되기 전에 식물을 쉽사리 다른 물건과 구별할 줄 알고 식물을 조심하도록 준비되어 있다는 것을 시사한다. 하지만 이 보수적 성향을 젖먹이들은 어떻게 극복하는 것일까?

답은 바로, 젖먹이들은 다른 사람이 식물을 가지고 무엇을 하는지 날카롭게 지켜본 뒤 다른 사람이 이미 만지거나 먹은 적이 있는 식물만 만지거나 먹고 싶어한다는 것이다. 사실, 젖먹이들은 문화적 학습을 통해 '통과' 신호를 받는 순간, 갑자기 식물을 먹는 데에 흥미를 보인다. 이를 연구하기 위해, 애니와 캐런은 젖먹이들을 본보기에 노출시켰다. 본보기는 식물에서 과일을 땄고, 크기와 모양이 식물과 비슷한 인공물에서도 과일 비슷한 것을 땄다. 본보기는 과일도 입에 넣고 과일 비슷한 물건도 입에 넣었다. 다음으로, 젖먹이들에게 (식물에서 딴) 과일을 집으러 가거나 인공물에서 딴 과일 비슷한 것을 집으러 갈 선택권을 주었다. 젖먹이들은 75퍼센트가 넘는 빈도로 과일 비슷한 것이 아니라 과일을 집으러 갔다. 문화적 학습을 통해 통과 신호를 받은 뒤로는 말이다.

호모 사피엔스

확인 절차로, 젖먹이들을 과일 또는 과일 비슷한 물건을 (입이 아니라) 귀 뒤로 가져가는 본보기에도 노출시켰다. 이때 젖먹이들은 같은 정도로 과일 또는 과일 비슷한 것을 집으러 갔다. 식물은 그것을 먹을 수 있을 때, 하지만 거기에 독은 없다는 문화적 학습 단서를 가졌을 때 최고로 흥미를 갖는 것 같다.[32]

2013년에 예일대학을 방문하고 있는 동안 애니에게서 그녀의 연구에 관해 처음 들은 뒤, 나는 집에 와서 6개월 된 아들 조시에게 그것을 시험해보았다. 조시는 애니의 힘든 실증적 연구를 뒤엎을 가능성이 아주 높아 보였다. 조시는 그게 무엇이건 주자마자 붙잡아 지체 없이 입에 넣었기 때문이다. 엄마에게 편하게 안겨 있는 조시에게, 먼저 생소한 플라스틱 큐브를 내밀었다. 조시는 기쁘게 그것을 움켜쥔 뒤 조금도 주저하지 않고 곧장 입에 쑤셔넣었다. 다음에는 루콜라 줄기 하나를 내밀었다. 조시는 그것도 잽싸게 움켜쥐었지만 다음 순간 멈칫했고, 그것을 미심쩍게 바라보더니, 그런 다음 슬그머니 손에서 떨어뜨리며 몸을 돌려 엄마에게 안겼다.

여기에 심리가 얼마나 풍부하게 들어 있는지 짚고 넘어갈 가치가 있다. 젖먹이들은 크기, 모양, 빛깔이 비슷해도 식물과 물건은 다르다는 점을 인식해야 할 뿐만 아니라, 바질과 파슬리 같은 몇몇 유형의 식물을 위한 범주를 만들어낸 뒤, '먹는 것'을 그냥 '만지는 것'과 구별해야 한다. 바질을 먹고 있는 누군가를 관찰한 사건을 '식물은 먹어도 좋다'로 암호화하는 것은 거의 도움이 안 되는데, 그 결과로 바질뿐만 아니라 독이 있는 식물까지 먹게 될지도 모르기 때문이다. 하지만 그 관찰을 '그 특정한 바질 줄기는 먹어도 좋다'로 좁게 암호화하는 것도 거의 도움이 안되는 게, 그 특정한 줄기는 지켜보고 있는 그 사람이 방금 먹어버렸기 때문이다.[33] 이는 문화적 학습에 존재하는 또 한 종류의 내용 편향이다.

우리의 커다란 뇌, 긴 아동기, 짧은 결장(대장), 작은 위, 조그만 이, 유
연한 목덜미인데, 긴 다리, 발바닥 아치가 있는 발, 재주 많은 손, 가벼운
뼈, 지방투성이 몸의 유전적 진화는 누적적인 문화적 진화—다른 사람들
의 마음속에서 구할 수 있는 공용정보의 성장—가 주도했다. 몸을 넘어,
문화는 우리의 마음과 심리의 유전적 진화도 모양 지어왔음을, 사람들이
인공물과 동식물에 관해 학습하는 방식에서 방금 살펴보았다.

7장에서는 기나긴 세월 동안 도구, 관행, 요리법을 포함해 복잡하고
미묘하게 다른 문화적 적응물로 꽉 찬 세상에 적응한 것이 어떻게 우리
종을 곧잘 자신의 직접적 경험이나 선천적 직관보다 문화적 정보에 엄청
난 신뢰를 부여할 수 있는 존재로 이끌어왔는지를 살펴볼 것이다. 그런
다음 이어지는 여러 장들에서, 문화적 진화가 어떻게 우리의 지위 심리,
의사소통 능력, 사회성의 유전적 진화를 모양지어 궁극적으로 우리를 유
일한 초사회적 포유류로 길들여 왔는지를 탐구할 것이다. 그러나 그 여
행을 떠나기에 앞서, 문화가 정말로 유전적 변화를 주도할 수 있는지와
관련하여 아직도 당신에게 남아 있는 의심을 덜어주고 싶다.

6장

왜 어떤 사람들은
눈이 파랄까

만약 눈 빛깔의 세계지도를 만들되 최근 수백 년 사이에 있었던 사람들의 이주를 제쳐둔다면, 엷은 파랑이나 엷은 풀빛 눈동자는 북유럽의 발트해를 둘러싼 지역에만 흔하다는 것을 알 수 있을 것이다. 반면에 세상의 거의 모든 다른 사람은 밤빛 눈을 갖고 있을 텐데, 이런 양상이 나타나기 전에는 밤빛 눈이 보편적이었거나 거의 보편적이었다고 믿을 만한 타당한 이유가 있다. 여기서 문제 하나를 내겠다. 왜 밝은 빛 눈은 이처럼 특이한 분포를 보일까?[1]

답을 찾으려면, 먼저 문화가 지난 1만 년에 걸쳐 피부색에 관여하는 유전자를 어떻게 모양지어왔는지를 살펴볼 필요가 있다. 많은 증거들이 가리키는 바에 따르면, 전 세계의 서로 다른 개체군 사이에서 발견되는 어두운 빛깔에서 밝은 빛깔에 이르는 피부색의 명암은 자외선 A와 자외선 B를 모두 포함해, 자외선에 노출되는 강도와 빈도에 대한 유전적 적응물에 해당한다. 일 년 내내 햇빛이 강렬한 적도 근처에서는 자연선택이 더 어두운 피부를 선호한다는 것을, 아프리카, 뉴기니, 오스트레일리아에 속한 적도 근처의 개체군들에서 볼 수 있다. 이는 자외선 A와 자외선 B 모두가 멜라닌 색소에 의해 저지되거나 차단되지 않으면, 우리 피부에 존재하는 엽산을 분해할 수 있기 때문이다. 엽산은 임신기에 반드시 필요한 성분이라, 적정 수준이 되지 않으면 태아에게 척추가 둘로 나뉘는 증상 같은 심각한 선천적 장애를 초래할 수 있다. 이것이 임산부에게 의사들이 엽산 복용을 권하는 이유다. 남성의 경우는 엽산이 정자 생산에 중요하다. 이 번식 측면에서 귀중한 엽산의 상실을 막는다는 것은 곧 우리의 상피에 보호작용을 하는 멜라닌을 추가한다는 뜻인데, 여기에는 우리 피부가 어두워지는 부작용이 있는 것이다.[2]

적도에서 더 먼 개체군으로 가면, 강렬한 자외선이 엽산에 가하는 위협이 줄어든다. 그러나 새로운 문제가 발생하는데, 더 어두운 피부를 가진 사람은 비타민 D가 결핍될 가능성에 직면하는 것이다. 우리 몸은 자외선 B를 써서 비타민 D를 합성한다. 더 높은 위도에서는 어두운 피부에 들어 있는 보호용 멜라닌이 자외선 B를 너무 많이 막아 뇌, 심장, 췌장과 면역계가 적절히 기능하는 데에 중요한 비타민 D 합성을 저해할 수 있다. 식단에서 따로 이 비타민을 상당량 공급받지 못하는 사람이 어두운 피부를 가지고 고위도에서 살면 온갖 건강 문제를 겪을 확률이 높아지는데, 그중에서도 구루병이 가장 두드러진다. 아이들에게 특히 심각한 이 병은 근육쇠약, 뼈와 골격 변형, 골절, 근육경련을 유발한다. 따라서 고위도에서의 생활은 많은 경우 더 밝은 피부와 관련된 유전자를 선호할 것이다. 문화적인 종에게는 놀라울 것도 없이, 이누이트족 같은 고위도(위도 50~55도 위쪽)의 수렵채취인 개체군들은 다수가 생선과 해양 동물 위주의 적응적 식단을 문화적으로 진화시켰고, 그래서 이들의 피부에서 멜라닌을 줄이는 유전자에 대한 선택압은 그러한 자원이 부족한 집단에서라면 심각했을 만큼 강력하지는 않았다. 이러한 자원이 이누이트족 같은 북방 집단들의 식단에서 사라지게 된다면, 밝은 피부를 선호하는 선택이 극적으로 강해질 것이다.

지구에서 위도 50~55도 너머에 있는 지역들(예: 캐나다의 많은 부분) 중에서도 발트해를 둘러싼 영역은 초기 농경을 뒷받침하는 능력 면에서 거의 독보적이었다. 약 6000년 전부터는, 곡물과 농경 노하우의 문화적 묶음이 남쪽에서부터 점차 확산해 발트해의 생태에 맞추어졌다. 마침내 사람들은 농사지은 음식에 일차적으로 의존하게 되어, 국지적 수렵채취인 개체군이 오랫동안 즐겨왔던 생선 및 비타민 D가 풍부한 다른 식량원을 덜 접하게 되었다. 이렇게 고위도에서의 생활과 비타민 D 부족이 결합된 결과로, 자외선 B를 사용해 비타민 D를 합성할 수 있는 수단이라면 무엇이든 최대화하도록 자연선택이 작용해 지극히 밝은 피부에 관여하는 유전자들을 선호하기 시작했다.

자연선택은 곡물을 먹는 발트해 사람들 가운데에서 아주 밝은 피부색을 선호하는 과정에서 다수의 유전자에 작용했을 텐데, 그 이유는 우리 피부에서 멜라닌을 감소시키는 유전적 경로가 많기 때문이다. 이 가운데 하나가 15번 염색체상에 위치한 HERC2라는 유전자다. HERC2는 OCA2라는 인접한 유전자의 단백질 생산을 저지하거나 억제한다. 길고 복잡한 일련의 생화학적 경로를 통해 일어나는 이 단백질 합성을 억제하면, 그 결과로 사람들의 피부에 멜라닌이 줄어든다. 그러나 그 경로에서 다른 곳들의 피부색에 영향을 주는 다른 유전자들과 달리, HERC2는 홍채에 있는 멜라닌도 줄이기 때문에, 대개 눈 색깔을 밝히는 결과를 낳는다. 그렇다면, 파랑과 초록 눈은 고위도에서 곡물에 의존해 사는 개체군들 가운데에서 더 밝은 피부에 관여하는 유전자들을 선호하는 자연선택의 부작용인 셈이다. 문화적 진화가 농경을, 그리고 구체적으로 고위도에 적합한 여러 기법과 기술을 생산하지 않았다면, 파랑과 초록 눈은 없을 것이다.[3] 그렇다면 십중팔구, 이 유전적 변이체는 지난 6,000년 안에, 농경이 발트해 지역에 도착한 뒤에야 확산되기 시작했을 것이다.

이 보기의 요점은 문화적 진화가 우리 환경을 모양지을 수 있으며, 그래서 유전적 진화를 주도할 수 있다는 것이다. 문화-유전자 공진화가 최근에 일어나 아직까지 관련 유전자가 경쟁하는 유전적 변이체들을 전부, 또는 거의 전부 대체할 만큼 확산되지 않은 사례에서는, 우리가 원인과 결과를 분리할 수 있고, 때로는 심지어 선호되고 있는 특정한 유전자를 지목할 수도 있다. 이 점이 중요한 까닭은, 몇몇 연구자들이 문화는 결코 유전적 진화를 주도할 만큼 오랫동안 강할 수 없을 것이라고 주장해왔기 때문이다. 그러나 최근에는, 새로운 수학적 모형들과 쌓여가는 인간 유전체 증거가—예비적인지는 몰라도—명백한 답을 제공한다. 문화는 지난 1만 년 사이에 여러 개체군 안에서 높은 빈도로 특정한 유전자들을 주도해 왔을 뿐만 아니라, 사실은, 문화적 진화가 자연 속의 다른 곳에서 보이는 선택압보다 **더욱** 강력한 선택압을 만들어 낼 수도 있다. 때로는, 문화가 더 급속한 유전적 진화를 촉진하고 주도한다.

분명히 말하지만, 이 책은 우리 종이 등장하는 동안에 문화적 진화가 어떻게 유전적 진화를 주도했는가에 관한 책이다. 인간의 본성에 관한 책이지, 지금 우리 종에 속하는 **현재의 집단 간 유전적 차이에 관한 책이 아니다.** 그러나 문화-유전자 공진화가 오늘날에도 계속된다는 사실과 우리 종 안에서 아직도 진행 중인 많은 문화-유전자 상호작용을 함께 사용할 예정인데, 그것은 유전체를 모양지어가는 문화의 위력을 예시하기 위해서다. 이 장을 빼면, 내가 기술하는 문화-유전자 공진화 과정에 구체적인 유전자를 연결시킬 능력이 있는 경우는 많지 않을 것이다.

여기에는 몇 가지 이유가 있다. 첫째, 내가 관심을 갖고 있는 공진화 과정들 가운데 다수는 '완료된' 까닭에, 선택된 형질들이 우리 종 전체에 걸쳐 차이가 없다. 이는 개체군 간 차이, 또는 개체군의 전 세계적 이동에 관해 알려진 것을 특정한 유전적 변이체가 확산된 근본 원인을 추론하는 데에 이용하지 못한다는 뜻이다. 둘째, 인간의 많은 형질은 우리 염색체 안의 서로 다른 위치에 있는 많은 유전자에 의해 영향을 받는다. 그래서 특정한 유전적 변이체를 지목하기는 상당히 어렵다. 어느 것이든 한 가지 변이체는 아주 작은 결과에만 기여하기 때문이다. 마지막으로, 이 모험은 정말로 막 시작하는 중이므로, 대략적인 윤곽은 분간할 수 있지만 훨씬 더 많은 작업이 이루어져야 한다.

또 하나의 보기를 살펴보자.

곡주와 ADH1B

....

포유류의 몸에서는, 썩어가는 과일을 비롯한 여러 출처에서 나오는 알코올이 알코올탈수소효소(ADH) 유전자가 생산한 효소에 의해 분해된 뒤 최종적으로 간에서 처리되어 에너지와 대사산물로 바뀐다. 그러나 알코올(에탄올)이 간으로 흘러들어오는 속도가 너무 빠르면 '넘쳐서' 심장으로 들어간 다음 전신에 퍼진다. 취하기 시작하는 것이다.

대부분의 영장류는 알코올을 처리하는 실력이 신통치 않다. 그러나 약 1000만 년 전, 우리와 고릴라의 공통조상이 나무에서 내려와 더 많은 시간을 땅에서 지내게 되었을 때, 썩어가는 과일이 아마도 더 중요한 식량원이 되었을 테고, 이렇게 해서 우리 유인원 계통은 알코올을 먹는 데에 필요한 더 높은 내성을 진화시켰다.[4] 이 오래된 적응물이 훨씬 더 근래의 문화-유전자 공진화를 위한 기초를 닦은 것처럼 보인다. 인간이 다양한 알코올 처리 유전자들에 대한 다량의 진화적 작용을 경험해온 것도 농경의 기원 이후이기 때문이다.

그러한 유전적 변화들 중에서 하나만 고려하자. 7000년~1만 년 전, 4번 염색체상에 있는 이 ADH 유전자들 가운데 하나(ADH1B)에 있는 DNA가 약간 치환되어 아미노산 아르기닌 대신에 히스티딘을 암호화하게 되었다. 이 새로운 형태의 ADH1B는 간에서 알코올을 훨씬 더 효율적으로 처리한다고 시사하는 증거가 있다. 아마도 더 중요한 것은 알코올이 급속히 분해되면 높은 수준의 아세트알데히드가 생산된다는 점일 터이다. 아세트알데히드는 졸음, 심장 박동의 증가, 메스꺼움, 무력감, 발열, 피부 홍조의 원인이기 때문이다. 이 홍조 반응의 불쾌함은 사람들이 알코올에 중독될 가능성을 줄이며 알코올중독 치료에 사용되는 약물에 맞먹는 효과를 낸다. 추정치는 차이가 있지만, ADH1B의 음주 억제 변이체를 가지고 있으면 알코올에 의존할 확률이 2~9배, 폭음과 과음을 모두 할 확률은 약 5배 낮아진다. 이 변이체가 수행하는 **더 효율적인** 알코올 분해는 한편으로 아마 진탕 마셔도 몸을 지켜주겠지만, 숙취를 더 심하게 만들 것이다.[5] 당신은 술을 그리 많이 마시지도 않았는데 얼굴이 빨개지는 사람을 본 적이 있는가? 있다면 누구였는가?

ADH1B에 관한 데이터는 전 세계에서 수집되어 왔다. 이 유전자의 음주 억제 변이체는 무작위 분포와는 상당히 거리가 먼 것으로 드러난다. 〈그림 6.1〉을 확인해 보라. 가장 집중적으로 분포하는 지점은 중국 동남부에 있고, 약한 두 번째 집중 지점은 중동에 있다. 중국 동남부에서는 음주 억제 유전자의 빈도가 99퍼센트에 이를 만큼 높고, 여러 개체군이 70~90퍼센트 범위에 들어간다. 중동에서는 그 비율이 30~40퍼센트 범위에 들어가는 경우가 더 많다.[6]

수빙과 그의 동료들은 이러한 연구 결과들을 극동 지역 쌀농사의 기

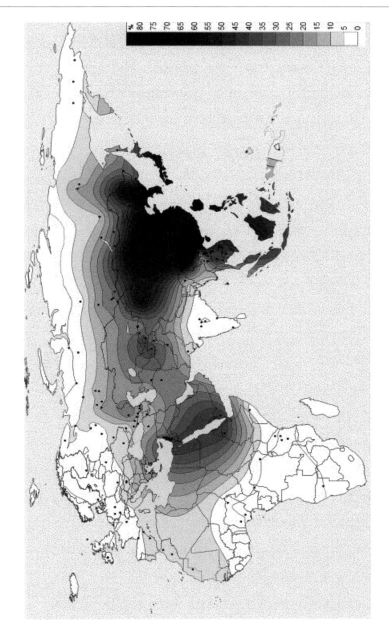

그림 6.1 전 세계에 걸친 ADH1B 유전자 변이체의 분포

원—수렵채집에서 농경으로의 이행—에 관한 고고학적 자료와 함께 종합해 왔다. 쌀농사를 일찍 시작한 지역일수록, 그 지역에 현재 살고 있는 개체군에서 ADH1B의 음주 억제 변이체가 나타나는 빈도도 더 높았다. 쌀농사가 시작된 시기를 알면, 이 유전자의 변이가 아시아의 개체군에서 일어나는 빈도의 50퍼센트를 설명할 수 있었다. 이 비율은 고고학적 연대의 불확실성과 수천 년에 걸쳐 이 개체군들에 영향을 끼쳐온 다른 요인들을 고려하면 놀랄 만큼 높은 것이다.[7]

뭐, 다 좋은데, 농경을 알코올과 이어주는 고리는 무엇일까? 자, 대략적으로 말하자면, 농경과 발효음료 제조는 역사를 같이 한다. 수렵채취인 개체군은 대부분 맥주건 포도주건 증류주건 그것을 만들 수단이나 노하우 또는 재료(예: 곡물)가 없다. 그렇지만 농사를 짓는 개체군은, 아무리 반쯤은 유목생활을 하는 소규모 화전민일지라도, 대개는 이 모두를 가지고 있다.

중국에서 최초의 알코올음료가 나타난 시기는 바로 황하를 따라 쌀농사가 기원한 시기까지 거슬러 올라간다. 허난성河南省에 있는 고대의 농촌 자후賈湖에서 약 9000년 전에 누군가가 쌀을 기본으로 하고 어쩌면 꿀과 과일도 들어간 발효음료를 항아리 13개에 담아 따로 저장했으리라는 화학적 분석 결과가 나와 있다.[8] 쌀을 재배하게 되자마자, 사람들은 금세 쌀로 술 빚는 법을 알아낸 것 같다. 다른 역사적 일화들에 근거하면, 이 때문에 쌀농사꾼들에게 알코올 관련 문제들이 생겨났고, 그래서 음주의 재미를 떨어뜨리는 ADH의 변이체는 무엇이든지 선호되었던 것으로 보인다. 첫째는 쌀농사가, 둘째는 쌀로 빚은 술이 문화적으로 진화하지 않았다면, ADH1B의 음주 억제 변이체는 없을지도 모른다.

왜 어떤 성인들은 우유를 마실 수 있을까

....

포유류 대부분이 그렇듯, 전 세계 성인의 68퍼센트는 우유를 마셔봐야 영양에는 거의 또는 전혀 도움이 되지 않는다. 우유를 마시는 사람이라면, 당신은 소수자에 속하는 것이다. 물론 인간이건 다른 포유류건, 모든 건강한 아기는 유당분해효소를 완비하고 태어나는 덕에 유당을 소장에서 분해할 수 있어서, 우유에 담긴 풍부한 영양소를 이용할 수 있다. 우유는 칼슘, 비타민, 지방, 단백질, 당의 보고일 뿐만 아니라 심지어 물의 보고이기도 하다. 대부분의 사람들은 젖을 떼고 나면 유당분해효소 생산이 서서히 줄어든다. 다섯 살이 되면, 대부분 우유 속의 유당을 더는 분해하지 못한다. 설상가상으로, 우유를 마시면—항상은 아니지만—종종 설사, 경련, 가스, 욕지기를 비롯해 심지어 구토가 일어나기도 한다. 이것이 유당분해효소 결핍증이다. 이용할 수 있는 의료수단이 없는 개체군에서는 그러한 설사로 목숨을 잃을 수도 있다.[9]

그러나 유럽, 아프리카, 중동을 포함해 전 세계에 흩어져 있는 여러 개체군의 사람들은 성인기 내내 우유를 소화시킬 수 있다. 이 **유당분해효소 지속증**은 아이들이 더 나이 들어 청소년기를 지나고 어른이 되어서도 우유의 영양분을 이용할 수 있게 해준다. 〈그림 6.2〉는 유당분해효소 지속증의 세계적 분포를 보여준다. 영국제도와 스칸디나비아 원주민들 사이에서는 90퍼센트가 넘는 사람들에게 유당분해효소가 존속하는 반면, 동부와 남부 유럽에서는 그 비율이 62퍼센트에서 86퍼센트 사이에 분포한다. 인도에서는 그 비율이 북부에서는 63퍼센트지만 남부에서는 23퍼센트다. 아프리카에서는 양상이 유난히 들쑥날쑥하다. 어떤 집단은 유당분해효소 지속증이 높은 비율로 나타나는데 바로 이웃 집단은 그렇지 않은 식이다. 수단 안에서만도 민족 집단에 따라 비율이 20퍼센트에서

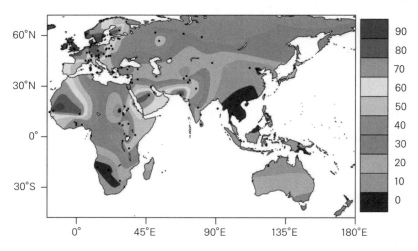

그림 6.2 유당분해효소 지속증의 분포. 명도는 성인기에 우유를 소화시킬 수 있는 사람의 지역별 백분율을 나타낸다.

90퍼센트까지 다양하다. 동아시아에는 유당분해효소 지속증이 드물고 아예 존재하지 않는 경우도 많다.

유당분해효소 지속증은 상당히 직접적으로 유전자의 통제를 받는데, 여기에 관여하는 유전자는 포유류가 수유를 마친 뒤 전형적으로 일어나는 유당분해효소 생산 중단을 억제한다. 많은 요인들이 이 조절 유전자의 분포에 영향을 미쳐왔지만, 문화적으로 진화한 묶음으로서 이 유전적 진화의 단편을 주도해 온 핵심적인 묶음으로는 두 가지가 있다.

첫째, 인간은 겨우 1만 2000년 전에 들어서서야 동물을 가축화하기 시작했다. 그런데 소, 양, 낙타, 말, 염소 같은 동물은 어른들이 마실 우유를 제공할 가능성도 있어서, 어떤 개체군들은 동물을 가둬놓고 젖을 짤 수 있게 해주는 문화적 관행을 채택했다. 그런 동물은 설사 다른 것은 아무것도 주지 않더라도 고기와 가죽을 제공한다. 처음에는 우유가 남

호모 사피엔스

아돌아도 어린아이와 젖먹이에게만 유용했을 것이다. 그러나 남는 우유의 존재가 이 유당 처리 능력을 아동기 중반과 그 너머로 연장하는 것을 선호하는 유전적 선택압을 만들어냈을 것이다. 목축과 착유가 바로 이 유전자들을 우선적으로 선택하는 문화적 묶음에 들어가는 첫 번째 요소다.

결정적으로, 이 개체군들은 또 틀림없이, 목축과 착유를 계속했지만, 우유를 치즈, 요구르트, 쿠미스로 바꾸는 관행을 채택하거나, 그렇게 하는 노하우를 문화적으로 진화시키지는 **않았을** 것이다. 쿠미스는 말 젖으로 만드는 발효음료다. 소에게서 갓 짠 전유全乳는 유당이 전체 무게의 4.6퍼센트이고, 치즈는 0.1퍼센트, 차지키(요구르트가 주재료인 중동 전통 요리)는 0.3퍼센트다. 고다나 브리와 같은 고급 치즈에는 유당이 미량밖에 들어 있지 않다. 따라서 치즈와 요구르트 만들기는, 최소한 부분적으로는, 유당을 낮춤으로써 우유의 영양분을 더 많은 인간이 누릴 수 있게 하기 위한 문화적 적응물이다. 만약 여러 개체군이 이 노하우를 너무 일찍 개발해버렸다면, 같은 직무를 수행하는 데에 관여하는 유전자에 대한 선택압은 약해져 왔을 것이다. 따라서 유당분해효소 지속증이 누구에게는 있고 누구에게는 없는 현상을 이해하려면, 문화적 진화가 어떻게 유전적 진화를 주도할 수도 있고 억제할 수도 있는지를 모두 이해해야 한다.

물론, 그 밖에도 많은 요인들이 언제 어디에서 사람들이 목축에 종사할 수 있느냐에 영향을 주고, 그럼으로써 유당분해효소 지속증 유전자를 선호하는 선택의 강도에 영향을 준다. 농경에는 적당한, 하지만 자외선 B가 한정되어 있는 북유럽 지역은 파랑 또는 초록 눈의 경우와 마찬가지로 이번에도 특히 강한 선택압을 만들어냈을 텐데, 그것은 우유에 들어 있는 칼슘, 단백질과 소량의 비타민 D 때문이다. 칼슘은 간에서 일어나는 비타민 D의 분해를 억제할 수도 있다. 그리고 추운 곳에서는 신선한 우유를 치즈로 바꾸지 않아도 더 오랫동안 보관할 수 있다.

다른 곳, 이를테면 중동과 아프리카의 건조한 사막에서는, 유당분해효소 지속증을 선호하는 선택압이 우유에서 구할 수 있는 물에 의해 커졌을 것이다. 예컨대 낙타젖을 마실 능력이 있는 목동은 건조한 지역을 통과해 이동하는 데에서나 가뭄을 이기고 살아남는 데에서 유리했을 지도 모른다. 극단적 기온과 동물떼를 괴롭히는 질병 탓에 다른 방법으로는 목축이 어렵거나 불가능할지도 모르는 일부 아프리카 지역에서는, 일부 사회들이 극심한 기온을 피하기 위해 동물을 체계적으로 이동시키고 병원균의 전달을 억제하기 위해 무리에 간격을 두는 것을 포함한 문화적 적응물들을 발전시켰다. 목축 생활양식을 가로막는 난관이 가득한 지역에서 살고 있음에도 이러한 개체군들 또한 유당분해효소 지속증을 보유하고 있는 이유는 아마도 이들의 국지적으로 특수화된 목축 묶음들 때문일 것이다.[10]

이 사례에서 특히 흥미로운 것은 자연선택이 다른 개체군에서는 유당분해효소 지속증을 만들어내는 다른 방법을 찾아냈다는 점이다. 목축이 유라시아와 아프리카 주변에서 경제의 꽃이 되었을 때, 자연선택은 서로 다른 개체군에서 유당분해효소 생산 중단을 억제하기 위해 다섯 가지 서로 다른 유전적 변이를 독립적으로 찾아낸 것처럼 보인다.

유럽에서는 2번 염색체상에서 유당분해효소 단백질을 암호화하는 유전자(LCT)로부터 앞쪽으로 조금밖에 떨어지지 않은 곳에 치환이 있었다. DNA 염기 시토신이 티민으로 교체되었다. 안 그랬으면 포유류로서 기본으로 갖추고 있을, 젖을 뗀 뒤 유당분해효소 단백질 생성을 '끄는 스위치'를 이 치환이 간단히 못 쓰게 만들어버렸을 것이다. 다른 곳, 아프리카와 중동에서는 DNA 교체가 다르게 일어난다. 모두 LCT로부터 앞쪽으로 염기 1만 3,000~1만 5,000개 떨어진 거리에서 일어나기는 하지만

호모 사피엔스

말이다.[11]

이 유전자들의 확산 연대를 추정한 결과 아프리카 변이들 가운데 하나가 가장 오래전에 확산되었고, 유럽 변이들은 중간인 7450~1만 250년 전에 확산되었을 것으로 예상됐다. 아라비아반도에 집중되어 있는 변이는 더 근래인 2000~5000년 전에 확산되었을 것이다. 이는 아라비아 낙타의 가축화가 이 특정 변이를 선호한 선택압을 만들어 냈을 것임을 시사한다. 이 문화가 주도한 유전적 진화의 속도는 언급해 둘 만하다. 이러한 선택압이 유당분해효소 지속증에 관여하는 유전자들을 주도해 전 세계 인구의 32퍼센트에 이르는 데에는 1만 년도 걸리지 않았기 때문이다. 이는 자연계 안의 여러 곳에서, 심지어 인간의 유전체 안에서 관찰되는 속도와 비교해도 정말 빠른 것이다.

더 나아가기 전에, 이러한 문화-유전자 공진화 과정이 과거부터 일어나 왔고 지금도 일어나고 있음을 부인함으로써 잃게 되는 측면을 강조하고 싶다. 유당분해효소 지속증이 없는 사람들 사이에서 우유 마시기를 홍보하는 데에 따르는 악영향들을 미국의 연구자들이 깨닫기 시작한 것은 1965년에 이르러서였다. 그때까지 미국인들은 소젖을 마시는 게 (유럽인의 후손인) '우리의' 아이들에게 좋다면 모든 사람의 아이들에게 좋을 게 틀림없으리라고 가정했다. 그래서 1946년에는 전국학교급식계획을 도입해 지원 대상인 모든 학생의 점심에 액상 우유를 의무적으로 포함시켰다. 연구자들의 과학적인 분석과는 별개로, 모든 사람에게 우유 마시기를 홍보하려는 정부의 노력은 1990년대에 들어서서도 계속되었다. 1998년까지만 해도, 당시의 보건복지부 장관이 그 유명한 '우유 마셨나요?Got Milk?' 광고에 출연하기까지 했다. 여러 해에 걸쳐 우유 콧수염을 달고 이 광고에 출연했던 체육계와 음악계의 유명 스타들 가운데 다수는 십중팔구, 사실은 자신이 홍보하고 있는 바로 그 음료를 소화시킬 수

가 없었을 것이다.[12]

문화-유전자 혁명
....

이 문화가 주도한 유전적 진화의 사례들은 우리가 가지고 있는 가장 잘 입증된 보기들—이것들도 빙산의 일각이 아닐까 생각할 이유는 얼마든지 있지만—에서 세 개만 뽑은 것이다. 진화생물학자 케빈 랠런드와 그의 동료들은 유전체 분석을 근거로 그동안 선택압을 받아왔을 가능성이 높고, 최소한 그럴듯한 문화적 기원이 있는 유전자를 이미 100개도 넘게 지목해왔다. 이 유전자들은 마른 귀지와 말라리아 내성에서부터 골격 발달과 식물 독소의 소화에 이르는 엄청난 범위의 형질에 영향을 준다.[13] 이러한 사례들이 우리의 목적을 위해 실증하는 것은 다음과 같다.

1. 문화는 유전적 진화를 주도하면서, 유전자에 강력한 힘을 발휘할 수 있다. 우유 마시기, 파란 눈, 음주 회피에서 보았듯이, 유전자-문화 묶음은 급속히 등장하고 확산한다.

2. 사실, 문화가 만들어내는 선택압은 자연계에서 관찰되는 가장 강력한 선택압에 속할 수 있고, 광범위한 유전적 교체가 수만 년 사이에 일어날 수 있다. 문화-유전자 공진화는 놀랍도록 빠를 수 있다.

3. 우리는 특정 염색체상의 구체적인 유전자를 지목할 수도 있고, 때로는 분자 수준에서 어떤 염기가 변했는지까지 알 수 있다. 한때 가설적 존재였던 유전자들이 요즈음 정확히 짚어내고 있다.

4. 문화적 진화가 선택압을 만들어내는 순간, 자연선택은 종종 그 난

호모 사피엔스

관을 해결하기 위해 어떻게든 여러 가지 유전적 변이체를 찾아내고 선호한다.

5. 그러나 치즈와 요구르트 만드는 기술을 재빨리 개발한 개체군의 경우에서 보았듯이, 때로는 문화적 진화가 선택의 힘을 약화시킬 수도 있다.

위의 보기들에 따라붙는 한 가지 우려는 그 모두의 출발점이 식량 생산—농경과 동물의 가축화—의 등장이라는 점이다. 어쩌면 인간의 역사에서 중대한 이 혁명은 유일무이한 사건이니 거기서 우리가 일반적 결론을 이끌어낼 수는 없는 것 아닐까? 나는 반대로, 농업혁명은 어쩌다 우리가 우리 유전체에서 그것의 원인과 결과를 탐지하기에 가장 좋은 시점에 터진 혁명일 뿐이라고 생각한다. 산업혁명은 너무 최근에 일어났고, 식량 생산 이전의 혁명들은 훨씬 더 오래되어 연구하기가 더 어렵다. 그렇지만 그 밖에도 조리와 불 혁명, 발사무기 혁명, 음성언어 혁명을 비롯해 많은 혁명들이 있지 않았을까 하고 생각할 이유는 얼마든지 있다. 그리고 나중에 여러 장에서 보겠지만, 기술이 주도하는 혁명은 아마도 사회조직이나 제도의 형태를 띤 혁명들로 뒷받침될 것이다. 농업혁명은 오늘날의 과학이 포착하기에 가장 좋은 시점에 터진 혁명일 뿐이다.

이를 좀 더 살펴보기 위해, 침팬지가 두 벌 가지고 있는 AMY1 유전자를 인간은 평균 여섯 벌이나 가지고 있다는 사실을 떠올리자. 이 유전자는 침에 포함되어 녹말의 분해를 돕는 단백질인 아밀라아제를 만든다. 여벌이 많다는 것은 결국 인간의 침 속에 침팬지보다 평균 6~8배 더 많은 아밀라아제가 들어 있다는 뜻이다. 다른 게 모두 동등하다면, 이는 우리가 침팬지보다 녹말 처리에 더 능하다는 의미다. 그러므로 당신은 마라톤에서 그 침팬지를 이긴 뒤, 이번에는 감자 소화시키기로 한 판 붙자고 제의해야 한다.

그러나 인간은 개체군에 따라 갖고 있는 AMY1 복사본 수가 다르다. 고녹말 식단에 오래 의존해온 개체군은 평균 6.5~7벌을 갖고 있다. 아프리카의 수렵채취인으로 사바나의 삼림지대에 살면서 녹말이 풍부한 뿌리와 덩이줄기에 의존하는 하드자족이 가장 많이 갖고 있다. 평균이 거의 7벌에 이르고, 어떤 하드자족은 15벌이나 갖고 있다. 유럽계 미국인과 일본인도 6.8벌과 6.6벌로, 크게 뒤지지 않는다. 이와 대조적으로, 저녹말 식단에 오래 의존해온 개체군들은 갖고 있는 복사본 수가 5.5벌 언저리다. 콩고분지의 열대우림에 사는 아프리카의 다른 수렵채취인들 및 아프리카와 중앙아시아 양쪽에 살면서 주로 고기, 피, 생선, 과일, 곤충, 씨앗, 꿀의 적당한 조합에 의존하는 목축민들이 여기에 들어간다.[14]

이 차이들은 아마도 파란만장한 진화 이야기의 일부로서 100만 년도 더 전에 우리 조상들이 땅속의 뿌리와 덩이줄기에 크게 의존하는 쪽으로 전환했을 때 등장했을 것이다. 그러나 그때 이후로 얼마나 많은 개체군이 녹말에 의존해왔는지는 서로 다른 개체군들의 관행 선호, 기술, 노하우를 포함해 생태와 문화적 진화의 조합에 의해 영향을 받아왔다. 위의 보기들을 통해 알 수 있듯이, 집단들이 비교적 가까이, 유사한 생태환경에서 살지만 여전히 다른 수의 AMY1 유전자를 유지할 수 있는 이유는 그들이 서로 다른 경제적 묶음을 가지고 작동하기 때문이다.

문화적으로 규정되는 사회조직 형태가 우리 유전체를 모양지을 수 있다는 증거도 있다. 이것이 중요한 이유는 일부 사람들이 문화적 진화가 만들어내는 사회조직 형태는 너무 약하거나 불안정해서 우리 유전자에 영향을 줄 수 없다고 주장해왔기 때문이다. 인간의 사회조직의 중요한 한 측면으로, 인류학자들이 **거주율**居住律, postmarital residence이라 부르는 것이 있다. 많은 인간사회에서는, 특히 최근까지만 해도, 갓 결혼한 부부는 각 지역의 규범에 따라 남편의 가족과 살러 가거나 아내의 가족과 살러 갔다. 전자를 **부거제**父居制, 후자를 **모거제**母居制라 한다. 태국 북부에서 농사를 짓는 부거제 개체군 세 곳과 모거제 개체군 세 곳에서 연구를 진행하면서, 오타 히로키太田博樹와 그의 동료들은 사람들의 미토콘드리아 DNA와 Y 염색체에 있는 차이를 조사했다. 아들과 딸이 모두 받는 미토콘드리아 DNA는 오직 어머니에게서만 온다. 아들이 받는 Y 염색체는 아버지에게서 오는 반면, 딸은 Y 염색체를 아예 받지 않는다. 만약 사회조직이 유전체에 영향을 줄 정도로 안정적이라면, 부거제 공동체는 Y 염색체들에서 보이는 변이가 미토콘드리아 DNA들에서 보이는 변이에 비해 상대적으로 낮아야 한다. 아들들이 언제나 아버지들과 붙어 있기 때문이다. 마찬가지로, 모거제 공동체는 딸들이 어머니들과 붙어 있기 때문에 정반대의 양상을, 곧 미토콘드리아 DNA들에서는 낮은 변이가 보이고 Y 염색체들에서는 더 높은 변이가 보여야 한다. 이것이 바로 오타 팀이 찾아낸 결과였고, 동시에 그것은 문화적으로 진화한 사회규범이 유전체를 모양지을 수 있음을 보여준다.[15]

종합적으로 볼 때, 문화적 진화는 인간의 유전체를 갖가지 중요한 방식으로 강력하게 모양지을 수 있고, 그렇게 해왔다. 5장에서 보았듯이 이 문화-유전자 공진화의 상호작용은 우리 종의 역사 속으로 한참을 거슬러 올라가며, 그때부터 문화적으로 전달되는 불, 물통, 추적, 발사무기 따위에 관한 노하우들이 핵심적인 선택압의 일부로서 우리의 해부구조와 생리의 여러 측면을 선호하고 있었다.

이제부터는 문화가 어떻게 우리 심리와 사회성에 영향을 주는 유전자들에 대한 선택압을 만들어냈는가에 집중할 것이다. 7장에서는 문화의 보유자 자신들도 무슨 일이 일어나고 있는지 모르는 채 문화적 진화가 적응물을 쌓을 수 있는 미묘하고 또 미묘하게 다른 방법들로 더 깊이

들어감으로써 한 발짝 더 나아갈 것이다.

유전자와 인종
....

　더 나아가기 전에, 유전자와 인종에 관해 강조해둘 사항이 하나 있
다. 인류학자들이 오래전부터 주장해온 사실이지만, 인종은 생물학적 개
념이 아니다. 무슨 말이냐면, 역사적으로 유럽인이 개발한—백인종, 흑인
종, 황인종 같은—인종적 범주들은, 옛날 사람들의 이주 양상에 관한 뭔
가를 포착하는 것 말고는, 유용한 유전적 정보를 설령 있다고 해도 그다
지 많이 전달하거나 담지 않는다는 뜻이다.[16] 위에서 부각시킨 탐구들
을 포함해, 상세한 유전체 연구들은 이 점을 더욱더 강조하는 데에 이바
지해왔을 뿐이다. 우리가 살펴보았듯이, 피부색 유전자는 자외선과 식단
의 조합에 크게 영향을 받고, 그 이유는 그 둘이 비타민 D와 엽산에 영
향을 미치기 때문이다. 이는 뉴기니에 사는 사람들과 아프리카에 사는
사람들이 우리 종 가계도의 양 극단에서 유래했음에도 양쪽 다 피부색
이 매우 어둡다는 뜻이다. 그리고 피부색이 매우 밝은 유럽인들은 대부
분 고위도 농경의 산물로, 진화적으로 최근에 등장했다. 다른 유전자들
도 별개의 이유들로 상당히 다르게 분포한다. 예컨대 우리는 유당분해효
소를 지속시키는 유전자가 영국인과 일부 아프리카 원주민 집단들 사이
에 흔하고, 동부 유럽인과 중동인에게는 중간 빈도로 존재하고, 다른 아
프리카 집단들과 많은 아시아 사람들에서는 낮은 빈도를 유지한다는 사
실을 보았다. 유사하게, 아밀라아제 유전자는 일본인, 유럽계 미국인, 탄
자니아의 수렵채취인들 사이에 더 흔하지만, 콩고의 수렵채취인들 및 탄
자니아와 중앙아시아 목축민들 사이에는 덜 흔하다. 인종은 이러한 유전

　　　　　　　　　　　　　　　　　　　　　　　호모 사피엔스

적 차이에 관해 무엇을 말해줄까?

아무것도 말해주지 않는다. 전통적 인종 범주는 이 중요한 변이에 관해 그냥 아무 말도 하지 않는다. 실은, 위에서 기술한 과정들은 사실상 고전적 인종 범주의 유용성을 뒤흔든다. 이 과정들은 인종 **안에서도** 다양하고 제멋대로인 방식으로 작용해 가까운 집단들을 덜 비슷하게 만들면서(예: 유당분해효소 지속증이 있는 아프리카인과 없는 아프리카인) 동시에 서로 다른 대륙의 인종들을 더 비슷하게 만들고 있기(예: 일본인과 미국인의 아밀라제 유전자) 때문이다. 현재까지의 증거가 가리키는 바에 따르면, 자연선택은 인종보다 훨씬 더 작은 규모에 다양한 방식으로, 그리고 서로 다른 대륙에 동시에 작용한다.

게다가 〈그림 6.1〉과 〈그림 6.2〉는 심지어 인종적 범주든 다른 방식의 범주든, **범주**를 사용하면 종종 그림이 왜곡된다는 것을 보여준다. 지도상의 이와 같은 유전적 분포는 끊임없이 달라지므로, 구별되는 경계에 관해서는 잊어버리는 게 최선이다. 전반적으로, 전통적인 인종적 범주는 우리 종에서 나타나는 유전적 변이를 통틀어 7퍼센트밖에 포착하지 못하며, 이로써 인종은 침팬지에서 발견되는 아종[a]과는 결코 같지 않다는 게 드러난다.[17]

우리의 세계적 분포와 환경의 범위를 고려하면, 우리 종의 유전적 변이는 사실 상당히 한정되어 있다. 당연히, 이는 놀랄 일이 아니다. 때때로 유전적 진화를 주도하는 데에 더해, 문화적 진화는 7장에서 논의할 종류의 문화적 적응물들을 더 급속히 발생시킴으로써 유전적 반응을 억제할 수도 있음을 깨닫는다면 말이다.[18]

---

a   침팬지는 서식하는 지역을 바탕으로 중부 침팬지, 서부 침팬지, 나이지리아—카메룬 침팬지, 동부 침팬지의 네 아종으로 분류한다.

타당한 역사적 이유들로 인해, 많은 사람들이 유전적 변이, 특히 개체군 간 변이에 대한 과학적·진화적 탐구에 민감하다. 지난 세기 동안, 인종의 민간 개념을 공식화하려는 사이비 과학적 노력들이 수많은 폭력과 압제, 심지어 집단학살을 정당화하는 데에 이용되었다. 그러나 급속히 발전하고 있는 두 연구 영역이 사이비 과학적 인종주의의 귀환에 관한 우려를 (어느 정도) 확실히 누그러뜨릴 것이다. 첫째, 위의 보기들이 보여주듯이, 실제 유전자를 연구한 데에서 나오는 인간의 유전적 변이에 대한 이해가 그나마 남아 있던 낡은 인종적 관념을 완전히 무너뜨린다. 사이비 과학의 가장 좋은 해독제는 진짜 과학이다. 둘째, 심리학을 지향하는 연구자들 덕분에 인간은 어떻게 왜 그렇게 쉽사리 사람들을 한데 묶어서 무슨 집단이라는 딱지를 붙이고 그러한 집단에 고정관념을 덮어 씌우는지를 차츰 더 깊이 이해할 수 있게 되었다.

　　11장에서 보겠지만, 인종 및 민족 범주들은 문화적 진화가 사회적 세상을 특정한 방식으로 가르려는 인간의 보편적 종족심리를 건드릴 때 태어난다. 이러한 범주는 대개 그 어떤 중요한 유전적 변이에도 뿌리를 두고 있지 않지만, 무의식적으로 학습되어 우리의 지각, 자동적 직관, 신속한 판단에 영향을 줄 수 있다. 차츰 더 깊이, 우리는 무엇이 편견을 촉발하며 그것이 건강, 교육, 경제, 분쟁, 사회생활에 어떤 영향을 미치는지도 이해해가고 있다.[19] 유전자, 문화, 민족, 인종에 관해 우리에게 필요한 것은 진화에 기반을 더 두는 과학이지, 덜 두는 과학이 아니다.

　　이러한 통찰들이 앞으로 계속해서 장려함으로써 확산될 새로운 사회적 구성체는 바로 모든 사람이—그리고 어쩌면 일부 다른 종들도—모종의 양도할 수 없는 권리를 부여받았다는 관점이다. 우리는 그 권리를 '인권'이라고 부른다. 유전자나 생물, 혹은 문화에 관한 어떤 새로운 사실도 어느 한 사람을 이 권리에서 소외시키지 못한다.

7장

신뢰의
기원에 관하여

세계적인 주요 작물 가운데 하나로서, 마니오크(또는 카사바)는 생산성도 높고 녹말이 풍부한 덩이뿌리여서 상대적으로 밀도가 높은 개체군들이 가물기 쉬운 열대 환경에서 거주하는 것을 가능케 해왔다. 나는 아마조니아에 있을 때에도 남태평양에 있을 때에도 이것을 먹고 살아보았다. 마니오크는 맛도 좋고 포만감도 준다. 그러나 마니오크의 품종과 국지적 생태 조건에 따라, 이 덩이뿌리들은 높은 수준의 시안생성글리코시드(청산글리코시드)를 함유할 수 있고, 그래서 이 식물을 먹으면 유독한 시안화수소(청산)가 나오게 된다. 적절히 처리하지 않고 먹으면, 마니오크는 급성 또는 만성 시안화물(청산가리) 중독을 일으킬 수 있다. 만성 중독은 맛좋은 이 마니오크를 여러 해 동안 먹은 뒤에 점진적으로만 나타나기 때문에 특히 더 방심할 수 없는데, 다양한 신경 문제, 발달장애, 다리 마비, 갑상선 문제(예컨대 갑상선종), 면역 억제 등의 증상을 일으킨다. 이 이른바 '쓴' 마니오크 품종들이 불모지와 생태적으로 한계에 가까운 환경에서

조차 높은 생산성을 유지하는 것은, 부분적으로는 시안 생성 능력이 곤충과 다른 해충을 막아주기 때문이다.[1]

마니오크가 처음 재배된 아메리카에서, 쓴 품종에 수천 년 동안 의존해온 여러 사회는 만성 시안화물 중독의 증거를 전혀 보여주지 않는다. 예컨대 콜롬비아 아마존지역에서, 원주민 투카노족은 여러 날 걸리는 다단계의 가공 기법을 사용하는데, 이 과정에서 뿌리를 긁어내고, 강판에 갈고, 씻어서 섬유질, 녹말, 액체를 분리시킨다. 액체는 분리되자마자 끓이면 음료가 되지만, 섬유질과 녹말은 이틀을 더 놓아두어야 하고, 그런 다음에야 구워서 먹을 수 있다. 〈그림 7.1〉은 이 가공 과정에서 주요 단계를 거칠 때마다 액체 및 섬유질과 녹말에 남아 있는 시안 생성물 함량을 백분율로 보여준다.[2]

이러한 가공법은, 다른 작물들은 경작하기 어렵고 대개는 생산성도 낮은 아마조니아의 많은 지역에서 살아가는 데에 결정적이다. 그러나 그 것이 아무리 유용한들, 한 사람이 그 해독 기법을 알아내기는 힘들 것이

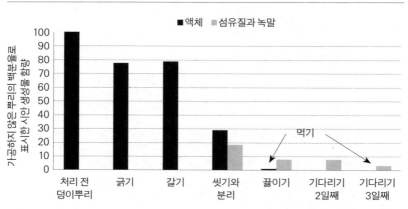

그림 7.1 투카노족의 마니오크 가공법에서 주요 단계별 효과. 백분율은 가공하지 않은 덩이뿌리와 비교한 상대적인 양.

　　　　　　　　　　　　　　　　　　　　　　호모 사피엔스

다. 이 상황과 그 기법들을 배우고 있는 어린이와 청소년의 관점에서 고려해보자. 이들은 시안화물 중독에 걸린 사람을 본 적이 있다고 해도 드물었을 것이다. 왜냐하면 그 기법들이 효과가 있기 때문이다. 설사 그 가공이 효과가 없었고, 그래서 갑상선종(목이 부은) 환자나 신경 문제가 흔했다고 해도, 이 만성적인 건강 문제들과 마니오크 먹는 일이 관련되어 있음을 알아채기는 여전히 어려울 것이다. 대부분의 사람들은 드러나는 영향 없이 여러 해 동안 마니오크를 먹어왔을 것이다. 시안을 적게 생성하는 품종들은 대개 삶지만, 쓴 품종은 삶는 것만으로는 만성 질환을 막기에 충분하지 않다. 그렇지만 삶으면 쓴맛이 없어지거나 줄고 급성 증상들(예: 설사, 위장장애, 구토)이 예방되기는 한다. 그러므로 한 사람이 상식적 행위의 연장으로 시안을 많이 생성하는 마니오크를 그냥 삶았더라도, 모든 게 괜찮아 **보일** 것이다. 마니오크를 가공하는 다단계 작업은 길고 힘들고 지루하므로, 여기에 매달리는 것은 확실히 직관에 어긋난다. 투카노족 여성은 하루의 4분의 1을 마니오크를 해독하는 데에 소모하므로 이는 단기적 비용이 높은 기법이다.[3]

이제 어느 자립적인 투카노족 어머니가 자신의 쓴 마니오크를 가공하는 과정에서 불필요해 보이는 단계들을 빼기로 결정한다면 어떤 결과가 나올지 고려해보자. 그녀는 앞선 세대들에게서 물려받은 그 절차를 비판적으로 검토한 뒤 그 절차의 목표는 쓴맛을 없애는 것이라는 결론에 이를지도 모른다. 그렇다면 다음에는 노동이나 시간이 많이 드는 단계들을 생략하면서 대체 가능한 절차들을 시험할지도 모른다. 그래서 더 짧고 훨씬 덜 힘든 과정으로도 쓴맛을 제거할 수 있음을 발견할 것이다. 그리고 이 더 쉬운 절차를 택해 아이 돌보기 같은 다른 활동을 위한 시간을 더 많이 마련할 것이다. 당연히 수년 또는 수십 년 뒤에는 그녀의 가족에게 만성 시안화물 중독의 증상들이 생기기 시작할 것이다.[4]

따라서 이 어머니가 앞선 세대들에게서 물려받은 관행을 신뢰할 용의가 없었던 결과로, 그녀의 가족들이 앓다가 일찍 죽을 것이다. 개별적 학습은 여기서 보람이 없고, 직관은 그녀를 그릇된 길로 이끈다. 문제는 이 절차에 들어 있는 단계들이 **인과적으로 불투명하다**는 점이다. 개인은 그 단계들의 기능이나 상관관계, 중요성을 쉽게 추론할 수 없다는 말이다. 많은 문화적 적응물이 인과적으로 불투명하다는 사실은 우리 심리에 커다란 영향을 미쳤다.

잠깐! 어쩌면 마니오크 가공에 관해서는 내가 틀렸을지도 모른다. 마니오크의 경우는 개별적으로 해독 단계들을 알아내기가 사실은 꽤 쉬울 수도 있지 않을까? 다행히, 역사가 이미 실험사례 한 건을 제공하고 있다.

17세기 초, 포르투갈 사람들이 처음으로 마니오크를 남아메리카에서 서아프리카로 옮겼다. 그러나 오랜 역사를 지닌 원주민의 가공절차 또는 그 기법들을 사용하는 바탕에 깔린 충성심은 옮기지 않았다. 마니오크는 심기도 쉽고 불모지나 가뭄이 잦은 지역에서도 수확량이 많기 때문에, 아프리카 전역으로 급속히 퍼져 많은 여러 개체군의 주식이 되었다. 그러나 가공법은 쉽사리 또는 꾸준히 재생되지 않았다. 심지어 수백 년이 지난 지금도 만성 시안화물 중독은 아프리카에서 심각한 건강 문제로 남아 있다. 국지적인 가공 기법들에 대한 자세한 연구 결과들을 보면, 많은 경우 높은 수준의 시안화물이 잔류하고, 많은 사람들이 아직 증상으로 나타난 적은 없는 낮은 수준의 시안화물을 혈액과 소변에 지니고 있다. 몇몇 군데의 경우는 가공 단계가 아예 없기도 하고, 때로는 가공이 실제로는 시안 화합물의 농도를 높이기도 한다. 긍정적인 면을 보자면 일부 아프리카인 집단은 사실 효과적인 가공 기법을 문화적으로 진화시켜왔지만, 이 기법들은 너무 느리게 퍼지고 있다.[5]

호모 사피엔스

여기서 요지는 문화적 진화가 흔히 우리보다 훨씬 더 영리하다는 것이다. 여러 세대에 걸쳐 개인들이 자신의 공동체에서 더 성공한, 명망 높은, 더 건강한 구성원들을 무의식적으로 주목하고 배우는 동안 작동 중인, 이 진화 과정이 **문화적 적응**을 생성한다. 이 복잡한 목록은 국지적 난관에 맞추어 잘 설계된 것처럼 보이지만, **일차적으로** 개인들이 인과 모형이나 합리적 사고, 비용-효과 분석을 적용한 결과물이 아니다. 그러한 적응적 관행을 동원하는 데에 익숙한 사람들 대부분 또는 전부가 흔히, 그 관행이 어떻게 또는 왜 효과가 있는지, 혹은 그 관행이 뭔가를 한다는 사실조차 아예 이해하지 못한다. 이처럼 복잡한 적응물들이 등장할 수 있는 이유는 바로 자연선택이—선조들에게서 유래한 관행과 믿음에 내재하는 누적된 지혜에 담긴—문화적 유산을 자신의 직관과 개인적 경험보다 **신뢰**하는 개인들을 선호해왔기 때문이다. 많은 결정적 상황에서 직관과 개인적 경험은 사람을 잘못된 길로 이끌 수 있다는 것을, 우리는 길 잃은 탐험가들의 사례에서 보았다(나두는 만족스러웠다). 이를 더 명확히 이해하기 위해, 문화적 적응물을 좀 더 살펴보자.

수유기와 임신기의 금기?

우리는 커다랗고 맛 좋은 곰치를 먹는 중이었는데, 메레가 곰치는 전혀 안 먹고 마니오크만 먹고 있는 게 눈에 띄었다. 그녀에게 왜 곰치를 먹지 않느냐고 물었다. 내 기억으로 메레가 한 말은 "아 타부, 키 사 부케테" 비슷한 것이었는데, 번역하자면 이렇다. "그건 금기야, 나는 임신했거든." '흥미롭군.' 나는 여기서 임신한 동안 특정한 어떤 음식을 먹는 데에 대한 금기들이 있으리라는 단서를 얻었다. 메레가 먹지 않고 있다는 걸

내가 눈치 챘던 이유는 이 종이 높은 수준의 시구아테라 독소를 지닌 것으로 알려져 있다는 글을 읽은 뒤로, 나 자신이 곰치를 먹어도 되는지 걱정을 해왔기 때문이었다. 그렇지만 물론, 나는 민족지학자의 금언에 따라 곰치 먹기를 강행했다. 다른 사람들은 누구도, 조금도 걱정하지 않는 것 같아서였다. 많은 보통 사람들은 심지어 곰치라면 사족을 못 썼다. 곰치는 전형적인 흰살생선보다 풍미가 진하기 때문이다. 피지에서 현장 연구를 하던 초창기에 있었던 이 일로 흥미가 돋은 나는 그다음 몇 년에 걸쳐 임신기의 관행과 음식 금기를 더 깊이 조사했다.[6]

공중보건을 연구했고 임신과 수유도 해본 아내 내털리의 경험을 활용하려고, 이 연구계획을 짤 때는 아내와 함께 팀을 구성했다. 우리가 알게 된 사항은 다음과 같다. 임신기와 수유기 동안, 피지 야사와섬 여성들은 자신의 식단에서 가장 독성이 높은 해양 종을 선택적으로 제외시키는 일련의 음식 금기를 따른다. 곰치, 창꼬치, 상어, 볼락과 몇몇 커다란 농어 종을 포함한 이 커다란 해양 종들은 이 공동체의 식단에 기여하는 바가 크지만, 의학 논문에서는 모두 시구아테라 중독과 연관되는 것으로 알려져 있다.

시구아테라 독은 죽은 산호초에서 번성하는 어느 해양 미생물에 의해 생산된다. 독은 먹이사슬을 따라 올라가며 쌓여서 위에서 말한 종 가운데 크고 오래 사는 일부 생선에서는 위험한 수준에 이른다. 일주일 정도 지속되는 중독의 급성 증상으로 설사, 구토, 두통, 가려움과 함께 피부에서 뜨거움과 차가움을 반대로 느끼는 독특한 증상이 뒤따른다. 나의 촌락 친구들은 자신이 중독되었다는 것을 목욕할 때 안다고 말한다. 목욕은 늘 찬물로 하는데, 중독이 되면 그 물이 피부에 타는 듯한 감각을 유발한다는 것이다. 때로는 이 증상들이 몇 주, 심지어 몇 달 뒤에 주기적으로 돌아오기도 한다. 시구아테라 독소가 태아에 미치는 영향에

호모 사피엔스

관해서는 알려진 게 거의 없다. 우리가 알기로 임산부들은 그동안에도 여러 독소에 대한 내성이 약해지는 경향이 있었고, 내가 의학 문헌에서 찾은 사례들이 태아가 시구아테라 중독으로 심각한 장애를 겪을 수 있음을 보여주기는 하지만 말이다. 다른 독소들처럼, 시구아테라도 아마 모유에 축적되어 젖먹이를 위험에 빠뜨릴 수 있을 것으로 보인다. 성인의 경우에는 시구에테라 중독이 낮은 비율로 죽음을 부른다. 당신은 시구에테라 독에 관해 한 번도 들어본 적이 없을 수도 있지만, 시구에테라 중독은 물고기 관련 중독 가운데 가장 흔한 형태로, 열대 산호초에 서식하는 물고기를 일상적으로 먹는 모든 개체군에게 건강 문제를 일으킨다.[7]

이 금기들의 집합은 여성들의 평소 식단에서 가장 유독한 종을, 정확히 어머니와 자식이 가장 취약한 시점에 선택적으로 겨냥하는 일종의 문화적 적응물에 해당한다. 이 문화적 적응이 어떻게 등장했는지 탐구하기 위해, 우리는 여성들이 이 금기들을 어떻게 습득했으며 어떤 종류의 인과적 이해를 가지고 있는지를 연구했다. 청소년기와 청년기에는 어머니, 시어머니, 할머니에게서 이 금기들을 처음 배운다. 그러나 그런 다음 상당 비율의 여성이 이 초기 목록을 갱신하는데, 이때는 촌락의 연장자들과 명망 있는 인근의 '얄레와 부쿠'(지혜로운 여인), 곧 출산과 약용식물에 정통한 것으로 알려진 사람에게서 더 많은 금기를 배운다. 여기서 우리는 피지 여인들이 나이, 성공 또는 지식, 그리고 명망이라는 단서를 누구에게서 금기를 배울지를 알아내기 위해 사용하고 있음을 본다. 앞서 여러 장에서 설명했듯이, 그러한 선택성만으로도 여러 세대가 지나면, 아무것도 이해하는 사람이 없어도, 적응적 목록이 발생할 수 있다.

우리는 임신이나 수유기 동안 이 해양 종들을 먹지 않으려는 이유의 바탕에 깔린 하나의 공통된 정신적 모형—인과 모형 또는 정연한 원리들의 집합—도 찾으려 했다. **무엇**을 **언제** 먹으면 안 되는가에 관한 답은 매우 일관성이 있었지만, **왜**냐는 질문에 대한 여성들의 답변은 중구난방이었다. 많은 여성들이 그냥 모른다고 했는데, 우리가 이상한 질문을 한다고 생각하는 게 분명했다. 다른 여성들은 '관습'이라고 답했다. 어떤 여성들은 최소한 일부 종에 대해 그것을 먹으면 태아에게 해로운 영향을 줄지도 모른다는 의견을 내놓긴 했지만, 태아에게 정확히 무슨 일이 생기는가에 대한 의견은 천차만별이었다. 무시할 수 없을 만큼의 여성들이 상어를 먹으면 태어날 아기의 피부가 거칠어지고 곰치를 먹으면 아기의 관절에서 냄새가 나게 된다고 설명하긴 했지만 말이다.

이 화제에 관한 면담에서 우리가 했던 질문들 대부분과 달리, 여기 제시한 답들은 사후합리화의 낌새가 짙었다. '나한테 이유를 묻는 걸 보니 틀림없이 이유가 있겠지. 그렇다면 지금 하나 생각해내지 뭐.' 이는 민족지학 현장연구에서 지극히 흔한 일이고, 나도 페루 아마존 지역에서 마치헨카족을 상대하고 칠레 남부에서 마푸체족을 상대하면서 직접 겪었다.[8] 물론 교육받은 서구인들에게서 비슷한 응답을 얻는 것도 각별히 어려운 일은 아니지만, 그래도 한 가지는 뚜렷이 다르다. 교육받은 대부분의 서구인들은 평생 자신의 행동에 대한 이유나 근거를 설명하는 교육과 훈련을 받는다. 그래서 그런 이유를 준비해두고 있을 가능성이 높고, 요구를 받으면 '타당한' 이유를 제공해야 한다는 의무감을 더 많이 느낀다. "그게 우리의 관습이야"라는 말은 타당한 이유로 간주되지 않는다. 뭔가를 하는 데에는 납득할 수 있고, 분명하고, 명시적인 이유가 있어야 한다는 압력은 서구의 개체군에 흔한 사회규범의 하나일 뿐이지만, 여기서 인간은 일반적으로 명시적인 인과 모형과 분명한 이유를 근거로 어떤 행동을 한다는 서구인들의 착각이 생겨난다.[9] 사실은 그렇지 않은 경우가 흔한데도 말이다.

마지막으로, 야사와섬에서 얻은 우리의 증거는 이 금기들이 인과적

호모 사피엔스

으로는 불투명하지만 실제로 효과가 있음을 시사한다. 우리는 임신기와 수유기에 여성들이 물고기 관련 중독에 걸릴 확률을 나머지 성인기의 삶과 비교했다. 우리의 분석 결과 물고기 관련 중독의 비율은 임신기와 수유기 동안 3분의 1정도 줄었다. 따라서 금기는 물고기 관련 중독을 줄이는 문화적 처방전이다.

왜 옥수수 삶는 물에 재를 넣을까?
....

1998년 어느 날 아침, 칠레 남부의 시골에 살면서 마푸체족 원주민을 연구하고 있던 나는 친구인 폰소의 농가에 도착해, 그가 모테라는 마푸체족의 전통 옥수수요리를 준비하고 있는 것을 보았다. 그는 말린 옥수수알을 물에 담그면서, 끓이기 전에 장작 난로에서 갓 만들어진 재를 퍼내어 물에 집어넣는 것을 보여주었다. 신기하게 생각한 내가 옥수수 삶는 물에 나뭇재를 넣는 이유를 묻자, 그가 답했다. "우리 관습이야." 그것은 현명한 관습이다.

서기 1500년 이전의 아메리카에서는 옥수수가 많은 농업사회들의 주요 곡물이었다. 그러나 옥수수에 심하게 의존하면 까다로운 영양학적 문제들이 생긴다. 옥수수 위주로 식사를 하면 니코틴산(비타민 B3)이 결핍될 수 있다. 니코틴산을 충분히 섭취하지 못하면 펠라그라라는 병에 걸린다. 설사, 홍반, 탈모, 설염, 불면, 치매 다음에 죽음에 이르는 게 특징인 끔찍한 질환이다. 사실 옥수수에는 니코틴산이 들어 있지만 화학적으로 묶여 있어서 평범하게 조리해서는 풀려나오지 못한다. 이 니코틴산을 풀어주기 위해, 신세계 전역의 개체군들은 옥수수 준비 단계에 알칼리(염기)를 도입하는 관행을 문화적으로 진화시켰다. 어떤 지역에서는 조개껍데기를 태워서 나오는 염기(수산화칼슘)나 특정한 종류의 나무 재에서 나온 염기를 사용했다. 다른 지역에서는 자연에서 발생하는 잿물(수산화칼륨)을 쓰기도 했다. 조리법에 알칼리를 적절한 방식으로 혼합하는 관행은 다른 방식으로는 이용할 수 없는 옥수수 안의 니코틴산을 화학적으로 풀어줌으로써 펠라그라를 당장 멈춰주므로, 옥수수를 주식으로 하는 농경 개체군들이 성장하고 확산하게 해주었다.[10]

어쩌면 조리하는 동안 나뭇재나 태운 조개껍데기처럼 음식이 아닌 물질을 음식과 섞는 것쯤이야 우리처럼 커다란 뇌를 가진 유인원에게는 알아내기 쉬운 일이었으리라고 생각할지도 모르겠다.

역사는 한 번 더, 우리에게 자연의 실험 결과를 제공한다. 옥수수가 1500년 이후에 신세계에서 유럽으로 전해졌기 때문이다. 1735년에 이르면, 이탈리아와 스페인의 일부 주민 집단은 이미 주식으로 옥수숫가루에 의존하게 되고, 펠라그라까지 등장한 다음이었다. 이 질환을 두고 나병의 한 형태라거나 어떻든 상한 옥수수가 원인이라는 이론이 세워졌다. 펠라그라는 이 새로운 주곡과 함께 유럽을 가로질러 루마니아와 러시아까지 퍼졌지만, 대개 가난한 사람들에게로 한정되었다. 이들이 거의 전적으로 옥수수에 의존해 겨울을 난 탓에, 펠라그라는 '춘궁기 질병'이 되었다. 실험은 끝났고, 문제를 해결하기 위해 상하거나 곰팡이 핀 옥수수의 판매를 금지하는 법령들이 통과되었다. 하지만 문제는 부패가 아니었으므로—유럽인들은 잘못된 인과 모형을 개발했으므로—펠라그라를 줄이는 데에는 소용이 없었다.[11]

나중에는, 19세기 말과 20세기 초 사이에 미국 남부에서도 펠라그라가 나타나 1940년대까지 유행병처럼 퍼졌다. 수백만 명이 죽었다. 가난한 사람들뿐만 아니라 감옥, 요양소, 고아원 같은 기관들도 옥수숫가루와 당밀 위주의 식단에 크게 의존했기 때문이었다. 공중위생국장, 특별위원회, 의학 학술대회들이 경종을 울리고 치료법을 찾기 위해 개인들이 여러 차례 기부를 했음에도, 이 역병은 30년 동안 맹위를 떨쳤다.

딱 한 사람, 의사 조지프 골드버거는 고아원을 조사하고 죄수들에게 통제된 실험을 수행해 1915년 이전부터 올바른 인과 모형을 세우기 시작했다. 그러나 당시의 의료계는 펠라그라가 전염병이 틀림없다고 확신했으므로, 골드버거는 무시당했고 그의 발상은 '황당무계'한 것으로 치부되었다. 골드버거는 이 질환에 전염성이 없음을 입증하기 위해 펠라그라 환자의 피를 아내와 친구들에게 주사하기까지 했다. 그러나 그 연구는 골드버거의 주변인들이 펠라그라에 '체질적으로 내성이 있었음'이 틀림없다는 주장과 함께 묵살되었다.[12]

이처럼 사람들—이 경우 유럽인과 미국인—은 올바른 인과 모형을 알아내지 못했을 뿐만 아니라, 골드버거가 그것을 제시했을 때 적극적으로 그것에 저항하기까지 했다. 그들이 잘못된 인과 모형을 꽉 붙드는 편을 선호한 이유는, 아마도 올바른 모형이 다소 덜 직관적이기 때문이었을 것이다. 상한 음식과 오염은 예나 지금이나 음식과 관련해 상대적으로 생각하기 쉬운 개념이다. 불에 탄 조개껍데기 같은, 음식도 아닌 것을 조리 과정에 집어넣어야 시작되는 화학반응이라는 개념에 비하면 말이다. 문화적 진화는 펠라그라라는 어려운 문제에 부딪히자 상당히 비직관적인 해결책을 찾아냈던 것이다.

당신이 교육받은 서구인이라면, 내가 열거한 유독한 동식물의 수많은 보기란 특수한 사례일 뿐이라고 생각할지도 모른다. 해독이 필요한 식물은 거의 없으며 자연이 제공한 것은 순수하고 안전하다는 인상을 받고 있을지도 모르기 때문이다. 많은 서구인들에게 '자연산'은 '좋은 것'을 의미하는 것 같다. 이는 슈퍼마켓에서 물건을 사고 조경된 환경에서 살아가는 데에서 나오는 잘못된 관점이다. 식물은 자신을 먹으려는 동물, 곰팡이, 세균을 물리치기 위해 독소를 진화시켰다. 해독하려면 처리해야 하는 '자연산' 먹거리의 목록은 끝이 없다. 초기 감자는 독성이 있었고, 그래서 안데스 사람들은 독소를 중화시키기 위해 진흙을 먹었다. 콩조차도 가공하지 않으면 유독할 수 있다. 캘리포니아에 서식하는 많은 수렵채취인 개체군이 의존했던 도토리도 마니오크와 마찬가지로 힘들게 며칠씩 걸러내는 과정이 필요하다. 많은 소규모 사회들이 소철이라는 강인한 열대 식물도 비슷하게 먹거리로 활용해왔다. 하지만 소철에는 신경독이 들어 있다. 그래서 적절하게 가공하지 않으면 여러 신경 증상과 마비, 죽음을 유발할 수 있다. 수렵채취인을 포함한 수많은 사회가 엄청나게 다양한 소철 해독 기법을 문화적으로 진화시켜왔다.[13] 우리 종과 반대로, 다른 동물들은 식물을 해독하는 능력이 훨씬 뛰어나다. 그러나 인간은 이러한 유전적 적응구조를 잃어버리고 문화적 노하우에 대한 의존성을 진화시킨 뒤, 먹기만 한다.

점술과 게임이론

....

2장에서 침팬지와 사람이 따로따로 동전 맞추기 게임을 했던 내용을 기억하는가? 게임이론은 우리에게, 가장 합리적인 전략은 왼쪽과 오른쪽을 무작위로 내되 어떤 정해진 확률로 내는 것임을 알려준다. 예컨대 한 경기자의 최적 전략은 오른쪽을 80퍼센트의 빈도로 내는 것일 수도 있다. 인간이 침팬지에게 진 까닭은 우리가 무작위화에 서투르기 때문이고, 어쩌면 우리가 자동적으로 서로를 모방하는 경향이 있어서일 것이다. 언급했듯이, 많은 심리학 연구들이 사람들은 (아니, 적어도 교육받은 서구인들은) '도박꾼의 오류'에 빠지기 쉽다는 것을 보여준다. 오류에 빠진

호모 사피엔스

우리는 세상에 존재하지 않는 연속성을 지각하기도 하고, 연이어 잃은 뒤에는 '때가 되었다'고 믿기도 한다. 사실은, 우리는 일련의 성패를 무작위로 인식하기를 힘들어한다. 대신에, 무작위 안에서 엉터리 패턴을 찾아낸다. 이 오류의 유명한 한 형태가 바로 농구에서의 '뜨거운 손 오류'인데, 이 오류에 빠진 사람들은 어떤 선수가 그의 장기적인 평균 득점을 보고 짐작할 수 있는 수준보다 갑자기 자유투 성공률이 더 높아졌다고 여긴다(그것은 착각이다). 이것이 우리에게 문제가 되는 이유는, 인생에서 가장 좋은 전략이 때로는 무작위화를 요구하기 때문이다. 우리는 그저 우리 마음속의 패턴 인식 장치를 꺼버리는 데에 익숙하지 않을 뿐이다.[14]

순록을 사냥할 때면, 캐나다 래브라도반도에 사는 나스카피족은 어디로 갈지를 정해야 했다. 상식은 전에 성공했던 곳이나 친구나 이웃이 최근에 순록을 발견했던 곳을 가리킬지도 모른다. 그렇지만 이 상황은 2장에서 본 동전 맞추기와 비슷하다. 순록은 비동조자이고, 사냥꾼은 동조자다. 다시 말해 사냥꾼은 순록과 위치를 일치시켜야 하는 반면, 순록은 화살을 맞고 먹히지 않으려면 사냥꾼과 어긋나야 한다. 사냥꾼이 이전에 자기나 남들이 순록을 보았던 자리로 되돌아오는 편향을 보여준다면, 순록은 그 위치(전에 인간을 보았던 곳)를 피함으로써 이익을 얻을(더 잘 살아남을) 수 있다. 따라서 가장 훌륭한 사냥 전략에는 무작위화가 필요하다. 문화적 진화가 우리의 인지적 결점을 보완할 수 있을까?

전통적으로, 나스카피족 사냥꾼들은 어디로 사냥을 갈지 점을 쳐서 결정했고, 순록의 어깨뼈가 성공으로 가는 길을 가르쳐줄 수 있다고 믿었다.[15] 의례의 첫 순서로, 어깨뼈를 뜨거운 석탄 위에서 가열해 금이 간 무늬나 불에 탄 얼룩들이 생기게 했다. 그런 다음 뼈를 정해진 방향으로 붙들고, 이 무늬를 일종의 지도로 읽었다. 금이 가는 방식은 뼈, 불, 주위 온도, 가열 과정에 관한 무수한 세부사항에 달려 있는 결과였으니, (아마도) 사냥 위치의 관점에서는 본질적으로 무작위였을 것이다. 따라서 이 점을 치는 의례는 조잡한 무작위화 장치를 제공해 사냥꾼들이 자신의 의사결정 편향을 피하도록 도왔을 것이다. 학부생들도 동전 맞추기를 하면서 점술 같은 무작위화 장치를 쓰면 되었을 것이다. 비록 침팬지는 그런 것 없이도 별 문제가 없는 것 같지만 말이다.[16]

이는 알려지지 않은 특이한 관행이 아니며, 그 밖에도 다양한 사례의 점술이 더 많은 증거들을 제공한다. 인도네시아 칼리만탄섬의 칸투족은 새점을 이용해 농사지을 땅의 위치를 선택한다. 인류학자 마이클 도브는 두 가지 요인 때문에 농부들이 너무 위험한 곳에 논밭을 일구게 된다고 주장한다. 첫째, 칸투족의 생태 모형에는 도박꾼의 오류가 담겨 있어서 그 결과로 농부들이 어느 특정 위치에서 큰 홍수가 난 뒤에는 같은 위치에서 홍수가 날 가능성이 낮아진다(이는 사실이 아니다)고 예상한다.[17] 둘째, 4장에서 경영대학원생들이 투자 분배를 하던 때처럼, 칸투족은 성공한 사람의 선택을 따라한다. 이웃의 한 집이 한 해에 어느 지역에서 수확이 좋으면, 다른 많은 사람들도 이듬해에 그곳에 작물을 심고 싶어한다는 뜻이다.

이 같은 인지 편향과 의사결정 편향에서 생기는 위험을 줄이는 방편으로, 칸투족은 새점이라는 장치에 의존해 논밭의 위치 선택을 효과적으로 무작위화함으로써 파국적 흉작을 피하는 데에 도움을 받는다. 점의 결과는 특정 위치에서 보이는 특정한 새의 종뿐만 아니라, 그 새가 내는 울음소리의 유형에도 달려 있다(이 유형의 소리는 길고, 저 유형의 소리는 불길할 수 있다).[18]

새점의 정형화 과정이 이것은 문화적 적응물이라는 관점을 뒷받침한다. 이 장치가 진화하면서 이 지역 전체에 퍼져온 것은 쌀농사가 도입된 17세기 이후였던 것으로 보인다. 이것이 타당한 이유는, 논밭의 위치를 무작위화함으로써 가장 긍정적인 영향을 받은 게 쌀농사이기 때문이다. 쌀이 들어옴과 동시에, 몇몇 농부들이 새가 보이는 것을 상서로운 논밭 자리의 징후로 이용하기 시작한 것일 수 있다. 평균적으로, 일생에 걸쳐서 본다면, 이 농부들이 도박사의 오류에 의존했거나 이웃의 행동을 따라했던 농부들보다는 더 많은 수확을 거두었을—더 성공했을—것이다. 과정이야 어쨌건, 400년 안에 새점은 이 보르네오 지역의 농경 개체군 전체로 퍼졌다. 그럼에도 인근의 수렵채취인 집단들과 쌀농사를 근래에 도입한 사람들 사이에서는, 뿐만 아니라 관개에 의존하는 보르네오 북부의 개체군들 사이에서도, 새점은 빠져 있거나 발달하지 못한 채로 남아 있다. 그러므로 새점은 과거부터 지금까지도 그것이 가장 적응적인 지역에서 체계적으로 확산되고 있는 셈이다.

이 예시의 핵심은, 많은 경우 사람들은 자신의 문화적 관행이 어떤 일을 하고 있는지 이해하지 못하며, 때로는 자신의 관행이 어떤 일을 하고 있는지 또는 어떻게 작동하는지를 사람들이 이해하지 못하는 게 심지어 더 중요할 수도 있다는 사실이다. 만약에 새나 뼈를 이용한 점술이 실제로는 미래를 예측하지 못한다는 것을 이해하게 되면, 사람들은 그 관행을 버리거나 갈수록 의례를 통해 알게 된 것을 무시하고 자신의 직관을 선호할 것이다.

복잡한 제작 기술들도 인과적으로는 불투명하다. 수렵채취인들 사이에서 발견되는 활과 관련된 장비들 중 화살을 통해 살펴보겠다. 먼저 덜 복잡한 도구모음을 보유한 것으로 알려진 사회를 하나 고르자. 페르디난드 마젤란을, 그리고 나중에는 찰스 다윈을 마주쳤을 때 역사 기록에 등장한 티에라델푸에고제도의 수렵채취인으로 하자. 그 푸에고 사람들 사이에서도, 화살 하나를 만들려면 여섯 가지 다른 재료를 다루기 위해 일곱 가지 다른 도구를 사용하는 열네 단계의 절차가 필요하다. 그 가운데 일부 단계는 다음과 같다.

- 과정은 화살대를 만들 나무를 고르는 것에서 시작한다. 기왕이면 무성한 상록관목인 차우라에서 꺾는다. 이 나무는 강하고 가볍지만 반직관적인 선택이다. 온통 울퉁불퉁하고 비틀린 가지를 곧게 펴야 하기 때문이다. (왜 더 곧은 가지를 가지고 시작하지 않을까?)
- 나무를 가열해 장인의 이빨로 곧게 편 뒤, 끝에 가서 긁개로 마감한다. 그런 다음 미리 가열해둔 홈이 파인 돌을 써서, 장인이 홈 안으로 화살대를 눌러 박은 뒤 여우가죽 조각으로 누르면서 앞뒤로 문지른다. 여우가죽은 나뭇가루로 범벅이 되는데, 이것은 광내기 단계를 위해 보관한다. (꼭 여우 가죽이어야 할까?)
- 바닷가에서 모은 약간의 역청을 씹은 뒤 재와 함께 섞는다. (재를 넣지 않으면?)
- 그 혼합물을 가열된 화살대 양끝에 바른 다음, 거기에 하얀 진흙을 덧입힌다. (빨간 진흙은 어때? 꼭 가열해야 해?) 이것으로 화살대 양쪽 끝에 화살깃과 화살촉을 달 준비가 끝난다.
- 화살깃으로는 깃털 두 개를 사용하되, 되도록 마젤란기러기 깃털을 쓴다. (왜 닭의 깃털이 아니고?)
- 오른손잡이 궁수는 새의 왼쪽 날개 깃털을 써야 하고, 왼손잡이 궁수는 오른쪽 날개 깃털을 써야 한다. (이게 진짜 중요할까?)
- 물과 침으로 매끄럽고 가늘게 만든 과나코의 동쪽 힘줄을 써서 깃털을 화살대에 묶는다. (앞서 말한 가죽을 얻기 위해 잡았던 여우의 힘줄을 쓰면 안 돼?)

다음으로 화살촉을 공들여 만든 다음 화살대에 붙이고, 당연히 활,

화살통도 만들어야 한다. 궁술도 익혀야 한다. 하지만 무슨 말인지 이해했을 테니 여기서 멈추겠다.[19] 이는 온통 인과적으로 불투명한 과정이다.

실험실에서의 '과잉모방'

....

마니오크, 옥수수, 나두 가공 작업과 같은 문화적 적응물을 만드는데에 결정적인 것은 그 모든 단계를 충실하게 따라하는 것뿐만 아니라, 사실은 스스로 급조할지도 모르는 인과관계에 대한 이해를 **때로는** 너무 강조하지 않는 것이다. 위에서 보았듯이, 문화적 목록에서 언뜻 불필요해 보이는 단계들을 생략하면 신경장애, 마비, 펠라그라, 사냥 성공률 감소, 임신 관련 문제에 죽음까지 낳을 수도 있다. 문화가 누적적으로 진화하는 종에서는, 오직 그런 종에서만, 문화적 유산에 대한 신뢰가 대체로 생존과 번식에 훨씬 더 유리하다.

위의 현장 관찰들과 짝을 지어, 아동 및 성인과 함께 한 문화적 학습의 충실도에 관한 실험적 연구가 우리로 하여금 문화적 전달 과정을 자세히 들여다볼 수 있게 해준다. 최근, 심리학자들은 사람들이 보상을 받는 데에 무관해 보이는 단계를 남이 사용할 때 기꺼이 모방하는 게 언제이며 왜인지를 연구해왔다. 전형적인 한 실험에서는, 참가자가 보는 동안 본보기가 단순한 도구들을 써서 '인조 과일'(대개 문과 구멍이 몇 개 있는 큰 상자)을 밀고, 당기고, 들고, 찌르고, 두드리는 다단계 절차를 수행한다. 이 절차를 거치고 나면 보통 장난감이나 과자와 같은, 어떤 바람직한 결과를 얻게 된다. 이 절차에 들어 있는 단계들 가운데 일부는 보상 얻기라는 목적을 이루는 데에 필요한 것처럼 보이지 않는다. 때때로 사람들은 결과와는 명백한 유형의 물리적 연관성이 없는 단계까지 모방한다.

행동유형에 부적절한 이름을 붙이는 것으로 악명 높은 심리학자들은 이 특별히 충격적이지도 않은 현상에 **과잉모방**이라는 명칭을 붙여왔다.

아동과 성인, 침팬지를 대상으로 시험하고 반복해온 구체적 실험 하나를 살펴보자. 실험에서 참가자는 먼저 한 본보기가 '인조 과일'에 들어 있는 보상에 접근하기 위해 가는 막대를 사용하면서 일련의 단계를 수행하는 모습을 관찰한다. 여기서 과일이란 두 군데에 입구가 있는 크고 불투명한 상자다. 첫 번째 입구는 빗장으로 막혀 있는데, 막대를 사용해 빗장을 (a)**밀어서** 또는 (b)**끌어서** 치우고 나면 관에 접근할 수 있다. 그러나 이 관은 막다른 길일 뿐이다. 보상을 얻는 것과는 전혀 상관없는 미끼라는 말이다. 두 번째 입구에는 문짝이 숨겨져 있는데, 문짝은 (a)**미끄러뜨려서** 또는 (b)**젖혀서** 열 수 있다. 그런 다음 끝에 벨크로로('찍찍이')가 붙어 있는 막대를 관을 따라 잘 조작하면 보상을—아이들은 스티커를, 침팬지는 먹을 것을—얻을 수 있다.[20]

이런 종류의 실험에서 확실하게 얻어지는 결과는, 아동이건 성인이건 보상을 얻기 위해 본보기가 하는 행동은 뭐든지 모방하려 하는 것이다. 사람들은 심지어 실험이 끝났다고 생각한 뒤 혼자 있을 때에도, 무관한 동작은 **모방하지 말라**는 말을 분명히 들었을 때에도 무관한 동작을 모방한다.[21] 그런데 4장을 읽었으니 예상하겠지만, 사람들은 본보기의 나이가 더 많거나 명망이 더 높으면 무관한 동작을 따라할 가능성이 더 높다. 이는 그저 꼬마들에게나 나타나는 경향도 아니다. 문제가 충분히 불투명하다고 가정하면, '과잉모방'의 정도는 나이와 더불어 **증가**한다.[22] 교육받은 서구인만 그런 것도 아니다. 최근 수십 년 안짝까지 여러 개체군이 수렵채집으로 살아온 남아프리카 칼라하리사막에서 실시한 연구는 그곳 사람들도 서구의 학부생들과 **최소한** 같은 정도로, 높은 충실도의 문화적 전달에 끌린다는 것을 보여준다.[23]

호모 사피엔스

예상하겠지만, 침팬지는 또 한 번 머리 큰 사촌들을 능가했다. 이 연구에서, 비교심리학자 비키 호너와 앤드루 화이튼은 위에서 사용한 것과 같은 불투명한 '인조 과일'과 더불어 투명한 '과일'도 사용했다. 투명한 '과일'의 경우 위쪽 구멍은 보상이 있는 구역으로 연결되지 않는다는 것을 쉽게 볼 수 있었다. 투명한 상자를 써서 인과관계를 더 분명히 하자, 침팬지는 모든 무관한 동작을 당장 그만둔 반면, 스코틀랜드의 서너 살배기 아이들은 불투명한 '과일'을 쓸 때와 같은 정도로 무관한 동작을 따라했다. 침팬지들도 본보기가 '과일'에 하는 작업을 지켜봄으로써 몇 가지를 배우긴 배웠고, 그것은 그 장치가 어떤 행동을 유도하는지(그 장치의 행동-유도성affordance을) 판단하는 데에 도움이 되었다. 그래서 침팬지들은 '과일'의 서로 다른 부분이 어떻게 움직일 수 있는지를 알았다. 하지만 이 동작들이 아무 도움도 되지 않는다는 시각적 증거가 생기는 순간, 그 동작들은 생략해버렸다.[24] 침팬지에게도 어떤 문화가 있는 것은 분명하지만, 침팬지는 문화적인 종이 아니다.[25]

그럼에도, 과잉모방에는 이보다 훨씬 더 많은 게 있다. 2장에서 보았듯이, 인간은 낮은 수준의 자동적 흉내 본능을 어느 정도 지니고 있다. 이것이 침팬지는 최적의 동전 맞추기 해답에 집중할 수 있지만 우리는 그럴 수 없는 한 가지 이유다. 둘째, 8장에서 다루겠지만, 인간은 또한 흉내를 이용해 사회적 관계를 촉진하고 지위의 차이를 암시하도록 진화해왔다. 그러므로 우리가 남을 흉내내는 것은 이렇게 말하기 위해서이기도 하다. "이봐요, 나 당신과 엮이고 싶어요. 당신 정말 멋져요." 끝으로, 9장의 도입부에서는 문화적 진화가 어떻게 사회규범을 만들어내는지 볼 것이다. 이 규범을 어기면 평판이 나빠지거나 다른 벌을 받을 수 있다. 그래서 때때로 사람들은 일탈자라는 악명을 얻지 않기 위해서도 '과잉모방'을 할 것이다. 우리 종이 모든 단계를 따라하거나 지역의 규정을 엄밀히

따르고 싶어하는 데에는 문화-유전자 공진화가 발생시키는 많은 이유가 있다.[26]

그러나 문화적 전달에 대한 우리의 의존성은 훨씬 더 깊이 들어간다. 우리의 직관적 이해와 어긋날 수도 있는 관행과 믿음을 받아들이는 데에 더해, 우리는 취향, 선호, 동기도 습득할 수 있다. 이 또한 우리의 본능적 또는 선천적 성향에 맞서서 받아들일 수 있다. 이러한 습득은 우리에게 본능이나 선천적 성향이 없음을 뜻하는 게 아니라, 적절한 조건에서는 그것을 억누르거나 피해가는 능력을 자연선택이 우리의 문화적 학습 장치에 부여했음을 뜻할 뿐이다.

본능 극복하기: 매운 고추가 맛있는 이유

....

우리는 왜 음식에 향신료를 쓸까? 이 질문에 대한 답을 생각하는 동안 다음을 명심하라. (1)다른 동물들은 먹을 것에 향신료를 넣지 않는다. (2)대부분의 향신료는 우리 식단의 영양에 거의 또는 전혀 기여하지 않는다. (3)많은 향신료들의 유효 성분은 실은 그 향신료를 생산하는 식물이 곤충, 곰팡이, 세균, 포유류 따위 반갑지 않은 놈들을 떼어놓으려고 진화시킨 기피성 화학물질이다.

여러 증거가 가리키는 바에 따르면, 향신료 가미는 음식물 매개 병원균 문제에 대한 문화적 적응물의 한 종류에 해당할 것이다. 많은 향신료들이 음식에 들어 있는 병원균을 죽일 수 있는 항균제다. 전 세계적으로, 흔한 향신료란 양파, 후추, 마늘, 고수, 고추, 월계수 잎 따위다. 여기서 다음 발상이 나온다. 많은 향신료들의 용도는 음식, 특히 고기에 들어 있는 병원균 문제에 대한 문화적 적응물에 해당한다. 냉장고가 등장하기 전에는 이 난관이 무엇보다 중요했을 것이다. 이를 조사하기 위해, 제니퍼 빌링과 폴 셔먼이라는 두 생물학자는 전 세계 개체군들의 전통요리책에서 4,578가지 요리법을 수집했다. 그리고 세 가지 뚜렷한 양상을 발견했다.[27]

1. 향신료는, 실은 항균제다. 세상에서 가장 흔한 향신료들은 세균을 막는 데에 가장 효과적이기도 하다. 어떤 향신료들은 곰팡이를 죽이기도 한다. 향신료들을 조합하면 상승효과가 생긴다는 점이 칠리파우더(고추, 양파, 파프리카, 마늘, 커민, 오레가노의 혼합물) 같은 재료가 그토록 중요한 까닭을 설명할 것이다. 그리고 레몬과 라임 같은 재료는 그 자체로는 강력한 항균제가 아니지만, 다른 향신료의 살균 효과를 촉진하는 것으로 보인다.

2. 더운 기후의 사람들이 향신료 자체를 더 많이 쓸 뿐 아니라, 세균을 죽이는 데에 가장 효과적인 향신료를 더 많이 쓴다. 예컨대 인도와 인도네시아의 요리법 대부분이 양파, 마늘, 고추, 고수를 포함한 항균성 향신료를 많이 쓴다. 반면에 노르웨이의 요리법들은 후추를 좀 쓰고 이따금 파슬리나 레몬도 약간 쓰지만, 그게 전부다.

3. 요리법에서 향신료를 사용하는 방식들이 향신료의 효과를 증가시키는 것처럼 보인다. 양파와 마늘처럼 살균력이 열에 강한 일부 향신료들은 조리하는 과정에서 투입된다. 고수 잎처럼 항균성이 가열에 의해 손상될지도 모르는 다른 향신료들은 요리법에서 싱싱한 상태로 첨가된다.[28]

따라서 많은 요리법과 선호는 국지적 환경에 적합한, 그리고 매운 음식을 끔찍이 좋아하는 사람들도 이해하지 못하는 섬세하고 미묘하게 다른 방식들로 작용하는 문화적 적응인 것처럼 보인다. 빌링과 셔먼은 그것들이, 더 건강하고, 자식도 더 많고, 더 성공한 가족들을 덜 성공한 가족들이 우선적으로 모방했기 때문에 문화적으로 진화했으리라고 추측했다. 특히 음식과 식물에 관한 문화적 학습을 포함한, 문화적 학습을 위해 인간이라는 종이 진화시킨 심리에 관해 우리가 알고 있는 사실을 고려하면, 이는 상당히 그럴듯하다.

향신료 중에서도 고추가 대표적인 사례다. 고추는 유럽인들이 도착하기 전에는 신세계 요리의 주된 향신료였는데, 이제는 전 세계 성인의 약 4분의 1이 일상적으로 먹는다. 고추가 진화시켜온 화학적 방어기제의 기본인 캡사이신 때문에, 포유류와 설치류는 고추를 싫어하지만 새들은 고추를 좋아한다. 포유류 몸에 들어간 고추는 통증통로(TrpV1)를 직접 활성화하는데, 이 통로 단백질은 산, 고온, 이소티오시안산알릴(겨자와 와사비에 들어 있다)을 포함하는 여러 특정 자극에 대응해 화끈거리는 감각을 만들어낸다. 이러한 화학무기가 고추의 생존과 번식에 도움이 되는 이유는, 새가 다른 선택지(예: 포유류)보다 식물의 씨를 더 널리 퍼뜨려주기 때문이다. 그래서 비인간 영장류, 아기들, 많은 어른들은 선천적으로 고추를 싫어한다. 캡사이신이 그토록 선천적으로 역겹기 때문에, 젖을 먹이는 어머니에게는 젖먹이가 모유를 거부하지 않도록 고추를 피하라는 조언을 하고, 어떤 사회에서는 심지어 어머니 젖가슴에 고추를 발라 젖을 떼기 시작한다. 그런데도 더운 기후에 사는 성인들은 어김없이 요리에 고추를 집어넣는다. 그리고 고추를 즐겨 먹는 사람들 사이에서 성장하는 사람들은 고추를 먹을 뿐만 아니라 끔찍이 좋아한다. 우리는 어떻게 혀에 불이 나고 땀이 솟는 경험—통증통로 TrpV1의 활성화—을 좋아하게 될까?[29]

심리학자 폴 로진의 연구는 사람들이 고추 먹는 경험을 즐기게 되는

호모 사피엔스

이유는 대부분 고추가 일으키는 통증신호를 쾌감이나 흥분으로 재해석하기 때문임을 보여준다. 멕시코 고지에서 조사한 바에 따르면, 아이들은 이 선호를 압력이나 강요 없이 점진적으로 획득한다.[30] 아이들은 고추를 좋아할 줄 알게 되기를, 자기가 흠모하는 사람들과 같아지기를 원한다. 이는 우리가 이미 본, 아이들은 손위 또래들에게서 음식 선호를 쉽게 습득한다는 사실과 잘 맞아떨어진다. 14장에서 문화적 학습이 어떻게 통증에 대한, 그리고 구체적으로는 전기충격에 대한 우리 몸의 생리적 반응을 바꿀 수 있는지를 더 살펴볼 것이다. 요점은, 필요하다면, 문화가 우리가 포유류로서 타고난 혐오감을 우리 자신도 모르게 압도할 수 있다는 것이다.

누적적인 문화적 진화와 유전자 사이의 이중주의 산물로서, 우리의 뇌가 유전적으로 적응해온 세상에서는 우리가 앞선 세대에게서 문화적으로 물려받는 방대한 지식 덩어리 안에 우리 생존에 결정적인 정보가 암암리에 삽입되었다. 이 정보는 일상적인 조리 절차(마니오크), 금기, 점치는 의례, 국지적 취향(고추), 정신적 모형, 도구 제작의 각본(화살대)에 묻혀서 온다. 이 같은 관행과 믿음은 대체로 우리보다 (은연중에) **훨씬** 더 영리하다. 개인도 집단도 생전에는 그것을 알아낼 수 없을 것이기 때문이다. 나중에 여러 장에서 볼 테지만, 이는 제도, 종교적인 믿음, 의례, 의술의 경우에도 마찬가지다. 이 같은 진화적 이유들 때문에, 학습자는 먼저 자신의 인과 모형 건축 장치를 켤지 말지 결정한 뒤, 만약 켜겠다면 거기에 정신적 노력을 얼마나 쏟아부을지도 조심스럽게 판단해야 한다. 그리고 만약에 문화적 전달이 돌아가는 상황에 대해 미리 건축된 정신적 모형을 공급하면, 학습자는 손쉽게 그것을 습득하고 고수한다.

사람들이 복잡한 절차와 규정의 분해를 시도할 수 있고 실제로 시도함으로써 그것들 사이의 인과적 관련성을 이해하고 더 나은 변형을 설계하려 할 것임은 말할 나위도 없다. 사람들은 실험, 학습 오류, 색다른 행위를 통해 관행을 바꾸기도 한다. 그럼에도 문화적인 종인 우리는 복잡한 절차, 관행, 믿음, 동기를 인과적으로 무관해 보일 수 있는 단계들까지 포함해 충실하게 모방하려는 본능을 지니고 있다. 문화적 진화 자체가 우리가 개인적으로 평생 구축할 수 있는 것보다 훨씬 나은 복잡하고 미묘한 문화적 묶음을 구축할 능력이 있음을 입증해왔기 때문이다. 많은 경우, 사람들은 자신들의 관행이 실제로는 무엇을 하고 있는지, 또는 뭔가를 하고 있다는 것조차도 모른다. 더운 기후에 살면서 매운 음식을 애호하는 사람들도 마늘과 고추가 들어가는 요리법을 사용하는 관행이 고기가 옮기는 병원균에서 가족을 보호한다는 것을 모른다. 그저 취향과 요리법을 문화적으로 물려받은 뒤, 이전 세대들이 쌓은 지혜에 대한 신뢰를 암암리에 지니고 있었을 뿐이다.

끝으로, 우리 인간도 물론, 세상이 어떻게 돌아가는지에 대한 인과 모형을 구축하기는 한다. 그렇지만 이러한 모형의 구축을 문화적으로 진화한 복잡한 산물들의 존재가 오래전부터 촉발하고 조성해왔다는 사실은 흔히 간과된다. 자신이 뭔가를 왜 하는지를 사람들이 정확히 추측했을 때, 이 깨달음은 흔히 일이 끝난 뒤에 일어난다. '왜 우리는 이 일을 항상 이런 식으로 하지? 이유가 있는 게 틀림없어…. 아마도 … 때문일 거야.' 같은 식으로. 그러나 그저 일부 사람들이 자기 또는 자기 집단이 뭔가를 특정한 방식으로 하는 이유를 정확히 추측해왔다는 이유로 사람들이 그 일을 하는 것은 아니다. 예컨대 과학에 관한 엄청난 양의 인과적 이해는 증기기관, 열기구, 비행기 같은 기존의 기술을 설명하려 애쓰는 동안 발전해왔다. 어떤 장치나 기술은 곧잘 아무런 인과적 이해도 발전하기 전에 존재했지만, **존재함으로써** 그러한 문화적 산물이 세상에 창을 열어 더 나은 인과적 이해가 발전하도록 거들었다. 다시 말해, 최근까지 인간사의 많은 기간 동안, 인과적 이해가 문화적 진화를 주도한 경우보다 누적적인 문화적 진화가 더 깊은 인과적 이해의 등장을 주도한 경우가 훨씬 더 많았다.[31]

이 역사적 관찰은 어린아이를 대상으로 한 실험적 연구와 일치한다. 발달심리학자 앤드루 멜조프, 앨리슨 고프닉, 애나 웨이스마이어의 연구가 시사하는 바에 따르면, 우리 마음속에 있는 인과성 추론 장치가 가장 효과적으로 촉발되는 때는, 인공물을 사용하면서 '뭔가를 하기' 위해 애쓰고 있는 사람에게 노출되는 때다. 예컨대 걸음마쟁이들이 특정 수단과 특정 결말 사이의 인과관계를 더 정확히 추론하게 되는 때도 인공물을 사용하고 있는 사람을 관찰할 때이지, 똑같지만 '자연히 발생하는' 물리적 운동과 환경의 상관관계를 관찰할 때가 아니다. 다시 말해, 아이들은 문화적 인공물을 실제로 조작하고 있는 사람이 있을 때 인과성 추론 기계의 스위치를 켜며, 아이들이 세우는 인과 모형은 학습자가 그 인공물의 조작이나 연습을 문화적으로 처방된 방식으로, 더 잘하게끔 도와준다.[32] 이에 관해서는 나중에 더 다루겠다.

조금만 비켜줘, 자연선택아

....

스티븐 핑커에서부터 데이비드 버스에 이르기까지 유명한 진화심리학자들은, 자연선택이 환경적 난관이나 생물의 삶이 요구하는 것에 맞게 기능적으로 잘 설계된 복잡한 적응물을 창조할 능력이 있는 유일한 과정이라고 주장하기를 좋아한다.[33] 그들은 자연선택의 산물—눈, 날개, 심장, 거미줄, 새의 둥지, 북극곰이 눈으로 지은 굴 따위—이 그 산물이 해결하는 문제에 잘 맞추어졌거나 맞는 것 같다는 사실을 인상 깊게 여긴다. 어떤 숨길 수 없는 불완전성을 빼면, 이 같은 적응물은 잘 설계된 것처럼, 공학적으로 보이기까지 한다. 눈은 보기 위해, 날개는 날기 위해 공들여 제작한 것 같지만, 설계자나 공학자 따위는 없으며, 그것 또는 그것이 작동하는 방식의 정신적 모형을 창조하려는 의도를 품었던 행위자 따위도 없다. 나는 이 관점에 대체로 동의하며, 자연선택의 놀랄 만한 위력에 대한 그들의 경외감은 확실히 공유한다. 그러나 나는 '유일한'이라는 단어에서 그들과 갈라진다. 최소한 누적적인 문화적 진화가 탄생한 이래로는, 자연선택은 국지적 상황에 잘 맞는 복잡한 적응물을 창조할 능력이 있는 유일하게 '멍청한' 과정이라는 지위를 잃어왔다. 이 장에서 보여주고자 했듯이, 문화적 진화는 4장과 5장에서 논의한 선택적 주의와 학습 과정 말고도 내가 언급하지 않은 여러 과정들을 통해 이 같은 복잡한 적응적 산물을 발생시킬 능력이 충분하고, 그것이 등장하기 전에 그것을 설계했거나 그것의 인과적인 정신적 모형을 지니고 있었던 존재는 하나도 없었다.

이를 이해하기 위해 두 유형의 집—두 인공물—을 비교해보자. 하나는 자연선택이 지은 집이고, 다른 하나는 누적적인 문화적 진화가 지은 집이다. 아프리카에 사는 검은머리베짜는새 수컷은 콩팥 모양의 튼튼한 둥지를 짓는데, 관 모양의 입구가 아래를 향하고 있어서 두세 개의 알을 더 큰 포식자로부터 효과적으로 보호한다. 베짜는새는 모든 종이 일련의 정형화된 기법을 써서 똑같은 단계적 양식으로 집을 짓는다. 베짜는새는 먼저 지지대를 짠 다음 고리, 지붕, 알 방, 앞방, 입구를 짓는다(《그림 7.2》 참조). 집의 서로 다른 부분을 짜는 데에는 세 가지 매듭(외벌 매듭, 반 매듭, 풀매듭) 가운데 하나와 세 가지 다른 짜기 방식이 필요하다. 집을 지으려면, 베짜는새는 먼저 키 큰 잡초나 야자나무 잎에서 각별히 튼튼한 껍질을 찾아내 모아야 한다. 내부가 그렇게 생긴 데다 들어가는 통로가 아래를 향하고 있다는 것은 포식자들이 알에 다다르려면 애를 먹으리라는 뜻이다. 바닥을 두껍게 겹겹이 짜서 지었다는 것은 설사 둥지가 가지에서 떨어지더라도 알이 살아남을 수 있다는 뜻이다. 이러한 기법이나 배치 가운데 어떤 것도 다른 새들에게서 배우지 않는다. 베짜는새는 그것들을 그냥 선천적으로 알고 있거나, 스스로 즉흥적으로 실수 없이 알아내도록 대비되어 있는 것이다. 자연선택은 이처럼 복잡한 인공물을 많이 구축해왔고, 흰개미, 말벌, 거미 같은 무척추동물도 그처럼 아름다운 구조물을 최종 형태의 정신적 모형 없이도 많이 만든다.[34]

이누이트족의 얼음집 또한 북극의 많은 지역에서 살아가는 데에 필요한 복잡한 적응물이다(《그림 7.2》 참조). 건축학적으로, 이 얼음집들은 북극의 강풍을 견딜 수 있는 공기역학적 돔 모양을 형성하기 위해서, 단 한 번에 내려쌓인 눈더미에서 잘라낸 눈 블록으로 짓는다는 점에서 독특하다. 아귀가 맞게 자른 블록들을 가지고 제대로 지으면, 이 돔은 사람이 올라서도 무너질 염려가 없을 만큼 튼튼하다. 정제한 해양 포유류의 지방을 연료로 쓰는 작은 비누석 등잔으로 난방을 하면, 눈의 단열성이 섭씨 10도라는 실내온도를 보장한다. 이 안쪽의 온기는 눈을 살짝 녹여서 벽과 천장이 더욱더 단단히 얼어붙게 해준다. 방향이 잘 잡힌 긴 터널식 입구는 바람을 막을 뿐 아니라, 압력 차를 이용해 열을 가두기도 한다. 바다표범 창자에서 잘라낸 반투명 막이나 얼음판으로 만든 창은 빛을 안으로 들이고, 작은 구멍들은 공기의 순환을 유지한다.[35]

검은머리베짜는새의 둥지처럼, 이누이트의 얼음집은 잘 설계된 모양새고 기능적으로도 북극 생활에 잘 맞는다. 심지어 공기역학, 열역학, 재료공학, 구조역학 지식을 모두 갖춘 공학자 한 팀의 작품처럼도 보인다.

텐트 안에서 얼어죽을 진짜 위협을 눈앞에 두고도, 프랭클린의 대원들이 얼음집 만드는 법을 알아내지 못한 것은 놀라운 일이 아니다. 어떤

한 개인도, 아니 동기가 충만한 사람 100명의 집단조차도 이 경우에는 알아낼 수 없을 것이다. 그것은 누적적인 문화적 진화의 산물이어서, 대부분의 이누이트족 건축자는 얼음집에 담겨 있는 특징들을 거창한 인과 모형 없이 그냥 '그건 그렇게 하는 것'으로 배운다. 물론, 이런저런 인과 모형이 절차, 규칙, 규정과 더불어 문화적으로 전달되었음은 거의 틀림없다. 지금도 건축자는 부분 모형 또는 소형 모형의 도움으로 부분들이 잘 돌아가고 있는지 확인하고 변화하는 상황이나 뜻밖의 상황에 적응하기 때문이다. 그러나 이 인과관계의 소형 모형들 자체도 대부분은 전체적

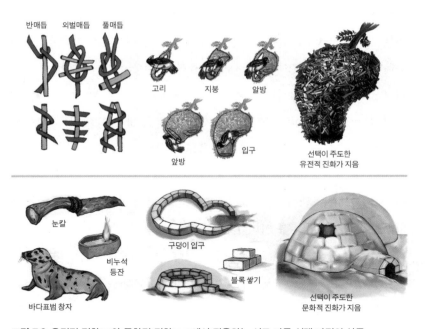

그림 7.2 유전적 진화(위)와 문화적 진화(아래)에서 작용하는 서로 다른 선택 과정의 산물.
• 위: 아프리카에 사는 검은머리베짜는새 수컷은 콩팥 모양의 튼튼한 둥지를 짓는데, 관 모양의 입구가 아래를 향하고 있어서 두세 개의 알을 더 큰 포식자로부터 효과적으로 보호한다.
• 아래: 북극에서 사는 이누이트족 사냥꾼들은 전통적으로 얼음집을 지었는데, 블록을 자르는 데에는 특별히 공들여 만든 뼈칼을 사용했다. 집은 비누석 등잔으로 덥혔는데, 주로 정제한 바다표범 지방을 연료로 썼다.

호모 사피엔스

묶음의 일부로서 문화적으로 전달되는 것이지, 개인들이 즉흥적으로 세우는 게 아니다.

문화적 진화가 이러한 적응적 복잡성을 생산할 힘을 가졌다는 인식은 인간을 연구하는 데에 중대한 의미를 함축한다. 이는 우리가 우리의 의식적 자각 밖에서 어떤 적응적 난관을 해결하도록 기능적으로 잘 맞추어져 있는 뭔가를 관찰하더라도, 그것이 얼음집이든 (17 빼기 16과 같은) 복잡한 인지능력이든 간에, 우리는 그 복잡성이 유전자에 작용하고 있는 자연선택 아니면 의도적인 구축에서 온다고 가정할 수 없다는 뜻이다. 그것은 누적적인 문화적 진화의 산물일지도 모르기 때문이다.

전반적으로, 문화적 진화는 우리보다 영리하고, 우리 종은 문화적인 것들로 가득한 세상에서 유전적으로 진화했다. 정교한 기술(얼음집)에서부터 미묘한 규정(옥수수에서 주요 영양소를 화학적으로 풀어주기 위해 재를 사용하는 것)에 이르기까지, 그 문화적인 것들에 사람들은 무조건 신뢰를 부여해야 했다. 우리 종 계통에서 상대적으로 초기에, 자신의 재치만으로 생존하면서 이전 세대에게서 받은 노하우에 기대지 않는다는 것은, 더 나은 문화적 학습자들에 의해 경쟁에서 밀려나는 것을 의미했다. 문화적 학습자는 무엇을 누구에게서 배울지 선택적으로 초점을 맞추는 데에 노력을 쏟는다. 그러나 설사 당신이 무엇을 누구에게서 배울지를 알아낼 수 있다 해도, 그렇다고 해서 가장 가치 있는 문화적 노하우를 보유하고 있는 사람이 당신더러 자기 주위를 맴돌면서 자기가 축적한 지혜를 공짜로 활용하도록 허락하는 것은 아니다. 바로 이 진화적 난제가 우리에게 '명망'이라는 것을 가져다주었다.

8장

명망과 권력,
그리고 폐경

책 《희박한 공기 속으로》에서, 지은이 존 크라카우어는 저명한 산악인 로브 홀이 에베레스트 베이스캠프에서 끼친 영향을 기술했다. 베이스캠프는 현대 사회에서 다양한 사람 한 묶음을 차출해서 5364미터 높이에 떨쳐놓아 흥미로운 상황을 제공하는 곳이다. 그들은 최소한 하나의 도전적인 과제를 완수하기에 충분할 만큼은 자신을 조직화하는 방법을 알아내야만 했다. 당시, 홀은 셰르파를 제외한 어떤 등반가보다도 에베레스트 정상을 많이 밟은, 세계에서 최고라 할 등반가로 인정받고 있었다. 크라카우어는 그 장면을 이렇게 그렸다.

> 베이스캠프는 개미탑처럼 붐볐다. 어떤 의미에서는, '로브 홀의 어드벤처 컨설턴츠'가 베이스캠프 전체를 다스리는 정부의 자리를 맡고 있었다. 그 산 위에서 홀보다 더 존경받는 사람은 아무도 없었기 때문이다. 문제―셰르파와의 노동분쟁, 응급의료 상황, 등반 전략에 관한 중대한

호모 사피엔스

결정—가 있을 때마다 사람들은 홀의 조언을 구하러 우리의 식사 텐트로 터벅터벅 건너왔다. 그러면 그는 고객을 놓고 자신과 경쟁을 벌이고 있던 바로 그 상대들에게 자신의 축적된 지혜를 너그럽게 나눠주었다.[1]

베이스캠프 생활에 영향을 끼치는 로브 홀의 능력은 그의 **명망**에서 비롯한다. 심지어 등산과 사업 둘 다에서 경쟁자인 사람들을 다루는 데에서도 그는 동급 최고였다. 그가 그런 지위를 지녔던 이유는 그가 정식 또는 공식 직위에 있어서가 아니라, 베이스캠프 사람들끼리 그를 존경하거나 흠모하는 마음을 공유한 데에 있었다. 사람들은 셰르파 노동 분쟁과 같이 등산 기술 자체와는 별 관련이 없는 분야를 포함한 많은 분야에서 그를 찾았고, 그의 판단을 존중했다. 홀의 너그러운 반응은 그의 영향력을 더 키웠다. 크라카우어가 기술한 장면이 지난 후 얼마 안 되어, 홀은 꽤 높은 고도에서, 힘이 빠진 등반가 한 명을 구해보려고 뒤에 남았다가, 에베레스트산에서 동사했다.

이 같은 양상은 20세기 말 서구인에게서나 찾아볼 수 있는 특이한 현상이 아니다. 같은 현상이 전 세계에서 나타난다. 안다만제도에서 격리되어 살고 있던, 저명한 영국의 인류학자 A. R. 래드클리프 브라운이 1906년에서 1908년까지 연구한 평등주의 수렵채취인들의 개체군의 예를 살펴보자. 다음은 래드클리프 브라운의 관찰 기록이다.

사회생활을 규제하는 데에는 연장자에 대한 존경 말고도 중요한 요소가 하나 더 있다. 일정한 개인적 자질들에 대한 존경이다. 이러한 자질이란 사냥과 전투의 기량, 관대함과 친절함, 평정심이다. 이를 지닌 사람은 필연적으로 공동체 안에서 영향력 있는 지위를 얻는다. 어떤 주제에 관해서건 그의 견해는 다른 사람, 심지어 더 나이 많은 사람의 견해보다도 더 큰 무게를 지닌다. 더 젊은 사람들이 자발적으로 그에게 '달라붙어' 줄 수 있는 모든 선물을 갖다 바치거나 카누 깎기와 같은 일을 도와서 그를 기쁘게 하고 사냥을 가거나 거북이를 찾으러 떠날 때 그와 같은 무리에 들어가려고 애쓴다. (…) 국지적 집단마다 그런 사람이 대개 한 명은 있어서 자신의 영향력으로 남들을 통제하고 지휘할 수 있었다.[2]

래드클리프 브라운은 명망을 설명하고 있었다. 명망은 세계 곳곳에서 오래전부터 비슷한 양상을 만들어낸다. 위대한 등반가와 고도로 숙련된 사냥꾼뿐만 아니라, 지역사회에서 인정해주는 다른 분야에서 뛰어난 사람들도 많은 이들이 찾고 공경함으로써 자연스럽게 광범위한 분야에 걸쳐 영향력을 지닌 인물로 등장한다. 그렇게 존경받는 개인들은 성질이 나쁘거나 변덕스러운 경우가 거의 없을뿐더러, 오히려 관대하기로 소문난 경우가 흔하다. 이 현상은 심지어 평등주의가 강해서 공식 지도자도 계급도 없는 사회에서도 일어난다. 인간사회 전역에서, 명망은 사람들이 관심 갖는 활동이나 일에서 보여주는 훌륭한 기량, 지식, 성공과 꾸준히 연관된다. 이 명망 지위가 평등주의 사회에서도 쉽사리 지도력의 기반을 형성한다.[3]

이러한 양상의 기저에 흐르는 심리를 이해하기 위해, **명망 심리**가 우리 종의 계통에서 어떻게 진화했는지 살펴보자.[4] 인간은 훌륭한 문화적 학습자가 된 순간, 최고의 본보기를 찾아서 그로부터 배울 필요가 있다는 사실을 인식한다는 것이 핵심이다. 최고의 본보기란 일생에서 지금 또는 나중에, 학습자에게 가치가 있을 가능성이 가장 높은 정보를 보유한 것으로 보이는 사람이다. 효과를 거두려면, 학습자는 오랜 기간 결정적인 시점마다 자신이 선택한 본보기 주위를 맴돌아야 한다. 학습자는

호모 사피엔스

또한 자신의 본보기가 그의 관행들 가운데 명백하지 않은 측면들을 기꺼이 나누거나, 아니면 최소한 성공한 비밀을 의도적으로 숨기지는 않아야 혜택을 볼 수 있다. 그 결과로, 인간은 특별히 숙련된, 성공한, 유식한 본보기를 찾고자 하는 정서와 동기를 확실하게 발달시킨다. 인간은 그런 다음 문화적 전달 과정에서 그 본보기의 협력(교육)을, 아니면 최소한 묵인을 얻기 위해 그에게 기꺼이 공경을 지불한다. 이 공경은 도움(예컨대 잡일 거들기)이나 선물, 호의(예컨대 아이 봐주기)를 주는 것 말고도 공공연히 그에 대해 좋게 말하기(따라서 그의 명망을 널리 알리기)를 포함해 여러 형태를 띨 수 있다. 어떤 형태로든 공경을 받지 않는다면, 명망가로서는 아무 관계도 없는 학습자가 주위에 있게 해줄 의욕이 거의 없어서 자신의 기량, 전략, 노하우에 우선적으로 접근할 권한을 제공하고 싶지 않을 것이다.

이 정형화는, 그것이 인간의 진화사 전체에 걸쳐 등장함에 따라, 자연선택이 우리의 문화적 학습능력을 갈고닦을 또 한 번의 기회를 만들어냈다. 어떤 복잡한 기량을 그냥 배우고 있을 때에는, 종종 진정으로 위대한 솜씨를 그냥 좋은 솜씨와, 또는 심지어 그저 그런 솜씨와도 구별하기가 어려울 것이다(예: 바이올린 연주). 이 문제를 해결하려면, 어리거나 초보인 학습자는 경험이 더 많은 다른 사람들이 누구를 주목하고, 공경하고, 흉내내는지를 지켜보면 된다. 우리의 초보 학습자는 그런 다음에 이 단서를 자신이 누구를 본받기 시작해야 하는지 알아내는 데에 사용하면 된다.[5] 4장에서 보았듯이, 이는 일종의 이차적인 문화적 학습에 해당한다. 남들이 누구를 가치 있는 본보기로 생각하는지를 판단함으로써 누구를 본받을지 알아내는 경우이기 때문이다. 이로부터 명망 지위가 탄생한다. 이런 종류의 주목, 모방, 공경을 받는 개인이라면 설사 그다지 유식하거나 숙련된 사람이 아니라고 판명되더라도, 명망은 있는 사람이다. 이 같은 명망의 단서, 이를테면 시각적 주목이 학습자로 하여금 자신의 학습노력을 우선적으로 조준하게 한다. 한 개인은 공동체의 다른 구성원들이 자신을 존경하고 공경하고 흠모할 만하다고 믿게 되면서 점점 더 명망이 커진다. 이 현상은, 심지어 그 사람을 존경하게 되는 사람들 자신은 대부분 그 사람의 성공, 지식, 기량을 직접 평가하지 못해도—또는 않아도—일어난다. 이 존경과 흠모가 명망 공경을 주도하는 정서다. 이것이 바로 안다만제도의 젊은이들이 스스로 어떤 개인에게 '달라붙으려' 했던 이유고, 그가 카누를 깎거나 거북을 사냥할 때 도우려 했던 이유다.

명망을 사회현상으로 이해하기 위해서는, 누군가를 성공시킨 게 정확히 무엇인지를 알아내기가 어려운 경우도 흔하다는 점을 깨닫는 게 결정적이다. 현대 사회에서 어느 NBA(전미농구협회) 농구스타의 성공은 그의 (1)집중적인 비시즌 기간 훈련, (2)그가 선호하는 운동화, (3)수면 일정, (4)시합 전 기도, (5)특수 비타민, (6)당근을 좋아하는 취향 덕분인지도 모른다. 이 가운데 하나 또는 모두가 그의 성공을 키우는지도 모른다. 초보 학습자는 어느 개인의 관행과 그의 성공 사이의 인과적 연결 고리를 모두 분간하지 못한다(7장 참조). 그 결과로, 학습자는 종종 자신이 선택한 본보기를 많은 분야에 걸쳐 폭넓게 베낀다. 물론, 학습자는 이런저런 이유로 본보기의 성공에 인과적으로 더 관계가 있을 것 같은 분야에 더 무게를 둘 것이다. 이렇게 베껴지는 것에는 곧잘 본보기의 개인적인 습관이나 스타일, 그의 목표와 동기도, 그것이 그의 성공으로 이어질 수도 있다는 이유로 포함된다. 이 '자신 없으면 베껴라'라는 발견법도 한 분야에서의 성공이 광범위한 분야에 걸친 영향력으로 바뀌는 이유들 가운데하나다.[6]

현대 사회에서 이루어지는 유명인 홍보의 엄청난 범위가 명망의 위력을 보여준다. 예컨대 고등학교에서 프로로 직행한 NBA 스타 르브론 제

호모 사피엔스

임스는 스테이트팜보험을 홍보하는 대가로 수백만 달러를 받는다. 그의 농구 재능은 경이롭지만, 왜 제임스가 보험회사를 추천하기에 적격인지는 불분명하다. 마찬가지로, 마이클 조던은 헤인스 속옷을 입은 것으로 유명하고, 타이거 우즈는 뷰익을 타고 다니는 것으로 잘 알려져 있다. 비욘세는 (최소한 광고에서는) 펩시를 마신다. 음악적 재능과 콜라라는 설탕 음료에 무슨 연관성이 있을까? 마지막으로, 의학계의 연구 결과나 공교육 운동은 예방의학에 대한 여성들의 접근방식에 느리게 영향을 미치는 반면, 앤젤리나 졸리가 자신이 '잘못된' BRCA1 유전자를 지니고 있다는 사실을 알고 나서 양쪽 유방을 제거하는 예방 차원의 수술을 받기로 결심하기까지를 적은 딱 한 편의 〈뉴욕 타임스〉 기고문은, 영국에서 뉴질랜드에 이르는 수많은 병원에 유방암의 유전 선별 검사를 받으려는 여성들이 넘쳐나게 만들었다.[7] 이와 같이, 많은 분야에 걸친 명망의 영향력이라는, 원한 적 없는 진화의 부작용은 수백만 달러의 가치가 있는 것으로 판명되면서 강력하면서도 아직도 충분히 활용되지 않은 공중보건 홍보의 수단이 된다.

인간 계통에서 문화적 학습과 나란히 진화해온 탓에, 명망은 우리의 지위 심리에 뒤늦게 들어왔다. 우리 인간은 **권력 심리**dominance psychology(지배 심리)도 보유하고 있는데, 이 심리는 우리의 영장류 조상에게서 물려받았고, 따라서 명망보다 훨씬 더 오래되었다. 영장류건 인간이건, 어떤 개체가 권력 지위를 얻는 때란 다른 개체들이 그를 두려워하면서 만약 그가 유화의 표시들 및 짝과 자원(예: 먹이)에 접근할 우선권이라는 형태로 공경을 받지 않으면 물리적 폭력 또는 다른 강압의 수단을 사용할 거라고 믿을 때다. 이 위계 안에서 복종자는 움츠린 어깨와 내리깐 시선을 포함하는 왜소한 몸자세를 보여줌으로써, 자신의 서열이 더 낮다는 것을 인정한다는 신호를 준다. 권력자는 꼿꼿한 몸통, 넓게 벌린 팔다리, 펼친 가슴을 포함하는 부풀린 몸자세로, 복종자에게 누가 우두머리인지를 상기시킨다. 일부 영장류 사이에서는 높은 서열이 순전히 싸움능력을 통해 얻어지고, 이 싸움능력에는 연합 상대와 친족도 한 몫을 하지만, 주로 몸집과 힘이 바탕이 된다. 침팬지의 경우는 권력 위계 안에서 최상위 자리를 확보하려고 둘 또는 셋이 연합하기 때문에, 동맹도 중요할 때가 많다. 이러한 서열은 끊임없는 싸움의 불안정한 산물이 아니라, 많은 경우 격렬한 분쟁 기간 뒤에 확립되는 상대적으로 안정한 사회질서를 제공한다. 수컷과 암컷 모두 권력 서열이 높으면 일반적으로 번식에 더 크게 성공하게 되고, 이는 살아남는 자손의 숫자로 측정할 수 있다.[8]

이렇게 해서 문화-유전자 공진화 때문에, 인간은 **권력**과 **명망**이라는 (최소한) 두 가지 상당히 다른 형태의 사회적 지위를 보유하게 되었다. 지금부터 이 두 가지 형태의 지위가 저마다 상당히 다른 심리적 과정, 동기, 정서 및 신체적 표시와 어떻게 연결되는지 살펴볼 것이다. 그러나 그러기 전에, 권력과 명망을 성취하는 게 둘 다 실제로 소규모 사회에서 번식적합도를 높이는 데에 유리하기는 한지 따져볼 가치가 있다. 번식적합도는 자연선택이 증가시키고자 하는 주요한 통용화폐다. 만약 두 형태의 지위 모두가 이 맥락에서 더 큰 적합도와 연관된다면, 둘 다 유전적으로 진화했을 수 있고, 그런 다음 우리 종의 진화사에 걸쳐 지속되었을 수 있다는 생각도 최소한 그럴싸해진다.[9]

불행히도, 명망과 권력을 적합도 측정과 연관짓는 연구는 거의 없는데, 부분적인 이유는 진화 연구자들이 일반적으로 인간에게는 사회적 지위가 한 차원밖에 없다고 가정해온 데에 있다. 그러나 크리스토퍼 폰 루에덴과 그의 동료들은 근래에 장기 현장연구 계획의 일환으로 볼리비아 아마존 지역에 사는 치마네족 사이에서 명망과 권력을 연구해왔다. 치마

호모 사피엔스

네족은 현재 강을 따라 여러 촌락 안에 뭉쳐져 있는 비교적 독립적인 작은 가족집단 안에서 살고 있다. 이들은 사냥과 채집을 하고 숲 전역에 흩어져 있는 밭을 경작하기도 한다. 대부분의 사회에 비해 이들의 비공식 서열은 상대적으로 평면적이고 국지적인 지도자의 힘도 약하기 때문에, 지위에 관한 이론을 시험해볼 만한 개체군이다.

크리스토퍼는 치마네족의 한 표본집단에게 싸움능력, 관대함, 존경, 공동체 설득력, 자기 관철력, 동맹자 수를 포함한 몇 가지 차원에서 두 촌락에 사는 남자들의 서열을 매겨달라고 부탁했다. 같은 촌락민들에게서 얻은 결과를 바탕으로 치마네족의 모든 남자에게 점수를 매길 수 있었다. 크리스토퍼는 이 맥락에서 싸움능력과 공동체 설득력의 측정치가 각각 권력과 명망을 가장 잘 대변한다고 주장했다. 그런 다음, 이 두 가지 사회적 지위의 대용물 모두가 심지어 나이, 친족집단의 크기, 경제적 생산성을 비롯한 여러 요인의 영향을 통계적으로 제거한 뒤에도 정실 자식 수, 혼외정사 횟수, 이혼 후 재혼 가능성과 연관됨을 보여주었다.[10] 이를 넘어, 명망가의 아이들은 사망률이 더 낮고, 명망가들은 더 젊어서 결혼할 가능성이 높다(두 효과 모두 권력자에게는 해당되지 않는다). 이러한 연구 결과는, 최소한 이 소규모 사회에서는 권력자로 인정받거나 명망가로 인정받는 것이 그 사람의 번식 결과(자식)나 짝짓기 성공에 긍정적인 영향을 미치며, 그 영향은 지위와 연관되는 경제적 생산성이나 사냥 기량 같은 요인에서 생길지도 모르는 결과를 뛰어넘는다는 것을 시사한다. 놀랄 것도 없이, 권력과 명망을 둘 다 가진 남자들은 집단 모임에서 자신의 뜻을 관철시키는 경향이 있었지만, 오직 명망이 있는 남자들만 존경을 받았고, 관대했다.

명망과 권력의 핵심 요소

....

명망과 권력의 핵심 요소 및 개인이 각 유형의 지위를 얻고 유지하기 위해 사용하는 전략 일부를 〈표 8.1〉에 요약했다.[11] 표의 맨 윗줄을 보면 권력이나 명망을 기반으로 지위 추구 전략을 성공적으로 사용하는 개인은 자기 집단의 행동—집단의 결정, 움직임, 내부역학—에 대해 더 커다란 **영향력**을 갖게 된다. 이 효과가, 권력자와 명망가 둘 다 하위자에게서 공경을 받는다는 사실과 합쳐져, 권력과 명망을 사회적 지위의 두 형태로 만든다. 권력관계에서는, 피지배자가 권력자에게서 받는 영향이 두려움에서 나온다. 이들은 권력자를 도발하지 않기 위해 복종하거나 따른다. 대조적으로, 사람들이 명망가를 찾는 이유는 그의 성공과 기량을 인식해서이기 때문에, 명망가는 진정으로 설득력을 갖게 되고, 그래서 학습자는 자신의 바탕에 깔린 의견, 믿음, 관행을 명망가가 표현하는 것과 더 비슷해지도록 바꾸는 경우가 많다. 게다가 하위자는 자신이 선택한 본보기에게 자신이 그에게서 배우는 대가로 공경을 지불하고자 하기 때문에, 명망가는 하위자가 그의 환심을 사고자 할수록 영향력이 커진다. 따라서 명망가가 영향력이 있는 이유는 사람들이 자신들의 의견과 관행을 바꿔 명망가의 것과 더 잘 일치시키기 때문이기도 하고, 설사 의견이 다른 경우에도, 공경의 한 형태로서 명망가를 따라가고 싶어하기 때문이기도 하다.[12]

명망이 주의, 문화적 학습, 설득에 미치는 효과들은 이미 규명되어 있다(4장). 이를 넘어, 명망과 권력 모두 집단의 행동에 영향을 준다는 발상을 탐구하기 위해 나는 정서·사회심리학자인 동료 제시카 트레이시, 당시 후배였던 조이 청과 팀을 꾸렸다(힘든 일은 조이가 다 했다). 우리는 서로 모르는 사람들로 작은 팀을 몇 개 구성한 다음, 팀들에게 '달에서 살아

[표 8.1] 권력 대 명망의 양상

지위의 특징	권력	명망
영향력	기반은 강압과 위협	진정한 설득과 공경에 의한 동의
하위자의 모방	권력자를 만족시키기 위해서 말고는 편향적으로 모방하지 않음	우선적·자동적·무의식적으로 그리고 아마도 친화적으로 모방
하위자의 주의	상위자를 좇음, 맞춤을 피하고, 응시하지 않음	상위자를 향해 주의와 시선을 돌려 지켜보고 새겨들음
상위자의 사회언어적 행동	발언권을 쥐고 공격적인 말로 협박(예: 농담과 비평을 폄하)	'발언권'이 주어지며, 긴 침묵도 용인됨. 자기를 낮추는 농담을 사용
하위자의 흉내	상위자 흉내를 선호하지 않음	상위자 흉내를 선호함
하위자의 거리 관리	상위자를 피함. 마구잡이 공격을 피하기 위해 거리를 둠	상위자에게 접근. 상위자와 가까운 거리를 유지
표시		
하위자	웅크리는 몸자세, 처진 어깨, 굽실거림, 시선 회피	명망가를 주목, 열린 몸자세
상위자	부풀리는 몸자세, 펼친 가슴, 벌린 팔	권력 표시와 유사하나 조용함. 공간을 덜 차지함
정서		
하위자	공포심, 수치심, 공포에 의한 존경심	흠모, 경외, 흠모에 의한 존경심
상위자	오만한 자부심, 거만함	진정한 자부심, 절제된 거만함
상위자의 사회적 행동	공격, 자기과시, 자기중심적	친사회적, 관대함, 협동적
번식 적합도	소규모 사회에서 상위자의 적합도가 훨씬 큼	소규모 사회에서 상위자의 적합도가 훨씬 큼

남기' 과제라 불리는 집단 난제를 해결할 것을 부탁했다. 집단마다 자신들이 방금 달에 불시착했다고 상상하면서, 일련의 물품에 중요한 순서로 순위를 매긴다. 물품은 나침반, 총, 신호탄, 성냥 같은 것들이었다. 우리의 참가자들에게는, 자신의 팀이 매긴 순위가 미국 항공우주국 공학자들의 순위와 얼마나 비슷한가에 따라 보수를 받게 된다고 말했다. 모든 사람이 먼저 자신의 개인적 순위를 작성한 다음, 팀원들과 모여서 팀의 순위

를 줬다. 그다음에, 모든 사람이 저마다 비밀리에 다양한 개인적·사회적 차원에서 동료 팀원들을 평가했다. 이 동료 평가를 토대로 우리는 한 사람 한 사람에게 명망과 권력의 평점을 포함한 몇 가지 점수를 매겼다.[13] 그리고 복잡한 통계분석을 사용해, 명망이 더 높거나 권력이 더 센 사람이 집단의 과제 결과에 더 큰 영향을 끼쳤음을 보여주었다. 우리는 참가자들이 팀의 순위 결정에 영향을 끼친 사람이 누구라고 생각하는가(주관적 판단)도 고려하고, 누구의 개인적 순위가 팀의 최종 순위와 가장 비슷한가(객관적 평가)도 조사함으로써 과제의 결과를 측정했다.[14]

명망 기반 전략과 권력 기반 전략은 둘 다 뚜렷이 구별할 수 있었고, 예측했던 양상을 보여주면서, 집단에 영향을 주는 독자적 경로—지위에 이르는 서로 다른 경로—를 제공했다. 권력자들은 (1)고압적으로 행동하고, (2)공을 자신에게 돌리고, (3)남에게 창피를 주어 괴롭히고, (4)조종에 능한 경향이 있었다. 반면에 명망가들은 (1)자신을 낮추고, (2)성공의 공로를 팀에 돌리고, (3)농담을 하는 경향이 있었다.

모방, 주목, 흉내

하위자는 명망가를 우선적으로 **주목**하고(지켜보고 새겨듣고) **모방**하지만, 권력자에게는 그러지 않는다. 이 주목과 모방은 대개 자동적이고 무의식적이다. 몸으로 하는 흉내도 여기에 들어갈 수 있는데, 이 흉내는 두 가지 별개의 기능을 한다. 첫째, 흉내는 공경을 보여주는, 어떤 사람의 명망이 더 높다는 것을 승인하는 무의식적인 방법일 수 있다. 이 방법이 효과가 있는 이유는 누가 모방되고 있는가에 대한 단서를 남들이 찾고 있기 때문으로, 충실한 흉내는 사실상 흉내의 대상이 되는 사람의 명망을 높여줄 수 있다. 둘째, 흉내는 우리가 다른 사람의 마음속으로 들어가는데에—그의 생각과 선호를 이해하는 데에—도움을 받기 위해 사용하는

호모 사피엔스

도구다. 예컨대 두 사람이 대화를 긍정적이라고 느끼면서 서로를 알아가고 있다면, 두 사람은 무의식적으로 서로의 몸자세, 목소리의 주파수, 움직임, 표정을 흉내내게 될 것이다. 이 정형화는 '카멜레온 효과'로도 알려져 있다.[15] 그러나 흥미롭게도, 명망 관점에서는 복종자가 상위자의 생각, 바람, 믿음을 이해하는 데에 더 열중하므로, 상대적으로 더 흉내에 몰두한다. 다시 말해, 복종자가 무의식적으로 명망가를 흉내 내는 경우가 반대의 경우보다 많다.

CNN의 장수 토크쇼 진행자 래리 킹을 사례로 한 성대모사 연구를 보자. 연구자들은 킹과 그의 출연자들이 사용하는 저주파 성문聲紋을 분석해 킹이 출연자에게 맞춰 성문을 바꾸는지 아니면 출연자가 킹에게 맞추어 성문을 바꾸는지를 알아보았다. 대화하는 사람들이 서로를 흉내 내는 방법 중 하나가 저주파 성문을 동기화하는 것이라는 사실은 이전의 연구로 규명되어 있었다. 하지만 누가 누구에게 맞추는 걸까?

그 답을 찾기 위해 연구자들은 빌 클린턴에서 댄 퀘일(1989~1993년의 미국 부통령)에 이르는 출연자 스물다섯 명을 분석했다. 예상대로, 래리 자신이 명망이 높다고 여기는 누군가와 대담을 할 때에는 래리의 음성 주파수가 출연자의 성문과 일치하는 방향으로 옮겨갔다. 그러나 자신보다 지위가 낮다고 여기는 사람과 대담을 할 때에는, 출연자가 래리의 주파수와 일치하는 방향으로 옮겨갔다. 래리의 음성 주파수는 현직 미국 대통령이었던 조지 부시를 비롯해 엘리자베스 테일러(배우), 로스 페로(기업인), 마이크 월러스(언론인)와 대통령 후보였던 빌 클린턴에게 가장 열심히 맞추어갔다. 반면에 댄 퀘일, 로버트 스트라우스(배우), 스피이크 리(영화감독)는 래리에게 맞추어주었다. 때로는 어느 쪽도 상대와 일치하는 방향으로 옮겨가지 않았는데, 래리가 젊은 시절의 앨 고어(1993~2001년의 미국 부통령)와 대담했을 때가 그런 경우였다. 이 대화는 어려웠던 것으로 여겨졌는데, 어쩌면 두 사람 다 자신이 상대보다 지위가 높다고 보아 어느 쪽도 양보하지 않으려 했기 때문일 것이다.[16]

누구에게 배울지를 알아내는 일의 일부는 남들이 바라보고 새겨듣고 답습하고 있는 대상을 주목하는 것이다. 복잡한 세상에서는 그렇게 하는 게 우리에게 올바른 방향, 다시 말해 우리가 배워야 할 본보기가 있는 쪽을 가리킬 수 있기 때문이다. 최소한, 우리 종의 진화사 대부분 동안은 이것이 사실이었다. 그러나 현대 세계에서는 우리 심리의 이런 측면이 누군가가 유명하기 때문에 유명해질 수 있는 원리, 다시 말해 **패리스 힐튼 효과**를 설명할 것이다.[17] 우리 매체의 본성은, 노력하지 않아도, 많은 사람들이 결국은 누가 되었건 대중매체가 다루고 있는 사람을 주목하게 된다는 것을 의미한다. 우연이었건 고의였건, 최초의 매체 노출은 주목 신호를 만들어내고, 이 때문에 사람들은 무의식적으로 누군가를 가치 있는 본보기로 여기게 된다. 이는 남들이 일관되게 일정한 유명인들을 지켜보는 모습이 보이고, 남들이 그 유명인들에 관해 떠드는 이야기가 들리는 이유는 그런 사람들이 같은 매체의 모든 시청자에게 공유되는 하나의 기준점을 제공하기 때문이라는 것을 의미한다. 이 같은 주목 단서는 우리의 명망 심리를 유발해 이 개인들은 우리의 모방, 존경, 흠모를 받을 가치가 있다고 자동으로 추론하게 한다. 이 무의식적인 추론은 또한 이 집단 안에서 답습과 흉내를 증가시키는데, 집단 안의 사람들은 물리적인, 아니면 최소한 사회적인 근접성을 추구하기 때문이다. 이러한 쏠림은 다음으로 하나의 되먹임고리를 만들어낼 수 있다. 매체가 사람들이 더 알고 싶어하는 사람을 계속 다루기 때문이지만, 이렇게 해서—겉보기에 아무것도 없던 데에서—유명인 한 사람이 탄생한다. 이 과정이 시작된 이유는 최초의 매체 보도가 일부 사람에게 남들이 특정한 사람을 주목하고 있다는 잘못된 추론을 유발한 데에 있었다. 유사한 종류의

호모 사피엔스

폭주 현상을 던컨 와츠는 〈모나리자〉 같은 명화나 인기순위 1위의 가요가 등장하는 사례를 들어 기술한다.[18]

지위 표시와 정서

높은 지위에 있다는 것 또는 높은 지위를 성취했다는 것에는 특징적인 신체적 표시가 있고, 그 표시들은 바탕에 깔린 관계의 본성을 고려하면 예상할 수 있다. 다른 많은 종들이 그렇듯, 영장류 사이에서도 높은 권력 서열은 큰 몸집과 연관된다. 심지어 인간의 경우는 이제 10개월 된 젖먹이도 순전한 크기로 두 행위자 사이의 분쟁에서 성공에 유리한 쪽을 예측한다. 설사 그 행위자란 게 눈코입이 그려진 사각형 물건일 뿐일지라도 말이다.[19] 그러니 권력자들이 꼿꼿이 서서 가슴을 펼치고 팔다리를 벌려 '커 보이기'로써 자신의 지위를 표시하는 것은 놀랄 일이 아니다. 프로레슬러나 수컷 비비를 생각해보라. 권력자는 또한 남들을 노려보며 도전의 낌새를 살핀다. 명망의 상위자가 하는 표시들은 권력 표시의 소리를 끄거나 낮춘 형태처럼 보인다. 이는 공격적 요소를 대체하거나 억누른 자부심의 표시들이다. 이는 타당한 게, 명망가도 자신의 지위는 알리고 싶지만 본의 아니게 공격성을 전달하고 싶지는 않기 때문이다.[20]

〈그림 8.1〉은 올림픽 유도 경기에서 승리한 뒤 새로이 성취한 명망의 신체적 표시를 보여준다. 사진은 선천적으로 앞을 못 보는 유도 선수와 눈이 보이는 선수의 지위 표시이다. 다른 사람의 자부심 표시를 한 번도 실제로 본 적 없는 사람이 어느 쪽인지 구분할 수 있는가?[21]

권력 표시와 명망 표시의 차이는 우리 연구팀이 달에서 살아남기 과제를 수행하는 동안 우리가 찍은 비디오에서 분명하게 볼 수 있다. 그 비디오를 체계적으로 분석함으로써, 우리는 권력 전략을 추구하는 사람들이 명망 전략을 추구하는 사람들보다 (1)공간을 더 많이 차지하고, (2)더

그림 8.1 선천적으로 앞을 못 보는 유도 선수(오른쪽)와 눈이 보이는 선수(왼쪽)가 경기에서 승리한 뒤에 보인 자부심의 표시

넓은 자세를 취하고, (3)팔을 몸에서 더 멀리 뻗는다는 사실을 알아냈다. 반면에 명망가들은 고개를 쳐들고, 가슴을 펴고, 미소를 짓는 경향이 더 뚜렷했다. 그리고 권력은 있지만 명망이 없는 사람들은 상호 작용하는 동안 목소리를 낮춘다는 사실도 알아냈다.

정서에 초점을 두고, 심리학자들도 독자적으로 자부심을 두 형태로 구분해왔다. 그들은 **오만한 자부심**과 **진정한 자부심**이라고 명명했지만 각각은 권력 기반 자부심과 명망 기반 자부심과 거의 일치한다(《표 8.1》). 오만한 자부심은 힘 또는 힘을 쓰겠다는 위협을 통해 남들을 조종함으로써 높은 지위를 추구하거나 성취함에 따르는 정동적情動的 경험이고, 진정한 자부심은 인정해주는 분야에서 자신이 지닌 실력, 기량, 성공, 노하우에 기반을 둔 남들의 흠모를 통해 높은 지위를 추구하거나 성취하는

호모 사피엔스

데에서 생겨난다. 명망 또는 권력의 성취가 특유의 호르몬 반응과 연결될 수 있다는 사실도 일부 증거들에 의해 드러나기 시작했다.[22]

하위자의 표시도 뚜렷이 구별된다. 권력관계에서 복종자가 보이는 복종의 표시는 여러모로 권력자의 표시와 반대다. 복종자는 자신의 신체, 자세, 존재를 축소해 '작아 보이기' 위해 노력한다. 또한 권력자의 시선을 피한다. 권력자의 예측할 수 없는 공격행위를 피하려고 여전히 계속해서 권력자를 추적하기는 하지만 말이다. 복종의 표시들은 정서적 수치심과 연관된다.[23] 이와 대조적으로, 명망 위계에서 하위자들은 명망가에게 접근해 그를 끌어들이고, 그의 주위를 맴돌고, 적극적으로 또 공개적으로 공경할 필요가 있다. 공개적인 공경의 표시는 받는 사람에게 더 많은 명망을 가져다주므로 특히 더 효과적이다. 다가가고, 주목하고, 몸자세를 여는 것을 제외하면 이 양상 자체는 그다지 별다르지 않지만, 위에서 기술한 반대편의 표시들에 대비한다면 이야기가 다르다. 관련 정서는 흠모, 경외, 공포에 의한 것이 아닌 존경심이다.[24]

명망가가 관대한 이유

....

ABC 방송국의 앵커 크리스티안 아만푸어가 억만장자 톰 스타이어에게 어떻게 기부서약에 참여하게 되었느냐고 묻자, 그는 이렇게 대답했다. "저를 유혹한 것은 워런 버핏의 전화 한 통이었습니다. 저는 그가 좋은 일이라고 생각한다면 그건 좋은 일이라는 가정에서 출발합니다." '오마하의 현인'으로 알려진 워런 버핏은 전 세계인들로부터 큰 흠모와 존경을 받는 사람 순위에 들어 있었다. 그는 억만장자들에게 재산 절반을 기부하겠다는 서약을 받는 운동을 벌였는데 목표가 달성될 경우 총액은

6,000억 달러에 이른다. 위의 대담이 있었던 2010년 당시에, 버핏은 빌 게이츠, 멜린다 게이츠 부부와 힘을 합쳐 이미 다른 억만장자 40명의 서명을 받아놓은 상태였다. 세 사람은 먼저 본인들부터 서약하고 상당액을 기부하는 것으로 시작했다. 2015년 1월 28일 기준으로, 그들 말고도 억만장자 128명이 재산 절반을 기부하겠다고 서약했다.

버핏과 게이츠는 사실 오래된 관습을 따른 것이었다. 기독교의 초기 몇 세기 동안, 밀라노의 대주교였던 성 암브로시우스 같은 사람의 공개적 활동으로, 가난한 사람에게 뭔가를 주는 일은 칭찬할 만한 일이 되었다. 부자 기독교인들은 자신의 전 재산을 내놓은 암브로시우스 같은 본보기에 자극받아, 누가 가난한 사람에게 (대부분 교회를 통해) 가장 많이 줄 수 있는지를 경쟁하기 시작했다. 그전까지 가난한 사람에게 기부란 당혹스러운 일이었다. 보답할 방법이 거의 또는 전혀 없었기 때문이다. 이 운동이 조직으로서 교회가 장기적으로 성공하는 데에 결정적이었을 것이다(그리고 의심할 나위 없이, 가난한 사람들도 이를 고마워했다).[25]

같은 이유에서, 자선단체들은 명망가들의 기부 사실을 특집기사로 내보내어 이들의 관대함이 뒤이어 다른 잠재 기부자들 모두에게 알려지도록 하는 것으로 기금 조성의 노력을 개시한다. 존경받는 뉴욕 자선사업계의 여왕으로서 자유훈장을 받기도 했던 브루크 애스터가 뉴욕 공립도서관에 많은 돈을 기부하자, 곧바로 빌 블래스, 도로시 컬먼과 루이스 컬먼 부부, 샌드라 로즈와 프레더릭 로즈 부부의 세 차례의 기부가 이어졌다. 이들은 저마다 브루크의 아낌없는 기부에서 감명을 받았다고 말했다. 이 모방자선은 자선단체의 운영 원리이기도 하다.[26]

그런데 명망가들은 대체 왜 기꺼이 앞장서서 먼저 행동하는 것일까? 이미 보았듯이 이 현상은 에베레스트의 베이스캠프에서 안다만제도에 이르는 모든 곳에서 나타난다. 권력자는 자신의 목적을 위해 남을 조종

호모 사피엔스

하고자 하는 반면, 명망가는 관대하고 협동적인 경향이 있다. 명망가는 공격적이지 않음으로써 분명히, 공경을 지불할지도 모르는 사람들을 겁주어 쫓아버리지 않는다는 이익을 얻을 수 있다. 그러나 이들이 특별히 관대하고 협동적이 되려는 이유는 무엇일까? 지금까지 제시한 진화적 관념만으로는 명백하지 않다.

그 까닭은 우리의 문화적 본성에 있다. 아주 성공한 사냥꾼이 그의 능력으로 그 지역에서 인정(명망)을 얻는다는 말은, 그가 거북이 사냥에 합세하거나 공동체 잔치에 협찬하면서 적극적으로 협력할 경우 남들이 그의 행실, 성향, 동기를 모방할 거라는 뜻이다. 따라서 이타적으로 행동함으로써, 그리고 자신이 남들의 모범이기 때문에, 명망가는 자신의 국지적 집단 또는 사회연결망의 자기 구역 전반에서 친사회성을 높일 수 있다. 이는 어떤 이타주의건 단기적 의미의 이타주의일 뿐이라는 뜻이다. 더 길게 보자면, 관대하게 행동하는 명망가는 자신의 행실 덕분에 더 관대하고 협동적이 되어가는 사회연결망 안에서 살게 된다. 예컨대 남들이 기부하게 만듦으로써 브루크 애스터는 최소한 훌륭한 공립도서관이 있는 더 나은 도시에서 살게 된다. 대조적으로, 하위자들은 이타적으로 행동하더라도 십중팔구 아무도 이들 또는 이들의 동기를 모방하지 않을 테니, 이들이 살고 있는 사회적 세상은 이들의 관대함이 있어도 나아지지 않을 것이다. 이런 이유로 나는 자연선택이 명망의 성취를 친사회적 성향, 특히 관대함과 심리적으로 연결시켜오지 않았을까 생각한다.

그 심리적 연결고리가 워낙 튼튼해서, 누가 명망가인지 모든 사람이 알지는 못할 많은 곳에서도, 관대함은 실제로 명망의 한 단서인 것으로 드러난다. 다시 말해, 문화적 진화가 이 연결고리를 갈고닦아온 결과로 누가 가장 도량이 넓은지에 주목하는 게 때로는, 최소한 국지적으로는, 최고의 명망가가 누구인지를 알아내는 가장 좋은 방법이다. 인류학자들은 이 같은 전통적 공동체의 일부를 '빅맨big man 사회'라 부르는 데, 사람들이 엄청나게 관대한 언행을 가지고 자신의 명망을 키울 수 있기 때문이다.[27] 우리는 아니 최소한 나는 그런 사회에서 살지 않는다. 그렇지만 기부서약의 경우처럼, 이 인간 본성의 가닥이 일부 중요한 맥락에서 등장하기는 한다.

통제된 실험실에서 실시한 행동실험들이 명망과 관대함의 연관성을 입증한다. 한 실험에서, 연구자들은 방금 상식테스트에 참가했던 사람들을 짝지었다. 상식시합의 목적은 참가자들 사이에 사소한 지위 차이를 만들어내는 것이었다. 성적에 따라 한 참가자는 금별을 받은(명망이 높아진) 반면, 다른 참가자는 받지 못했기(명망이 낮아졌기) 때문이다. 참가자들은 별이 상식테스트에서 뛰어난 성적을 얻은 표식이 틀림 없다고 가정했지만, 금별의 배정은 사실 임의적이었다. 참가자들은 다음으로 서로 다른 참가자 여러 명과 일련의 순차적인 경제적 상호작용에 참여했고, 상호작용을 하는 동안 저마다 공동의 사업에 돈을 투자할 기회가 있었다. 두 참가자가 모두 돈을 투자한 경우는 둘 다 번창해서 돈을 더 많이 받았다. 한 참가자만 투자한 경우는 상대(투자하지 않은 쪽)가 번창한 반면 투자한 쪽은 돈을 잃었다.

결과는 명망의 위력을 드러낸다. 금별을 받은 참가자가 먼저 돈을 투자할 기회를 잡았을 때, 그는 공동의 사업에 투자하는, 따라서 협력하는 경향이 있었고, 그러면 다음 참가자—명망이 낮은 이—도 보통은 그렇게 했다. 그래서 모두가 돈을 벌었다. 그러나 명망이 낮은 참가자가 먼저 돈을 투자하게(또는 투자하지 않게) 되는 경우, 그는 공동의 사업에 투자하지 않는(협력하지 않는) 경향이 있었고, 그러면 명망이 높은 참가자도 하지 않았다. 심지어 명망이 낮은 참가자가 먼저 협력했을 때에도, 명망이 높은 참가자는 여전히 협력하지 않는 경향을 보였다. 따라서 명망이 낮은 참

호모 사피엔스

가자는 실제로 명망이 높은 참가자의 협동적 경향 또는 행실을 모방하는 경향이 있었을 뿐 아니라, 명망이 높은 참가자는 명망이 낮은 참가자가 자신을 따르리라는 것을 알았을 때에만 협력으로 대응했다. 여기서 협력이 창출되어 모든 사람의 이익이 커지느냐 마느냐는 결정적으로 명망이 높은 참가자가 먼저 행동하느냐 마느냐에 달려 있었다.

이 실험을 비롯한 관련 실험들에서 내가 가장 놀란 것은 상식테스트에서의 겉보기 성적처럼 비교적 사소한 단서가 어떻게 협력에 그처럼 상당한 효과를 미칠 수 있느냐는 점이다. 다른 실험 결과가 명망은 (1)시장에서 명망이 더 높은 사람이 파격적인 몫을 챙기도록 가격에 영향을 미칠 수도 있고, (2)집단이 상호 유익한 결과를 놓고 협력하도록 도울 수도 있음을 보여준다.[28] 만약 명망을 이해하는 사람이 조직이나 제도를 짜면 명망을 이용해 협력을 조성할 수 있다는 뜻이다.

명망과 연륜

....

1943년경, 한 수렵채취인 무리가 오스트레일리아 서부사막에서 극심한 가뭄에 직면했다. 식수원이 고갈되어가자, 파랄지라는 이름의 노인이 무리를 이끌고 점점 더 먼 물웅덩이를 향해 나아갔지만, 웅덩이들은 말라버렸거나 물이 부족했다. 파랄지는 광활한 영토를 가로질러 멀리까지 이동하며 물을 찾아 자기네 부족의 마지막 피난처로 무리를 인도해야 하는 상황에 직면했다. 부족의 피난처는 그 자신도 평생 딱 한 번, 반세기 전에 성년식을 치르는 동안 가본 적이 있을 뿐이었다. 힘겹게 피난처에 도착했을 때, 그들의 마지막 피난처는 부족의 다른 집단 최소 다섯 군데에서 온 사람들로 발 디딜 틈도 없었다.

머지않아 피난처 현지에서 식량을 조달하는 일도 어려워지기 시작했다. 재난이 닥치자, 파랄지는 자기네 사람들이 의례에서 정기적으로 불렀던 연작 형태의 의례요譏를 떠올렸다. 그 노래들은 조상님들의 방랑 이야기였는데, 일련의 장소와 이름이 들어 있었다. 이 옛 가사에 의지해 방향을 잡으며, 파랄지는 자신을 따르는 몇몇 젊은이와 그들의 가족을 데리고 자신도 모르는 영토를 향해 떠났다. 노래에 담긴 정보와 오솔길의 흔적을 합해, 파랄지는 이 집단을 이끌고 50~60군데에 달하는 작은 물웅덩이의 사슬을 따라 350킬로미터의 사막을 가로지른 끝에, 마침내 오스트레일리아 서해안의 만도라 목장Mandora Station에 도착했다. 이 집단은 의례요와 한 노인의 아득한 기억 덕분에 목숨을 건진 것이었다.[29]

4장에서 지적했듯이, 노인은 성년식을 치르는 동안 마지막 피난처인 머나먼 식수원에 가보았던 파랄지의 경험과 같은, 자신이 직접 경험한 생애 분량을 지니고 있을 뿐 아니라, 의례요 같은 것을 외울 문화적 학습 기회도 한 생애 동안 가졌던 사람이다. 우리가 일정한 본보기에 선택적으로 초점을 맞추어 배울 능력이 있을 만큼 문화적인 종이 된 순간, 노인들이 많은 경우에 중요한 정보원으로 등장했다. 세대와 세대를 가로막고 있던 정보의 수문을 열어줌으로써, 문화적 전달은 젊은이와 늙은이의 관계를 변화시킨다. 대조적으로, 비문화적인 종에서는 늙은이가 축적하는 정보도 자신의 경험을 통해 얻을 수 있는 정보로 제한될뿐더러 다른 개체들은 대개 그것을 얻을 심리적 능력이 없으므로, 그 정보가 남에게 영향을 끼치는 일도 거의 없다. 따라서 문화적 학습을 하는 종 사이에서 늙어가는 개체는 육체적으로는 시들어가겠지만, 아직까지 전달 가능한 노하우를 지니고 있음으로써 더 젊은 세대에게 점점 더 귀중해진다.

이 누적된 지식이, 전통사회 모두는 아니라도 대부분에서, 노인이 곧 명망가인 까닭을 설명해줄 것이다. 소규모 사회나 전통사회 69곳에서 노

호모 사피엔스

인의 역할에 관해 광범위한 비교문화적 설문조사를 실시한 결과, 46곳의 사회에서는 노인에 대한 존경, 공경, 숭배, 충성, 복종을 곳곳에서 명백하게 언급했고, 5곳이 좀 넘는 사회에서는 이를 쉽게 추론할 수 있었다. 나머지 사례에서는 노인이 공경이나 존경을 덜 받는다는 암시를 받았다기보다는, 단순히 노인이 어떤 대접을 받는다는 언급을 찾아볼 수 없었다. 이 사회들 전역에서, 노인은 이 명망 공경의 일부로 많은 특혜를 받는다. 예컨대 태즈메이니아족 노인은 가장 좋은 음식을 먹게 되고, 오마하족 노인은 누군가가 죽었을 때 해야 하는 자해에서 면제되고, 크로족 성인은 많은 불쾌한 임무들에서 제외되었다. 반면에 지도자 지위와 통치기구 위원 자격은 많은 경우 일정한 나이의 사람에게만 주어졌다.[30]

결정적으로, 이 같은 민족지학적 보고들 가운데 다수는 노인이 공경을 받았던 이유를 노인이 설화, 마법, 사냥, 의례, 의사결정, 의술과 같은 중요한 분야의 지식을 풍부하게 보유하고 있기 때문이라고 설명한다. 동시에 이 같은 보고들은 노인이 지적 능력이 떨어지기 시작하거나 무능해 보이면 지위와 공경을 급속히 잃는다는 점도 분명히 한다. 한 연구자는 자신의 광범위한 검토를 근거로 이렇게 말했다. "노인에 대한 존경에 관해 가장 두드러지는 사실은 그것이 폭넓게 발견된다는… 사실상 알려진 모든 사회에서 보편적이라는 점이다." 그 진화적 이유는 바로 많은 나이가 대체로 누군가가 지식 또는 지혜를 보유하고 있을 가능성이 높다는 단서라서, 이 지식 또는 지혜를 얻고자 우리 인간이 명망 지위를 부여한다는 데에 있다. 이는 다른 동물 대부분이 늙은 개체를 존경하지 않는 까닭이기도 하다.[31]

많은 소규모 사회에서는 제도나 사회규범도 공동체의 연장자 구성원에게 땅, 자원, 유산, 혼사에 대한 통제권을 줌으로써 권력을 부여한다. 그래서 우리의 현대 기관들에서 많은 감독관이 그렇듯, 노인은 때때로 권력과 명망을 동시에 가질 수도 있다. 그럼에도, 달에서 살아남기 과제에서 논의했듯이, 명망과 권력을 개념상 분리해두는 것은 중요하다. 협력에 대한 영향력이 그렇듯, 기저에 있는 인지적·정서적 양상들이 서로 다르기 때문이다.

노인이 명망가인 경우가 인간 사회 전역에서 그토록 흔하다면, 왜 많은 서구 사회에서는 노인을 특별히 흠모하거나 존경하지 않을까? 이에 답하려면, 진화 논리로 돌아가야 한다. 노인에게 명망과 공경이 부여되는 때는 경험과 학습을 수십 년 더 했다는 게 축적된 지식과 지혜를 가늠하는 대리척도가 되어줄 수 있을 때다. 그렇지만 사회가 급속히 변하고 있다면, 누군가가 수십 년에 걸쳐 쌓은 지식도 금방 구식이 된다. 나이는 오직 새로운 세대가 직면하는 세상이 가장 오래된 세대가 직면했던 세상과 흡사할 때에만 좋은 징표가 된다. 예컨대 오늘날의 노인은 컴퓨터, 전자우편, 페이스북, 구글, 스마트폰, 앱, 온라인도서관이 없는 세상에서 성장했음을 떠올리자. 그들은 수동타자기로 문자를 입력했고, 손으로 쓴 편지를 우편으로 보냈으며, 서점에 다녔고, 직접 또는 친구나 가족을 통해 만난 사람하고만 교제할 수 있었다. 급속히 변하는 현대 사회에서는 노인이 축적한 지식에 비교적 낮은 가치를 부여한다. 사실은, 상황이 빠르게 변할수록 가장 훌륭하고 가장 유능한 본보기는 더욱더 어려진다.

폐경, 문화, 그리고 범고래

우리가 문화적인 종이 되는 순간, 수십 년 동안 축적된 개인적·문화적 학습이 우리를 더 젊은 세대에게 더욱더 가치 있는 존재로 만든다는 사실은 무엇을 함축할까? 우리가 오래 살수록, 더 많은 정보를 축적하므로, 이 지혜의 전달자로서 잠재적으로 더 귀중해진다는 의미다. 세상이 한평생 동안 비교적 안정하기만 하다면 (아마도 우리 종의 진화사 대부분의 기간 동안 그랬을 테지만) 말이다.

이러한 조건 아래, 자연선택은 우리의 수명을 늘리는 쪽을 선호해야 우리에게 우리가 축적한 노하우를 자식과 손자에게 전달할 시간을 주어 자손들이 훗날 필요할 것을 배울 시간과 기회를 확실히 얻을 수 있도록 해줄 수 있다. 개인으로서 우리가 문화적으로 비축하는 정보는 수십 년에 걸쳐 늘어가지만, 그동안 우리의 신체적 기량은 떨어져가고, 우량아를 생산할 능력도 마찬가지다. 어느 시점에 두 선이 교차하면, 그때는 번식을 중단하고 모든 노력을 지금 있는 자식과 손자에게 집중해야 한다. 그러나 떨어져가는 신체능력을 감안하면, 특히 전통사회에서라면 우리가 더 젊은 친척들을 도울 수 있는 주된 방법들 가운데 하나는 우리가 축적해온 지혜를 나눠주는 것이다. 그게 바로 인간은 번식을 멈추는 때를 넘어서 수십 년을 살고 심지어 경제적 생산을 멈추는 때를 지나서도 살지만 다른 영장류들은 그러지 않는 까닭이다. 이처럼 긴 수명은 현대 사회에서 나타날 뿐 아니라, 요즈음은 수렵채취인을 비롯한 소규모 사회 사이에서도 눈에 띄어왔고, 출발점은 아마 수만 년 전이나 수십만 년 전 구석기 시대까지도 거슬러 올라갈 것이다. 반면에 침팬지와 다른 영장류들은 번식후기가 길지 않다. 번식이 끝난 뒤에는 대개 상대적으로 일찍 죽는다.[32]

이 개념을 뒷받침하는 직접적 증거는 이제 막 쌓이기 시작했다. 아이를 낳지 못하는 할머니의 존재가 종종 손자들의 생존율을 높이는 것은 분명하지만 말이다.[33] 지금 논란의 중심은 생식력 없는 할아버지가 그런 구실을 한다면 파랄지의 경우처럼 문화적 전달과 관련한 정보 및 명망 지위 혜택을 통해서인지, 아니면 덩이줄기를 캐는 일과 같은 노동 기부에 의해서인지를 판가름하는 데에 있다. 나는 노동(예컨대 아이 돌보기)과 정보가 둘 다 중요하게 기여하지 않을까 생각한다. 그러나 이처럼 생식력 없는 개체가 인간들 사이에서는 머물러 있는 반면 대부분의 다른 종, 특히 다른 영장류들 사이에서는 대개 보이지 않는 이유에 관한 핵심 질문은 남는다. 내 대답은, 인간들 사이에서는 늙은 개체가 다른 영장류 종의 늙은 구성원은 주지 못하는 무엇가를, 즉 정보를 줄 수 있다는 것이다. 문화적인 종 사이에서는 늙은 개체가 뒷바라지를 하는 데에 더해 중요한 노하우를 전달할 수 있다.

예컨대 내가 연구하고 있는 피지의 촌락들에서도 할머니와 할아버지는 매우 중요한 정보원이다. 늙은 여성은 누구보다도 자신의 딸과 손녀에게, 내가 7장에서 논의했던 임신기와 수유기의 물고기 금기에 관해 충고해줄 뿐만 아니라 출산, 수유, 젖먹이 돌보기, 이유식, 길쌈, 요리, 사회규범(예절), 약초와 관련한 여러 문제에 관해 도와주고 상담해준다. 늙은 남성은 협업하는 동안 참석은 하지만 실제로 일을 많이 하지는 않는다. 대신에 집짓기, 거북이 해체, 축제 준비, 그물 짜기, 밭일, 의례 거행과 관련된 활동들을 관리하고 조언해준다.[34]

문화적 전달을 위한 기회가 나이와 함께 늘어남으로써 선택압이 생겨난 결과로, 인간은 남녀 모두 번식을 중단한 시점부터 최소 20~30년은 있다가 죽는 경향이 있고, 이로써 마지막 자식이 충분히 잘 준비되는 것을 보장하기에 넉넉한 시간이 주어진다. 이 효과는 특히 여성과 관계가 깊은데, 대부분의 여성은 귀한 번식 장비를 지니고 있기 때문이다. 여성의 번식체계를 폐쇄함으로써, 문화적 정보를 전달하고 자식과 손자가 충분히 준비되도록 보장하는 일에 더 많은 시간을 제공할 목적으로 여성의 수명을 연장시킬 수 있다. 남성의 수명을 늘리기 위해 자연선택이 할 수 있는 일은 더 적다. 남성도 테스토스테론 수준과 정력이 떨어지기는 하고, 소규모 사회에 속한 남성 대부분이 사실은 아내가 번식을 중단할 때 번식을 중단하기는 하지만 말이다.

오직 우리 계통만이 장벽을 넘어 누적적인 문화적 진화와 문화-유전자 공진화 체제로 들어섰다. 그러나 이 개념—일생 동안의 경험이라는 지혜가 사회집단의 더 나이든 구성원을 더 가치 있게 만들어서, 그 하나의 결과로 자연선택이 번식을 멈추거나 줄이는 방법으로 그들의 수명을 연장시키도록 할 것이다—은 다른 종에서도 여전히 관찰할 수 있어야 한다. 이 점을 살펴보기 위해, 번식을 끝내고 나서도 수십 년을 더 사는 몇 안 되는 종 가운데 두 종인 범고래와 코끼리를 고려해보자. 범고래는 뇌도 크고, 수명도 길고, 폐경기도 있다. 추산에 따르면 범고래는 이빨고래에 속하는 다른 소수 종들과 마찬가지로 폐경 이후에도 25년을 더 살고, 이는 가장 나이 많은 손자가 성적 성숙에 도달하는 것을 보기에 충분할 만큼 긴 기간이다. 만약 폐경이란 암컷이 일생에 걸쳐 얻은 지식을 문화적 전달에서 이용할 기회를 줄 목적으로 암컷의 수명을 늘리기 위한 유전적 적응물이라면, 이 종은 상당히 문화적이어야 하는 동시에 이 정보가 자신의 친척을 돕는 데에 사용될 수 있는 사회구조를 가지고 있어야 한다.

연구가 더 필요하기는 하지만, 예비조사 결과는 범고래가 우리가 예상한 요소들을 갖추고 있음을 시사한다. 첫째, 범고래는 집단에 따라 행동 관행, 먹이 사냥 전술, 의사소통 신호에 차이가 많다. 어떤 집단들은 저인망 어선에서 물고기를 빼내는 법에 관해 여러 기법을 개발해왔지만 다른 집단들은 그러지 않았고, 최소한 한 집단은 한 개체가 공기방울을 써서 연어나 청어를 겁주어 수면 가까이로 몰면 기다리던 친구들이 꼬리로 고기떼를 쳐서 기절시키는 무리 사냥법을 보유하고 있다. 서로 다른 집단은 보유하는 생태적 정보도 서로 다른 것으로 보인다. 예컨대 특정 연어 종을 잡는 시기와 장소에 관한 정보가 그렇다. 둘째, 실험 연구 결과가 시사하는 바에 따르면, 범고래는 인상적일 만큼 훌륭한 모방자이므로, 문화적 정보가 사회연결망을 통해 세대를 가로질러 흐를 가능성이 있고, 아마도 이 점이 범고래 집단 사이에서 관찰되는 지속적인 행동 차이의 다수를 설명할 것이다. 셋째, 범고래가 행하는 몇 가지 가르침은 우리 자신의 종 밖에서는 가장 인상적인 것에 속할 것이다. 어떤 곳에서는 어린 범고래가 바닷가로 나가 코끼리물범과 바다사자 새끼를 잡는 법을 어미에게서 배우는 것처럼 보이고, 일부 관찰에 의하면 범고래 어미가 이 학습과정을 다양한 방법으로 거드는 듯하다. 예컨대 어미는 새끼를 바닷가로 밀어붙여 먹이를 잡게 한 뒤, 새끼가 바닷가에서 꼼짝 못할 때 구해준다. 마지막으로, 범고래의 자세한 인구통계학적 연구들에 따르면 어른 수컷은, 심지어 나이 서른이 넘어서도, 어미가 여전히 주위에 있으면 생존할 가능성이 더 높다는 것을 입증한다. 어미가 다 자란 자식을 위해 무엇을 하고 있는지는 이 연구로 알려줄 수 없지만, 어미가 중요한 것만은 확실하다.[35]

수십 년에 걸쳐 축적한 정보를 나눠줄 기회가 범고래에게 있을 수 있는 이유는 암컷이 안정된 가족집단 안에서 머물기 때문이다. 이러한 모계 집단이 아마도 자매 혈족일 친척 가족들과 연합해 작은 무리를 형성한다. 그래서 박식한 할머니에게는 종종 자신의 지식을 동원해서 가까운 친척 대부분 또는 모두를 이롭게 할 기회가 생기므로, 이것이 폐경을 가져오는 주요 선택압일 수 있다.

코끼리 이야기도 비슷하다. 1993년, 심각한 가뭄이 탄자니아에 타격을 준 결과로, 아프리카코끼리 약 200마리로 구성된 한 개체군에서 새끼의 20퍼센트가 죽었다. 이 개체군에는 21가족이 들어 있었고, 각각의 가족은 암컷 가장('가모장') 한 마리가 거느렸다. 이 21가족은 세 무리로 나뉘었고, 무리 별로 우기 동안은 같은 영역을 공유했다(그래서 서로를 알았다). 이 코끼리들을 연구하는 과학자들이 새끼들의 생존을 분석한 결과,

호모 사피엔스

더 나이 많은 가모장이 거느린 가족이 그 가뭄 동안 새끼의 죽음을 덜 겪었다.

　게다가 세 코끼리 무리 가운데 두 무리가 가뭄 동안 물을 찾기 위해 서였는지 예기치 않게 공원을 떠났는데, 두 무리 모두 뒤에 남은 한 무리보다 생존율이 훨씬 높았다. 공교롭게도, 그처럼 심각한 가뭄은 사오십 년에 한 번쯤 일어나는데, 가장 최근의 가뭄은 1960년경에 닥쳤다. 그 이후인 1970년대에 벌어진 코끼리 밀렵으로, 나이를 먹었다면 1993년에 1960년의 가뭄을 충분히 떠올렸을 코끼리 가운데 다수가 슬프게도 죽임을 당했다. 그러나 공원을 떠남으로써 실제로 더 많이 살아남은 두 무리는 무리마다 정확히 한 구성원이 1960년대의 삶을 떠올릴 만큼 나이를 먹었던 것으로 드러난다.[36] 이는 오스트레일리아 사막에서 파랄지가 그랬듯이, 두 코끼리도 극심한 가뭄 동안에 해야 할 일을 기억해낸 뒤 마지막 물 피난처로 집단을 이끌었을 것임을 시사한다. 뒤에 남았던 무리에서 가장 나이 많은 구성원은 1960년에 태어났기에 가장 근래의 큰 가뭄을 떠올렸다고 보기에는 너무 젊었다.

　더 일반적으로, 나이 든 코끼리 가모장이 가족에게 더 큰 영향을 끼치게 되는 이유는 더 나이 많은 가모장이 이끄는 가족이 포식자(사자와 인간)를 알아보고 피하기, 내부갈등 피하기, 동료 코끼리의 울음소리 알아듣기를 더 잘하기 때문이다. 예컨대 어느 야외 실험에서는 연구원들이 사자가 으르렁거리는 소리를 틀되 한 마리 아니면 세 마리가 내는 암컷의 소리와 수컷의 소리를 모두 틀었다. 코끼리에게는 수사자가 암사자보다 훨씬 더 위험하고, 두말할 나위 없이 사자 세 마리가 단 한 마리보다 항상 더 위협적이다. 모든 코끼리가 일반적으로 사자 한 마리보다 세 마리의 소리를 들었을 때 더 방어적인 태세로 대응했다. 그러나 오직 늙은 가모장만이 암사자가 아니라 수사자라서 더 커진 위험을 날카롭게 인지하고서 커진 위협에 코끼리 특유의 방어동작으로 대응했다. 이 우월한 지식에는 실질적인 보상이 따른다. 늙은 가모장은 자신이 번식하지는 않지만 가족집단의 번식성공률을 높이는 것처럼 보이며, 보유한 지식도 자신의 자식과 손자에게 전해지기 때문이다.[37]

나의 핵심은 적당한 조건 아래에서, 자연선택은 개체들에게 평생에 걸쳐 조금씩 모은 정보를 활용하고 전달할 기회를 제공하기 위해 개체들의 수명을 연장시키는 쪽을 선호하리라는 것이다. 선택은 또한 공동체의 고령자 구성원이 가치 있는 문화적 정보를 보유하고 있을 가능성이 높을 경우, 그들을 주목하고 배우고 존경하는 쪽을 선호한다. 이는 인간뿐만 아니라 코끼리나 범고래 같은 덜 문화적인 종에게도 해당된다.

지도력과 인간사회의 진화

....

문화-유전자 공진화가 우리 종의 지위 심리를 모양지어온 경로를 탐구하는 일은 정치제도의 등장을 이해하는 데에 필수적이다. 계급제도가 없는 평등주의 사회에서는 명망이 정치와 경제의 결정적 토대를 마련해준다. 위에서 보았듯이, 규모가 작은 수렵채집사회조차도 명망가에 의해 지나칠 정도로 영향을 받고, 명망가의 지위는 사냥이나 전쟁 같은 국지적으로 인정받는 분야에서 거둔 성공 또는 기량에서 나온다. 더 풍족한 환경에서 살아가는 전통사회에서는 명망 있는 남자들이 자신의 설득력, 영향력, 관대함을 이용해 다른 명망 있는 빅맨들과의 경쟁에서 영향력의 범위를 확장한다. 어떤 곳에서는 이러한 경쟁의 결과로 영웅적 축제가 벌어지고, 여기서 이 사람들은 경쟁자보다 더 많이 베풀면서 자신의 생산성, 조직력, 관대함으로 경쟁자를 압도하는 방법으로 자신의 명망을 키우고자 한다. 현지어를 문자 그대로 영역한 이 '빅맨'들은 자신의 일생

호모 사피엔스

동안 상당한 영향력을 쌓을 수 있다. 비록 죽었을 때 이 영향력이 자신의 후손에게 전달되는 경우는 거의 없지만 말이다. 유사하게, 권력을 이해하면 위계적 제도, 이를테면 세습되는 족장이나 신이 점지한 왕에 기반을 둔 제도의 심리적 토대를 밝히는 데에 도움이 된다. 현대의 많은 제도는 두 형태의 지위를 모두 활용한다. 많은 제도가 실력, 기량, 성공, 지식을 기반으로 개인들을 홍보하고, 그 결과로 그들이 남들에게 주어질 비용과 편익(예: 봉급, 승진, 휴가)을 통제하는 권력자의 지위에 오르기를 열망하기 때문이다.

효과적인 제도들은 종종 비직관적인 방법으로 우리가 지닌 지위 심리의 여러 측면을 활용하거나 억압한다. 고대 유대인의 법정 겸 의회로서 기원후 초기에 몇 세기 동안 존속했던 산헤드린의 경우를 보자. 사형에 처해질 사건을 심의할 때에는 판관 70명 전원이 저마다 의견을 나누곤 했는데, 가장 어리고 지위가 낮은 구성원부터 시작한 다음, 차례로 '가장 현명'하고 가장 존경받는 구성원까지 나아갔다. 이는 다음과 같은 이유에서 흥미로운 규범이다. (1)자연에게 맡긴다면 일이 진행될 방향과 거의 반대 방향이다. (2)모든 판관이 하위 구성원들의 가감 없는 의견을 듣도록 보장하는 데에 도움이 된다. 이 규범이 없다면, 최하위자의 의견은 명망과 권력의 설득 효과와 공경 효과 둘 다에 의해 오염될 것이기 때문이다.

권력에 관한 우려는 다음에 의해 더욱 완화되었을 것이다. (1)산헤드린의 감독직은 두 사람이 나누어 맡았고, 판관들의 투표로 해임할 수 있었다. (2)판관들은 사회적 계급과 배경이 서로 유사했다. (3)사회규범들이 지위 표시를 억압했다.

이 같은 관습은 영리한 사람들이 수시로 그냥 생각해낼 수 있는 게 아니고, 설사 생각해내더라도 그런 관행은 실행하기가 어렵다. 왜냐하면 그러한 심의기구의 상위 구성원은 자신의 견해가 특별한 주목을 받을 만하다고 믿고서 결과에 대한 영향력을 높이기 위해 먼저 발언할 기회를 원하는 경향이 있기 때문이다. 동료들과 모여 있는 하위 구성원들은 자신이 뭘 모르는 것처럼 보이거나 아직 발언하지 않은 상위자를 거스를까 봐, 많은 경우 먼저 발언하기를 꺼린다. 따라서 상위자도 하위자도 낮은 지위에서 높은 지위로 발언하는 규칙을 딱히 지지할 필요는 없을 것이다. 그들이 지위 심리를 상당히 이해한 뒤 개인적 영향력이나 출세보다 제도의 장기적 성공을 더 배려한 게 아니라면 말이다. 예컨대 대학 내 여러 학과의 교수들도 정기적으로 만나 '중요한' 사안을 논의한 다음 투표를 한다. 인류학과, 심리학과, 경제학과에 있어본 내 경험의 테두리 안에서 자연스러운 발언 순서는 거의 항상 명망이 높은 쪽에서 낮은 쪽으로다. 예외적으로, 가장 젊은 막내 교수는 아예 아무 말도 하지 않는 경우가 많지만 말이다. 유사하게, 캐나다 대법원은 산헤드린과 같은 발언 규정을 사용하지만, 미국 대법원은 반대 방향으로, 대법원장에서부터 시작해 아래로 나아간다.[38]

인간 사회 전반에서, 명망을 구하는 심리가 부족한 요소 자체를 구하는 심리보다 더 자주, 많은 인간의 행동을 주도하는 모습이 보인다. 그러나 아이러니하게도 명망은 국지적으로 인정받는 분야에서 이룬 성공, 기량, 지혜에서 나온다. 인정받는 분야를 구성하는 요소는 놀랍도록 가변적이다. 사회와 제도마다 다른 성공의 기준은 부분적으로, 어떤 분야를 쳐주느냐에 달려 있을 것이다. 읽기, 기계 발명하기, 고문서 외우기, 자식 낳기, 아내를 여럿 얻기, 참마 키우기 가운데 어느 분야에서 탁월하다는 게 얼마나 존경할 만했을까?

명망의 직관적 파악을 반영하는 영국인 탐험가 제임스 쿡의 지도력에서 교훈을 얻는 것으로 이 장을 마치고자 한다. 1768년, 쿡이 남태평

호모 사피엔스

양을 향해 떠날 준비를 하고 있는 동안에도, 괴혈병은 몇 세기 동안 그래왔듯 수많은 선원을 죽이면서 영국 해군을 끊임없이 괴롭히고 있었다. 괴혈병 증상은 잇몸이 물러지고 온몸이 나른해지는 것에서 시작해 코와 입에서 피가 나고 이가 빠지는 상황으로 이어진다. 비타민 C를 섭취하지 않으면, 이 쇠약은 죽음으로 끝난다. 영국인 의사의 제안을 듣고, 쿡은 자우어크라우트를 대량으로 입수해 비축했다. 지금 우리야 독일식 양배추김치인 자우어크라우트가 괴혈병을 예방하리라는 것을 알고 있지만, 자우어크라우트는 꽤 자극적인 데다가 전통적인 해상음식을 벗어난 유별난 것이었으므로, 쿡은 선원들이 그것을 먹지 않으려 하리라는 걱정이 들었다. 강요나 교육으로는 식습관을 지속적으로 바꾸기 힘들다는 것도 알고 있었다.

쿡은 자우어크라우트 접시를 장교식당에만 차려내고 선원식당에는 내지 말라고 지시했다. 항해를 시작한 지 일주일도 되지 않아, 자우어크라우트가 장교들 입맛에 맞는 거라고 추론한 일반 선원들이 자우어크라우트를 제공해달라고 자발적으로 요구하기 시작했다. 눈 깜짝할 사이에, 자우어크라우트는 배급해야 할 만큼 인기 있는 부식이 되었다.

쿡은 단 한 건의 괴혈병 발병도 없이 탐험을 마쳤다. 그때까지 그토록 오랜 항해 역사상 유럽인들 사이에서는 들어본 적도 없는 위업이었다.

9장

사돈, 근친상간
금기와 의례

어느 날 저녁, 피지에 있는 야사와섬의 테티 마을에서, 나는 북적거리는
한 사교모임에 참석해 등잔불 옆에서 카바를 마시고 있었다. 가루낸 뿌
리를 물과 섞어 만드는 카바는 의례를 거행할 때 내놓는 음료로, 혀를 마
비시키고 평온한 느낌을 불어넣는다. 우리는 모두 편안한 돗자리에 앉았
는데, 피지식으로 상위자(연장자)는 단칸방 한쪽 끝의 한산한 쪽으로 배
치되고 하위자는 반대편 끝쪽으로 배치되었다. 이 각별한 저녁에, 나는
작은 인류학적 승리를 거둔 참이었다. 손님으로서 지체 없이 상석으로
모셔지지 않고, 어찌어찌 동년배들과 함께 방 중간에 앉았던 것이다. 다
음 번 카바는 언제 돌리나 궁금해하며 고개를 든 순간, 이웃인 쿨라가
열린 문으로 들어오는 게 보였다. 그는 곧바로 나를 알아보았고(피지인 사
이에서 나는 쉽게 눈에 띈다), 꽉 찬 방 안에서 내 옆자리가 빈 것을 알아챘
다. 함박웃음을 띤 그 젊은이가 관습에 따라 구부린 자세로 나를 향해
다가왔다. 자리로 미끄러져 들어오며 내게 인사를 하던 쿨라가 어쩌다

호모 사피엔스

어느 처자를 등으로 밀었다. 거의 동시에, 폭소가 터져나오더니, 쿨라를 쿡 찌른 그의 사촌이, 뒤에 있는 아가씨가 그와 이야기하고 싶어 한다고 말했다. 몸을 돌려 뒤에 누가 있는지 보자마자, 쿨라는 겁에 질린 사람처럼 보였다. 어둠침침한 방안에서 자신이 옆에 앉았을 뿐만 아니라 무심코 몸을 스친 상대가 '누이'였음을 깨달은 것이었다. 고의는 아니었지만, 이 행동은 전적으로 부적절하고 당혹스러운 것이었다. 늘 그렇듯 나는 당연히, 처음에는 어리둥절했을 뿐 웃지 않았다. 방금 무슨 일이 벌어진 건지 아직은 제대로 종합하지 못해서였다. 온몸에서 수치심이 배어나오는 듯한 모습으로, 쿨라는 일어나서 황급히 빠져나가 어둠 속으로 사라졌다. 그리고 그 저녁이 다 가도록 돌아오지 않았다.

쿨라는 독자 대부분의 친족관계 분류법에 의하면 쿨라의 먼 사촌이었을 많은 '유별적類別的, classificatory 누이' 가운데 한 누이 옆에 앉은 것이었다. 이 같은 공동체에서는 많은 소규모 사회에서와 마찬가지로 일정한 유형의 사촌들을 '형제'나 '자매'로 분류하고, 그들을 '진짜'(유전적) 형제자매처럼 대우하도록 되어 있다. 인류학 용어로, 이 유별적 형제자매는 **평행사촌**으로, 아버지 형제(남자)의 자녀와 어머니 자매(여자)의 자녀가 포함되지만, 어머니 남자 형제의 자녀나 아버지 여자 형제의 자녀는 포함되지 않는다. 평행사촌이 아닌 이 사촌들, 다시 말해 부모와 성별이 다른 형제자매의 자녀는 **교차사촌**으로, 공식 친구나 잠재적인 연인 비슷한 사람이다. 같은 논리에 따라, 사람들은 증조부모와 그 윗대를 통해서도 유별적 형제자매를 둘 수 있다. 쿨라는 실제 형제자매이건 유별적 형제자매이건 간에, 성별이 다른 형제자매와의 모든 직접적 상호작용을 금지하는 국지적 근친상간 금기를 살짝 위반했던 것이다. 이 금기는 이성 형제자매와의 상호작용을 아예 피할 것을 요구하고, 이는 서로 이야기를 나누거나 심지어 가까이에 앉는 것까지 가로막는다. 그러니 성관계나 결혼은 말할 것도 없고, 만지거나 둘만 있는 것도 안 된다. 여기서 내세우는 논리는 만지거나 이야기를 나누는 행위가 성관계와 결혼으로 꽃필 수 있으므로, 싹을 잘라버리는 게 최선이라는 것이다.

쿨라는 사촌누이 옆에 앉았을 뿐만 아니라 어쩌다 접촉까지 함으로써 이 근친상간 금기를 어겼던 것이다. 쿨라의 교차사촌은 거의 신바람이 나서, 쿨라에게 사촌누이와 말을 섞을 것—사태를 더욱 악화시켰을 행동—을 (농담으로) 권함으로써 그의 실수를 부각시켰다. 교차사촌들은 호혜평등관계를 맺은 뒤, 끊임없는 농담으로 관계를 강화하고 확인한다. 이 농담을 주고받는 관계는 예컨대 진짜 형제건 유별적 형제건 간에 연배가 다른 남자 형제 사이에서 볼 수 있는 존경과 권위로 맺어진 관계와는 전적으로 다르다.[1]

쿨라의 불운한 사건은 전통적인 사회들이 어떻게 스스로를 운영하고 조직하는지를 엿볼 수 있는 창이다. 이는 우리의 조상들뿐 아니라 오늘날 대부분의 세계가 경험하는 사회적 세계의 중요한 점을 드러낸다. 아무리 작은 규모의 인간사회라도—영장류 사회와 달리—일련의 친족 규범을 바탕으로 세워지고 그 규범을 둘러싸고 조직화한다. 이 사회규범들이 선천적 심리 과정들에 기반을 둠으로써 우리가 가까운 유전적 친척과 호혜적인 상대를 찾아내고 대우하는 방식에 영향을 준다는 데에는 의심의 여지가 없지만, 같은 사회규범이 우리의 유전적으로 진화한 심리의 여러 측면도 다양하게 강화하고 확장하고 억압한다.

이 개념을 기반으로, 이어질 세 장에 걸쳐 사회규범의 등장이 **자기길들이기**라는 유전적 진화 과정을 주도함으로써 우리 종의 사회성을 극적으로 모양짓는 과정을 보여줄 것이다. 먼저 이 장에서는 문화적 진화가 우리의 선천적 심리를 움켜쥐고 그것을 활용해 인간 집단과 우리의 사회연결망을 확산시키는 방법 몇 가지를 소개할 것이다. 이는 새로운 여

호모 사피엔스

러 형태의 사회조직을 만들어내어 우리의 진화 계통에서 협력과 사회성을 강화했다. 그 길을 따라 우리는 결혼, 부권, 근친상간, 의례와 연관된 사회규범들을 더 면밀하게 관찰할 것이다. 10장에서는 집단 간 경쟁이 오래전부터 친사회적이거나 집단에 유익한 규범의 급증과 더 복잡한 제도(사회적 규범들의 묶음)의 형성을 선호하도록 문화적 진화를 모양지어온 과정을 살펴볼 것이다. 이러한 규범과 제도는 오래전부터 우리 종의 유전적 진화에 중요한 선택압으로 작용해왔다. 그런 다음 11장에서는 이 모든 관찰 결과를 종합한 뒤, 문화가 주도한 자기 길들이기 과정이 우리 심리에 미치는 영향력에 초점을 맞출 것이다.

이 관점은 인간 협력의 진화에 대한 정통 관점과는 확연하게 비교된다. 리처드 도킨스에서부터 스티븐 핑커에 이르는 진화 연구자들이 수십 년 동안 주장해온 바에 따르면, 인간이 그토록 효과적으로 조직화하고 협력할 수 있는 까닭은 친족선택(혈연선택)과 호혜적 이타주의(호혜)라는 진화적 힘들이 우리의 심리를 모양지어왔기 때문이다.[2] 그리고 우리의 친족 심리가 유전적으로 진화한 까닭은 그 덕에 우리가 우리와 계통적으로 관계가 있고 따라서 특정한 이타적 유전자들을 공유할 가능성이 높은 사람들에게 도움이나 편익을 베풀 수 있기 때문이다. 우리의 호혜심리가 등장한 시점은 자연선택이 우리에게 남들과 지속적으로 편익(또는 비용)을 주거나 받거나 할 가능성을 이용할 준비를 갖추어 주었을 때였다.[3] 앞으로 나는 이 정통 관점을 상당 부분 보강하며 정정 해나갈 것이다. 그러는 동안 알게 되겠지만, 친족선택과 호혜적 이타주의는 현대 세계에서, 또는 다른 복잡한 사회들에서 이루어지는 협력을 설명하기에 불충분할 뿐만 아니라, 유목하는 수렵채취인을 포함한 소규모 사회들에서 이루어지는 협력을 설명하기에도 불충분하다. 그러므로 인간이 친족을 돕고 호혜에 참여하려는 선천적 성향들을 실제로 지니고 있는 것은 분명하지만,[4] 이 성향들은 그 자체로 실제 인간사회에서 이루어지는 협력을 설명하기에는 너무 약하거나 범위가 좁다. 예컨대 가까운 친척을 돕고자 하는 동기는 강할 수 있지만, 작은 수렵채집 군집 안에서조차 평균적인 타인은 상당히 먼 친척이고, 군집마다 친척이 아닌 사람들도 많이 들어 있다.[5] 실제 소규모 사회들의 다양성을 공부하면서 알게 되겠지만, 인간의 협력과 사회성을 이해하려면 문화적으로 진화한 사회규범들의 연쇄적 그물망 안에서 우리의 사회적 본능들이 활용되고, 확대되고, 재조합되는 방식을 탐구해야 한다.

소규모의 유목을 하는 수렵채집 사회에서조차, 협력은 문화적으로 구성되어 우리의 선천적 성향을 상당히 보강하는 규범의 존재에 달려 있음을 알게 될 것이다.

사회규범과 공동체의 탄생

....

이 장을 시작하면서 내가 기술한 각종 친족관계를 문화가 모양짓는다는 점에는 논란의 여지가 없어야 한다. 쿨라가 내 옆에 앉았을 때, 그의 행동은 공동체의 다른 구성원들에 의해 감시되고 있었고, 그들은 거의 쿨라가 내 옆에 앉자마자 자기들끼리 키득거리기 시작했다. 문제는 이것이다. 왜 그 공동체는 쿨라가 유별적 누이 곁에 앉는 데에 신경을 썼을까? 그 한 쌍이 공유하는 조상이 동성 형제자매가 아니라 이성 형제자매였더라면, 쿨라는 같은 마을 사람들에게서 부정적인 반응을 얻는 일 없이, 일부러 그녀의 등을 스치고 그녀를 향해 성적인 농담도 할 수 있었을 것이다. 대신에 수치심이 쿨라를 덮쳤고 어쩔 수 없이 밤의 어둠 속으로 사라져야 했기 때문에, 즐거워야 할 파티는 엉망이 되어버렸다.

이러한 형태의 사회성의 기원은 우리 종의 진화사에 걸쳐 점점 더 정교해진 우리의 문화적 학습능력 안에 있다. 4장에서 보았듯이, 우리는 단순히 남들을 지켜봄으로써 생각, 믿음, 가치, 정신적 모형, 선호, 동기를 획득할 수 있다. 온 세상의 다른 많은 곳에서와 마찬가지로, 피지의 테티 족에서 성장한다는 것은 유별적 형제자매 사이인 성인 남녀는 직접 상호작용하면 안 된다는 관념을 서서히 받아들이고 내면화한다는 것을 뜻한다. 문화적 학습은 사람들이 남들을 향해서뿐만 아니라 전혀 사회적이지 않은 상황에서조차 사람은 어떻게 행동**해야 한다**는 관념을 습득하는 게 가능하다는 것을 의미한다. '적절한 행동'에서 벗어난 행동은 무관한 제삼자에게도, 일탈자를 향한 부정적 감정을 불러일으킨다. 11장에서는 아주 어린 아이들조차 완전히 임의적인 규칙을 위반하는 것에 부정적으로 반응하는 모습을 보게 될 것이다.

지금까지 문화-유전자 공진화를 탐구하면서, 우리는 온갖 방식의 비용이 많이 드는 행실을 선호하는 취향을 습득하는 데에 문화적 학습이 얼마나 효과적인지를 보기 시작했다. 심지어 선천적 혐오감의 극복을 요구하는 음식 선호도 여기에 포함된다는 것을 고추의 경우에서 보았다. 이러한 실증적 관찰을 기반으로, 진화 연구자들이 수학적 모형화 도구들을 써서 던져온 질문은 이것이다. 사람들이 문화적으로 남에게 배울 때, 그리고 그렇게 습득한 행동, 전략, 믿음, 동기가 미래의 사회적 상호작용에 영향을 미칠 때, 무슨 일이 벌어지는가? **문화진화론적 게임이론**에서 내놓는 답은 바로 **사회규범**이 자발적으로 등장한다는 것이다. 개인들이 사회적 상호작용에 참여하고 성공과 명망 같은 단서를 이용해 서로에게 배우는 집단은 많은 경우 결국 비슷한 행동, 전략, 기대, 선호를 공유하게 되어, 이 공유한 기준에서 벗어나는 것은 어떤 식으로든 벌을 받거나 제재를 받게 된다. 어떤 경우에는, 기준을 훨씬 뛰어넘는 비범한 사람들에게 보답하기 위해, 아주 비범한 우수성에 가치를 부여하는 기준도 공유하게 된다. 어느 쪽이든, 그 결과로 나오는 행동양식들은 그것을 바꾸려는 한 사람 또는 몇 사람의 노력에 꺾이지 않고 오래가는 경향이 있다는 의미에서 안정적이다.[6]

실세계에서도 이 같은 수학적 모형들 다수에서도, 규범 위반자는 평판의 효과에 의해 제재를 받는다. 사람들이 사회규범을 어길 때, 그 일이 그 사람에게 당장 영향을 끼치는 일은 있을 수 있어도 흔하지는 않다. 오히려 위반을 지켜보는 사람들이 일어난 일에 관한 말을 퍼트리면, 이 소문이 흐르고 흘러 얼마 뒤의 상호작용에 부정적인 결과를 낳는다. 흔히 제대로 인정받지 못하는 점은, 평판 자체는 문화의 다른 유형들을 떠받치는 것과 똑같은 심리적 능력들 다수 때문에 확산되는 문화적 정보의 한 유형에 지나지 않는다는 점이다. 우리 조상들이 이를테면 어떤 음식을 먹을지, 아니면 도구를 어떻게 만들지에 관해 서로에게 배울 수 있게 된 순간, 우리는 사냥하기, 공유하기, 짝짓기, 기습하기 같은 활동에서 장기적인 관계를 형성하지 말아야 하는 사람이 누구인지에 관해서도 서로에게 배울 수 있었다. 꼭 세련된 언어가 있어야 하는 것은 아니다. 내가 채식주의자용 핫도그에 관한 느낌을 역겹다는 표정으로 아내에게 전하는 것과 같은 방식으로, 근친상간 규범을 위반한 자에 관한 느낌도 친구에게 전달할 수 있기 때문이다.

그 밖에도 두 가지 흥미로운 결과가 문화진화론적 게임이론을 이용한 연구에서 나온다. 첫째, 맛있는 유형의 음식(예컨대 베이컨)을 먹지 않기나 매력적인 먼 사촌과 성관계를 맺지 않기처럼 어떤 믿음, 전략, 동기로 뒷받침되지만 사람들에게 개인적 비용을 지불할 것을 요구하는 모든 행동은 문화적 진화에 의해, 예컨대 평판에 손상을 줌으로써 지탱될 수 있는 것으로 드러난다. 규범은 심지어 비사회적 행동(예컨대 자위행위)을

호모 사피엔스

사회적 행동으로 만들 수도 있는데, 상관없는 제삼자들이 그런 행동에 신경을 쓰게 되어서다. 둘째, 사회규범은 그 집단에게도 그 개인에게도 도움이 되지 않는 때조차 안정적으로 유지되는 경향이 있을 것이다. 실은, 문화적 진화가 모든 사람에게 나쁜데도 끈질기게 붙어 있는 사회규범을 생산할 수도 있다. 어린 소녀들의 클리토리스를 잘라내는(여성의 성기를 절단하는) 규범에서부터 장례식에서 죽은 친척의 뇌를 먹는(치명적인 프리온 질병을 옮길 수 있는) 규범에 이르기까지, 민족지학적 사례는 헤아릴 수 없이 많다.[7]

사회규범은 인간이 달리 빠져나갈 수 없을 사회적 난제들을—어떻게 해결하는지는 흔히 아무도 모르는 채—해결할 수 있게 해준다. 사회생활에는 남을 이용해먹을 기회가 널려 있는데, 사람들 대부분은 이를 알아채지도 못한다. 그리고 상호작용하고 서로 신뢰하는 사람이 많을수록, 남을 이용할—속이거나 남의 노력에 무임승차할—기회도 더 많아진다. 문화는 몇 가지 도구와 약간의 비법을 갖고 있지만, 두 가지가 가장 중요하다. 첫째로 무엇보다도, 문화는 제삼자를 불러들여 지역에서 문화적으로 전달되고 널리 공유되는 규칙을 기반으로 남들을 감시하고, 포상하고, 제재하게 한다. 그리고 필요할 경우, 주로 규범 위반자를 제재하려고, 어떤 식으로든 제삼자의 조치를 장려하기도 한다. 둘째, 상황과 관계의 정신적 모형을 제공함으로써 우리가 남을 이용할 기회에서 주의를 돌려 뚜렷이 구별되는, 흔히 친사회적인 방식으로 우리의 본능을 이용하거나 활용하도록 상황을 재구성한다. 담배 피우기, 말고기 먹기, 공공장소에 쓰레기 버리기 같은 행동들은, 문화적으로 전달되는 정신적 연관성이 새로이 만들어지는 순간, 완벽하게 받아들일 수 있는 행동에서 혐오스러운 행동으로 넘어갈 수 있다. 이것이 바로 문화적 진화가 수만 년에 걸쳐 영장류 무리를 인간 공동체로 빚어낸 경위다. 이제, 사회규범이 어떻게 소규모 사회를 모양지어왔는지를 더 깊이 살펴보자.

친족에서 친족관계로
....

문화적 진화가 어떻게 우리 종의 진화사에 걸쳐 우리 친족관계 체계와 사회조직의 형태를 모양지어왔는지 이해하기 위해, 비인간 영장류를 기준점으로 삼겠다(이후로는 '비인간 영장류' 대신에 간단히 '영장류'라고 말하겠다). 이것이 타당한 이유는, 과거로 충분히 거슬러 올라가면 우리의 조상은 그저 또 다른 영장류였기 때문이다. 영장목目 전체에서 친족관계와 사회조직의 형태에 관해 시사하는 바를 이끌어냄으로써, 문화적 진화와 문화-유전자 공진화가 무슨 일을 했으며 무슨 일을 계속할지 추론을 시작할 수 있다.

결혼에서 출발하자. 결혼제도는 일련의 사회규범으로서, 우리의 짝 결속 본능을 조절하고 보강하는 여러 믿음, 가치, 관행을 포함한다. 이 다소 엉성한 결속을 굳힘으로써, 결혼규범은 배우자관계를 뒷받침하고 인척(사돈)관계를 만들어낼 수 있다. 그리고 자식의 부계 친족관계 연결망을 강화할 수도 있다. 결혼의 선천적인 심리적 기초는 장기적인 짝 결속 본능으로, 인간이 고릴라와 긴팔원숭이를 포함한 다른 유인원 일부를 비롯해 원숭이 일부와도 공유하는 본능이다. 이 본능은 전후 사정에 따라 동원할 수 있는 잠재 전략으로 생각할 수도 있다. 짝과 결속하기는 소변 보기와 달리 안 해도 그만이지만, 어떤 상황에서는 하고 싶어질 것들 가운데 하나다. '짝 결속pair-bonding'이라는 용어는 단혼monogamy(일부일처제)이라는 관념과 흔히 혼동된다. 짝 결속은 단혼 짝짓기를 함축하지 않는다는 점을 알아두는 게 중요하다. 짝 결속은 둘 사이에서 맺어지지만,

호모 사피엔스

한 개체가 여러 개체와 짝 결속을 맺을 수 있다. 예컨대 고릴라는 종종 동시에 여러 암컷과 장기적인 짝 결속을 맺는다. 인간의 경우도 전 역사와 전 문화에 걸쳐, 한 사람이 한 명이 넘는 다른 사람과 동시에 짝 결속을 맺고 결혼하는 경우가 흔했다. 다시 말해, 인간사회의 85퍼센트가 어떤 형태로든 복혼을 허용했다. 여기서 짝 결속이란 지속되는, 또는 최소한 일시적이 아닌 짝 사이의 관계를 가리킨다.[8]

결혼은 흔히 의례와 선물 교환을 동반함으로써, 부부의 짝 결속에 공동체를 끌어들인다. 다시 말해, 공동체의 구성원이 결혼 규범을 어기는 사람을 감시하고(그에 관해 험담하고), 잠재적으로 제재하는 제삼자다. 널리 공유되는 행동기준이 양쪽 배우자와 그들의 친척에게 요구되는 의무와 공헌뿐 아니라 경제적·사회적·성적 소임까지 규정한다. 전 문화에 걸쳐, 결혼 규범이 다스리는 영역은 다음과 같다. (1)누구와 결혼할 수 있는가(예: 근친상간 금기). (2)몇 사람과 결혼할 수 있는가(복혼?). (3)상속되는 권리는 무엇이며, 누가 '합법적인' 상속자인가. (4)신혼부부는 어디에서 살게 되는가. 아내의 부모와 함께인가(처가살이), 아니면 남편의 부모와 함께인가(시집살이). (5)짝 결속 이외의 성관계에 관한 규칙은 무엇인가.

수컷이 실제로 그의 짝이 낳은 새끼의 유전적 아비임을 보장하는 데에 도움을 줌으로써, 짝 결속은 새끼를 기르는 일에 수컷을 끌어들이거나, 최소한 수컷이 자기 짝의 새끼에게 더 관대하게 만든다. **부성 확실성**은 어떤 종에서는 수컷이 자기가 유전적 아비인지 아닌지를 걱정해야 한다는 관념을 담고 있다.[9] 다른 것이 모두 같다면, 부성 확실성이 높은 수컷일수록 자기 짝의 새끼에게 더 기꺼이 투자할 것이다. 침팬지를 포함한 많은 영장류에서는 암컷이 상대를 가리지 않고 짝짓기를 하므로, 수컷은 대개 어느 놈이 자기 새끼인지를 거의 또는 전혀 모르고, 그다지 신경 쓰지도 않는다.[10] 짝 결속을 맺는 영장류에서조차 수컷의 투자는 최소한에 그쳐서, 이를테면 고릴라의 경우, 수컷은 자기 짝과 자기 새끼를 다른 수컷에게서 보호하기 위해서만 행동을 취한다.[11]

결혼 규범은 짝 결속을 보강함으로써 더 나은 아버지를 만들 수 있고, 더 나은 아버지를 만드는 데에 실패하면, 앞으로 보게 되듯이, 더 많은 아버지를 만들 수 있다. 사회 대부분이 아내의 성적 충실도를 규제하는(예컨대 부정행위를 금지하는) 사회규범을 두고 있지만 다 그런 것은 아니며, 약 25퍼센트는 어떤 형태로든 남편에게도 제약을 가한다. 두 종류의 규범은 모두 남자가 자기 아내의 자식에게 투자할 가능성을 높일 수 있다. 성적 충실도에 관한 사회규범의 존재는 남편이 자기 아내의 성생활과 연애생활을 감시하고 있을 뿐 아니라 나머지 공동체도 그의 아내를 감시하고 있음을 뜻하고, 그 결과로 아내는 아내의 자식이 정말로 자기 자식이라는 남편의 확신을 낮출지도 모르는 방향으로 행동하기가 훨씬 더 힘들어진다. 이는 남편에게 심리적 영향을 끼쳐 아내의 자식에게 더 많이 투자할 동기(아내의 자식이 자기 자식일 가능성이 더 크기 때문에)를 부여한다. 아내는 또한 자기가 충실도 규범을 어기다(예컨대 다른 누군가와 성관계를 하다) 발각되면, 현재의 남편과 그의 친족을 훨씬 넘어선 사람들이 자신에 대해 내리는 평판에 영향을 미치리라는 점을 알게 된다.

남편 쪽에서 보자면, 그의 성적 행동을 제한하는 규범들은 그가 혼외정사의 기회를 얻으려고—정부를 두거나 화대를 지불하는 따위를 하려고—가족에게서 자원을 빼돌리는 것을—막는 게 아니라—억제하기도 한다. 다시 똑같은 이유로, 공동체는 이제 남편을 감시하게 되고. 이 규범을 위반하면 그의 아내와 그녀의 친족을 훨씬 넘어선 사람들과의 관계에 영향을 끼칠 수 있게 된다. 성관계를 탐하는 데에 자원을 마음대로 빼돌리는 남편의 능력을 제한함으로써, 충실도에 관한 사회규범은 남편의 자원이 아내의 자식에게 흘러가도록 도울 수 있다. 물론, 남자가 아내를 여

호모 사피엔스

렷 두는 것을 허용하거나 장려하는 (일부다처제) 사회에서는 남자가 여분의 자원이나 부를 아내를 더 얻는 데에 사용할 가능성이 높다.

일부 결혼 규범은 그것이 없었을 경우보다 더 오랫동안 남편과 아내를 결속시키고 부성 확실성을 높임으로써, 남편의 친척들에 대한 유대를 창출하거나 최소한 강화할 수 있다. 그 친척에는 남편의 부모, 형제자매를 비롯해 일부다처 사회에서라면 그가 다른 아내와 둘지도 모르는 아이까지 포함된다. 자식의 입장에서는, 이로써 자신의 친족관계 연결망이 극적으로 확장되면서 친조부모, 고모, 삼촌과의 유대가 견고해진다. 계통적으로 가까운 관계(계통적 근연도)가 인척관계를 받쳐주는 경우는 (있을 수는 있어도) 흔치 않지만, 공통된 진화적 관심사 하나는 사라지지 않는다. 아내와 남편 모두에게, 결혼 규범은 **인척**(사돈 등 결혼을 통해 연관된 사람들)을 만들어주고, 더불어 편익과 책임을 모두 안겨준다는 것을 아래에서 보게 될 것이다. 내 처제인 일라이스와 나는 우리의 최근 공통후손을 통해서는 어떠한 유전적 변이체도 공유하지 않지만(우리는 친척이 아니다), 둘 다 내 자식, 다시 말해 우리 둘 다와 유전적으로 친척인 사람에 대해서는 유전적 관심을 공유한다.

내가 아는 한, 이 공유된 관심이 영장류 안에서 자연선택에 의해 이용되어 왔음을 가리키는 증거는 전혀 없다. 그러려면 어느 종이 더 커다란 사회집단 속에서 살면서 짝과 지속적으로 결속해야 하는데, 영장류는 둘 다에 능하지 않아서일 수 있다. 16장에서, 짝 결속이 대체 어떻게 왜 우리의 특정한 진화 계통에서 등장해 왔느냐는 질문으로 돌아올 것이다.

아빠 만들기

더 넓은 친족관계 연결망을 수립하는 데에서, 사회규범과 관행은 자식을 미묘한 여러 방법으로 친가 쪽에 더 단단히 연결한다. 많은 복잡한 사회와 달리, 이동하는 수렵채취인 집단은 대개 어머니를 통한 친족관계와 아버지를 통한 친족관계를 둘 다 강조하고 결혼 후 어디서 살 것인지에 대해 신혼부부에게 많은 유연성을 허용한다. 그러나 아빠 편 전체에게는 부성 확실성의 문제가 상존한다. 남아프리카의 칼라하리사막에서 옮겨 다니는 수렵채취인 주호안시Ju/hoansi족[a] 사이에서의 사회규범은 갓난아기의 아버지—아니, 더 정확히 말하자면 어머니의 남편—에게 아이 이름을 정할 특권이 있다고 지시한다. 이 규범은 또한 그 아버지에게, 젖먹이의 성별에 따라 자기 어머니 또는 아버지의 이름을 따서 아이 이름을 정할 것을 권장한다. 주호안시족은 이름을 공유하는 게 친조부모의 본질이 죽지 않고 살아가는 데에 도움이 되어서, 결과적으로 조부모뿐 아니라 친가 전체를 갓난아기와 결속시킨다고 믿는다. 조부모의 친척들은 갓난아기를 가리키면서 같은 이름의 노인에게 쓰는 것과 똑같은 친족관계 호칭을 쓰곤 한다. 할아버지의 딸이 갓난아기를 '아버지'라고 부르리라는 말이다.[12]

이 친가 편향은 특히 흥미로운데, 이것만 아니면 주호안시족의 친족관계는 상당히 양성평등주의적이어서, 친가와 외가 양쪽과의 유대를 동등하게 강조하기 때문이다. 이 편향된 작명 관행은 부성 불확실성이 뒤에 남기는 불균형을 무마함으로써 그 대칭성을 만들어내는 데에 도움이 될 것이다. 친가에 유리한 사회규범들이 사라진 많은 현대 사회에서는, 부성 확실성의 효과가 **모계**의 외조부모, 외삼촌, 이모가 **부계**의 해당 친척들보다 더 많이 투자하는 양상으로 나타난다.[13] 그래서 주호안시족의 관행은 갓난아기를 아버지의 부모에게 직접 연결시키는 동시에, '아버지'나 '누이'와 같은 친밀한 친족 호칭을 사용함으로써 아빠의 친척 모두를 더 가까이 끌어들인다.

더 넓게 보자면, 주호안시족 사회에서 같은 이름이 많다는 것은 사회생활의 중요한 특징 가운데 하나로서, 경제적으로 중요한 의미를 많이 함축한다. 심리적으로, 동명이인 만들어내기는 두 가지 맞물리는 방식으로 작동할 것이다. 첫째, 여러 실험이 학부생들이나 교수들 사이에서조차, 이름이 같거나 심지어 비슷하기만 해도 사람들의 상대방에 대한 호감, 유사성의 지각, 그 사람을 도울 용의가 커진다는 것을 시사한다. 예컨대 한 연구에서는, 설문에 첨부된 편지에 서명한 누군가의 이름이 자신의 이름과 비슷한 경우, 교수들이 설문지를 작성해 우편으로 돌려보낼 가능성이 더 컸다. 유사성의 지각은 동명이인이 어떻게든 우리의 친족 심리를 촉발할 것임을 시사한다. 우리가 다른 유사성의 단서들(예: 외모)을 써서 근연도를 판단한다는 것은 이미 알고 있기 때문이다.[14] 둘째, 설사 이 동명 속임수가 실제로 즉각적인 느낌의 변화를 촉발하지는 않더라도, 그것이 적절한 사회규범—남들이 감시하는 평판 기준—을 정하는 것은 여전하고, 그렇게 정해진 규범이 주호안시족 사이에서 고기를 공유하는 우선순위에서부터 물웅덩이의 소유권에 이르기까지, 관계에 관한 모든 종류의 중요한 것들을 명시한다. 작명 관련 규범이나 동명 관계는 다양한 사회 전역에 흔하고, 소규모 사회에서는 많은 사람들이 동명의 힘을, 이를테면 조세파Josefa, 조세테키Joseteki, 조세세스Joseses라는 내 야사와섬 친구들 이름을 들으면 자주 내(저자 이름은 조지프 헨릭Joseph Henrich이다-옮긴이)가 생각난다는 것을 직관적으로 알고 있다. 나 자신도 아이들 이름을 조슈아Joshua, 제시카Jessica, 조이Zoey라고 지어서, 내 이름과 머리글자 또는 운을 맞추었다.

진화와 경제학을 지향하는 많은 연구자들은 흔히 이와 같은 사회규범을 우리의 진화된 심리에 걸쳐진 피상적인 창에 지나지 않는다고 가정해왔지만, 증거는 이러한 사회규범이 깊이 파고들어 사회생활을 근본적으로 규정한다는 것을 시사한다. 이 같은 효과를 극명하게 부각시키기 위해, 결혼에 관한 사회규범과 믿음이 (1)짝 결속을 가볍게만 규제하는 사회, (2)결혼을 구조적으로 제거하고 짝 결속을 억압함으로써 남편, 아빠, 사돈을 완전히 없애버린 사회, (3)여성이 자식을 위해 '이차적 아버지들'을 얻는―추가로 사회적 아버지들을 만들어내는―일을 장려하거나 적어도 허용하는 사회를 살펴보자.

　　결혼 규범이 거의 없거나 약한 사회는 우리에게, 결혼 규범이란 게 우리의 선천적인 짝 결속 본능의 효과와는 달리 실제로 하고 있는 '일'이 얼마나 많은지 감을 잡게 해준다. 외부와 접촉하기 전까지 남아메리카 파라과이의 숲속에서 옮겨다니는 수렵채취인이었던 아체족을 생각해보자. 접촉 이전의 아체족은 짝 사이에 어느 정도 지속되는 결속을 맺기는 했고, 이러한 결속은 자식을 부계 친척들과 연결시켰다. 비록 사회규범이 형제자매 사이, 사촌 사이, 일정한 의례 관계자 사이의 연인관계를 금지하기는 했지만, 그 밖에는 공동체 전반에서 기대하는 사항 목록에 짝 결속 관련자의 행동에 관한 것은 거의 없는 듯했고, 짝 결속이 이루어졌음을 공동체의 의례나 공약으로 표시하지도 않았다. 이혼은 어느 한쪽이 일방적으로 개시했고 단순히 이사만 나가면 되었는데, 아체족 사람들은 가진 물건이 많지 않기에 어렵지 않은 일이었다. 여자는 14세, 남자는 19세 무렵부터 일련의 짝 결속 관계를 맺기 시작했다. 초기의 결혼들은 연애와 크게 다를 바 없었지만 여자가 같은 남자와 아이를 둘 또는 셋 갖게 되면 더 안정적인 관계가 되었다. 30세 이전에 여자는 평균 10회의 결혼을 경험했고, 첫 결혼은 100퍼센트 이혼으로 끝났다. 폐경 이후의 여자들도 평균 13회 결혼했다고 보고했고, 여자들 대부분에게 아버지가 다른 자식들이 있었다. 지속적인 복혼 관계는 흔치 않았지만(4퍼센트), 모든 여자가 어떤 시점에 한 번은 복혼 상태인 적이 있었다. 대부분 일부다처 형태였지만, 소수는 일처다부 형태였다. 어떤 남자들은 세 자매와 연달아 결혼해 자식들을 갖기도 했다. 어떤 여자들은 아버지와 그의 아들 모두와 시차를 두고 결혼했다고 전해졌다. 남자들도 어머니와 결혼한 다음 그녀의 딸과도 결혼했다고 보고했다.[15]

이는 대부분의 사회에서 발견되는 과도한 결혼 규범들이—좋든 나쁘든—원래 엉성한 우리의 짝 결속 본능을 보강하기 위해 작동하는 것임을 시사한다.

아버지가 없는 사회

....

중국 윈난성雲南省과 쓰촨성四川省 여러 지방에 흩어져 있는 나시納西족과 다른 세 민족집단은, 중국 정부가 자신들이 선호하는 결혼 규범을 소개하려고 적극적으로 노력했음에도, 최소한 천 년 동안 남편 또는 아버지가 없는 사회를 유지해왔다. 이 안정된 사회는 여성이 가장인 모계 가정들을 중심으로 조직되어 있다. 임신은 주로, 남자가 성관계를 위해 여자 집으로 살며시 들어왔다가 아침이 되기 전에 사라지는 '은밀한 방문'을 통해 이루어졌다. 아이 아버지가 누구인지는 관심사가 아니고(게다가 많은 경우 불확실하고), 유전적 아버지가 아이의 가정에 기여할 것을 기대하지도 않는 대신에, 남자들은 누이의 아이들에게 투자한다. 현지 언어에는 '아버지', '남편', '사돈'에 해당하는 말이 없다. 물론 나시족 남녀도 때로는 지속되는 관계를 형성하기는 하지만, 어떤 규범도 성관계의 배

타성, 영속성, 의례나 짝 사이의 의무를 규제하지 않는다. 따라서 사회규범이 짝 결속을 억압하고 부계 친족관계를 지워버림으로써, 이 눈에 띄게 안정적인 사회를 조직해온 셈이다.[16]

아버지가 여럿인 사회

심지어 결혼, 사회규범, 믿음이 있는 사회에서도 남성의 짝 결속 심리에서 비롯하는 성적 충실도에 관한 우려를 보강할 필요 없이, 다른 여러 방식으로 아이에 대한 투자를 장려할 수 있다. 많은 남아메리카 원주민 개체군은 아이가 어머니의 자궁 안에서 반복되는 정자 사정을 통해 형성된다고 믿는다. 이 믿음체계를 인류학자들은 분할부성partible paternity 이라는 이름으로 불러왔다.[17] 실제로, 이러한 사회의 많은 사람들이 단 한 번의 사정으로는 임신을 끝까지 성공시킬 수 없다고, 그래서 태아를 끝까지 살리려면 남자가 여러 달에 걸쳐 사정을 반복하며 '열심히 일'을 해야 한다고 주장한다. 여자는, 특히 처음 태기가 보인 뒤, 자기 아이에게 '아버지를 추가'해주기 위해 다른 남자 또는 남자들을 찾아 성관계를 갖는 게 허용되고, 때로는 장려되기까지 한다. 태아에게 정자를 제공하는 모든 사람이 이차적 아버지다. 이 가운데 몇몇 사회에서는 정기적인 의례로 사냥에 성공한 다음 혼외 성관계를 갖도록 규정함으로써 여러 아버지를 만들어내는 관행을 확립하고 공식화하는 데에 도움을 준다. 이차적 아버지들은—흔히 어머니가 출산할 때 이름을 밝히는데—어머니의 남편인 일차적 아버지만큼은 아니라도, (예컨대 고기와 생선을 가져다줌으로써) 자신들의 아이의 복지에 기여할 것으로 기대된다. 이차적인 아버지가 남편의 형제인 경우도 잦다.

이차적 아버지 얻기는, 적어도 때로는 적응적이다. 아체족과 베네수엘라의 바리족 사이에서 수행한 자세한 연구는 두 경우 모두, 아버지가 정확히 두 명인 아이들이 아버지가 한 명 또는 세 명이 넘는 아이들보다 15세를 넘어서도 살아남을 가능성이 더 높다는 사실을 보여준다.[18]

사회규범이 남성의 성적 질투를 그냥 사라지게 할 수는 없다는 점이 중요하다. 남자는 아내가 성관계를 할 다른 남자를 찾는 것을 좋아하지 않는다. 그러나 질투를 보이거나 질투에 따라 행동하게 되면, 성적 일탈을 이유로 아내를 감시하고 벌하면서 공동체의 지원을 받기는커녕, 오히려 그 남자가 반항적으로 행동하는—사회규범을 어기는—사람이 된다. 평판에 대한 우려와 규범이 여기서는 역전되어, 이제는 남편이 자신을 통제해야 한다. 공동체의 시각에서, 출산을 앞둔 어머니가 자기 아이를 위해 이차적 아버지를 만들어주는 것은 좋은 일로 간주되기 때문이다.

결혼 규범은 우리의 짝 결속 본능을 활용해 인간의 친족관계 체계가 확장되도록 돕는다. 이 일을 하는 동안 규범은 사돈들과 공유하는 적합도 이해관계, 남자가 자신과 성관계를 가졌던 여자의 자식에게 투자할 용의, 동명의 힘을 다양하게 이용한다. 그리고 한편으로는 남성의 성적 질투심(분할부성에서), 남성의 육아 투자(나시족 사이에서), 여성의 혼외 성관계 욕망(대부분의 사회에서), 일부다처주의 짝 결속(단혼 결혼 규범을 가진 사회 안에서)을 다양하게 억압할 때도 있다. 사회가 확장되고 더 복잡해지는 동안, 결혼 규범은 점점 더 집단 간 동맹을 강화하고, 평화를 증진하고, 더 규모가 큰 사회조직의 형태를 지탱하는 데에 사용되게 되었다. 하지만 심지어 가장 단순한 인간사회에서도, 이러한 규범들이 사회생활을 규정하면서 오래전부터 작동해왔다.

근친상간 회피에서 근친상간 금기까지

대부분의 다른 영장류와는 달리, 인간의 형제들과 자매들은 오래도록 지속되는 사회적 결속을 형성한다. 수렵채집 개체군 사이에서는 형제들과 자매들이 같은 군집에서 사는 경우가 많다. 다른 많은 전통 사회에서는 형제들이나 자매들 가운데 한쪽은 자신의 고향 공동체에서 계속 사는 반면 성별이 다른 쪽은 공동체 밖의 사람과 결혼하지만, 동기간 결속은 대체로 여전히 강하다. 다른 영장류와 마찬가지로, 형제-자매 결속을 확립하는 데에서 가장 중요한 요인은 성장하는 동안의 친숙함이다. 성별이 다른 동기간의 경우는 이 초기의 친숙함이 깊은 애정과 성적 회피를 둘 다 길러낸다.[19]

온갖 소규모 사회 곳곳에서 발견되는 엄청나게 다양한 친족관계 체계—일련의 사회규범—가 이 선천적인 심리적 성향을 먼 친척뿐만 아니라 까마득한 친척에게까지 활용하고 확장시켰다. 언급했듯이, 여러 사회규범이 유별적 동기간을 식별한 뒤 이 사람들을 진짜 동기간처럼 취급 **해야 한다**고 명시한다. 이 규범들은 (포크를 왼쪽에 놓기와 같은) '독립형' 사회규칙일 수도 있지만, 그것들이 우리에게 진화한 근친상간 심리를 자극한다는 사실 때문에 더 쉽게 배우고, 내면화하고, 남에게 강요할 수도 있다.[20]

그러나 일부 유명한 인류학자들이 암시하듯이, 자신의 진짜(유전적) 동기간과 유별적 동기간을 완전히 혼동하는 사람은 이런 사회 안에 한 사람도 없다. 예컨대 나 자신이 피지에서 연구하는 동안에도, 마을 사람들이 자신의 '진짜' 자매나 형제를 언급하는 소리를 이따금씩 들어왔다. 한 번은 어느 피지인의 부엌 밖에 서서 저녁식사를 궁금해하고 있는데, 그 집의 아내가 남편에게 자신을 변호하는 소리가 들렸다. 그녀가 최근에 차린 조그만 가게의 재고를 몽땅 자기 오빠에게 주어버린 모양이었다. "하지만, 내 진짜 오빠잖아요." 수세에 몰린 그녀가 피지어로 말했다. 그리고 이어서 설명하기를, 자기 오빠가 와서 너무도 공손하게 부탁 의례인 '케레케레'를 치렀다고 했다. 자기는 감동해서 설사 가게가 영원히 문을

닫는다 해도 오빠를 돕겠다고 마음먹었다는 것이다. 그녀와 그녀의 남편에게는, 부탁한 사람이 단순히 그녀의 많은 유별적 오빠 가운데 하나가 아니라 그녀의 **진짜** 오빠라는 사실이 핵심이었다.

이 진짜 대 유별적 동기간 차이를 근친상간의 맥락에서 활용해, 나는 피지인 팀과 함께 두 편의 이야기를 지어낸 뒤 두어 마을에서 무작위로 뽑은 성인들에게 우리 이야기를 들려주며 반응을 살폈다. 배경으로, 쿨라를 떠올려보라. 다시 말해 이 마을들의 사회규범이 요구하는 바에 따르면, 오누이는—진짜 오누이든 유별적 오누이든—결코 집 안에 둘만 있어서도 안 되고 결코 이야기를 나누어서도 안 된다. 한편, 그 마을의 집에는 문이 세 개 있고 누군가가 집에 있으면 온종일 열려 있어서, 지나가는 사람이 대개는 안을 흘끗 볼 수 있다는 점도 유의하라. 우리의 첫 번째 이야기에서는 **진짜** 오누이가 집 안에 둘만 앉아 이야기를 나누고 있었다. 우리의 두 번째 이야기도 똑같았는데, 다만 이번에는 오누이가 유별적 동기간이었다.

마을 사람들이 어떻게 반응했을지 짐작이 가는가? 내 학부생들은 대개 잘못 짚는다. 야사와섬 사람들은 두 이야기 모두에서 그 두 사람이 뭔가 잘못된 일을 하고 있다고 느꼈지만, 실제로 공동체를 화나게 했을 뿐만 아니라 급속히 퍼지는 심각한 소문거리로 밝혀진 쪽은 유별적 동기간이 보인 행동이었다. 마을 사람들은 진짜 동기간도 그 규칙을 깨서는 안 되기는 하지만, 그것은 사소한 일이며 아무 일도 생기지 않으리라고 느꼈다. 나의 피지인 참가자들은 선천적 근친상간 회피에 예방효과가 있어서, 이야기를 나누는 게 성관계로 이어질 가능성은 매우 낮다는 것을 이해하고 있는 것 같았다. 그러나 유별적 동기간에게 유일하게 효과적인 예방책은 끊임없는 감시와 공동체의 잠재적 분노였다. 이야기를 나누는 행동은 대부분의 사회에서 성관계에 이르는 중요한 한 단계로 여겨진다.

이게 바로 근친상간 회피와 근친상간 금기의 차이다. 근친상간 금기는 원래 가까운 친척들 사이, 특히 동기간의 성적 관심을 억압하기 위해 유전적 진화를 거쳐 발생한 선천적 직관과 정서적 반응을 활용하여, 가깝지 않은 친척들 사이의 성관계와 짝 결속을 규제하기 위해 문화적으로 진화한 사회규범이다. 선천적인 근친상간 회피를 활용해 먼 친척들을 '형제' 또는 '자매'로 분류함으로써, 문화적 진화는 인간의 행동을 통제할 강력한 수단을 확보했다. 근친상간 금기는 짝짓기와 결혼에 강하게 영향을 미칠 수 있고, 친족에 기반한 이타주의도 사회규범으로까지 확장될 수 있기 때문이다. 짝짓기와 결혼을 통제할 수 있으면, 더 커다란 사회 구조의 많은 부분을 비롯해 사람들의 인지와 동기를 구성하는 여러 측면까지 장악하게 된다.[21]

물론, 친족관계 체계를 구축하기 위해, 문화적 진화는 우리의 호혜 심리도 다양한 방식으로 활용한다. 한 가지 흔한 방법은 일련의 사회규범을 통해, 쿨라를 괴롭힌 교차사촌과 같은, 호혜에 기반을 둔 관계의 지배를 받는 모종의 친척들을 규정하는 것이다. 그러한 관계는 평등주의적이고, 느긋하고, 흔히 농담을 통해 확인된다. 이 호혜는 긍정적일 수도 있고 부정적일 수도 있는데, 괴롭힘을 당하는 사람이 곧바로 상대를 괴롭힐 수 있고 실제로 괴롭힐 것이기 때문이다. 그렇지만 결정적으로, 이것은 오래 지속되는 양자 교환관계 이상이다. 그 두 사람이 그러한 관계에 관해 지역적 규범이 규정하는 방식으로 행동하고 있음을 확실히 하기 위해 제삼자가 양자를 감시하고 있기 때문이다.[22]

내가 여기서 밝히려는 바의 요점은 인간 공동체—우리가 동맹하고, 돕고, 결혼하고, 사랑하는 사람들—는 우리의 사회적 본능을 다양하게 활용하고, 연장하고, 억압하는 사회규범에 의해 더 단단해진다는 것이다. 문화적으로 진화한 사회규범이 우리 종의 협력과 사회성에 깊이 영향을 주고 사회규범에 대한 의존성을 높임으로써, 우리는 다른 동물들과 사뭇 달라진다. 우리는 남들을 관찰하고 그들에게 배워 사회적 규칙을 습득한 뒤, 그것을 그 자체가 목적인 것처럼—적어도 어느 정도는—내면화한다. 문화적 학습은 우리가 남을 어떻게 판단하느냐에 영향을 주기 때문에, 저절로 보강되는 안정적인 사회적 행동의 방식들—사회규범—을 만들어낼 수 있다.

이 관점이 시사하는 바에 따르면, 사회규범과 믿음을 벗겨낸 우리는 결코 보이는 만큼 협력이나 공동체를 좋아하지 않는다. 그리고 더 나아가, 우리가 다른 포유류 종보다 더 그리고 우리 자체가 협동적인 이유는, 문화적으로 진화한 규범들이 사회적 환경을 구축한 뒤 그 환경이 아주 긴 시간에 걸쳐 우리 사이에서 공격적이고 반사회적인 유형(규범 위반자)을 벌하고 점차 솎아내는 한편으로 더 사회적이고 유순한 유형에게 상을 주었기 때문이다.[23] 11장에서, 이 문화-유전자 공진화 과정이 우리의 심리를 모양짓는 방법으로 우리 종을 길들인 탓에 우리가 불편할 정도로 개나 말 같은 동물과 비슷해졌음을 시사하는 증거를 살펴볼 것이다.

위에서 언급했듯이, 내 관점은 몇몇 저명한 진화 관련 저자들의 것과 대비된다. 그들이 시사해온 바에 따르면, 현대 사회에서 사회성과 협력이 관찰되는 이유는 현대의 제도들 때문이지만 소규모 사회, 특히 수렵채취인의 사회적 행동은 우리의 유전적으로 진화한 사회적 심리를 **직접** 반영한다. 이는 이 개체군들 사이에서 나타나는 사회적 상호작용과 협력의 양상들을 문화적으로 전달되는 규범, 관행, 믿음을 언급하지 **않고도** 설명할 수 있어야 한다는 의미다. 이 개체군들 안에서는 사회성이 편해야 한다. 이 생활방식에 아늑하게 들어맞도록 자연선택이 설계해 진화시킨 심리의 자동적 작용이니 말이다. 그러나 만약 내가 옳다면, 수렵채취인 및 다른 모든 사람 사이의 사회성과 협력은 우리의 선천적 동기와 기질을 증폭시키거나 억압하는 규범, 관행, 믿음에 의존해야 한다.

사회규범이 어떻게 우리의 짝 결속 본능과 아버지 노릇할 동기를 (때로는) 보강하기도 하고 우리의 근친상간 회피를 연장시키기도 하는지는 이미 살펴보았다. 이제 수렵채집 사회의 한 종류, 농경이 퍼지기 전 구석기 사회의 삶에 대한 통찰을 얻는 데에 으레 이용되어온, 이동하는 수렵채취인 사회를 조금 더 면밀히 들여다보기로 하자.[24]

수렵채취인 사이에서의 사회성과 협력
....

이동하는 수렵채취인 밴드band는 사냥을 비롯해 소중한 식량을 관대하게 나누는 것 같은 협력 행동으로 유명하다. 이러한 협력은 흔히, 수렵채취인들은 가까운 친척들로 이루어진 작은 집단에서 살고 있다는 말로 설명해왔다. 사실이라면, 이 주장은 친족선택이 관찰되는 협력의 많은 부분을 설명할 수 있다는 말이 된다.

구할 수 있는 가장 훌륭한 증거가 가리키는 바에 따르면, 이 설명의 문제는 수렵채취인들 대부분이 가까운 친족으로 구성된 집단에서 살고 있지 않다는 데 있다. 킴 힐과 그 동료들의 연구를 기반으로 한 〈그림 9.1〉이 주호안시족과 아체족 양쪽 군집들의 평균 구성을 보여준다. '일차 친족'에는 동기간, 이복동기간 부모가 포함되고, '먼 친족'에는 최고 다섯 세대까지 거슬러 올라가는(육촌까지 연장되는 혈연이 있는 모든 사람이 포함된다. 이 두 범주에 자신을 더해 모두 합쳐도, 군집의 4분의 1 정도밖에 차지하지 않는다) 이는 군집 관계의 4분의 3 정도가 유전적 근연도 이외의 뭔가를 기반으로 한다는 뜻이다. 자료가 더 자세한 아체족의 경우, 군집 구성원들은 평균적으로 아주 먼 친척일 뿐이다. 근연도가 육촌(0.031)보다는 조금 더

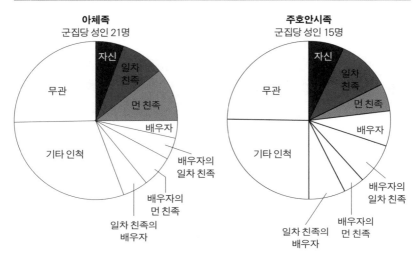

그림 9.1 파라과이의 수렵채취인인 아체족과 아프리카의 수렵채취인인 주호안시족에 속하는 평균적인 군집에서 서로 다른 종류의 관계가 차지하는 비율을 보여주는 원형 도표.

높고 친동기간(0.5)의 10분의 1 정도(계통적 근연도=0.054)다. 이처럼 미미한 근연도로 볼 때 협력은 거의 없을 테고, 장담하건대 인간은 가까운 친척들을 집단의 대부분을 구성하는 먼 친척 및 친척 아닌 사람들과 구별하도록 날카롭게 조율되어 있어야 한다. 전반적으로, 하나는 아프리카에서 뽑고 하나는 남아메리카에서 뽑은 이 두 수렵채집 개체군 사이의 유사성이 두드러지는데, 다른 수렵채취인 사회 30곳에서 뽑은 덜 자세한 자료와 비교해도 이 기본 그림은 흔들리지 않는다.[25]

그렇다면 이 밖의 친척이 아닌 군집 구성원들은 누구냐고? 아, 3분의 2는 배우자와 인척이다. 다시 말해, 한 군집 안에서 성인이 맺는 관계 가운데 절반이 넘는 유대를 결혼 규범이 만들어낸다. 짝 결속을 하는 영장류가 배우자 비슷한 결속 관계를 만들어낼 것이라고 논할 수는 있겠지만, 언급했듯이 영장류 인척들이 특별한 관계를 유지한다는 것을 시사하는 증거는 전혀 없다. 아마 어떤 이들에게는 놀랍겠지만, 인척 관계의 진화가 인간을 특별하게 만드는 핵심적 특징 가운데 하나일 수도 있다. 이 점을 어떻게 보건 간에, 군집은 문화적으로 구축된다. 오로지 결혼과 인척을 통해서만 수렵채집 군집을 '대다수가 친척'이라고 말할 수 있기 때문이다.

군집의 나머지 4분의 1에게는 혈연의 유대도 인척의 유대도 없다. 그럼에도 소규모 사회 대부분에서 그렇듯, 이들을 모두 친족관계 용어로 부를 가능성이 높다.[26] 이들은 유전적 친척은 아니지만, 모종의 친족으로 분류한다. 앞에서 살짝 비쳤듯이, 주호안시족 사이에서는 동명 관계를 써서 많은 사람들을 연결한다. 예컨대 우리가 남남이라도, 당신이 나더러 당신을 '어머니'로 부르라고 말할지도 모른다. 이유는 당신의 아들과 내가 이름이 같기 때문이다. 이 사실이 나에게 내가 당신을 어떻게 대해야 하는지를 알려줄 뿐 아니라, 다른 모든 사람에게 내가 당신을 향해 어떻게 행동해야 하는지에 대한 단서를 주기도 한다(예컨대 '엄마'와 시시덕거리거나 성적 농담을 하면 되겠는가). 사회규범을 통해, 문화는 우리의 친족을 기반으로 하고 짝을 통해 결속된 관계를 보강하고 우리의 좁은 테두리를 유전적 친족에서 문화적 친족관계로까지 극적으로 확장한다.

고기 공유

고인류학자들은 협력 사냥과 고기 공유가 인간의 진화에서 우리의 과거로 수백만 년을 거슬러 올라가는 결정적 요소였다고 믿는다. 인류학자들이 연구하는 수렵채취인들에게, 고기는 중요하고도 매우 가치 있는 메뉴로, 8장에서 보았듯이 사냥꾼들은 일반적으로 사냥의 성공을 통해 큰 명망을 얻는다.[27] 그러나 최고의 사냥꾼조차도 불운의 연속, 질병, 부상은 피할 수 없고 따라서 확실하게 지속적으로 포획물을 얻을 수는 없으므로, 고기 공유는 아마도 오래전부터 중요한 문제였을 것이다. 고기를 공유함으로써, 협력 사냥꾼들은 오랫동안 지방이나 단백질이 없는 밥상을 마주하는 일을 피할 수 있다. 이러한 이유 때문에, 일부 진화 연구자들은 수많은 수렵채집 군집에서 나타나는 광범위한 고기 공유가 선천적인 심리적 기질에서, 문화적 입력 없이도 탄생한다고 믿는다. 과연 수렵채취인들의 고기 공유는 본능적인 것일까?[28]

수렵채취인들 사이의 식량 공유를 자세히 들여다보면, 이 또한 사회규범에 의해 통제되고 '문화-제도적' 기술이라 부를 만한 것에 의해 촉진된다는 사실이 드러난다.[29] 예컨대 일정량의 고기를 문화적으로 구축된 친족 가운데 일정한 범주, 이를테면 사냥꾼의 사돈에게 가져다줄 것을 규정하는 사회규범에 더해, **소유권 이전**이나 **고기 금기** 같은 문화-제도적 기술들이 작용해 공유를 심리적으로 더 편하게 만든다. 이 기술들을 더 자세히 고려해보자.

많은 수렵채집 집단에서는 사냥꾼이 잡은 고기의 소유권이 고기를 분배하도록 지정된 제삼자에게로 확산 또는 이전된다. 자신의 땀과 기량으로 고기를 잡아온 게 아니기 때문에, 제삼자는 그 지역의 분배규범을 따르기가 더 편할 것이다.[30] 예컨대 주호안시족 사냥꾼들은 사냥하는 동안 다른 사람의 화살촉을 자주 사용한다. 사회규범은, 화살촉의 소유자가 그 화살촉으로 잡은 모든 포획물의 소유자가 되며, 이 소유자에게 그 고기를 분배할 책임이 있다고 규정한다. 사냥꾼들이 다른 사람의 화살촉을 즐겨 사용하는 까닭은, 그렇게 하면 공정하게 분배할 책임에서 벗어나기 때문이다. 여기서 '공정'은 지역의 기준이 정의하고, 분배가 그 기준을 벗어나는 기미가 보이면 곧바로 남들의 비판을 받게 된다. 예컨대 남녀 노인들이 흔히 화살촉을 소유하고 있다가 빌려주는데, 누구나 자신의 특별한 흑사로hxaro 교환협력자(이후에 자세히 다루겠다) 가운데 한 명에게서 (특히 스스로 화살촉을 만들 수 없는 경우) 그 화살촉을 선물로 받을 수 있다.[31] 이 제도는 사냥꾼을 소유권에서 해방시킴으로써 이기적 성향을 완화하고, 고기를 나눌 책임을 군집 안의 다른 사람들에게로 분산시킨다. 이 제도가 없다면, 다른 사람들은 고기를 나눠볼 일이 없을지도 모른다.

음식 금기도 수렵채취인 집단에서 고기 분배에 영향을 주는 요소 중 하나인데, 어떤 집단에서는 분배 전체가 그러한 금기들의 복잡한 체계에 의해 통제된다. 20세기 초 어느 칼라하리 수렵채취인들 사이에서 흥미로운 금기 체계 하나가 관찰되었다. 이 금기들은 커다란 포획물이 군집 전체에 널리 분배될 수밖에 없도록 실질적으로 보장했다. 여기서 사냥꾼 자신은 갈비뼈와 한쪽 어깨뼈만 먹을 수 있었고, 그 동물의 나머지는 그에게 금기였다. 사냥꾼의 아내는 뒷다리 부근의 고기와 지방을 받은 뒤, 그것을 공개적으로 조리해 다른 여자들과(여자들하고만) 나눠먹어야 했다. 금기에 따르면 젊은 남성은 복벽, 콩팥, 생식기 말고는 어떤 것도 먹을 수 없었다. 이 금기들을 하나라도 위반하면 훗날 사냥에 실패하게 된다고 믿었다. 그러한 믿음에서 군집의 다른 구성원들이 금기를 위반하지 않도록 확실히 하는 일에 대한 집단적 관심이 생겨난다. '네가 위반하면 사냥이 실패할 테고 그래서 내가 먹을 고기가 줄어들 테니, 나는 네가 금기를 어기지 않도록 다잡을 테야.' 같은 식이다. 이처럼 군집 안의 모든 사람이 (믿기로는) 저마다 금기 위반자를 감시하고 제재할 직접적이고 개인적인 동기가 있다.[32] 복잡한 금기 체계는 흔했고, 남아메리카, 아프리카, 인도네시아의 여러 수렵채취인들 사이에서 자세히 기록되어왔다.[33]

사냥할 특정 동물 종이나 동물의 일정한 부위를 특정 범주의 사람들이 못 먹게 하는 금기들은 흥미로운데, 학습자에게 이런 금기는 순전히 이기적인 행위를 주도할 수 있는 세상에서 실제 일어날 일처럼 보이기 때

호모 사피엔스

문이다. '나는 병을 피하고 싶은데, 어떤 동물 부위는 나를 아프게 할 테니 그 부위는 먹지 않는 게 최선일 거야.' 이러한 믿음은 결정적으로 아무도 모르는 사이에 공동체 안에서 공유를 유도한다. 그러나 만약 그러한 믿음들이 부정확하고 개인에게 희생을 요구한다면, 개인적 경험 아니면 '성공한 사람을 베껴라'와 같은 규칙들이 그러한 금기가 마침내 사라지는 결과를 낳지 않는 이유를 묻는 게 합당하다. 서로 연관된 세 가지 심리적 요인이 이에 맞서 작동한다.

1. 우리 인간은 선천적으로 고기 회피를 습득하기 쉬운 속성이 있을지도 모른다. 그 이유는 죽은 동물은 위험한 병원균을 옮기는 경향이 있기 때문이다.[34] 따라서 우리 인간은 다른 음식 회피보다 고기 금기를 습득하도록 준비되어 있다.

2. 이 금기들은 사회규범이므로, 위반하면 남들이 감시하고 비판한다. 이 요인은 여기서 특히 강력한데, 금기를 위반한 결과라고 믿어지는 (사냥 실패와 같은) 벌이나 불행을 (많은 경우에) 군집 전체가 느끼게 되기 때문이다.

3. 훌륭한 학습자는 자라면서 이 규칙을 습득한 뒤 (고기는 공개적으로 먹으니) 실제로도 결코 위반하지 않을 테고, 그래서 금기시하는 부위를 먹는 일을 결코 직접 경험하지 않을 테고 불운을 겪지도 않을 것이다. 금기를 위반한 데에 뒤따라 우연히 불운이나 질병을 겪은 드문 사례는 쉽게 기억되고 전달될 것이다(심리학자들은 이를 '부정 편향'이라고 한다). 반면에 위반한 뒤로도 오랜 기간 나쁜 일이 일어나지 않은 사례는 사람들이 정확한 기록을 계속하고 점검하지 않는 한, 눈에 띄지 않거나 잊히는 경향이 있을 것이다.

내 현장 경험에 의하면, 금기에 의문을 품는 회의주의자는 금기를 위반한 다음에 저조한 사냥 성과, 질병, 불운이 뒤따랐던 특정 사례들의 생생한 묘사와 마주칠 것이다.[35]

경이롭게도, 국지적 사회규범과 믿음의 세부사항은 엄청나게 다양하지만, 이동하는 수렵채취인 전체가 얻는 결과는 유사하다. 군집 구성원의 대부분 또는 전부가 큰 포획물에서 뗀 고기를 얼마간 얻는 것이다. 물론, 그렇다고 모든 사람이 동등한 몫을 나눠갖는다는 뜻은 아니다. 그러한 사회 다수에서, 우선권은 먼저 사냥꾼의 가까운 친족, 인척, 의례 협력자에게로 이어진 뒤, 이차적으로만 군집 전체와 방문자에게로까지 연장된다.[36] 문화적 진화가 고안해온 수많은 해결책—규범들의 조합—이 대충 같은 목적을 달성하는 것처럼 보인다. 반복되는 사냥 실패와 연관되는 위험을 군집 전체로 분산시키는 것 말이다.[37]

공동체 의례

칼라하리사막에 어둠이 깔리자, 많은 군집에서 온 주호안시족 여자들이 활활 타오르는 불을 빈틈없이 둘러싸고 높은음으로 합창하기 시작했다. 그러자 나방의 고치로 만든 부드러운 방울을 다리에 감은 남자들이 모여들어 여자들을 둥글게 에워싸고 발을 굴러 박자를 맞추며 춤을 추었다. 곧이어 여자들이 남자들의 발 구르는 소리와 방울 소리에 특별한 고음의 박수 소리를 보태기 시작했다. 가장자리에서 켜는 현악기들의 반주에 맞춰 여자들이 느움n/um을 소리 높여 노래하면서 본 행사가 시작되었다. 느움은 그들을 보호해줄 수도 있고 위험에 빠뜨릴 수도 있는 강력한 초자연적 실체다. 한두 시간 뒤, 춤추는 남자들의 줄이 여자들의 원을 슬그머니 뚫고 들어가 8자 모양을 만들기 시작했다. 몇몇 남자가 무아지경에 빠져들기 시작하면서, 춤은 더 격렬해졌다. 무아지경 상태에서 소리를 지르며 어둠 속으로 뛰쳐나가는 남자들이 점점 더 많아졌다. 그들은 귀신들과 싸우며 자신들의 신에게 쏟아지는 욕설에 맞섰다. 이 폭풍 같은 의례는 밤새 강렬해졌다 잦아들기를 반복하다가, 새벽이 되어서야 서서히 자취를 감추었다.[38]

이 같은 공동체 의례 39가지를 보아온 민족학자 로나 마셜은 이렇게 썼다. "사람들은 외부의 악한 힘에 맞선다는 주관적 느낌으로 단결하고, 친밀한 사회적 수준에서 단결하며 … 서로가 어떤 관계이든, 기분이 어떤 상태이든, 서로를 좋아하든 싫어하든, 사이가 좋든 나쁘든 그들은 하나가 되고, 음악에 휩쓸려 발을 구르고 손뼉을 쳐 기막히게 박자를 맞추며 함께 노래하고, 박수치고, 움직인다." 마찬가지로, 15년 뒤에 다른 주호안시 집단을 연구한 민족학자 메건 비즐도 이렇게 설명했다. "그 춤은 어쩌면 부시맨의 삶 중심에 있는 통합의 힘으로서, 우리가 완전히 이해하지 못하는 아주 심오한 방식으로 사람들을 한데 묶는지도 모른다."[39]

이처럼 심리적으로 강력한 공동체 의례는 여러 소규모 사회에서, 그리고 오스트레일리아 중심부의 사막에서부터 북아메리카의 대평원에 이르는 이동 수렵채취인 사이에서 흔히 볼 수 있다. 메건과 로나처럼 인간 공동체를 날카롭게 관찰한 사람들(이를테면 14세기의 무슬림 학자였던 이븐 칼둔)은 공동체 의례가 참가자들에게 강력한 심리적 영향을 주고 강한 개인적 유대, 깊은 신뢰, 심오한 집단 연대감을 만들어낸다고 주장해 왔다. 그러나 최근 들어 연구자들은 공동체 의례가 사회적 결속과 협력에 미치는 효과를 체계적으로 측정하고 더 나아가 의례들을 다음과 같은 유효 성분들로 분해하기 시작했다. (1)장단 맞춘 노래와 춤 또는 움직임(예컨대 행진) (2)합주 (3)극도의 신체적 탈진 (4)공동운명체라는 느낌 (5)함께 경험하는 위험과 공포 (6)초자연적 또는 신비적 믿음 (7)인과적 불투명성 또는 어쩔 방도가 없음(다시 말해 사람들은 의례를 그런 특정한 방식으로 거행

해야만 하는 이유는 잘 모르지만, 그렇게 **해야만 한다**는 것은 알고 있음).**40**

예컨대 최근의 여러 실험적 연구도 남들과 장단 맞춰 노래하기 그리고/또는 움직이기가 집단 안에서 소속감을 심화하고, 신뢰를 조성하며, 협력을 촉진한다는 것을 보여준다. 미국의 대학생들을 대상으로 한 실험을 보자. 설계자는 학생들을 네 집단으로 나눴다. 그런 다음 모든 집단에게 헤드폰을 통해 캐나다 국가를 들려주면서 집단마다 서로 다른 행동을 시켰다. 먼저 '장단 맞춰 노래하기' 집단에 속한 참가자들은 노래를 따라 부르라는 말을 들었고, 그 결과로 서로 장단이 맞게 노래를 불렀다. '장단 맞춰 노래하고 움직이기' 집단에 속한 참가자들은 장단에 맞춰 노래를 부르고 몸을 움직였다. 그 결과 두 집단은 서로 장단이 맞게 움직였다. 마지막으로 '엇박자로 노래하고 움직이기' 집단에 속한 참가자들은 '장단 맞춰 노래하고 움직이기' 집단과 같은 행동을 했는데, 다만 헤드폰에서 음악이 서로 다른 시간에 시작되었으므로 앞선 두 집단과 엇박자로 움직였다.**41**

이 연습이 끝난 뒤, 참가자들은 공동투자를 제안받았다. 구성원이 공동과제에 기부한 돈의 총액이 클 수록, 모든 사람이 집으로 가져갈 돈도 많아졌다. 그러나 모금된 투자액은 똑같이 분배되었으므로, 개인으로서는 과제에 돈을 기부하지 않음으로써, 다시 말해 사실상 남들의 기부에 무임승차함으로써 이익을 볼 수도 있었다. 결과는 장단 맞추기—함께 노래하며 움직이기와 노래만 함께 부르기 모두—가 협동적 기부를 더 크게 촉진함으로써 집단 전체에 돌아가는 금전적 보상액을 높였음을 보여준다. 네 살배기 아이들을 대상으로 한 같은 실험에서도 유사한 결과를 얻었다. 이 경우는 함께 음악을 연주하면 친사회성이 높아지는 양상으로 발견되었다.**42**

어쩌면 장단 맞추기보다 더욱더 지속적이고 힘이 센 것은 무서운 경험을 나누는 사람들 사이에서 벼려지는 강력한 사회적 결속일 것이다. 그 같은 경험은 통상적으로 남성의 성년식에 의해 다양한 방식으로 창조되어왔고, 많은 수렵채취인 사회에서도 찾아볼 수 있다. 예컨대 오스트레일리아 중심부의 아룬타족이 성년으로 들어가는 관문에는 10세부터 25세까지 대략 15년에 걸친 네 차례의 주요 의례가 포함된다. 오로지 그 지역 공동체에서만 봐도, 그 가운데 처음 세 의례에는 칠을 하고 분장을 해서 인간처럼 보이지 않는 사람들이 공연하는 일련의 섬뜩한 춤과 노래 가사를 통해 부족의 많은 구비설화를 배우는 것뿐만 아니라, 한 무리의 남자들에 의해 공중에 던져지고, 한밤에 납치되어 눈이 가려진 채 얻어맞고 짓눌린 다음, 침묵과 박탈의 기간들을 견디도록 강요당하는 과정이 포함되었다. 특히 사춘기가 시작된 직후에 거행하는 두 번째 의식은 돌칼을 써서 그 소년의 음경 포피를 잘라내는 할례로 막을 내렸다. 상처가 아물고 나면 머지않아, 세 번째 의식이 시작되며 마침내 소년의 음경을 밑면을 따라 세로로 길게 자른 다음, 핫도그처럼 틈새를 열어젖히는 요도 절개 의례에서 마침내 절정에 다다른다.

마지막 성년식은 부족의 연결망 전역에서 모인 20대 청년들을 대상으로 치러졌다. 모든 군집에게, 심지어 이웃집단에게까지 공식 초청장을 보내서, 모인 군집의 다수가 공연하는 춤과 노래와 함께 여러 달 동안 지속될 의식을 위해 특정 장소로 모이게 했다. 사람들은 병을 얻지 않으려면 이 초청을 거절해선 안 된다고 믿었다. 대개는 모든 것을 빼앗긴 채로 함께 격리되어 몇 달 동안 침묵을 강요당하면서, 성년식의 주인공들은 오래도록 이어지는 야간 의식, 춤 공연, 성스러운 이야기를 경험했다. 이 의례의 마지막 단계에서는 몸을 보호해주는 것이라고는 나뭇잎 한 겹뿐인 채로, 벌겋게 단 잉걸불[a] 바닥에 거듭해서 누워야 했다. 그리고 대략 4~5분 뒤 일어나도 좋다는 말을 들을 때까지, 연기로 숨이 막히더라도 그 잉걸불 위에서 버텨야 했다. 오직 불에 의한 이 고난을 이겨낸 다음에야, 이 젊은이들은 그 부족의, 제몫을 할 독립적인 성인으로 인정받았다.[43]

어쩌면 이 젊은이들은 이 의례를 당연한 과정으로 받아들여 두려워하지 않았을 것이라고 생각할 수도 있지만, 실제로 청소년들이 이 의식으로부터 도망치려고, 아직 이 관행을 도입하지 않은 먼 집단으로 이주하는 경우도 드물지 않았다.[44] 그럼에도 아룬타족의 노인은 그 의례가 "용기와 지혜를 전하고, 남자가 성품이 더 친절해져서 덜 싸우게 만든다"고 설명했다.[45] 오스트레일리아에서 이런 의례가 확산되는 것에 대해서는 10장에서 다시 살펴볼 것이다.

이러한 '공포의 의식'에 대한 체계적인 실험적 연구는 이제 막 시작되고 있지만, 이 의식들이 만들어내는 심리적 효과가 성년식을 치르는 젊은이들 사이에서, 그리고 잠재적으로는 관찰자들 사이에서까지, 지속적인 정서적 결속을 확립해주는 것으로 보인다. 심리적으로, 이러한 의식이 창조하는 강력한 정서적 기억은 어떤 식으로든 그 경험을 같이 나눈 사람들을 한데 묶는다. 이러한 결속은 함께 격렬한 전투를 경험해온 병사들 사이에서 관찰되는, '전우' 현상을 만들어내는 결속과 밀접하게 관련되어 있을 것이다.[46] 그렇지만 결정적으로, 이러한 경험을 통상적인 성년식에 도입함으로써, 문화적 진화가 부족집단 전역에서 끌려온 또래 남성집단 안에서 사회적 유대를 굳히는 방법을 설계해온 것이다. 아룬타족 노인들은 자신들의 의례가 어떻게 왜 효과가 있는지 설명할 수 없었고,

---

a 불이 이글이글하게 핀 숯덩이를 이르는 순우리말—편집자 주

호모 사피엔스

누가 그 규정을 설계했는지 아무도 모르는 게 분명했지만, 그것이 사회적 결속에 미치는 힘만은 스스로 알아차리고 있었다.

더 폭넓게 말하자면, 공동체 의례는 문화적으로 진화한 일련의 사회 규범으로서, 상당히 다양하기는 하지만, 흔히 우리 심리의 다양한 측면을 이용해 여러 방법으로 참여자들 사이에서 연대감, 신뢰감, 소속감, 협동심을 더 크게 길러낸다. 이는 다양한 사회 전반에 걸쳐 우리의 사회성과 협동심을 가꾸기 위해 문화적 진화가 동원한 제도-문화적 기술들 가운데 하나에 해당한다. 심지어 가장 작은 규모의 인간사회에서도, 공동체 의례는 군집들의 모음을 하나의 부족으로 묶는 사회적 섬유를 길러낸다.

군집 간 사회생활의 천을 짜는 실들

다른 영장류와 비교할 때, 수렵채취인들 안에서 이루어지는 사회생활의 가장 중요한 특징은 아마도 개인들이 사회적으로 연결되어 수많은 다른 집단에 흩어져 있는 다른 사람들의 엄청난 연결망 안으로 들어간다는 점일 것이다. 많은 수렵채집 사회에서는 군집의 구성원 자격 자체가 상당히 유동적이다. 극심한 사회적 긴장이나 가뭄 탓에, 또는 친구를 방문하기 위해 잠시 자신의 군집을 떠나야 할 때는 다른 군집을 장기간 방문하도록 문을 열어줄 수 있는 연줄들의 연결망을 이용할 수 있다. 대조적으로, 침팬지는 일정 영역을 순찰하고 방어하는 무리 속에서 산다. 10장에서 설명하겠지만, 무리들 사이에서 오가는 게 허용되어 있는 젊은 암컷이 아닌 한, 침입자는 눈에 띄자마자 공격받고 살해당한다. 문화가 어떻게 우리를 유일한 부족 영장류로 만들었는지 고려해보자.[47]

수렵채취인을 자신의 군집을 **넘어** 다른 군집들로 이어주는 연결고리 또는 사회적 유대는 무엇이 결정할까? 킴 힐, 브라이언 우드와 그의 동료들이 이동하는 수렵채취 집단 두 곳, 하드자족과 아체족 사이에서 최근에 이를 탐구했다. 하드자족은 탄자니아의 광대한 사바나 삼림지대에서 유목하는 수렵채집 군집에 속해 살면서 여전히 활과 화살로 사냥하고 뿌리, 덩이줄기, 꿀을 채취한다. 킴과 브라이언은 양 개체군에 속한 군집 수십 곳에서 뽑은 사람들에게, 전체 사회에서 무작위로 선택해 뽑은 일련의 다른 성인들과 주고받는 상호작용에 관해 질문했다. 도와주기, 함께 사냥하기를 비롯한 많은 연합과 관련된 상호작용들에 관해 묻고, 그다음에는 데이터 분석을 위해, 함께 사냥하기, 고기 주고받기, 같은 야영지에서 자기, 도와주기, 익살 떨기 같은 다양한 종류의 상호작용이 있기까지 어떤 관계 요인이 작용했는지를 물었다. 예상대로, 가까운(고모 이내의) 친족이라는 점이 중요했고, 타인의 5~10퍼센트 정도가 모종의 가까운 친족이었다. 아프거나 다쳤을 때 누군가에게서 먹을 것을 얻을 가능성은 상대가 가까운 친척이었을 경우 두 배가 넘었다. 유전적 근연도를 넘어 인척이라는 사실만으로 먹을 것을 얻을 가능성이 50퍼센트가 넘었다. 인척은 무작위로 선택한 표본의 15~20퍼센트를 차지했으므로, 이 범주는 총체적으로 기여도가 큰 편에 해당한다.[48]

혈연이나 인척 관계보다 훨씬 더 중요한 관계로서, '의례 관계'가 군집 전역에서 중요한 사회적 유대를 확립한다. 아체족의 의례에서는 출생 및 사춘기 의식을 통해 ('대부'처럼) 아이를 보조할 성인 후원자들이 앞으로 나선다. 그런 다음 이들은 이 의례의 일부로서, 아이의 부모와 어느 특별한 이름이 붙은 관계가 된다. 모든 의례 관계가 저마다 특정한 소임(예컨대 탯줄 자르기, 갓난아기 씻기기 따위)과 연관되어 있고, 그 결과로 사회규범의 통제 아래 평생 지속되는 갖가지 상호부조의 권리와 의무를 낳는다. 유전적 근연도를 일정하게 유지하고 있는 한편으로 의례 관계를 맺고 있다는 것은 아프거나 다쳤을 때 도움을 받는 것뿐만 아니라 고기와 정보를 공유하는 일과도 강하게 연관된다. 이 문화적으로 구축된 의례 관계는 가까운 유전적 근연도보다 훨씬 더 중요하며, 이 중요성은 아체족에게는 자신의 군집 바깥에 가까운 친족보다 의례 협력자가 두 배나 많다는 사실에 의해 더욱 커진다.

하드자족 수렵채취인 사이에서는 **에페메**라는 금기와 의례 무용이 비밀맹약 과정에서 남자들의 선별 집단을 묶어준다. 의례적으로, 이 남자들은 공동체 차원에서 커다란 포획물의 특정한 관절을 먹은 뒤 방해 받지 않는 조용하고 어두운 곳에서 공동체의 다른 구성원들을 위해 공연을 한다. 여기서도 데이터는 다시, 의례 관계가 아플 때 도움을 받는 것뿐만 아니라 고기와 정보를 공유하는 일과도 연관된다는 사실을 보여준다. 개인적인 의례 관계가 유전적 근연도보다 중요할 뿐 아니라, 개인마다 가까운 혈연관계보다 의례 협력자가 세 배나 많다.[49]

종합하자면, 의례 관계와 인척 관계는 둘 다 문화적으로 형성되고 영장류나 다른 동물에게는 존재하지 않는 것으로서 연합, 협력, 돕기, 나누기의 양상들에 관해 혈연보다 훨씬 더 많은 것을 설명해준다.

남아프리카 사람들과 주호안시족 또한 많은 군집들을 꿰뚫고 광대하게 서로 연결된 사회연결망이라는, 하드자족 및 아체족과 똑같은 목표를 이루어낸다. 이들 역시 인척 관계와 공동체 의례에 의존하지만, 동시에 **흑사로** 교환관계도 맺는다. 흑사로 교환협력자 관계는 문화적으로 정의되는 특수한 관계로서, 의무를 동반하고 지속적인 재화의 교환에 의해 유지된다. 사람들이 형성하고 물려받는 이러한 관계가 많아서, 협력자들 사이에서 선물로 주어지는 재화가 이 넓은 연결망을 통해 끊임없이 고동쳐 흐른다. 흑사로는 우리의 선천적 호혜 심리를 이용하는 것처럼 보이지만, 그런 다음 사회규범에 의해 힘을 얻고, 확장되고, 보강되며, 이 모두가 제삼자들에 의해 감시된다.[50]

이와 같이, 이동하는 수렵채취인이 가뭄이나 전쟁 시기에 의존하는 광대한 부족 수준의 사회연결망은 대체로 의례, 결혼, 교환과 연관된 사회규범을 포함한 다양한 유형의 사회규범에 의해 구성되고 길러진다.

더 나아가며

....

나의 주된 논점을 강조하는 것으로 마무리하자. 서로에게서 배우는 우리의 능력이 공동체 의례, 음식 금기, 친족관계의 규칙을 포함하는 일련의 사회규범을 탄생시키며, 이는 인간의 사회생활에 강한 영향을 미친다. 개인적 결정을 내리는 데에 있어 사회규범이 강력한 이유는 여러 가지가 있지만, 일반적으로 다음과 같다.

- 제삼자를 동원해 흔히 평판을 깎아내림으로써 규범 위반자를 감시하고 제재한다.
- 다양한 행위의 비용과 혜택에 대한 개인들의 인식(예: 음식 금기를 위반하면 사냥에 실패하게 된다)의 틀을 만든다.
- 결혼이 우리의 짝 결속 심리를 보강하듯이, 또는 의례가 장단 맞추기의 협력 유도 효과를 이용하듯이, 우리의 진화된 심리의 여러 측면을 활용한다.

이러한 사회규범은 이동하는 수렵채취인 사회를 포함한 모든 인간 사회에서 공동체와 협력을 이해하는 데에 결정적이다. 동시대의 수렵채취인에 대한 자세한 연구들은 결혼, 작명, 교환, 의례와 관련한 관행들이 어떻게 군집의 형성에 영향을 주고 군집들을 함께 부족으로 엮어넣는 더

호모 사피엔스

폭넓은 사회적 실들을 자아내는지를 보여준다. 심지어 우리 종의 진화사가 오래전부터 지녀온 중요한 특징이라고 흔히 주장되는, 수렵채집 군집에서 고기를 공유하는 관행조차, 문화적으로 구축된 친족관계 유대를 비롯해 소유권, 음식 금기, 의례적 관행에 관한 사회규범에도 결정적으로 의존한다.

지금까지, 집단들 사이에서 사회성, 화합, 협력을 촉진하는 것으로 보이는 다양한 사회규범들에 대해 대강 살펴보았다. 하지만 분명히, 많은 경우 사람들은 자신들의 규범이 어떻게 또는 왜 작동하는지, 아니면 자신들의 규범이 뭔가를 하고 있다는 사실 조차 이해하지 못한다. 게다가 음식 금기나 공동체 의례의 경우는 만약 사람들이 무슨 일이 벌어지고 있는지를 정확히 안다면—그들에게 정확한 인과 모형이 생기면—그 관행은 효력을 적어도 얼마간은 잃게 될 수도 있다.

그렇다면 이토록 집단에 유익한 규범들의 등장을 우리는 어떻게 설명할 수 있을까?

10장

집단 간 경쟁이
만든 문화적 진화의 틀

우간다의 밀림에서, 영장류학자들은 응고고에 사는 특별히 큰 침팬지 무리를 20년째 연구해오고 있다. 1999년 당시, 150여 마리로 이루어진 이집단은 29제곱킬로미터의 영토를 지배했다. 다른 침팬지 집단에서와 마찬가지로, 다 자란 수컷은 '경계 순찰'을 하러 나간다. 하지만 평소 움직일 때와 달리, 야간 탐험 도중에는 수컷들이 서로 어울리지도 먹지도 않고, 자신들의 영토와 인접한 다른 침팬지 무리들이 차지하고 있는 영토를 가르는 지역을 일렬종대로 조용히 지나간다. 그곳에서 경계를 따라 움직이다가, 때로는 다른 무리의 영토를 노리고 습격해 들어가기도 한다. 9년에 걸쳐, 이러한 정찰 도중에 감행한 114회의 공격으로 다른 침팬지무리의 구성원 21마리를 죽였다. 이 21건의 살해 가운데 13건이 그들의 영토 중에서도 북동쪽 구석으로 습격해 들어가는 동안에 발생했고, 따라서 특정한 한 무리를 노린 것이었다. 상대 집단의 정확한 크기는 확실치 않지만, 이처럼 많이 살해당한다면, 이 상대 집단의 침팬지 가운데 4

호모 사피엔스

분의 3쯤은 50세에 늙어서 죽기 전에 순찰에 의해 살해될 것으로 예상된다는 뜻이다. 2009년에는 암컷과 젖먹이를 포함한 웅고고 침팬지들이 이 새로운 영토에 주기적으로 들어가 마치 자기네 영토 한복판에 있는 것처럼 행동하기 시작했다. 최소 10년에 걸친 체계적 급습으로 상대 무리를 물리침으로써, 이 커다란 집단은 실질적으로 자기네 영토를 22.3퍼센트 확장할 수 있었던 것으로 보인다.[1]

우리와 가장 가까운 영장류 친척 가운데 하나에게 상당 수준의 치명적인 집단 간 경쟁과 영토 확장이 존재한다는 것은 집단 간 경쟁이 오래된, 심지어 우리 종의 문화적 학습에 대한 막중한 의존성보다도 더 오래된 것일 수 있음을 암시한다. 문화적 진화는 집단 간 경쟁이 이미 널리 퍼진 세상에서 등장해왔을 것이다.

유전적으로 진화하는, 우리의 문화적 학습을 위한 역량들이 문화적 진화와 사회규범을 탄생시키기 시작했을 때, 우리 종은 이미 안정된 사회집단 속에서 살고 있었을 가능성이 높다. 그러한 규범 가운데 많은 것은 견과를 쳐서 깨뜨리려면 특정한 유형의 돌을 사용해야 한다는 식의 제멋대로의 규범이었을 것이다. 하지만 때때로 식량 공유나 내부 화합('싸움 금지' 또는 '남의 짝 훔치기 금지'), 또는 공동체 방어에 협력하려는 노력을 만들어낸 친사회적 규범들도 등장하기 시작했을 것이다. 하지만 어떻게 그 같은 사회규범의 체계들이 이러한 기능을 수행하도록 문화적으로 진화해올 수가 있었을까? 9장에서 살펴보았듯이, 많은 사회규범들은 우리의 사회적 본능을 활용하고 확장하도록 설계라도 한 것처럼 보인다. 그럼에도 이러한 규범을 신봉하는 사람들 가운데 자기네 제도의 '설계' 또는 기능을 이해하는 사람은 거의 없다.

집단 간 경쟁은 친사회성을 조성하는 규범의 확산을 설명하는 데에 도움을 줄 수 있는 중요한 과정 하나를 제공한다. 서로 다른 집단은 서로 다른 사회규범을 문화적으로 진화시킨다. 협력을 증가시키는 규범들을 가지고 있으면 그런 규범이 없는 다른 집단들과의 경쟁에서 성공하는 데에 유리할 수 있다. 시간이 흐르면, 집단 간 경쟁이 그 같은 성공을 더 효과적으로 촉진하는 사회규범들을 한데 모아 조립할 수 있는데, 이러한 묶음에는 협력, 부조, 공유, 내부화합 유지와 관계있는 사회규범들이 포함될 것이다.[2]

지금부터 집단 간 경쟁의 가장 중요한 범주들을 논의하고 몇 가지 핵심 증거를 강조해두고자 한다. 11장에서는 긴 진화의 역사 속에서 우리가, 규범이 규제하고 또 그 규범 자체는 집단 간 경쟁에 의해 형성된 사회적 사회에서 살고 있다는 것이 어떻게 우리 종의 유전적 진화에 영향을 미쳤는지를 살펴볼 것이다.

한 집단에서 새로운 규범 하나가 등장하는 순간, 집단 간 경쟁은 그것을 곧바로 몇몇 연관된 과정을 통해 널리 퍼트릴 수 있다. 먼저 집단 간 경쟁의 다섯 가지 형태를 생각해보자.[3]

1. **전쟁과 기습**. 집단 간 경쟁이 문화적 진화에 영향을 주는 첫 번째 방법이자 가장 간단한 방법은, 격렬한 분쟁을 통해 어떤 사회집단이—더 큰 협력을 조성하거나 그 밖의 기술적·군사적·경제적 이점을 발생시키는 제도들 덕분에—다른 사회규범을 지닌 상대 사회를 쫓아내거나, 제거하거나, 흡수하는 방법이다.[4]

2. **분쟁 없는 집단별 차등 생존**. 충분히 가혹한 환경에서는 협력, 공유, 내부 화합을 촉진하는 제도를 가진 집단만이 어쨌거나 살아남아 퍼질 수 있다. 이러한 규범이 없는 집단은 멸종하거나 더 살기 좋은 환경으로 물러난다. 적절한 제도가 있는 집단은 예컨대 북극에서라면 고래 사냥에서 협력을 통해 생존율을 높인 덕분에, 사막에

서라면 가뭄과 같은 덜 협동적인 집단을 몰살시키거나 흩어버릴 충격에서 살아남은 덕분에, 새로운 생태적 지위를 얻을 수 있다. 우월한 제도를 가진 집단은 단순히 더 오래 버텨서 결국은 협력을 자극하는 규범을 덜 가진 집단을 대체한다. 인간은 아프리카에서 나와 확장해 들어간 가혹한 환경에 대해 유전적 적응물이나 선천적 성향이 거의 없었으므로, 그런 규범은 인간이 진화하는 동안 특히 더 중요했을 것이다. 이런 과정은 집단끼리 만난 적이 없어도, 집단 사이에서 폭력이 일어나지 않아도 작동한다.[5]

3. **차등 이주.** 사회규범은 내부 화합, 협력, 경제적 생산성이 더 큰 집단을 만들어낼 수 있으므로, 많은 사람들이 덜 성공한 집단에서 더 성공한 집단으로 이주하고 싶어할 것이다. 반면에 강요받지 않는 한 덜 성공한 집단으로 이주하려는 사람은 거의 없을 것이다. 시간이 흐르면, 더 성공한 집단은 인구가 유입해 확장될 것이고 다른 집단은 인구가 유출해 축소될 것이다. 이러한 이동은 소규모 부족 개체군의 경계에서 집단 갈아타기와 현대 세계의 국가 간 이민 유형의 차등적 비율 양쪽에서 모두 관찰되어왔다.[6]

4. **차등 번식.** 어떤 조건에서는, 집단 안에서 개인들이 아이를 낳는 비율에 사회규범이 영향을 미칠 수 있다. 아이들은 자기 집단의 규범을 공유하는 경향이 있으므로, 시간이 흐르면 더 빠른 속도로 아이를 낳는 집단의 사회규범이 다른 사회규범을 희생시키며 퍼지는 경향이 있을 것이다. 예컨대 일부 현대 종교는 이 점을 이용해, 출산을 촉진하는 신과 다산에 유리한 제도를 둔다.[7]

5. **명망 편향된 집단 전달.** 우리의 문화적 학습능력 때문에 개인들은 더 성공한 집단의 개인들을 우선적으로 주목해서 배우고 싶어할 텐데, 그런 집단에는 더 큰 경제적 성공이나 더 나은 건강을 가져

다주는 사회규범을 가진 집단도 포함된다. 그래서 생각, 믿음, 관행(예: 의례), 동기를 포함한 사회규범들이 문화적 전달을 통해, 더 성공한 집단에서 덜 성공한 집단으로 흘러들어간다.[8] 개인은 한 집단이 더 성공하게 되는 요인을 쉽게 구별할 수 없으므로, 성공과는 아무 상관없는 문화적 흐름(예: 머리 모양과 음악 취향)도 상당량 발생한다.

시간이 흐르면, 이 집단 사이를 오가는 과정들이 조합되어 서로 다른 사회규범들을 뭉치고 재조합해 점점 더 친사회적인 제도를 만들어낸다. 내가 말하는 '친사회적 제도'란 다른 집단과의 경쟁에서 성공하게 해주는 제도를 뜻한다. 집단 협력을 증가시키고 내부 화합을 조장하는 제도는 그 같은 제도에 포함되지만, 내가 말하는 게 도덕적 의미에서 '좋은' 또는 '더 나은' 제도는 **아니다**. 이 점을 강조해두기 위해 짚어두자면, 집단 간 경쟁이 선호하는 규범과 믿음은 때로 쉽사리 다음 골짜기에 있는 부족이나 국가에 '짐승', '비인간', '마녀'라는 딱지를 붙이고 그들을 몰살하려는 노력에 동기를 부여하는 결과를 낳을 수도 있다.

집단 간 경쟁은 얼마나 오래되었을까?
··········

문화적으로 진화한 구석기 조상의 제도들을 형성하는 데에서 집단 간 경쟁은 얼마나 중요했을까? 그게 우리의 유전적 진화에 영향을 미쳐왔을 만큼 오래전부터 문화적 진화를 만들고 있었을까?

수렴하는 여러 가닥의 증거가, 비록 모두 간접적 증거이긴 하지만, 집단 간 경쟁은 우리 종의 진화사 대부분에서 중요했을 것임을 시사한다.

호모 사피엔스

이에 관해 다각도로 접근하기 위해, 먼저 비인간 영장류를 살펴볼 것이다. 과거 어느 시점에는 우리도 영장류의 한 종에 지나지 않았으므로, 그들이 출발점을 제공하기 때문이다. 그런 다음, 우리 조상은 현대 민족 국가와는 아주 다른 사회에서 살았으므로, 소규모 사회들을 조사하면서 특히 수렵채취인에게 초점을 맞출 것이다. 이 가운데 어떤 사회도 어떤 의미로든 구석기 시대 개체군을 대표하지 않지만, 같은 문제들에 직면했고, 유사한 기술들을 사용했고, 많은 부분을 같은 자원에 의존했던 조상 인간사회의 대략적 유형과 잠재적 다양성을 살펴보면 많은 통찰을 얻을 수 있을 것이다. 끝으로, 이 여러 가닥의 증거를 고인류학적 성과들에 비추어 생각해봄으로써 인간 조상들의 생활양식을 재구성할 것이다. 이 작업은 발굴된 과거 개체군의 도구와 뼈, 옛날 환경의 복원 양쪽에서 통찰을 이끌어내며, 복원의 기초가 되는 자료는 장기적 환경 변화 양상을 분석하는 데에 도움이 되는 얼음과 깊은 호수 바닥에서 얻는다.

집단 간 경쟁에 관해 논하는 동안, 문화적 진화에 작용하는 힘에는 친사회적 제도를 선호하지 않는 다른 힘도 많다는 점을 명심하자. 집단 간 경쟁의 힘이 소모되거나 약해지면, 성공 편향된 문화적 학습(또는 순전히 합리적인 이기심) 때문에 개인은 자기 집단의 제도에서 '균열'을 찾아내어 자신 혹은 일가친척의 이익을 위해 그것을 조종하거나 이용한다. 역사가 보여주듯이, 모든 친사회적 제도는 집단 간 경쟁의 역학에 의해 새로워지지 않는 한, 시간이 가면 낡아서 마침내 이기심의 손에 무너진다. 다시 말해, 비록 시간은 오래 걸리겠지만, 개인과 연합체가 결국은 자신들의 목적을 위해 체계를 통제하거나 조종하는 방법을 알아내고, 이 기법이 퍼져나가 모든 친사회적 효과를 서서히 침식하게 된다.

먼저 전쟁과 기습을 통한 집단 간 분쟁에서 출발하자. 이 장을 시작하면서 보았듯이, 침팬지에게는 상당한 영토를 얻거나 잃게 될 수 있는 격렬한 집단 간 분쟁이 상존한다. 공격적인 집단 간 상호작용은 많은 영장류 종에서 흔하지만, 침팬지는 인간과 침팬지의 공통조상이 지녔을지도 모르는 모습에 대해 이해하기 쉬운 모형을 제공하기 때문에 특히 더 흥미롭다. 현대의 침팬지들이 하는 것이라면, 우리와 침팬지가 공유하는 공통 영장류 조상도 했을 법하다. 위에서 본 응고고에서는 치사율이 유별나게 높지만, 다른 현장에서 모은 자료는 침팬지가 집단 간 분쟁으로 사망에 이르는 비율은 4~13퍼센트 범위로, 앞으로 보게 되듯이 많은 소규모 인간사회와 유사하다는 것을 시사한다. 집단 간 공격은 응고고 말고도 네 군데의 침팬지 연구 현장에서 잘 기록되어왔으며, 영토 확장은 응고고의 개체군 말고도 다른 두 개체군에서 관찰되었다.[9]

침팬지도 문화적 전통에 해당할 가능성이 있는 약간의 행동양식을 드러내긴 하지만, 이들에게 사회규범이 있음을 시사하는 믿을 만한 증거는 아직까지 전혀 없고, 집단 간 경쟁에서 성공을 촉진하는 규범은 말할 나위도 없다.[10] 이는 집단 간 경쟁이 문화적 진화보다 먼저 등장했고 등장하기 시작하자마자 규범을 만들어가기 시작했을 수도 있음을 시사한다. 그러나 설사 처음에는 집단 간 경쟁이 존재하지 않았더라도, 문화적 진화가 응집된 (지키고 통제할 수 있었던) 자원을 이용할 노하우와 사회규범을 만들어냈을 테고, 그 노하우와 사회규범은 집단 간 차이—힘의 불균형—를 낳았을 것이며, 집단 간 차이가 집단 간 경쟁을 발생시켰을 것이다. 물론, 인간이 진화를 거치는 동안 집단 간 경쟁을 억제하는 어떤 일이 일어났을 가능성도 있다. 그래서 우리는 소규모 사회들이, 그리고 특히 수렵채취 집단들이 실제로 집단 간 경쟁을 경험하는지 질문해 볼 필요가 있다.

마침, 소규모 사회에서 벌어지는 집단 간 경쟁의 한 형태인 전쟁은 사실 뜨거운 주제다.[11] 답은, 분쟁도 많고 분쟁 비율의 가변성도 크다는 것이다. 그리고 농경사회와 목축사회가 대부분의 수렵채취인 사회보다 훨씬 더 많이 싸운다는 것은 분명한 사실이지만, 상당한 증거가 많은 수렵채취인 개체군도 높은 치사율과 많은 영토 상실을 안겨준 지속적이고 격렬한 집단 간 분쟁을 겪었음을 보여준다. 수렵채취인 사이의 전쟁에 관한 증거들을 검토한 결과는 이러한 사회의 70~90퍼센트가 전쟁이나 기습을 (해마다 분쟁을 겪으며) '끊임없는' 일로 경험하거나 (최소 5년마다 한 번씩 분쟁을 겪으며) '잦은' 일로 경험한다는 사실을 보여준다. 폭력적인 집단 간 분쟁이 직접적 사인인 사망의 비율은 민족지학적 관찰을 근거로 하면 평균 15퍼센트이고, 공동묘지의 고고학적 연구 결과를 근거로 하면 13퍼센트다(침팬지의 사망률은 4~13퍼센트였음을 기억하라). 이것은 유럽이나 미국의 20세기에 측정한 같은 비율들이 모두 1퍼센트에 미치지 못하는 것에 비하면 매우 높지만, 산업혁명 이전의 많은 농경사회에 비하면 낮은 것이다.[12]

시간이 흐르면서 수렵채취인 집단 사이의 분쟁은 인명 손실을 넘어, 영토(그리고 따라서 자원)의 체계적 득실을 가져왔다. 민족사 자료가 있는 다섯 집단에서는 영토의 득실이 세대(25년)당 3~50퍼센트로 평균이 16퍼센트였다. 이것은 좀 걱정할 만한 숫자인데, 그것은 다섯 집단 가운데 네 집단이 북아메리카 서부에 있어서 농업 종사자들이 이들의 영토 확장에 적어도 간접적으로는 영향을 주었을 것이기 때문이다. 그러나 설사 오스트레일리아 수렵채취인들의 방대한 대륙 한가운데에서 살았던 왈피리족의 3퍼센트를 취하더라도, 100제곱마일의 영토는 600년마다 두 배가 넘게 불어날 것이다. 호모속이 기원한 이래로 200만 년도 더 지났음을 고려하면 한순간이었을 5,000년만 지나면, 원래 워싱턴 D. C. 크기(100제곱마일)였던 영토는 인디애나주의 크기(3만 6,417제곱마일)로 확대될 것이다.[13] 다시 5,000년가량이 지나면, 이 속도로 확대되는 집단은 아시아 대류 전체를 덮고도 남을 만큼 많은 집단을 대체할 수 있을 것이다. 간단히 말해, 세대당 3퍼센트만 되어도 충분히 빠르다.

더 명확히 하자면, 유목하는 수렵채취인 사이의 분쟁은 더 복잡한 사회에서 벌어지는 전쟁과는 아주 달랐다. 분쟁은 대부분 기습이나 매복을 수반하는데, 이는 몰래 갑자기 침입해서 숫자로 압도하는 데에 의지했으므로 위험이 크지 않았다. 전형적으로 공격자가 피해자보다 훨씬 피해가 적었다. 피해자들이 자기편의 은밀한 기습으로 복수를 하기 전까지는 말이다. 막상막하의 격전도 일어나기는 했고, 때로는 한 편에 수백 명이 엮이기도 했지만, 그런 경우는 비교적 드물었다. 이웃 집단과 지속적 적대 기간을 경험한 집단도 흔했는데, 이 기간 동안 낯선 사람은 그 자리에서 죽였고, 집단 사이에는 무인지대(일종의 비무장지대)를 유지했다. 이 같은 양상을 보면 침팬지가 떠오르지만, 이 적대관계는 거주집단 사이에서 일어난 게 아니라, 관습과 언어를 공유하는 많은 군집이 서로 연결되어 이루어진 부족 수준의 개체군 사이에서 일어났다는 점이 결정적으로 침팬지와 다르다. 다시 말해, 집단 간 분쟁이 인간의 경우는 훨씬 더 큰 규모에서 일어났다.

구석기 세계에는 그보다 훨씬 더 쉽게 집단 간 분쟁이 일어났을 것이다. 최근 1만 년 동안 경험한 기후는 상대적으로 안정되었던 데에 비해, 우리가 진화사 대부분에 걸쳐 경험한 기후는 변동이 훨씬 더 극심했기 때문이다. 그 옛날 개체군들은 끊임없이 왔다갔다하는 계절과 오르락내리락하는 바다에 대처해야 했을 뿐 아니라, 어마어마한 폭풍, 홍수, 화재, 가뭄을 더 자주 겪었을 것이다. 이러한 변화가 더 많은 전쟁을 촉발했음을 두 종류의 증거가 암시한다. 첫째, 7,000년에 걸쳐 캘리포니아의 바다에서 수렵채취 생활을 했던 개체군들에 대한 고고학적 기록이, 자원을 압박하는 기후 변화 기간에 폭력이 가장 흔하다는 것을 보여준다. 둘째,

호모 사피엔스

다양한 소규모 사회에서 뽑은 광범위한 표본과 동아프리카에서 뽑은 지역적 표본 둘 다에서 얻은 민족지 자료를 써서 전쟁을 정량적으로 분석한 결과가, 예측할 수 없는 환경이 집단 간 전쟁을 증가시킬 수 있음을 가리킨다.[14] 따라서 구석기 시대를 특징지은 예측 불가능한 환경은 십중팔구 집단 간 경쟁을 격화시켰을 것이다.

집단 간 경쟁은 종종 폭력이나 전쟁 없이 제도가 문화적으로 진화해 가는 틀을 만들기도 한다. 뉴기니의 한 촌락이 지역에서 더 성공한 어느 집단의 제도를 관행, 의례, 믿음을 포함해 노골적으로 베끼기로 결정했던 사례를 살펴보자.

뉴기니의 고산지대 전역에서는 한 집단이 키울 수 있는 돼지 수가 지역 내 다른 집단들과의 경쟁에서 거두는 경제적·사회적 성공과 직접 연관된다. 돼지 교환 의식이 집단들로 하여금 동맹을 맺고, 빚을 갚고, 아내를 얻고, 과도한 관대함의 표시를 통해 명망을 낳게 해준다. 이 모든 것이 뜻하는 바는 돼지를 더 잘 키울 수 있는 집단이—출산과 인구 유입에 의해—더 급속히 수를 늘릴 수 있고, 따라서 영토를 확장할 잠재력이 있다는 것이다. 소규모 사회에서는 집단 간 전쟁에서 집단의 크기가 매우 중요하므로, 큰 집단일수록 영토 확장에 성공할 가능성이 높다. 그러나 더 성공한 집단이 얻는 명망이야말로 그들이 경쟁적 우위를 점하게 해준 바로 그 제도, 믿음, 관행이 빠르게 확산되는 원인일 것이다. 다른 집단들이 그들의 전략과 믿음을 도입하기 때문이다.

1971년, 인류학자 데이비드 보이드는 뉴기니의 이라키아 마을에서 사는 동안 명망 편향된 집단 전달을 통한 집단 간 경쟁을 관찰했다. 이라키아의 연장자들은 자신들의 명망이 낮고 돼지 생산도 저조한 상황을 개선할 방법을 알아내려고 일련의 회의를 소집했다. 돼지 생산량을 높이기 위한 수많은 의견이 제시되었지만, 합의를 이루기 위한 오랜 과정 끝에,

마을의 연장자들은 어느 명망 있는 씨족 지도자의 의견을 따르기로 했다. 그들은 "포레족을 따라야 합니다"라며 그들의 돼지 관련 축산 관행, 의례를 비롯한 여러 제도를 도입할 것을 제안했다. 포레족은 그 지역에서 성공한 큰 민족집단이면서, 돼지 생산으로 유명했다.[15]

포레족에게서 모방한 아래와 같은 관행, 믿음, 규칙, 목표가 그다음 마을 총회에서 공표되었다.

1. 마을 사람 모두 자신의 돼지를 위해 노래하고, 춤추고, 피리를 연주해야 한다. 이 의례를 지키면 돼지가 더 빨리 더 크게 자란다. 잔치에서는, 화덕에서 꺼낸 것을 돼지에게 먼저 먹여야 한다. 사람은 두 번째로 먹는다.

2. 돼지를 남의 밭에 들어갔다는 이유로 죽여서는 안 된다. 돼지 주인은 밭 주인이 울타리를 고칠 때 거들어야 한다. 분규는 포레족이 쓰는 절차에 따라 해결될 것이다.

3. 돼지를 다른 마을로 보내는 것은, 공식 축제의 연회를 위해서가 아니면 금기다.

4. 여자는 돼지를 더 잘 보살피고 더 많이 먹여야 한다. 여기에 더 들어가는 시간을 벌기 위해 여자는 잡담 시간을 줄여야 한다.

5. 남자는 돼지를 먹이는 여자를 위해 고구마를 더 많이 심어야 하고 돼지가 일정한 크기로 자라기 전에 삯일을 하러 먼 읍내로 떠나서는 안 된다.

1번과 2번은 곧바로 실행되었다. 데이비드는 얼마간 마을에 더 머물면서 마을 사람들이 나머지 관행들을 정말로 도입했음을, 그리고 돼지 생산량도 단기적으로는 정말로 증가했음을 확인했다. 불행하게도 장기적

호모 사피엔스

으로 무슨 일이 일어났는지는 모르지만 말이다.

이 사례에서 세 가지 특징을 강조하고 싶다. 첫째, 이 요소들 가운데 다수와 돼지 생산량 사이의 실질적인 인과적 연결고리는 불분명하다. 어쩌면 노래를 들은 돼지가 실제로 더 빨리 자랄 수도 있지만 이는 명확하지 않고, 아무도 이 사실을 예컨대 실험을 통해 규명하려 하지 않았다. 둘째, 마을 지도부가 의존하기로 한 것은 다른 집단의 제도를 모방하는 쪽이었지 그들 나름의 제도를 맨 처음부터 설계하는 쪽이 아니었다. 이는 현명한 처사다. 우리 인간은 백지 상태에서 제도를 설계하는 일에 최악이기 때문이다. 셋째, 이 집단 사이의 전달이 급속히 일어난 이유는 이라키아 사람들이 그 마을에 이미 정치적 제도 하나를 갖고 있었기 때문이다. 제도에는 모든 씨족의 연장자로 구성된 위원회가 딸려 있었고, 위원들에게는 공동체 수준의 사안을 결정할 권위가 전통(사회규범)에 의해 부여되어 있었다. 이 같은 의사결정제도가 없었다면, 포레족의 관행들은 가구에서 가구로 퍼져야 했을 테고 따라서 확산 속도가 훨씬 느렸을 것이다. 물론, 그 같은 정치적 의사결정제도 자체도 집단 간 경쟁에 의해 선호된다.

더 넓게 보면, 이 사례는 전혀 독특하지 않다. 뉴기니를 비롯한 곳곳의 많은 민족지와 민족사가 더 성공한 집단에게서 제도와 의례를 모방하는 것은 흔한 일임을 가리키기 때문이다. 예컨대 뉴기니 고산지대에 사는 소규모 농경집단인 엥가족을 깊이 있게 연구한 결과도, 의례적으로 자극되는 일련의 규범과 정치적 믿음('컬트')이 퍼지는 데에 집단 간 경쟁이 미치는 효과를 드러낸다. 그 컬트는 지역 공동체들 사이에서 '정체성, 복지, 통합'을 촉진했다. 이러한 제도적 묶음에는 9장에서 설명한 심리적으로 강력하고 무서운 성년식도 포함되었다.

민족지학자 폴리 위스너와 아키이 투무에 따르면, 이러한 컬트가 언어의 경계를 넘어 쉽사리 전달되는 경우는 (1)주는 쪽과 받는 쪽이 같은 종류의 문제에 직면하여, 바탕에 깔린 믿음과 겉으로 드러나는 절차가 중요한 의미를 가질 때. (2)그 컬트의 소유자들이 성공했다고 여겨졌을 때 더 성공한 것처럼 보이는 사람을 따라 하기 위해서뿐 아니라 영적 세계와 의사소통하는 새롭고 더 효과적인 방법을 습득하기 위해서도 수입되었다.[16]

어떤 경우에는 덜 성공한 공동체가 결정적인 세부사항을 더 확실히 알아보려고 더 성공한 공동체를 찾아가 대가를—흔히 돼지로—지불하고 그들의 의례와 제도에 관해 배운다.

다른 곳인 뉴기니 세픽 지역의 마을들은 인구가 약 300명을 넘으면 대개 무너진다. 티격태격하던 씨족들이 쪼개져서 떨어져나가기 때문이다. 그러나 일라히타라는 이름의 한 아라페시족 공동체는 이 지역 다른 모든 마을의 크기를 훨씬 초과해, 민족적으로 다양한 1,500명의 개체군을 유지하고 있다. 이 지역적으로 엄청난 인구와 함께 연대를 유지하는 능력이 군사적·경제적 위협이 상당한 지역에서 성공과 안전 둘 다를 지켜냈다.

인류학자 도널드 터진은 일라히타가 다른 공동체들과 달리 그처럼 큰 규모를 유지한 비결에 대해 자세히 연구했다. 그는 지난 세기 동안 일라히타가, 그것을 에워싼 신비한 믿음 체계 안에 안락하게 자리잡고 있는, 의례적으로 자극되는 형태의 사회조직을 도입했음을 발견했다. 이 묶음이 공동체를 재조직해 하위집단들 사이에 서로 교차하는 상호의존성을 창조했고, 의존성은 다음 의례에서 신성화되었다. 일라히타가 공을 들인 이 제도—의례 복합체—의 기본 요소들은 1870년경에, 크게 성공해서 공격적으로 확장하고 있던 아벨람이라는 집단에게서 모방한 것이었다. 아벨람의 복합체를 습득해 새로 장착하고 명백히 개선한 덕분에 일라히타는 그 집단에 맞서 이후로는 군사와 경제 양면에서 성공을 거둘 수 있었다. 일라히타는 적대적인 이웃에서 도망쳐나오는 난민의 유입과 동화를 통해서도 성장해왔고, 이는 차등 이주를 통한 집단 간 경쟁의 사례에 해당한다.[17]

민족지학적으로 다채로운 이 사례들은, 시간이 가면서 공동체 크기와 정치적 복잡성이 커짐에 따라 점점 더 효과적인 사회 결속 의례들이 퍼졌음을, 그리고 커져가는 군사적·경제적 경쟁의 강도가 이 사회적 진화를 주도했을 것임을 시사한다. 이러한 제안은 최근에 문화를 비교하는 통계적 방법을 써서 소규모 사회들을 분석한 결과로 볼 때, 전쟁을 많이 하는 사회일수록 남성에게 더 무섭고 더 큰 희생을 요구하는 의례가 존재하는 것과도 들어맞는다. 많은 사례에서, 전쟁의 위협이 명망 편향된 집단 전달을 통해 의례의 확산을 주도하는 것으로 보이고, 이렇게 해서 이 두 형태의 집단 간 경쟁이 상승적으로 결합해 더 협동적인 문화적 형태를 선호한다.[18]

폭력적 분쟁, 영토의 득실, 더 성공한 집단의 제도를 통째로 베끼는 일의 존재는 우리에게, 집단 간 경쟁의 결정적 요소 일부는 아무리 규모가 작은 인간사회에도 존재할 뿐만 아니라 흔하다는 점을 보여준다.[19] 그러나 이 민족지학적 사례들은 이처럼 상대적으로 단기적인 상호작용들이 장기적으로도 문화적 진화에 중요한지, 다시 말해 수백 년 또는 수천 년에 걸쳐 제도와 사회조직의 형태, 그리고 궁극적으로는 사회적 심리의 틀을 체계적으로 만들어가는 여러 방식에서도 중요한지에 대해서는 말해주지 않는다. 과연 집단 간 경쟁은 인간이 진화하는 동안 우리의 유전자와 심리가 오랜 시간에 걸쳐 맞닥뜨렸던 사회적 세계들을 형성하는 데에 기여했을까?

수렵채취인의 확장

....

수렵채취인 집단의 일부가 수백 년 또는 수천 년에 걸쳐 다른 수렵채취인 집단을 희생시키며 확장하고 있었다는 증거는 현재로서는 없는 편에 가깝다. 그 까닭의 일부는 체계적으로 퍼져나가고 있는 한 집단에 관해 구할 수 있는 증거의 대부분에 수렵채취인 또는 다른 농민과 목축민 집단을 희생시키며 확장하고 있는 농민이나 목축민이 관련되는 데에 있다. 이러한 개체군 확장의 대부분은 제도나 사회조직의 형태, 아니면 기술의 격차에서, 혹은 둘 다에서 유래했다. 12장에서 살펴보겠지만, 어느 집단의 도구와 무기, 그리고 다른 기술들의 묶음이 얼마나 크고 복잡한지에는 그 집단의 사회제도가 막중하게 영향을 끼치므로, 지속되는 기술적 차이는 제도적 차이와 깔끔하게 분리할 수 없다. 농부들이 수천 년 전에 지구를 접수하는 데에 막대한 성공을 거둔 탓에, 더 오래된 수렵채취인의 확장은 찾아내기가 힘들어졌다. 그 결과로 어떤 사람들은, 집단 간 경쟁을 통한 지속적인 확장은 농경사회와 목축사회 특유의 사정일 뿐, 이동하는 수렵채취인은 이로부터 자유로울 것이라고 생각해 왔다. 그렇다면 농민이나 목축민이 뒤늦게 다다른 지역을 살펴볼 필요가 있지 않을까?

지금부터 우리는 유럽인이 도착할 때까지 수렵채취인의 대륙이었던 오스트레일리아로, 북극으로, 북아메리카 서부의 대분지Great Basin로 갈 것이다. 고고학적 기록을 깊이 파고들어야만 눈에 띄는 잠재적인 수렵채취인 확장의 사례들과는 달리, 더 근래에 있었던 이 확장들은 우리가 언어적·고고학적·유전적·민족지학적 증거를 통합하여 실제로 일어났던 일을 더 선명하게 그려낼 수 있게 해준다.

파마늉안어의 확산

오스트레일리아에서는 왈피리 족이 해마다 3퍼센트씩 영토를 늘려가고 있었음을 보았다. 그러나 이것은 우리에게 그 속도가 이를테면 5,000년 동안 지속될 수 있었는지에 대해서는 아무 말도 해주지 않는다. 어쩌면 집단들은 몇 세기에 걸쳐 득실이 달라질 뿐이어서 **최종** 결과는 전혀 없는지도 모른다. 결정적으로, 왈피리족은 독특한 파마늉안어족의 일원인 것으로 밝혀진다. 〈그림 10.1〉에서 보이듯이, 이 단 하나의 어족이 오스트레일리아의 8분의 7(그림의 흰 부분)을 뒤덮는다. 그 밖에 20여 개쯤 되는 오스트레일리아 원주민 언어의 어족들은 모두 대륙의 나머지 8분의 1에 몰려 있는데, 모두 북부의 카펀테리아만(버크와 윌스가 갔던 곳) 바로 서쪽에 있다. 이 언어의 정형화는 파마늉안어족 자체에 대한 더 자세한 분석 결과와 더불어 잘 알려진 언어적 징후를 드러내는데, 이 징후는 대개 확장을 표시한다. 이러한 분석들이 파마늉안어는 퀸즐랜드주 북서부에서 3,000~5,000년 전부터 확장하기 시작해 점차 대륙의 대부분으로 퍼졌음을 가리킨다.[20]

이러한 언어의 특징은 고고학, 전염병학, 유전학, 민족지학 자료에 의해 더 선명해진다. 고고학적 관점에서 보자면, 파마늉안어의 확장이 일어나고 있던 때와 대략 같은 시기에, 특유의 '등이 있는 돌날backed blade'을 포함한 새롭고 색다른 석기들이 오스트레일리아 전역에 나타나기 시작했다. 이 새로운 도구들의 분포가 파마늉안어의 분포와 대략 맞아떨어진다. 나두 같은 각양각색의 씨앗들을 가는 일처럼 복잡한 전 처리가 필요한, 새로운 종류의 식물성 먹거리도 나타나기 시작했다. 상당한 노동력을 요구하기는 하지만, 이 새로운 먹거리는 저장이 가능해서 조금씩 쌓아두었다가 마침내 큰 무리를 먹이는 데에 쓸 수 있었다. 이것은 대규모의 의식이 흔해졌고, 개체군 밀도가 높아졌으며, 사람들이 새롭고 도전

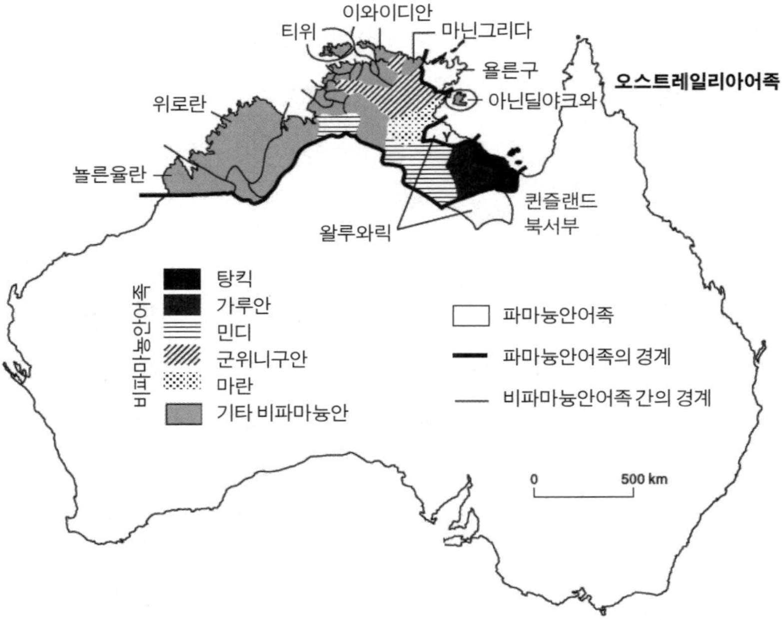
이와이디안
티위
마닌그리다
욜른구
오스트레일리아어족
위로란
아닌딜야크와
놀른율란
퀸즐랜드
북서부
왈루와릭
비파마늉안어족
탕킥
가루안
민디
군위니구안
마란
기타 비파마늉안
파마늉안어족
파마늉안어족의 경계
비파마늉안어족 간의 경계
0
500 km

그림 10.1 오스트레일리아의 주요 어족 분포도. 파마늉안어족이 오스트레일리아의 대부분을 차지한다.

적인 비우호적 환경으로 이주해 들어갔음도 시사한다. 석기와 그것의 지리적 출처를 연구한 결과는 상당한 교역망이 발달했고 교환이 활발해졌음을 가리킨다.

증거는 언어, 도구, 의례, 먹거리 전처리 기법이 다른 방법들을 교체하거나 대체하면서 오스트레일리아 전역으로 퍼졌음을 시사한다. 언어학자 니컬러스 에번스와 패트릭 매컨벨은 구할 수 있는 증거를 모두 모아 파마늉안어 사용자가 퍼진 이유는 다음과 같은 새로운 것들 때문이라는 의견을 내놓았다. (1)부계 친족관계 제도, (2)자기 집단 외부에서, 그리고 어쩌면 같은 방언을 쓰는 집단들 외부에서 짝을 구할 것을 규정하는 결혼 규칙, (3)씨앗을 가공하고 저장하는 능력에 의해 뒷받침되는 다수 집단의 의례 모임 또는 의식, (4)(아룬타족 사이에서 본 것과 같은) 청소년기의 강렬한 성년식, (5)연작 노래를 통해 전달되어 (8장에서 파랄지의 군집을 구해주었던) 신성한 집단 정체성을 확립하는 더 포괄적인 우주론. 이러한 친족관계, 결혼, 의례제도는 상호의존적인 사회적 연결망 안에서 서로 다른 거주집단의 남자들을 단단히 결속시키는 사회규범들을 포함하고 있다. '방언 족외혼'이라는 결혼 규범은 남자가 다른 언어나 방언을 사용하는 집단에서 아내를 구해야 한다는 의미였다. 이것이 다른 집단과 관계를 형성할 동기를 부여했고, 국지적 집단들이 더 큰 개체군 안에 통합되어 있도록 강요했다. 9장에서 논의했듯이, 이 새로운 의식들의 정서적 영향력이 국지적 군집들 간의 연대를 조성해왔을 수도, 그리고 특히 남성 청소년들을 평생토록 결속시켰을 수도 있다.

이러한 사회규범이 만들어낸 광범위한 인척 유대와 대규모 의식은 도구, 무기, 기량, 식량원, 의술에 관한 정보 교환을 통해 더 나은 기술들 및 더 적응적인 문화적 목록들을 조성하기도 했을 것이다. 유사하게, 대규모 의식은 젊은이들이 그것에 참가한 모든 집단의 가장 숙련된 구성원에게서 복잡한 기량을 배움에 따라 '기술 이전'을 제도화했을 것이다. 그런 의식을 요구하는 사회규범이 없어서 다양한 집단을 필요로 하지 않았던 개체군에서는 복잡한 기술의 목록을 유지하고 발전시키는 능력이 억제되었을 것이다. 아룬타족은 의례에 오라는 부름을 무시하면 병을 앓게 된다고 믿었음을 상기하라.[21]

핵심 질문은 이러한 확장에 폭력적 분쟁, 성공한 집단으로 기울어진 이주, 명망 편향된 집단 모방, 혹은 집단 간 경쟁이 작동하는 경로가 되는 그 밖의 기제들 가운데 하나가 관여했느냐다. 몇몇 귀한 증거들은 이

기제들 가운데 여럿이 작용하고 있었음을 가리킨다. 첫째, 오스트레일리아 원주민 개체군들의 유전적 비교 결과가 파마늉안어 사용자들은—항상은 아니지만—많은 경우 다른 언어 사용자들과 유전적으로 뚜렷이 다름을 시사한다. 이와 상응해서, 파마늉안어 사용자는 HTLV1(사람 T세포 백혈병 바이러스)이라는 레트로바이러스의 보유율이 높은 반면에, 파마늉안어 비사용자는 보유율이 낮은 경향이 있다. HTLV1은 주로 모유를 통해 전달된다. 그것은 어머니가 자식에게 전하는 것이지 부족 수준의 집단 사이에서 전달이 일어나는 경우는 거의 없다는 뜻이다. 이것이 시사하는 바는, 어느 정도는, 경쟁이 사람의 교체를 통해 일어났다는 것이다. 그리고 사람의 교체는 **차등 번식**과 **폭력적 분쟁**, 둘 중 하나 또는 둘 다를 시사한다.

그러나 민족지 및 민족사 자료들이 가리키는 바에 의하면, 특히 언어와 유전자(또는 레트로바이러스) 사이의 관계란 약하거나 존재하지 않을 때도 있음에 비추어 볼 때, 이러한 형태의 경쟁에 동반해, **차등 이주**와 **명망 편향된 집단 전달**도 이 확산의 중요한 부분이었을 가능성이 있다. 이 오래된 규범, 믿음, 관행의 일부는 집단에서 집단으로 모방을 통해 퍼졌다고 우리가 자신할 수는 없지만, 작동 중인 이 과정을 포착하는 더 근래의 사례들은 가지고 있다. 새로이 등장한 친족 기반 제도들과 의례들이 이웃 집단에 의해 체계적으로, 그리고 반복적으로 모방되는 것이 관찰되어왔기 때문이다. 예컨대 약 60년에 걸쳐, 한 특정한 남성 할례 의식은 킴벌리스고원을 벗어나 아넘랜드와 그레이트오스트레일리아만으로, 그리고 마침내 퀸즐랜드까지 확산되었다.[22] 유사하게, 새롭고 심지어 더 까다로운 일련의 결혼 규칙이 오스트레일리아 대륙 여기저기에 널리 퍼진 것도 두 집단이 자신들의 친족관계 및 결혼 체계들을 통합했을 때였다. 재조합되어 등장한 더 복잡한 제도가 아마도 다양한 집단을 가로지르며

호모 사피엔스

그것의 최초 형태들보다 훨씬 더 커다란 통합을 촉진했을 것이다.

도전적 환경에서의 **차등 생존**이 초래한 집단 간 경쟁도 한몫을 했을 것이다. 파마늉안어 사용자들은 마침내 사람이 살지 않는 서부 사막의 적대적 환경으로 들어갔기, 아니 어쩌면 '다시' 들어갔기 때문이다. 여기, 더 먼저 도착한 사람들은 견뎌내지 못했던 곳에서, 이 새로운 사회규범과 의례 묶음을 보유한 집단들은, 그 묶음이 뿔뿔이 흩어져 있는 군집들을 변함없이 사회적으로 상호연결해준 덕분에, 가뭄이나 홍수가 닥쳤을 때에도 더 자주 살아남을 수 있었을 것이다.[23] 8장에서 보았듯이, 파랄지가 서부사막에서 1948년 가뭄으로부터 자신의 군집을 구한 것은 그가 청소년기에 성년식을 하는 동안 얻었던 멀리 떨어진 물웅덩이에 대한 지식과, 수십 년에 걸쳐 의례를 거행하며 서서히 암기해왔던 다채로운 연작 노래에 다양하게 의존함으로써였다. 물론, 버크와 윌스는 오스트레일리아의 사막에서 가뭄이 아닌 상황에서도 물을 구하지 못했다.

이누이트족과 누믹어의 확산

동일한 종류의 집단 간 경쟁 과정이 북극에 사는 수렵채취인의 제도들도 만들어왔다. 영국이 헤이스팅스 전투를 벌이고 있을 무렵(서기 1000년 경), 알래스카의 노스슬로프에서는 이누이트·이누피아트 언어 사용자들—이누이트족—이 광대한 캐나다 북극 지역을 가로질러 동쪽으로 확장하기 시작했다. 수백 년 만에, 이 수렵채취인들이 그린란드를 식민지로 만든 뒤 남쪽으로 이동해 캐나다 동해안에 있는 래브라도까지 이동하게 된다. 그러나 그들이 들어간 땅은 비어 있지 않았다. 고고학적으로 다르고 어쩌면 유전적으로 다를 수도 있는 개체군이며 오래전부터 이 지역에 거주해왔던 도싯 에스키모는, (대부분) 이누이트족 진입의 여파로 급속히 쇠퇴해 사라졌다. 이누이트족은 그들이 그린란드에서 마주쳐 싸웠던 노

르웨이인 정착민들도 쫓아냈을 것이고, 아니면 최소한 서둘러 떠나도록 부추겼을 것이다.[24]

고고학은 이누이트족('툴레족')이 도싯족에 비해 더 정교한 기술 목록을 갖고 있었음을 보여준다. 이누이트족은 강력한 복합궁, 고급(목공용) 자귀, 카약, 개, 썰매, 스노우 고글을 포함한 이점들을 갖추고 도착했다. 해안선을 따라 사는 이누이트족 집단들은 가죽배와 작살을 포함한 고래 잡이 도구 묶음도 완비하고 있었다. 흥미롭게도, 도싯족은 과거에 활과 개를 가지고 있었던 적도 있었지만, 진출하는 이누이트족을 마주치기 몇 세기 전에 잃어버린 상태였다(참고로, 유용한 도구를 '잃어버릴' 수 있다는 말이 의심스럽다면, 12장을 기대하라). 사회적으로, 이누이트족은 고래 사냥과 같은 경제적 노력을 위해서뿐만 아니라 아마 기습, 전쟁, 공동체 방어를 위해서도 명망 있는 지도자 휘하에 남자들을 재빨리 조직하는 능력 또한 갖추고 있었을 것이다. 이들의 문화-제도 기술 목록에는 유연한 친족 관계 규범, (주호안시족처럼) 특수한 동명 관계, 의례를 비롯한 결속도구들이 들어 있었다. 예컨대 이누이트족(남자)은 아내를 다른 남자에게 성관계 상대로 제공함으로써 지속적이고 상호유익한 결속을 강화하는 동시에, 심지어 두 남자의 자식들 사이에서도 특별한 관계를 만들어낼 수 있었다. 그 같은 제도-문화 기술들이 모여서, 개인들과 공동체들이 뿔뿔이 흩어져 있는 개체군들을 가로질러 광대한 사회적 관계의 그물망을 엮고 지속하도록 도왔다. 이러한 연결망은 결혼상대를 찾고 방어와 기습공격에 필요한 동맹자를 모집하는 데뿐만 아니라, 교역관계와 언어적 유사성을 유지하는 데에도 결정적이었다. 극지 이누이트족의 경우에서 보겠지만, 어느 집단의 복잡한 기술을 지속시키는 능력은 그 집단의 사회성에, 곧 광범위한 사회적 접촉을 지속하는 능력에 달려 있다.[25]

파마늉안어 사용자들의 경우와 마찬가지로, 민족지 및 민족사의 증

호모 사피엔스

거들은 이누이트족이 확장하는 동안에도 십중팔구 복수 형태의 집단 간 경쟁이 진행 중이었을 것임을 시사한다. 전쟁 면에서는, 이누이트족이 도싯족의 영토를 야금야금 차지해 국지적 자원을 선점하지 않았을까 생각된다. 마침내 분쟁이 터졌을 때에는, 도싯족이 져서 후퇴하는 경향이 있었다. 고고학적 증거도 언어적 증거도, 전쟁의 성공이 이누이트족의 확장에 영향을 끼쳤는지 여부는 알려주지 않는다. 그러나 북알래스카의 민족사 증거는 기습이 북극 생활의 상존하는 특징이었으며, 심지어 총력전도 흔했음을 보여준다. 파괴적인 새벽녘의 기습공격은 공동체 전체의 섬멸을 목표로 했고, 때로는 실제로 섬멸했다. 매복이 때때로 큰 상단이나 사냥꾼 무리를 제거하기도 했다. 그 결과로, 이 수렵채취인의 사회적 환경에서 낯선 사람은 매우 수상한 사람으로 보여 대개는 살해당했고, 이 사실이 다른 공동체 안에 개인적 연줄을 많이 가지고 있는 것에 특별한 가치를 부여했다.[26]

차등 멸종도 한몫을 했을 수 있다. 우월한 기술과 더 다양한 일련의 수렵채집 전략을 가진 이누이트족은 변화하는 환경과 생태적 충격에 도싯족보다 더 효과적으로 버티고 적응했을 가능성이 크고, 따라서 더 빨리 번식했을 것이다. 이누이트족이 도착하기 전에도 도싯족은 특정 지역들 안에서 주기적으로 멸종해온 것처럼 보인다. 만약 이누이트족의 제도적 이점들이란 게 그들이 도싯족보다 국지적으로 덜 자주 멸종했음을 의미했다면—설사 이누이트족과 도싯족이 결코 폭력적으로 맞서지 않았더라도—이누이트족의 규범과 관행이 퍼졌을 테고 마침내 우세하게 되었을 것이다.[27]

이누이트족과 도싯족 사이에서도 약간의 문화적 전달이 일어나기는 했다. 예컨대 고고학적 증거는 후기 도싯족 개체군들이 이누이트족의 집설계를 받아들이고 있었음을 시사한다. 연구자들이 찾아내온 소수의 격리된 북극 개체군들도 이누이트족과 유전적으로는 연관이 없는 데도 분명 이누이트족의 관행을 많이 도입해왔다. 이들은 도싯족의 후손일 것이다.[28]

오스트레일리아에서처럼, 수렵채집 생활을 하는 개체군들 사이의 집단 간 경쟁은 사회적 제도들의 확산을 선호했을 것이고, 그 제도들이 뿔뿔이 흩어져 있던 작은 집단들로 하여금 광범위하고 지속적인 사회적 관계를 유지하고, 국지적 팀들을 끌어모아 고래 사냥, 공동체 방어, 기습과 같은 협동적 활동들을 하게 해주었을 것이다. 자신들의 사회규범 때문에 이 같은 활동에 덜 효과적이었던 집단들은 더 유능한 집단에게 패배했을 것이다. 이러한 환경에서 집단 간 경쟁은 낯선 이들을 향한 신뢰와 공평성을 조성하는 대신에 신뢰하는 동맹자, 친구, 친족의 긴밀한 사회연결망을 지속할 필요성을 강조했을 것이다.

이야기는 북아메리카의 대분지에서도 거의 똑같았다. 대분지는 로키산맥과 시에라네바다산맥 사이에 위치한 광대한 분수령이다. 대략 서기 200~600년, 누믹어를 사용하는 수렵채취인들이 캘리포니아 동부를 벗어나 대분지를 가로질러 부채꼴로 확장했다. 세 누믹어 집단—파이 우테족, 쇼숀족, 우테족—은 누믹어 이전부터 그곳에서 살던 수렵채취인들을 서서히 대체했고, 동시에 가장자리를 잠식해 들어오는 농경 집단을 쫓아내고 있었다. 오스트레일리아의 집단과 마찬가지로, 이들도 새로운 사회조직의 형태와 더 진보된 기술의 조합에서 힘을 얻었다. 유연하게 뭉치고 흩어지는 사회조직과 의례들 덕분에 이들은 사냥, 정보 공유, 혼사, 기습을 위해 주기적으로 뭉칠 수 있었을 뿐 아니라, 계절에 따라 사냥, 채집, 방어(이동하는 핵가족을 효과적으로 공격하기는 매우 힘들다)를 위해 독립적인 가족 단위로 흩어질 수도 있었다. 자신들이 몰아낸 수렵채취인들과 달리, 이 집단들은 집중적인 식물 가공 기법과 저장 먹거리에 (그리고 끈을

꼬아 만든 세련된 물통에) 크게 의존했고, 덕분에 개체군 밀도도 더 높게 유지하고 가뭄과 같은 환경적 충격에도 더 잘 버틸 수 있었다.

서기 1650년, 누믹어 집단이 역사적 기록에 처음 등장한 이후, 이들의 용맹함은 급속히 유명해졌고 기습조의 갑작스러운 공격은 두려움의 대상이 되었다. 이 기간 동안 누믹어 집단은 자신들의 힘으로 워너밸리와 서프라이즈밸리 두 군데의 비누믹어 거주자들을 모두 몰아내고 그 땅을 장악했다.[29] 누믹어를 쓰는 한 집단인 코만치족은 마침내 대평원 Great Plains으로 진입한 뒤 말 타기를 도입해 극적으로 확산하게 된다. 코만치족은 대부분이 농부였던 다른 원주민 집단을 빠르게 몰아냈고, 스페인 사람들은 영구히 밀어냈다. 이 이동하는 사냥 군집들은 광대한 영토를 지배하게 되지만, 빠른 속도로 확장하고 있던 또 다른 집단인 미국인들에게 다시 쫓겨난다.[30]

고대의 확장

이처럼 수렵채취인 집단 하나가 다른 수렵채취인 집단을 하나 또는 여럿 희생시키며 확장하는 집단 간 경쟁의 사례가 풍부한 부분적 이유는, 이 사회들이 유럽인과 처음 접촉했을 때 어떤 모습이었는지를 우리가 알고 있고, 그래서 이들의 제도, 언어, 생활방식에 대해 어느 정도 인지하고 있기 때문이다. 그러나 고고학적 증거는 이러한 종류의 확장이, 큰 규모였든 작은 규모였든, 우리 종의 진화사에서 뿌리 깊은 일이라는 것을 시사한다. 100만 년도 더 전에, 우리 속屬은 아프리카를 빠져나와 기후와 생태가 급격히 변동하고 있던 유라시아의 광범위한 환경으로 확산해 들어갔다. 이 진화적으로 새롭고 가혹한 환경에서의 생존이 (불, 활과 화살, 낚시 옷 같은) 기술을 지속시키기 위한 협력 또는 사회연결망에 달려 있었던 만큼, 차등 멸종은 둘 중 하나를 발전시켰던 문화적으로 전달되는 모

든 행동을 선호했을 것이다.[31]

약 6만 년 전에는, 아프리카를 빠져나온 호모 사피엔스의 집단들(우리 계통)이 이번에는 우리 속과 종의 다른 구성원들을 희생시키며 확장했다. 더 근래의 수천 년 사이에 오스트레일리아에서 확산된 파마늉안어 사용자들의 경우에 그랬듯이, 이 개체군들이 5만 년 전 이후에 네안데르탈인들이 차지하고 있던 유럽으로 확산해 들어갔다는 사실도 '등이 있는 돌날'로 확인된다. 이들도 이누이트족처럼 우월한 기술, 특히 활과 화살의 도움을 받아 전진했을 것이다. 이 아프리카 변종들도 마주치는 다른 인간 계통과 어느 정도 피를 섞기는 했지만, 결국은 아프리카인이 다른 인간 계통을 문화적으로 대체한 뒤 유전적으로 우위를 차지했다. 이 줄거리가 이제는 친숙하게 들릴 것이다. 고고학이 이 확산의 뒤에 깔린 과정들에 관해 많은 것을 이야기해줄 수는 없지만, 폭력의 증거물은 (침팬지의 것을 닮은) 어느 정도의 전쟁 및 기습과 일치한다. 구석기 인간들 사이에서 자주 관찰되는, 완전히 자란 성인을 먹는 경우를 포함한 식인 행위의 존재도 폭력적인 집단 간 분쟁을 시사한다.[32] 이러한 확산의 전형적인 양상으로, 유럽 변종—다시 말해, 네안데르탈인—은 또한 아프리카에서 새로 온 사람들을 모방하고 있었던 것처럼 보이며, 이는 명망 편향된 집단 간의 문화적 전달을 시사한다.

더 근래의 수천 년 사이에, 특히 1만 2,000여 년 전 식물과 동물을 길들이기 시작한 이후로, 집단 간 경쟁은 점점 더 크고 복잡한 사회의 탄생을 주도하면서 극적으로 그 강도를 높여왔다. 재레드 다이아몬드가 주장해온 바에 의하면, 집단 간 경쟁은 특정한 농경 집단들이 전 세계로 확산되어간 까닭을 설명해주는 결정적인 요소이며, 유럽에서, 더 넓게는 유라시아에서 이 경쟁이 격렬해졌다는 점이 서기 1500년 이후에는 아즈텍족이나 왈피리족이 아니라 유럽인이 세상을 정복한 이유를 설명하는 데에

호모 사피엔스

도움을 준다.[33]

　이 증거의 조합이 전반적으로 시사하는 것은, 집단 간 경쟁이 비폭력 경쟁을 포함한 다양한 형태를 띠면서 우리 종의 진화사를 한참 거슬러 올라가는 머나먼 옛날부터 문화적 진화와 우리가 살고 있는 사회적 세상의 틀을 만들어왔다는 것이다. 이 증거가 어느 정도 설득력을 가진다면 집단 간 경쟁은 개인들이 경험하는 사회규범, 평판 체계, 처벌, 제도에 영향을 끼치면서 우리의 유전적 진화의 틀도 형성해 왔을 것이다. 이제 일종의 자기 길들이기라 할 수 있는 이 과정으로 넘어가자.[34]

11장

자기 길들이기

독일 막스플랑크연구소의 발달 및 비교심리 실험실에 들어서는 순간부터, 세 살배기 참가자들은 일련의 과제를 수행한다. 먼저 참가자를 편하게 해주는 준비 단계로 들어가, '막스'라는 이름의 손인형과 실험진행자를 만난다. 준비 단계의 일환으로, 실험진행자는 낯익은 물건을 일반적인 방식으로 사용한다. 이를테면 색연필로 그림을 그린 다음, 아이에게도 같은 물건을 사용할 기회를 준다. 아이의 순서가 끝나면, 막스가 그 물건을 사용할 기회를 얻는다. 때때로 막스는 물건을 틀린 방법으로 사용한다. 예컨대 색연필의 뒤꽁지로 그림을 그린다. 대부분의 아이들은 곧바로 막스의 실수를 지적하고, 지적하지 않는 소수의 아이들도 막스의 행동에 관한 질문을 받는 순간 이러한 실수를 강조할 것이다. 이러한 과정은 아이들에게 막스가 때때로 실수를 하며, 그것을 지적해도 괜찮다는 인식을 심어주게 된다.

다음 단계에서는, 아이와 막스가 한 탁자에 앉아 있는 동안 막스는

호모 사피엔스

낮잠을 자기로 한다. 옆으로 조금 떨어진 탁자에서는 어른 한 명이 낯선 물건 여러 개를 이용해 몇 단계의 절차를 수행하고 있다. 이러한 '목표 과제' 가운데 하나에서는 홈이 파인 스티로폼 판, 나무블록, 검은 청소기 흡입 헤드를 사용한다. 다른 탁자의 어른―본보기―이 판 위에 나무블록을 올려놓은 뒤 흡입 헤드를 써서 블록을 밀고 판을 가로질러 가서 홈 안으로 떨어뜨린다. 아이에게 눈길을 주거나 말을 걸지 않은 채, 본보기는 (a)자신이 무슨 일을 하고 있는지 알고 있으며, 그 과제에 익숙한 것처럼 행동하거나, 아니면 (b)자신에게 모든 것이 새로워서 끊임없이 즉흥적으로 대응하는 것처럼 행동한다. 그리고 본보기가 시범을 마치면, 원래의 실험진행자가 돌아와 그 낯선 물건들을 아이에게 가져다주며, "이제 네가 가져도 돼"라고 말한다. 아이는 그 물건들을 가지고 뭐든지 마음대로 할 수 있고, 그 동안 연구자들은 아이가 본보기를 모방할 때마다 은밀하게 기록한다.

막스가 깨어나 그 물건들을 가지고 노는 것이 마지막 순서다. 막스는 그 낯선 물건들을 완벽하게 합리적인 방법으로, 하지만 본보기가 **사용한 방식과는 다른** 방법으로 사용한다. 이때가 실험에서 가장 중요한 순간이다. 연구자들은 물건들을 기대에서 벗어난 방식으로 사용하는 막스에 대한 아이의 반응을 주의 깊게 기록한다.

대부분의 아이들은 당장 막스의 '일탈적' 행동에 항의했고(〈그림 11.1〉), 이는 아이가 확신에 찬 본보기를 보았건 자기가 무엇을 하고 있는지 잘 모르는 본보기를 보았건 마찬가지였다. 그러나 아이들은 확신에 찬 본보기를 보았을 때 훨씬 더 많이 항의했다. 이런 항의의 다수는 "안 돼 그렇게 하는 게 아니야!" 또는 "이걸 써야 해!"와 같은 규범적 형태를 띠었다. 어떤 아이들은 무조건 "안돼, 그건 거기에 놓지 마!"와 같은 명령을 내리기도 했다. 스스로 본보기를 가장 정확히 모방했던 아이들이 항

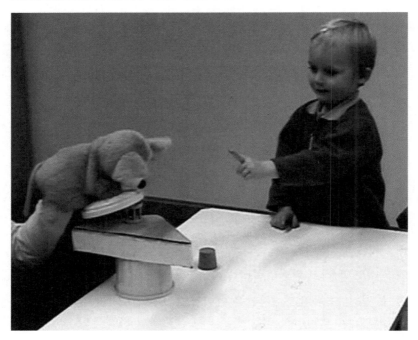

그림 11.1 한 실험 참가자가, 이 맥락에 맞는 규칙들을 어기고 있는 인형 막스를 향해 손가락을 흔들고 있다.

의로 반응할 가능성이 더 높았다. 그렇지만 본보기를 약하게만 모방했던 아이들까지도 본보기가 했던 것에서 벗어난 막스의 일탈에 부정적으로 반응했다. 마치 아이들이 스스로는 국지적 기준에 맞추어 살아가는 데에 필요한 기법들을 뗀 적도 없는 채 어떤 사회규범을 추론한 것 같았다.

심리학자 마이클 토마셀로와 그의 동료들이 이와 비슷한 실험을 많이 수행해왔는데, 모든 실험이 같은 이야기를 들려준다.[1] 어린아이들은 남들을 관찰함으로써 사회생활을 위해 특정 맥락에 한정된 규칙들을 자발적으로 추론하고, 이 규칙들은 규범—남들이 따라야 하는 규칙—이라고 가정한다. 일탈과 일탈자는 아이들을 화나게 하고, 남에게 적절한 행

호모 사피엔스

동을 주입시킬 동기를 부여한다. 이러한 연구 결과에서 두드러지는 점은 어른이 직접 가르치거나 (지목이나 눈맞춤 같은) 교육적 단서를 주지 않아도—그게 많은 상황에서 규칙을 전달하는 데에 도움이 될 게 틀림 없다는 데에는 의심의 여지가 없지만—아이들은 이 모두를 할 수 있고 하리라는 점이다. 어떤 어른도 막스를 꾸짖지 않기 때문에, 막스의 행동을 꾸짖으려는 아이들의 특이한 동기는 실험에 참가한 어른에게서 모방하는 게 아니라, 추론한 규칙의 위반에 대해 아이가 자발적으로 적용하는 것이다. 이 실험은 모든 사회에서 인간이 영위하는 사회생활을 다른 종의 사회생활과 구별짓는 몇몇 필수적 특징을 보여준다.

- 우리가 사는 세상은 사회적 규칙에 의해 다스려지며, 설사 모든 사람이 그 규칙을 아는 것은 아니라도 마찬가지다.
- 이 규칙 가운데 다수는 임의적이거나, 임의적인 것처럼 보인다(예: 피지의 물고기 금기).
- 우리가 이 규칙을 따르는지 어떤지 남들이 신경을 쓰며, 위반에 부정적으로 반응한다.
- 우리는 우리가 이 규칙을 따르는지 어떤지 남들이 신경을 쓴다고 추론한다.

앞의 여러 장에서 보았던 소규모 사회들에서와 마찬가지로, 우리의 구석기 조상들이 직면한 사회적 세계도 갈수록 엄청나게 다양한 규범의 등장에 의해, 그리고 집단 간 경쟁에서 성공을 조성한, 제도 안에 묶인 특정한 규범들의 선택적 확산에 의해 모양지어지기 시작했을 것이다. 유전자의 눈으로 보면 생존과 번식이, 갈수록 유전자 보유자(개인)가 문화적으로 전달되는 국지적 규칙—어떤 집단이 되었건, 특정한 유전자가 우연히 들어 있게 되는 집단에 적절한 규칙―에 의해 다스려지는 사회적 지형을 익히고 길을 찾는 능력에 의존하게 되었을 것이다. 일반적으로 소규모 사회에서는, 많은 공동체에서 그렇듯, 규범 위반자에 대한 제재가 험담과 공공연한 비난으로, 종종 (쿨라의 경우처럼) 특정한 친척의 농담을 통해 시작되고, 그런 다음 혼삿길을 망치고 교환 협력자나 거래에 대한 접근을 제한하는 방향으로 강도를 더해간다. 그래도 위반자가 보조를 맞추지 않으면, 문제는 따돌림이나 신체적 폭력(예: 구타)으로 비화되고 가끔은 조직적인 집단처형으로 절정에 이른다.[2] 복종하지 않고 훈련을 거부하는 놈들을 죽임으로써 늑대를 개로 가축화한 것과 같은 방식으로, 인간 공동체는 자신들의 구성원도 가축화했다(길들였다).[3]

야사와섬의 여러 마을을 조사하면서, 나와 우리 팀은 규범이 유지되는 방식을 연구해왔다. 예컨대 누군가가 마을잔치나 공동체 노동에 기여하지 않거나 음식 금기 또는 근친상간 금기를 반복해서 위반하면, 그 사람의 평판은 상처를 입는다. 야사와섬 사람에게 평판은 남들―흔히 오래전부터 질투심이나 원한을 품고 있던 사람―이 자신을 이용하거나 해치지 않도록 보호해주는 방패와 같다. 규범을 위반하면, 특히 반복해서 위반하면 이 평판의 방패가 떨어지면서 무방비로 노출되어 남들이 다른 때처럼 벌도 받지 않고 규범 위반자를 해코지하게 된다. 규범 위반자가 낚시를 가거나 다른 마을의 친척을 방문하러 떠나 있는 동안 재물(예: 접시, 성냥, 도구)을 훔치고 부수기도 하고, 야밤에 농작물을 훔치고 밭에 불을 지르기도 한다. 이 공동체들은 규모가 작은데도, 이러한 행동의 가해자는 흔히 신원이 밝혀지지 않아서 도둑질한 음식과 도구의 형태로 직접적인 편익을 얻을 뿐만 아니라, 경쟁자를 끌어내리거나 원한을 갚는 이점까지 얻는다. 동기가 이기적임에도 이러한 행동이 협력규범을 포함한 사회규범을 지속시키는 데에 공공연히 사용되는 이유는 규범 위반자,

　　　　　　　　　　　호모 사피엔스

곧 평판의 방패를 떨어뜨린 사람을 겨냥할 때에만 가해자가 그 같은 행동을 하고도 무사히 빠져나갈 수 있기 때문이다. 만약 평판이 좋은 사람에게 그 짓을 하려 한다면, 가해자 자신이 규범 위반자가 되어 자신의 평판을 해침으로써 험담과 도난, 재물 손상에 노출될 것이다. 이로써, 야사와섬 사람들 자신은 설명하지 못하는 이 체계가 원한, 질투, 식상한 이기심을 **활용**해 마을 잔치에 기여하기와 같은 협력규범을 포함한 사회규범을 지속시킨다.[4] 따라서 국지적 규범을 정확히 배우지 못하거나, 실수로 어기기를 반복하거나, 자기를 조절하지 못하는 사람은 무자비하게 악용당하다가 결국에는 마을에서 쫓겨난다.

우리의 진화 역사에 걸쳐, 규범 위반에 대한 제재와 규범 준수에 대한 보상이 주도해 온 자기 길들이기 과정은 우리 종에게 몇 가지 요소를 지닌 **규범 심리**를 부여해왔다. 첫째, 국지적 규범을 더 효과적으로 습득하기 위해, 인간은 규칙을 아직 몰라도 사회적 세상은 규칙이 지배한다고 직관적으로 가정한다. 이러한 규칙의 위반은 부정적 결과를 낳을 수 있을 것이고, 낳아야 한다. 이 성과는 남들의 행동을 사회적 규칙이 영향을 미치는 대상으로 해석할 수 있음을 의미한다. 이는 규범 위반을 찾아내고 규범 위반자를 피하거나 악용하기 위해, 뿐만 아니라 우리 자신의 평판을 감시하고 유지하기 위해 필요한 인지능력과 동기가 어린 나이에 쉽사리 발달한다는 것을 의미하기도 한다.[5] 둘째, 규범을 배울 때 우리는 최소한 부분적으로는, 규범 자체를 목적으로서 **내면화**한다. 이 내면화는 우리가 사회적 세계에서 더 효과적으로 길을 찾는 데에, 그리고 당장 이익을 얻으려고 규칙을 깨려는 유혹을 피하는 데에 도움을 준다. 어떤 상황에서는 내면화가 빠르고 효율적인 발견법을 제공해, 머릿속으로 계산기를 돌려 어떤 행동의 잠재적인 단기 및 장기 이익과 처벌받을 확률을 모두 고려하는 비용을 아껴줄 것이다. 대신에 우리는 간단히 규칙을 따르고 규범을 준수한다. 이는 우리의 자동적이고 생각 없는 대응이 규범이 요구하는 대응과 일치하게 된다는 뜻이다. 다른 상황들에서는, 내면화한 선호는 우리의 계산에 들어가는 동기를 하나 더 제공하는 데에 그칠 것이다.[6]

막스를 참여시키는 실험이 멋진 이유는 특수한 맥락을 위해 임의로 만든 생소한 규칙에 대한 아이들의 반응을 보여주기 때문이다. 이러한 규칙은 협력이나 남을 돕는 일에 관한 규칙이 아니라, 맥락에 특수한 규칙일 뿐이다. 그럼에도 아이들은 자동으로 그게 사회규범이라 추론하고 그것을 위반하면 화를 낸다. 1960년대와 1970년대에 심리학자들이 어린이의 이타심 연구에 초점을 두었을 때에도 이와 똑같은 양상이 나타났다는 점이 더 중요하다. 고전적인 실험 상황에서는, 우선 저학년 어린이를 실험 구역으로 혼자 데려다가 실험자와 낯을 익히게 한다. 그런 다음 아이에게 볼링 게임을 소개한 뒤 볼링 게임에서 딴 교환권으로 얻을 수 있는 온갖 매력적인 상품을 보여준다. 그리고 '불쌍한 아이들'을 위해 게임에서 딴 것의 일부를 자발적으로 넣을 수 있는 자선항아리도 보여준다. 이 항아리 뒤에는 흔히 소아마비구제모금운동Maith of Dimes 광고지나 모종의 복사물이 붙어 있다. 젊은 어른일 수도 있고 다른 아이일 수도 있는 본보기가 10~20회에 걸쳐 게임을 하는 것으로 시범을 보인다. 본보기는 미리 정해진 몇몇 회에서 얼마간의 교환권을 딴 뒤 그 가운데 일부를 자선항아리에 기부한다. 아이들은 세 가지 상황 가운데 하나를 경험한다. (1)자선항아리에 교환권을 많이 넣는 관대한 사람. (2)항아리에 교환권을 조금만 넣는 인색한 사람. (3)시연이 없는 상황. 시연이 끝난 뒤, 아이가 볼링 게임을 하고 나서 원한다면 자선단체에 기부하도록 혼자 남겨둔다.

이 실험의 많은 변형에서 나온 결과들이 네 가지 핵심 결론을 입증한

호모 사피엔스

다. 첫째, 아이들은 자발적으로 본보기를 모방했다. 다시 말해 어떤 본보기를 보았느냐에 따라 더 관대해지거나 더 이기적이게 되었다. 관대한 본보기를 본 아이들은 '무無본보기' 조건의 아이들보다 더 많이 베푼 반면, 인색한 사람을 본 아이들은 '무본보기' 조건의 아이들보다 덜 베풀었다. 둘째, 그저 기부액에 영향을 받은 것을 넘어, 아이들은 본보기가 보인 행동의 다른 측면들도 모방했다. 본보기가 했던 말도 그런 측면에 들어갔는데, 아이들은 심지어 본보기에게서 들었던 말이 자기 자신과 본보기의 실제 행동에 모순되는 것처럼 보이는 때에도 본보기의 말을 반복했다. 다시 말해, 이들은 불쌍한 아이들에게 베푸는 일이 얼마나 중요한지 말하지만, 그런 다음 기부는 많이 하지 않는다. 셋째, 어느 본보기에게 노출시킨 효과는—본보기가 관대하건 인색하건—재실험에서도 몇 주 또는 몇 달 동안 지속된다. 하지만 전혀 다른 맥락, 곧 볼링 게임과 닮지 않은 맥락으로 그 효과가 연장되지는 않는다.[7] 마지막으로, 아이들은 자기 상벌의 기준을 쉽사리 모방하고 그 기준을 남에게도 쉽사리 강요한다. 더 어린 볼링 게임 초보자를 도와주라는 숙제를 받은 아이들은 흔히 초보자에게 관대함을 시연한 다음, 자신이 습득한 기준을 녀석이 자발적으로 받아들이지 않으면 녀석을 꾸짖음으로써 초보자에게 그 기준을 강요한다.[8]

전반적으로, 아이들은 어떤 일반적 또는 기질적 의미에서 이타적일 것을 문화적으로 배우고 있는 게 아니라, 볼링 게임의 맥락 안에서 적절한 행동에 관한 규범을 익히고 있는데 그 행동에 적절한 기부의 크기가 포함되어 있을 뿐이다. 아이들은 사회규범이 존재한다고 추론해왔기 때문에, 인형 막스가 '잘못'을 저질렀을 때 야단친 것과 같은 식으로 그러한 행동을 다른 아이들에게도 강요한다.[9]

이타주의가 어떻게 매운 고추와 같은가

·········

새로운 상황이 닥치면 사람들은 자신이 이미 습득한 규범들 가운데 어떤 규범이 그 상황에 적용되는지 알아내려 하는 한편으로, 익숙하지 않은 맥락을 통해 특수한 새 규범을 습득할 준비를 한다. 이 생각을 전제로 고전적인 경제 실험을 살펴보면 흥미로운 점이 발견된다. 고전적 실험에 등장하는 사회적 난제들에서는, 둘 이상의 처음 만난 사람들이 익명으로 상호작용하고 자신의 보상과 다른 경기자의 보상 둘 다에 영향을 미치는 결정을 내린다. 이러한 실험에서 내리는 모든 결정은 실제로 실행될 뿐 아니라 사람들이 집으로 가져갈 돈의 액수까지 결정한다. 사회규범과 심리에 관한 값진 통찰 다수가 경제 게임을 이용하는 데에서 나온다. 적절히 해석하면, 경제 게임은 사회적 행동을 측정하는 데에도, 결정에 더불어 영향을 주는 동기, 이해, 믿음의 복잡한 묶음들을 각각 이해하는 데에도 귀중한 도구다. 잘 알려진 경제 게임으로는 죄수의 딜레마, 최후통첩 게임, 독재자 게임이 있다. 이 실험들을 이해하기 위해, 다음 상황을 상상해보라.

당신은 대학 실험경제학 실험실로 들어간다. 실험실은 컴퓨터 단말기 앞에 앉아 있는 대학생 나이의 낯선 사람들로 꽉 차 있다. 당신도 지시에 따라 빈 단말기 앞에 앉는데, 단말기에 칸막이가 있어서 남들은 당신의 화면을 보지 못한다. 몇 가지 예비 단계를 거친 뒤, 컴퓨터 화면에서 다음 사항을 알려준다. 당신의 계정은 방 안의 다른 한 사람과 상호작용하도록 무작위로 배정되었지만, 당신도 그 사람도 상대의 정체를 끝까지 모를 것이다. 당신들이 저마다 한 가지 결정을 내리면 게임은 끝난다. 이 결정으로 돈을 벌게 된다면, 그 돈은 '참가비'(20달러)에 더해져 당신에게 주어질 것이다. 모든 돈은 마지막에 나갈 때 현금으로 받을 것이다.

이 상호작용에서 당신에게는 '제안자' 역이, 상대에게는 '대응자' 역이 무작위로 배정되었다. 제안자로서 당신이 할 일은 100달러를 상대와 나눠갖는 것인데, 방법은 0달러에서 100달러 사이의(1달러 단위로 증가하는) 금액을 대응자에게 제안하는 것이다. 당신의 정체만 빼고 모든 상황을 알고 있는 대응자는 당신의 제안을 수락하거나 거절하거나 둘 중 하나를 선택할 수 있다. 대응자가 수락하면, 그는 당신이 제안한 액수를 받고 당신과 대응자 그 나머지를 받을 것이다. 대응자가 거절하면, 당신과 대응자 둘 다 아무것도(한푼도) 얻지 못한다. 참가비만 가지고 집으로 돌아갈 거라는 뜻이다.

이것이 최후통첩 게임이다. 우리는 게임이론을 써서, 만약 두 사람이 집에 가져갈 보수를 최대화하는 데에만 관심을 가질 경우 어떤 사람이 어떤 행동을 할지 판단할 수 있다. 결과를 예측하려면 당신 자신이 대응자의 입장에 서보라. 제안자가 당신에게 0달러가 넘는 어느 액수를 제안하면, 당신은 0(거절할 경우)과 얼마건 0보다는 많은 돈(수락할 경우) 가운데 하나를 선택해야 하는 상황에 직면한다. 예컨대 제안자가 1달러를 제안하면, 당신은 그것을 수락함으로써 1달러 이상을 더 가지고 떠날 수 있다. 따라서 돈을 최대화하는 대응자라면, 당신은 0보다 큰 모든 제안을 수락해야 한다. 이를 알고 있는 제안자는 1달러만 제안해야 하고, 그 제안은 수락될 것이다. 만약 인간이 돈을 최대화하는 존재라면, 최후통첩 게임에서는 낮은 액수의 제안이 많이 나타나고 0이 아닌 제안이 거절되는 경우는 거의 나타나지 않아야 한다. 놀라울 것도 없이, 이런 일은 어떤 인간사회에서도 결코 일어나지 않는 것으로 판명된다. 대조적으로, 영장류를 대상으로 한 실험들은 **낯선 상대와의 거래**에서 편협한 이기심을 제외한 다른 동기가 있다는 증거를 거의 또는 전혀 보여주지 않는다. 예컨대 침팬지는 최후통첩 게임에서 결코 거절하는 법이 없다.[10]

서구 사회에서는 대부분의 사람들이 절반(100달러 중에서 50달러)을 제안하고, 적지 않은 사람들이 50퍼센트 미만의 제안을 거절한다. 절반보다 적게 주어봐야 제안을 거절당할 위험이 너무 크기 때문에 보람이 없어지게 만드는 것이다. 흥미롭게도, 약 25세가 넘은 사람들 사이에서 이 50퍼센트를 제안하는 주된 이유는 거절당할 것을 우려해서가 아니다.

이를 탐구하려면, 거절당할 가능성을 제거함으로써 최후통첩 게임을 독재자 게임으로 바꾸면 된다. 독재자 게임에서는 제안자가 100달러에서 일부를 상대 경기자에게 떼어준 뒤 얼마가 되었건 나머지를 가진다. 만약 사람들이 철저히 이기적이라면, 제안자는 상대 경기자에게 한푼도 주지 않고 100달러를 몽땅 집으로 가져갈 것이다. 하지만 0달러를 주는 대신, 서구의 성인 대부분은 여전히 절반을 준다. 이 결과는 사람들이 낯선 상대를 향해서도 내면화한 평등의 규범을 지니고 있음을 시사한다. 이 맥락에서 적용할 수 있는 그 규범은 조정이 됨으로써 사람들로 하여금 힘들여 끊임없이 전략적 계산을 다시 하지 않고도 처벌자가 있는 세상을 헤쳐나가게 해준다. 최후통첩 게임에서 자기만 너무 많이 챙기는 사람을 제재하려 하는 대응자가 그런 처벌자다. 하지만 사람들은 처벌이 불가능하고 게임을 벗어나면 아무 결과도 남을 법하지 않은 상황에서도 계속해서 규범을 고수한다.[11]

나는 동료들과 함께 다양한 사회에서뿐만 아니라 침팬지 사이에서도 경제 게임을 체계적으로 실험해왔다. 인간들은 경제 게임에 임할 때 대부분 자신이 속한 사회의 규범을 적용하며, 그래서 게임은 사회에 따라 극적으로 다르게 펼쳐진다. 현대의 산업사회에서 이러한 실험으로 가늠되는 사회규범들은 비인격적 교환을 포함한 사회적 상호작용을 조절하고, 서로 모르는 많은 사람들이 익명으로 상호작용하는 대규모 사회에서 서로 유익한 상호작용을 보조하도록 문화적으로 진화한 규범인 경우

호모 사피엔스

가 많다. 대조적으로, 가장 작은 규모의 인간사회들은 아주 많이 제안하지도 않고 낮은 제안을 거절하지도 않는 경향이 있는데, 이들에게는 모르는 사람이나 익명의 다른 사람과의 금전 교환에 관한 사회규범이 없기 때문이다.[12]

그러나 실험실에서 게임을 반복하다 보면, 참가자들이 새로운 맥락에 적응하면서 '실험실특수적' 사회규범을 개발하기 시작한다. 이러한 사회규범에는 여러 가지 동기, 믿음, 기대가 포함되는데, 어떤 규범이 되었건 그 게임을 다스리는 규범을 위반하는 자를 남들이 어떻게 생각할까에 관한 걱정도 거기에 들어간다.

그것은 자동이다

....

내면화한 사회규범은 복잡한 사회환경을 통과하는 길을 안내하는 데에 도움을 줌으로써 사람들이 자동으로—의식적으로 심사숙고하거나 평판에 초래할 결과를 복잡하게 머리로 계산하지 않고—'올바른 일'을 하도록(다시 말해, 국지적 규범에 순응하도록) 해준다. 이는 사람들이 공공재 게임에 대응하는 방식에서 볼 수 있다.

이 게임의 구조는 재활용, 헌혈, 납세, 공동체 방어와 같은 실제 상황의 논리를 담고 있다. 이 상황에서 집단은 모든 사람이 협력하면 가장 잘되지만 개인은 다른 모든 사람이 협력하는 동안 혼자서 이기적으로 행동하면 가장 잘된다. 이 실험에서는 개인들을 집단에 집어넣어 모르는 사람 세 명과 단 한 번 상호작용하게 한다. 모든 사람이 저마다 착수금으로 4달러를 받는다. 그리고 남들이 어떻게 할지는 모르는 채로, 공동과제에 0~4달러를 투자해야 한다. 얼마가 되었든 과제에 들어오는 돈은 두 배가 된 다음 집단 구성원 네 명 모두에게, 그들이 투자한 액수와 상관없이, 균등하게 분배된다.

협력의 난제를 강조하기 위해, 모든 사람이 4달러 모두를 공동과제에 투자하면 가장 높은 보수를 받는 경우를 고려하자(4×4달러=16달러). 이 돈은 두 배인 32달러가 된 다음 모든 사람이 8달러(각자 투자금의 두 배)를 가지고 돌아갈 수 있도록 똑같이 분배된다. 그러나 개인은 자신의 4달러를 간직한 채로 공동과제에 투자하는 사람들에게 무임승차하면 가장 잘된다. 예컨대 공동과제에 세 사람이 4달러씩을 투자하고 무임승차자 한 사람이 한푼도 투자하지 않으면, 세 투자자는 저마다 6달러를 가지고 집으로 가고, 무임승차자는 10달러—처음 4달러 더하기 공동과제에서 얻은 6달러—를 가지고 집으로 간다. 만약 세 사람이 무임승차를 하고 한 사람만 4달러 전액을 투자하면, 무임승차자들은 저마다 6달러를 가지고 집으로 가는 반면 투자자는 2달러밖에 얻지 못한다. 따라서 자신의 보수를 최대화하기를 노리는 사람은 한푼도 투자하지 말아야 한다. 그러나 교육받은 서구인 대부분은—질문을 받으면—경기자들이 공동과제에 전액을 투자**해야 한다**는 데에 동의한다. 전형적인 실험 대상자(학부생) 사이에서 평균 투자액은 보통 40~60퍼센트이고, 이때 많은 사람들은 100퍼센트 투자자(협력자) 아니면 0퍼센트 투자자(무임 승차자)다.[13]

공공재 게임에서 고액을 투자하고 그 같은 다른 게임에서 친사회적 선택을 하는 게 자동으로 규범을 따른 결과인지 아닌지를 조사하기 위해, 데이비드 랜드와 그의 동료들은 사람들이 투자액을 결정하는 데에 소모한 시간과 투자액 사이의 관계를 살펴보았다. 데이비드가 알게 된 사실들 가운데 〈그림 11.2〉가 보여주는 한 가지는 다음과 같다. 결정을 빨리 내린 참가자일수록, 더 큰 액수를 공유재산에 투자했다. 다시 말해, 빠른 직감적 대응이 더 협조적이었다.[14]

호모 사피엔스

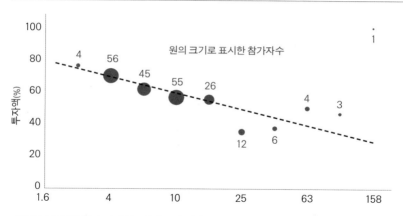

그림 11.2 무엇을 할지 결정하는 데에 오래 걸린 사람들이 덜 협조적이었음을 보여주는 도표

이러한 조사 결과는 도발적이지만, 협조적인 사람들이 우연히 질문에 빨리 답하는 사람들이었을 수도 있다. 이 문제를 해결하기 위해, 데이비드는 참가자들에게 같은 실험을 다시 하게 했지만, 이번에는 사람들에게 얼마든지 원하는 만큼 시간을 주는 대신에, 사람들을 무작위로 투입해 세 가지 대우 가운데 하나를 받게 했다. 그래서 그들은 (1)10초 안에 답하도록 강요당하거나, (2)전처럼 제한을 받지 않거나, (3)억지로 결정을 10초 동안 늦추고 심사숙고할 것을 요구받았다. 그 결과 〈그림 11.3〉처럼 시간의 압박을 받은 참가자들이 더 협조적이었다. 억지로 시간을 끌며 심사숙고했을 때, 참가자들은 제한을 받지 않았을 때보다 덜 협조적이었다.

랜드와 그의 팀은 서로 다른 많은 실험들을 통해서 같은 효과를 얻었는데, 그중 몇몇 실험에서는 참가자들 모르게 그들에게 '심사숙고하라' 또는 '직감을 따르라'라는 단서를 주었다. 직감을 따르면 결국 더 많이 협력하게 된다. 당신이 적절한 규범을 갖고 있다면 말이다.

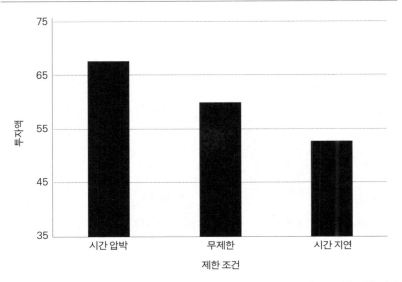

그림 11.3 세 가지 대우를 받으며 투자한 평균 백분율을 보여주는 도표. 시간의 압박을 받은 사람들이 더 많이 협력했다.

앞에서 우리는, 막스가 자기가 추론했던 사회규범을 위반하자마자 분노를 표현하는 어린아이들을 보았다. 이는 최후통첩 게임에서의 거절에 관한 많은 연구 결과들과 잘 들어맞는다. 어떤 사회 출신 사람들은 낮은 제안을 받으면 분노할 뿐만 아니라, 낮은 제안을 거절하기로 결정할 때에 더 성급하기도 하다. 반대로, 낮은 제안을 수락하기로—합리적이고 이기적인 일을 하기로—결정하는 데에는 더욱 조심스럽게 고민하는 것 같다. 시간의 압박을 받으면, 이런 사회 출신 사람들은 불공평한 제안을 더 많이 거절한다. 한 실험에서는 연구자들이 사람들의 충동 조절을 낮추는 약물(세로토닌 고갈 상태)을 이용했다. 충동 조절력을 빼앗자 낮은 제안을 거절하는 경우가 늘어났지만, 50 대 50 제안을 거절하는 경우는 늘어나지 않았다. 부정적인 정서적 반응은 우리가 규범 위반과 규범 위반자에

호모 사피엔스

대해 심사숙고하지 않고 자동으로 내보내는 응답이다.[15]

내가 경제 게임의 규범이 지닌 힘에 처음으로 깊은 인상을 받은 것은 1995년, 페루 아마존 지역의 마치헨카족사이에서 최후통첩 게임을 실험하고 있을 때였다. 금전 교환에서 낯선 사람에게 공평할 것을 명시하는 강력한 사회규범이 없는 이 사람들은 게임에서 제안자가 얼마를 제안하건 만족했고, 제안자가 절반을 제안할 것은 기대도 하지 않았으며, 제안자가 낮은 제안을 해도 처벌하고 싶어하지 않았다. 20년 가까이 20여 개의 다양한 사회에 걸쳐 진행한 후속 연구가 가장 작은 규모의 인간사회에서는 그러한 정서가 보편적이라는 것을 보여주었다.

경제학자 에릭 킴브로는 경제적 결정에서 규범 심리가 지니는 중요성을 뒷받침하는 증거를 갖고 있다. 어느 늦은 밤, 암스테르담의 한 술집에서 돌아오던 에릭은 사람들이 거리에 있는 신호등 앞에서, 심지어 넓은 교차로에 차가 한 대도 보이지 않는 때에도 기다리고 있는 것에 주목했다. 영감을 받은 에릭이 이 관찰을 이용해 만들어낸 실험에서는 참가자가 먼저 아주 간단한 게임을 했다. 참가자에게는 일정액의 돈이 주어졌는데, 그 돈은 참가자의 작은 아바타가 화면 위 가상의 거리를 따라 걸어가는 동안 서서히 빠져나가기 시작할 것이었다. 얼마가 되었건 아바타가 화면의 건너편에 다다르는 순간 남아 있는 돈이 참가자가 집에 가져갈 돈이었다. 명시적인 규칙에 따르면, 아바타는 가상의 거리를 따라가다 빨간불에서 자동으로 멈추어 기다릴 테고, 그동안 돈은 참가자의 계좌에서 계속 빠져나갈 것이었다. 아바타를 가게 하려면, 경기자는 아무거나 단추 하나만 누르면 되었다. 신호등 색깔에 관계없이 아무 때나 아바타를 가게 할 수 있었지만, 많은 사람들이 모든 신호등에서 파란불을 기다렸다. 이 '규칙 따르기' 게임에 뒤 이어, 참가자들은 최후통첩 게임, 독재자 게임, 공공재 게임과 같은 경제 게임을 했다. 결과는 에릭의 가설이 옳았음을 보여주었다. 사람들이 신호등에서 기다린 시간의 양이 독재자 게임에서 공평한 제안을 더 많이 하는 것, 공공재 게임에서 더 많이 투자하는 것, 최후통첩 게임에서 낮은 제안을 더 자주 처벌하는 것과 연관되었던 것이다. 신호등에서 기다리는 것과 같은, 희생이 따르는 비사회적 규칙을 지키는 행동도, 행동 게임에서 사회규범에 순응하고 처벌하는 것과 똑같은 심리적 장치에 의해 떠받쳐지는 것처럼 보인다.[16]

애덤 스미스와 프리드리히 하이에크 두 사람이 에릭과 나보다 한참 전에 주장했듯이, 많은 경우 우리가 '올바른 일'을 하고 우리 사회가 돌아가는 것은—우리의 이기심 때문이거나 우리가 앞날의 결과를 멋지게 합리적으로 계산하는 덕분이 아니라—우리가 자동으로 규범을 따르는 덕분이다. 사회가 기능을 얼마나 잘 수행하느냐는 그 사회의 사회규범 묶음에 달려 있다는 뜻이다.

그리고 뇌에서는

경제 게임을 신경과학의 도구들과 합치면, 내면화한 규범의 효과를 우리 뇌 안에서 볼 수 있다. 사람들이 협력하거나, 자선을 베풀거나, 규범 위반자를 국지적으로 규정한 방식으로 처벌할 때, 그들의 뇌에서는 '보상회로'가 작동한다. 이 가운데 일부는 사람들이 돈이나 음식으로 보상받을 때 작동하는 것과 똑같은 회로이지만, 이 회로는 이처럼 희생이 따르는 사회적 맥락에서도, 사실 개인들은 실제로 돈을 잃고 있는데도 작동한다.[17] 신경학적으로 말하자면, 사람들은 규범에 순응하고 규범 위반자를 처벌하기를 '좋아한다'.

이 뇌 영상 도구는, 우리가 사회규범을 깨기로 할 때에는 사람들의 뇌가 무엇을 하는지를 살펴보는 데에 도움이 된다. 거짓말을 한다고 생각해보자. 신경학적으로, 거짓말을 하려면 사람들은 대부분—짐작건대

호모 사피엔스

변호사나 자동차판매원은 그렇지 않겠지만(농담이다)―인지적 제어와 추상적 추리를 맡는 뇌 부위들을 끌어들여, 자동으로 또는 생각 없이 튀어나오는 반응을 묵살해야 한다. 다시 말해, 사회규범을 위반하려면 정신적 노력과 '고등한' 인지능력이 필요하다.[18] 예컨대 대부분의 서구인은 내면화한 규범을 묵살해야 많은 맥락에서 낯선 사람에게 거짓말을 할 수 있다. 물론, '하얀 거짓말'의 경우처럼, 의도적으로 진실을 말하지 않는 게 항상 규범 위반인 것은 아니라는 점에 유의하자. 그리고 많은 곳에서는 자신 또는 자신의 가족의 이익을 위해 낯선 사람이나 외국인에게 거짓말하는 것을―권장하지는 않더라도―아무 문제도 없다고 여긴다('묵살'이 필요하지 않다).

왜 자연선택이 우리를 규범을 내면화하는 존재로 만들었겠는가? 간략히 말하자면, 동기를 내면화하는 게 우리가 사회적 세상―가장 자주 빠지는 가장 위험한 함정들에 규범 위반이 연루되어 있는 세상―에서 더 효과적으로, 또 효율적으로 길을 찾는 데에 도움이 되기 때문이다. 내면화한 동기들은 우리로 하여금 단기적 유혹을 피하고, 인지나 주의의 부담을 줄이고, 우리의 진정한 사회적 충성심을 남에게 더 설득력 있게 전하는 데에 도움이 될 것이다. 여기서 내세운 논리는 7장에서 마주쳤던 논리와 일맥상통한다. 앞에서는 문화적 학습이 어떻게 고추를 비롯한 향신료들에 대한 선천적 혐오를 극복함으로써 고기가 옮기는 병원균의 위험을 줄일 수 있는지를 설명했다. 통증을 쾌감으로 재해석하는 방법은 우리가 알지도 못하는 사이에 적응적 문제 하나(육류 매개 병원균)를 해결함으로써 개인들이 생태적 지형에서 길을 찾는 데에 도움을 준다. 유사하게, 규범을 취향으로 내면화하면 사회적 지형에서 더 쉽게 직관적으로 길을 찾는 데에 도움이 된다.

왜 잠재적 규범 위반은 찾아내기가 쉬울까

사회규범을 내면화한 데에 더해, 문화-유전자 공진화는 우리의 인지능력, 동기, 정서를 다양한 방식으로 연마해왔고, 그중 몇 가지 방식 덕분에 우리는 우리의 평판을 효과적으로 관리할 수 있다. 인지적 측면에서, 아이와 어른 모두 논리 문제를 더 능숙하게 해결하는 때는 문제의 맥락을 규범 위반으로 설정하는 경우다. 이는 우리 자신이 규범 위반을 저지르는 일을 피하는 데에 도움이 될 뿐만 아니라, 우리가 처벌하거나, 피하거나, 따돌려야 할지도 (그리고 심지어 그렇게 했다는 이유로 보상을 받을지도) 모르는 다른 규범 위반자를 골라내는 데에도 도움이 된다. 피지의 사례에서 보았듯이, 규범 위반자를 찾아내면 그 결과로 정당하게 그들의 농작물을 훔치거나 원한을 갚을 기회도 생긴다.

이러한 능력을 이해하기 위해, 서너 살배기와 함께 한 실험을 살펴보자. 아이들은 두 이야기 가운데 하나를 들은 다음 논리 문제 하나를 풀어야 한다. 두 이야기 모두에서, 아이들은 저녁에 놀러 나가는 생쥐들에 관해 듣는다. 이 생쥐들 가운데 몇 마리는 노는 동안 찍찍거리는 경향이 있어서 이웃 고양이의 주의를 끌고, 그래서 고양이가 와서 쥐들을 잡으려 한다. 한 이야기에서 아이들이 듣는 것은, 찍찍거리는 모든 생쥐는 저녁에 집에 남는다는 **서술적 주장**이다. 다른 이야기에서 듣는 것은, 찍찍거리는 모든 생쥐는 집에 **남아야 한다**고 규정하는 **사회규범**이다. 이제 시험으로 넘어간다. 고무로 만든 장난감 열 마리가 들어 있는 생쥐 집 앞에 아이들을 세운다. '찍찍거리는' 생쥐와 '조용한' 생쥐는 생쥐를 꽉 쥐어서 찍 소리가 나는지 들어봐야만 구분할 수 있다는 것도 보여준다. 그런 다음, 생쥐 집에 저녁이 찾아오고, 생쥐 네 마리가 집에서 나와 뒤뜰에서 논다. 어떤 이야기를 들었느냐에 따라, 아이들은 (1)서술적 주장이 사실인지 확인하기, (2)규범 위반자 찾아내기 가운데 한 과제를 받았다.

호모 사피엔스

두 경우 모두 답은 똑같다. 집에 있는 생쥐가 아니라, 뒤 뜰에 있는 생쥐를 전부 살펴봐야 한다. 집에 있는 생쥐는 살펴봐도 얻을 정보가 거의 없다. 두 경우 모두에서 조용한 생쥐가 집에 있을지도 모르는데, 생쥐가 종류별로 몇 마리가 있는지를 모르기 때문이다. 규범 위반자가 있는지 살펴볼 때에는 서너 살배기 대부분이 뒤뜰에 있는 생쥐를 살펴보기로 했다. 그러나 서술적 주장을 입증할 때에는 아이들 대부분이 뒤뜰의 생쥐를 살펴볼 생각을 하지 않았다.[19] 이는 과제를 규범 심리를 건드리도록 설정한 탓에 아이들이 논리 문제를 더 잘 풀었음을 시사한다.

이 자기 길들이기 과정은 사회규범이 다스리는 세상을 더 잘 헤쳐나가도록 우리의 느낌과 정서적 표시들도 여기저기 고쳐왔다. 수치심과 자부심에 관련된 영장류의 정서도 사회규범에 적용되도록 개조되어왔다. 인간에게 있는 수치심은 영장류의 '원형 수치심', 다시 말해 영장류 사이에서 개체들이 집단의 권력자 구성원에게 자신의 복종자 지위를 보여주거나 알려줄 때 보이는 느낌들과 신체적 표시들의 묶음에서 (유전적으로) 진화했다. 수치심과 원형 수치심의 표시는 인간과 영장류 모두에서 축 처진 어깨, 아래로 깐 시선, 굽실거림, 웅크린 몸자세를 수반한다. 작고 보잘것없어 보이는 게 목적인 것처럼 말이다. 그러나 인류학자 대니얼 페슬러가 설득력 있게 주장해왔듯이, 인간끼리는 지위의 위계 안에서뿐만 아니라 누군가가 사회규범을 위반할 때나 기준에 못 미치는 성적을 내놓을 때에도 수치심을 드러낸다(8장 참조). 규범 위반자는 권력이 더 센 동물이 있을 때 복종자들이 수치심을 표시하도록 추동하는 이유와 유사한 의사소통적 이유에서 자신의 공동체에게 수치심을 표시한다. 두 경우 모두에서, 수치심의 표시는 자신이 국지적 사회질서를 인정한다는 확언이다. 규범을 위반한 맥락에서 수치스러워하는 사람은 공동체에게 사실상 이렇게 말하고 있는 것이다. "그렇소. 나는 규범을 어겼고, 그래서 질책을 받아야 한다는 것은 알고 있지만, 부디 너무 가혹하게 하지는 말아주시오."[20]

같은 종류의 공진화 과정이 해악, 공평성, 지위 같은 것을 판단하는 데에 필요한 기본 설정 및 동기와 더불어, 개인들에게 평판을 할당하는 데에 필요한 기본적인 정신적 도구의 일부도 제공했을 것이다. 이러한 심리적 적응은 사회규범이—집단 간 경쟁에 의해—넓게 퍼지며 (1)공동체나 집단 내 구성원을 해치는 일을 억제하고, (2)동료들을 평등하게 대우하도록 규정하고, (3)지속되는 지위 관계를 확립한 데에 대응해서 유전적으로 진화했을 것이다.

이러한 예측과 일관되게, 나의 UBC 동료 가운데 한 명인 발달심리학자 킬리 햄린은 아기들이 생의 첫 해가 끝나기도 전에 사회적으로 다소 미묘한 차별을 한다는 사실을 보여주었다. 카일리는 인형을 써서 간단한 교훈극을 보여주며 실행한 실험을 통해, 젖먹이들도 남을 돕는 인형을 더 좋아하지만 남을 훼방하거나 어떤 식으로든 아프게 하는 인형은 일반적으로 좋아하지 않는다는 것을 보여주었다. 그러나 결정적으로, 아기들에게는 핵심적인 미묘한 차이 하나가 급속도로 발달한다. 월령 8개월이 되면, 아기들은 앞서 반사회적으로 행동했던 사람(다른 인형을 해치는 모습을 들켰던 사람)을 **아프게 하는** 인형을 반사회적 유형을 돕는 인형보다 더 좋아한다. 아기들에 따르면, 남을 아프게 해도 괜찮다. 그 남이 다른 남을 해친다는 사실이 알려져 있거나 다른 집단의 구성원인 한은 말이다. 마찬가지로, 유아들도 반사회적인 남을 돕는 사람을 그에게서 과자를 빼앗음으로써 적극적으로 처벌하고, 반대로, 반사회적인 사람을 아프게 하는 인형을 더 좋아한다. 이 연구 결과가 보여주는 바에 따르면, 아기들은 발달 초기에 이미 소규모 사회에서 사회규범을 떠받치는 평판과 동기의 주요 요소 일부를 보유하고 있을 뿐 아니라, 그 평판 논리를 돕기와

아프게 하기라는 간단한 상황에 적용할 준비도 되어 있는 듯하다.[21]

요컨대 제삼자와 평판이 강요하는 사회규범에 의해 다스려지는 사회에서 생존하기 위해, 우리는 친사회적 편향을 지닌 규범 학습자, 핵심 동기를 내면화하는 규범 고수자, 규범 위반 색출자, 평판 관리자가 되었다. 이로써 우리는 다른 어떤 종과도 사뭇 달라진다.

규범이 만들어낸 민족적 정형화

....

침팬지 집단은 이웃 집단에서 홀로 나온 개체와 마주치면, 당장 적개심이 폭발해 공격적인 야유와 고함을 퍼붓는다. 규모가 충분히 크다면, 그 집단은 불행한 여행객을 공격해 죽일 가능성이 높다. 인간사회는 아무리 작은 규모일지라도 이 점에서 침팬지 개체군과는 전혀 다르다. 국지적 집단들은 그것이 군집이건, 마을이건, 단 한 가구이건, 더 큰 부족의 그물망 안에 얽혀 있거나, 최소한 부족의 연결망을 퍼뜨리기 때문이다. 부족의 구성원이나 같은 민족은 방언 또는 언어를 공유하는 외에도 많은 경우 옷차림, 인사법, 몸짓, 의례, 머리모양 같은 구성원 자격의 명백한 표지 다수를 공유한다. 그만큼 명백하지는 않지만, 같은 민족은 그들의 생활을 다스리고 그들로 하여금 서로의 행동을 예상하고, 조정하고, 협력하도록 해주는 일련의 사회규범, 믿음, 세계관도 공유하는 경향이 있다.[22]

이는 인간이 낯선 사람에게 무척 상냥하거나 일반적으로 우호적이라는 말이 아니다. 예나 지금이나 많은 인간사회에서 혼자 여행하는 사람은—내가 이야기한 이누이트족 사이에서처럼—한 무리의 낯선 사람들을 마주치게 되면 목숨을 건지기 위해 도망치기 십상이다. 소규모 사회들 사이에서는 언어의 경계선에서, 또는 국지적 공동체끼리 전쟁 중일 때 이런 일이 종종 일어난다. 그러나 부족의 연결망 안에서는, 그 연결망에 많은 경우 한 사람이 개인적으로 알 수 있는 것보다 훨씬 더 많은 사람들이 엮여 있어서, 사람들이 많은 경우 상대적으로 안전하게 사냥, 채집, 농사, 여행, 짝 찾기를 할 수 있었던 것도 사실이다. 낯선 사람이라도, 특히 관련된 상징물을 두르고 있고 인사를 적절히 한다면, 접근이 허락될 수 있고, 그런 다음 공유하는 관계의 연결망을 확인받을 수 있다.[23]

부족 또는 민족언어 집단, 그리고 이것이 만들어내는 사회적 세계를 우리가 헤쳐나가게 해주는 심리는 문화-유전자 공진화 과정을 통해 탄생했을 가능성이 높다. 요지는 다음과 같다. 문화적 진화는 갖가지 서로 다른 사회규범을 낳았고, 그래서 서로 다른 집단은 갈수록 결혼, 교환, 공유, 의례 따위에 관한 서로 다른 관행과 기대로 특징지어지게 되었다. 그러자 유전자에 작용하는 자연선택은 이 사회규범이 다스리는 세상에 대한 응답으로, 개인들에게 여러 인지능력과 동기를 부여함으로써 그들이 세상을 더 잘 헤쳐나가고 적응적으로 학습할 수 있도록 돕기로 했다. 이 사회규범 안에서 성장한 사람의 성공은—최소한 부분적으로는—자신이 속한 집단에 적절한 사회규범을 습득하고 상호작용의 목표로 자신과 규범을 공유할 가능성이 가장 높은 사람을 우선적으로 포착하는 능력에 달려 있었다. 자기 집단의 다른 구성원들과 맞지 않는 사회규범을 습득하는 학습자는 결국 국지적 규범을 위반하고, 나쁜 평판을 얻고, 처벌을 받는 따위의 순서를 밟게 될 것이다. 심지어 적절한 국지적 규범을 습득하지만 그런 다음 다른 규범을 가진 다른 집단 출신의 사람과 상호작용하는 학습자도, 결국 제재를 받거나, 시간을 낭비하거나, 잘못 어울리게 될 수 있다. 예컨대 서로 다른 민족집단 출신의 소년과 소녀가 사랑에 빠져 몇 년 동안 연애를 한 끝에, 소년의 가족은 지참금을 요구하지만

　　　　　　　　　　　　　　　호모 사피엔스

소녀의 가족은 신부값(딸을 주는 대가)을 기대하고 있으므로 두 사람의 결혼은 불가능하다는 사실만 알게 될지도 모른다. 서로 상대편에서 값을 치르기를 기대하기 때문이다.

그러나 사회규범이 까다로운 이유는 그것이 흔히 숨어 있다가 너무 늦게 드러나기 때문이다. 우리의 규범 가운데 다수는 우리가 세상을 보는 방식의 일부로 너무도 깊이 박혀 있는 나머지 어떤 사람은 다르게 믿을 수도 있으리라고 상상하기가 어렵다. 예컨대 당신은 아프리카 북동부 출신의 매력적인 남자와 결혼한 결과로, 여러 해가 지난 뒤에 남편이 자기 본가에 들른 동안 여덟 살 된 딸아이에게 할례를 받게 했음을 알게 될지도 모른다. 그의 결정이 당신이 선호하는 관습에는 맞지 않을지도 모른다. 클리토리스를 지니고 있는 여자를 생각만 해도 역겨워지는 당신의 남편과 시어머니에게는 당연한 일로 보였지만 말이다. 아프리카의 이 지역에서는, 뿐만 아니라 중동에서도, 여성의 성기를 잘라내는 것은 오랜 전통이고 순결 및 다산과 연관된다. 그들은 당신이 왜 그토록 화를 내는지 이해하지 못한다.

사회규범의 본성이 명백하지 않다는 점을 다루기 위해 자연선택이 이용한 것은 사회규범의 문화적 전달 경로가 종종 언어, 방언, 문신 관행과 같은 더 관찰하기 쉬운 다른 표지들의 전달 경로와 같다는 사실이었다. 그렇다면 그러한 표지들을 단서로 써서 (1)누구를 본받을지, (2)잠재 협력자가 규범을 공유할 가능성이 높은지 어떤지, 둘 다 알아 낼 수 있다.[24] 가장 좋은 표지는 위조하기 어려운 표지나, 단순한 표지들의 복잡한 조합(예: 옷차림 몸짓 그리고 예절)이다. 그 까닭은, 독특한 모자처럼 위조하기 쉬운 표지는 걸치기만 하면 다른 사람을 속이거나 조종하는 데에 이용할 수 있기 때문이다. 예컨대 맨해튼에 살고 있는 비유대인 의사는 진료실 바깥에 메주자를 비치함으로써 (유대인) 환자를 더 많이 끌거나 보유하기를 바랄지도 모른다. 메주자란 특정한 히브리어 성경 구절을 새긴 양피지 조각으로, 흔히 장식된 상자에 담아 주로 집 현관 문틀에 붙여놓는다. 나는 이 조그만 상자가 많은 유대인들에게는 (내 아내에게 그렇듯) 금세 눈에 띄지만 유대인이 아닌 사람 대부분에게는 여전히 보이지 않을 거라고 생각한다. 메주자 같은 것과는 달리, 언어와 방언은 일정한 곳 또는 일정한 사회집단 안에서 자라지 않는 이상 올바로 배우기가 쉽지 않기 때문에 더 좋은 표지가 된다. 이는 배우고 상호작용할 사람이 누구인지 결정하거나, 말하는 사람이 할 법한 행동을 추측할 때 언어나 방언이 1순위 단서일 수도 있다는 것을 시사한다.

젖먹이와 어린아이가 도구 사용법과 음식 선호를 자신과 같은 언어나 방언을 쓰는 사람에게서 우선적으로 배운다는 증거는 이미 보았다(4장 참조). 발달심리학자 캐서린 킨즐러와 그녀의 동료들은 어린아이들이 자신과 같은 언어를, 특히 자신의 방언으로 말하는 사람들과 우선적으로 상호작용하고 싶어한다는 사실도 보여주었다. 이는 다양한 개체군에서도 사실이어서 보스턴, 파리, 남아프리카 아이들에게 실험해도 비슷한 결과가 나온다.[25] 월령 5~6개월의 젖먹이들은 엄마와 억양이 같은 사람을 우선적으로 지켜본다. 10개월 된 젖먹이들도 어머니와 같은 억양으로 말하는 사람이 주는 장난감을 우선적으로 받는다.[26] 나중에는 취학 전 아이들도 자신과 같은 언어 또는 방언을 쓰는 아이를 '친구'로 고르는 경향이 있다.

민족의 표지로서 언어가 지닌 중요성이 가장 두드러지게 다가온 때는 아내 내털리가 미시간에 사는 칼데아인 사이에서 박사학위논문 연구를 수행하고 있는 동안이었다. 이라크 북부에서 이민 온 칼데아인들은 지난 세기 동안 대도시 디트로이트로 점점 더 몰려들고 있었다. 1990년대 말이 되자, 이 민족집단은 그 도시의 소규모 식료품점 사업 부문을 좌우하게 되었다. 단단한 사회연결망을 형성하고, 주로 친척이나 다른 칼데아인을 채용하고, 의사, 변호사를 비롯한 직업인도 칼데아인을 우선적으로 이용함으로써, 이 집단은 수시로 도전을 걸어오는 경제 환경(그게 디트로이트다) 속에서도 꾸준히 번성해왔다. 이 사회에서는 예나 지금이나 공동체에 의해 '칼데아인'으로 여겨지는 게 결정적이다. 그래야 직장을 얻고, 다른 칼데아인 사업가들과 악수만으로 계약을 하고, 넓은 사회연결망에 접속하고, 결혼 가능성도 꽤 높일 수 있기 때문이다. 모든 칼데아인이 이구동성으로 말하듯이, 칼데아인의 정체성을 확립하려면 예수가 사용했던 언어인 칼데아어를 하는 게 아주 중요하다. 그것은 2세대와 3세대에서도 많은 사람들이 칼데아어 수업을 들으려 할 정도로 매우 중요했다. 심지어 모술과 같은 이라크의 도회지에서 이민 온 1세대의 일부도 언어수업을 들으려 했는데, 칼데아인의 후손이라도 이라크의 도시에 거주하는 사람은 아랍어만 배우는 경우도 있었기 때문이다. 말할 것도 없이, 아랍어를 쓰는 것은 결코 칼데아인의 표지가 아니었다. 디트로이트에는 칼데아인이 자신들과 구분하고 싶어하는 이슬람교도 아랍인 이민자가 가득하기 때문이다. 물론, 칼데아인의 그리스도교를 실천하는 것도 칼데아인의 정체성을 나타내는 중요한 단서였다.[27]

그러나 민족적 표지는 언어와 방언을 훌쩍 넘어선다. 수천 년 동안 전 세계의 많은 개체군이 자기네 두개골의 모양을 만들어왔고, 유럽인도 최근까지 마찬가지였다. 판자를 머리에 묶기 같은 온갖 기법을 젖먹이에게 사용해서, 사람들은 납작한 머리, 둥근 머리, 원뿔꼴 머리를 포함한 독특하고 (자기들 보기에) 아름다운 두상을 창조해왔다.[28] 그 모양이 별개의 민족집단 또는 계층을 표지하곤 했다. 두상을 바꾸는 일은 젖먹이 때 시작해야 하고 가족의 진지한 투자를 요구하기 때문에, 이 단서를 위조하기란 거의 불가능하다(《그림 11.4》 참조).

따라서 문화적 진화가 자주 만들어내는 세상은 서로 다른 집단들이 서로 다른 사회규범을 보유하고 있는 세상이고, 여기서 규범의 경계는 종종 언어, 방언, 옷차림이나 그 밖의 표지들(예: 두개골 모양)로 표시된다. 이 사회적 환경은 그러한 세상을 헤쳐나가는 데에 필요한 인지적 도구의 확실한 발달을 선호했을 것이다. 이런 세상에서는 어떤 사람의 방언을 알면 그 사람의 선호, 동기, 믿음의 다른 많은 측면들을 어느 정도 자신 있게 예측할 수 있었을 것이다. 방언은 사회규범, 믿음, 세계관과 같은 학습 경로를 따라 전달받기 때문이다. 이 상황은 또한 그 세상 속에서 집단을 알아보고, 집단의 표지를 판별하고, (5장에서 논의했듯이) 범주 기반 귀납을 써서 집단 구성원을 일반화하기 위해 진화한 심리를 선호했을 것이다. 다시 말해, 당신은 어느 집단의 한 구성원에 관한 뭔가—예컨대 그가 돼지를 먹지 않는다는 사실—를 알게 되면 이것이 모든 구성원에게 적용된다고 가정하는 경향이 있다. 물론, 그런 경향과 능력의 단점은 그 것이 때로는 부정확한 추론을 유도해 집단의 사회적 지형과 태도를 통째로, 실상이 때때로 뒷받침하는 것보다 더 극명하게 부각시켜버리는 경향이 있다는 것이다. 인지과학자들은 이러한 능력을 우리의 민간사회학적 역량이라 부른다.[29]

인형 막스와 함께 하는 실험으로 돌아가면, 규범이 우리의 민간사회학과 얼마나 깊이 얽혀 있는지 볼 수 있다. 실험 대상자인 아이는 말하는 인형 막스와 헨리를 함께 만난다. 막스는 원어민의 억양으로 독일어를 말하고, 헨리는 프랑스어 억양으로 독일어를 말한다. 어린 독일인 아이들은—억양 단서로 보아 같은 민족인—막스가 게임을 본보기와 다르게 할 때 헨리가 그랬을 때보다 훨씬 더 많이 항의했다. 같은 민족은 짐작건대 비슷한 규범을 지녔으리라는 이유로 선호되지만, 이들이 더 많이 감시당하고, 규범을 어길 경우 더 많이 벌을 받는다는 뜻이기도 하다. 이는 모

그림 11.4 미국 태평양 북서부의 치누크어를 사용하는 개체군들 사이에서 젖먹이의 머리를 납작하게 하는 데에 전통적으로 사용했던 장치.

든 문화에 적용되는 것으로 보인다. 최후통첩 게임과 같은 실험에서도, 몽골인에서 뉴기니인인에 이르는 여러 곳 출신의 다양한 사람들이 기꺼이 대가를 지불하고서 규범을 위반한 같은 민족을 다른 민족의 경우보다 우선적으로 처벌한다.[30]

우리가 부족과 민족을 따지는 경위와 이유에 대한 이 접근법은 더 넓은 의미를 함축한다. 첫째, 집단 간 경쟁은 한 집단의 구성원들이 같은 부족으로서 지각하는 것을 늘리기 위한 모든 속임수의 확산을 선호하는 경향이 있을 것이다. 종교와 국가는 둘 다 유사 부족들을 만들어내면서, 우리 심리의 이러한 단편을 점점 더 많이 활용하고 이용하도록 문화적으로 진화해왔다. 둘째, 이 접근법은 심리학자들이 취하는 내집단 대 외집단 관점이 다음의 핵심을 놓친다는 것을 의미한다. 모든 집단이 동등하게 눈에 띄지는, 혹은 똑같은 방식으로 생각되지는 않는다. 예컨대 남북전쟁의 유력한 출발점은 민족적으로 또는 종교적으로 표시되는 차이들이지, 계급, 경제력, 정치적 이념 따위가 아니다.[31] 이것이 그러한 이유는 우리의 마음이 사회적 세계를 민족집단으로 새겨넣을 준비는 되어 있지만, 계급이나 이념으로 새겨넣을 준비는 되어 있지 않기 때문이다.[32]

마지막으로, 우리의 '인종'에 관한 사고방식을 떠받치는 심리적 장치는 실제로는 인종이 아니라 민족을 분석하기 위해 진화했다. 인종과 민족은 너무도 자주 뒤섞이므로 이러한 구별이 혼란스러울지도 모른다. 민족집단 구성원의 자격은 언어나 방언과 같은 **문화적으로 전달되는** 표지를 기반으로 부여한다. 반면에 인종집단은 **지각되는** 형태적 특질, 다시 말해 피부색이나 머리카락의 형상처럼 **유전적으로 전달되는** 특질에 따라 표시하고 할당한다. 우리의 민간사회학적 능력은 민족집단이나 부족을 가려내도록 진화했다. 그러나 현대 세계에서는 피부색이나 머리카락 형상과 같은 단서들이 마치 민족의 표지인 것처럼 행세할 수 있다.

서로 다른 민족집단의 구성원도 때로는 피부색이나 머리카락 형상과 같은 표지를 공유하고, 인종 단서들이 자동으로 무의식적으로 우리의 심리를 '속여' 마치 서로 다른 민족집단들이 존재하는 것처럼 생각하게 만들 수 있기 때문이다. 그리고 이 부산물은 문화적 진화에 의해 언어상으로 명칭이 다른 인종 범주와 인종 차별을 만들어내는 데에 활용되고 구체화될 수 있다.

이 점을 강조하는 게 바로 인종 단서는 민족 단서보다 인지적 우선

호모 사피엔스

순위가 낮다는 사실이다. 예컨대 억양이나 언어는 '같은 민족'을 가리키지만 피부색이 '다른 인종'을 가리키는 상황을 마주하는 경우, 아이이건 어른이건 민족언어 표지가 인종 표지를 이긴다. 다시 말해, 아이들은 다른 방언을 쓰는 같은 인종의 누군가보다는 같은 방언을 쓰는 다른 인종의 누군가를 친구로 선택한다.[33] 심지어 옷차림과 같은 더 약한 단서가 인종 단서를 이길 때도 있다. 아이 어른 할 것 없이 (민족 단서로 오해한) 인종 표지를 공유하는 사람과 우선적으로 배우고 상호작용하는 경향이 아마도 인종적으로 표시되는 개체군 간의 문화적 차이가, 심지어 같은 동네 안에서도 유지되는 데에 기여할 것이다.

내 요점은, 문화-유전자 공진화 때문에 인간은 엄청난 문화적 다양성을 지닌 세상에서 지도를 그리고 길을 찾기 위한 심리적 장비를 확실하게 발달시킨다는 것이다. 그러나 우리 자신의 관찰과 문화적으로 습득한 범주들(예컨대 인종 7장 참조)을 모두 사용해 우리를 둘러싼 사회적 세상의 지도를 그리는 동안, 우리의 민간사회학적 체계는 (우리의 시각계처럼) 지나칠 정도로 필수 지형지물과 주요 도로만 제공하면서 많은 세부 사항들을 무시한다. 그리하여 역동적으로 오르내리면서 변화하는 문화는 극도로 선명한 한 장의 순간 사진으로 표현되고 만다.

왜 인간은 친족 기반 이타주의와 호혜가 이토록 강할까

....

9장에서 언급했듯이, 인간이 진화론을 적용하려는 노력들은 오래 전부터 친족관계와 상호 이타주의(호혜)의 중요성을 강조해왔다. 이것들이 중요하다는 점은 의심할 여지가 없다. 그러나 흥미로운 점은 친족관계와 호혜가 다른 종에 비해 인간 사이에서 얼마나 강력한가 하는 것이다. 유전적 근연도가 영장류의 사회생활에서 중요한 것은 분명하지만, 그것이 인간 사이에서 중요한 정도에는 비할 바가 아니다. 인간은 다른 포유류보다 더 많은 친척을 더 자주 돕는다. 다른 포유류들은 도울 기회들을 놓치고 흔히 (부계 이복 동기간과 같은) 수많은 부류의 친척은 아예 없다. 친족 기반 이타주의가 등장하려면, 개체들이 언제 누구를 도울지 확인할 능력이 있어야 한다. 그런데도 자연선택은 친척들이 서로 도울 수 있겠지만 그렇게 하지 못하는 많은 상황들을 놓친다. 왜냐하면 친척은 곧잘 찾아내기가 힘들고, 친척이 언제 도움이 필요한지를 아는 것도 항상 쉬운 일은 아니기 때문이다.

사회규범의 문화적 진화는 도움이 필요한 구체적 상황과 친척을 지목하는 사회규범을 만들어냄으로써 친족 기반 이타주의의 힘을 키울 수 있다. 사회규범은 공동체를 감시자로 들여서, 사람들이 친척에 대한 책임을 간과하지 않도록 단속한다. 형제들은 자연히 서로를 돕고 싶어지겠지만, 형제간의 책임에 관한 규범을 보유하고 있는 공동체의 감시를 받는 형제들은 더욱더 서로를 돕고 싶어질 것이다. 따라서 규범 위반에 대한 제재가 그다음에는 우리의 족벌주의 본능, 특히 아버지를 자식과 결속시키는 본능을 형성하는 일에서 자연선택의 효력을 강화할 수 있다.

호혜에는 사회규범의 효과가 더욱더 두드러졌을 것이다. 호혜가 인간 이외에는, 그리고 특히 영장류를 제외하고는 상대적으로 드물다는 점을 감안하면 말이다. 사회규범은 호혜를 여러모로 자극해 호혜가 더 지속적으로 더 많은 분야에 적용되게 할 수 있다. 국지적 규범이 다스리게 되면, 제삼자들은 누군가가 이탈했는지(호혜를 어겼는지) 여부를 감시하고 결정하는 일을 도울 수 있고, 호혜적이지 않은 자를 제재하는 일도 거들 수 있다. 예컨대 많은 소규모 사회에서는 남자들이 누이를 아내감으로 주고받는다. 당신이 지금 나와 당신 누이의 결혼을 허락해주면, 나는 내

누이가 충분한 나이가 되었을 때 당신과 결혼하게 해주겠다고 약속하는 것이다. 그런데 내가 결혼한 뒤, 상황이 변할 수도 있다. 어쩌면 당신이 영영 회복할 수 없는 부상을 당하거나 내 누이가 다른 남자와 사라져버릴지도 모른다. 그 결과로, 나는 당신과 한 약속을 어길지도 모른다. 그게 설사 우리 두 가족 간의 관계를 끝장내더라도 말이다. 그렇게 되면 나는 우리의 사적인 합의뿐만 아니라 누이 교환에 관한 사회규범까지 위반하는 것이고, 내 의무를 다하지 않는 것이 내 평판에 폭넓게 타격을 줄 것이다. 잘 연구된 뉴기니 게부시족의 사례에 빗대어 보면 누이 교환의 의무를 다하지 않은 내 소행은 내가 훗날 어느 날짜엔가, 주술을 부렸다는 죄목을 쓴 다음 공동체에 의해 처형당할 확률을 높일 것이다. 이 문화적으로 구축된 세상에서는, 내가 우리의 호혜 관계를 저버린다면, 나는 우리 관계가 끝장날 위험뿐만 아니라 어쩌면 나 자신이 끝장날 위험까지 감수하는 것이다.[34] 그러한 세상에서는, 자연선택이 호혜를 위한 강력한 동기를 선호할 것이다.

문화적 진화가 만들어낸 사회적 세상이 친족 기반 이타주의와 쌍방 호혜에 필요한 우리의 본능들을 모양짓기 위해 자연선택의 능력을 증폭시켰던 것이다.

전쟁, 외세의 위협과 규범 고수
....

1996년에서 2006년까지 네팔에서는 마오쩌둥주의 반군들이 처음에는 네팔무장경찰대와, 다음에는 네팔왕립군(정부군)과 전투를 벌였다. 이 분쟁으로 1만 3,000명이 넘는 사람들이 죽임을 당하고, 재산이 파괴되고, 수만 명이 고향에서 쫓겨났다. 작은 시골 공동체에서 벌어진 폭력은 대상을 가리지 않았고 예측할 수도 없었다. 어떤 경우에는 현지 주민을 위협하거나 지지를 강요하거나 정보를 수집하기 위해 폭력을 사용했고, 다른 경우에는 복수로 또는 묵은 정치적 원한을 푸는 도구로 폭력을 사용했다. 이 전쟁이 사람들의 사회적 동기에 끼친 영향을 연구하기 위해 정치과학자 마이클 길리건과 그의 동료들은 수많은 행동 게임을 동원했다. 여기에는 공공재 게임과 독재자 게임이 둘 다 포함되었고, 두 게임은 여섯 쌍의 공동체에서 진행되었다. 모든 공동체 쌍은 저마다 다양한 지리적·인구적 차원에서 일치하도록 선정했다. 쌍을 이룬 두 공동체 사이의 핵심적인 차이는 전쟁하는 동안 한 공동체는 높은 수준의 사망률을 경험한 반면 다른 공동체는 전쟁 관련 사망자를 낸 적이 없다는 점이었다.[35]

전쟁 관련 폭력을 더 많이 겪었던 공동체 사람들은, 설사 자신의 가정에서는 폭력이나 재산 손실, 추방을 경험한 적이 없더라도, 공공재 게임에서 같은 마을 사람들과 협력할 가능성이 높았다. 이들은 독재자 게임에서도 더 많은 액수를 내놓았지만, 이 경우는 대부분 특정하게 자신들의 가정이 겪었던 폭력에 원인이 있는 것처럼 보인다. 사람들 대부분이 이 게임으로 하루 임금의 절반에서 전부 사이의 어딘가에 해당하는 금액을 집에 가져갔으니, 걸린 돈의 총액이 하찮은 것은 아니었다.

강화된 사회규범과 더 단단히 결속된 공동체의 효과는 더욱더 활동적인 공동체 조직의 형성이라는 결과를 낳아온 것처럼 보인다. 전쟁의 **영향을 받지 않은** 공동체는 농협이나 여성단체 같은 국지적 조직을 **한 곳도** 신설하지 않았다. 대조적으로, 전쟁의 영향을 받은 공동체의 40퍼센트는 새로운 조직을 세웠다. 설사 폭력의 영향을 받은 공동체가 새로운 조직을 세우지는 않았다 해도, 그러한 공동체에 이미 있던 조직이나 외지인이 출범시킨 조직은 영향을 받지 않은 마을에 있는 조직들보다 더 활동

호모 사피엔스

적이었다. 친사회적 집단 규범을 강화함으로써, 전쟁의 경험은 공동체 조직에 더더욱 많은 활력을 불어넣는 결과를 낳았다.

왜 전쟁에 이러한 친사회적 효과가 생길까?

수만 년 동안, 집단 간 경쟁이 확산시킨 엄청나게 다양한 사회규범은 집단이 자신의 공동체를 수호하도록 자극했다. 또한 가뭄, 홍수, 기근과 같은 환경적 충격을 다루기 위해 위험 부담을 나누는 연결망을 만들어 냈고, 식량과 물을 비롯한 자원을 공유하는 분위기를 조성했다. 이는 시간이 흐르면서, 개인과 그들이 속한 집단의 생존이 점점 더 집단에 유익한 사회규범을 고수하는 것에 의존하게 되었음을, 그리고 전쟁이 다가오거나 기아가 닥치거나 가뭄이 지속되는 경우에는 특히 더 그러했음을 의미했다. 이러한 세상에서 문화-유전자 공진화는 집단 간 경쟁에 대한 심리적 대응을 선호해왔을 테고, 그 대응에 포함된 위협은 생존을 위한 집단 연대를 요구했다. 그러한 위협 아래, 또는 그러한 위협이 흔한 환경에서, 집단 간 경쟁은 개인들을 더 철저히 감시하고 규범 위반자를 특히 가혹하게 제재하고, 그럼으로써 규범을 깨려는 유혹의 증가 (예컨대 기아를 겪는 동안 식량을 나누지 않으려는 일)를 억누르는 문화적 관행을 선호한다. 위협을 받는 가운데 따돌림, 가해, 처형의 형태로 제재가 커진 상황에서 선호되었을 자동적이고 무의식적인 선천적 대응은, 우리의 사회규범과 집단 및 집단의 믿음, 가치, 세계관에 더 단단히 매달리는 것이다. 이는 집단 간 경쟁의 단서들이 소속 집단과의 더 큰 연대와 동질감뿐만 아니라, 더 강한 규범 고수를 촉진해야 한다는 뜻이다. 더 강한 규범 고수란 규범에 더 잘 순응한다는 뜻이기도 하고, 규범 위반에 더 강하게 부정적으로 대응한다는 뜻이기도 하다.[36]

역사학자들도 전쟁이 우리의 친사회적 동기에 영향을 준다고 오래 전부터 추측해오긴 했지만, 요즈음은 내가 도입부에서 설명한 네팔 연구를 포함한 최근의 여러 연구가 아직까지 세계 곳곳에서 찾아볼 수 있는 엄청나게 파괴적인 준*자연실험들을 연구함으로써 이러한 효과를 철저하게 입증해왔다. 단정하기는 이르지만, 집단 간 분쟁으로 찢어진 세상에서 진화한 문화적인 종에게서 예상되는 것과 일치하는 방식으로, 전쟁이 오래가는 심리적 효과를 만들어내는 것만은 분명하다.

이제 캅카스산맥에 둘러싸인 조지아 공화국과 서아프리카의 시에라리온으로 가보자.

경제학자 마이클 바우어, 줄리 히틸로바, 알레산드라 카사르는 (그리고 나중에는 나도) 전쟁의 경험이 어른보다 어린이에게 더 큰 영향을 미치지 않을까 궁금했다. 이것이 좋은 질문인 이유는 많은 사회규범들이 아동기 중기에서 성인기 초기 사이에 습득되고 내면화되기 때문이다. 팀은 전쟁이 모종의 일반화된 친사회성을 만들어내는 것인지, 아니면 혹시 내집단 연대를 자극하고 있는 것인지도 궁금했다. 다시 말해, '전쟁의 효과란 사람들을 자신의 공동체 안에 있는 사람들 쪽으로 편향시키고 자신의 사회적 영역 밖에 있는 사람들을 적대하도록 만드는 것일까?'에 대한 답을 찾고 싶었다. 이를 탐구하기 위해, 팀은 실험을 했다. 3~12세 아이들을 대상으로 한 실험은 조지아공화국에서 2008년에 러시아가 침공한 지 6개월 뒤에 실시했고, 어른들을 대상으로 한 실험은 서아프리카의 시에라리온에서 끔찍한 내전이 벌어진 지 10년 뒤에 실시했다. 시에라리온의 어른들 다수는 전쟁 기간에 청소년이었거나 심지어 어린이였다는 점에 유의해야 한다. 두 곳 모두에서, 이들 개체군에 미친 전쟁의 효과가 본질적으로 무작위적이었다는 점이, 일종의 자연실험과 같은 여건을 제공한다. 면담 자료를 사용해, 우리 팀은 참가자들을 전쟁으로 입은 충격의 정도에 따라 세 범주로, 다시 말해 전쟁의 영향을 (1)가장 많이 받은 사람(예: 친척들이 죽었고 고향에서 쫓겨났다), (2)어느 정도 받은 사람(예: 친척이

호모 사피엔스

부상을 당했다), (3)가장 적게 받은 사람으로 분류했다.[37]

어린이를 연구하기 쉽도록, 팀은 아이들이 둘 중 하나를 선택하기만 하면 되는 간단한 실험을 사용했다. '비용분담 게임'이라 부르는 한 실험적 게임에서는 참가자에게 다음 두 가지 선택지를 준다. (a)둘 다 내가 가지고 다른 사람에게는 하나도 주지 않기. (b)하나는 내가 가지고 하나는 다른 사람에게 주기(반반 나누기). 팀은 동시에 상대방의 신분을 내집단 구성원 또는 외집단 구성원으로 해서 변화를 주었다. 조지아 아이들에게 내집단이란 학교에서 같이 수업을 듣는 누군가였고, 외집단이란 조지아에 있는 먼 학교에서 온 누군가였다. 시에라리온에서 내집단 사람은 같은 마을에서 온 사람이었고, 외집단 사람은 시에라리온에 있는 먼 마을에서 온 사람이었다.

결과는 전쟁의 경험이 아동기의 중간 시기를 여는 7세 무렵에서 성인기 초기(20세 무렵)에 이르는 발달 기간 사이에 가장 큰 영향을 미친다는 것을 보여준다. 이 범위에 들어가는 나이에 경험한 전쟁은 사람들에게 평등주의적 규범을 고수하려는 동기를 각인시키는데, 그것은 그들의 내집단에만 해당됐다. 다시 말해, 전쟁에 더 많이 노출된 사람은 비용분담 게임에서 반반 나누기를 택하는 식으로 평등주의적 선택을 더 많이 하지만, 내집단의 구성원에게만 그렇게 한다. 결정적으로, 이 효과는 분쟁이 끝난 뒤로도 최소한 10년은 지속된다. 반면에 낯선 외지인을 대하는 데에는 전쟁 경험이 아무 영향도 미치지 않는 것 같았다. 비록 이 낯선 외지인들은 당연히 공격 집단의 구성원이 아니었다는 점은 강조할 만하지만 말이다.

이 발달단계(7~20세) 밖에서는 결과가 달랐다. 20대 초반을 넘어선 사람들도 내집단 평등주의의 증가를 보여주긴 했지만, 그 증가는 아주 작았다. 즉, 전쟁 경험의 영향이 사라지지는 않았지만, 상당히 좁아졌다. 반면에 7세보다 어린 아이들은 이러한 실험에서 전쟁에서 비롯된 효과를 전혀 보여주지 않았다.

아시아, 유럽, 아프리카에서 일어난 이 전쟁들은 동떨어진 사례도 유별난 분쟁도 아니다. 부룬디, 우간다, 이스라엘에서 일어난 전쟁의 효과에 관한 조사도—이 경우에는 행동 게임 말고도 투표와 공동체 참여 따위에 관한 설문조사 자료까지 사용해서 연구했지만—똑같은 이야기를 전해준다.[38] 이러한 연구 결과를 종합해 볼 때, 같은 발달단계에서 겪은 제2차 세계대전의 경험이 미국의 이른바 '위대한 세대'를 벼려내면서, 그들의 국가적 헌신과 공공 정신을 영구히 고양시켰을 것이다.[39]

전반적으로, 재난이 위협을 가하고 불확실성이 압도하는 시기에 사람들은 공동체의 의례와 초자연적 믿음을 포함한 사회규범에 더 강하게 집착한다. 바로 이러한 사회규범이 인간 공동체를 오랫동안 단결시키고 협력하게 만들고 살아남게 해주었기 때문이다.

수백 년 수천 년을 가로질러, 문화적 진화는 종종 집단 간 경쟁에서 추진력을 받으며 사회규범으로 가득 찬 사회적 환경을 창조했고, 그 규범들은 결혼, 의례, 친족관계에서부터 교환, 공동체 수호, 명망으로 값을 쳐주는 분야에 이르는 다양한 영역에 영향을 주었다. 수만 년 수십만 년에 걸쳐, 이 과정에 의해 생산된 사회 환경은 인간의 유전적 진화를 주도하고 우리의 사회성을 모양짓는 중요한 선택압이 되었다. 이 과정에 의해 발생한 더 큰 사회성은 우리의 문화적 본성과 상호작용하면서 남에게서 배우는 우리의 능력을 토대로, 더 훌륭한 기술적 정교함과 더 방대한 양의 적응적 노하우를 발생시킨다. 이 과정이 우리의 집단두뇌를 낳는다.

12장

집단두뇌

극지 이누이트족은 북위 75도선 위쪽의 얼음바다에 둘러싸인 채, 그린란드 북서부의 외딴 지역, 이누이트족이 북극을 가로질러 대규모로 확산하면서 도달한 가장 먼 곳에 살고 있다(10장 참조). 이들은 지금껏 존재했던 인간 역사상 가장 북쪽에 있는 개체군이다. 1820년대에 어떤 유행병이 이 사냥꾼들의 개체군을 덮쳐 가장 나이 많고 가장 박식한 구성원들 다수를 선택적으로 죽여 없애버렸다. 이 개인들이 지니고 있던 노하우가 갑자기 사라짐과 동시에, 이 집단은 가장 필수적이고 복잡한 도구들 일부를 만드는 능력을 한꺼번에 잃어버렸는데, 그 도구에는 작살(《그림 3.1》), 활과 화살, 열을 가두는 얼음집의 긴 입구, 그리고 가장 중요한 카약이 들어 있었다. 카약을 잃음과 동시에, 극지 이누이트족은 사실상 고립되었고, 다른 이누이트족 개체군들과 연락을 유지할 수 없으니 그들에게서 이 잃어버린 노하우를 다시 배울 수도 없었다. 존 프랭클린 경(3장 참조)을 찾아다니다가 극지 이누이트족과 조우한 북극 탐험가 엘리사 케인과 아이작 헤이스가 기록했듯이, 기술을 잃어버린 여파는 극적이었다. 집단은 (활이 없어서) 순록을 사냥할 수 없었고, (작살이 없어서) 동네 개울에 흔해빠진 북극 곤들매기를 거둬들일 수도 없었다.

쇠퇴해가던 이 개체군은 마침내 1862년, 배핀섬 근처에서 나와 그린란드 연안을 따라 이동하고 있던 다른 이누이트족 집단과 우연히 마주쳤다. 뒤따라 문화적으로 다시 연결된 결과로 극지 이누이트족은 자신들이 잃어버렸던 것을 빠른 속도로 다시 습득했고, 이때 모든 것을 모방하면서 배핀섬 카약들의 양식도 같이 베꼈다. 수십 년 뒤 이들의 인구가 다시 증가하면서, 그리고 나머지 그린란드 지역의 다른 이누이트족과 접촉을 계속하면서, 극지 이누이트족 카약들의 양식은 배핀섬 사람들에게서 배운 용골이 큰 카약으로부터 그린란드 서부의 작고 늘씬한 카약으로 점차 되돌아갔다.

북극에서 생존하는 데에 필수적이었는데도, 그 잃어버린 기술들은 극지 이누이트족이 쉽게 재현할 수 있는 게 아니었다. 심지어 어렸을 때 그러한 기술들이 활용되는 모습을 보았건만, 그리고 자신들의 인구가 급감하고 있건만, 나이 든 세대도 새로운 세대도 카약, 작살, 복합궁, 긴 입구 가운데 어느 하나도 재현해내지 못했다. 이 정교한 기술들은 여러 세대에 걸쳐 문화적으로 진화해온 것이었고, 이 누적적인 문화적 진화의 과정이 이러한 기술에 불어넣어왔던 미묘한 차이들은 절묘하거나 심지어 반직관적인 공학적 원리에 암묵적으로 의존했다. 혹시 극지 이누이트족에게 이 잃어버린 기술들이 정말로 중요하진 않았던 것일까? 그렇진 않은 것으로 보인다. 그들이 더 광범위한 이누이트족의 집단두뇌에 다시 연결되자마자—배핀섬 사람들이 우연히 나타났을 때 시작된 이 사건으로—잃어버렸던 노하우를 전부 다시 도입했기 때문이다.[1]

이 간단한 역사적 사례는 우리가 성공하게 된 비밀 가운데 하나—그

호모 사피엔스

리고 우리의 치명적 약점—를 엿볼 수 있게 해준다. 개인들이 충분한 정확도(충실도)로 서로에게 배울 만큼 진화한 순간, 개인들로 이루어진 사회적 집단은 **집단두뇌**라 부를 만한 것을 발달시킨다. 이 집단두뇌가 도구와 기술뿐만 아니라 여러 형태의 비물질적 문화(예: 노하우)를 점점 더 효과적으로 발달시키는 동력은, 어느 정도는 개인들이 맞물린 집단의 크기와 그 개인들의 사회적인 상호연결성에 의존한다. 우리 종의 세련된 기술과 엄청난 생태적 성공을 설명해주는 것은 바로 여러 세대에 걸쳐 작동하고 있는 우리의 집단두뇌이지, 개별 두뇌의 선천적 발명력이나 창의적 능력들이 아니다. 심지어 몇 주 또는 몇 달을 준비한 뒤 생사가 걸린 상황을 마주한 개인들도 생존에 필요한 기본적 도구조차 어떻게 만드는지 알아내지 못할 만큼 결코 영리하지 않았음을, 우리는 버크와 윌스, 프랭클린의 대원들, 나르바에스 탐험대에게서 배웠다. 우리의 집단두뇌는 개인들 간의 정보 공유에 의해 창출되는 여러 시너지효과에서 탄생한다.

여기서 이 발상을 가장 단순한 형태로 분해해 제시하겠다. 지금까지 우리는 인간이 아주 어릴 때부터 자신의 공동체와 더 광범위한 사회 연결망 안에서 더 숙련된, 유능한, 성공한, 명망 있는 구성원을 주목하고 그로부터 배운다는 점을 확실히 해왔다. 이는 새로이 개선되어 등장하는 기법, 기량, 방법 따위가 흔히 개체군을 통해, 덜 성공했거나 더 어린 구성원이 그것을 따라하면서 확산될 것임을 뜻한다. 개선은 의도적인 발명을 통해서뿐만 아니라 운 좋은 실수나 여러 사람에게서 모방한 요소들의 새로운 조합에서도 일어날 수 있다. 인간의 문화적 학습에 편향적인 면이 있다는 것은, 그 집단 전역에서 여러 세대에 걸쳐 전달이 진행되는 동안 수많은 실수, 재조합, 의도적 수정이 더 커다란 성공으로 이어지지 않으면 걸러질 것임을, 반면에 이어지는 것들은 모여서 퍼지는 경향이 있을 것임을 의미한다.[2]

집단의 크기와 개인들 간의 사회적 상호연결성은 이 과정에서 결정적인 구실을 한다. 집단의 크기가 중요할 수 있는 가장 명백한 이유는 많은 생각들이 모일수록 운 좋은 실수, 신기한 재조합, 우연한 통찰, 의도적 개선을 더 많이 발생시키는 데에 있다. 이를 가장 극명한 용어로 알아보기 위해, 집단 크기가 어떤 발명품을 생각해낼 확률, 이를테면 깃털을 써서 화살에 깃을 달 확률에 어떻게 영향을 미칠지를 생각해보자. 혼자 움직이는 한 사람은 '화살깃'을—운으로든 노력으로든—생애 천 번에 한 번밖에 알아내지 못한다고 가정해보자. 그렇다면 10명으로 이루어진 집단에서 최소 한 명이 자신의 생애에 깃을 알아낼 확률은 1퍼센트다. 따라서 10명으로 이루어진 집단이 이 발명품을 생각해내려면 평균 100세대(2,500년)가 걸릴 것이다. 100명으로 이루어진 집단에서는 최소 한 명이 일생 동안 10퍼센트 확률로 그것을 고안할 것이다. 그래서 이 집단이 그것을 알아내는 데에는 평균 11세대(275년)가 걸릴 것이다. 1,000명이라면, 한 세대 안에 그것을 얻을 확률은 63퍼센트가 되고, 평균 1.6세대(40년)면 그것을 알아낼 것이다. 만약 만 개의 생각을 합칠 수 있다면, 한 세대만에(아니 엄밀히 말하자면 99.995퍼센트의 확률로) 깃을 가지게 될 것이다. 이와 같이, 더 큰 집단은 누적적인 문화적 진화를 더 급속히 진행시킬 잠재력을 갖고 있다. 많은 발명들은 여러 요소의 조합을 필요로 하고, 그래서 발명의 등장 속도는 가장 느린 요소에 달려 있음을 고려할 때, 이 효과들은 특히 더 보탬이 되기 때문이다.

물론, 이는 이 집단의 구성원들이 그 집단의 다른 구성원들과 사회적으로 충분히 연결되어 있어서 누군가의 개선이 집단을 통해 빠르게 확산될 수 있다고 상정한다. 그런데 집단이 크면 클수록, 그 가정은 더 믿기지 않게 된다. 여기서 사회성이 중요하다는 것을 알기 위해, 모든 사람이 일종의 사회적 섬이어서 자신의 모든 통찰을 다른 모든 사람에게 비밀로 한다고 상상해보자. 무슨 일이 생기겠는가?

　뭐, 그다지 많은 일이 발생하지는 않는다. 몇몇 사람이 약간 더 나은 도구를 만들겠지만, 그런 다음 이들은 죽을 테고 이들이 개선한 것도 함께 사라질 것이다. 세련된 도구는 하나도 등장하지 않을 것이다. 여기서 집단의 크기는 중요하지 않다. 대부분의 동물들이 여기에 해당한다.

　따라서 집단의 크기와 함께 사회적 상호연결성의 정도도 누적적인 문화적 진화를 발생시키는 데에서 매우 강력하며, 개인의 영리함보다는 훨씬 더 강력하다. 매우 큰 선행 인류 개체군 둘을 **천재들**과 **바보들**로 가정하고 생각해보자. 천재들은 어떤 발명품을 10회의 생애 만에 한 번 고안한다. 바보들은 훨씬 더 멍청해서, 같은 발명품을 1,000회의 생애 만에 한 번밖에 고안하지 못한다. 그렇다면 이는 천재들이 바보들보다 100배 더 영리하다는 뜻이다. 그러나 천재들은 그다지 사회적이지 못해서 본받을 수 있는 친구가 1명밖에 없다. 바보들은 친구가 10명이어서, 10배 더 사회적인 셈이다. 이제, 두 개체군의 모든 사람이 스스로 알아내는 방법과 친구에게서 배우는 방법을 모두 동원해 어떤 발명품을 얻으려 노력한다. 친구에게서 배우는 방법은 어렵다고, 다시 말해 만약 친구가 그것을 가지고 있다면, 학습자는 그것을 겨우 절반의 빈도로 배운다고 가정하자. 모든 사람이 개별적 학습도 마쳤고 친구에게서 배우려고 노력도 했다면, 혁신이 천재들 사이에서 더 흔하리라 생각하는가 아니면 바보들 사이에서 더 흔하리라 생각하는가?

　자, 천재들 사이에서는 5명 가운데 1명이 조금 못 되는 사람(18퍼센트)이 발명에 이를 것이다. 그 천재들 가운데 절반은 온전히 자기 힘으로 그것을 알아냈을 것이다. 반면에 바보들은 999퍼센트가 혁신에 이르겠지만, 0.1퍼센트만이 그것을 자기 힘으로 알아냈을 것이다. 천재들은 바보들보다 100배 더 영리했던 반면 바보들은 겨우 10배 더 사회적이었음을 명심하자. 결론은, 당신이 멋진 기술을 갖고 싶다면 영리한 사람이 되는 것보다 사회적인 사람이 되는 게 낫다는 것이다.

이제, 위에서 언급한 발명품은 활과 화살인데 바보들과 천재들이 영토를 두고 분쟁에 들어간다고 하자. 누가 이길까? 더 영리한 집단? 아니면 더 사회적인 집단? 확실치는 않지만, 바보들이 이길 확률이 높을 것이다. 바보들은 모두 활과 화살로 무장할 테지만 천재들은 18퍼센트만 그럴 것이기 때문이다.[3]

이러한 문화적 진화 과정은 도구, 기술, 관행 관련 노하우와 기량의 **학습 용이성**도 결정할 것이다. 여러 세대에 걸쳐, 복잡한 기술들의 생산에 들어가는 세부사항, 기법, 규정은—다른 모든 것이 동등하다면—더 배우기 쉽고 더 직관적인 방향으로 단순화하는 경향이 있어야 한다. 이러한 경향은 더 크고 더 긴밀하게 상호연결된 개체군이 더 정교한 도구와 기술을 더 다양하게 갖게 될 뿐만 아니라, 그것들을 생산하는 더 배우기 쉬운 기법까지 갖게 될 것임을 시사한다.

우리 종이 자기를 길들여 우리가 점점 더 사회적이게 되어감에 따라, 우리의 집단두뇌는 확장을 거듭하며 더 훌륭한 기술적 정교함과 더 커다란 노하우 덩어리를 만들어왔을 것이다. 그렇지만 거주하는 개체군보다 훨씬 큰 집단에서 생활하는 우리 종의 능력은 여전히 사회규범에 막중하게 의존한다는 점을 기억하라. 집단 간 경쟁의 영향 아래, 커져만 가는 집단 안에서 내부의 화합을 효과적으로 유지하는 사회규범들이 확산되었을 것이다. 친족 유대, 작명 관행, 인척 유대, 배우자 교환, 의례를 통해 사회집단을 확장시키고 폭넓은 동맹을 벼리는 데에 도움을 주는 제도들이 우리의 집단두뇌를 확장시키면서, 더 정교한 도구와 무기를 포함한 더 복잡한 문화적 노하우 덩어리를 문화적으로 진화시키고 지속시키는 집단두뇌의 능력을 향상시켰을 것이다.

실험실로!

....

내 연구실의 대학원생인 마이클 무투크리슈나와 나는 사회적 상호연관성이 기량의 축적에 미치는 효과를 우리가 심리학 실험실에서 통제된 방식으로 잡아낼 수 있을지 궁금했다. 우리는 '전달 사슬'을 설정했고, 그 안에서 실험에 처음 참여하는 학부생들로 구성된 첫 '세대'는 익숙하지 않은 어느 영상편집 프로그램을 사용해 복잡한 '목표영상'을 재현해 보는 과제를 받았다. 그들은 그런 다음, 다음 세대 초보자를 위해 최대 두 쪽 분량의 설명과 조언을 기록할 수 있었다. 다음 세대 초보자는 이 기록된 정보와 함께, 이전 세대 선생 또는 선생들이 만들어낸 영상을 받을 것이었다. 우리는 이 과정을 실험실에서 열 세대 동안 반복했다. 그리고 참가자가 만들어낸 영상과 목표영상의 유사성을 측정해, 모든 참가자의 기량에 점수를 매겼다. 참가자는 자신의 성적과 자기 학생의 성적 둘 다에 따라 현금으로 보수를 받았다. 우리는 학부생 100명을 모집해 그들을 두 처리군 가운데 하나에 배정했다. 5-본보기 처리군에서는 초보자가 앞선 세대의 다섯 사람에게서 영상과 설명서를 받았다. 반면에 1-본보기 처리군에서는 초보자가 앞선 세대의 한 선생에게서만 영상과 설명서를 받았다. 두 집단의 크기는 같았으나, 5-본보기 처리군에 속한 사람들은 다섯 배 **더 사회적으로 상호 연관되었다**는 점을 명심하자.

〈그림 12.1〉이 결과를 보여준다. 사람들이 한 선생에게서만 배울 수 있었을 때에는 어느 세대도 평균 기량이 늘지 않았다. 그러나 앞선 세대의 다섯 사람 모두에게서 배울 수 있었을 때에는 20퍼센트를 겨우 넘던 평균 기량이 85퍼센트 너머까지 극적으로 향상되었다. 마지막 세대에서는 5-본보기 처리군에서 **가장 미숙한 사람**이 1-본보기 처리군에서 가장 능숙한 사람보다 우수했다. 사회적 상호연관성이 10세대에 이르자 모든

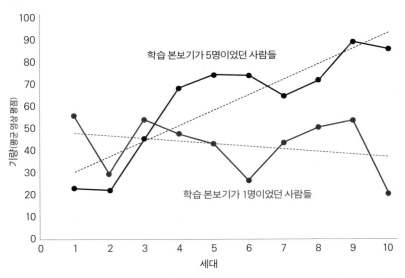

그림 12.1 더 큰 사회성이 실험실에서 열 세대에 걸쳐 기량의 변화에 미친 효과. 실험실에서 열 세대에 걸쳐 본보기 다섯 명과 접촉할 수 있었던 사람들이 영상을 편집한 기량의 평균 수준(흑색 선)과, 열 세대에 걸쳐 본보기 한 명과만 접촉할 수 있었던 사람들이 영상을 편집한 기량의 평균 수준(회색 선).

사람을 더 능숙하게 만들었던 것이다.[4]

　5-본보기 처리군에서, 참가자들이 무조건 앞선 세대에서 가장 능숙한 선생을 모방한 것은 아니었다. 실제로는 (다섯 명 가운데) 최상위 선생 네 명의 통찰을 통합하고 있었는데, 그래도 최고의 선생이 한 것에 상대적으로 더 무게를 두고 있었다. 이것은 중요한데, 서로 다른 사람들에게서 별개의 요소들을 습득함으로써, 학습자가 '발명' 없이도 '혁신'을 창조할 수 있기 때문이다. 다시 말해, 개인 자신이 스스로 새로운 기법을 생각해내지 않고도, 서로 다른 본보기에게서 모방한 것들을 재조합함으로써, 새로운 것이 출현할 수 있다. 이 과정이 혁신을 이해하는 데에 결정적인 것으로 판명된다.

　　　　　　　　　　　　　　　　　　　　　　　호모 사피엔스

프랑스의 막스 데렉스가 이끈 비슷한 연구에서도 비슷한 결과가 드러난다. 한 컴퓨터 과제에서, 참가자들은 가상으로 **간단한** 화살촉 또는 **복잡한** 어망을 만들어야 했고, 그런 다음 그것을 써서 낚시를 갈 수 있었다. 그리고 그 낚시에서 잡은 양을 점수로 환산해서 실험이 끝난 뒤 점수를 현금으로 바꿀 수 있었다. 낚시가 한 차례 끝날 때마다, 참가자들은 화살촉이나 어망을 개선할 수 있었다. 그러기 위해 자기 집단의 다른 사람들을 살펴볼 수도 있었고 그들이 물고기를 얼마나 잡았는지도 볼 수 있었으므로, 잠재적으로 그들의 기법을 배울 수도 있었다. 동시에 자신의 지혜, 인과적인 정신적 모형, 시행착오 학습에도 의존할 수 있었다. 과제는 2명에서 16명에 이르는 다양한 크기의 집단에서 15회씩 이어졌다. 15회 동안에, 더 큰 집단(8명 또는 16명)이 만든 화살촉은 훨씬 더 나아진 반면 더 작은 집단이 만든 것은 효율이 그대로였거나 약간 더 나빠졌다. 끝에 이르자, 가장 큰 집단(16명)의 화살촉 성능이 가장 작은 집단(2명)에서 나온 것보다 50퍼센트 더 나아졌다.[5]

실세계에서의 크기와 상호연관성

....

실험실에서 하는 실험들 덕분에 사회성의 인과적 효과에 대한 가설을 어느 정도 증명할 수 있긴 하지만, 이 과정들이 실제로 중요하고 실세계에서도 작동하고 있는지 알아보는 일도 반드시 필요하다. 이를 탐구하기 위해, 인류학자 미셸 클라인과 로버트 보이드는 개체군 크기나 기술적 복잡성 같은 것을 잘 측정할 수 있을 만한 자연실험을 찾아 세계를 돌아다녔다. 대륙의 사회들은 적당하지 않았다. 이 개체군들은 모두 상당한 정도로 상호 연관되어 있고, 기술들이 민족적·언어적 경계선 너머까지 알려져 있기 때문이다. 그러나 태평양에서는 섬이나 제도가 개체군을 별개의 단위로 분할하는 자연스러운 방법을 제공한다. 대륙과 달리, 수백 마일에 걸친 대양이 섬들 사이에서 최소한 어느 정도의 격리를 보장해준다.

어느 섬에서나 비교할 수 있는 기술의 유형을 표준화하기 위해, 두 사람은 오세아니아의 많은 지역에서 생계유지 기술의 결정적 부분인 낚시도구모음에 초점을 맞추었다. 이 개체군들의 자세한 민족지를 이용해, 두 연구자는 유럽인과 접촉한 시점의 개체군 크기와 더불어 이러한 도구모음의 크기와 복잡성에 대한 추정치를 얻었다. 이 섬들이 진짜로 격리된 것은 아니었으므로, 클라인과 보이드는 모든 집단이 저마다 다른 인간 개체군들과 접촉하는 상대적인 정도도 산정했다.

예상대로, 인구가 많고 다른 섬과 더 많이 접촉하는 섬과 제도는 낚시도구 유형의 수가 더 많고, 낚시 기술이 더 복잡했다. 〈그림 12.2〉가 개체군 크기와 도구 유형 수 사이의 관계를 보여준다. 인구가 더 많은 섬에 사는 사람들이 마음대로 쓸 수 있는 도구를 더 많이 가지고 있었고, 그 도구들은 더 정교한 경향이 있었다.[6]

진화인류학자 마크 칼러드가 이끈 또 다른 연구팀이 전 세계에서 산업화되지 않은 농민과 목축민 사회 마흔 곳을 조사했을 때에도 똑같은 종류의 강한 양(+)의 상관관계를 발견했다. 다시 한 번, 더 큰 개체군은 더 복잡한 기술과 더 많은 도구 유형을 가지고 있음이 드러났다.[7]

이러한 효과는 심지어 오랑우탄에게서도 관찰된다. 오랑우탄은 누적적인 문화가 거의 또는 아예 없지만, 약간의 사회적 학습능력이 있어서 개체군 특유의 국지적 전통이 생겨난다. 예컨대 어떤 오랑우탄 집단은 일상적으로 나뭇잎을 사용해 땅에서 물을 뜨기도 하고, 막대기를 사용해 과일에서 씨를 빼내기도 한다. 여러 오랑우탄 개체군에서 나온 자

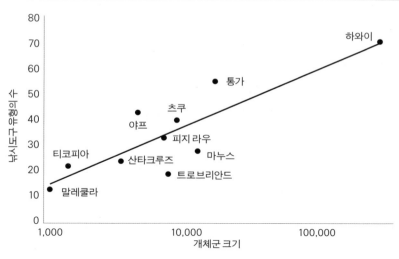

그림 12.2 개체군의 크기와 낚시도구 유형 수 사이의 개체군별 관계. 가로축은 로그 눈금.

료들이 개체들 사이에서 상호작용을 많이 하는 집단일수록 학습된 먹이 입수 기법을 더 많이 보유하는 경향이 있음을 보여준다. 물론, 어린 오랑우탄이 본보기를 두세 마리 얻을 수 있다면 운이 좋은 경우이고, 어떤 집단에서는 어미가 주위에 있는 유일한 본보기다.[8]

요점은 더 크고 더 많이 상호연관된 개체군이 더 정교한 도구, 기법, 무기와 노하우를 발생시키며, 그 이유는 그들이 더 큰 집단두뇌를 갖고 있기 때문이라는 것이다.

태즈메이니아 효과

....

누적적인 문화의 이해—기술의 정교함과 집단의 노하우 덩어리 크기의 설명—를 위한 이 접근법은 그 밖에도 두 가지 덜 직관적인 의미를 함축한다. 첫째, 갑자기 축소되거나 사회적으로 단절된 개체군은 적응적인 문화적 정보를 실제로 상실할 수 있고, 이는 기법상의 기량 상실과 복잡한 기술의 소멸을 초래한다. 둘째, 개체군 크기와 사회적 상호연결성이 한 집단의 집단두뇌 크기의 최대치를 결정한다.

적응적인 문화적 정보의 상실은 두 가지 과정에서 비롯할 수 있다. 첫째는 극지 이누이트족에게서 벌어졌던 과정이다. 무작위 충격(유행병)이 우연히 공동체에서 가장 박식한 구성원들을 강타해, 그들의 문화적 노하우를 송두리째 지워버리는 것이다. 그 충격으로 문화 목록에서 카약(그들의 운송수단)이 지워진 데다 이미 지리적으로도 매우 동떨어져 있었기 때문에, 기술의 상실로 인구가 줄어들면서 그들은 서서히 내리막길의 악순환에 접어들었다. 이 같은 현상은 드물지 않을 것이다.

인류학자이자 심리학자인 W. H. R. 리버스는 1992년의 에세이 〈유용한 기술의 소멸The Disappearance of Useful Arts〉에서 그처럼 당혹스러운 소멸 사례를 다수 기록했다. 한 사례에서는 바누아투군도의 북쪽 맨 끝에 지리적으로 동떨어진 섬들의 무리인 토레스제도 출신의 일류 카누 제조자들이 전부 죽은 결과로 주민들이 한동안 격리되었다. 조잡한 대나무 쌍동선(선체 두 개를 갑판 위에서 결합한 배-옮긴이)보다 나은 배를 만들 기량을 가진 사람은 아무도 없었기 때문인데, 그 쌍동선은 가까운 섬들 바깥으로 항해할 수도 없고 고기잡이에도 쓸모가 없었다.[9]

다른 과정은 더 미묘한데, 나는 이것이 더 중요하지 않을까 생각한다. 만약 누군가가 고도로 숙련되고 박식한 어느 전문가의 기법과 관행을 모방하고 있다면, 그의 기량이나 지식은 결국 많은 경우 그가 모방하고 있는 전문가의 것보다 낮은 수준에서 멈출 것이다. 복사본은 원본의 불완전한 형태인 게 보통이다. 이를 이해하기 위해, 활쏘기 시험에서 항

호모 사피엔스

상 100점을 받는 궁술의 대가를 상상해보자. 그가 초보자 100명을 훈련 시키는 과제를 맡았다. 그 대가가 죽을 때까지, 모든 초보자가 그의 솜씨 가운데 95퍼센트를 배웠다고 하자. 다시 말해, 그들은 활쏘기 시험에서 95점을 받는다. 다음에는 그들 가운데서 한 명이 뽑혀서 다음 초보자 집 합을 가르치는 식의 과정을 20세대에 걸쳐 반복한다. 과연 20번째 세대 는 활쏘기를 얼마나 잘할까?

잘하지 못한다. 그들은 시험에서 겨우 35점을 받을 것이다.

그 이유는, 복사본은 보통 원본보다 질이 나빠서, 세대마다 정보를 조금씩 잃기 때문이다. 누적적인 문화적 진화는 이 추세에 대항해 싸워 야 하는데, 이 일은 사회적 상호연결성이 높은 더 큰 개체군 안에서 가장 잘할 수 있다. 핵심은 대부분의 개인은 불완전한, 자신의 학습 본보기보 다 못한 수준에서 끝을 맺는다는 것이다. 그러나 일부 드문 개인들은 운 으로든, 맹렬한 연습으로든, 의도적인 발명으로든, 자신의 선생보다 나은 수준에서 끝맺는다. 이를 알아보기 위해, 궁수 사고실험을 다시 하면서 이번에는 초보자의 90퍼센트가 대가의 기량 가운데 80퍼센트를 얻고 끝 난다고 가정하자. 그러나 10퍼센트는 대가의 기량에서 끝내는 105퍼센트 를 얻어낸다. 초보자들 가운데서 최고득점자가 다시 뽑혀서 다음 세대 를 가르친다. 이번에는 20번째 세대가 어떤 수준에 이르러 있을까?

뛰어나다. 20세대가 지나면, 활쏘기 시험에서 모든 사람의 점수가, 원 조 대가가 받은 점수의 두 배인 200점을 넘어설 것이다. 흥미롭게도, 초 보자들의 평균 점수는 5번째 세대가 되어서야 비로소 대가의 점수인 100점을 넘어설 것이다. 이런 일이 일어나는 이유는, 비록 학습자의 90퍼 센트는 여전히 자신의 선생보다 못한 수준에서 끝맺지만, 최상위의 선생 들이 점차 나아지고 있고, 이들이 마침내 학습자들을 함께 끌고 가기 때 문이다.

더 큰 개체군이 문화적 전달에 내재하는 정보의 손실을 극복할 수 있는 이유는, 뭔가를 배우려는 개인들이 많으면 누군가는 결국 자신의 학습 본보기와 최소한 같거나 그보다 나은 수준의 지식 또는 기량을 가지게 될 확률이 높기 때문이다. 상호연결성이 중요한 이유는 그것이 높으면 더 많은 개인들이 가장 숙련되거나 성공한 본보기에게 접근할 기회를 얻고, 이로써 그 본보기를 추월할 기회를 얻고, 그래서 고도로 숙련되거나 성공한 여러 본보기에게서 배운 요소들을 재조합해 새로운 재조합을 창조할 수 있기 때문이다.

이러한 생각이 처음 떠오른 것은 내가 태즈메이니아섬 원주민에 관한 책을 읽고 있을 때였다. 대략 아일랜드의 80퍼센트 정도 크기로, 스리랑카와 비교되는 태즈메이니아는 오스트레일리아 빅토리아 주에서 남쪽으로 약 200킬로미터 떨어진 곳에 있다. 유럽인 탐험가들이 18세기 말에 태즈메이니아인과 처음 접촉했을 때 발견한 어느 수렵채집 개체군은 그때까지 (유럽인이) 마주쳤던 어떤 사회의 것보다도 단순한 도구모음을 갖추고 있었다. 사냥과 전투를 위해 남자들이 사용한 도구는 돌과 이음매 없는 창, 던지는 곤봉뿐이었다. 태즈메이니아인이 배라고 의지한 것은 물이 새는 갈대 뗏목이었고, 노도 없었다. 얕은 강은 걸어서 건넜는데, 여자들이 남편과 자녀를 태운 뗏목을 강에 띄운 뒤, 끌면서 건너곤 했다. 서늘한 해양성 기후에서, 태즈메이니아인은 캥거루의 일종인 왈라비 가죽을 어깨에 걸쳤고 노출된 피부에는 기름을 발랐다. 이상하게도, 태즈메이니아인은 섬 주위에 물고기가 풍부한데도 물고기를 잡지도 먹지도 않았다. 물은 머리뼈로 떠 마셨고, 불을 피우는 능력조차 잃어버린 것 같았다. 태즈메이니아인이 사용하는 도구라고는 통틀어 스물네 가지 정도뿐이었다.[10]

그 단순함의 수준을 더 넓은 시각에서 보기 위해, 18세기에 태즈메이니아인과 동시대인으로서 배스해협 바로 건너편 빅토리아주에서 파마눙안어를 사용하며 살았던 원주민을 생각해보자. 이 원주민들은 태즈메이니아인의 도구모음 말고도 수백 가지 특수화된 도구를 더 가지고 있었고, 여기에는 정교한 다수의 골각기, 작살, 투창기, 부메랑, 자루 달린 (목공용) 자귀, 여러 부품으로 조립한 많은 도구들, 새나 물고기나 왈라비를 잡기 위한 다양한 그물, 나무껍질을 꿰매어 만든 카누와 노, 망태, 날을 세운 도끼, 나무로 만든 잔이 포함되어 있었다. 옷으로는 왈라비 가죽과 기름을 뒤집어쓰는 대신, 이 원주민들은 주머니쥐 가죽을 뼈로 만든 송곳과 바늘로 꿰매어 포근히 들어맞게 재단한 망토를 몸에 둘렀다. 고기잡이에는 조개껍데기로 만든 바늘, 그물, 덫과 고기잡이용 창을 썼다. 어떤 이유에서인지, 태즈메이니아인은 결국 배스해협 바로 건너편의 동시대 사촌들보다도 훨씬 더 단순한 도구모음을 갖게 되었던 것이다.[11]

태즈메이니아인의 도구모음은 심지어 많은 고대 구석기 사회들과 비교해도 단순하다. 세계의 많은 부분에서 나오는 고고학적 기록으로 드러나는 바에 따르면, 태즈메이니아인이 유럽인과 접촉했을 당시에 지니고 있던 것보다 더 복잡한 도구모음이 등장한 역사는 수만 년, 심지어 수십만 년 전까지 거슬러 올라간다. 태즈메이니아인의 석기들은 약 4만 년 전 이후의 유럽에서 발견되는 도구의 대다수보다 훨씬 조잡하며, 많은 네안데르탈인들이나 심지어 더 오래된 우리 속屬의 구성원이 만든 석기와 일치한다. 태즈메이니아인에게는 골각기도 없지만, 다른 곳에서는 뼈를 정교하게 깎아 작살촉을 만든 연대가 늦어도 8만 9,000년 전으로 측정된다. 비슷하게, 돌을 깎아 창의 촉을 만든 연대도 우리 종이 등장하기 한참 전인 약 50만 년 전으로 측정되었다.

이 각별히 오래된 도구들은 어쩌다 찾은 것으로 제쳐둔다 하더라도, 자루 달린 도구의 역사는 우리 종이 기원한 20만 년 전 이전까지 거슬러 올라간다. 태즈메이니아인은 옷이라고는 왈라비 통가죽뿐이고 물을 건널 수단이라고는 물이 새는 뗏목뿐이었지만, 3만 년 전의 북극과 4만 5,000년 전의 오스트레일리아에는 인간이 걸치기만 해도 따뜻하고 잘 맞는 옷과 망망대해를 가로지를 수 있는 든든한 배가 존재했다. 이와 일관되게, 인도네시아에서는 인간들이 4만 2,000년 전에 광활한 대양에서 참치, 상어, 놀래기를 잡고 있었다.[12]

이 난제는 약 1만 2,000년 전까지만 해도 태즈메이니아가 나머지 오스트레일리아와 연결되어 있었다는 사실을 알고 나면 더 어려워진다. 해수면이 올라가면서 배스해협에 물이 찼고, 오스트레일리아의 반도였던 태즈메이니아는 섬으로 바뀌었다. 이러한 분리 이전까지 태즈메이니아인이 남긴 고고학적 유물은 오스트레일리아에서 발견된 것과 복잡도 면에서 구별할 수 없다.

분리와 동시에, 태즈메이니아인은 복잡한 도구들을 잃어버리기 시작했다. 골각기 수가 점차 줄어들다가 마침내 약 3,500년 전에는 완전히 사라졌다. 물고기뼈가 보여주고 있듯이, 고대 태즈메이니아인의 최소한 일부는 꽤나 물고기에 의존했던 것 같다. 약 8,000년 전에서 5,000년 전 사이에 꾸준히 사람이 살았던 한 고고학 유적지는 바다표범에 버금가는, 상당히 높은 물고기 의존도를 보여준다. 그러나 물고기는 서서히, 기록에서 줄어들다가 사라진다. 1777년 쿡 선장의 선원들이 섬 주위의 풍성한 바다에서 갓 잡은 생선을 권했을 때, 태즈메이니아인은 역겹다는 반응을 보였다. 그렇지만 쿡이 권한 빵은 기꺼이 받아먹었다.[13]

배스해협 북쪽의 삶이 가만히 있지 않았음은 말할 것도 없다. 10장에서 보았듯이, 태즈메이니아인이 고기잡이 기술과 골각기, 몸에 맞는 옷을 잃어가던 그 수천 년 동안에는, 파마늉안어의 확산이 진행되고 있었다. 오스트레일리아 북쪽에서 시작된 이 확장이 빅토리아까지 가져다

준 것에는 더 세련된 석기, 개, 씨앗 갈개뿐만 아니라, 새로운 사회제도와 공동체 의례도 포함되어 있었고, 그것들이 국지적 집단들을 더 효과적으로 통합해 더 큰 지역적 개체군으로 집어넣었다. 더 커다란 전체 개체군 사이에 더 커다란 사회적 상호연결성이 생겨났다는 말이다. 이것이 누적적인 문화적 진화로 하여금 더 정교한 도구와 더 복잡한 도구모음을 발생시키도록 해주었을 것이다. 하지만 파마늉안어의 확산은 배스해협 건너 태즈메이니아까지는 이르지 않았다.

상승하는 해수면은 태즈메이니아인을 8,000~1만 년 동안 격리시켜서, 그들을 오스트레일리아 대륙의 방대한 사회연결망에서 단절시킴과 동시에, 갑자기 그들의 집단두뇌를 축소시켰다. 뒤따라 그들의 가장 복잡하고 배우기 어려운 기량과 기술이 점차 사라져갔다.

격리가 그들이 기술적·제도적 혁신을 습득하는 것을 막지 않았다면, 혁신이 더 큰 상호연결성과 더 세련된 도구, 무기, 노하우를 조성함으로써 그들의 집단두뇌를 확장시켰을 것이다.

실험실의 태즈메이니아

마이클 무투크리슈나와 나는 태즈메이니아와 비슷한 현상을 통제 상태의 실험실에서 재현할 수 있을지도 궁금했다. 위에서 기술한 영상편집 기량의 전달 실험과 아주 유사한 설계를 사용해, 이번에는 복잡한 체계의 암벽등반용 매듭 매기 전문가의 첫 '세대'를 훈련시켰다. 참가자는 저마다 머리에 카메라를 달고, 자신이 배운 매듭을 매는 방법을 녹화했다. 다음 세대의 초보자는 비디오와 함께 그 매듭 체계에 대한 자기 선생의 기량 점수를 받았다. 1-본보기 처리군에서는 초보자마다 앞선 세대 가운데 한 사람에게서만 비디오와 점수를 받았다. 5-본보기 처리군에서는 앞선 세대에 들어 있던 다섯 명 모두에게서 비디오와 점수를 받았다. 앞의 실험에서와 마찬가지로, 참가자는 자신의 점수와 자기가 가르친 다음 세대 학생의 점수 둘 다에 따라 보수를 받았다.

〈그림 12.3〉이 실험의 결과를 보여준다. 첫 세대는 전체가 훈련된 전문가로 구성되어 있으므로, 세대가 지남에 따라 기량 수준이 떨어질 것을 예상해야 한다는 점을 기억하라. 문제는 사회적 상호연결성이 집단 내 기량의 저하 속도와 최종 수준에 영향을 미치는가의 여부다. 학습자가 본보기 한 명과만 접촉할 수 있었을 때에는 본보기 다섯 명과 접촉할 수 있었던 학습자에 비해 매듭 매는 기량이 급속히 곤두박질쳤다. 대략 다섯 세대에 이르면 5-본보기 개체군이 1-본보기 개체군의 학습자보다 훨씬 높은 평균 기량 수준을 유지하면서, 두 개체군이 안정적인 상태에 접근하고 있는 것처럼 보인다. 이전처럼, 5-본보기 집단의 열 번째 세대

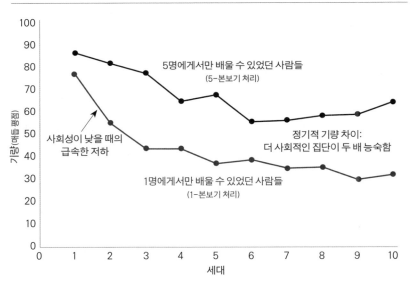

그림 12.3 1-본보기 처리와 5-본보기 처리로 일어나는 기량 저하를 실험실에서 10세대에 걸쳐 보여주는 도표. 회색 선이 사회적으로 상호연결성이 낮은 집단의 기량 저하가 더 빠름을 보여준다.

호모 사피엔스

에 들어 있는 모든 사람은 1-본보기 집단의 열 번째 세대에서 가장 능숙한 사람보다 더 능숙하다.

막심 데렉스의 팀도 위에서 기술한 그들의 실험적 설정을 이용해 상응하는 결과를 발견했다. 언급했듯이, 단순한 화살촉은 더 큰 집단에서 15회를 거치는 동안 개선되었다. 반면에 더 복잡한 어망의 성능은 8명 또는 16명으로 이루어진 큰 집단에서는 맨 처음 수준에서 단단히 유지되었지만, 2명 또는 4명만으로 이루어진 가장 작은 집단에서는 저하되었다. 15회가 되자, 이러한 저하는 큰 집단의 어망이 작은 집단의 것보다 서너 배 더 낫다는 것을 의미했다.

인간들 사이에서는 사회집단의 크기, 사회성의 강도, 연결망의 밀도 모두가 사회규범 및 의례와 같은 문화적 기술에 의존한다. 9장에서 보았듯 많은 군집들을 가로질러 뻗어나가는 커다란 사회연결망 안에서 개인들을 엮는 것은 의례 협력자들과 인척 간 유대다. 수렵채취인들 사이에서조차도 말이다. 민족지학자 킴 힐과 브라이언 우드가 아체족과 하드자족에게 같은 민족언어 집단의 다른 구성원이 도구를 만드는 모습을 지켜본 적이 있느냐고 구체적으로 물었을 때에도, 의례 협력자 관계와 인척 간 유대가 심지어 가까운 혈연이나 물리적 근접성보다 더 중요할 만큼 압도적인 효과를 드러냈다. 이러한 결과는 이누이트어, 누믹어, 파마늉안어 사용자들과 함께 확장된 의례, 기념식, 친족관계 체계가 그들의 정교한 전문적 노하우와 긴밀하게 묶여 있었을 것임을 시사한다. 그것들이 싹틔운 사회성이 그들의 집단두뇌를 키우고 지속시켰을 것이다.[14]

요점은 만약 집단 간 경쟁이 정교한 도구와 무기를 선호하고 있다면, 그것은 더 큰 집단두뇌를 지속시킬 수 있는 사회규범과 제도도 선호해야 한다는 것이다. 기술과 사회성은 공진화해야 한다.

어린이 대 침팬지와 원숭이

....

서너 살 된 아이들로 구성된 작은 집단이 비슷한 규모의 침팬지 집단 및 꼬리감는원숭이 집단과 대결했다. 도전 과제는 누적적인 문화적 학습의 기회를 제공하도록 되어 있는 문제상자였다. 이 실험의 한 변형에서는, 만약 상자에 일련의 행동을 특정한 순서로 수행할 수 있다면, 그 개체는 올바른 행동을 할 때마다 갈수록 더 좋은 보상을 받을 수 있었다. 상자는 다양한 방식으로 밀고, 누르고, 뒤틀어야 했다. 원숭이와 침팬지는 첫 번째 올바른 행동의 보상으로 당근을 받았고, 다음에는 사과, 마지막에는 간절히 원하는 포도를 받았다. 아이들은 갈수록 더 좋은 스티커를 받았다. 이것이 우리의 목적에 잘 맞는 과제인 이유는, 그것에 인간의 생존과 진화에 실제로 영향을 미친다고 내가 강조했던 먹거리 가공 기법의 느낌이 담겨 있기 때문이다(16장 참조).[15]

이 과제를 놓고 벌인 종 간의 경쟁은 앞에서 기술한 많은 인지 과제들과 달리, 사실상 경쟁도 아니었다. 아이들이 압승해버렸기 때문이다. 아이들은 43퍼센트가 마지막 단계(3단계)까지 진출한 반면, 침팬지는 겨우 한 마리가 진출했고 원숭이는 한 마리도 진출하지 못했다. 첫 단계 위로 한 단계 올라갈 때마다 복잡성이 누적되는 모든 단계를 종합해서 볼 때, 이 자료는 상자에 1,000시간을 접근했다면 복잡성 차원에서 원숭이는 1.7단계, 침팬지는 6.1단계, 인간은 388.6단계를 더 나아갔을 것임을 시사한다. 이 양상은 인상적인데, 비인간 영장류가 이런 종류의 보상이 담긴 문제상자에 친숙하다는 점을 고려하면 특히 더 그렇다. 분명, 누적적인 문화는 인간의 것이다.

무엇이 어린이를 성공으로 이끌었을까? 과제를 더 잘 푼 아이들은 (1)다른 아이들을 더 자주 본떴다(남들과 행동을 일치시켰다). (2)설명을 더 자주 들었다(가르침을 받았다). (3)다른 아이들에게서 선물을 더 많이 받았다(사회적이었다). 따라서 모방, 교육, 사회성이 중요했던 것이다. 반면에 다른 종들은 바로 이 사회적·문화적 능력이 없어서 허둥댄 것이었다. 침팬지와 원숭이는 가르치거나 이타적으로 내주는 경우를 한 번도 보여주지 않은 반면에, 취학 전 어린이들은 내주는 행위를 215번, 명확하게 가르치는 경우를 23번 보여주었다. 모방의 경우, 침팬지가 1단계 행동을 조금 모방하긴 했지만, 2단계나 3단계를 모방한 경우는 전혀 없었다. 실험실에서 알게 된 이 사실들은 이 영장류들을 야생 조건에서 관찰한 결과와 멋지게 들어맞는다. 연구자들이 야생 영장류에게서 가르침, 또는 누적적인 문화적 진화를 필요로 하는 다른 도구의 명백한 예를 발견한 적은 한 번도 없다.[16]

선천적으로 네안데르탈인보다 멍청하다?

....

강의실에서, 나는 학부생들에게 아무 표시도 없는 네 종류의 석기 모음 사진을 보여준다. 그 도구들의 제작자는 (1)18세기 태즈메이니아인, (2)17세기 오스트레일리아 원주민, (3)네안데르탈인, (4)현대 인류처럼 보이는 후기 구석기인(3만 년 전)이다. 나는 학생들에게, 그 도구들을 보고 제작자들의 인지능력을 평가해보라고 한다. 이름도 날짜도 없고, 오직 석기 사진만을 가지고 추론하는 것이다. 학생들은 대부분 태즈메이니아인과 네안데르탈인이 17세기 오스트레일리아 원주민과 후기 구석기인 도구제작자 둘 다보다 인지적으로도 덜 정교했다고 평가한다. 물론, 배스해협이 물에 잠긴 뒤 별개의 개체군이 되었을 뿐인 태즈메이니아인과 오스트레일리아 원주민 사이에 선천적인 인지적 차이가 있지 않을까 의심할 수 있다. 하지만 불행히도, 손을 들고 이렇게 이의를 제기하는 학생은 아무도 없었다. "사실은, 도구의 복잡성을 보고 선천적 인지능력을 추론하는 것은 가능하지 않습니다. 도구의 복잡성이 발생하는 데에는 사회성이 중요하기 때문입니다(이것이 정답이다)." 생각해보자. 1820년의 극지 이누이트족이 1860년의 극지 이누이트족보다 영리했을까? 1820년에는 카약, 세련된 낚시용 창, 복합궁을 만들 수 있었는데, 1860년에는 그럴 수 없었으니 말이다.

유사하게, 많은 고인류학자들이 조상 인류가 제작한 도구모음의 정교함이 종별로 다른 것을 보고 종의 선천적인 인지적 자질과 직접 연관시킨다. 네안데르탈인이 흥미로운 사례가 되어주는데, 많은 현대의 인류 개체군이 네안데르탈인의 DNA를 어느 정도 지니고 있음을 볼 때 네안데르탈인은 우리 자신의 아프리카인 조상과 유라시아에서 공존하면서 어떤 방식으로든 상호작용했음이 틀림없기 때문이다. 그리고 네안데르탈인 집단 대부분은 더 현대적으로 생긴 아프리카인 침입자(우리의 조상)보다 상당히 덜 복잡한 도구모음을 보유했다는 이유로, 네안데르탈인은 아프리카인 이주민들에 비해 어느 정도 선천적인 인지적 결함에 시달렸던 거라고, 흔히 가정되어왔다. 네안데르탈인의 뇌가 우리 뇌와 크기가 비슷하거나 더 컸다는 사실에도 불구하고, 이 가정은 끊임없이 제기되어왔다.[17]

영장류의 인지능력을 종과 상관없이 가장 확실하게 예측하게 해주는 요인은 전체적인 뇌의 크기다.[18] 따라서 더 큰 뇌를 가졌던 네안데르탈인보다 우리가 더 멍청했을 가능성도 없지 않다. 그러나 연구자들은 전형적으로 우리 계통이 선천적으로 더 영리했음이 틀림없다는 가정 아래 연구를 진행시켜왔다. 진정한 질문을 하려면 우리의 뇌 또는 우리의 특정한 인지능력(예컨대 언어)에 있는 어떤 미묘한 차이가 우리를 상대적으

호모 사피엔스

로 성공(그들의 멸종 대 우리의 전 세계 지배)하게 했는지 알아내야 한다.

내가 대안을 하나 던져보겠다. 개인 수준에서, 아프리카인 이주민(우리의 조상)들은 동시대를 살았던 네안데르탈인보다 선천적으로 더 멍청한 기미가 있었다. 그러나 그들은 누적적인 문화적 진화를 훨씬 더 많이 발생시킬 역량이 있는 더 커다란 **집단두뇌**를 가지고 있었다. 집단두뇌가 이렇듯 커진 것은 사회집단들이 더 컸고 더 단단히 서로 연결되어 있었을 뿐만 아니라 개인들이 성년기의 삶을 (평균적으로) 더 오래 경험한 결과였다. (8장에서 논의했듯이) 성년기의 삶이 더 길다는 것은 (새로운 재조합을 만들어내기 위해) 다양한 다른 사람에게 배우고 개인적 경험에서도 배울 시간뿐만 아니라, 배워서 얻은 지혜를 남에게 다시 전달할 시간도 더 많다는 뜻이다. 더 구체적으로 말하자면, 네안데르탈인은 빙하기 유럽의 흩어져 있는 자원에 적응하면서 극적으로 변화하는 생태 조건에 대처해야 했으므로, 소규모로 뿔뿔이 흩어진 집단에서 살았고, 개체군 크기를 축소시키는 갖가지 충격에 주기적으로 시달렸다. 많은 성인이 젊은 나이에, 대개 투창만 가지고 코끼리, 말, 붉은사슴 같은 위험한 짐승들을 끌어들여 포위하는 방법으로 사냥하던 도중에 입은 부상으로 죽었다. 반면에, 침입자인 아프리카인 이주민들은 더 크고 더 긴밀하게 상호연결된 집단에서 살았으며, 어쩌면 그 원인은 더 풍요로웠거나, 더 따뜻했거나, 어떤 식으로든 더 생산성이 높았던 남쪽의 기후(예: 바다를 접하고 있는 환경)에서 등장한 특정한 일련의 제도에 있었을 것이다.[19] 이 집단의 40세 이후 생존률은 훨씬 높았는데, 아마도 부분적 원인은 이들의 (사냥을 훨씬 더 안전하게 만드는) 발사무기를 비롯해 양질의 따뜻한 옷과 같은 우월한 문화적 적응물에 있었을 것이다. 적당한 생태적 조건에서, 사회규범은 더 커다란 집단두뇌를 가능케 하는 제도들을 만들어내는 방향으로 진화할 수 있고, 더 커다란 집단두뇌는 차례로 수명을 늘려 그 집단두뇌에 더욱

더 활력을 불어넣을 수 있다. 그러므로 네안데르탈인에게 더 큰 뇌가 필요했던 이유는 그들의 생태적으로 강요된 더 작은 집단두뇌를 보상하기 위해서였을 것이다.[20] 그러나 개인적 지력으로 네안데르탈인 사이에서 만들어낸 추가적 이점은 아프리카인의 집단두뇌 크기를 토대로 한 사회적 상호연결성과 더 긴 수명의 위력에 의해 보잘것없어졌을 것이다.

더 큰 집단두뇌 덕분에, 이 아프리카인 개체군은 이누이트족이 도싯족을 대체할 수 있었던 이유와 똑같은 이유로 유럽에 있던 네안데르탈인을 공략하고 대체할 수 있었을 것이다. 다른 환경에서 조성해왔던 다른 사회제도들이 더 정교하고 적응력 있는 여러 벌의 기술을 발생시켰던 것이다. 이상하게도, 도싯족과 대분지의 누믹어 이전 사람들 또한 멸종했건만, 지금까지 그들의 선천적인 지적 열등함을 시사한 사람은 아무도 없었다. 따라서 네안데르탈인의 교체는 우리 속屬의 역사에 걸쳐 몇 번이고 계속해서 반복되어온 문화적 진화 이야기 자체의 도입부에 지나지 않았으리라는 게 이치에 맞는다.[21]

분명히 말해두지만, 내 주장은 문화적 진화가 수십만 년 또는 그보다 긴 시간 동안 유전적 진화를 주도해오고 있다는 것이고, 그래서 나는 우리가 예컨대 우리 종의 15만 년 전 구성원과 5만 년 전 구성원 사이에 유전적 차이가 존재했다고 예상해야 마땅하다고 생각한다. 우리는 그 기간 동안 자신을 길들이고 있었다. 여기서 네안데르탈인과 같은 집단들에 관한 내 요점은 오직, 개체군 크기와 상호연결성에 관해 모르고서는 물질적 기록에서 선천적 지능을 읽어낼 수 없다는 것, 그리고 집단 간 경쟁이 주도하는 문화적 진화는 지금처럼, 그때도 일어나고 있었다는 것이다.

이러한 문화적 진화 관점은 기술과 우리 종의 진화사에 관해 한 가지를 더 알려준다. 그 진화가 직선으로 진행된 것이 아니라는 사실이다. 연구자들은 불, 창, 손잡이 달린 무기, 낚싯바늘, 장신구, 거래, 골각기 같은

호모 사피엔스

것의 가장 오래된 증거를 뒤지고, 그런 다음 모든 연구자가 너무도 자주, 이것들이 발명된 순간 영원히, 아니면 최소한 더 좋은 어떤 것에 의해 교체될 때까지는 존속한다고 가정한다. 예상되는 그림은—중간에 곧잘 멈출지는 몰라도—연속적인, 굳이 따지자면 진보라 할 모양새의 그림인 듯하다. 그러나 내가 지금까지 제시해온 모든 증거가 가리키듯이, 기술과 비물질적 노하우의 번영은 생태적 조건들의 상호작용, 환경의 변동, 갑작스러운 질병, 사회제도에 의존할 것이다. 집단이 노하우를 잃고 결코 다시 얻지 못하는 일은 가능하고, 또 일어날 것이다. 활과 화살처럼 귀중한 물건을 고려해보자. 현존하는 증거는 활과 화살이 6~7만 년 전—훨씬 더 이른 연대를 주장하는 사람들도 있지만—에 이르러 아프리카에서 등장했을 것임을 시사한다. 반면에 유럽인과 접촉했던 당시에, 오스트레일리아에는 어디에도 활이나 화살이 없었다. 한 대륙 전체의 수렵채취인이 창과 던지는 곤봉, 부메랑에 의존했다. 우리가 이미 보았듯이, 도싯족은 활 제작 지식을 잃어버렸고, 이누이트족이 도착했을 때 그 비용을 치렀다. 활과 화살은 오세아니아에서도—어쩌면 여러 번—없어졌다. 대양으로 나가는 배와 도기처럼, 활과 화살을 만들고 사용하는 노하우도 인간 집단은 자주 잃어버리는 것으로 드러난다. 앞서 언급했듯이, 어떤 수렵채집 집단들은 불을 피우는 노하우마저 잃어버렸다.[22]

구석기 시대의 인간은 기록된 역사 속의 어느 시기보다도 더 극단적이고 더 빠르게 바뀌는 환경을 마주하고 있었기 때문에, 기술적 진화도 변덕스러워 보일 것으로 예상해야 한다. 폭발적으로 번성하다가도, 개체군이 떼죽음을 당하거나 흩어지거나 어떤 식으로든 단절되면 다음 순간 갑작스럽게 추락했을 것이다. 이 관점은 자료와도 일치한다. 그러나 단편적으로 흩어져 있는 고인류학 기록의 본성 탓에 여전히 상당 부분은 불확실한 채로 남아 있다.[23]

문화적인 종은 복잡한 기술을 생산하는 데에서 선천적으로 영리한 것보다 사회적인 것이 훨씬 더 중요하기 때문에, 기술적 번성을 비롯한 문화적 번성을 볼 때에는 그 문화적 번성의 기원을 이해하고자 노력하면서 사회적인 것—제도, 결혼관습, 의례—의 영역도 고려해야 한다. 이와 대조적으로, 문화적 번성에 대한 유전적 설명들은 누적적인 문화적 진화의 복잡한 산물—이를테면 언어—과 유전적 차이의 연결을 추구한다. 그러나 복잡한 언어의 등장은, 문화적 번성에 대한 궁극적 설명과는 거리가 먼 것으로서 그저 누적적인 문화적 진화의 산물들 가운데 하나에 해당할 뿐이며, 도구모음이 받는 것과 많은 부분 똑같은 힘을 받는다. (13장에서 이리로 돌아올 것이다)

도구와 규범이 우리를 더 영리하게 만든다

....

집단두뇌는 유전적 진화 없이도 우리를 개인별로 더 영리하게 만든다. 더 크고 더 긴밀하게 서로 연결된 집단은 더 많은 도구, 더 큰 노하우 덩어리, 더 세련된 기법을 발생시킨다. 이러한 더 큰 목록은, 학습한 순간, 개인들이 (스스로) 더 많은 문제를 풀도록 준비를 갖추어주는데, 그중에는 그렇게 준비되지 않았다면 풀 수 없을 문제들도 포함된다. 더 멀리 보면, 문화적으로 구축되어 갖가지 개념, 도구, 기법, 절차, 발견법으로 채워진 이 세상은 더 정교한 인지능력들을 발현시키는 유전자를 선호할 것이다. 그러나 유전자는 고정되어 있다고 가정하고 제쳐두자. 문화적 진화는 그래도 우리를 더 영리하게 만들 것이다.[24]

이 효과를 가장 기본적인 형태로 알아보기 위해, 침팬지에서 시작하자. 티보 그뤼베, 리처드 랭엄과 동료들은 침팬지 개체군들 사이에 인공적인 '꿀웅덩이'를 설치하고 이 유인원들이 어떻게 하는지를 지켜보았다. 꿀웅덩이는 침팬지가 (막대나 나뭇잎 같은) 적시는 도구를 사용해야만 좋아하는 꿀을 얻을 수 있도록 설계되어 있었다. 실험은 서로 다른 여러 침팬지 개체군을 대상으로 이루어졌는데 그 가운데 일부는 통나무에 고인 물을 얻기 위해 '액체에 적시는' 행위를 하는 것으로 알려져 있어서 선택되었다. 질문은 다음과 같았다. 액체에 적시는 기법에 대한 지식이 이 다소 새로운 맥락에서 유인원이 달콤한 꿀을 얻는 방법을 알아낼 확률에 영향을 미칠까?

답은 '그렇다'이다. 액체에 적시는 관행이 흔했던 집단에서 뽑은 침팬지만이 꿀에 접근하는 방법을 알아냈다. 심지어 연구자들이 유인원들에게 막대를 하나씩 공급했을 때에도 그랬다. 게다가 침팬지들이 꿀웅덩이에 막대가 이미 꽂혀 있는 것(훌륭한 단서)을 발견했을 때에도, 여전히 액체에 적시는 공동체 출신의 침팬지들만이 수수께끼를 이해했다.[25] 이처럼, 생소한 문제를 해결하는 침팬지의 능력은 그들의 문화에 의존한다.

이제 어느 유인원이 (몇 가지만 들자면) 바퀴, 도르래, 용수철, 나사, 발사체, 탄성에너지(예: 활, 용수철 덫), 지레, 독, 압축공기(화살을 불어 쏘는 바람총), 뗏목, 작살(〈그림 3.1〉), 가열(불과 조리)로 이미 채워진 세상에서 성장한다고 상상해보자. 이 유인원은 모든 종류의 새로운 문제에 적용할 선택지—미리 만들어진 해답—가 가득한 머리를 가지고 있다. 이러한 도구들—아니, 실제로는 개념들—은 독자들에게는 쉽거나 명백해 보일 수도 있지만, 우리가 (선천적으로) 알아내기는 힘들다. 바퀴를 생각해보라. 바퀴는 인류 역사에서 상대적으로 늦게, 농경과 조밀한 개체군들이 등장하고도 한참 뒤에, 그것도 유라시아에서만 발명되었다. 아메리카나 오스트레일리아나 뉴기니에서는 결코 발명되지 않았다. 라마(남아메리카에서는)나 개(어디에서나)를 수레를 끄는 데에 이용할 가능성도 있었고 손수레, 도르래, 방앗간은 누구에게나 필요했는데도 말이다. 유사하게, 탄성에너지를 이용하는 어떤 것도 오스트레일리아에서는 한 번도 발명되고 유지되지 않은 것처럼 보인다. 이는 활도, 현악기도, 용수철 덫도 없었다는 뜻이다. 압축공기를 이용하는 도구도 없었던 것처럼 보이고, 그래서 바람총, 피리, 나팔도 빠진다.[26]

누적적인 문화적 진화의 산물 다수는 우리에게 다소간에 새로운 문제들에 적용하도록 준비된 개념들, 그리고 재조합할 개념들(활은 **발사체+탄성에너지**)을 줄 뿐만 아니라, 사실은 우리가 다른 방법으로는 갖지 못할 인지적 도구들 또는 정신적 능력들을 준다. 아라비아숫자, 로마자, 인도 숫자 영(0), 그레고리력, 원통도법 지도, 기본 색이름, 시계, 분수分數, 좌우는 당신의 마음과 내 마음을 조형해온 인지적 도구들 가운데 소수일 뿐이다. 이것들은 우리의 뇌를 건축하는 유전자에 의해 부과되는 정신적 제약에 '맞추기' 위해 우리의 선천적 역량들을 활용하고, 보강하고, 재조합해 새롭고 예기치 않은 능력들을 개발함으로써 문화적으로 진화해 왔다.

무슨 말인지 이해하기 위해 주판을, 다시 말해 서구인 대부분의 머릿속에는 들어 있지 않은 도구를 생각해보자. 숙련된 주판 사용자는 주판을 활용해 345+675+853 같은 산수 문제를 계산기 사용자보다 빨리 풀수 있다. 이는 인상적이기는 하지만, 실은 한 도구와 다른 도구의 대결일 뿐이다. 그러나 중요한 것은 숙련된 주판 사용자는 심지어 주판이 없는 상황에서도 계산기 사용자를 이길 수 있다는 점에 있다. 다시 말해, 이들은 순전히 머릿속으로 계산기 사용자보다 빨리 계산을 할 수 있다. 이것이 가능한 이유는 주판이 바빌로니아인 이전까지 거슬러 올라가는 셈판에서부터, 선택적인 문화적 진화의 오랜 과정을 통해 진화했기 때문이다. 주판의 분석 결과는 주판이 우리의 시지각과 기억의 제약과 행동유도성에 최적화되어 있어서, 우리가 시각적 작업기억에 숫자를 저장하기 쉽게 해준 것임을 시사한다. 충분히 훈련된 순간, 사람들은—어린아이를 포함해—기막히게 빠른 속도로 암산을 할 수 있다. 이들은 주판을 시각화하는 방법을 사용한다. 그래서 종종 실제로 손가락을 무의식적으로 놀리는 모습이 **마치** 주판알을 이리저리 빠르게 튕기고 있는 것처럼 보인다. 언어는 이 계산에서 거의 또는 전혀 역할을 하지 못한다. 끝에 가서 사람들이 답을 보고할 때에는 아라비아숫자나 그에 해당하는 말로 해야 한다는 점만 빼면 말이다.

주판 사용자가 암산에 대해 취하는 접근법은 전형적인 서구 학부생이 취하는 접근법과 대비된다. 후자는 같은 난관에 직면했을 때, 자신들의 언어적 도구(수 단어)에 심하게 의지한다. 이와 같이 주판이 제공하는 일종의 정신적 보형물은, 우리 시각적 기억의 측면들을 활용함으로써, 이 단순하지만 우아한 도구에 익숙지 않은 사람에게는 거의 상상할 수도 없는 것처럼 보이는 정신적 위력을 전해줄 수 있다.[27] 언어를 살펴보러 가기 전, 암산을 하는 데에서 서구 학부생과 주판 사용자 모두가 누적적인 문화적 진화의 산물에 의존해야 했다는 점은 언급해둘 가치가 있다.

13장

규칙이 있는 의사소통 도구

언어의 기원과 진화는 수세기 동안 사람들을 매료시켜 왔다.[1] 언어적 기량들은 어린아이들에게서 거의 기적처럼 등장한다. 어린아이들은 일련의 정교한 의사소통 목록을 가르치지 않아도 수월하게 습득하기 때문이다. 더 놀라운 것은, 아무리 숙련된 웅변가라도 자기 입에서 줄줄이 튀어나오는 소리들의 바탕에 깔려 있는, 흔히 복잡한 문법적 규칙 또는 계층적 구조를 쉽사리 설명하지 못한다는 사실이다. 그들은 그저 말을 할 뿐이다. 아이들이 보여주는 언어 습득의 용이성과 언어사용자 자신의 의식적 이해도 없이 어떻게든 등장하는 언어의 난해한 복잡성을 우리가 어떻게 동시에 설명할 수 있을까?

여러 연구들이 지금 가리키는 하나의 답은 다음과 같다. 언어는 장기간의 누적적인 문화적 진화에서 생겨난다. 정교한 기술, 의례, 제도를 포함한 문화의 다른 측면들과 마찬가지로, 우리의―음성언어를 포함한―의사소통 도구들의 목록도 여러 세대에 걸친 문화적 전달을 통해 의사소통의 효율과 질을 개선하고, 물리적 환경과 사회규범(이를테면 금기)을 포함한 국지적 의사소통 맥락의 세부사항에 적응하도록 진화해왔다. 그렇다면, 언어란 의사소통을 위한 문화적 적응물이다.

이러한 의사소통체계는 우리 뇌가 지닌 유인원 인지의 특징들을 이용하면서 (문화적으로) 적응해야 했고, 동시에 우리를 더 나은 의사전달자로 만들기 위해 우리 유전자에 새로운 선택압을 가하기 시작했다. 유전적 진화를 요구하는 이 압력은 우리의 해부구조와 심리를 모두 모양지을 만큼 강력했다. 그것은 우리 후두를 밀어내림으로써 음역을 넓히는 동시에 혀를 해방시켜 혀의 재주를 개선했고, 홍채 주변(공막)을 희게 만듦으로써 우리의 시선 방향을 드러냈으며, 우리에게 성대모사에 필요한 선천적 역량들과 함께 지목이나 눈맞춤 같은 의사소통 단서를 사용하는 데에 필요한 동기들도 부여했다.

언어의 진화를 이해하려는 많은 노력들의 문제는 사용하는 렌즈의 초점이 대체로 너무 좁다는 점이다. 언어를 우리 종의 전체적인 의사소통능력 목록의 맥락 안에 놓은 다음, 이를 문화-유전자 공진화 안에 자리잡게 하면, 도구, 관행, 규범, 의사소통과 언어 사이의 상승관계들이 보인다. 언어는 의사소통 도구(단어)와 그 도구를 사용하는 규칙(문법)으로 이루어진 문화의 한 부분집합이다. 언어의 기원과 진화에 대한 연구 발전을 가로막는 난관들은 (1)문화적 진화가 어떻게 복잡하지만 지극히 배우기 쉬운 목록을 발명가나 의도적 설계 없이도 구축할 수 있는지를 이해하고, (2)언어는 광범위하고 상승적인 문화-유전자 공진화 과정에 들어 있던 한 요소에 지나지 않았음을 깨닫고 나면 크게 줄어든다.

논지는, 우리 조상들 사이에서 문화적 진화가—우리의 기술과 제도와 마찬가지로—많은 수의 유용한 의사소통 요소를 기나긴 시간에 걸쳐 축적하고, 통합하고, 연마해 점점 더 복잡한 목록으로 만들었다는 것이다. 기록의 부재로 인해 이 축적 과정을 직접 관찰할 수는 없다. 그러나 만약 내가 옳다면, 현존하는 사회와 역사적으로 알려진 사회의 의사소통체계들이 문화적 진화의 다양한 징후를 드러낼 테고, 그 징후는 잘 살펴보면 찾을 수 있을 것이다. 먼저, 의사소통체계가 사회적 환경과 물리적 환경을 모두 포함하는 국지적 환경의 난관에 적응되어 있는 점(그것이 문화적 적응물이라는 점)이 보일 것이다. 다음에는, 문화적 진화의 조건들이 의사소통 목록의 크기와 복잡성에 영향을 줄 수 있다는 점이 보일 것이다. 기술과 마찬가지로, 언어공동체의 크기와 상호연결성이 그 공동체의 어휘 크기, 음소 목록, 문법적 도구에 영향을 줄 것이다.

당신이 언어학자만 아니라면, 이 모든 것이 아마도 타당하게 들리거나, 적어도 완전히 어리석게 들리지는 않을 것이다. 왜 언어는 문화의 다른 모든 분야처럼 작동하면 안 되는가? 태즈메이니아인이 사용한 도구가 빅토리아의 원주민이나 멜버른에 사는 현대 오스트레일리아인이 사용하는 도구보다 덜 복잡했고 수도 적었다는 점은 거의 아무도 부정하지 않을 것이다. 사회마다 상당히 다른 종류의 제도를 보유하고 있으며, 이러한 제도가 경제적 성공에 영향을 줄 수 있으리라는 사실을 부정할 사람도 거의 없을 것이다. 파마늉안어 또는 이누이트어 사용자들이 보유했던 제도가 이들의 확장을 촉진했을 수 있다는 점에도 대부분이, 최소한 원론적으로는 동의할 것이다. 이와 대조적으로, 언어학자와 언어인류학자는 흔히 모든 언어는 우리가 관심을 가질 만한 모든 차원에서 거의 동등하다고—똑같이 배우기 쉽고, 효율적이고, 표현력이 있다고—가정해왔다.[2] 이러한 가정은 언어의 형성에 비언어적 요인은 큰 영향을 주지 않았다는 관점에 서 있다. 즉, 언어는 어떻게든 나머지 세상으로부터 격리되어 있다는 것이다. 이 두 가정이 모여 언어에 대한 문화적 진화 접근법을 방해해 왔다. 그러나 최근에는 이러한 지적 장애물에 있던 균열들이 증

호모 사피엔스

폭되기 시작했다. 연구자들이 새로이 구할 수 있는 언어 자료 집합을 사용해 언어를 문화적 진화의 산물로서 연구하면서부터다.

의사소통 목록은 문화적으로 적응한다
....

언어를 다른 사람에게서 배우는지—다시 말해, 문화적으로 전달받는지—그렇지 않은지에 관해서는 논란이 거의 없는 듯하다. 심지어 태어나기 전부터, 태아는 어머니가 사용하는 언어의 소리와 리듬의 요소들을 습득하기 시작한다. 젖먹이는 머지않아 주위 사람들의 혀와 입의 움직임을 주의 깊게 지켜본 뒤 성대모사에 몰입한다. 적응적 학습을 위해 자신이 모방하고 있는 소리를 모방하자마자 자신에게 다시 들려주고 있는 것이다. 젖먹이의 뇌는 특수화된 음소(소리) 여과장치를 조립해 젖먹이가 국지적 언어 안에서 유의미한 소리를 효과적으로 확인하고 무관한 소리는 무시하도록 해준다. 첫돌 무렵이면, 아이들은 가리키는 동작을 어떤 것으로 주의를 돌리라는 요구로 해석하고서 지목과 정서적 반응의 조합을 가지고, 말 없이도 의사소통을 시작한다. 젖먹이와 어린아이는 이러한 의사소통체계의 요소들을 빠르게 무의식적으로 습득하면서, 도구, 관행, 사회규범에 관한 학습을 위해 사용하는 것과 똑같은—실력, 신뢰도, 민족(방언) 단서에 기반을 둔—문화적 학습 편향(4장 참조)의 다수를 이용한다. 학습자는 본보기가 **뭔가를 하기 위해서**, 이를테면 친구를 돕거나 정보를 요구하거나 특정한 물건을 얻기 위해서 단어나 몸짓을 사용하고 있는 모습을 지켜본다. 그리고 본보기가 무엇을 하려고 그러고 있는지를 추론한 뒤 그러한 목적, 욕망, 행동을 모방한다. 의미들은 일상적인 사회생활에서 발견되는 풍부한 맥락으로부터 추론할 수 있다. 아이들은 놀이의 일부로 많은 경우 어른들의 사회생활에서 뽑은 장면들을 실제로 연기하고, 그 결과로 언어를 비롯한 의사소통 요소들을 그 맥락 안에서 의사소통이 아닌 관행들과 더불어 사용한다.[3] 학습자의 관점에서, 의사소통체계는 그저 습득해야 할 문화의 중요한 한 측면—사회규범이 다스리는 유의미한 국지적 기량—으로서 불 피우기, 의례적 관행, 마니오크 해독, 금기 준수와 같은 것이다. 물론, 국지적인 의사소통 목록을 배우는 동안 그 밖의 국지적으로 유의미한 관행, 믿음, 동기, 사고방식을 훨씬 더 많이 습득하는 단계로 가는 수문이 서서히 열린다.

기나긴 세월에 걸쳐 작동하면서, 이 문화적 진화 과정은 인간 개체군들에게 강력한 의사소통 도구모음을 갖추게 했다. 이러한 도구모음이 포함하는 복잡한 요소 목록에는 몸짓, 몸자세, 표정, 발성이 포함되고, 발성에는 다시 혀 차는 소리, 휘파람, 앓는 소리, 으르렁거리는 소리, 쉿 소리, 찍찍거리는 소리가 포함된다. 먹거리 가공을 위한 도구모음처럼, 이러한 체계들도 개체군의 국지적 환경에 적응해왔고 문화의 다른 측면에 영향을 미치는 요인과 똑같은 종류의 요인에 의해 영향을 받는다. 먼저 우리의 목록 중에서 말이 아닌 요소부터 시작하자. 그 까닭은 이 요소들이 (1)음성언어는 현대의 목록에서 엄청나게 중요한 성분이기는 하지만, 우리의 의사소통체계를 구성하는 한 성분에 해당할 뿐이며, (2)우리 인간은 의사전달자의 의도를 추론해 의미를 말에만 연결하는 게 아니라, 엄청난 범위의 행동에도 연결할 수 있다는 사실을 상기시켜주기 때문이다. 이러한 체계들은 우리 조상들이 사용했던 가장 초기의 의사소통체계에 대한 통찰도 제공할 것이다.

마주보고 하는 대화는 표정뿐만 아니라 의사소통을 돕는 몸짓으로 가득하다. 사람들은 소속된 사회에 따라 가리킬 때 집게손가락, 가운뎃손가락, 턱, 오므린 입술 가운데 어느 하나를 사용한다. 그렇지만 조심하

호모 사피엔스

라. 이 가운데 최소한 두 가지는 어떤 곳에서는 무례한 것으로 간주된다. 우리는 악수를 해서 다른 사람을 환영하고, 아니면 악수를 거절할 때도 있다. 만약 당신이 피지에 있다면, 반드시 악수를 길게 하라(잠시 동안 손을 붙들고 있는 게 기본이다). 다른 곳 사람들은 깊게 절하거나, 얕게 절하거나, 절을 안 하기도 한다. "OK"나 "좋아"라는 말을 하려고 나는 엄지손가락을 치켜세우거나 엄지손가락과 둘째 손가락으로 동그라미를 만들어 신호를 한다. 하지만 이란이나 브라질에서는 OK 신호를 하지 **말아야** 한다. 리처드 닉슨 대통령이 그렇게 한 것은 실수였다(그것은 미국에서 가운뎃손가락을 들어 욕을 하는 것과 같다). 우리는 '예'라는 뜻으로 고개를 끄덕이지만, 어떤 곳(예컨대 불가리아)에서는 그것이 '아니오'를 의미한다. 어떤 사람들은 '예'의 표시로 눈썹을 미묘하게 치켜올리기도 한다. 심지어 더할 나위 없이 말이 많은 교수들도 수시로 양손 집게손가락과 가운뎃손가락으로 허공에 따옴표를 찍는다. 이는 글을 쓸 때 경각심을 일으키려고 따옴표를 사용하는 데에서 유래한 상징적 몸짓인데, 목적은 글쓴이가 자신이 사용 중인 어떤 용어 또는 그 용어가 함축하는 의미에 사실은 동의하지 않음을 암시하는 것이다. 한 손에는 라테를 들고 다른 손에는 책을 든 채로, 허공 따옴표를 동원해 자신의 단어가 원치 않는 의미를 함축하지 않도록 자신을 방어할 수가 없어서 소통에 어려움을 겪는 인문학자를 나는 많이 보아왔다.

수화와 휘파람 언어

그러나 몸짓은 그저 의사소통의 흥을 돋우려고 음성언어에 엮어넣은 것이 아니다. 오스트레일리아와 북아메리카 양쪽의 수렵채취인들 사이에는 완벽하게 기능하는 수화sign language가 흔했고, 더 단순한 몸짓 체계는 아프리카의 수렵채집 군집에서 기독교 수도원에 이르기까지 전 세계에서 찾아볼 수 있다. 북아메리카에서는 대평원인디언의 많은 집단들이 사냥, 전쟁, 대규모 의식에서의 웅변을 위해 자기네 부족의 수화를 유지하는 동시에, 대평원인디언 표준수화Plains Indian Standard Sign Language(이하에서는 '대평원표준'으로 표기함)에도 능했다. 대평원표준은 (음성) 언어의 다양성이 매우 큰 지역에서 중요한 부족 간 의사소통수단을 제공했다. 활짝 펼친 몸짓을 사용하는 이 언어는 청각적 체계보다 시각적 체계를 선호하는 탁 트인 평원에서의 의사소통에, 그리고 다른 부족과 의사소통할 때처럼 서로 너무 가까이 접근하지 않는 게 좋을 사람들 사이의 의사소통에 잘 적응된 것처럼 보인다. 아동기 중간 이후에 습득했기 때문인지, 대평원표준은 높은 상징성을 유지했다. 신호들이 그 신호가 표현하는 대상의 요소들을 담고 있었고, 많은 부분이 표준화된 무언극(《그림 13.1》 참조)에 의존했다는 뜻이다. 예컨대 '새'를 가리키는 신호는 양손을 퍼덕거리는 것이다. '독수리'를 가리키려면 먼저 '새'를 가리키는 신호를, 다음에는 '꼬리'를 가리키는 신호를, 다음에는 '검다'를 가리키는 신호를 한다. 그 결과로 '새-꼬리-검다'가 '독수리'로 번역된다.

대평원표준의 문법 체계는 시간적이거나 연속적인 순서를 이용하는 대신에 공간을 이용한다. 주어나 목적어를 가리키는 명사구(예: '이 검은 개')에 해당하는 것은 공간 속의 서로 다른 위치에서 구성할 수 있고, 그런 다음 적절한 동사 신호로 연결하면 된다. 언어학자들이 그토록 감동하는 음성언어의 계층적 구조는, 이른바 '허공 그림'을 그릴 수 있고 기본적으로 연결을 지을 수 있는 사람이라면 비교적 쉽게 구성할 수 있다. 여러모로 보건대, 대평원표준은 음성언어의 수준에 맞먹는 표현력을 보유하고 있었다. 비록 수화 대화는 음성 언어보다 상당히 느리긴 했지만 말이다. 대평원에 진출한 유럽인의 후손들도 많은 인디언 수화를 모방해 사용했다(**보이스카우트 안내서**를 보라).[4]

그림 13.1 대평원인디언 표준수화에서 '말하다'와 '미쳤다'를 가리키는 신호

오스트레일리아 원주민 수렵채취인 사이에서도 다양한 수준의 표현력과 복잡성을 지닌 몸짓 신호 체계가 대륙 전역에서, 하지만 중앙의 사막에서 특히 더 많이 기록되어왔다. 이 사회들 가운데 일부는 자신들의 음성언어만큼 충분한 표현력을 갖춘 어엿한 수화를 유지했다. 다른 곳의 국지적 신호체계들은 겨우 수십 가지 또는 수백 가지 신호를 보유했는데, 이 신호들은 사냥이나 기습, 또는 의례적인 금언 기간 같은 특정한 맥락에서는 효과적일 수 있었지만, 음성언어의 충분한 표현력은 갖추고 있지 않았다.

흥미롭게도, 가장 발달한 수화들은 의례적으로 여러 달 또는 여러 해동안 지속적으로 말하는 것을 금기시하는 개체군에서 발견되는 경향이 있다. 왈피리족 사이에서처럼, 많은 경우 이러한 금기는 가까운 남성 친척이 죽은 뒤의 애도기간과 연관된다. 금기 기간의 길이는 관계의 친밀도, 망자의 지위, 죽음의 급작성에 따라 현저히 달라진다. 가장 가까운 여성 친척의 경우는 망령이 원을 풀 때까지 금기를 유지하는데, 보통 약 1년이 걸린다. 대평원표준과 달리, 이러한 신호체계들은 특별히 상징적이지 않고, 현지어에서 파생된 문법규칙을 따르는 경향이 있다. 비록 수화

어휘는 집단끼리 아주 많이 공유하지만 말이다. 중앙의 사막 북쪽에서는 서로 가까이 사는 집단일수록 공유하는 수신호의 비율이 높다. 이 경향은 음성언어의 유사성과 상관없이 유지되므로, 이 신호들이 음성언어와는 무관하게 퍼지고 있었음을 시사한다.[5]

우리의 목적과 관련해서, 수렵채취인의 신호체계들은 세 가지 중요한 점을 설명해준다. 첫째, 그 체계들은 그것의 국지적 맥락에―그것이 이바지하는 기능에―적응한 것처럼 보인다. 상징적 몸짓들이 큰 대평원표준은 먼 거리에 있거나 대규모 의식에 참석한 성인들 사이의 의사소통을 증진하기 위해 진화해왔다. 반면에 오스트레일리아 수화의 미묘한 몸짓은 어느 정도는, 의례적으로 부과되는 금기가 말을 못 하게 할 때 의사소통을 해결하는 방책인 것처럼 보인다. 예컨대 친척이 죽은 뒤 여자들이 여러 달 동안 말을 못 하는 곳에서는, 수화가 음성언어와 같은 수준의 표현력을 얻어낸다. 고로, 비언어적 사회규범이 이러한 의사 소통체계의 발달을 주도했을 수 있다. 둘째, 오스트레일리아의 신호체계의 복잡성 또는 표현력은 집단에서 집단으로 대륙을 가로지를 때마다 달라진다. 어떤 집단은 제한된 수의 신호(제한된 어휘)와 상당히 덜 발달된 문법체계를 가진 반면, 어떤 집단은 모든 것을 풍족하고 완벽하게 갖추고 있다. 이 다양한 신호체계가 동등하게 복잡하거나 표현력이 있다고 주장할 근거는 전혀 없다. 그것들은 동등하지 않다. 끝으로, 오스트레일리아 체계의 성격은 그 체계의 학습자가 아이들임을, 그래서 그 체계가 (대평원표준과 달리) 특별히 상징적이지 않은―대부분의 수신호가 그것이 표현하는 세상 속의 대상과 직접적인 유사성이 없는―것임을 시사한다. 상징성은 어른의 학습에는 보탬이 되지만, 아이들은 언어를 배울 때 상징성을 벗겨버린다는 게 그 이유다.

기억하자. 문화적 진화는 우리보다 영리해서, 의사소통을 촉진하기

호모 사피엔스

위한 많은 방법들을 알아내왔다. 이제 휘파람 언어를 살펴보자. 터키에서 멕시코에 이르는 외딴 개체군들 사이에서, 사람들은 서로에게 휘파람을 부는 것으로, 때로는 먼 거리에 걸쳐서도 충분히 대화를 나눌 수 있다. 휘파람으로 표현하는 이 언어 가운데 다수는 가파른 산간 지대에서의 의사소통을 위해 음향적으로 적응된 것처럼 보인다. 산간 지대의 가구들은 상대적으로 가까이, 어쩌면 골짜기 하나 건너에 있으면서도 가는 시간으로 치면 한 시간이 넘게 걸리는 곳에 있을 수 있다. 이런 곳의 휘파람 언어들 일부는 손가락 휘파람을 써서 2~3킬로미터에 걸쳐, 적당한 조건에서는 10킬로미터까지도 쉽게 의사소통할 수 있다. 어떤 곳에서는 입술 휘파람을 편안한 근거리 대화용으로 사용한다. 이와 같이, 문화적 진화는 휘파람으로 다양한 언어를 지을 수 있고 지어 왔는데, 그것은 휘파람이 국지적 맥락에 적절했기 때문이다. 휘파람 말고도, 인류학자들은 다양한 거리에 걸친 의사소통을 위해 북, 나팔, 피리, 징을 비롯한 수많은 기법을 사용하는 믿기지 않을 만큼 다양한 체계들을 발견해왔다.[6]

울림도

성공적인 의사전달자란 국지적인 사회적·환경적·생태적 조건이 주어졌을 때 가장 효과적으로 자신을 이해시킬 수 있는 사람이다. 어린 학습자나 초보 학습자가 더 성공적인 의사전달자—더 효과적인 의사소통 도구들을 사용하고 있는 사람—를 주목하고 배움에 따라, 누적적인 문화적 진화는 카약, 창, 부메랑을 다듬는 것과 같은 방식으로, 시간이 가면 수화나 휘파람 목록도 서서히 늘려나갈 것이다. 이를 고려할 때, 그러한 문화적 진화 과정이 어떤 이유에서든 휘파람으로 불거나 몸짓으로 표현하는 수화에만 적용되고 전형적인 음성언어에는 적용되지 않을 가능성을 의심할 이유는 전혀 없다. 따라서 음성언어도—마땅한 상황에서는—

휘파람 언어와 수화가 하듯이 국지적 음향 환경과 비언어적 사회규범에 어떤 반응을 보여야 한다. 연구자들이 그러한 주제에 관한 작업을 한 적은 거의 없지만, 예비적인 증거는 좀 있다.

음성언어들은 **울림도**sonority(공명도)에 차이가 있다. 우리 목소리의 울림도는 말을 위해 이용하는 공기의 흐름이 막히면 낮아지며 /a/처럼 입을 크게 벌리는 개모음의 경우에 가장 높고, tin(틴, '주석'이라는 뜻의 영어 단어)의 /t/와 같은 이른바 무성파열음의 경우에 가장 낮다. 두 소리를 하나씩 발음해보고 공기 흐름의 조임 차이에 주목하라. 모음과 자음 모두 울림도가 제각각이지만, 일반적으로 모음이 자음보다 울림도가 훨씬 높다. 잘 울리는 언어(예: 하와이어)에는 모음이 더 많은 반면, 덜 울리는 언어(예: 러시아어)는 자음들이 빼곡한 경향이 있다는 뜻이다. 같은 에너지와 노력을 들여도, 잘 울리는 말소리는 훨씬 더 먼 거리에서도 주변의 잡음 속에서도 덜 울리는 말소리보다 잘 들린다.

만약 언어가 문화적으로 적응한다면, 사람들이 소음도 많고 소리도 분산되는 아주 먼 거리에서 이야기를 나누는 경우가 비교적 많은 상황에서는 언어의 울림도가 높아질 것임을 예측할 수 있다. 많은 환경적 변수들이 이에 영향을 미칠 수도 있겠지만, 로버트 먼로, 존 포트와 동료들은 기후가, 그리고 구체적으로는 기온이 큰 영향을 미칠지도 모른다고 추론했다. 논지는 단순하다. 따뜻한 기후에서는 사람들이 일도 놀이도 요리도 휴식도 야외에서 한다는 것이다. 실내 생활과 비교하면, 야외 생활이 의미하는 것은 의사전달자가 멀고 시끄럽고 소리도 울리지 않는 난관에 더 자주 직면한다는 것이다. 팀은 수십 가지 언어의 단어 목록에서 울림도의 측정치를 뽑은 다음, 울림도와 기온 측정치, 이를테면 연중 평균기온이 섭씨 10도보다 낮았던 달 수 사이의 관계를 살펴보았다.

만약 기온이 알고 있는 전부라면, 언어의 울림도 차이를 3분의 1 정도 설명할 수 있는 것으로 판명된다. 따뜻한 기후의 언어들은 추운 기후의 언어들보다 모음을 더 많이 사용하고 가장 잘 울리는 모음인 /a/에 더 심하게 의존하는 경향이 있다. 자음의 경우도 따뜻한 기후의 언어가 /n/, /l/, /r/과 같이 가장 잘 울리는 자음에 더 크게 의존한다. 반면에 추운 기후의 언어들은 deep(딥)의 발음에 들어 있는 /i/처럼 가장 덜 울리는 모음에 더 많이 기댄다.[7]

이 단순한 생각은 미묘한 차이점들을 더 많이 담을 수 있다. 예컨대 따뜻한 기후가 잘 울리는 말에 모두 똑같이 도움이 되지는 않는다. 밀림으로 뒤덮인 지역에서는 높은 울림도의 이점들이 덜 두드러질 수 있다. 인류학자 멜 엠버와 캐럴 엠버가 주장해왔듯이, 몹시 춥고 바람이 많은 기후는 입을 크게 벌려야 하는 언어 관행들을, 열 손실 증가 때문에 도태시킬 수도 있다. 여기에다 그들은 성적性的 제약에 관한 사회규범들이 울림도에도 영향을 줄지 모른다는 생각을 보탰다. 이 미묘한 차이 두 가지를 모두 기본적인 기후 분석에 보탬으로써, 그들은 언어(또는 최소한 그들이 자료를 가지고 있는 수십 가지 언어)의 울림도 차이를 5분의 4까지 설명해냈다. 이러한 연구 결과가 지닌 힘을 과장하지 않는 것도 중요하긴 하지만, 이는 인상적인 성과다. 이제 막 시작하는 단계이지만 기대되는 바는 있다. 기온과 울림도 사이의 기본적 관계는 여러 방법으로 검증되어 왔고 서로 다른 연구자들의 재검증에도 버텨왔기 때문이다.[8]

문화적 학습이 국지적 환경에 우리의 도구, 식단, 도구모음을 맞추어가는 방식을 고려할 때, 문화적 진화가 우리의 음소 도구모음을 유사하게 다듬었다 해도 그리 놀랍지 않다.

생물학자들은 동물의 의사소통체계가 어느 종의 국지적 서식지의 음향 환경에 어떻게 적응해 왔는지에 오래전부터 관심을 가져왔다. 언어와는 다르게, 인간이 아닌 동물의 의사소통 대부분에서 동원하는 일련의 신호는 상대적으로 고정되어 있다. 그러나 원숭이, 새, 프레리도그를 연구한 결과는 자연선택이 이러한 의사소통체계를 더 효과적으로 만들기 위해 다양한 음향 환경에 맞추어 보정해왔음을 시사한다. 이것은 선택적인 문화적 학습이—의식적 자각의 범위 밖에서—우리의 의사소통체계들을 국지적 음향 환경에 맞추어 적응시켜왔음을 보여주는 또 하나의 사례이다. 문화적 진화는 유전적 진화와 동일한 적응적 문제를 많이 해결할 수 있으며, 그것도 더 빨리, 그리고 종 분화 없이 해결할 수 있다.[9]

문화적으로 진화하는 복잡성, 효율성과 학습 용이성
....

언어에 사용되는 소리들이 이리저리 바뀌는 것은 그렇다 치고, 문화적 진화가 먹거리를 얻는 기술이나 활 제작술 묶음의 경우에 하는 것과 같은 식으로, 실제로 언어적 요소—도구와 규칙—도 뭉치고, 조립하고, 통합할 수 있을까? 누적적인 문화적 진화가 언어에 더 훌륭한 표현력이나 효율을 부여할 수 있을까? 지금부터 이야기할 내용은 답이 '그렇다' 임을 시사한다. 하지만 도구의 정교함과 도구모음의 크기가 크고 복잡한 목록의 전달에 내재하는 체계적 실수와 오해에 의해 제한되는 것처럼, 언어도 마찬가지다. 살아남아 퍼지려면 배우기 쉬워야 하는데, 특히 아이들이, 그리고 때로는 빠른 속도로 확장하고 있는 집단의 어른들도 쉽게 배울 수 있어야 한다. 따라서 문화의 다른 측면과 마찬가지로, 어휘, 음소 명세서(구별되는 소리들의 목록), 문법적 도구모음도 개체군 크기 및 상호연결성과 같은 요인에 의해서뿐만 아니라 사회연결망(계급과 민족), 기술(예: 문자), 제도(예: 정규 학교)의 세부사항에 의해서도 영향을 받으리라고 예상해야 한다.

호모 사피엔스

어휘의 크기

어휘에서 시작해보자. 단어는 의사소통 도구이므로, 적절한 단어들을 가지고 있으면 의사소통의 용이성, 속도, 질을 높일 수 있다. 언어별 어휘 크기의 정확한 측정치는 정확하게 확립하기 어렵지만, 차이가 워낙 크기 때문에 개략적인 추정치로도 충분하다. 소규모 사회에서 연구하고 있는 언어학자와 인류학자가 신중하게 기록한 언어들 가운데 다수에는 3,000~5,000개의 단어가 들어 있다. 그게 어휘의 전부라는 말이다. 반면에 유럽 언어의 경우는 얇은 사전에도 보통 약 5만 단어가 수록되어 있다. 견실한 대학 수준의 영어사전은 약 10만 단어를, 그리고 《옥스퍼드 영어사전》 전질은 30만 개도 넘는 항목을 수록하고 있다. 물론, 이 비교는 전적으로 불공평하다. 읽고 쓰지 않는 사회의 사전은 (인류학자가 도착하기 전까지는) 전적으로 사용자의 머릿속에 들어 있지만, 유럽인의 사전들은 단행본과 온라인 데이터베이스에 들어있는 데다 그 단어를 다 아는 실사용자는 거의 또는 전혀 없기 때문이다. 평균적인 미국인은 17세에 4~6만 단어를 알고, 교수는 약 7만 3,000개의 단어를 안다. 이 추정된 머릿속 어휘에는 많은 소규모 언어의 사용자가—자신의 언어에 들어 있는 단어를 모두 안다고 가정할 때—이용할 수 있는 것보다 8~14배 더 많은 단어들이 담겨 있다.[10]

이러한 추정치는 어휘의 실질적 차이를 과장하는데, 왜냐하면 소규모 언어에 빠져 있는 단어의 다수가 인공위성, 윗몸일으키기, 이모티콘 같은 기술 동작, 개념과 관련된 것으로, 소규모 사회에는 아예 존재하지 않기 때문이다. 이에 관해 균형감각을 잃지 않기 위해, 이 범주에 들어가지 않는 두 종류의 단어를 고려해보자. 바로 '색이름'과 '정수'다.

언어마다 기본 색이름 수가 다르다. 인간이 사용하는 대표적인 언어인 영어에는 열한 개의 기본 이름이 있다. '검정', '하양', '빨강', '노랑',

'초록', '파랑', '보라', '주황', '분홍', '갈색', '회색'. 반면에 많은 언어들에 기본 색이름이 없거나 둘뿐이고, 그 둘은 언제나 '검정'과 '하양'(더 정확히 말하자면 '밝은색'과 '어두운색')이다. 색이름이 둘 또는 셋뿐인 언어에서는 찬란한 '파란' 하늘을 '검은' 하늘로 표현하고, 어둡고 더러운 물의 색깔에 비교할 수 있다.[11] 어떤 언어에 기본 색이름이 셋이면 그 셋은 '검정', '하양', '빨강'이고, 이 셋이 대개 색의 범위 전체를 분할한다. 수많은 언어에 다섯 가지 색이름이 있고. 그 다섯에는 '하양', '검정', '빨강', '노랑', '파랑-초록'(청록)이라는 주석이 달릴 수 있다. 물론, 빠진 특정 색이름을 대체할 방법은 항상 있기 마련이다. 예컨대 원하는 색을 가진 어떤 물건을 언급하면 된다. 하지만 그러려면 또 언어 작업이 필요해서 덜 효율적이다.[12]

고대의 문학작품들도 비교문화 연구와 똑같은 이야기를 전한다. 구약, 호머의 작품들, 고대 베다어로 쓰인 시들은 눈에 띄게 색에 관해 모호하고, 때로는 색색의 표현이 아예 없다. 하늘도 바다도 '파랑'이 아니다. 이 작품들의 세계는 대부분 검정, 하양, 빨강으로 제시된다. 초록, 파랑, 노랑을—묘사를 위한 기본 용어로서—가리키는 용어들은 이러한 사회의 문학사 후기가 되어서야 나타난다. 이처럼 풍요롭고 시적인 문화적 보물들이 무색에 가깝다는 것은 경이로운 일이다.[13]

따라서 색이름은 언어의 진화를 들여다보는 좁지만 투명한 창을 제공한다. 색의 스펙트럼은 사실 연속적이므로, 색 사이의 경계는 임의적이다. 빛의 물리학은 사실 '빨강'이나 '노랑' 같은 별개의 범주를 제공하지 않는다. 이 때문에 학습자에게는 풀어야 할 껄끄러운 문제가 생겨날 수 있을 것이다. 시각적 스펙트럼의 어느 영역에 실제로 '빨강'이라는 명칭을 붙일까? 학습자인 내가 어떻게 당신이 '빨강'이라는 말로 가리키려는 색 공간의 특정 영역에 다가갈 수 있을까? 답은 실제 색 스펙트럼은 균일하지만, 우리의 시각계가 그것을 도드라지게 지각한다는 사실에 있을 것이다. 우리가 도드라지게 인지하는 색들은 유전적으로 적응적인 것으로서, 우리 진화사에 걸쳐 우리가 특별히 구별할 필요가 있었던 것일지도 모르고, 아니면 단순히 색을 지각하는 데에 필요한 생리적 기제들이 시각계 안에서 일으키는 변덕을 (아니면 두 효과 모두를 조금씩) 반영하는지도 모른다. 그런 데도 이러한 윤곽은 학습자가 '빨강' 또는 '파랑'의 국지적 의미에 다각도로 접근하는 데에 도움을 준다. 시간이 흐르면, 색이름들은 한 이름 안에서 지각되는 유사성이 최대화하도록 문화적으로 진화한다.[14] 다시 말해, '빨강'의 보기들 또는 음영들이 그것을 둘러싸고 있는 음영들보다 서로와 더 유사한 것으로 **지각되게** 된다. 설사 이 '빨강들'이 객관적인 색조와 채도 측정치에 따르면 사실은 전혀 더 가깝지 않더라도 말이다. 분명히 해두자면, 이 선천적인 생리적·지각적 제약들은 태생이 비언어적이지만, 우리가 사실은 연속적인 색 스펙트럼을 단어를 써서 불연속으로 분할하도록 돕기 위해 문화적 진화가 이용하는 것이다. 많은 문화적 적응물들이 그렇듯, 이 체계도 색에 관한 의사소통을 위해 공학적으로 설계해서 우리 시지각의 제약에 맞춘 것처럼 보인다. 하지만 유일한 설계자는 문화적 진화였다.[15]

영어 사용자에게 자유자재로 사용하는 기본 색이름이 11개인 이유는, 그것들을 배우기 쉽게 만드는 법을 문화적 진화가 알아내왔기 때문이다. 한국어 사용자에게는 색이름이 14개다. 그러나 인간의 진화사에 걸쳐 대부분의 사회에는 아마도 색이름이 둘 또는 셋뿐이었을 것이다. 색이름을 하나 더 배우는 것이 우리의 인지능력들에 영향을 주고 뇌의 회색질을 증가시킴으로써, 용어상의 경계선 **건너편**에 있는 다른 색의 음영에 대한 우리의 분별력과 기억력을 향상시키는 비용으로 한 이름의 경계선 안쪽에 있는 음영을 희생시키는 것이다. 물론, 당신에게 겹치지 않

는 용어가 더 많다면, 당신에게는 용어상의 경계선도 더 많을 것이다.[16]

정수는 잠재적으로 더욱더 강력한 보기를 제공한다. 이 책을 읽고 있으므로, 당신은 문화적 유산을 통해 언어적으로 암호화되는 어떤 셈법을 물려받았을 가능성이 매우 높다. 그 셈법은 당신이 겨우 열 개의 숫자와 그 숫자들을 구조화하는 몇몇 규칙을 써서 한정 없이 수를 세도록 해준다. 이 체계는 당신이 27개의 체리 더미와 28개의 체리 더미를 쉽게 구별하게도 해준다. 그러나 이 능력은 인간 역사의 대부분의 기간 동안에는 존재하지 않았다. 우리가 아는 한, 모든 사회에 1, 2, 그리고 많음을 가리키는 수 단어가 있고, 수많은 사회가 '1', '2', '3', '많다'라고 수를 세지만, 그게 전부이고 더는 세지 못한다. 그래서 예컨대 그들의 셈법을 써서는 위의 두 체리 더미를 구별하지 못한다. 이는 1, 2, 3에 상응하는 선천적인 정신적 표상이 있음을 시사하는 인지과학의 연구 결과와 일치한다.

이 밖에, 일부 소규모 사회에서는 문화적으로 학습한 신체 부위 셈법을 사용해 자신들의 선천적 방법을 보강한다. 이를테면 손가락을 꼽듯이 (하지만 팔꿈치, 무릎, 코, 눈 따위도 사용해서), 특정한 신체 부위에 순서대로 물건이나 사람을 할당해 수를 세는 것이다. 이 방법의 최대치가 뉴기니에서는 겨우 12에서 머물지만, 사회에 따라서는 22, 28, 47, 74까지도 올라간다. 이런 사회 가운데 일부에서는 같은 과정을 두세 번 되풀이 하는 방법으로 훨씬 더 높은 수치를 얻기도 한다. 개체군마다 정수가 많지 않은 약점을 피해가는 방법을 고안해왔음은 말할 것도 없지만, 정수가 조금밖에 없는 집단은 대체로 기회가 주어지면 다른 언어의 더 폭넓은 셈법을 신속히 받아들인다.[17]

아이들에게서 정수와 색이름을 둘 다 충분히 이해하는 능력은, 최소한 언어의 다른 양상들에 비하면 상대적으로 늦게 발달한다. 흥미롭게도, 요즈음 서구의 아이들은 지난 세대의 아이들보다 더 어린 나이에 기

호모 사피엔스

본 색이름을 떼는데, 이는 문화적 체계가 이 지식을 더 잘 전달하는 쪽으로 진화하고 있음을 시사한다.[18] 이 누적적인 문화적 진화의 산물들—정수와 색이름—을 습득하는 것이 우리 뇌를 모양짓고 우리 인지능력에 영향을 주는 것이다. 따라서 정수와 색이름은 확장하고 있는 어휘가 어떻게 우리의 '영리함'에 영향을 주는지를 보여주는 구체적인 사례가 된다.

더 일반적으로 말하자면, 단어는 생각하는 데에 유용하므로 많은 어휘를 보유하면 몇몇 종류의 문제를 더 잘 해결할 가능성이 크다. 미국의 성인들이 실제로 사용하는 유효 어휘는 지능지수의 한 성분이기도 한데, 최소한 반세기 전부터 증가하고 있고 아마 더 오래 증가할 것이다. 교육의 범위가 넓어진 게 이 성장의 일부를 설명할 수 있지만, 이 확장의 원인은 대체로 성인들이 대학 시절 이후에도 본의 아니게 계속해서 자신의 어휘를 키워왔기 때문이다. 그리고 이 일은 20세기 동안 미국의 많은 직업에서 요구하는 사항이 바뀌었기 때문에 일어났을 것이다. 결론은, 미국의 성인들이 지능지수 검사에서 부모나 조부모가 같은 나이에 받은 것보다 높은 점수를 받는 부분적 이유는 그들이 더 많은 단어들을 사용하고 이해하도록 배워왔기 때문이라는 것이다.[19]

마지막으로, 어휘는 우리 조상들이 충분히 괜찮은 문화적 학습자가 되었을 때 곧바로 확장을 시작했을 것이다. 비인간 영장류들도 이미 물건(바나나), 사건(폭풍), 관계적 범주(경쟁자)에 관한 정신적 범주 또는 개념을 만들어낼 수 있으므로, 문화적 학습이 이 범주들을 특정한 몸짓이나 소리로 연결할(다시 말해, 단어를 만들) 수단만 제공하면 된다. 연관이 지어지기만 하면, 문화적 진화가 이러한 범주–단어 관계를 어느 사회집단 안에서 여러 세대에 걸쳐 널리 공유시킬 수 있다.[20]

내 요점은, 단어도 문화의 다른 측면들과 비슷하며, 그래서 언어의 어휘 크기도 개체군의 집단두뇌와 함께 확장될 것으로 예상해야 한다는 것이다. 정수와 색이름이 보여주듯이, 그러한 추가는 부수적 사건으로 그치는 게 아니라, 우리에게 새로운 인지능력을 주고 우리의 지능지수를 높일 것이다.

소리 목록

단어와 더불어, 사회가 사용하는 음소의 명세서는 개체군의 사회성에 의해서도 영향을 받는다. 물론, 음성언어의 소리들은 최소한 단기적으로는 우리의 입, 혀, 기도氣道의 해부구조에 의해 좌우되지만 낼 수 있는 소리들의 범위 안에서도 그 차이는 인상적이다. 로토카스어는 뉴기니 연안의 한 섬에서 4,000명 정도가 사용하는 언어다. 로토카스어의 소리 목록은 5개의 모음과 6개의 자음으로 구성된 11개로 되어 있다. 하와이어도 모음이 5개지만, 이 모음들은 8개의 자음과 조합된다. 아마존 지역의 피라항(피다한)족 사이에서 남자들이 사용하는 음소 목록은 로토카스어와 같이 11개의 소리로 되어 있다. 그러나 피라항족 여자들은 남자들이 구분하는 자음 두 개를 구분하지 않으므로, 별개의 소리가 10개인 것처럼 보이고, 이것이 알려진 가장 짧은 목록일 것이다. 대조적으로, 영어에는 방언에 따라 대략 24개의 자음과 최소 12개의 모음이 있다. 남아프리카의 **쿵산어** 사용자들은 대충 78개의 흡착음(혀 차는 소리)과 47개의 비흡착음 자음을 포함해 140개가 넘는 음소로 이루어진 소리 목록을 갖고 있다. 이는 하와이어, 피라항어, 로토카스어보다 최소 10배는 더 긴 목록이다.[21]

이처럼 언어는 음소 수가 엄청나게 다양하다. 그런데 왜 그런 차이가 나는 걸까?

글쎄, 우리는 대체로 모르고, 문화적 진화를 상정하는 사고에 의해

호모 사피엔스

동기를 얻은 자세한 연구들은 이제 막 시작되고 있을 뿐이다. 그래도 한 가지 흥미로운 요인은 있다. 어떤 사람들은 자신의 언어를 낯선 사람이 많은 커다란 공동체 안에서, 다시 말해 많은 상호작용들이 공통점이 거의 없는 사람들 사이에서 일어나는 곳에서 배운다. 반면에 소규모 사회의 아이들은 상대적으로 작고 상당히 균질한 공동체 안에서 배운다. 학습자들끼리 공통점이 많지 않고 개인에 따라 발음 차이가 상당한 아주 다른 음성들을 듣고 배워야 하는 경우, 학습자들은 소리의 차이에 다각도로 접근하는 능력이 더 뛰어나고, 그러한 차이를 아는 게 의미를 이해하는 데에 더 중요하다. 작은 공동체에서는 학습 과정에서 사소한 소리 차이를 놓쳐도 되는데, 부분적인 이유는 의사소통하고 있는 사람들이 워낙 많은 배경지식과 맥락을 공유하는 경향이 있기 때문이다. 이 효과는 고도로 통합된 시장사회 안의 더 큰 개체군이 더 작고 더 고립된 언어 공동체보다 더 많은 음소들을 유지하는 경향을 만들어 낼 것이다.

이와 일관되게, 다양한 언어에 대한 데이터베이스를 사용하는 여러 연구들에서 나오는 현시점의 증거들은 **사용자가 더 많은 언어는 더 많은 소리들—다시 말해, 더 긴 음소 목록—을 갖는 경향이 있다**는 것을 보여준다.[22]

물론, 음소 목록의 길이는 언어의 다른 측면들과 상호작용해야 한다. 만약 어떤 언어에 음소가 더 많다면, 그 언어는 더 짧은 단어를 사용해서도 효율적인 대화 또는 표현력을 지속할 능력이 있어야 한다. 문화적 진화의 선택 과정은 더 높은 의사소통 효율을 선호할 것이므로, 언어공동체들이 더 크고 더 다양해서 음소의 총량을 더 많이 지원할 수 있는 언어는 단어의 길이를 줄일 수 있다. 실제로, 여러 분석 결과 또한 이를 뒷받침한다. 목록에 음소가 더 많은 언어는 단어가 더 짧은 경향이 있다.[23]

이 증거들이 전반적으로 보여주는 것은, 더 크고 더 긴밀하게 상호 연결된 개체군이 더 많은 음소와 더 짧은 단어를 갖는 경향이 있다는 것이다. 그리고 분석이 아직 완료되지는 않았지만, 더 큰 개체군의 단어가 더 작은 개체군의 단어보다 의사소통 효율을 위해 더 훌륭하게 최적화되어 있을 것이라는 의견을 제시할 근거도 좀 있다.

문법적 복잡성으로 가는 경로

다음은 간단한 이야기다. 이해할 수 있는지 보라.

소녀 과일 줍는다　돌아선다　매머드 본다
소녀 달린다　나무 도달한다　기어오른다　매머드 나무 흔든다
소녀 소리친다 소리친다　아버지 달린다　창 던진다
매머드 소리친다　쓰러진다
아버지 돌 가져온다　고기 자른다　소녀 준다
소녀 먹는다　마친다　잔다

기 도이처의 책《언어의 전개The Unfolding of Language》(210쪽)에서 인용하며 수정한 이 이야기에는 영어 문법규칙을 **위반**하도록 배열한 23개의 서로 다른 단어가 들어 있다. 그래도 이야기를 거의 이해할 것이다. 도이처는 이 이야기를 영어 문법에 의존하지 않고 이해할 수 있는 방식으로 구성하기 위해 우리의 유인원 인지에 심어져 있을 몇 가지 기본 원리를 사용했다. 첫째, 근접성을 사용했다. 공간에서 가까운 것을 가리키는 단어는 말에서도 가깝다는 것이다. They ‘go together’(그런 단어들은 ‘같이 간다’). 많은 언어들에서 꼭 그런 것은 아니지만, 이것이 우리의 첫 번째 추론이다. 둘째, 시간 순서를 사용했다. 이야기 속의 사건들도 현실 속의 사건들을 따른다는 것이다. 셋째, 비언어적 인과 구조에 의존했다. 다양한 언어의 사용자를 연구한 결과는 행위자(주어)가 생각 속에 먼저 등장한

다는 것을 가리킨다. 행위자를 떠올린 뒤, 인간은 다음으로 행위의 대상(목적어)을 생각하고, 마지막으로 행위(동사)를 생각하는 경향이 있다. 당신은 '소녀 과일 줍는다'를 '과일 소녀 줍는다' 또는 '줍는다 과일 소녀'보다 쉽게 이해할 수 있는데, 그것은 이 셋이 다 영어에서 일반적으로 요구하는 주어-동사-목적어 순서가 아니라도 마찬가지다.[24]

이렇게 공유하는 어휘 몇 가지만 가지고도 어느 정도의 의사소통을—심지어 이야기까지—해낼 수 있다. 실은 문법이 없어도 해낼 수 있을 뿐만 아니라, 심지어 단어의 조직이 자기 언어의 문법규칙을 위반하는 경우에도 해낼 수 있다. 이는 문화적 진화가 스스로 쌓은 단어 무더기에 문법규칙과 도구를 조금씩 보태는 방법으로, (이를테면, 단어가 23개 뿐인) 단순한 원형언어의 복잡성을 서서히 증가시킬 수 있을 것임을 뜻한다. 우리는 이제 이 일이 어떻게 일어나는지를 꽤 알고 있다. 많은 역사·비교 연구들이 특정한 문법요소들은 어디에서 왔으며 일반적으로 어떻게 진화하는지를 보여준다. 문법요소는 전형적으로 먼저 구체적인 단어들을 취하기, 다음에는 점차 그 단어들에서 본래의 의미를 탈색시키기, 그리고 종종 다음으로는 짐작건대 의사소통 효율을 높이기 위해 그것들을 연마해서 크기를 줄여나가기에서 나온다. 이 과정을 **문법화**라고 부른다.[25] 다음은 문법화의 예시다.

1. 형용사: 명사와 동사가, 비인간 영장류에게서 발견되고 우리에게 문화가 생겨나기 이전의 옛 조상들에게서도 발견되었을 것으로 짐작될 만큼 오래된 물건과 행위의 인지적 구분 위에 세워진 재료로서, 형용사와 부사를 짓는 데에 동원된다. 예컨대 'concrete(콘크리트·시멘트 물, 자갈)'와 같은 돌처럼 단단한 것을 가리키는 단어가 "Give me a concrete example(구체적인 예를 들어봐)."에서처럼 '추상

적이지 않다'를 뜻하는 형용사로도 작동하도록 진화할 수 있다. 언젠가 새로운 건축자재가 콘크리트를 대체한다면, 이 단어는 '추상적이지 않다'만을 뜻하게 될 수도 있다.

2. 시제: 때로는 동사가 과거와 미래를 가리키는 시제의 표지로 서서히 바뀌어간다. 영어 단어 'gonna(~할 것이다)'는 문법요소로 전이되고 있는 단어의 좋은 일례다. "I'm gonna stay here and not move(나는 여기서 꼼짝 않고 있을게)."라는 문장을 보자. 'gonna'는 분명 'going to(~로 가는 것)'라는 동사구에서 오지만, 내가 방금 그것을 쓴 것은 내가 의도하는 행위가 'stay(머물다)'임을 표현하기 위해서다. 'gonna'는 아직 완전히 전이되지는 않았지만, 'will'이라는 단어가 몇 세기 전에 했던 일을 하고 있는 것처럼 보인다. 'will'은 'want(원하다)'를 뜻하는 동사에서 유래하며, '원하다'는 (예컨대 스와힐리어에서도 그렇듯) 미래시제의 매우 흔한 어원이다. 유사하게, 과거시제도 종종 'finish(끝내다)' 또는 'done(다하다)'을 가리키는 동사를 수정한 다음 점차 다듬어가는 과정을 통해 진화한다. 기록되지는 않았지만 내가 연구해오고 있는 피지인의 야사와섬 방언에서는 이것을 아직 다듬어지지 않은 형태로 볼 수 있다. 그곳에서 "나는 다 먹었다"를 문자 그대로 번역하면 "나는 먹고 있다 다하다"가 된다.

3. 전치사와 부사의 임무가 바뀌어 'after(~한 뒤에)' 또는 'behind(~의 뒤편에)'와 같은 전치사를 만들어내는 경우가 많다. 예컨대 'back(등)' 또는 'buttocks(엉덩이)'를 가리키는 신체 부위 단어가 먼저 종종 'behind'와 같은 부사로, "The sad events lay behind them(그 뒤에는 슬픈 사건들이 감추어져 있었다)."처럼 수정된다. 그런 다음 그 부사가 전치사로, "I put my laptop behind the door(나는 노트북을 문 뒤에 두었다)."에서처럼 진화한다. 영어에서는 기묘하게

도, 'behind'를 "Get off your behind(엉덩이 들고 좀 움직여)"에서처럼 'buttocks'를 의미하는 듣기 좋은 말로 사용함으로써 이 전치사를 신체 부위 명사로 바꾸고 있다(이는 드문 현상이다).

4. 수와 복수 대명사: 복수화는 종종 명사와 대명사에 'all(모두)'을 붙인 다음 다듬어나가는 방법으로 성취한다. 예컨대 미국 남부에서 사용하는 영어 방언에서는 2인칭 복수 대명사가 'y'all(당신들 모두)'의 형태로 등장해왔다. 이 새로운 대명사는 많은 언어들이 가지고 있지만 영어의 다른 방언들에만 없는 것으로서, 'you(당신/당신들)'가 그것이 복수인지 아닌지에 관한 모호함을 제거하기 위해 추가되는 'all'과 충돌하면서 태어났다. 우연히도 'y'all'은 문법에 어긋나지 않지만, 이것은 언어가 어떻게 진화하는가에 대한 보기다. 이것이 당신에게 틀린 것으로 느껴진다면, 그 이유는 그것이 당신에게 내면화된 언어의 사회규범 가운데 하나를 위반하기 때문이다.

5. 종속접속사: 종속절을 표시하는 도구는 흔히 관계절을 표시하는 도구로부터 지어지고, 관계절은 흔히 지시어 'this(이/이것)'나 'that(저/저것)'과 같은 지시사로부터 지어진다. 'That picture(저 그림)' 또는 'this hat(이 모자)' 같은 구에 들어 있는 지시어가 "Zoey likes the picture that Jessica painted(조이는 제시카가 그린 그림을 좋아해)."에서처럼 관계절을 표시하기 위해 진화한다. 이러한 관계 표지가 다시 "I hope **that** Zoey likes the picture that Jessica painted(나는 조이가 제시카가 그린 그림을 좋아하기를 바라)."에서처럼 종속접속사로 진화한다.

실제로 학습자가 습득해야 하는 것은 의사소통을 위해 자신이 단어들을 배열할 수 있는 방식과 할 수 없는 방식에 관한 사회규범이지만, 그러한 규칙들은 점차 바뀐다. 왜냐하면 효율이나 표현력을 높이기 위해 규칙을 조정해온, 성공적인 의사전달자들을 학습자가 우선적으로 주목하고 배우기 때문이다. 심지어 비교적 짧은 실험에서도 이를 볼 수 있다. 실험에서 사람들은 먼저 익숙하지 않은 어떤 문법을 배워야 했고, 그런 다음 그것을 의사소통에 사용해야 했다. 한 실험에서는 상호작용 사흘 만에, 갓 배운 문법의 양식들이 의사소통의 효율을 높이는 여러 방식으로 바뀌었다. 놀랍게도, 관찰되는 문법적 수정들은 진짜 언어들 안에 있는 이러한 문법적 요소들의 실제 분포에 상응한다.[26]

이 모두가 문법적 도구와 규칙도 문화의 다른 측면들처럼 진화해야 한다는 점을 시사한다. 과거 어느 시점에는 과거나 미래를 가리키기 위해, 수를 표시하기 위해, 절을 삽입하기 위해 언어들이 보유하는 공통된 규범들 가운데 일부가 없는 의사소통 목록들도 있었음이 틀림없다. 그렇다면 기술의 경우처럼, 현존하거나 역사적으로 알려져 있는 언어로서 문법적 도구들의 도구모음이 더 작거나 문법규칙들이 덜 효율적인 언어가 발견될지도 모른다. 그러나 이러한 도구는 한 언어에서 등장하는 순간, 훌륭한 셈법이 그렇듯 다른 언어로 빠르게 퍼질 것이다. 이 때문에, 새로운 도구를 받아들일 시간이 없었을 더 외딴 집단이나 언어를 살펴보거나, 옛날에 기록된 자료를 이용해 지난 시간을 돌아봄으로써 과거의 언어를 살펴보는 게 우선일 것이다.

이 예상을 뒷받침한다면, 'after(~한 뒤에)', 'before(~하기 전에)', 'because of(~ 때문에)' 같은 종속접속사는 역사적 시간상 최근에야 진화했을 것이고, 복합궁이 인류의 기술 목록을 대변하는 한 특징이 아닌 것처럼, 종속접속사도 **인류**의 언어를 대변하는 한 특징이 아닐 것이다. 수메르어, 아카드어, 히타이트어, 그리스어의 가장 초기 형태에서는 종속관계의 도구가 그다지 발달하지 못했던 듯하다. 그래서 이 언어들은 느리

호모 사피엔스

고, 장황하고, 같은 말을 되풀이하는 글처럼 읽힌다.[27] 종속관계의 도구는 현재 사용되는 일부 언어에서도 보이지 않는 듯한데, 오스트레일리아(예컨대 왈피리어), 북극(이누이트어), 뉴기니(이아트물어), 아마존(피라항어)에서 발견되는 언어들이 거기에 포함된다.[28] 이곳 사람들도 종속되는 구절을 어느 정도 사용하지만, 이 종속관계를 제공하는 것은 연쇄와 맥락의 조합이지, 등위접속사와 같은 특수화된 문법적 도구가 아니다. 무슨 말인지 모르겠다면, 연쇄와 작동 중인 맥락만 사용하는 종속관계가 잘 드러난 아래 문장을 보라.

> "I'm taking Sharon's son to the circus next week… she's the young woman we met last week… we were outside the Starbucks(나는 다음주에 샤론의 아들을 서커스에 데려갈 것이다… 그녀는 지난주에 만난 젊은 여자다… 우리는 스타벅스 바깥에 있었다)."

철학자들이 오래전부터 감명을 받아온 '언어의' 능력이 바로 더 큰 계층구조 안에, 흔히 종속관계를 위한 문법적 도구를 사용해, 여러 구절을 끼워넣는 능력이다. 그러나 앞의 연구 결과들은 우리가 대부분의 현대 언어에서 보는 계층구조와 세련된 종속관계의 많은 부분이 장기간의 누적적인 문화적 진화의 산물임을 시사한다. 이는 우리 인간에게 계층구조를 다루기 위해 성능을 높인 선천적 능력이 없다는 말이 아니다. 그런 능력들은 있고, 도구를 만들거나 사회적 관계를 이해하는 데에도 유용하겠지만, 우리가 그 능력들을 충분히 활용하게 해주는 문법의 우아한 단편들은 문화적 진화에 의해 지어졌다는 말일 뿐이다.

마지막으로, 문법적 복잡성도, 문화의 다른 측면들과 마찬가지로 사회제도의 영향을 받고 사회의 의사소통 맥락이 요구하는 것에 적응한다. 예컨대 언어공동체가 더 잡다하고 성인 언어학습자가 더 많은, 더 큰 개체군은 형태적으로 더 단순한 문법을 갖고 있는 경향이 있다. 형태적으로 복잡한 문법에는, 단어들의 앞, 뒤, 중간에 끼워넣어야 하는, 서로 다르고 종종 미묘한 문법적 요소가 많다. 이 요소들이 시제, 법, 수, 성性 따위를 전달하면서, 단어의 의미를 보강한다. 형태적으로 더 단순한 언어는 이 일을 훨씬 덜 하지만, 단어를 보태거나 단어 순서를 바꾸는 방법으로 똑같은 정보를 많은 경우 전달할 수 있다. 이에 대한 한 가지 재미있는 설명은, 더 큰 개체군에는 성인 언어학습자가 더 많으며, 성인 언어학습자들은 형태적으로 복잡한 언어를 배우는 데에 소질이 없다는 것이다.[29]

요약하자면, 더 큰 언어공동체는 보유하는 단어, 음소, 문법적 도구의 목록도 긴 것 같다. 다시 말해, 이런 공동체들이 보유하는 언어는 더 복잡하다. 역사적 증거는 단어와 문법적 도구의 목록이 수백 년, 수천 년에 걸쳐 길어져왔음을 시사한다. 심리학적 증거는 어휘의 내용과 문법의 규칙이, 색이름과 정수의 경우처럼, 기억력과 지각을 모두 포함한 우리의 인지능력을 바꿀 수도 있음을 가리킨다. 증거의 조합이 가리키는 바에 따르면, 현대 세계의 언어들은 사실 우리 종의 진화사에 걸쳐 사용된 언어들 대부분에 비해 상당히 유별난 것일 수 있다.

배우기 쉽도록 문화적으로 진화했다

....

우리의 의사소통 목록이 점차 길어짐에 따라, 등장하고 있던 의사소통 체계의 요소들을 포함한 문화를 우리 조상들이 더 쉽게 배우도록 만드는 유전자에 대한 선택압이 있었을 것이고, 특히 아이들이 **배우기가 더**

호모 사피엔스

쉬운 의사소통 요소 목록을 선호하는 압력도 있었을 것이다. 여기서는 이 이중주의 두 번째 협연자─문화─의 구실을 잠시 강조할 것이다. 우리의 손, 어깨를 포함한 신체적 능력에 맞춰 문화적으로 진화해온 다른 종류의 도구들처럼, 언어도 스스로 우리 심리의 윤곽과 제약에 적응함으로써(색이름을 상기하라) 더 배우기 쉽게 되어가면서, 우리 뇌에 맞추어 문화적으로 진화해왔다. 아이들이 언어를 배우는 데에 능한 이유는─대부분─배우기 어려운 요소는 배워지지 않고, 고로 다음 세대로 전달되지 않기 때문이다. 아이들이 배우기에 정말로 어려운 언어도 만들어낼 수는 있지만, 그런 언어들은 경쟁에서 더 배우기 쉬운 언어들에게 밀려났다.[30]

우리 심리의 선천적 측면을 더 효과적으로 이용하는 언어는 배우기가 더 쉽고 미래에 다른 언어로 대체될 가능성이 낮을 것이다. 기억력에 한계가 있는 불완전한 학습자들 사이에서 여러 세대를 넘어 문화를 전달하는 과정의 컴퓨터 모의실험들은 언어를 다른 종의 의사소통체계들과 구분짓는 핵심 특질 다수의 등장을 선호한다. 어휘의 크기를 키우자, 언어가 규칙에 매이고 규칙적이게 되는 방향으로 문화적 진화의 압력이 올라갔다.[31] 예컨대 동사마다 색다른 과거시제 형태가 하나씩 있다면, 사전이 작은, 이를테면 단어가 50개밖에 안 되는 언어에서는 학습자가 그것을 습득하는 게 가능할지도 모른다. 하지만 단어가 5,000개인 언어에서는 그렇게 할 수 없을 것이다. 따라서 그러한 규칙(구문론)이 없는 언어는 살아남지 못했다. 그런 언어는 더 규칙적인 규칙, 이를테면 과거시제를 만들려면 '-ed'를 붙여라 같은, 아이들도 적용법을 배울 수 있을 규칙을 가진 언어에 의해 퇴출되었다. 이유는 그 특정한 사례들을 모두 기억하기가 힘들기 때문이기도 하고, 어휘의 크기가 증가하면 훨씬 더 특수화된 동사들은 드물게만 들리기 때문이기도 하다. 불규칙한 형태가 (이를테면 'eated' 대신에 'ate'가) 존속할 수도 있지만, 그것은 오직 자주 사용되어 끊임없는 반복이 그러한 기억력의 제약을 늦추는 단어에 한해서다.

인간의 진화사에서 이러한 과정이 일어난다는 것을 뒷받침하는 직접적 증거는 없다. 그러나 위에서 언급한 컴퓨터 모의실험을 보완하는 간접적 증거라면 여러 실험실 실험에서 나와 있고, 12장에서 설명한 기법상의 기량 축적에 관한 실험들도 그런 실험에 속한다. 이 실험들은 어떤 인공언어를 사용하는 다른 사람들의 연기를 관찰한 다음 관찰한 것을 바탕으로 추론을 하는 경우, 많은 실험실 세대에 걸쳐 사람들이 서로에게 배우면서 많은 전달 사건을 거치는 동안, 구조(구문을 닮은 형식들)도 등장하고 합성성(별개의 단어들)도 등장한다는 것을 보여준다. 혼자서 많은 일을 하는 개인은 없고, 이를 목표로 삼고 달성하려고 애쓰는 사람도 없다. 이는 여러 세대에 걸쳐 모르는 사이에 등장하는 문화적 전달의 산물이다.

진짜 언어를 사용하는 아이들을 대상으로 한 연구가, 규칙성이 언어를 더 배우기 쉽게 만든다는 점을 더욱 확실히 해준다. **더** 규칙적인 언어를 사용하는 아이들은 "The horse kicked the cow(말이 소를 걷어찼다)." 같은 문장을 **덜** 규칙적인 언어를 사용하는 아이들보다 **더 잘** 이해한다. 구체적으로 말하자면, 터키어와 영어를 사용하는 아이들이 상당히 불규칙한 세르보크로아티아어를 사용하는 아이들보다 이해력이 높았다. 물론, 이러한 수행능력의 차이는 후년에 가면 사라진다. 그럼에도 이러한 연구 결과는, 모든 언어가 꼬마들(또는 어른들)에게 똑같이 배우기 쉬운 것은 아님을 시사한다.[32]

나의 요점은 문화적 진화야말로 아이들이 기존 언어를 그토록 쉽게 배우는 핵심적인 이유이며, 구문론과 같은 언어의 반복되는 몇몇 특징들도 일부, 문화적 진화가 언어를 배우기 쉽게 유지하려고, 특히 어휘가 늘어나면 더 열심히, 노력하고 있는 결과일 가능성이 높다는 것이다.

호모 사피엔스

손놀림, 규범, 몸짓과 언어의 상승효과

....

우리 종이 진화하는 동안, 공진화는 두 가지 중요한 면에서 유의미했다. 첫째, 갈수록 복잡해지는 의사소통 목록이 갈수록 복잡해지는 도구, 관행, 제도와 공진화하고 있었다. 이 공진화 상호작용은 상승적이었다. 이러한 문화의 분야가 둘 이상이라면 가치 있는 문화적 정보를 습득하고, 저장하고, 정리하고, 다시 전달하기 위한 우리의 심리적 능력을 향상시키는 유전자를 선호하는 선택압이 만들어질 것이기 때문이다. 이 상호작용은 문화적으로 남에게 배우는 우리의 능력을 더 갈고닦았을 것이다. 다시 말해, 남의 목적과 의도를 (그들에게 더 잘 배우기 위해) 추론하고, 기저에 깔린 규칙 또는 규범을 추론하고, 계층구조를 가진 복잡한 순서를 배우는 기량을 향상시켰을 것이다. 둘째, 앞에서 언급했듯이, 이 문화적으로 누적되고 있는 의사소통 요소 목록은 의사소통에 관여하는 유전자에 선택압을 가한다. 그 압력이 우리의 후두를 밀어내려 음역을 넓혔고, 신피질의 축삭을 끌어내려 척수 깊은 곳까지 연결함으로써 손과 혀의 재주를 향상시켰고, 눈의 공막을 희게 해 시선을 드러냄으로써 남에게 단서를 주도록 했으며, 확실하게 발달하는 인지적 재주들을 부여해 우리가 성대모사도 할 수 있고 지목하거나 응시하는 따위로 의사소통에서 단서를 줄 수도 있게 해주었다.

문화적 진화가 어떤 행동 분야에서 맨 처음 누적되기 시작했는지, 말하자면 도구 만들기에서였는지, 먹거리 가공에서였는지, 몸짓 의사소통에서였는지를 알아내기란 불가능하다. 누적적인 문화적 진화가 어떤 조상 집단에서는 몸짓 목록에서 시작된 반면에 다른 집단은 다른 생태적 제약 때문에 도구 제작에 필요한 기법부터 축적하기 시작했을 개연성도 있다. 핵심은, 무엇이 되었건 먼저 온 것이 다른 분야의 발달에 촉매가 되었으리라는 것이다. 예컨대 인간의 뇌에 있는 축삭들은 신피질에서부터 운동 신경세포들이 모여 있는 전각ventral horn으로 직접 뻗어나간 다음, 척수 안으로 깊이 내려간다.[33] 이러한 해부구조의 변화는 우리 종의 인상적인 손재주를, 더 구체적으로는 손재주가 필요한 일을 배우는 능력을 설명하는 데에 도움이 된다. 이 변화는 더 뛰어난 재주를 요구하는 기법들(예: 그물, 옷 칼날, 불을 만드는 일)의 문화적 등장, 또는 문화적으로 전달된 기량과 전술(예: 사냥이나 방어를 위해 돌, 곤봉, 창 따위 발사 무기를 사용하는 일)에 의해 선호되었을 것이다. 그럴듯하게 말하자면, '몸짓 의사소통체계와 갈수록 복잡해지는 도구 제조 기술 가운데 하나가 전각과 척수 안으로 더 직접 연결되는 축삭을 선호하는 유전적 선택압을 만들어냈을' 수도 있다. 만약 몸짓 의사소통이 먼저 등장했다면, 도구를 만드는 기량들이 강화된 재주로 편익을 주었을 개연성이 높다. 만약 배를 모는 쪽이 도구였다면, 강화된 몸짓 의사소통은 무임승차했을 것이다. 나아진 의사소통 기량은 도구를 만들고 사용하는 일에 관해 전달되는 정보의 질도 향상시켰을지 모른다.

이 과정은 우리 종의 인상적인 혀놀림과 성대모사 역량을 설명하는 데에 도움이 된다. 영장류 특유의 성대모사는 자연에 드문 현상이다. 새들도 많은 종이 뛰어난 성대모사꾼이고 뇌의 구성도 유사하지만 말이다.[34] 우리 신피질의 투사(축삭 내보내기)는 턱, 혀, 얼굴, 성대의 근육들에도 신경을 분포시키는데, 이를 맨 처음 주도한 것은 몸짓 의사소통이었을 수도, 도구 만들기였을수도, 다른 기량 몇 가지였을 수도 있다. 그러나 그 투사가 확산된 순간, 부산물로서 발성 학습으로 가는 문이 열렸을 수 있다. 발성은 기존 의사소통 몸짓 목록의 부록으로서 처음 개발되었을 것이고, 그 목록에는 표정, 지목, 몸자세가 들어 있었을 수 있다. 이 각본 안에서, 말을 선호하는 유전적 선택압은 말을 기반으로 하지 않는 의사

호모 사피엔스

소통 목록이 손을 자유롭게 하고 서로를 꼭 쳐다봐야 할 필요성을 억누르는 한 방법으로 말의 요소를 보태는 쪽을 점차 선호함으로써 만들어졌을 것이다. 혀와 팔다리 사이의 교차대화는 결혼식 피로연에서 부각된다. 서툰 춤꾼들은 만만치 않은 춤동작에 집중하는 동안 혀를 내민다.[35]

몸짓, 발성, 사회규범, 도구 사용이 등장하는 데에 정확한 진화 순서는, 어떤 순서가 되었건 결정적인 것이 아니다. 문화적 진화가 도구 사용, 무기 투척, 조리, 야간 의사소통, 사냥감을 추적하는 동안의 균형 유지에 필요한 손을 해방시키기 위해, 의사소통을 위해서는 입으로 하는 몸짓—말—을 사용하는 쪽을 선호하도록 유전적 진화에 상당한 압력을 만들어냈을 것이기 때문이다. 다른 유인원들과의 비교연구가 보여주듯이, 우리는 후두가 내려감으로써 성도聲道가 길어지고 가능한 음소 목록이 길어졌다. 혀도 자유로워져서 상하좌우로 움직일 수 있게 되었다. 유인원의 후두 주변에 있는 부드럽고 부풀릴 수 있는 공기주머니가 사라지기도 했다. 그러나 이러한 변화들이 오는 데에는 상당한 비용이 따랐다. 다른 포유류, 그리고 인간의 젖먹이는 숨 쉬고 삼키기를 동시에 할 수 있어서 음식이 쉽게 목에 걸리지 않는다.[36] 더 나이 든 인간은 먹다가 질식할 수 있고, 실제로 질식한다.

이러한 유전적 진화의 선택압들이 선호한 것은—음성언어만이 아니라—의사소통 전반이었으므로, 우리 조상들은 몸짓언어를 음성언어와 나란히 유지했을 것이다. 많은 현대의 수렵채취인들이 실제로 그랬다. 사회규범과 평판에 의해 갈수록 협력적인 세상이 구축되는 가운데, 서로 의사소통하고 가르치는 편이 속이거나 이용하는 것보다 상대적으로 더 중요해졌다. 그러한 압력이 왜 우리 인간은 특이하게도 눈에 흰 배경—공막—을 두어 상대적으로 작은 홍채와 대비시켰는지를 설명한다. 우리를 지켜보는 사람은 누구나 우리가 어디를 보고 있는지, 또는 누구를 보고 있는지를 추론할 수 있다. 유인원 및 인간 젖먹이를 대상으로 한 실험들이 보여주듯이, 유인원은 남들의 머리 방향을 지켜보는 반면 인간 젖먹이는 눈을 지켜본다. 이 행동은 사람들이 자신의 관심 대상을 숨기기 힘들게 만들지만(비용), 문화적 정보를 적극적으로 전달하거나 더 일반적으로 의사소통을 하는 데에는 상당히 유용하다. 문화적 정보를 전달할 동기가 있는 전 지구의 다양한 개체군이 학습을 거들기 위해 다소 가변적인 일련의 '교육적' 단서를 사용한다. 흔히 사용되는 단서에 들어가는 게 눈맞춤, 고갯짓, 지목이다. 다양한 사회의 사람들이 젖먹이에게는 '모성어(유아어)'를 사용한다. 느리고 과장된 억양을 써서, 모성어는 젖먹이가 처리하기에 더 쉬운 입력을 제공함으로써 언어학습의 속도를 높인다.[37]

언어가, 또는 최소한 더 간단한 의사소통체계가 도구, 관행, 사회규범과 공진화하고 있었음을 인식하면 언어의 특징들 가운데 일부가 어떻게 왜 진화했는지를 설명하는 데에 도움이 된다. 예컨대 언어학자들이 현대 언어에서 발견하고 자주 감명을 받는 계층구조, 순차적 배치, 재귀적 반복recursion을 보자.[38] 언어만이 진화하고 있는 세상에서는 이러한 양식의 바탕이 되는 인지능력이 어디에서 왔는지가 명백하지 않다. 만약 계층적 언어구조를 창조하는 데에 필요한 새로운 정신적 능력들을 갖춘 유전적 돌연변이체가 단순한 원형언어밖에 없는 사회에서 등장한다면, 그에게는 자신의 진보한 능력을 함께 사용할 사람이 없을 것이다. 그가 가진 인지능력들이 없는 사람은 아무도 그를 이해하거나 그의 복잡한 양식을 모방할 수 없을 것이다.

그러나 복잡한 도구들도 순차적으로, 계층적으로, 때로는 재귀적으로 조립되기는 대부분의 현대 언어와 마찬가지다. 창을 만들려면 나무를 구하고, 곧게 펴고, 던지기 좋게 균형을 잡아야 한다. 그런 다음, 아니 어쩌면 먼저, 창끝을 만들기 위한 부싯돌이나 뼈나 흑요석을 구해야 한다.

호모 사피엔스

창을 뾰족하게 만들려면 이 재료를 깨거나 깎아야 한다. 다음에는 창끝을 자루에 붙일 힘줄 또는 송진이 필요하다. 이렇게 해서 구성 부품(물건들), 동작(깨기), 그리고 부품을 조립하는 데에 필요한 규칙(지시들)이 마련된다. 이 모든 일을 할 때에는 좋은 창을 얻는 것을 목표로 해야 한다. 문장을 조립할 때에는 의사소통을 목표로 해야 하는 것과 마찬가지다. 유사하게, 나두나 도토리 같은 씨앗을 해독하는 먹거리 가공 기법들도 구성요소와 하위 구성요소(갈기, 걸러내기, 조리하기)를 가진 순차적 규정을 수반하고, 모두 제대로 실행해야 한다. 길쌈이나 뜨개질과 같은 일부 기법의 기량은 순서와 계층 말고도, 잠재적으로 한없이 계속할 수 있을 방식으로 동일한 기법을 재귀적으로 응용할 것을 요구한다.[39]

그러나 여기서는 언어와 달리, 동일한 능력을 갖춘 다른 누군가가 없어도 편익을 얻을 수 있다. 더 복잡한 도구를 짜서 만들 수 있는 능력은 그 개인에게 직접 편익을 준다. 그리고 이 더 복잡한 도구들의 존재는 그것을 만들지 못하는 사람들에게 더더욱 커다란 선택압을 가할 것이다. 이러한 인지능력은 의사소통 목록을 편성하고 전달하는 일을 위해, 또는 어쩌면 친족체계에 관한 규범과 관행을 전달하는 일에도 다시 동원될 수 있다. 이와 일관되게, 손동작을 필요로 하는 순차적 학습 과제에서 인간이 영장류와 경쟁하는 경우, 우리가 우수한 성적을 얻는 때는 과제가 계층구조를 필요로 할 때뿐이다.[40]

이 발상을 탐구해온 컴퓨터 모의실험에서는 신경망이 어떤 문법 배우기라는 난관을 마주하고 있는 동시에, 그동안 (나두 가공과 같은) 비언어적 과제에서 복잡한 순서를 배우기 위해 '유전적으로' 진화된 능력을 보유해야 했다. 신경망은 더 나은 문법학습자가 되도록 유전적으로 진화할 수 있었고, 문법은 이 신경망이 더 쉽게 배울 수 있도록 문화적으로 진화할 수 있었다. 결과는 셋으로 나뉜다.

1. 비언어적인 순서를 배우도록 유전적으로 진화하는 것이 문법학습을 향상시켰다. 그러므로 도구와 언어 사이에는 상승효과가 존재한다.

2. 하지만 변함없이 훌륭한 비언어적 순서 학습자(도구제작자)여야 한다는 것은 유전적 진화의 문법학습 개선 능력을 억제했다. 그러므로 특정하게 문법 학습만을 위한 유전자는 선호되지 않는다.

3. 그런데도, **문법**이 기존 신경망이 쉽게 배울 수 있도록 문화적으로 진화했기 때문에, 신경망은 문법 학습능력이 훨씬 더 나아졌다.[41] 간단히 말해, 문화적 진화가 문법을 더 배우기 쉽게 만들었다.

복잡한 순서를 배우기 위한 유전자와 뇌

연구자들은 인간의 진화 도중에 우리의 절차 또는 순서 학습능력을 향상시키기 위해 선호되었던 유전자 하나를 분리한 것으로 보인다. 인간의 7번 염색체에 위치한 FOXP2 유전자는 특별히 절차학습과 운동학습에 관련된 뇌 영역의 발달에 영향을 주는 한 단백질을 암호화한다. 1억 7,000만 년 동안, 이 유전자는 많은 종들에 걸쳐 상대적으로 고정된 채로 남아 있었던 것으로 보이지만, 겨우 1,000만 년 전에서 500만 년 전 사이에 우리가 침팬지와 갈라선 이후, 우리가 지닌 이 유전자에는 두 가지 변화가 있었다. FOXP2 유전자의 돌연변이는 인간에게서는 문법과 순서 학습 둘 다에, 쥐에게서는 운동기량 학습에 영향을 준다. 유전자를 정신적 능력으로 연결하는 간접적 경로들만으로는 대개 확실하게 연관을 짓기 어렵지만, 문화적으로 등장하고 있는 복잡한 도구제작 규정들을 배우는 데에 필요한 우리의 절차·운동·순서 학습능력을 향상시키기 위해, 누적적인 문화적 진화가 FOXP2를 선호했을 개연성은 있다. 자리를 잡은 순간, 이 능력들이 우리의 의사소통 목록 안에서 활용되어 더 복잡

한 문법적 구성을 가능케 했을 수 있다. 아니 어쩌면 순서는 그 반대였을 지도 모른다.[42]

이와 일관되게, 뇌 영상법을 적용하는 연구는 언어 사용에 관여하는 뇌 영역과 도구 사용(손동작)에 관여하는 뇌 영역이 서로 겹치는 것을 보여준다. 실은, 특정하게 도구 사용 또는 언어 사용에 관여하는 영역 중 하나에만 초점을 맞춘다 해도, 거의 아무런 차이도 없을 것이다. 나타나는 차이들도, 언어는 청각 영역을 활성화하고 도구 사용은 운동 영역을 이용하는 점 따위여서, 사소해 보인다. 한때 문법 특수적인 영역으로 여겨졌던 뇌 영역들이 지금은 순차적 또는 계층적 구조화를 필요로 하는 과제에 사용되고 손을 사용하는 복잡한 절차를 위해 활용되는 영역으로 드러난다. 유사하게, 소리 만들기 학습과 도구 만들기 학습도 둘 다 동일한 모방 영역들을 활용하므로, 목소리 모방은 뇌 안에서는 다른 종류의 모방과 완전히 별개인 뭔가가 아니다.[43]

심지어 지금도, 문화는 계속해서 인간의 유전적 진화의 일차 주도자이며, 서로 다른 개체군에 있는 서로 다른 언어적 특징들의 문화적 진화는 계속해서 유전자 빈도를 바꾸고 있을 것이다. 여기 비非성조언어의 등장이 두 가지 서로 다른 유전적 변형의 확산을 선호하는 조건을 만들어냈을 것임을 가리키는 한 가지 증거를 보자. 많은 언어들이 일련의 소리에 음높이 또는 음높이의 변화를 덧씌워 서로 다른 단어를 구별한다. 이것이 성조언어다. 예컨대 표준중국어에서는 /마ma/소리가 억양 또는 음높이의 곡선에 따라 '엄마', '말馬', '대마', '꾸짖다' 가운데 어느 하나를 뜻할 수 있다. 영어나 스페인어(또는 모든 유럽 언어) 같은 비성조언어는 강조, 느낌, 분위기를 전달하기 위해 구절의 수준에서만 음높이 또는 억양을 사용한다. 그 두 유전자는 ASPM과 MCPH의 변이들로, 뇌의 성장과 발달에 영향을 주는데, 지난 5만여 년 사이에 자연선택을 받으며 확산되기 시작했다. 이들 유전자의 새로운 변이들은 둘 다 비성조언어와 연관된다. 다시 말해, 비성조언어의 사용자들은 이 새로운 변이체를 갖고 있는 경향이 있다.

물론, 인간 개체군 확산의 역사는 유전자와 언어의 많은 요소들이 상관관계일 것임을 의미한다. 둘은 너무도 자주 같이 움직이기 때문이다. 그 결과, 유전자-언어 상관관계는 너무 흔해빠져서 일반적으로 자연선택의 작용을 지목하지 않는다. 하지만 이 경우는 역사적 관계도, 언어적 유사성도, 공간적 근접성도 유전자-언어 상관관계를 설명하지 못하는 것으로 보인다. 그리고 아직까지는, 이 변이들을 지능, 뇌의 크기, 사회적 기량, 조현병과 같은 심리적 차이나 인지적 차이와 연결짓지 못하고 있다.

그래도 분명히 해두자면, 어디에서 자랐는지에 상관없이 모든 인간의 아이가 현지 언어를 배울 수 있지만, 자연선택은 지속적인 현지 언어의 특징에 의존하면서 그 학습을 얼마나 쉽게 또는 어렵게 할지를 유전학과 함께 만지작거리고 있을 것이다.[44]

문화와 협력, 그리고 말보다 행동이 중요한 이유
....

내가 이 장에서 제시해온 개괄적 견해는 많은 주장들에 도전한다. 오래된 것도 있고 새로운 것도 있는 그 주장들에 따르면, 우리 종의 진화 계통에서 언어가 등장한 사건이야말로 건넌 순간 우리를 나머지 자연과 갈라놓은, **바로 그** 루비콘강이었다. 언어의 등장과 함께 문화적 전달이 가능해지면서 협력의 문제가, 기본적으로 평판에 관한 소문에 의해 해결되었다는 이야기다. 언어가 우리 종에게 엄청나게 중요한 구실을 한다는 데에는 의심의 여지가 없지만, 이 흔한 관점과 언어에 대한 과도한 강

호모 사피엔스

조에는 세 가지 주요한 문제점이 있다. 첫째, 이 접근법은 꽤 많은 문화적 전달과 문화적 진화가 언어 없이도 가능하다는 사실을 인식하지 못한다. 도구 제작, 불 피우기, 위험한 동물들, 식용식물, 조리, 식단(음식 선택)에 관한 문화적 정보 모두를, 꽤 의미 있는 수준까지 언어 없이도 습득할 수 있다. 심지어 식량 공유에 관한 규범과 같은 사회규범도 언어 없이 전달할 수 있다. 이제 막 문화-유전자 공진화의 길에 오르기는 했지만 언어가 활짝 피려면 아직 멀었던 시점에는, 더 제어 가능한 지목, 표정, 즉흥적 무언극이 문화적 전달을 위한 의사소통 도구를 제공했을 수 있다. 이런 것들은 지금도 사람들이 언어가 다른 경우에 똑같이 하고 있는 일이다. 우리가 언어라고 불러도 좋을 것은 아마도 문화적 진화가 진행된 지 한참 뒤, 그리고 이미 간단한 의사소통 목록을 조립해놓은 다음에 무대에 등장했을 것이다.

둘째, 언어는 그 자체가 문화적으로 진화한 산물이므로, 문화의 **원인**일 수 없다. 물론, 언어는 문화적 전달―문화적 정보의 흐름―을 크게 촉진할 수 있고 실제로 촉진할 뿐만 아니라 이야기 전달, 이름을 정한 범주, 노래와 같은 완전히 새로운 길을 열기도 한다. 하지만 이 새로운 길들은 문화적 진화의 비언어적 형태들에 의해 저절로 열린 것이다. 먼 훗날, 언어로부터 문자와 읽고 쓰는 능력의 확산이 저절로 이루어져서 문화적 진화의 대로를 연 것과 마찬가지다.

마지막으로, 언어는 그 핵심에 거짓말, 기만, 과장이라는 꽤 심각한 협력의 난제를 품고 있다. 언어를 가지고 거짓말을 하는 것은 최소한 단기적으로는 비용이 적게 드는 일일뿐더러 남을 이용하고 조종하는 강력한 방법이 될 가능성도 있다. 의사소통체계가 복잡할수록, 거짓말을 하거나 진실을 감추고도 빠져나가기가 더 쉬워진다.[45] 이 협력의 난제를 해결하지 못하면, 언어의 진화는 유전적 진화든 문화적 진화든 상당히 제한된다. 이유는 단순하다. 남들이 언어를 사용해 나를 속이거나 기만한다면, 나는 아무도 믿지 않거나 심지어 남의 말을 아예 듣지 않음으로써 이를 피할 수 있다. 만약 조종당하는 것을 피하기 위해 모든 사람이 듣는 일을 멈춘다면, 의사소통을 시도할 이유가 없어진다. 언어는 사라지거나 기만이나 조종이 너무 어려운 상황에서만 남아 있게 될 것이다.

따라서 복잡한 의사소통 목록이 진화하려면 무엇보다 이 협력의 난제가 이미 최소한 어느 정도는 해결되어 있어야 한다. 그러므로 언어는 인간의 협력에 대한 중대한 해답일 수 없다. 물론, 일단 정직한 의사소통에 필요한 사회규범들이 문화적으로 진화해 등장하고 퍼진다면, 그다음에는 언어가 규범 위반자에 관한 소문이 퍼지도록 도움으로써, 그리고 사회규범을 더 빠르고 더 정확하게 습득하도록 만듦으로써, 협력과 교환의 영역을 확장시킬 잠재력이 있다. 언어가 어떻게 인간의 협력 문제를 해결하는가에 관한 많은 주장들은 문화가 이미 존재한다고―아무런 동의도 없이―가정한다. 왜냐하면 그 주장들은 평판이 존재한다고, 그래서 그것이 정직성에 필요한 치안 기제를 제공한다고 가정하기 때문이다. 이는 평판과 정직에 관한 사회규범을 둘 다 전제하는데, 이는 둘 다 문화적으로 전달되며 사회에 따라 지극히 다를 수 있다.

거짓말을 적대하는 사회규범에 의해서 말고도, 언어의 협력 난제는 우리의 문화적 학습능력에 의해 두 가지 방식으로 더 완화된다. 첫째, 평판에 관한 정보 전달은 언어가 없어도 지목과 표정만으로도 효과적으로 해낼 수 있다. 예컨대 나는 우리가 자기 집을 고쳐 짓고 있는 동안 나뭇그늘에서 빈둥거리고 있는 빌을 가리키면서 넌더리난다는 얼굴을 하거나 유감을 표시할 수 있다. 이로써 당신에게는 빌의 행실에 대한 내 의견이 전달될 것이다. 따라서 평판의 전달이 전적으로 언어에 의존하는 것은 아니다. 둘째, 평판도 조종의 대상이 되기는 하지만, 문화적 학습자라

호모 사피엔스

면 이미 갖추고 있는 인지능력들이 이기적인 타인에 의한 기만의 영향력을 완화했을 것이다. 예컨대 스티브가 당신에게 그의 경쟁자인 존은 불한당이라는 확신을 줌으로써 존보다 우위를 차지하려 할 지도 모른다(존은 올바른 사람이라고 가정하자). 그러나 당신이 존에 관한 믿음을 습득하는 데에서 순응전달을 이용한다면, 당신은 공동체 안의 많은 사람들로부터 다양한 정보를 가져올 테고, 그 사람들은 대부분 존의 경쟁자가 아닐 것이다. 이로써 당신은 스티브의 허위정보를 버리고 존의 평판에 관한 더 정확한 형태의 정보에 집중할 수 있을 것이다. 이와 같이, 우리의 문화적 학습 기제들도 거짓말과 기만이 평판의 가치를 파괴하는 것을 예방하는 데에 도움을 준다.[46]

그래도 언어의 등장은 여전히 개인들이, 특히 성공한 명망가가 남들을 조작해 그들이 자신에게 이익이 되는 것을 하거나 믿게 만들 기회를 만들어냈을 것이다. 예컨대 자신의 경쟁자들을 중독시키고 싶은 조작자라면, 자신은 푸른 버섯에 가벼운 독성이 있다고 믿으면서도, 언어를 이용해 푸른 버섯이 맛있고 영양가가 있다는 생각을 퍼뜨리려 할지도 모른다. 그처럼 조작된 문화가 전달될 가능성은 내가 **신뢰도증진표시** CRedibility Enhancing Display, CRED 라고 부르는 것을 눈여겨보는 학습자들을 선호하는 선택압을 만들어냈을 것이다. CRED란 만약 어떤 사람이 자신이 말로 진술한 믿음과 다른 것을 믿거나 자신이 진술한 선호와 다른 것을 선호한다면 하지 않을 행실이다. CRED를 사용하는 학습자에게는 언어가 제공한 값싼 문화적 전달 통로를 이용하려는 조작자에게 대항하는 일종의 부분면역계 또는 여과장치가 생긴다. 푸른 버섯이 맛있고 영양가가 있다고 진짜로 믿고 있음을 가리키는 훌륭한 CRED는 푸른 버섯을 많이 먹고 자기 아이들에게도 먹이는 행실이다. 이렇게 하고 있는 잠재 본보기를 관찰하면, 학습자도 자신의 믿음을 형성하는 데에서 푸른 버섯의 영양가에 관한 본보기의 진술에 기꺼이 더 큰 무게를 둘 게 틀림없다.

연구는 이제 막 시작되고 있지만, 아이와 어른 모두와 함께 한 실험적 작업이 음식 선호, 이타적 행동, 초자연적 또는 반직관적 믿음을 포함한 많은 믿음과 관행의 문화적 전달에 CRED가 중요함을 시사한다.[47] 예컨대 CRED는 왜 순교가 종교적 신앙을 전파하는 데에 강력한 힘을 발휘할 수 있는지 설명하는 데에 도움이 된다. 자신의 초자연적 믿음을 위해 기꺼이 죽는 사람은 아마도 실제로 그러한 믿음을 견지할 테고 어떤 눈속임이나 조작을 하고 있지도 않을(또는 않았을) 것이다. CRED는 왜 종교 지도자들이 가난과 금욕을 서약하는지 설명하는 데에도 도움이 된다. 그러한 CRED가 그들을 더 강력한 전도자로 만들어주기 때문이다. 전반적으로, CRED는 언어가 악용될 위험을 어느 정도 예방한다. 비록 사기꾼, 엉터리 전도사를 비롯한 장사치들의 횡행이 언어를 통한 문화적 학습에 대한 우리의 의존성에서 생겨나는 끈질긴 문제를 입증하고 있지만 말이다.

우리가 CRED를 사용하기 때문에 말보다 행동이 중요한 것이고, 덕분에 문화적 전달을 조작하거나 악용하려는 이기적인 시도들이 억제되는 것이다.

요약

....

일곱 가지 요점으로 이 장을 마무리하자.

1. 언어는 의사소통을 위한 문화적 적응물의 묶음이다. 기술이나 사

회규범과 마찬가지로, 문화적 진화는 개시되는 순간, 갈수록 복잡해지며 국지적 맥락에 적응한 의사소통 목록을 발생시키기 시작할 것이다. 우리가 보았듯이, 문화적 진화는 심지어 서로 다른 언어공동체들이 직면한 규칙적인 음향 환경에 맞추어 신호와 휘파람으로 언어를 조립하거나 단어들의 울림도를 바꿀 수도 있다.

2. 이러한 목록은 배우기 쉽도록 문화적으로 진화할 테고, 이 학습용 이성은 언어들끼리 공유하는 특징들을 만들어낼 텐데, 그러는 동안 목록은 우리가 지닌 선천적 심리의 다양한 비언어적 측면을 이용한다. 그러나 이 과정의 세부사항은 그 언어를 배워야 하는 사람이 누구인지—아이들뿐인지 아니면 모든 연령의 사람들인지—에 달려 있을 것이다.

3. 도구모음의 경우와 마찬가지로, 개체군의 크기와 상호연결성이 더 풍부한 어휘, 더 많은 음소, 더 짧은 단어, 일정한 종류의 더 복잡한 문법적 도구(예: 종속접속사)를 문화적으로 진화시키고 지속시키는 것을 선호한다.

4. 이러한 양상이 다양한 언어에서 나오는 인류학적·역사적 증거와 결합해 시사하는 바에 따르면, 널리 사용되는 현대 언어들(예: 영어)은 아마도 우리 종의 진화사를 좌우했던 언어들과는 전혀 다른 모습일 것이며, 이는 우리의 기술과 제도가 소규모 사회들의 것과는 상당히 달라 보이는 것과 마찬가지다.

5. 언어 습득은 여러모로 우리의 심리를 바꾸며, 개인들에게 새로운 인지 능력을 부여한다.

6. 문화적 진화의 반복되는 산물로서, 언어는 인간의 진화 과정에 걸쳐 강력한 유전적 선택압을 생산해왔으며, 말과 협동적 의사소통을 위해 우리 몸과 뇌를 모양짓고 있다. 이 과정은 계속된다.

7. 언어의 진화를 이해하려면 그것을 도구, 기량, 사회규범의 문화-유전자 공진화라는 더 넓은 맥락 안에 놓아야 한다.

14장에서는, 문화가 우리의 유전자를 건드리지도 않으면서 우리의 뇌와 생물학을 규정하는 무수한 방식 가운데 일부를 볼 것이다. 문화적 진화는 생물학적 진화의 한 유형이다.

14장

문화에 동화된 뇌와
명예로운 호르몬

이 책을 읽기 위해 당신이 쓰고 있는 문화적으로 구축된 신경망은 당신 왼쪽 뇌의 복측 후두-측두 영역ventral occipital temporal region에 집중되어 있다. 이 뇌의 '글자상자letterbox'는 일종의 읽기 전용 하드웨어, 아니 아마도 펌웨어(하드웨어와 소프트웨어의 중간 형태-옮긴이)다.[1] 만약 이 뇌 영역에 손상을 입으면, 읽고 쓸 줄 알던 사람이 갑자기 문맹이 되지만, 다른 인지능력과 시각 능력은 없어지지 않는다. 이 영역이 손상된 어떤 사람들은 예컨대 여전히 숫자를 이해하고 수치 계산도 할 수 있지만 읽기는 못한다. 이처럼 보편적인 양상은 중국어나 일본어처럼 기호를 써서 음절 또는 단어를 통으로 표상하는 문자언어 사용자에게도 그대로 적용된다.[2] 뇌 영상 실험들이 보여주듯이, 이 글자상자는 문화적으로 진화한 'READ'와 'read' 사이의 유사성을 이해하게 한다. 이 두 벌의 글씨체 사이에 물리적 유사성은 거의 없는데도 말이다. 하지만 물론, 이 일은 영어 독자에게만 일어난다. 따라서 'R'과 'r'의 관계는 영어 독자의 뇌 회로 안에 문자 그대로 '새겨진' 것이다. 유사하게, 히브리어 문자는 히브리어 독자에게 있는 글자상자를 활성화하지만, 영어밖에 모르는 독자에게 있는 글자상자는 활성화하지 않는다.[3]

이는 읽고 쓰는 능력이 뛰어난 사람은 문맹인 사람과 다른 뇌를 갖고 있으며, 이유는 그들의 뇌가 읽기 훈련을 받아왔기 때문이라는 뜻이다. 읽기를 배우는 뇌는, 어떤 것이 되었건 당신이 씨름하고 있는 문자체계의 시각적 처리를 위해 특수화된다. 당신이 잘 읽을수록, 당신 뇌의 배선은 더욱더 읽기를 위해 특수화된다. 미국 아이들에게서는 글자 상자가 여덟 살 무렵에 나타나기 시작하지만, (아이가 읽기를 계속한다고 가정하고) 청소년기가 되어서야 성숙 단계에 도달한다.

읽기를 배우면 '시각 영역' 안의 얼굴 인식에 특수화된 영역과 물건 인식에 초점이 맞추어진 영역 사이에 글자상자가 만들어질 뿐만 아니라, 좌뇌와 우뇌를 연결하는 정보고속도로인 뇌량corpus callosum도 굵어진다. 읽기를 배우면 상측두구superior temporal sulcus와 좌뇌의 하전 전두피질inferior prefrontal cortex(브로카 영역)도 수정된다. 전반적으로, 이러한 재배선은 읽고 쓰는 능력이 뛰어난 사람들에게 (1)말을 더 오래 기억하는 능력, (2)**음성 단어**에 대해 뇌가 더 넓은 영역에 걸쳐 활성화 하는 양상, (3)단어를 구성하는 다양한 소리를 더 잘 알아듣는 능력을 부여한다. 다시 말해, 높은 수준의 읽고 쓰는 능력이 읽기나 쓰기와 직접 관계가 없는 인지능력들을 향상시킨다.[4]

그러나 이러한 향상이 거저 오는 것은 아니다. 능숙한 독자는 아마 얼굴을 알아보는 능력이 떨어질 텐데, 왜냐하면 관련 뇌 영역들을 돌려 쓰면서, 얼굴 인식을 전문으로 하는 방추회fusiform gyrus 영역에 지장을 주기 때문이다. 실은, 신경적으로 얼굴 정보를 처리할 때 뇌의 오른편을 선호하는 비대칭성이 정착된 것도, 읽기 학습의 효과가 얼굴 처리를 왼

호모 사피엔스

편에서 몰아내어 왼편이 할 수 있는 일을 오른편으로 떠넘기기 때문일 수 있다.[5] 나는 이에 관해 듣고 개인적으로 기뻤는데, 이제 내가 왜 그토록 자주 얼굴을 잊어버리는지에 대한 변명거리가 생겨서다. 나는 내 독서중독을 지원하려고 얼굴 인식용 신경 펌웨어의 일부를 빌려 활용해왔던 것이다.

이는 우리 뇌에 가한 **생물학적** 수정이지만, **유전적** 수정은 **아니다**. 수천 년의 문화적 진화가 우리의 유전학을 건드리지 않고도 우리의 뇌를 효과적으로 수정하는 법을 알아낸 최종 결과다. 읽기와 쓰기는 물건 인식, 시각적 기억, 언어를 위해 유전적으로 진화한 신경계를 여러모로 돌려쓰면서 진화해온 문화적 산물이다. 신경과학자 스타니슬라스 드앤이 주장해왔듯이, 배선된 뇌의 글자상자는 자잘한 물건의 인식을 위한 도구들 및 언어중추들로 이어주는 접속물들이 들어 있는, 일종의 신경적 핵심이 된다. 이것의 효과를 이해하기 위해, 세 가지 반복되는 문자체계의 특징을 살펴보자. 첫째, 흔한 문자들을 형성하는 데에 사용되는 특정한 모양들은, 그것이 알파벳 문자체계에 걸쳐 있건(예: L, X, O, T), 한자처럼 글씨체가 알파벳과 다른 문자(예: 山)에 들어 있건, 우리 시각계가 빠르게 인식한다. 이 모양들은 자연계에서도 가장 빈번하게 나타나는 모양이므로, 이는 놀랄 일이 아니다. 둘째, 글에서 문자가 표상하는 의미나 소리는 그 문자의 절대적인 크기에 의존하지 않는다. 어차피, 실세계에서도 물건의 겉보기 크기는 보는 사람과의 거리에 달려 있다. 아이들은 글자의 크기가 무관하다는 것을 교육받지 않는다. 아이들은 이 규칙을 저절로 알거나 추론한다. 그러나 이따금, 일본어의 히라가나에서처럼, 상대적인 글자 크기가 때로는 중요하다는 것을 교육받기도 한다. 마지막으로, 글에 들어 있는 글자 또는 문자의 간격은 속도에 최적화되어 있다. 만약 글자들이 너 무 멀 리 떨 어 져 있 으 면 , 읽는 속도가 뚝 떨어진다.[6]

우리가 논의해온 다른 문화적 적응물과 마찬가지로, 글쓰기에 사용되는 기호들도 처음부터 우리의 물건 인식 체계에 최적화된 기본 문자를 가지고 시작하지는 않았을 것이고, 아이들이 글자에서 크기는 무관하다는 걸 저절로 추론하는 것이 기본이라는 사실을 알아낸 사람도 없었을 터이다. 사실, 많은 문자체계들은 상징적인 상형문자에서 시작되었는데, 그 이유는 아마도 예컨대 어찌 보면 물이나 밀을 약간 닮은 물결선이 임의적인 기호보다 기억하기가 더 쉽기 때문일 것이다. 이집트 상형문자는 동물, 물건, 도구의 표상들을 사용했는데, 이 가운데 일부가 결국 음소들을 표상하게 되었다. 이처럼 반복되는 무늬들은 문화적 진화가 우리의 뇌 구조와 더 잘 맞는 문자체계의 요소들을 선택함에 따라 등장했지만, 많은 다른 힘들도 문화적 진화에 영향을 주었음은 말할 것도 없다. 그리고 사실은 지극히 읽기 쉬운 문자체계의 창조로 가는 완전히 다른 문화적 진화의 흐름—전혀 다른 방식으로 우리 뇌에 맞는 체계—도 있었을 것이다. 문자가 유라시아 체계와는 독립적으로 등장한 아메리카 대륙을 떠올려보자.

아메리카에서는 양식화된 얼굴들을 개념, 날짜, 고유명사, 음절의 기호로 사용하는 방식이 일찍이 등장한 뒤 시간이 흐르면서 증가해온 것으로 보인다. 예컨대 마야족 사이에서는 양식화된 얼굴들이 여섯 세기 동안 문자체계의 중심적인 일부로 존속했다(〈그림 14.1〉 참조). 글에 들어 있는 이 특이한 요소는 얼굴을 알아보고 기억하는 일을 위해 바쳐진 뇌 영역들을 포함해 우리의 선천적인 성향들을 활용한다. 숙련된 마야족 독자는—나를 비롯한 강박적 영어 독자와는 달리—읽기 이외의 맥락에서 얼굴을 알아보고 기억하는 능력도 나아졌을 가능성이 높아 보인다. 이 인지적 편향은 현대 문자체계의 문화적 진화에서도 다시 자기 주장을 하는 것처럼 보이는데, 양식화된 얼굴들이 다시 돌아오고 있는 게 아닌

호모 사피엔스

가 싶다.☺[7]

그렇다면, 읽기는 실제로 우리의 뇌를 재배선해 인지적 특수화—다양한 모양의 무늬를 순식간에 언어로 바꾸는 마법에 가까운 능력—를 창출하는 문화적 진화의 산물 중 하나인 셈이다. 인간사회 대부분은 문자 체계 없이 살아왔고, 최근 수백 년 전까지만 해도 사람들 대부분은 읽거나 쓰는 법을 몰랐다. 이는 현대 사회에 사는 사람들 대부분 (고도의 읽기 실력을 갖춘 사람들)이, 이들은 읽기를 배워왔기 때문에, 인간의 역사를 가로질러온 거의 모든 사회의 거의 모든 사람과는 다른 뇌와 함께 다소 다른 인지능력들을 갖고 있음을 의미한다.

이 예는 우리가 곧 다룰 핵심적인 사항 하나를 뒷받침한다. **문화적 차이는 생물학적 차이이지만 유전적 차이는 아니다.** 뇌를 포함해, 인간의 생물학에는 유전자보다 훨씬 더 많은 것이 관여한다. 이상하게도, 과학자와 과학기자를 포함해 많은 사람들이, 마치 문화적 차이는 생물학적 차이도 물질적 차이도 아니라는 듯, 문화적 차이를 거의 딴세상 것처럼 취급하곤 한다. 사람들이 뭔가가 '뇌 안에 있음'을, 또는 호르몬에 의해 추동된다는 걸 보여주는 것을 그것이 유전적이라는

그림 14.1 멕시코 팔렝케 유적의 '잎무늬 장식이 있는 십자가 신전'에서 나온 마야족의 글.

의미로 받아들일 때 이런 혼동이 생긴다. 사실은 그렇지 않으며, 이 장의 목적은 그러한 오해를 (당신이 품고 있다면) 풀어주는 것이다. 최근의 증거는 문화가 어떻게 우리 뇌 구조를 바꾸고, 몸을 주조하고, 호르몬을 조절하면서 생물학을 모양짓는지를 명확하게 보여준다. 문화적 진화는 생물학적 진화의 한 유형이다. 유전적 진화의 한 유형이 아닐 뿐이다.

더 나아가기 전에, 한 가지 중요한 주의사항을 이야기하고 싶다. 이 책 전반에 걸쳐서 지금까지는, 문화적 진화가 어떻게 수만 년 또는 수십만 년에 걸쳐 유전적 진화를 모양지어왔는지를 차근차근 제시해왔다. 지금, 나는 다른 주장을 하고 있다. 문화적으로 구축된 환경에서 성장하는 것은 발달 과정에 더해 비유전적으로 우리 몸과 뇌를 모양짓는다고 말이다. 분명, 이 두 과정은 관계가 있고 상호작용하며, 이것이 바로 진화학과 사회과학 분야의 그토록 많은 연구들이 충분히 고려해오지 않았던 대목이다.

문화적 진화는 우리의 생물학을 모양 짓는 많은 방법을 알아내왔다. 가장 기본적인 수준에서는, 문화적 학습이 우리 뇌의 보상회로를 조정해서 우리는 서로 다른 것을 좋아하고 바라게 된다. 이러한 차이는 피상적이지도 않고 사소하지도 않다는 것을, 우리는 7장에서 고추의 경우로 보았다. 문화적 학습은 우리가 먹고 싶어하는 것, 우리가 연애상대에게 선호하는 특성, 어떤 것이 얼마나 아프게 하는가에 영향을 준다. 이어질 증거들이 보여주듯이, 문화적 학습은 음식과 포도주 같은 음료의 맛을 더 좋게 만들고 전기충격도 덜 아프게 만든다. 나아가 우리의 사회적 세상에 있는 유인책과 우리의 동기를 둘 다 규정함으로써, 문화는 우리가 우리 뇌를 특정한 방식으로 훈련하게 만든다. 어떤 사회에서는 그래서 읽기를 배워야 하거나, 성별 또는 지위의 차이를 추적해야 하거나, 분수를 사용할 줄 알아야 한다. 다른 사회에서는 그래서 동물의 발자국을 찾고

호모 사피엔스

식별하거나, 물속에서 분명히 보거나, 소떼 안에서 각각의 소를 알아볼 수 있어야 한다. 이 과정의 일부로서, 문화적 진화는 때때로 우리 뇌와 인지능력을 보강해주는 정신적 보형물이 되는 무엇인가를 구축하기도 한다, 아이들이 암산을 계산기보다 빨리 할 수 있도록 해주는 물리적·정신적 주판 같은 것을 말이다(12장 참조).

포도주, 남자, 그리고 노래
....

진화적 원리를 성적 매력을 이해하는 데에 적용하는 연구자들은 인간이 그들의 연애상대와 짝이 가진 일정한 속성들을 선호하는 경향이 있음을 보여주어왔다. 그렇지만 연애상대나 짝을, 특히 장기적 안목으로 선택하는 일이야말로 문화적 학습의 도움을 받을 수 있는 문제다. 짝의 자질을 판단하는 일은 어렵고 불확실하며 시간이 많이 들기 때문이다. 남들이 매력을 느끼거나 관계를 맺고 싶어하는 대상이 누구인지 주의 깊게 관찰하면, 학습자는 자신이 투자하는 시간과 에너지를 절약할 수 있고 따라서 노력을 더 확실하게 집중시킬 수 있다. 이 가능성을 시험하기 위한 실험들의 설정은 대체로 비슷하다. 실험 참가자들에게 '표적'('테드'라고 하자)이 혼자 있는 사진 또는 동영상을 평가하도록 한 다음, 그 표적이 어떤 이성('본보기'. '스테파니'라고 하자)에게서 모종의 관심을 받고 있는 다른 사진이나 동영상을 보여준다. 이 단서에 의존해, 참가자는 다음에는 대체로 테드를 더 매력적이라고 평가하고 테드와의 장기적 관계에 더 많은 관심을 드러낼 것이다. 4장 내용을 토대로 예측할 수 있듯이, 매력이 커지는 효과가 나타나거나 더 뚜렷해지는 때는 본보기인 스테파니가 (1)참가자보다 더 매력적일 때, (2)참가자보다 나이나 경험이 더 많을 때, (3)무표정이 아니라 테드를 향해 미소를 짓고 있을 때다. 특정한 개인에 대한 사람들의 욕망에 미치는 효과는 분명해 보이지만, 어떤 연구는 또한 학습자가 특정한 개인에 대한 선호를 형질로 일반화한다는 점을 시사한다. 그래서 예컨대 테드가 검은 옷만 입는데 스테파니가 테드를 선호하면, 학습자는 나중에 (테드뿐만 아니라) 검은 옷을 입는 모든 사람을 더 매력적으로 평가할 것이다. 실증적으로 이러한 결과를 보여주어온 형질들은 복장과 머리모양, 심지어 미간의 거리와도 관계가 있었다.[8]

이런 종류의 실험적 설정에 뇌 스캔 기술을 더해, 신경과학자들은 사람들이 문화적 학습에 대응해 얼굴의 매력도에 대한 자신의 평가를 바꾸는 과정을 조사해왔다. 한 실험에서는 남성 참가자들이 여성 180명의 얼굴에 7점 척도에서 1점(매력적이지 않다)부터 7점(매력적이다)까지 평점을 매겼다. 한 얼굴을 평가할 때마다 다음에는 참가자에게 어떤 점수를 보여주었는데, 참가자는 그것이 그 얼굴에 대해 다른 남자들이 매긴 평균 평점이라고 믿었다. 그러나 사실, 그 가운데 무작위로 뽑은 60명의 얼굴에 대한 점수는 그 참가자의 평점보다 2~3점 더 높거나 낮아지도록 컴퓨터가 만들어낸 점수였다. 나머지 경우의 '평균 평점'은 참가자 자신의 평점에 가깝도록 계산된 것이었다. 그로부터 30분이 지난 뒤, 참가자의 뇌를 스캔하면서 참가자가 180개의 얼굴을 모두 다시 평가하게 했는데, 다만 이번에는 평균 점수를 제공하지 않았다. 이 실험을 통해 얻고자 하는 것은 다음과 같다. 타인의 매력도 평점을 본 것이 뒤이어 **똑같은** 얼굴에 매긴 평점에 어떤 영향을 끼쳤고, 그들의 뇌에서는 무슨 일이 일어나고 있었을까?[9]

늘 그렇듯, 참가자들은 타인에게서 나온 평균이 더 높은 것을 보면 자신의 매력도 평점을 올렸고, 더 낮은 평균을 보면 자신의 평점도 낮추었다. 뇌 스캔 결과도 남들의 다른 평점을 본 것이 그 얼굴에 대한 그들의 주관적 평가를 바꾸었음을 드러낸다. 다른 유사한 연구에서 나오는 자료와 합쳐서 보건대, 의견을 바꾸어 남들과 일치시키면 내면적으로(신경적으로) 보상이 주어지기 때문에 그 결과로 신경적 수정을 지속함으로써 선호 또는 가치 판단이 변하는 듯하다. 간단히 말해, 문화적 학습은 사람들이 다른 사람의 선호를 근거로 얼굴을 지각하거나 경험하는 방식까지 변화시킨다. 이는 사람들이 매력적이라고 느끼는 것에 대한 생물학적이며 신경적인—하지만 유전적이지는 않은—변화다.

연구는 포도주, 음악 따위에 대한 취향에서도 유사한 과정이 일어날 것임을 시사한다. 포도주는 훌륭한 사례이다. 가격 등 포도주의 모든 것은 다른 많은 사람들이 내린 판단의 총합을 반영한다. 그래서 사람들은 어떤 포도주를 좋아할지 알아내는 데에서 명망 있는 전문가의 선호뿐만 아니라 가격에도 주의를 기울인다. 이것을 증명하는 실험이 있다. 뇌 스캔 장치에 들어가 있는 동안, 참가자들은 병마다 구체적으로 5달러, 10달러, 35달러, 45달러, 90달러라고 붙어 있는 가격을 참고하며 다섯 종류의 포도주를 맛보았다. 그러나 참가자들은 몰랐지만, 그들이 실제로 맛본 포도주는 세 종류밖에 되지 않았다. 이 세 종류 가운데 두 종류에 가격이 '5달러' 또는 '45달러', 그리고 '10달러' 또는 '90달러'로 다르게 붙어 있었다. 늘 그렇듯, 사람들은 더 비싼 포도주를 더 낫다고(더 기분이 좋다)고 평가했다. 실제로는 같은 포도주였는데도 말이다.[10]

여기서 우리는 사람들의 뇌를 엿볼 수 있다. 다른 가격을 매긴 같은 포도주에서 얻은 스캔 사진을 비교한 결과는, 사람들이 더 비싼 포도주를 마시고 있는 동안 내측 안와전두피질medial orbitofrontal cortex, 다시 말해 냄새, 맛(음식과 음료), 음악에 대한 쾌감이나 호감의 경험과 연관되는 영역에서 더 높은 활성화를 보여주었다. 따라서 이 연구는 가격이 뇌의 일차 감각 영역에는 영향을 주지 않으면서, 그 영역으로부터 입력되는 정보에 대한 가치판단을 바꾼다는 점을 시사한다. 입력되는 감각정보는 있는 그대로이지만, 문화적 학습이 똑같은 감각정보를 우리가 더 좋은 것으로 지각할지 더 나쁜 것으로 지각할지에 영향을 주는 것이다.

이 현상은 포도주의 경우에 특히 흥미로운데, 1.65달러에서 150달러 범위의 다양한 포도주를 가지고 시행한 수천 건의 **이중맹검**(어느 것이 진짜이고 어느 것이 가짜인지를 피검자와 검사자 둘 다 모른 채 진행하는 검사-옮긴이) 시음에서, 포도주에 관한 훈련을 **받지 않은** 미국인들은 실제로는 덜 비싼 포도주를 선호하기 때문이다. 사람들의 포도주 선호가 가격과 양의 상관관계를 보이려면 어느 정도 훈련이 필요하다.[11] 이 결과가 시사하는 바에 따라 합리적인 선물전략의 관점에서 말하자면, 포도주에 훈련되지 않은 미국인에게 포도주를 선물로 줄 때에는 값싼 포도주를 사서, 가격표를 뗀 뒤, 그게 정말로 비싼 포도주라고 말해야 한다. 그러면 그들의 기쁨과 당신의 (돈을 절약하는) 기쁨이 최대화할 것이다. 남을 더 행복하게 해주기 위해서라면 거짓말을 해도 괜찮다고 생각한다면 말이다.

이 연구는 종합적으로, 사람들의 선호 또는 취향은 남들의 취향과 선호를 관찰하고 추론하는 행위에 의해 강하게 영향을 받으며, 가격도 사람들이 자신의 선호를 정하는 데에 사용하는 단서 가운데 하나임을 분명히 해준다. 이러한 효과들은 사람들이 내면적으로 보상을 준다고 느끼는 대상을 바꾸는 신경적 변화에 해당한다. 따라서 사람들의 선호가 정해져 있다거나 안정적이라고 가정하는 것은 큰 실수가 될 것이다. 우리는 유전적으로 어느 정도 프로그램 가능한 선호를 갖도록 진화했으며, 문화적 학습을 통해 선호를 수정하는 것은 우리가 달라지는 환경에 적응하는 방식의 일부다.

호모 사피엔스

해마를 수정하는 런던 시내 운전

....

2009년, 나는 왕립협회에서 주최하는 찰스 다윈의 《종의 기원》 출간 기념행사에서 연설을 하러 런던에 있는 회의 장소로 가고 있었다. 히스로 공항에서 지하철을 탄 뒤, 택시로 뛰어들었다. 1마일이나 갔을까, 우리는 극심한 교통체증으로 꼼짝도 못하게 되었다. 기사가 나를 돌아보더니 이대로는 목적지에 영원히 닿지 못할 거라고, 내가 가려는 호텔이 멀지는 않지만 현 위치에서 그리로 가는 쉬운 길이 없다고 설명했다. 그는 나더러 이렇게 하라고 권했다. 택시에서 내려서, 길을 건넌 뒤, 보행자 전용 골목길로 들어가, 차양 밑으로 고개를 숙이고서, 왼쪽으로 돌고, 오른쪽으로 돌아 다른 골목으로 들어가서…지금은 잊어버린 더 많은 지시들 한 묶음… 그러면 호텔이 왼쪽에 있을 것이라고. 그의 지시들은 정확했고 나는 그의 머릿속 도시지도에 감명을 받았다.

당시에는 거의 깨닫지 못했지만, 내가 만난 택시기사의 뇌는, 특히 그의 해마hippocampus는 아마 수정을 거쳐 런던에 특수화되어 있었을 것이다. 런던의 택시기사가 되기 위해서는 채링크로스 기차역을 중심으로 반경 6마일(약 10킬로미터) 안을 돌아다니는 방법에 관한 일련의 엄격한 시험을 통과해야 한다. 이 시험을 통과하는 데에 보통 3~4년이 걸리는데, 런던 도심지는 2만 5,000개가 넘는 복잡하고 불규칙한 도로들로 이루어진 하나의 미로이기 때문이다.[12]

런던 택시기사에게 초점을 둔 연구가 여러 건 보고되어 있지만, 모두 똑같은 이야기를 들려준다. 택시기사가 되기 위한 훈련에 성공하면 해마 뒷부분에서 회백질이 증가한다는 것이다. 해마는 인간을 비롯한 여러 종이 공간정보를 저장하는 뇌구조다. 택시운전의 경험이 더 많다는 것은 해마의 이 부분에 회백질이 더 많다는 것을 의미한다. 이렇게 뇌의 구조를 개조한 덕분에 택시기사들이 런던의 주요 지형지물을 기억하고 그것들 사이의 거리를 판단하는 데에서 더 훌륭한 인지적 기량을 보여주는 것이다. 하지만 이 새로운 능력에는 비용이 없지 않다. 다른 인지능력은 대부분 영향을 받지 않지만, 복잡한 기하학적 도형을 기억하는 데에서 택시기사들의 능력이 약간 떨어지기 때문이다.

사회규범과 평판의 결과가 다스리는 세상에 태어난다는 것은 개인들에게 당장 줄을 서고, 규칙을 따르며, 국지적으로 쳐주는 분야에서 두각을 나타내는 법을 알아내야만 한다는 뜻이고, 그 분야에는 골프, 회계, 독서, 주판 사용, 바람총 사냥, 주술적 의례 거행 가운데 어느 것이든 포함될 수 있다. 본질적으로, 사회규범이 모든 아이가 거치는 하나의 훈련 체제를 만들어내는 것이다. 아이들은 국지적 기준을 내면화하고 자신의 마음과 몸을 국지적 규범에 따라 운용하면서, 국지적으로 쳐주는 물리적 기능과 정신적 도구를 스스로 갖추어 나간다.

택시 운전은 빙산의 일각이다. 아직 유아기에 있는 이러한 종류의 연구들이 이미 저글링, 독일어, 피아노 연주를 배우는 일도 모두 뇌의 다양한 부위에서 회백질 그리고/또는 백질에 특정한 효과를 미친다는 것을 입증해왔다. 이러한 결과들은 우리 뇌가 특수화되는 원인이 우리가 거주하는 세계의 기량과 요구에 있음을 시사한다. 그러나 다른 동물들과는 다르게, 우리에게는 문화적 학습과 문화적 진화가 우리 뇌를 수정하는 데에 필요한 유인책(예: 평판 향상), 도구(예: 색이름, 책, 주판, 지도, 숫자), 동기를 제공한다. 이를 인식하면서 '문화신경과학'이라는 떠오르고 있는 하위 분야가 날마다 문화적으로 전달되는 일상, 관행, 규범, 목적이 우리 뇌에 미치는 영향을 보여주기 시작했다. 이러한 문화적 틈새들이 결과적으로 인지능력, 지각 편향, 주의 배분, 동기를 변모시킨다. 트레이 헤든과 그의 동료들이 수행한 연구를 살펴보자.[13]

호모 사피엔스

출신 사회가 다른 사람은 물건과 사람을 정확하게 지각하는 능력이 맥락 안에서도 다르고 맥락 밖에서도 다르다. 대부분의 다른 개체군과 다르게, 교육받은 서구인은 물건 또는 사람을 초점의 중심에 놓고, 따로 분리시키고, 이 물건 또는 사람의 속성들을 추상화하면서 배경 활동이나 맥락을 무시하는 경향이 있고, 그런 일을 잘하기도 한다. 이를 뒤집어 달리 표현하자면, 서구인은 물건과 사람을 맥락 안에서 보거나, 관계와 관계의 결과에 주목하거나, 자동으로 맥락을 고려하지 않는 경향이 있다는 말이다. 서구인 외의 사람들은 대부분 이런 일을 잘한다.[14]

이러한 특성이 가져오는 결과 중 하나로, 서구인은 선을 에워싸는 틀의 크기와 관계없이 선의 절대 길이를 판단하는 일을 상대적으로 더 잘한다. 반면에, 많은 동아시아 사회에서 성장하는 사람들(이후로는 줄여서 '동시아인')은 틀 안에 들어 있는 선분의 **상대** 길이를 판단하는 일을 더 잘한다. 다시 말해, 틀의 크기에 비례하도록 선의 길이를 조정하는 일을 서구인보다 더 잘한다. 이 결과 때문에, 심리학자들은 서구인이 동아시아인을 포함한 대부분의 다른 개체군보다 '틀 의존성'이 낮다고 말한다. 〈그림 14.2〉는 절대적 판단과 상대적 판단의 차이를 보여준다. 나는 이 과제를 좋아하는데, 왜냐하면 이 과제는 지각되고 객관적으로 옳은 답이 있기 때문이다.

헤든과 동료들은 유럽계 미국인들과 미국에 살고 있는 동아시아인들을 뇌 스캔 장치 fMRI로 들여보냈고, 그 안에서 실험 대상자는 새롭게 제시되는 선분이 먼저 제시된 선분과 일치하는지를 절대적 기준에서 판단하거나 상대적 기준에서 판단했다. 결정적으로, 그 과제들은 약간의 정신적 노력으로 누구나 잘 수행할 수 있도록 비교적 쉽게 설계되어 있었다. 과제를 더 어렵게 만들면, 미국인은 절대 과제에서 다른 사람 대부분을 앞지르는 반면에 상대 과제에서 뒤처지게 될 것이다. 과제가 쉬우면

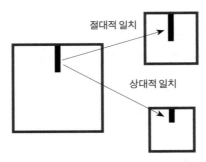

그림 14.2 선 판단 과제. 틀 안의 굵은 선은 절대 길이가 같은 선과 짝이 될 수도 있고, 틀에 대한 상대적 길이가 같은 선과 짝이 될 수도 있다.

성적이 평준화됨으로써 모든 뇌 활성화의 차이는 최종 행동 또는 판단의 차이에서 비롯하는 게 아니라, 오직 문제를 푸는 데에 들인 정신적 노력과 활용된 신경자원에서 비롯하게 된다.

두 집단의 뇌 스캔 사진을 비교한 결과는, 유럽계 미국인이 서구인에게 전형적으로 어려운 과제인 **상대** 과제를 수행하는 동안, 의도적인 통제 및 주의와 연관되는 뇌 영역들이 더 크게 활성화되었음을 보여준다. 활성화된 뇌 영역은 주로 전두엽과 두정엽에 위치했다. 반면에 동아시아인은 **절대** 과제를 수행하는 동안에 이와 똑같은 영역에서 더 많은 활성화를 보여주었다. 결론은 미국인과 동아시아인이 동일한 과제에 대해 서로 다른 뇌 활성화 양상을 드러냈다―그들은 신경적으로 다르다―는 것이다.

지금, 이 책의 주요 논점들 가운데 하나는 우리 종의 진화사 동안 문화-유전자의 공진화가 중요했다는 것이고, 이는 이 같은 차이가 보인다고 해서 그게 당장 **문화적** 차이를 함축하지는 않는다는 뜻이다. 아주 다른 사회구조가 수백 년 또는 수천 년 동안 지속되었다면―원칙적으로―개체군 사이에 유전적 차이가 생겨났을 수도 있다. 성조언어가 특정한

호모 사피엔스

유전자에 미쳤을 수 있는 영향력에 관한 논의를 기억하라.

그러나 이 경우, 유전자는 기껏해야 아주 작은 구실밖에 하지 않고, 내 심증으로는 아무 구실도 하지 않을 것이다. 여기서 헤든 팀은 설문지를 이용해 동아시아인 참가자들이 미국 생활에 어느 정도나 동화되었는지를 평가했다. 〈그림 14.3〉에서 보여주는 그 결과는 바로, 문화적 동화와 뇌 활성화 양상 사이의 두드러진 음(-)의 상관관계다. 미국에 문화적으로 더 동화되었다고 느끼는 아시아인의 뇌는—서구인이 전형적으로 더 잘하는—절대 과제를 더 쉽다고 느끼고, 많은 유럽계 미국인들과 다름없는 노력을 들이는 것처럼 보였다. 말할 것도 없이, 이것은 결정적인 결과가 아니다. 유전자는 문화적 동화의 속도와 정도에만 영향을 미치고 있을 것이기 때문이다. 하지만 대부분의 차이는 기껏해야 두어 세대 만

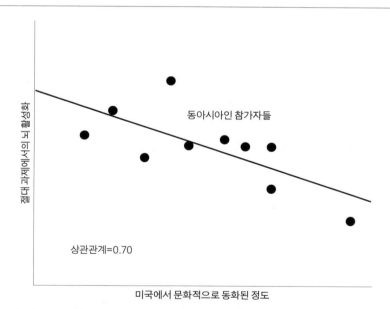

그림 14.3 동아시아인 참가자들 사이에서 미국에 문화적으로 동화된 정도와 주요 뇌 영역의 활성화 정도가 보여주는 상관관계.

에 지워진다는 것을 보여주는 미국과 캐나다 이민자들에 대한 연구 결과와 함께 보자면, 이러한 심리적 차이는 십중팔구, 아니면 최소한 주로, 문화적 진화의 산물일 것이다.[15]

명예로운 호르몬

....

당신이 좁은 복도를 걸어가고 있다. 그런데 앞에서, 덩치 큰 남자 하나가 서류함 서랍을 연 채로 길을 막고 있다. 당신이 가까이 가자, 그는 하는 수 없이 서랍을 밀어 닫은 뒤 서류함에 붙어 서서 당신이 지나가게 해준다. 그의 뒤로 지나가는 당신과 엉덩이가 부딪히자, 그가 멀어져가는 당신에게 '쪼다'라고 욕을 날린다. 당신은 어떻게 반응할까? 이 일에 당신은 얼마나 신경을 쓰겠는가?

글쎄, 답은 아마도 당신이 어디에서 성장했는지에 달려 있을 것이다. 이른바 '명예문화honor culture'출신이라면, 당신은 이 일을 당신의 남자다움(당신이 남자라고 가정하고)이 도전받은 것으로 경험할 가능성이 높다. 당신의 몸에서는 테스토스테론과 코르티솔이 둘 다 치솟을 것이다. 테스토스테론은 공격 태세와 연관되는 호르몬이고, 코르티솔은 스트레스와 연관되는 호르몬이다. 당신의 몸은 싸울 준비를 하고 있을 것이다. 당신이 만나는 다음 사람은 '더는 그따위 짓을 참지 않을 거야'라는 태도와 그에 어울리는 굳은 악수를 경험할 것이다.

명예문화 출신이 아니라면, 당신은 아마도 그 이상한 만남에서 별 영향을 받지 않을 것이다. 당신의 호르몬은 급증하지 않을 것이고, 당신이 만나는 다음 사람도 읍내에 새 보안관이 납셨다는 통고를 받지 않을 것이다.

세상에는 명예문화, 곧 일련의 복잡한 사회규범으로 남자들과 그의 친족에게 재산과 아내, 가족을 지키기 위해 폭력을 동원할 의무와 동기를 부여하는 사회가 꽤 많다. 이곳의 사회규범은 개인 또는 가족에 대한 모욕, 재산 훼손 또는 절도, 친족을 위험에 빠뜨리는 모든 행위에 상당한 폭력, 우리 가운데 명예사회 출신이 아닌 사람에게는 좀 지나치다 싶을 폭력으로 즉시 대응하지 않을 경우 남자의 평판이 위태로워짐을 명시한다. 명예를 아는 남자의 아내나 여자친구를 희롱했다가는 얼굴에 주먹이 날아들 테고, 더한 짓을 했다가는 죽임을 당할지도 모른다. 이러한 규범이 문화적으로 진화하는 것은 공식적 또는 효과적 치안 제도도 없는데 소, 말, 양, 염소 같은 재산을 쉽게 도난당할 수 있는 세상에서는 적응적으로 합당한 일이다.

서류함 앞에서 '쪼다라고 욕하는 놈' 이야기는 내가 만들어낸 것이 아니다. 이 유명한 실험은 미시간대학에서 심리학자 리처드 니스벳과 도브 코언이 수행한 실험이다. 그들은 이국적인 명예사회도 멀리서 찾을 필요가 없었다. 미국 디프사우스[a]의 넓은 지역을 식민지로 삼은 스코틀랜드 고지인들과 (아일랜드 얼스터 지방 출신의) 스코틀랜드계 아일랜드인 이민자들이 명예문화를 가지고 들어왔기 때문이다. 그러한 이민자들 다수가 미국 북부에도 정착했음은 말할 것도 없지만, 그 사람들은 두어 세대 만에 그곳에 동화되었다. 남부에서는 식민지를 개척한 개체군 중에서 이 스코틀랜드계 아일랜드인이 초기에 우세했던 덕분에, 특히 바위투성이 구릉지와 습지를 비롯한 시골 지역에서 명예문화가 지속될 수 있었다. 리처드와 도브는 고전이 된 저서 《명예문화Culture of Honor》에서, 엄청난 범

---

a 미국 남부의 여러 주를 통틀어 이르는 말. 주로 루이지애나, 미시시피, 앨라배마, 조지아의 네 주를 이르며 남부다운 특징을 가장 많이 지닌 지역이다. 본문에 등장하는 텍사스주와 캐롤라이나주는 네 주의 좌우에 근접해 있다.

위의 증거를 동원해 명예규범과 그것의 심리적 결과가 윤리적 판단과 아이들의 사회화에서부터 총기규제법과 신문기사에서 발견되는 정보조작에 이르는 모든 것에 어떤 영향을 미치는지를 보여준다.[16]

더 근래에는 경제학자 폴린 그로장이 이 현상의 중요성을 강조하면서 이를 이용해 디프사우스에서 아직까지도 살인율이 미국 평균의 두 배인 이유를 설명해왔다. 살인율이 가장 높은 두 군郡, county도 텍사스주와 조지아주에 있다. 주 단위에서도 노스캐롤라이나주와 사우스캐롤라이나주가 살인율이 가장 높다. 폴린은 1790년에 실시된 최초의 미국 인구조사 자료를 이용해, 150개 군의 정착민 가운데 아일랜드와 스코틀랜드에서 이민 온 정착민 수를 얻어냈다. 그 인구조사가 있기 전 18세기에 스코틀랜드계 아일랜드인과 스코틀랜드 고지인의 대규모 이주가 있었기 때문이다. 그녀는 다음으로 디프사우스의 경우, 1790년에 스코틀랜드계 아일랜드인과 스코틀랜드 고지인 정착민이 더 많았던 군들이 21세기인 지금도, 심지어 가난, 인종, 불평등 따위가 현재 미치는 영향을 통계적으로 제거한 뒤에도, 살인율이 훨씬 더 높다는 것을 보여준다. 이는 지형이 거칠고 더 외진 군에서, 다시 말해 이 이민자들과 그들의 후손이 새로이 형성된 주들의 공식 제도에서 멀리 떨어진 채로, 목축 생활양식과 명예문화를 유지할 수 있었던 곳에서 특히 그러하다.[17]

잠깐. 어쩌면 이는 유전적 현상일지도, 그래서 어쩌면 그 스코틀랜드 고지인들이 가지고 온 어떤 '공격' 유전자들이 디프사우스의 시골 여기저기에서 끈질기게 살아남은 것일 수도 있지 않은가. 가설을 세워보는 것은 좋지만, 이 가설은 가능성이 없어 보인다. (스코틀랜드인이 넘쳐나는) 스코틀랜드로 돌아가 보면 높은 수준의 폭력도 명예문화도 지속되어 오지 않은 것 같기 때문이다. 스코틀랜드의 살인율은 미국 디프사우스의 3분

호모 사피엔스

의 1 정도로, 매사추세츠주의 살인율에 더 가깝다. 게다가 뉴잉글랜드[a]
와 더불어 스코틀랜드 고지인과 스코틀랜드계 아일랜드인이 많이 정착
한 또 다른 곳인 동부 연안의 주들에서는 특히, 1790년 정착민과 21세기
살인율 사이에 아무 관계도 없다. 이러한 곳에서는 정착민들이 영국인,
독일인, 프랑스인, 네덜란드인 정착민과 뒤섞여 자신들의 명예문화를 잃
었다.

내 주장은 이렇다. 공적 제도가 약한 세계에서 문화적으로 진화한 한
묶음의 사회규범이 미국의 일정 부분에서 존속했다. 이 사회규범은 남자
들의 호르몬을 여러모로 활용해 이들의 행동을 결정하도록, 특히 가족
과 재산을 위협하는 맥락과 같은 '명예'의 맥락에서 폭력을 조장하도록
진화했다. 이 문화적으로 구축된 생물학적 반응이 디프사우스에서 어떤
특정한 유형의 강력범죄 비율이 높아지는 결과로 이어진다. 이는 생물학
적 차이이지, 유전적 차이는 아니다.

화학적으로는 불활성이지만 생물학적으로는 활성

....

플라세보placebo가 문화와 생물학에 관한 창 하나를 열어준다. 사람
들 대부분이 새로운 약물을 시험하는 맥락에서 플라세보에 관해 들어왔
다. 무작위 대조 시험에서, 무작위로 배정된 한 집단은 시험 중인 약물을
받고, 다른 집단은 설탕 알약 또는 다른 종류의 불활성 물질을 받는다.
두 집단 모두 동전을 던진 결과에 따라 진짜 약 또는 플라세보(설탕 알약)

---

a   미국 동북부 대서양 연안에 있는 지역을 통틀어 이르는 말. 메인, 뉴햄프셔, 버몬트, 메사추세츠, 로드아
    일랜드, 코네티컷의 여섯 주가 포함되며, 1620년에 메이플라워호가 도착한 곳이다.

를 받게 된다는 말을 듣지만, 자기가 어느 쪽인지는 모른다. 일반적 가정은 이렇게 함으로써 사람들이 문제의 약물에 관한 자신의 의견을 기반으로 좋아지고 있다거나 나빠지고 있다고 부정확하게 보고하는 원인이 될지도 모르는 반응 편향이 해결된다는 것이다. 플라세보는 화학적으로 불활성이므로 실제로는 아무것도 '하지' 못한다. 그렇지 않은가?

틀렸다. 수십 년 동안의 연구가 이제 그렇지 않다는 것을 확실히 한다. 사람들의 믿음, 욕망, 이전 경험에 따라, 플라세보를 먹거나 가짜 수술을 포함한 '가짜' 의학적 절차를 경험해도 몸 안의 생물학적 경로가 활성화할 수 있다. 그리고 흔히 그 경로는 대중적인 약물에 들어 있는 활성 화학물질이 자극하는 바로 그 경로와 똑같다. 플라세보도 통증을 감소시키고, 면역계를 활성화하며, 과민성대장증후군을 완화하고, 파킨슨병 환자의 운동 협응을 향상시키며, 천식을 개선한다. 그러나 플라세보의 작용과 효능은 많은 경우 전적으로, 환자가 특정 플라세보나 의학적 치료에 얼마나 큰 믿음을 두느냐에 달려 있다. 효과가 있을 것이라고 믿으면 믿을수록, 실제로 효과가 커질 것이다. 그뿐만 아니라, 플라세보 효과의 크기와 화학적 효과의 크기 사이에 상승효과까지 있는 것처럼 보인다. 다시 말해, 모르핀과 같은 약물이 통증(플라세보모르핀을 사용해 측정)을 줄여줄 것이라고 굳게 믿을수록, 진짜 모르핀의 실제 효과도 커진다. 어떤 약물은 환자에게 명확히 알리지 않고 투여하면 전혀 효과가 없다. 다시 말해, 약물이 화학적 효과의 촉매가 되려면 어느 정도의 플라세보 효과가 필요하다.[18]

문화가 여기에 강력하게 개입하는데, 우리의 믿음과 기대는 자신의 직접적 경험(플라세보 연구자들이 '조건화'라고 부르는 것)에 의해 정해질 수도 있고 문화적 학습에 의해 정해질 수도 있기 때문이다. 문화적 학습이 규정한 믿음을 우리가 의사의 진료실로 가지고 들어갈 수도 있을 것이고,

호모 사피엔스

우리가 들어간 뒤 의사 자신이 우리의 믿음을 규정할 수도 있을 것이다. 더군다나 문화는 '되먹임고리'를 설치할 수 있다. 우리가 먼저 사회적 환경에서 의학적 치료는 매우 효과적이라는 기대를 습득한다고 하자. 그 다음 어느 정도는 그 처음의 기대가 만들어낸 플라세보 효과 덕분에 우리는 치료를 받고 나아진다. 그리고 그 다음번에는 지난 치료에서 비롯한 조건화(나아진 직접적 경험)와 함께 문화적으로 습득한 기대도 다시 가지고 들어간다. 이런 종류의 되먹임은 선순환을 만들어내어 사람들이 치료 후에 나아질 가능성을 높일 수도 있고, 악순환을 만들어내어 그 가능성을 낮출 수도 있다.

이 현상 때문에, 다른 나라에서는 여러 의학적 치료가 다른 수준의 효능을 발휘한다. 예컨대 위궤양을 독일에서 플라세보로 치료하면 인접한 덴마크와 네덜란드에서 똑같이 치료할 때보다 두 배나 효과가 있다. 독일인은 59퍼센트의 경우에 이 플라세보로 나아진 반면, 다른 두 나라 사람들은 22퍼센트의 경우에만 나아졌다. 한편 플라세보는 많은 곳에서 확장기 혈압을 3.5mmHg(비교하자면 화학적으로 활성인 약물은 약 11mmHg) 낮춰주지만, 독일에서는 효과가 없다. 독일인은 그들 말고는 아무도 그다지 염려하지 않는 듯한 저혈압에 관한 걱정을 많이 하므로, 이 문화적으로 전달된 염려가 플라세보 효과를 억제하는 것일 수 있다.[19]

플라세보가 작용하는 과정의 생물학은 통증 분야에서 가장 잘 밝혀져 있다. 화학적으로 활성인 일부 진통제는 배외측전전두피질dorsolateral prefrontal cortex, 전대상피질anterior cingulate cortex, 측좌핵 같은 뇌 영역 안에서 오피오이드(아편유사제) 신경전달계를 발화시켜 작용한다. 플라세보 진통제도 이와 똑같은 계통을 발화시키고 동일한 뇌 영역을 활성화한다. 이 효과는 플라세보가 아마도 화학물질과 생물학적으로 똑같은 일을 하고 있을 것임을 시사한다. 따라서 플라세보는 **화학적으로는 불활성이지만**

생물학적으로는 활성이다. 플라세보 효과는 '머릿속에 있다 = 그게 화학적으로 활성인 숱한 치료와 같다'로 간략히 표현할 수 있다.

플라세보는 파킨슨병 환자에게도 도움이 된다. 파킨슨병 환자는 떨리고, 근육이 굳어지고, 움직임이 느려지는 세 가지 운동 증상에 시달린다. 환자가 자신은 확실하고 강력한 파킨슨병 약을 받고 있다고 믿고 운동기능의 개선을 경험할 게 틀림없다는 말을 들을 경우, 뇌 스캔 사진은 플라세보 치료가 선조체라고 부르는 뇌 부위에서 막대한 양의 도파민을 방출시킨다는 것을 보여준다. 다량의 도파민 분비를 경험하는 환자는 운동 개선 효과도 더 높은 것으로 보고된다.[20]

더 광범위하게 말하자면, 다양한 플라세보 치료가 사용하는 생물학적 경로에는 면역반응 억제, 세로토닌과 도파민 같은 호르몬 방출, 특정 영역의 뇌 활동 변경, 호흡중추에 있는 오피오이드 수용체의 조건화, 심장혈관계에서의 베타아드레날린성 활동 억제가 포함된다. 플라세보의 이 마지막 효과는 많은 심장 문제들을 치료하는 데에 쓰이는, 베타차단제로 알려진 약물 분류군이 화학적으로 만들어내는 효과에 상응한다.

여기에는 생각할 거리가 좀 있다. 심장 발작 이후에도 의사의 지시를 따르고 처방약을 복용하면 여러 해까지 생존 기간이 늘어난다. 한 연구에서 약의 최소한 80퍼센트를 복용하지 않은 환자들은 5년 뒤에 4분의 1이 사망했다. 애써 약을 80퍼센트가 넘게 복용한 환자들은 15퍼센트만 사망했다. 이것은 앞뒤가 맞는다.

이제 **플라세보**의 80퍼센트를 복용하지 않은 사람들 가운데 28퍼센트가 사망한 반면, 플라세보 복용을 엄격하게 따른 사람들 가운데서는 15퍼센트만 사망한 사실을 고려해보자. 약에 들어 있는 화학물질은 한 게 아무것도 없지만, 한 것처럼 보이는 이유는 투약을 계속하는 게 생존율을 높이기 때문인지도 모른다. 약이 효과가 있을 거라 믿는 동시에 치료

일정을 지키면, 설사 그 치료는 화학적으로 불활성이라 해도, 심장 발작 이후에 생존할 확률이 두 배가 된다.[21] 말할 것도 없이, 다른 연구들은 베타차단제와 같은 것들이 플라세보 베타차단제보다 실제로 더 잘 든다는 것을 보여주지만, 플라세보를 엄격하게 고수하는 것도 여전히 베타차단제와 같은 정도로 사람들의 생존확률을 **향상시킨다**. 종교의례를 통해 향상시킬 수도 있는, 자기 조절력이 당신의 수명을 연장할 수 있다.

기분 좋게 아파

문화적 학습은 너무도 강력해서, 우리가 주관적으로 겪는 통증을 줄일 수도 있고, 통증에 대한 우리의 생리적 반응과 통증이 주는 위협을 바꿀 수도 있다 심지어 통증을 느끼고 싶은 것으로 만들 수도 있다. 예컨대 나처럼 달리는 게 취미인 사람은 달리기를 즐기지만, 일반적인 사람들은 달리기를 고통스럽고 피해야 할 것으로 생각한다. 유사하게, 역도 선수는 실컷 운동한 뒤에 얻는 근육통을 사랑한다. 욱신거리는 느낌이 좋다. 부모들은 나처럼, 넘어진 다음 어떤 반응을 기대하며 자기를 쳐다보는 아이를 지켜본 경험이 있을 것이다. 만약 부모가 미소를 짓거나 무관심하게 보이면, 아이는 바로 일어나서 하던 일을 계속할 것이다. 만약 부모가 넘어진 것에 감정이입해서 순간적으로 얼굴을 찡그리면, 꼬마가 울음을 터뜨려서 안아주어야 할 가능성이 높다. 어느 정도의 고통은 우리에게 좋은 것이므로, 우리 인간은 좋은 통증(운동)을 나쁜 통증(찔린 상처)과 구별할 줄 알아야 한다. 실험적 연구는 통증을 유발하는 치료에 대한 믿음이 우리의 오피오이드 그리고/또는 카나비노이드(대마초제재) 체계를 활성화하는 근육에 '도움'을 준 결과로, 통증을 억제하고 우리의 통증 내성을 높인다는 것을 보여준다. 이와 대조적으로, 동일한 치료가 우리 신체조직에 손상을 준다는 믿음은 다른 생물학적 반응을 낳고, 그 결

과로 우리의 통증 내성을 떨어뜨린다.[22]

내 UBC 동료인 심리학자 켄 크레이그는 문화적 학습과 통증의 관계를 직접 시험해왔다. 켄 팀은 먼저 강도가 점차 세어져서 괴로움도 커지는 일련의 전기충격에 연구 참가자들을 노출시켰다. 일부 참가자는 자기 바로 다음에 같은 충격을 경험하는 다른 사람—'강인한 본보기'—을 지켜보았고, 일부는 보지 않았다. 참가자와 본보기 모두 충격이 얼마나 고통스러웠는지를 매번 평가해야 했다. 그러나 강인한 본보기는 비밀리에 실험자를 위해 일하고 있어서, 항상 참가자보다 통증을 약 25퍼센트 덜 고통스럽다고 평가했다. 그런 다음에는, 본보기는 떠나고 참가자만 남아서 일련의 무작위 전기충격을 받았다. 새로이 받은 이 일련의 충격에 대해, 강인한 본보기를 보았던 참가자는 강인한 본보기를 보지 않았던 참가자에 비해 통증이 반만 고통스럽다고 평가했다. 이는 흥미롭지만, 나라면 참가자들이 그저 실험자에게 강인한 본보기보다 나약하게 보이지 않으려고 충격이 덜 고통스럽다고 말하고 않았을까 우려했을 것이다.

그러나 아니었다. 켄은 이것이 보고에 미치는 어떤 주관적 효과가 아니었음을 보여주었다. 강인한 본보기를 본 사람들은 (1)전류피부반응 전위 측정치의 감소(그들의 몸이 위협에 대한 반응을 멈추었다는 표시), (2)더 낮고 더 안정적인 심장 박동, (3)더 낮은 스트레스 등급을 보여주었다. 강인한 본보기를 문화적으로 본받은 것이 전기충격에 대한 **생리적 반응을 변화시켰다.** 강인한 본보기를 관찰하고 그 내면의 경험을 추론하는 효과는 단순히 말로 암시하는 것보다 더 강력하게 플라세보 효과를 유도한다. 사실, 그 효과는 직접적 조건화에 맞먹을 정도다.[23]

주술과 점성술의 생물학적 효력

노세보nocebo는 플라세보의 반대말이다. 환자 또는 희생자가 어떤 식

호모 사피엔스

으로든 나빠질 것을 기대하는 치료다. 플라세보에 비해 노세보에 관한 연구는 훨씬 적은데, 아마 사람을 더 아프게 만드는 것을 둘러싼 윤리적 문제와 (뚜렷한) 임상적 용도의 부재 때문일 것이다. 그러나 불길한 조짐은 있다. 화학적으로 불활성인 '치료'라도 그것을 받으면 자신이 아파질 것이라고 믿는 사람이 받으면, 종종 어떤 생물학적 반응이 일어나 그 사람이 실제로 부정적인 생물학적 효과를 경험하게 된다. 통증을 유발하는 노세보는 희생자의 뇌에서 콜레시스토키닌을 활성화하고 도파민을 불활성화하는 동시에 시상하부-뇌하수체-부신HPA 축이라 부르는 곳을 통해 불안감을 불러일으킨다. 이 효과는 유발된 통증을 악화시킬 수 있을 뿐 아니라, 불안감을 증가시키면서 평범한 촉각 자극을 고통스럽게 만들 수 있다.[24]

오늘날 아프리카에서 뉴기니에 이르는 전 세계에 걸쳐서, 그리고 인간 역사의 대부분에 걸쳐서, 사람들은 남들이 강렬한 감정을 품거나 적극적으로 마법의 주문을 걸면 그 때문에 아프고, 다치고, 죽을 수도 있다고 믿어왔다. 이러한 믿음 체계가 주술 또는 마법이라는 이름으로 통한다. 많은 곳에서 특히 걱정하는 것은 질투의 대상이 되는 것인데, 이는 칠레에서 중동에 이르기까지 '저주의 눈길'과 연관된다. 이유는 대체로 간단하다. 질투의 대상이 되면 자신의 건강이나 행운에 부정적인 영향을 받는다고 사람들이 믿기 때문이다. 질투에 대한 우려 때문에 사람들은 자신의 성공을 숨기고 너무 뛰어나거나 튀지 않으려고 한다. 노세보에 따르면, 주술에 관한 그들의 믿음을 감안할 때, 그런 식으로 행동한 것은 상당히 합리적인 일이었다. 만약 그들이 뛰어났다면, 남들이 그들을 향해 질투를 느꼈을 것이다. 주술에 대한 믿음을 지니고 있는데 남에게서 오는 질투를 정확하게 감지했다면 얼마든지 그들의 몸에서 생물학적 반응이 유발되었을 수 있고, 어쩌면 그 반응은 병원균이 득실대는 환경에서 질병으로, 그리고 때로는 죽음으로 이어졌을 것이다. 그렇다면 주술은, 그것이 그럴 수 있다고 우리가 믿으면, 실제로 우리 몸 안에서 물질적 반응을 유발할 수 있는 셈이다.

문화적 믿음의 효력을 보기 위해, 20세기 후반의 캘리포니아를 살펴보자. 전통적인 중의학과 점성술에서는 한 사람의 운명을 태어난 해와 연결하고, 모든 생년을 금金, 수水, 목木, 화火, 토土 다섯 가지 성상(오행) 가운데 하나와 관련짓는다. 특정한 해에 태어난 사람은 그 생년과 연관된 성상의 영향을 남들보다 더 많이 받는다고 믿는다. 그리고 모든 성상을 특정한 신체기관 또는 구체적 증상과 관련짓는다. 예컨대 화는 심장과 관련이 있다. 토는 종기, 종양, 결절과 관련이 있다. 그래서 토의 해인 1908년에 태어난 사람은 암에 더 잘 걸린다(고 믿는다).

사람들이 이러한 관련성을 믿는다면, 그것은 노세보로 작용할 것이다. 데이비드 필립스와 동료들이 1969~1990년 사이에 캘리포니아에서 사망한 중국인과 유럽계 미국인의 사망 당시 나이를 비교해 이 생각을 시험했다. 예측에 의하면, 특정 질병에 걸린 데에 더해 그 병의 관련 증상 또는 장기와 관련이 있다고 믿어지는 해에 태어난 사람은 그 결과로 더 일찍 죽을 것이다. 불리한 질병-생년 조합을 가진 중국계 미국인을 다른 질병-생년 조합을 가진 중국계 미국인과 비교해도 되고, 동일한 질병을 가졌으나 짐작건대 전통적인 중국 점성술에 의거한 믿음에는 큰 무게를 두지 않을 백인 미국인과 비교해도 된다.[25]

〈그림 14.4〉는 기관지염, 폐기종, 천식에 대한 결과를 보여주는데, 이 질병들은 폐와 관련이 있고 따라서 0 또는 1로 끝나는 생년과 관련된다. 막대의 높이는 불리한 질병-생년 조합을 가진 사람의 수명이 몇 달이나 **줄어드는지**를 보여준다. 예측한 대로 캘리포니아에 사는 유럽계 미국인은 영향을 받지 않는데, 이는 중국의 점성술이 대체로 맞을지도 모

호모 사피엔스

른다는 우려를 제거해주기 때문에 아주 중요한 결과다. 모든 중국계 미국인을 살펴보면, 여성은 수명의 4년을 잃고 남성은 5년을 잃는다. 많은 중국계 미국인들은 전통적인 중국의 점성술을 더는 그다지 신뢰하지 않을 것이므로, 로스앤젤레스와 샌프란시스코의 더 커다란 중국인 공동체에서 살고 있는 사람들과 중국에서 태어난 사람들을 살펴볼 가치가 있다. 이 개체군은 전통적인 믿음을 보유하고 있을 가능성이 더 높기 때문이다. 남성의 경우는 그림이 그다지 달라지지 않지만, 여성들이 잃는 수명은 자그마치 9년에 달한다. 암과 심장 발작의 경우에도 비슷한 양상이 나타난다.[26]

문화적 진화가 건설한 사회적·기술적 세계에서 성장하면, 아직 우리의 유전자 빈도까지 바뀔 시간은 없었다 해도, 우리의 생물학은 크게 달라진다. 무의식적으로 그리고 자동적으로, 우리가 문화적으로 학습하는

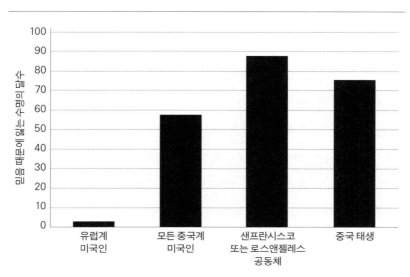

그림 14.4 여러 개체군에서 불리한 질병–생년 조합 때문에 잃는 수명의 달수.

동기, 선호, 가치가 여러모로 우리 뇌를 변화시켜 신경적으로 보상이 되는 것(우리가 '좋아하는' 것)을 바꾸고, 11장에서 살펴본 것처럼 우리에게 빠른 직관적 반응을 부여한다. 그렇다고 해서 우리가 문화적으로 어떤 것이든 좋아하게 될 수 있다는 뜻은 아니지만, 우리가 근육통과 고추의 화끈함을 포함해 일정한 유형의 통증을 즐기게 될 수 있다는 점은 지적해둘 가치가 있다. 우리는 세상의 작동 방식에 관한 정신적 모형 또는 믿음도 문화적으로 습득하며, 그것이 우리의 주의를 돌리고 우리의 기대를 발생시킨다. 이것이 (순전히 플라세보 효과인) 수많은 의학적 치료와 주술도 실제로 효력을 발휘하고 중요한 생물학적 효과를 **유발하는** 이유를 설명해준다. 누적적인 문화적 진화는 또한 기술, 관행, 사회규범의 묶음들을 생산함으로써 우리에게 정신적·물리적 도구뿐만 아니라 평판을 향상시킬 유인책까지 제공한다. 우리 뇌를 여러모로 변화시킨 결과는 완전히 새로운 인지능력을 창조하거나 기존의 역량을 연마하는 것이다. 나는 셈법, 색, 정신적 주판, 틀 의존성, 읽기, 런던의 택시기사 훈련과 관련된 능력들을 논의하면서 이러한 효과들을 예시해왔고, 그 과정에서 다른 예들도 많이 언급했다.

우리 종의 문화적 본성을 인식한다는 것은, 인간 개체군들은 제도, 기술, 관행에 연관된 수많은 차원에서 심리적으로 상당히 다를 가능성이 높다는 점, 그리고 그 심리적 차이들은 궁극적으로 (유전적이 아닌) 생물학적 차이라는 점을 깨닫는 것이다. **유전학적** 설명을 **생물학적** 설명과 동일시하고 이 둘을 **문화적** 설명과 구별하는 것은 말도 안 된다.

지금까지 열네 장에 걸쳐, 자연선택이 어떻게 문화를 위해 우리의 심리적 역량을 모양지어왔는지, 여러 세대에 걸쳐 남에게 배우는 것이 어떻게 정교한 기술, 뒤얽힌 제도, 복잡한 언어, 엄청난 양의 지식체계를 생산하는지, 그리고 이러한 문화적 진화의 산물들이 단기적으로는 발달을 통

호모 사피엔스

해, 장기적으로는 우리의 유전적 진화를 추동함으로써 어떻게 우리의 몸과 뇌, 심리를 규정해왔는지를 탐구해왔다. 이제 15장과 16장에서는, 이 문화가 주도하는 유전적 진화는 언제 시작되었으며, 그 길에 들어선 게 왜 우리 계통이었느냐는 질문으로 넘어갈 것이다. 17장에서는 이 모든 가닥을 한데 모아 우리 종의 본성, 인간의 협력, 혁신, 그리고 미래에 관한 일련의 중대한 의문에 대한 답을 찾아볼 것이다.

15장

진화의 문턱

우리 종의 역사에서 결정적 사건은 누적적인 문화적 진화의 체계로 들어가는 문턱을 넘은 것이었고, 이후로는 그 체제가 인간의 유전적 진화를 주도해왔다. 이것이 우리를 독특하게 인간으로 만든 과정이지만, 우리 계통이 언제 그 문턱을 넘었는지에 관해서는 지금껏 별로 언급하지 않았다. 어떤 사람도 혼자서 자기 힘으로는 생전에 맨 처음부터 발명할 수 없었을 만큼 복잡한 노하우 덩어리나 도구를 우리 조상은 언제 처음 보유하기 시작했을까?

우선, 그게 딱 한 번 있었던 순간 또는 사건이 아니었을까 생각할 이유는 전혀 없다. 오히려, 우리 계통은 아마도 긴 시간 동안 출발선 근처에서 왔다 갔다 했을 것이다. 한 집단이 문턱을 넘어 아주 서서히 문화적 노하우를 쌓기 시작했을 테지만, 환경의 변화나 질병 또는 가까운 집단과의 분쟁으로 집단이 해체되거나 떼죽음을 당한 순간, 그 문화적 산물들은 사라졌을 것이다. 새로운 환경으로의 이주 또는 환경적 변화 때문

호모 사피엔스

에도 차질이 생길 수 있다. 등장하고 있는 문화적 적응물이 새로운 상황에 맞지 않거나, 관련 재료 또는 자원을 구할 수 없는 경우도 있기 때문이다. 예컨대 몇몇 집단은 조리를 위해 불을—피울 줄은 몰라도—제어할 줄은 알게 될 것이다. 그래도 이들이 자연적인 불의 출처를 떠난 뒤에 지니고 있던 불이 폭풍우 속에서 꺼져버리면, 그걸로 끝이고, 그때부터 불은 없다. 약간의 누적적인 문화적 진화가 화산암을 가지고 근사한 돌찍개를 만들어내겠지만, 그 집단도—어쩌면 기후변화로 거기서 쫓겨나—새로운 지역으로 이주한 순간, 그 유형의 돌을 얻을 수 없게 되어 결국은 그런 찍개 만드는 법을 잊게 된다. 모방능력의 질도 낮고, 잘못 모방하기도 쉽고, 사회는 편협하고, 가르치지도 않으면서, 문화적 적응물을 축적하고 지속시키기가 초창기에는 매우 까다로웠을 것이다. 그런데, 이 초창기는 언제였을까?

우리에게는 그 시기를 예측할 수 있는 세 가닥의 증거가 있다. 현생유인원 연구를 사용하면, 우리와 침팬지의 마지막 공통조상의 모습이 어땠을지 추론하는 데에 도움이 될 수 있다. 이것이 우리의 출발점이다. 여기서부터는 고인류학자들이 발굴한 돌과 뼈를 자세히 분석하면 우리 조상의 생활과 능력, 그리고 그 생활과 능력이 처음부터 끝까지 어떻게 변해왔는지를 여러모로 추론할 수 있다. 마지막으로 인간과 유인원의 유전자, 심지어 뼈에서 꺼낸 옛날 DNA의 유전자를 비교해서 연구하면, 어떤 유전자가 어떻게 변해왔는지 알아내는 데에 도움이 된다. 이 같은 돌, 뼈, 유전자의 분석을 토대로 누적적인 문화적 진화의 증거를 뒤져 조잡한— 그리고 **인정하건대 상당히 사변적인**—연대표를 꾸며볼 것이다.

시초에서 출발하자. 우리와 침팬지의 공통조상은 얼마나 문화적이었을까? 유전적 증거는 우리 계통이 500만~1,000만 년 전에 침팬지로 이어지는 계열에서 갈라져 나왔음을 가리킨다. 침팬지도 다른 어떤 영장류도 유의미한 누적적 문화를 갖고 있지 않으므로, 우리의 마지막 공통조상은 누적적 문화가 없었으며 문화적으로는 오늘날의 침팬지와 다를 바 없었다고 보는 게 타당하다. 그 결과로, 우리는 지체 없이 한쪽 끝의 경계선을 설정할 수 있다. 500만~1,000만 년 전에 살았던 우리와 침팬지의 마지막 공통조상은 그때까지 누적적인 문화적 진화로 가는 문턱을 넘은 적이 없었던 것이다.[1]

약 400만 년 전 이후에, 두 다리로 걸었고 침팬지보다 약간 큰 뇌를 가졌던 어떤 유인원이 아프리카에 나타났다는 것을 뼈들이 말해주고 있다. 이 유인원에는 몇몇 종이 있지만, 나는 이들을 묶어서 간단히 오스트랄로피테쿠스(군)Australopiths라고 하겠다. 우리가 이 친구들로 직접 논란의 여지 없이 연관시킬 수 있는 도구를 갖고 있는 것은 아니지만, 세 종류의 간접적 증거는 갖고 있다. (1)이들의 뇌 크기 및 뇌가 더 크다는 게 영장류에서 일반적으로 함축하는 의미에 관한 자료, (2)석기에 긁힌 자국이 남아 있는 동물 뼈, (3)이들의 손에서 일어난 해부구조의 변화, 모두 내가 5장과 13장에서 전개한 도구와 재주의 공진화에 관한 설명에 잘 들어맞는다.[2]

뇌 크기에서 출발하자. 현장연구와 실험실연구 모두가 더 큰 뇌를 가진 영장류는 개별적 학습, 사회적 학습을 비롯한 여러 인지적 기량이 더 우수하다는 것을 시사한다. 침팬지나 오랑우탄처럼 큰 뇌를 가진 유인원끼리 비교하는 이 연구는 사회적 학습을 잘할수록 도구를 더 자주 사용하게 된다는 것을 시사한다. 어린 침팬지가 다른 방법으로는 접근하기 어려운 곳에서 탐침을 사용해 흰개미, 개미, 꿀을 꺼내고 돌망치나 나무망치를 써서 견과를 깰 줄 알게 될 가능성이 높은 조건은, 그 침팬지가 이러한 활동을 하고 있는 다른 침팬지와 함께 있을 수 있는 경우다. 최소한 한 집단의 침팬지들은 심지어 흰개미를 더 효율적으로 꺼내는 데에 도움이 되도록 막대 탐침에 '솔'을 달기도 한다. 오스트랄로피테쿠스는 침팬지보다 뇌가 (440 대 390세제곱센티미터로) 조금 더 컸으므로, 오스트랄로피테쿠스가 어떤 현생 유인원보다도 사회적 학습에 능했으며, 따라서 아마도 더 많은 도구를 더 자주, 더 많은 종류의 작업에 사용했을 것으로 추론할 수 있다. 오스트랄로피테쿠스의 도구 사용은 (16장에서 논의하겠지만) 이들이 주로 지상에서 살았고 현생 유인원처럼 주먹을 땅에 대고 '너클 보행'을 하는 대신에 두 다리로 편하게 걸었기 때문에 도구를 들고 돌아다니기가 더 쉬웠으리라는 점 때문에 더 신빙성을 얻는다.[3]

약 340만 년 전 에티오피아에서, 누군가는 석기를 사용해 소만 한 유제류(말이나 얼룩말 따위)와 염소만 한 솟과 동물(새끼 영양을 생각하면 된다)의 고기를 자르고 긁어내고 있었다. 돌은 뼈를 때려부수고 안에 든 기름지고 영양 많은 골수를 꺼내는 데에도 사용되었다. 그 당시 에티오피아의 이 지역에 누가 거주했는지에 관한 현재의 증거를 근거로 할 때, 이러한 먹거리 가공을 하고 있던 주민은 아마 오스트랄로피테쿠스였을 것이다.[4] 이제, 우리가 모르는 것은 이것들이 도구로 사용된 돌이었는지 여부, 또는 이것들이 석기, 다시 말해 날카로운 가장자리나 그 밖의 유용한 특징을 지니도록 공들여 다듬었던 돌이었는지 여부다. 오스트랄로피테쿠스는 단순히 가장자리가 날카로운 돌을 주변에서 찾아다 사용했을지도 모른다. 참고로 침팬지는 견과를 부수는 데에는 돌을 사용하지만, 자기들이 죽인(침팬지는 사냥도 한다) 동물을 해체하는 데에는 돌을 사용하지 않고, 골수를 얻기 위해 뼈를 부수는 데에도 돌을 사용하지 않는다. 또한 뭐가 되었든 소만 한 것에는 접근하지 않고, 작은 동물만 사냥한다. 이 단편적인 증거들에 대해서는 〈표 15.1〉에 정리되어 있다.

어느 오래된 손의 화석들로 미루어 볼 때, 대략 20만 년 뒤 그러한 돌을 도구로 사용하는 관행은 이미 일부 오스트랄로피테쿠스 종의 해부구

[표 15.1] 누적적인 문화적 진화의 시초와 관계있는 증거

100만 년 전	능력에 대한 추론	증거	의미	해당 종
3.4	돌을 도구로 써서 포획물을 처리함	석기에 긁힌 자국이 남아 있는 동물뼈	도구를 써서 어떤 현생 유인원보다도 정교한 방법으로 포획물을 해체함	오스트랄로피테쿠스
3.2	도구 사용을 위한 정밀쥐기가 등장함	손뼈의 해부구조	해부구조가 변할 만큼 도구 사용에 의존함	오스트랄로피테쿠스
2.6	여러 기법으로 돌을 깨서 석기('올도완Oldowan 도구')를 만듦	의도적으로 다듬은 돌과 잘린 자국이 있는 뼈	상당한 수준으로 먹거리를 가공하고, 풀베기와 나무 켜기뿐만 아니라 포획물 해체에도 도구를 사용함	초기 호모 또는 오스트랄로피테쿠스
2.3	뇌가 커지면서 도구와 언어 등을 위한 순차적·계층적 처리가 향상됨	브로카 영역의 발달을 보여주는 더 큰 머리뼈	문화적 관행들이 점점 더 복잡해져서 더 정교한 능력을 요구함	초기 호모
2	뇌 기능의 편재화-좌반구·우반구의 분업이 등장하기 시작함	오른손잡이들이 만든 석기	뇌에 도구와 의사소통 목록을 학습해야 하는 부담이 주어짐	초기 호모
1.8	날카롭게 다듬은 뼈를 도구로 흰개미 등에 접근함	뼈의 사용 흔적을 자세히 분석한 결과	양질의 식량원에 접근하고 돌이 아닌 재료를 다루는 기술도 보유함	오스트랄로피테쿠스 또는 초기 호모
1.8	뇌가 더 크고 문화 습득, 조직화, 전달에 더 능함	더 큰 머리뼈(800 세제곱센티미터)	문화적으로 습득한 노하우에 점점 더 의존함	호모 에렉투스
1.8	다양하고 새로운 환경으로 이동하고 적응할 수 있음	아시아와 캅카스에서 발견된 머리뼈	새로운 환경에 적응하기 위해 문화적 진화에 의존함	호모 에렉투스
1.8	먹거리를 가공했고, 어느 정도 익혀 먹었을 가능성도 있음	작아진 치아, 턱, 소화기; 짧아진 얼굴	양질의 먹거리를 찾고 추출하고 가공하는 문화적 노하우가 해부구조 변화를 추동함	호모 에렉투스
1.8	연습을 통해 정확하고 빠르게 던지는 능력을 얻음	어깨와 손목의 해부구조 변화	문화적 전달이 던지는 기량의 습득을 촉진하고, 그 기량이 역으로 해부구조를 조형함	호모 에렉투스

호모 사피엔스

100만 년 전	능력에 대한 추론	증거	의미	해당 종
1.8	장거리를 오래 달리거나 죽은 짐승을 청소함	해부구조의 변화	물통과 추적 기술이 필요함	호모 에렉투스
1.75	더 세련된 도구를 위해 여러 기법으로 큰 석판을 만들어냄	대형 주먹도끼, 가로날도끼 찌르개	힘을 더 제어하고 큰 '몸돌'을 생산함	호모 에렉투스
1.7	양질의 먹거리를 얻고 가공하는 데에 더 많이 의존함	골반이 좁아지고 어금니가 작아짐	고기, 골수, 땅속의 뿌리/덩이줄기를 얻고 가공하는 기법들이 있었음	호모 에렉투스
1.6-1.2	새로운 기법, 재료 (돌의 유형, 뼈)를 개발하고 표준화를 시도함	다양한 대형 주먹도끼, 가로날도끼, 찌르개	양면에 공을 들여, 더 대칭적이며 날이 서도록 도구를 개량함	호모 에렉투스
1.4	정밀쥐기가 개선됨	손가락뼈의 변화	현대적인 손을 등장시킬 만큼 도구를 사용함	호모 에렉투스
0.85	석기 제조 기법이 더 정교해짐	3차원 대칭과 도구 두께의 감소	연질망치 기법과 더욱 복잡한 과정들을 사용함	호모 에렉투스
0.75	조리, 채석, 식물, 물고기, 거북에 관한 지식이 있었음	화덕, 동식물의 잔해, 도구, 대형 석판	문화적 노하우에 실질적으로 의존함	호모 에렉투스

조 진화를 모양지으면서, 이들의 '정밀쥐기precision grip'를 향상시키기 위해 자연선택을 통해 만지작거리는 작업을 하고 있었을 것이다. 정밀쥐기란 우리가 조심스럽게 도구를 조작하는 데에 사용하는, 엄지와 나머지 손가락 가운데 하나를 써서 섬세하게 쥐는 동작이다. 이 손가락 배치가 우리로 하여금, 하지만 다른 유인원은 말고 우리만, 바늘에 실을 꿰고 머지않아 고인류학 기록에 나타날 석기를 효과적으로 제작하게 해준다. 침팬지와 달리, 적어도 일부 오스트랄로피테쿠스는 엄지가 길어지고 손끝도 넓어졌는데, 이는 정밀쥐기 능력을 상당히 높여준다. 뼈는 긴엄지굽힘근flexor pollicis longus이라는 근육이 붙는 부위도 보여준다. 구부리고 있

을 때 엄지의 힘을 키워주는 이 근육은 현생 유인원에게는 없거나 덜 발달되어 있다. 동시에 일어난 다른 변화들도 오스트랄로피테쿠스의 정밀 쥐기를 안정시키고, 강화하고, 연마했는데, 여기 포함된 조정들이 이들의 손에 '컵 쥐기'를 비롯해 유인원들은 할 수 없는 종류의 쥐는 운동을 수행하는 인간 특유의 능력을 주었다.[5] 오스트랄로피테쿠스에게 일어난 이 해부구조 조정은 도구 만들기와 사용하기가 이미 현생 유인원에게서 보이는 어떤 것보다 더 중요해진 세상에 대한 공진화적 응답으로 보인다.[6]

물론, 우리는 회의적인 태도를 유지해야 한다. 이것은 문화가 주도한 유전적 진화일 필요가 없다. 우리 조상의 손에서 일어난 이 진화적 변화를 주도한 도구들은 순수하게 개인적 영리함의 산물일 수도 있다. 어쩌면 모든 오스트랄로피테쿠스가 혼자서 도구 만드는 법을 알아냈고, 사회적 학습은 아무 구실도 하지 않았을 수도 있다는 말이다. 그것이 불가능하지는 않지만, 그렇다면 이 유인원들은 다른 현생 유인원과도 인간과도 달랐다는 뜻이 된다. 현생 유인원과 인간의 도구 사용은, 아무리 단순한 도구라도, 사회적 학습에 의해 증가하기 때문이다.

260만 년 전에 이르면, 최초의 석기가 고古고고학 기록에 등장한다. (탄자니아의 올두바이협곡 이름을 따서) 올도완 도구로 알려진 이 석기들은 단순히 도구로 사용한 돌이 아니라 찍개, 긁개, 망치, 송곳이 되도록 모양을 다듬고 가공한 돌이다. 이 새로운 형태의 도구를 자세히 분석하고 실험을 통해 만들고 사용해본 결과는 갖가지 도구가 몸집 큰 포유류의 고기 잘라내기, 뼈를 부수어 골수 얻기, 가죽 벗기기, 견과 부수기, 질긴 풀이나 갈대 베기를 위해 다양하게 특수화되어 있었음을 시사한다. 이 유적지에 남아 있는 동물뼈의 잔해들은 이 친구들이 그저 빈둥대고 있지는 않았다는 것을 분명히 보여준다. 이들은 기린, 영양, 들소를 비롯해 심지어 가끔은 코끼리까지 해체하고 있었다. 이 도구들은 흑요석, 석회암, 석영을 포함한 다양한 석재로 만들었는데, 그 석재의 산지는 흔히 10~20킬로미터나 떨어진 곳에 있었다.[7]

내가 이 도구들과 해부구조 변화에 관해 지금까지 알려진 가장 이른 연대를 제시하고 있다는 점을 명심할 필요가 있다. 연구자들이 어쩌다 어떤 것의 실제 최초 사례를 발견할 확률은 사실상 제로이므로, 뭐가 되었건 우리가 이야기하고 있는 그것이 여기서 제시한 연대보다는 일찍 등장했을 것이다.

가장 오래된 올도완 도구들은 언뜻 보기에는 그다지 인상적이지 않지만, 잘 만들 줄 알게 되기는 무척 어렵다. 그것들을 만들려면 목표물을 올바른 각도에서 정확하고 강력하게 타격해야 한다. 심지어 이 원시적인 수준에서도, 숙련된 올도완 도구 제작자는 서로 다른 재료를 다루는 여러 기법에 통달했어야 했고, 제조 과정에서 일상적으로 손상되는 돌의 중심부를 수선하는 능력도 있어야 했다. 아무리 인간 전문가가 개별 지도를 하고 자르는 날이 있어야 어떤 먹이를 얻을 수 있도록 동기를 부여해도, 유인원은 올도완 도구 제작자의 방식 또는 기량으로 석기 만들기를 배우지 못한다. 언어를 훈련받은 유명한 보노보(침팬지의 한 유형)인 칸지에게 돌을 준 뒤, 인간 돌깨기 전문가가 올도완 기법을 보여주기도 했다. 그러나 칸지는 그 기법을 사용할 재주가 없었고, 그래서 자기만의 접근법을 발명했다. 칸지는 먼저 있는 힘을 다해 돌을 바닥이나 다른 돌에 부딪쳐 깨뜨린 다음, 그 잔해더미를 뒤져서 모서리가 날카로운 돌조각을 찾으려 했다. 이렇게 만든 날들이 칸지가 원했던 특정한 일을 완수하게 해주었지만, 칸지가 만들어낸 돌무더기를 분석한 결과 거기에는 올도완 석기의 핵심적 특징이 많이 모자랐다.[8]

약 240만 년 전에 이르러, 더 큰 뇌(약 630세제곱센티미터)를 지니고 두 발로 걷는 유인원이 아프리카에 나타났다. 이 유인원이 전형적으로 우리

호모속의 첫 번째 구성원으로 간주되지만, 당시 아프리카에 한 종만 있지는 않았을 것이므로, 나는 이들을 묶어서 초기 호모라고 부르겠다. 초기 호모는 턱과 어금니가 더 작았고, 어금니의 에나멜질이 더 얇았다. 이러한 특성들은 이들의 해부구조가 먹거리 가공에 관한 노하우의 확산에 반응하고 있었음을 시사하며, 그 처리에는 올도완 도구가 한몫을 담당했을 가능성이 높다. 석기는 아마도 문화적 전문지식 모음의 일부였던 목기를 동반했을 것이다. 그러한 노하우가 땅속의 덩이줄기와 뿌리를 찾아내고 캐내기, 죽은 짐승의 고기와 골수를 청소하고 가공하기(자르기, 썰기. 찧기), 흰개미, 개미, 알, 설치류, 꿀을 찾아내어 끄집어내기를 촉진했을 것이다. 많은 초기 유적지들에서 물고기뼈가 나타나는 것으로 보아, 계절별 산란에 대한 지식이 곤봉 및 간단한 창과 더불어 초기 호모가 커다란 물고기를 얻게 해주었을 것이다. 유사하게, 거북 껍데기들은 초기 호모가 거북을 '뒤집은' 다음에 껍데기 뚫는 법을 알아냈음을 시사한다. 이처럼 더 풍부한 자원을 입수하고 가공한 것이 뇌의 확장을 위한 문을 열었을 것이다. 새로운 에너지원을 이용할 수 있게 된 데다, 커다란 이빨과 턱이 갈고 자르고 써는 데에 또는 입, 위, 소장에서 분해하고 소화시키는 데에 필요했던 에너지도 적어졌기 때문이다.[9]

이 초기 단계의 어느 시점에, 아마 우리 계통에서 7번 염색체에 돌연변이가 일어나 MYT16 유전자의 스위치가 꺼졌을 것이다. 현생 영장류 안에서 이 유전자는 영장류의 머리뼈를 둘러싸는 거대한 근육을 만들어냄으로써 영장류가 질긴 먹이를 씹고 아주 세게 물 수 있도록 도와준다. 우리는 이 유전자의 도움으로 만들어지는 강력한 근섬유가 더는 필요하지 않기 때문에, 인간 안에서는 이 유전자가 활동하지 않는다. 이 유전적 불활성화가 어느 유인원 안에서 일어났을 때 우선적으로 선택되었을 조건은 오직 그 유인원이 양질의 먹거리를 얻거나 처리할 경우, 공격과 방

호모 사피엔스

어에 필요한 도구와 기법(돌찍개 및 창과 곤봉)을 갖추었기에 그 커다란 턱 근육은 그저 쓸모없는 짐이 되었을 경우뿐이다. 그런 근육은 유지비가 많이 들기 때문에, 자연선택도 할 수만 있다면—다른 해결책이 있다면— 그것을 버리고 갈 것이다.[10] 오스트랄로피테쿠스가 이 분야에서 흥미를 끄는데, 일부 종은 초기 호모와 공존했는데도 거대한 턱과 이를 발달시켰기 때문이다. 이 변화는 자연선택이 후기 오스트랄로피테쿠스 안에서—강력한 턱과 이빨을 통해—해결한 비슷한 먹거리 처리 문제를 호모 안에서는 문화적 진화가 해결하고 있었음을 시사한다.

기법상의 기량과 노하우 모음 전체는 사실 단순히 석기를 만들고 사용하는 수준보다 훨씬 더 크지 않았을까 생각할 이유가 있다. 180만 년 전에 이르러, 누군가는 뼈와 뿔을 도구로 사용하고 있었을 뿐만 아니라, 아마도 돌에 대고 갈아서 날카롭게 만들기까지 하고 있었던 것처럼 보인다. 면밀히 분석한 이 뼈들의 마모 상태는 이 뼈들이 십중팔구 땅을 파는 데에 쓰였을 것임을 시사하는데, 땅파기에는 아마도 흰개미집 파헤치기나 땅속의 뿌리와 덩이줄기 캐기가 포함되었을 것이다. 일부는 윤을 낸 것처럼 보이는데, 아마 동물 가죽에 대고 문질렀을 것이다. 분명히 해 두자면, 이것들은 나중에 빠르게 확장되는 방대한 구석기 시대 문화적 지식모음의 신호가 될, 정밀하게 공작된 골각기는 아니다.[11] 그래도 이것들은 '뼈 노하우'의 축적이 일찍이 시작되었음을 분명히 시사한다. 이 작은 증거들은 또한 내가 명백한 추론이라고 생각하는 것, 다시 말해 초기 호모와 오스트랄로피테쿠스의 최소한 일부는 나무, 갈대, 가죽을 재료로 만든 것을 포함한 풍부한 도구 목록을 갖고 있었던 게 틀림없으며, 다른 종류의 사회적으로 학습한 전문지식은 말할 필요도 없다는 점을 가리킨다.

경이롭게도, 우리는 대략 200만 년 전 이전에 우리 조상이 갖고 있었던 옛날 뇌에 관해서도 추론을 해볼 수 있다. 올도완 도구의 분석 결과는 이 도구 제작자들의 90퍼센트가 오른손잡이였음을 시사한다. 이는 특이한데, 유인원에게는 선호하는 손이 없고 우리에게 우세 손이 있는 것은 우리 뇌의 좌우 두 반구가 역할을 분담하고 있기 때문이다. 일반적으로 인간의 좌뇌는 언어와 도구 사용에 집중한다. 이와 일관되게, 초기 호모의 머리뼈는 언어, 몸짓, 도구 사용에 중요하다고 알려진 영역들에서 확장이 있었음을 잠정적으로 시사하고, 두 반구 사이에서 물리적 분리가 나타나고 있었음을 보여준다. 도구의 존재, 그리고 먹거리 가공 따위를 위한 도구와 의사소통을 위한 도구 사이의 상승작용에 대해 문화가 주도한 반응과 일치하는 양상으로, 현대 인간의 뇌를 특징짓는 신경적 노동분업이 이미 나타나기 시작했을 것으로 보인다.[12]

1장에서 나왔던 우리의 종 간 서바이벌 게임으로 돌아가보자. 당신이라면 돌을 깨서 동물 사체에서 질긴 가죽과 굵은 힘줄을 자르는 데에 도움이 될 박편을 만드는 법을 알았겠는가? 어떤 유형의 돌을 쓸 것이며 그 돌을 어디에서 찾을지도 알았겠는가? 오래된 아무 돌이나 그냥 집어들어서는 안 되고, 부싯돌, 규암, 규질암 덩어리는 대개 그냥 널려 있지 않다.

이와 같은 실험은 인간이 석기를 만드는 데에 있어서 문화적으로 전달받을 기회가 엄청나게 도움이 된다는 것을 보여준다. 그러나 나는 충분한 자유시간과 동기가 주어진다면, 당신도 결국에는 이 모든 것을 알아낼 수 있지 않을까 생각한다. 이는 이 기량 하나만 놓고 보자면 그것이 최소한 우리 현대인에게는 누적적인 문화적 진화가 아닐 것이라는 뜻이다. 왜냐하면 누적적인 문화적 진화의 산물은 개인이 혼자서는 생전에 알아낼 수 없을 만큼 복잡한 것이기 때문이다. 물론, 당신이 전문가에게 배울 수 있다면 당신이 치를 비용은 또 훨씬 더 낮아질 것이다. 그렇지만 작은 뇌를 가졌던 우리 조상들은 그런 도구와 기법을 혼자서 알아내기가 훨씬 더 힘들었을 것이므로, 그들에게는 그것이 누적적인 문화적 산물이 되었을지도 모른다.[13]

이에 비추어 볼 때, 올도완 도구들은 대체로 사회적으로 학습되었기 때문에, 그리고 한 개인이 가끔 혼자 힘으로 발명하는 것도 가능했기 때문에 존속했고 때때로 넓게 퍼졌을지도 모른다. 올도완 도구를 한 유형으로 묶어주는 것은 일정한 유형의 돌을 (조가비 모양으로) 깨뜨린 특정한 인위적 기법이다. 적절한 조건 아래에서, 적절한 유형의 돌이 주변에 있었다면, 지상에 살았던 영리한 유인원은 이 기법을 알아냈을 법하다. 도구가 일단 만들어지면, 다음에는 다른 개체들이 사회적 학습을 통해 그것을 습득할 수 있었을 테고, 그러면서 그것을 더 흔하게 만들었을 것이다. 이 도구들이 시간을 통과해 끈질기게 살아남은 이유는, 설사 개체군이 집단적으로 그 기법과 노하우를 때때로 잃었더라도, 누군가가 머지않아 다시 발명했을 것이고, 그러면 다시 국지적으로 퍼질 수 있었기 때문이다. 이 과정이 되풀이되었을 수 있다.

나는 이 시점에서, 우리가 누적적인 문화적 진화의 문턱에서 춤추고 있던 개체군들을 보고 있다는 느낌이 든다. 이들에게는 기량과 노하우를 습득하는 데에 필요한 여러 형태의 사회적 학습이 중요했을 테고, 그 결과로 집단들은 그런 학습이 없었을 경우에 비해 훨씬 많은 노하우를 갖고 있었을 것이다. 이 단계에서, 사회적 학습은 개체들로 하여금 안 그래도 혼자 힘으로 습득할 수 있었을 것과는 종류가 다른 석기 만들기, 뼈를 날카롭게 다듬기, (산란 중인 물고기나 알을 품고 있는 거북과 같은) 주요 자원 찾아내기 따위에 관한 적응적 노하우를 습득할 수 있게 해주었을 것이다. 그러나 그런 학습도 아직까지 정교한 도구나 복잡한 문화적 묶음을 발생시키는 지속적 축적을 허락하지는 않았다. 특정한 문화적 적응물은 생전에 알아낼 수 있었어도, 그 모두를 알아낼 수는 없었을 것이다.

축적물들은 두 걸음 앞으로 왔다가 그다음에 두 걸음 뒤로 되돌아간다. 이유는 집단이 갈라져서일 수도 있고, 환경적 충격에 부닥쳐서일 수도 있고, 불운이 닥쳐서일 수도 있다. 이것이 사실이라면, 우리는 고고학적 기록이 유적지에 따라 차이가 있을 거라고, 다시 말해 어떤 유적지는 다른 곳보다 더 복잡한 기술들을 드러내리라고 예상해야 한다. 그러나 시간이 흐름에 따라 복잡성이 더 커지는 연속적 추세를 기대해서는 안 된다. 집단들이 누적적인 문화적 진화의 문턱에서 춤추고 있을 때 보일 모습은 전자다.

연구자들의 올도완 석기 자료들을 근거로 보면, 이는 사실일 것이다. 서로 다른 집단은 서로 다른 시간에 서로 다른 파쇄 전략을 사용했고, 서로 다른 유형의 돌을 선호했다. 일부 집단은 심지어 양쪽 면을 쪼개어 날을 세운 뛰어난 찍개를 만들기도 했다. 그렇지만 260만 년 전에서 대략 190만 년 전까지는, 시간이 가면서 석기가 개량되는 양상이 모호하거나 아예 존재하지 않는 상태 사이를 오락가락 한다.[14]

180만 년 전에 이르자, 문화-유전자 공진화가 발생시키는 선택압이 강해져온 결과로 변화 속도가 빨라졌다. 아프리카에서, 그리고 다음에는 유라시아를 빠르게 가로질러, 호모속의 새로운 한 종이 더 큰 뇌(800세제곱센티미터), 더 좁은 골반과 더 긴 다리를 포함해 훨씬 더 현대인처럼 보이는 체격, 흔히 더 세련된 석기들을 가지고 끊임없이 나아가고 있었다. 나는 이 친구들의 모든 변종을—살던 곳이 아시아였건, 아프리카였건, 유럽이었건—간단히 '호모 에렉투스'라 부를 것이다.

호모 에렉투스의 해부구조는 5장에서 논의했던 것처럼, 이들이 먹거리 가공에 의존하게 되었음을 가리킨다. 초기 호모에 비해 이들은 어금니, 얼굴, 턱이 더 작은데, 이 모두가 이들에게는 질긴 것을 씹을 일이 더

호모 사피엔스

적었다는 것을 가리킨다. 위와 내장은 화석이 되지 않지만, 흉곽과 그 주변의 뼈는 때때로 화석화한다. 에렉투스는 우리처럼 원통형 흉곽을 갖고 있었고, 이는 침팬지와 고릴라의 깔때기 모양 흉곽과 다르다. 이 해부구조는 에렉투스가 유인원이 날것을 먹고 소화시키는 데에 쓰기 위해 갖고 있는 커다란 장을 버린 상태였음을 암시한다. 그래서 에렉투스는 우리 종이 의존하는 양질의, 얻기 힘든, 가공된 먹거리의 어떤 조합에 갈수록 중독되어가고 있었다. 이 같은 진화적 변화를 촉진하는 문화적 산물로 예상되는 것은 다음과 같다. (1)큰 짐승을 사냥하고 죽은 짐승을 취하는 데에 필요한 무기, 전략, 기량, (2)큰 짐승을 해체하는 데에 필요한 도구와 도구 제조 기량, 노하우, (3)땅속의 덩이줄기와 뿌리를 찾아내어 캐거나 꿀을 얻는 데에 필요한 지식과 기법.

에렉투스는 불을 어느 정도 제어했으며 아마 조리도 했을 것이라는 주장도 잘 입증되어 있다. 에렉투스가 얼마나 자주, 얼마나 많이 불에 의존했는지는 오랜 논쟁거리이지만, 약 150만 년 전에 이르러 불에 의존했다는 증거가 약간 있고, 100만 년 전에 관해서는 더 나은 증거가, 그리고 80만 년 전 무렵에 불과 조리 둘 다에 의존했다는 데에 대해서는 훌륭한 증거가 있다.[15]

아프리카에서 호모 에렉투스는 고고고학 기록에서 새로운 대형 석기와 함께 등장하는데, 이 석기들은 그만한 크기와 일정한 재질의 석판을 채석해야 한다는 점에서 올도완 도구와 구별된다. 일단 이 '몸돌'이라 부르는 것이 만들어지면, 한 면 또는 양면을 다듬어 주먹도끼, 가로날도끼, 찌르개를 생산할 수 있다. 이러한 도구 만들기는 상당히 복잡한데, (흔히 멀리 떨어져 있는) 암석의 위치 알아내기, 채석하기와 커다란 몸돌 운반하기, 그런 다음 실제로 주먹도끼나 가로날도끼나 찌르개를 공들여 만들기를 포함하면 특히 더 그랬다. 마지막 부분인 몸돌 깨기만 해도, 현대인이 배우려면 도움을 받는다고 해도 수백 시간이 걸리는 것 같다. 이 모두를 얼마나 자주, 한 개인이 생전에 알아낼 수 있었는지는 전혀 알 수 없다. 더 큰 뇌를 가지고도, 길 잃은 유럽인 탐험가들은 자르는 날이 필요할 때 돌로 된 주먹도끼 같은 것 하나 신속하게 준비하지 못했다. 인류학자들이 연구한 바에 따르면, 소규모 사회에서 아직까지 석기를 만드는 개체군들은 양질의 도끼나 자귀를 만들기까지 몇 년에 걸쳐 문화적 전달과 개인적 연습에 의존한다. 그리고 그 커다란 몸돌을 정확히 어떻게 캐는지는 여전히 확실하지 않다.[16]

이 기간에 호모 에렉투스의 어깨와 손목에 일어난 해부구조의 변화는 강력한 던지기 능력, 다시 말해 사냥하고 죽은 짐승을 취하고 다른 사람을 공격하는 데에 유용한 기량의 등장을 시사한다. 오직 인간만이 빠르고 정확히 던질 수 있다. 대조적으로, 침팬지도 가끔 물건을 던지기는 하지만, 침팬지의 던지기는 신체적으로 더 약한 사촌(우리)보다 느리고 대체로 부정확하다.[17] 그러나 초기에 던지기를 시작한 사람들은 아마도 돌이나 간단한 창을 던졌을 것이므로, 던지기를 위한 해부구조 조정의 진화에 문화적 진화가 강력하게 박차를 가했을 것인지가 당장 명백한 것은 아니다. 그러나 중요한 것은, 인간도 강력하고 정확한 던지기가 자동으로 발달하지는 않는다는 점이다. 내가 다닌 초등학교의 여학생 대부분처럼 자라는 동안 던지기를 연습하지 않는 사람들은 성인이 되어서도 던지기를 그리 잘하지 못한다. 이제 당신이 아무도 뭔가를 던지지 않거나, 가끔 던질 때에도 던지기가 느리고 목표물을 빗나가는 세상에서 자라고 있는 아이라고 상상해보라. 당신은 작은 사냥감이나 새를 향해 돌이나 막대기를 던지는 실험을 해볼지도 모르지만, 십중팔구 맞히지 못하고 실망해서 더 알찬 성과를 올릴 길을 찾기를 포기할 것이다. 그러나 더 나이 많은 본보기들이 빠르고 정확한 팔매질로 새를 떨어뜨리는 데에 성공하

호모 사피엔스

는 모습을 지켜보고 베낄 수 있다면, 오랜 연습기간을 이겨낼 가능성이 높아질 것이다. 또한 손위 아이들 몇몇이 목표물을 맞히는 연습을 하는 게 눈에 띄어서, 그것을 따라할 수 있을지도 모른다. 당신이 예리한 문화적 학습자일 때에만 이러한 관찰이 당신에게 영향을 미치리라는 점은 말할 것도 없다. 던지기 전통을 순조롭게 출발시키려면, 특이하거나 운 좋은 개인 한 명이나 두세 명이 문화적 학습에 의존하지 않고 지난한 연습기간을 버텨내야 하겠지만, 모든 사람이 혼자 힘으로 던지기를 개발해야 하는 것보다는 그쪽이 더 현실적이다. 이와 같이 문화적 진화는 먼저 세련된 발사무기를 만들어내지 않고도, 던지기를 학습되는 관행으로서 선호할 수 있는 조건을 만들어냈을 수 있다.

마찬가지로, 5장에서 설명한 대로 동물의 행동과 추적에 관련된 노하우의 조합이 존재한 것에 더해 물통을 만들어 사용한 것이 에렉투스에게 장거리 지구력 사냥 또는 죽은 짐승 취하기에 종사할 길을 열어주었을 것이다. 오래달리기를 위한 해부구조적 적응물 가운데 일부는 초기 호모에서도 나타나지만, 에렉투스에게는 그러한 적응물이 넘쳐났고, 그 중에서도 긴 다리, 좁은 골반, 큰 궁둥이, 더 효율적인 머리의 열 발산이 가장 눈에 띄었다.[18]

상황에 가속도가 붙은 160만 년 전부터 100만 년 전까지, 새로운 기법과 재료가 에렉투스 사회의 유적들에서 점점 더 많이 나타났다. 주먹도끼들이, 같은 유적지에서 나온 것들을 포함해, 주로 한 면에만 공을 들인 것(단면 주먹도끼)에서 양면에 공을 들인 것(양면 주먹도끼)으로 진행한다. 이 도끼들은 시간이 흐름에 따라 더 큰 대칭성과 더 날카로운 날을 보여주면서 개량되었고, 때로는 커다란 뼈로 만들어지기도 했다(〈그림 15.1〉 참조).[19] 주먹도끼를 만들던 조상들을 상상하며 돌을 깨보면, 이 오래된 도구들이 우연히 만들어지지 않았음을 더욱 명백히 알 수 있다. 도

그림 15.1 140만 년 전에 포유류의 긴뼈로 만든 주먹도끼(에티오피아)

구를 만들기 위한 새로운 기법이 확산 중인 문화 목록 안에 포함되었을 것이며, 이 새로운 기법들은 돌을 깨기 위한 준비절차를 포함해 더 복잡한 제조 방법들을 요구한다.[20]

막 등장한 누적적인 문화는 유적지에 따라 기법도 관습도 달랐지만 축적도 고르지 않아서 기술이 사라지는 일도 흔했다. 때로는, 심지어 자주, 커다란 특유의 주먹도끼들이 기록에서 사라지고 더 단순한 (올도완) 석기들만 남았다.[21] 적절한 원자재를 한두 세대 동안 구하지 못한 개체군은 관련된 기법과 도구를 잃어버릴 수 있었다. 그리고 다른 문화적 적응물과 마찬가지로, 우리는 불을 다루는 능력과 조리도 특정한 집단의 목록에서 한동안 누락될 것을 예상해야 한다. 앞서 (5장에서) 언급했듯이, 불을 피우는 방법에 관한 지식은 심지어 현대 수렵채취인의 목록에서도 이따금 누락되었다.

호모 사피엔스

140만 년 전 인류의 손가락뼈 화석에서 나오는 해부학적 증거는 섬세한 재주, 정밀쥐기, 새로운 도구와 관련된 기법의 영향력이 커져가고 있음을 보여준다. 에렉투스의 가운뎃손가락 밑동이 우리의 것과 구별되지 않고 현생 유인원과 오스트랄로피테쿠스의 것과는 다른 새로운 형태로 바뀌었다. 이 새로운 설계는 정밀쥐기를 하는 동안 관절을 안정시키고 손과 손목 전체를 강화해준다.[22]

연구자들은 에렉투스의 도구와 노하우에 장구한 정체기가 있었다는 가설을 두고 오랫동안 논쟁해왔지만, 그렇지 않았을 것임을 가리키는 새로운 증거가 나타나기 시작했다.[23] 85만 년 전에 이르면, 이제 뇌가 조금 더 커진 에렉투스는 커다란 절삭도구들의 두께를 줄이며 더 훌륭한 대칭성을 만들어내고 있다. 연구자들은 이 아름다운 도구들이 연질망치 기법으로 만들었음을 밝혀냈다. 먼저 뼈나 뿔로 연질망치를 만들어야 했을 것이다. 그리고 그러한 변화를 일으키자면 더 많은 단계를 가진 더 긴 절차를 써서 더 훌륭한 기법상의 기량을 발휘해야 했을 것이다. 심지어 유적지마다 서로 다른 제작 방법과 상당히 다른 재료를 사용해 똑같은 결과물을 얻은 것처럼 보인다.

약 90만 년 전 이후, 환경의 변동 속도가 빨라졌다. 수학적 모형에 근거하면, 이 변화는 사회적 학습을 선호하는 선택압을—이미 문화에 어느 정도 의존하고 있던 종에게는 특히 더—증가시켰어야 한다. 그러나 변하기 쉬운 환경은 누적적인 문화적 진화를 방해하고, 억누르고, 때로는 후퇴시키기도 했을 것이다. 문화적 진화가 지은 적응물은 국지적 환경과 자원에 맞추어져 있기 때문에, 더 빈번한 환경 변화는 이용 가능한 동식물을 변화시키고 국지적 기후 양상을 바꾸어버림으로써 이러한 문화적 적응물을 쓸모없게 만들었을 것이다. 같은 환경에서 한 벌의 문화적 적응물들을 만들어가며 수백 년 동안 살아온 개체군들이, 환경이 한 번

바뀌고 나면 결국 이동하거나 다시 적응해야 했을 것이다. 우리는 그런 조건에서도 더 복잡한 문화적 산물이 때때로 튀어나올 것을 예상해야 하지만, 그런 일은 있다가 없다가를 거듭하며 드문드문 일어나야 한다. 예컨대 세련된 도구들이 에렉투스의 커다란 뇌나 지능의 직접적 산물이 아닌 것은 우리의 세련된 도구들이 우리 자신의 영리함의 산물이 아닌 것과 마찬가지이므로, 우리는 에렉투스가 갔던 모든 곳에서 똑같이 세련된 도구들을 보리라 기대해서는 안 된다(12장 참조). 이것은 우리가 서기 1500년 이후 지구 전역을 항해한 초기 유럽인 탐험가들이 동등한 수준의 기술적 복잡성이나 정교함을 가진 사회들을 마주쳤으리라 기대하지 않는 것과 마찬가지다. 기술적 복잡성을 생산하고 지속시키려면 사회연결망에 연결되고 사회규범에서 활력을 얻는 집단두뇌가 필요하다.

그래도 어떤 시간과 장소에서는 누적적인 문화적 진화의 징후가 나타나는 것처럼 보인다. 예컨대 골란고원과 갈릴리 산지 사이(이스라엘)의 오래된 호숫가에 있는 게셰르 베노트 야코브 유적지는 75만 년 전 무렵 한 사회의 생활상에 관한 풍부한 통찰을 낳아왔다. 광범위한 유적은 석기도 제작하고 먹거리도 가공하기 위한 구역이 화덕과 함께 존속했음을 가리킨다. 거주민들은 불을 다루었고, 주먹도끼, 가로날도끼, 돌날, 자르개, 뚫개, 긁개, 찍개를 포함한 다양한 석기를 만들었다. 도구는 흔히 한 팀이 멀리 있는 채석장에서 옮겨온 거대한 석판에서 떼어낸 부싯돌, 현무암, 석회암을 가지고 현장에서 제작을 마쳤다. 현무암판의 일부에는 채석 과정에서 지렛대를 사용했음을 가리키는 홈이 있다. 최고급 현무암을 잘 채석한 것으로 보아, 누군가는 이 주제에 관해 축적된 노하우를 지니고 있었을 것이다.[24]

이 집단은 식단이 다양했으므로, 지역에 대한 광범위한 지식도 필요했을 것이다. 석기가 멧돼지와 설치류를 비롯해 코끼리, 사슴, 가젤, 코뿔소의 사체를 처리하는 데에 사용되었다. 사슴뼈에 남아 있는 긁힌 자국은 수십만 년 뒤에 후기 구석기 사냥꾼이 만든 자국과 크게 다르지 않다. 게셰르 베노트 야코브의 주민들은 또한, 어떻게 했는지는 몰라도, 민물에 사는 게, 거북, 파충류를 비롯해 잉어, 정어리, 메기를 포함해 최소한 아홉 종류의 물고기를 손에 넣었다. 이 물고기들 가운데 일부는 길이 1미터가 넘는 큰 놈이었다. 여기에 더해 각종 씨앗, 도토리, 올리브, 포도, 견과, 마름 말고도 다양한 과일들이 있었다. 이 풍부한 식재료 속에는 물에 잠긴 가시연도 들어 있었는데, 가시연은 물가에서 한참 떨어진 물에서 자란다. 이곳 사람들은 또한 견과를 부수었고 도토리를 구워서 껍데기를 제거하고 아마 쓴맛 나는 타닌도 줄인 것으로 보인다. 그리고 인도와 중국에서 수천 년 동안 해왔듯이, 가시연 씨앗을 구워 '팝콘'까지 만들었다.

분명, 이 시점에는 누적적인 문화적 진화가 본격적으로 작동하면서, 당신이나 나, 또는 길 잃은 유럽인 탐험가들이 생전에 만들어낼 수 있었을 양보다 더 많은 노하우를 발생시키고 있다. 못 믿겠다면, 가서 고품질의 현무암판을 채석하고(아마 지레가 필요할 것이다), 완벽하게 대칭인 아름다운 주먹도끼를 만들고(먼저 뿔이나 뼈로 된 그 망치를 만드는 것을 잊지 말라), 코끼리를 한 마리 쓰러뜨리고(당신의 구석기 본능을 믿는가?), 그 사체를 해체하고(주먹도끼를 사용하라), 불을 피우거나 자연적으로 발생하는 불꽃을 찾고, 그런 다음 뗏목 한 척을 후다닥 마련해서 노를 저어 나가 가시연을 좀 따라(이 식물을 찾을 수는 있겠지?). 그다음에, 코끼리 스테이크와 '팝콘'을 즐겨보라.

물론, 이는 이 옛 인류가 우리와 같았다는 의미가 아니라, 이들이 루비콘강을 건넌 뒤 문화와 문화의 산물이 일차적으로 주도하는 유전적 진화의 궤도에 올라 있었다는 의미일 뿐이다.

이 시점에 이르러 누적적인 문화적 진화의 문턱을 넘었다는 사실이 여전히 의심스러울지도 모르지만, 게셰르 베노트 야코브에서의 활동 이후로 그다음 30만 년 만에, 호모 에렉투스는 뇌가 1200세제곱센티미터로 확장된 것을 포함해, 호모 하이델베르겐시스라는 새로운 종명을 받아도 마땅할 만큼 변했다. 이 기간에 돌촉이 달린 나무 투창을 포함한 발사무기의 첫 번째 증거가 드러났고, 다양한 돌날 생산 기법도 등장했다. 이러한 기법들은 유적지나 개체군 안에서 보면 일관되지만, 개체군끼리 비교하면 분명 차이가 있었다. 독특한 도구 전통들과 자연 접착제를 활용하는 복합도구들이 곧 뒤따랐다. 하이델베르겐시스는 또한 다른 유인원들과는 달리, 인간처럼 귀를 말소리에 맞추어 보정해온 것처럼 보이고, 이는 문화적으로 진화한 음성 의사소통 목록이 우리 유전자에 열심히 망치질을 해오고 있었음을 시사한다(13장 참조).[25]

아직은, 이러한 노하우와 기술의 조각들 다수가 기록에 나타났다 사라지기를 반복하는 듯하고, 한 번 나타난 뒤 오래 존속하는 일은 최근 10만 년이 되어서야 시작된다. 하지만 이는 집단두뇌에 의존하는 종에게서 예상되는 일일 뿐이다. 급변하는 환경, 집단 간 경쟁, 도전적 생태계가 집단의 크기를 제한하고 군집들 간의 사회적 유대를 갈라놓으며 집단두뇌에 영향을 미쳤을 것이기 때문이다.

이 모든 것의 결론은, 현재까지의 증거에 의하면 오스트랄로피테쿠스는 아마도 (우리를 뺀) 어떤 현생 유인원보다 더 열심히 문화적 정보를 뭉치기 시작했으리라는 것, 그러나 어떤 특정한 도구나 노하우의 요소도 한 개인이 생전에 발명할 수 있을 것보다 더 정교하지는 않았다는 것이다. 그렇지만 한데 모으면, 그 합은 어떤 시간과 장소에서는 한 개인이 생각해낼 수 있는 것보다 더 많았을 것이다. 그러나 이러한 개체군은 십중팔구 진정으로 누적적인 문화적 진화의 궤도에 올라서기 직전 벼랑 끝

호모 사피엔스

에 서 있었을 테고, 그래서 진보는 느리고 후퇴도 흔했을 것이다. 이러한 문화적 노하우의 뭉치가 초기 호모의 진화를 주도하면서 이들의 뇌를 확장시키고 이빨과 턱을 작게 만들었을 것이다. 그리하여 180만 년 전에 이르러서는 아마도 문턱을 넘어서 있었을 테고, 이제는 누적적인 문화적 진화의 산물들이 우리 속屬의 유전적 진화를 주도하면서 우리 발, 다리, 장, 이, 뇌를 모양짓고 있었을 것이다. 후대의 기준에서 보면 속도는 느렸지만, 도구모음도 향상되었고 기법들도 점진적으로 추가되었다. 동시에 문화적 상실과 기술의 후퇴는 계속되었다. 75만 년 전 게셰르 베노트 야코브에 이르면, 우리가 커다란 짐승을 사냥하고, 큰 물고기를 잡고, 화덕을 유지하고, 조리를 하고, 복잡한 도구를 제작하고, 거대한 석판을 옮기는 데에 협력하고, 다양한 식물을 채집하고 가공하는 하나의 문화적인 종을 다루고 있다는 데 대해 거의 아무런 의심도 남지 않는다.

누적적인 문화적 진화는 우리 종의 계통에서 오래된 것으로서, 시초가 최소한 수십만 년을 거슬러 올라가지만 어쩌면 수백만 년을 거슬러 올라갈지도 모른다. 이제는, 루비콘강을 건넌 게 왜 하필 우리 계통이었는지를 탐구해보자.

16장

왜 인간이었을까?

누적적인 문화적 진화의 문턱을 넘어 문화가 주도하는 유전적 진화의 긴 여정으로 들어선 존재는 왜 우리 계통이었을까? 이 과정은 왜 최근 수백만 년 사이에야 시작되었을까? 왜 1,000만 년 전이나 2억 년 전에는 시작되지 않았을까? 그리고 왜 다른 종들은 비슷한 문화-유전자 공진화의 궤도를 겪지 않았을까?

먼저 알아야 할 것은, 우리 종은 뇌와 몸이 사회적 학습의 중요성에 의해 다듬어져온 유일한 존재가 아닐 수 있다는 사실이다. 케빈 랠런드, 앤드루 화이튼, 카럴 판 스하익과 동료들 같은 생물학자와 영장류학자가 주장해왔듯이, 뇌의 진화적 확장은 수많은 종 안에서 도구 사용이나 먹이 선별 따위의 유용한 행동을 개체군 너머로 전파시키는 사회적 학습 성향에 의해 영향을 받아왔다. 개별적 경험, 행동적 유연성, 사회적 학습을 어떻게든 조합함으로써, 뇌가 큰 동물은 새로운 환경에서 더 효과적으로 생존하고 번식하며 생소한 문제를 더 많이 해결할 수 있다. 뇌가 큰 종은 행동을 혁신하는 빈도도 높고 사회적 학습도 더 많이 한다. 큰 뇌는 발달과 프로그램 작성에 비용이 많이 들기 때문에, 이 접근법은 왜 큰 뇌를 가진 종은 아동기(소년기)가 길고 수명도 긴 경향이 있는지도 설명한다.[1] 뇌가 크면 자손에게 학습할 시간을 충분히 줄 수 있게 아동기가 길어야 한다. 어머니의 수명도 길어야 어머니가 이 긴 아동기 동안 자식을 돌보면서도 자식을 더 가지기에 충분한 시간을 확보할 수 있다.

그러므로 어떤 의미에서 우리 종은, 왜 어떤 종은 다른 종보다 뇌가 큰지를 설명하는 데에 도움이 되는 진화 과정이 만들어내는 훨씬 더 큰 그림의 일부일 뿐이다. 그러나 다른 의미에서 우리는 여전히 아주 특별하니 걱정하지 말라. 다른 어떤 현생 종에게도 없는 이 과정이 실질적으로 누적적인 문화적 진화와 자기촉매적인 문화-유전자 상호작용을 촉발함으로써 우리의 유전적 진화를 강력하게 주도해왔다. 다른 종들이 이를 경험하지 못한 이유는 일종의 **시동 문제**에 있을 것이다.[2] 누적적인 문화적 진화는 일단 굴러가기만 하면, 문화적 학습을 위해 설계되고 준비된 더 큰 뇌를 지어 프로그램을 짜넣는 비용을 지급하고도 남을 적응적 도구, 기법, 노하우로 가득 찬 풍요로운 문화적 세상을 창조할 수 있다. 그러나 맨 처음에는 저 바깥에 문화적으로 습득할 게 별로 없을 테고, 있는 것도 아직까지는 (사회적 학습 없이) 개인이 예컨대 시행착오를 통해 혼자 힘으로 배우려 노력함으로써 배울 수 있을 만큼 단순할 것이다. 따라서 자연선택은 뇌의 크기나 복잡성이 큰 편을 선호하지 않을 것이다. 뇌를 발달시키고 프로그램을 짜넣으려면 비용이 많이 들기 때문이다. 그리고 설사 뇌 확장 비용을 감당할 수 있더라도, 자연선택은 동물의 **개별적**(비사회적) 학습능력을 개선하는 데에 투자하는 경향이 있을 것이다. 개별적 학습은 주변에 배울 만한 일을 하고 있는 개체가 하나도 없는 (사회적 학습이 유용하지 않은) 경우에도 혁신과 행동적 유연성을 허락하기 때문이다.[3] 게다가 자연선택은 개체가 자신의 환경으로부터 스스로 배우는 능력을 개선함으로써, 개별적 학습에 기생하는 특정한 형태의 사회적 학습도 개선한다. 이런 형태의 사회적 학습에서, 개체는 다른 개체 주위를 맴돌다가 도구나 자원(예컨대 흰개미)에 노출되지만 발견한 그 도구의 사용법이나 그 자원에 접근하는 법은 스스로 알아낸다. 자연선택이 개별적 학습에 작용할 때, 그것은 단순한 형태의 사회적 학습을 일정한 정도로, 부산물로서 증가시킨다.

따라서 **시동 문제**란 초기에는 더 큰 뇌라는 비용을 지불할 만큼 누적된 것이 없었을 터이므로, 누적적인 문화가 유전적 진화를 주도하기 시작할 만큼 존재하는 조건이 드물다는 뜻이다. 만약 누적된 것이 있었던 경우에도, 가장 적응적인 투자는 개별적 학습을 개선하는 데에 있을 것이고, 사회적 학습 또는 궁극적으로 문화적 학습을 향상시키는 데에 있지 않을 것이다. 그러므로 자연선택이 사회적 학습의 향상을 선호하려면 문화적으로 배울 게 많아야 하지만, 당신이 사회적 학습을 많이 하지 않으면 저 바깥에 활용할 축적물도 많지 않을 것이다.

시동 문제를 극복하려면, 어떻게든 축적된 노하우를 다른 개체들의 마음과 행동에 쏟아부어서 개별적 학습만으로는—설사 그것이 간단한 사회적 학습에 간접적 효과를 미친다 해도—**훨씬 더 나은** 사회적 학습자들을 따라잡을 수 없도록 해야 한다. 시동 문제는 실질적으로 누적적인 문화적 진화를 하는 다른 종이 보이지 않는 까닭을 설명해준다. 그것은 문화-유전자 공진화의 고속도로로 올라서는 편안한 진화적 진입 경사로 대신에, 건너야 할 루비콘강이 있는 이유이기도 하다. 이제 질문은, 구체적으로 어떻게 우리가 누적적인 문화적 진화의 엔진에 처음으로 시동을 걸었느냐는 것이다.

지금부터는 내가 생각해낸 최선의 설명을 막무가내로 펼쳐나간다.

호모 사피엔스

현재까지의 증거와 균형이 맞기는 하지만, 인간의 진화에 대한 이 관점은 너무도 새로워서, 아직 이론 수준에 머물러야 할 것들도 있다. 수많은 훌륭한 동료들이 훗날 내 피할 수 없는 실수들을 바로잡아 주리라 확신한다.

두 길이 서로 얽혀 다리를 놓는다

....

시동 문제를 돌아가는 진화 경로에는 두 갈래가 있다. 첫째, 언급했듯이 뇌의 크기를 바꾸지 **않고도** 어떻게든 한 종의 문화적 목록의 크기와 복잡성을 늘릴 수 있다면, 세상에는 남에게서 배울 만한 적응적인 것들이 더 많아질 것이다. 이런 일이 일어나면, 사회적 학습을 향상시키는 유전자를 갖고 있는 비용을 돌려받을 수 있을 것이다. 사회적으로 습득할 것이 저 밖에 이미 넘쳐나기 때문이다. 아니면 어떤 식으로든 더 큰 뇌의 비용을 낮출 수도 있다. 그 비용의 일부는 사실상 어머니가 물게 된다. 어머니는 자식이 성인으로서 살아가기 위해 그 커진 뇌를 부팅하는 동안 더 오래도록 돌봐주어야 하기 때문이다. 나는 이 두 경로가 모두 중요했으며 서로를 보강하고 있었다고 생각한다. 〈그림 16.1a〉는 이 가운데 첫 번째 경로인 **노하우 경로**에 있는 주요한 인과관계를 그린 것이다. 〈그림 16.1b〉는 그 위에 **사회성 보육 경로**를 덧씌운 것이다. 이 그림들은 주요한 인과관계만 그린 것이므로, 앞으로 설명할 관계들 가운데 일부는 그림에 없다는 점에 유의하라. 먼저 땅에서 사는 큰 영장류에서 출발하는 게 중요한 이유를 논의한 다음, 여기에 포식과 집단 간 경쟁을 추가하고, 마지막으로 변동하는 환경을 들여올 것이다. 그림에서 선명하게 강조한 이 세 가지 외부요인이 우리의 서로 얽힌 두 경로를 통과해 달리는 진화 과정

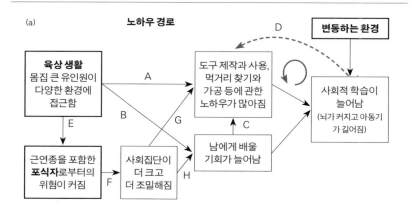

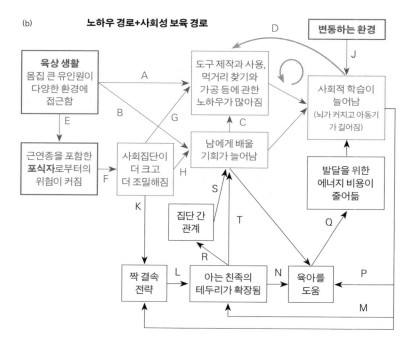

그림 16.1 상단의 그림 ⒜는 노하우 경로를 보여준다. 하단의 그림 ⒝는 노하우 경로 위에 사회성 보육 경로를 포갠 것이다.

호모 사피엔스

을 촉발했다. 이제 두 경로를 살펴보자.

땅에서 사는 큰 영장류는 더 커다란 문화적 축적물을 생산한다

영장류가 손을 진화시킨 것은 이동하기 위해서뿐만 아니라 먹고 나무에 매달려 돌아다니기 위해서이기도 하다. 하지만 나무에서 땅으로 내려온 순간, 손이 자유로워짐으로써 여러 가능성이 생겼다. 일부 영장류의 경우는 땅에서 시간을 보내는 것—육상생활—이 더 많은 유형의 도구와 더 복잡한 도구의 발달, 그리고 사회적 학습에 의한 그 기량들의 더 넓은 확산을 촉진한다. 육상생활의 이점은 간단하다. 땅에서는 자유로운 양손으로 곤충(예컨대 흰개미와 개미), 견과, 돌, 막대기, 갈대, 잡초, 다양한 나뭇잎, 물 따위 더 많은 유형의 자원에 훨씬 더 쉽게 접근할 수 있다. 양손과 다양한 품목들이 준비되어 있지 않으면, 여러 부품으로 이루어진 도구를 고안하거나 도구 또는 단계가 여럿 필요한 절차를 생각해내기가 더 힘들다. 반쯤 땅에서 사는 침팬지를 보면 이 사실이 명확해진다. 침팬지들이 땅에서 사용하는 도구와 절차는 나무에서 사용하는 것보다 일반적으로 더 복잡하다. 그리고 이들의 몇 안 되는 복잡한 나무 위 도구들은 땅에서 먼저 개발해서 사용하던 것을 개조한 수준에 지나지 않는다. 게다가 땅에서는 개별 학습자들이 더 많은 개체들과 더 쉽게, 시야의 방해를 덜 받고 접촉할 수 있다. 그 결과로 땅에서 다른 개체 주위를 맴돌면, 개별적으로 이것저것을 알아낼 가능성이 더 크다. 그리고 다른 개체들이 주변에 남겨둔 도구들도 도움이 될 수 있다. 영장류는 그런 것을 얼른 집어서 가지고 놀기 때문이다. 이와 대조적으로, 나무에서는 도구가 대개 땅으로 떨어져 버려서 나무에 사는 다른 개체들의 학습을 촉발하지 못한다.[4]

육상생활의 이점은, 현생 영장류들이 땅에서 더 많은 시간을 보내도록 격려나 강요를 받는 상황에서 도구를 사용하는 정도를 비교해보면 알 수 있다. 여기에는 야생에서의 자연실험 과정과 사육되는 영장류와의 비교 과정이 둘 다 포함된다. 예컨대 원숭이는 대체로 도구를 쓰지 않지만, 억지로 나무가 거의 없는 서식지로 들어가 땅에서 더 많은 시간을 보내야만 하면, 도구를 사용하기 시작할 가능성이 커진다. 사육되는 오랑우탄은 야생 오랑우탄보다 땅에서 더 많은 시간을 보내고, 도구를 더 자주 사용하며 더 복잡한 도구를 만든다. 이것은 주로 나무에서 거주하는 오랑우탄의 도구가 땅에서 훨씬 더 많은 시간을 보내는 침팬지의 도구보다 대체로 덜 복잡한 이유도 설명한다.[5]

땅에서 시간을 보내는 효과는 스스로 문제를 해결하는 분야에서 다른 영장류에 비해 큰 유인원이 이미 갖고 있는 이점들을—예컨대 도구 만드는 법을—알아냄으로써 더 증가시킨다. 따라서 다른 것이 모두 동등하다면, 더 큰 뇌를 가진 영장류는 훌륭한 사회적 학습자에게 도움이 될 것을 더 많이 알아내고, 더 큰 뇌를 가진 동시에 땅에서 사는 영장류는 그처럼 유용한 것을 더욱더 많이 발생시킨다. 우리는 지금 자연선택이 더 크고 문화적인 뇌를 선호하는 만큼이나 자기 집단에 속한 다른 개체들의 행동 안에 가치 있는 정보가 담겨 있을 조건을 살펴보고 있음을 기억하라.

오스트랄로피테쿠스 조상의 것으로 짐작되는 화석은 나무에서 땅으로 내려오는 과정이 500만 년 전에 이미 진행되고 있었음을 시사한다. 440만 년 전 무렵 아프리카에는, 뇌의 크기가 침팬지만 하거나 조금 더 작으면서 땅에서 걷는 데에도 능숙하고 나무를 오르는 데에도 능숙한 유인원들이 있었다.[6] 뇌의 크기와 육상생활을 근거로 예측하자면, 이 유인원은 훌륭한 개별적 학습자인 동시에 땅에서 보내는 시간이 많기 때문에—어쩌면 침팬지의 것과 크게 다르지 않은—어엿한 학습된 행동과 기량의 목록을 보유하고 있어야 한다. 만약 어떤 다른 요인이 이 지상에 사는 유인원 뇌의 크기를 침팬지의 것과 비슷하게 증가시키게 되어 있다면, 우리는 이 유인원이 육상생활을 훨씬 더 많이 한다는 이유로—땅에서 보내는 시간이 많으면, 도구도 많을 테니—문화적 세계도 침팬지에게서 관찰되는 것보다 더 풍부하리라 예측할 것이다.

육상생활이 문화적 목록의 크기에 미치는 영향은 〈그림 16.1a〉에 화살표 A와 B로 그려져 있다. 화살표 C는 땅 위에서 다른 개체들과 더 많이 접촉하는 것이 사회적 학습의 기회를 증가시킴으로써 노하우에 미칠 영향을 보여준다. 뇌가 큰 유인원은 제한적으로나마 사회적 학습능력을 갖추고 있는데 그 능력은 개별적 학습을 선호하는 선택의 부산물로서 공짜로 주어지기 때문이다. 사회적 학습을 위한 노하우와 기회가 많아지면, 개체들이 사회적 학습을 써서 이 상황을 이용할 능력을 키워주는 유전자를 선호하는 자연선택의 강도가 커질 것이다. 향상된 사회적 학습은 결국 더 큰 뇌와 더 긴 아동기를 요구한다. 점선 D는 지금 우리가 이야기하고 있는 주요한 되먹임고리를, 동그란 화살표는 자기촉매 반응의 가능성을 나타낸다.

포식은 더 큰 집단을 선호하고, 더 큰 집단은 더 커다란 문화적 축적물을 선호한다

나무는 영장류가 위험을 피하기 위해 가는 장소이므로, 육상생활의 증가는 이 유인원들을 포식자의 눈에 띌 위험에 더 많이 노출시켰을 것이다. 아프리카에 살던 우리의 초기 유인원 조상은 오늘날 밀림에 사는 어떤 유인원보다도 (인간이 가하는 위험을 제외한다면) 먹잇감으로서 실질적으로 더 커다란 위험에 직면했을 것이다. 그 당시 대형 육식동물의 수와 종류는 오늘날의 약 두 배 수준이었다. 오늘날에 볼 수 있는 사자, 표범,

치타, 하이에나 말고도 커다란 검치劍齒를 지닌 고양잇과 동물이 여럿 있었는데, 그 가운데 둘은 사자 크기였고, 하나는 아마도 무성한 초목에서 하는 매복 사냥이 전문이었을 것이다. 늑대를 닮은 들개를 비롯해 아직까지 살고 있는 하이에나 종도 떼를 지어 사냥하고 있었을 뿐만 아니라, 독사의 수도 많아지고 있었다. 게다가 10장의 침팬지 예에서 보았듯이, 다른 유인원 집단도 포식자의 위협을 가중시켰을 것이다. 서로 다른 집단끼리 과일나무, 최근에 잡은 큰 포획물, 방어 가능한 동굴, 귀중한 석기, 채석장에 접근할 권리를 놓고 경쟁했기 때문이다. 그리고 결국에는 오스트랄로피테쿠스도 여러 종이 보이므로, 다른 유인원 종의 먹잇감이 되는 일도 있었을지 모른다.

포식이 증가하는 상황에 직면하면, 포유류는 더 큰 집단을 형성함으로써 행동적으로 대응하는 경우가 많다. 다수가 모여 있으면 안전한 구석이 있기 때문이다. 이러한 행동은 더 많은 시간을 땅에서 보내게 된 우리 옛 조상들도 방어전술로서 더 큰 집단을 형성했을지도 모른다는 것을 시사한다.[7] 〈그림 16.1a〉의 E-F 경로가 이를 보여준다.

더 큰 집단은 더 많은 혁신과 생각을 발생시키고 퍼뜨리고 보존했기 때문에, 이 방어전략의 부산물이었던 더 큰 집단은 도구모음, 기량, 학습된 노하우 결집체의 크기와 복잡성을 증가시키는 원인이 되었을지도 모른다. 〈그림 16.1a〉에서 이를 화살표 G로 보여준다.

같은 효과를 더 부채질하면서, 포식자에게서 받는 압력은 개체들이 먹을 것을 찾기 위해 넓게 흩어지는—현생 유인원에게서 보이는—행동도 억제했을 수 있다. 흩어지는 것을 막음으로써, 집단 안의 어린 유인원은 더 많은 개체들과 더 집중적으로 접촉할 기회를 얻었을 것이다(화살표 H). 전체적으로는, 이러한 효과에 의해 도구뿐만 아니라—양질의 먹거리를 찾고, 추출하고, 가공하는 법과 물 구하는 법을 포함한—국지적 노하

호모 사피엔스

우 유형의 수와 복잡성이 증가함으로써 이 문화적 정보를 습득하고, 저장하고, 조직화하고, 재전달하는 데에 더 능숙한 뇌의 형성을 선호하는 선택압이 높아졌을 것이다. 그리고 이 능력들은 이용 가능한 모든 정보를 배울 더 큰 뇌와 더 긴 발달 기간—아동기—을 선호했을 것이다.

급변하는 환경조건은 더 많은 사회적 학습을 선호한다

위와 같은 진화 과정이 펼쳐지는 동안, 기후 변화는 환경조건을 더 빨리 요동치게 하고 있었다. 진화 과정의 수학적 모형은 환경이 안정을 잃고 수백 년 또는 수천 년에 걸쳐 변하기 시작하면 개별적 학습보다 사회적 학습에 더 크게 의존하는 경향이 선호된다는 것을 보여준다.[8] 기후 변화는 약 300만 년 전 이후로 점점 더 심해졌고 약 1만 년 전까지 체계적으로 순환하는 양상을 보여주었다. 이러한 양상은 세상이 일반적으로 더 춥고 건조해지면서 숲, 호수, 사바나, 삼림지대가 확장과 수축을 반복함에 따라, 기후 요동이 사회적 학습을 선호하는 선택압을 강화했음을 시사한다. 급변하는 환경은 300만 년 전에서 200만 년 전 사이에 사회적 학습에 대한 우리의 의존성에 처음으로 박차를 가했고, 이때 우리 속이 나타났다(화살표 J). 이 발길질은 말할 것도 없이 많은 종에게 영향을 주었을 것이므로, 이것만으로는 우리 계통이 루비콘강을 건넌 이유를 설명할 수 없다. 하지만 이 발길질을 염두에 두고, 펼쳐지고 있는 진화 과정을 들여다보자.

사회성 보육 경로

요동치는 환경을 더 큰 육상 집단이 만들어내는 더 풍요로운 문화적 목록과 결합하면 결정적 문턱을 넘기에 (다시 말해, 되먹임고리 D를 만들어내기에) 충분할지도 모르지만, 중요한 장애물이 하나 남아 있다. 더 큰 뇌를 가진 영장류를 만들어내려면, 어미는 새끼가 성장하면서 그 모든 사회적 학습을 하고 문화적인 공용 노하우를 활용하는 연습을 하는 동안 임신, 수유와 새끼 돌보기에 더 많은 시간과 에너지를 투자해야 한다. 이는 새끼들이 배우는 동안 새끼들 하나하나를 더 오래 돌볼 수 있도록 어미가 어떤 식으로든 더 많은 열량을 섭취하고 터울을 넓혀야 함을 의미한다. 이를 이루려면 어미는 더 오래 살아야 할 테고, 그러지 않으면 일생 동안 새끼를 덜 가지게 될 것이다. 우리는 현생 유인원에게서 자연선택이 이런 방식으로 작용하는 것을 볼 수 있다. 침팬지 어미는 5년 동안 젖을 먹여야 하므로 다음 출산까지 5~6년의 간격을 둔다. 문제는 이 간격이 너무 긴 종은, 성체의 사망률을 증가시키는 가뭄, 질병, 홍수, 기근 같은 충격들이 닥치면 개체군이 그 충격에서 충분히 빨리 회복되지 못해 멸종할 가능성이 높다는 것이다. 예컨대 어느 개체군이 집단을 유지하려면 암컷들이 평균 30세까지 살아야 하는데 어느 가뭄이 갑자기 평균 사망 연령을 20세까지 낮추어버린다면, 그 개체군은 줄어들기 시작할 테고 완전히 사라지고 말 수도 있다. 이와 같이 자연선택은 개체의 적응도를 높이기 위해 뇌의 크기를 끌어올리는 동안 종을 멸종에 더 취약하게 만든다. 종 보존을 위해 어미는 점점 더 오랜 시간 새끼를 돌봐야 하고, 그런 어미의 수명을 연장하기 위해 자연선택은 뇌의 크기를 증가시킬 수 있는 한계치를 설정한다. 현대 유인원은 이 한계에 부닥쳤을 수 있다.[9]

그러나 우회로가 있다. 다른 개체들이 어미가 새끼 키우는 일을 돕는 것이다. 도움을 얻을 수 있다면, 어미는 터울을 그렇게 멀리 띄울 필요도, 혼자 힘으로 충분한 열량을 얻는 것을 걱정할 필요도 없다. 우리 계통에서는 집단들이 커져서 사회적 학습에 좀 더 많이 의존하기 시작한 순간, 이 해결책으로 가는 진화적 경로가 열렸다.

호모 사피엔스

짝 결속, 사회적 학습, 그리고 가족

집단의 크기와 국지적 자원에 관한 사회적 학습이 늘어나면 수컷과 암컷 모두 짝 결속 전략을 선호할 것이다. 먼저 〈그림 16.1b〉에 보이는 집단 크기의 효과에 초점을 맞추자. 많은 종에서 수컷은 가능한 한 많은 암컷과 가능한 한 많은 짝짓기 기회를 확보하기 위해 다른 수컷들에게 맞서 완력이나 강압을 사용한다. 한 수컷의 권력 서열은 그의 짝짓기 성공과 장기적 적응도를 예측하는 일차적 변수다. 그러나 집단 내 수컷의 밀도가 높아지면, 수컷들이 더 많은 경쟁자를 물리치고 더 많은 암컷을 주시해야 하므로, 권력을 사용해서 얻는 보상이 줄어든다. 이럴 때, 커진 집단에서 더 심해진 경쟁을 고려해 수컷이 취할 수 있는 한 전략이 짝 결속이다. 9장에서 설명했듯이, 짝 결속 전략을 사용하는 데에서 수컷은 고기와 같은 것들을 가져다주고, 암컷과 암컷의 새끼를 보호해줌으로써, 그리고 경우에 따라 암컷의 새끼를 보살펴줌으로써 암컷과 지속적인 양자관계를 발전시키고자 한다. 그 대신에 암컷에게 성적으로 접근할 우선권과 함께 암컷의 주기에 관한 더 믿을 만한 지식을 얻음으로써 암컷이 수태할 수 있는 때를 알 수 있다. 물론, 이는 수컷이 적어도 때때로 암컷 주위를 맴돌아야 한다는 뜻이다.

짝 결속의 등장에 집단의 크기가 미치는 효과를 뒷받침하는 흥미진진한 증거는 10장에서 논의한 응고고 침팬지 집단의 경우에서 수집되어 왔다. 언급했듯이, 응고고 집단은 전형적인 야생 침팬지 집단보다 이상할 정도로 큰 집단이다. 아마 집단이 커지면서 격렬해진 경쟁 탓이겠지만, 이들의 넓은 영토 전역에 걸쳐 수컷과 암컷의 이동을 자세히 분석한 결과는 일부 암수가 짝을 지어 돌아다니고 있음을 가리킨다. 침팬지는 짝 결속을 하지 않는 동물로 악명이 높으므로, 기이한 일이다. 유전적 연구는 이렇게 결속한 수컷들이 함께 있던 암컷이 낳는 새끼의 우선적 아비가 되었음을 보여준다. 이 짝들은 비교적 서로 물리적으로 가까이 있는 경향이 있었고, 서로 털을 골라주었다. 이러한 관계의 효과는 오래가서, 예컨대 한 수컷은 16년에 걸쳐 어느 암컷의 새끼 네 마리 가운데 세 마리의 아비가 되었다. 수컷은 약 4분의 1만이 이러한 결속 행동에 참여한 반면, 암컷은 약 절반이 참여했다(이 공동체에는 암컷보다 수컷이 더 많다). 놀라울 것도 없이, 이러한 관계 형성 전략을 사용한 수컷은 권력자가 아니었고, 권력서열은 변함없이 수컷의 적응도를 결정하는 중요한 요소였다.[10] 그래도 이러한 관찰은 집단이 커질 때 짝 결속의 씨앗이 싹트기 시작할 것임을 시사한다.

이제, 큰 유인원의 사회적 학습능력이 상황에 어떤 영향을 주는지 살펴보자. 사회적 학습은 수컷이 암컷에게 가치 있을 일종의 문화적 유산을 가지고 올 것임을 의미한다. 침팬지 사회에서 수컷은 자신의 고향 집단(자라난 곳)에 머물러 있는 반면, 암컷은 일반적으로 다른 집단에서 온다. 수컷 침팬지는 어미의 섭식 양식을 따르는 경향이 있으므로 당연히 자기네 영토 안에서 먹이를 찾을 때와 장소를 비롯해 그것을 끄집어내는 법에 관한 정보들을 어미를 통해 습득한다. 따라서 그 지역의 노련한 수컷과 어울림으로써, 암컷은 그(실제로는 그의 어미)의 국지적 지식에 접근할 수 있다. 일반적으로, 사회적 학습 기량을 갖추고 있고, 암컷이 다른 집단에서 들어오는 종의 수컷은 제공할 뭔가—국지적 지식—를 가지고 있다. 암컷은 자라는 동안 사회적 학습에 각별히 능했던 수컷을 고른 다음 수컷이 제공하는 국지적 지식을 얻기 위해 오랜 기간 그 수컷 주위를 맴돌아야 한다.[11] 따라서 암컷이 이주민인 커다란 집단 안에서, 암컷은 (상시적인 보호나 먹이 따위와 더불어) 국지적 지식을 입수함으로써 짝 결속에서 이익을 얻을 테고, 수컷은 수컷 간의 격렬한 경쟁을 완화함으로써 짝 결속에서 이익을 얻을 것이다. 그리고 사회적 학습에 각별히 뛰어난

호모 사피엔스

수컷은 양질의 국지적 지식을 얻으려는 암컷들이 선호할 것이므로, 파격적인 이익을 얻을 것이다.

이렇게 해서 우리는 이제, 포식은 더 크고 덜 흩어진 집단의 진화를 선호하며(〈그림 16.1b〉의 화살표 F), 이는 차례로 높아진 개체 밀도와 국지적 지식의 사회적 계승에 대한 응답으로 짝 결속 전략의 확산을 선호한다(화살표 K)는 것까지 알게 되었다. 다음으로는 짝 결속이 유인원의 친족관계 범위를 어떻게 확장하는지 검토해보자.

커다란 영장류 집단에서 짝 결속은 혈연관계—특히 동기간, 이복 동기간, 아비를 비롯해 어쩌면 아비의 형제(삼촌)들까지—에 대한 인식을 높여줄 것이다. 영장류학자 베르나르 샤페는 이 일이 영장류는 (전적으로는 아니라도) 주로 어떤 개체가 어미 주위를 맴도는지 주목함으로써 자신의 친척이 누구인지 알아내기 때문에 일어난다고 주장한다. 물론, 어미는 착각할 수 없다. 젖을 주는 존재이므로. 현생 대형 유인원들(보통 고릴라, 오랑우탄, 침팬지를 일컬으며, 소형 유인원에 속하는 긴팔원숭이와 구분한다-옮긴이) 사이에서는 친척을 확인하는 이 접근법이 그다지 쓸 만한 친족관계를 빚어내지 않는다. 왜 그런지 알아보기 위해, 수컷 침팬지 한 마리를 생각해보자. 자라면서 그는 자신과 나이가 비슷한 형제와 누이만 만날 것이다. 비록 이 가운데 다수는 사실 아비가 다른 이복 동기간이겠지만 말이다. 그가 만나는 모든 누이 또는 이복 누이는 머지않아 다른 집단으로 영원히 떠나서 다시는 보지 못할 가능성이 크다. 그의 형제들은 나이가 들자마자, 짐작건대 수컷으로 성공하는 법도 배우기 시작하고 다른 수컷들과 동맹을 형성하는 중요한 일도 시작하기 위해, 밖으로 나가 다른 수컷들과 함께 있으려 할 것이다. 그래서 우리의 어린 수컷은 자기 형제들과 이복형제들을 생애 후반에야 다시 보겠지만, 나이가 비슷하지 않은 한 알아보지 못할 것이다. 그는 할머니도 찾을 수 없는데, 외할머니는 다른 집단에서 살고, 친할머니나 부계 친척들은 자기 아비가 누구인지도 판단할 길이 막막해서 확인할 가망이 거의 없기 때문이다. 어미와는 평생 친족으로 지내겠지만, 어미는 (또한 암컷이라) 수컷으로 성공하는 법도 모르고 좋은 신붓감도 아니기 때문에, 어미에게 많은 관심을 두지는 않을 것이다.[12]

이제, 비슷하지만 이번에는 짝 결속을 하는 유인원 집단을 생각해 보자. 이번에는 아비가 어미 주위를 맴돌기 때문에, '어미 주위를 맴돈다'라는 같은 규칙을 써서 어린 유인원은 십중팔구 아비를 확인할 수 있고, 아비는 자기 새끼를 확인할 수 있을 뿐만 아니라 녀석이 진짜 내 새끼라는 확신도 더 많이 느낄 수 있을 것이다. 어린 수컷은 이번에는 손위 형제와 합류해 아버지 주위를 맴돌기 시작함으로써 수컷으로 성공하는 법을 배우고 싶어할 것이다. 이 상황이 처음 펼쳐지기 시작할 때, 아비는 새끼들에게 투자는 하지 않더라도 최소한 관용은 베풀 것이다. 그 결과로 아비 주위를 맴돌면서 그의 보호 아래 그를 관찰함으로써, 훗날 새끼들이 우위를 점할 것이기 때문이다. 아비와의 유대를 통해, 어린 수컷이 이번에는 부계 이복형제(아비에게는 결속한 다른 짝도 있을 수 있다)와 아비의 형제들도 모두 확인할 수 있을 것이다. 아비도 자기 형제들 주위를 맴돌 테고, 자신이 결속한 모든 짝이 낳은 새끼들에게 관용을 베풀 것이기 때문이다. 아비의 어미는 자기 아들을 알기 때문에, 이제는 자기 손자가 어디 있는지도 찾을 수 있다. 그리고 자기 아들이 어떤 암컷 주위를 맴돌며 어떤 꼬맹이들을 참아주는지도 지켜볼 수 있다. 전체적으로, 짝 결속은 소수의 흩어져 있는 친족 기반 관계를 가족 또는 친족 연결망을 더 닮은 어떤 것으로 변형시킬 잠재력을 지니고 있고, 〈그림 16.1b〉의 화살표 L이 이를 가리킨다.

이 모든 과정의 어느 시점에서, 암컷은 연구자들이 **감춰진 배란**, 또는

배란 은폐라고 부르는 것을 진화시키기 시작했다. 침팬지와 같은 많은 영장류에서는 암컷이 언제 성적으로 수용적이고 임신이 가능한지 암컷의 몸을 통해서—때때로 엉덩이를 밝게 부풀리는 방법을 써서—알 수 있다. 이는 일단 수컷이 한 암컷 주위에서 충분히 오래 맴돌면, 그 암컷의 주기를 알게 됨으로써 언제 다른 암컷을 찾으러 또는 수컷들 사이에서 동맹을 형성하러 떠나도 안전한지를 알게 된다는 뜻이다. 그러나 인간의 암컷은 언제든지 성 상대자를 받아들일 가능성이 있고 수컷은 자신의 짝이 언제 임신할 수 있는지를 확실하게 예측할 수 없다. 이와 같이 배란이 최소한 부분적으로 감추어짐으로써, 수컷은 그렇지 않을 경우보다 더 자주 짝의 주위를 맴돌다가 번식에는 불필요한 성관계를 많이 하는 수밖에 없게 된다. 이처럼 짝의 '주위 맴돌기'를 추가한 부산물로, 수컷은 어미 주위를 맴돌고 있는 모든 새끼와의 관계가 더 단단해질 것이다.[13]

사회적 학습은, 그리고 나중에는 문화적 학습도, 짝 결속과 친족관계가 만들어내는 효과를 높인다. 이런 식으로 생각해보자. 한 사회적 학습자가 어미가 다양한 다른 개체들에게 어떻게 반응하고 행동하는지 지켜본다. 새끼는 이 다른 개체들을 향한 어미의 동작뿐만 아니라, 잠재적으로 어미의 느낌과 정서까지 모방한다. 만약 어미가 갓 낳은 젖먹이를 보살피고 먹이면, 손위 누이도 어미를 따라 젖먹이를 보살피고 먹여줄지도 모른다. 만약 어미가 아비를 친절하게 대하고 털을 골라주면, 우리의 어린 학습자도 이 수컷을 더 긍정적으로 느낄 것이다. 최소한 딸들은 어미에게서 '아비 주위를 맴도는' 관행을 따라할 테고, 그래서 수컷 형제와도 접촉하게 될 것이다. 반면에 수컷은 일단 어미를 통해 자기 아비를 확인하고 나면, 아비에게서 형제나 다른 새끼들과 어울리는 성향을 베낄 테고, 따라서 자신의 삼촌과 형제 및 이복형제의 소재도 효과적으로 찾게 될 것이다. 문화적 학습이 더 정교해지면, 어린 수컷은 아비에게서 동료들을 향한 느낌도 베낄 테고, 그래서 아비의 동맹 상대들과도 접촉하게 될 것이다. 어미와 누이가 아비에게 투자와 보호를 받으면, 아들도 이러한 투자 또는 보호 행위나 태도를 베낄 것이다.[14] 〈그림 16.1b〉의 화살표 M이 이러한 효과를 포착한다. 4장에서 논의한 것처럼, 자연선택이 문화적 학습을 개선하고 연마하기 시작하는 순간, 학습자들은 개별적으로 더 성공한 명망가를 본보기로 자신의 문화적 믿음, 선호, 전략을 갱신할 것이다.

알고 있는 친족연결망이 확장된다는 것은 학습자들이 이제 사회적 학습의 기회를 더 많이 얻을 것임을 의미한다(화살표 T). 왜냐하면 친족 관계에 의해 조성된 애착이 (아니면 그저 사회적 관용만으로도) 학습자로 하여금 나이와 지식이 더 많은 개체들 주위를 편하게 맴돌며 그들이 무엇을 하는지 지켜보게 해주기 때문이다. 동시에, 이 나이 많은 개체들에게도 이제는 자신이 아는 것을 이 젊은 개체들이 이용할 수 있게 해줄—다시 말해, 가르치고 문화적 전달에서 의사소통 단서를 이용할(13장 참조)—의욕이 생긴다. 사회적 학습을 위한 기회가 많아지면, 자연선택이 사회적 학습을 선호하는 강도도 커질 것이다. 사회적 학습이 더 유용한, 배우기 쉬운 지식을 발생시킬 수 있기 때문이다.

어미 돕기와 정보 분화

짝 결속과 사회적 학습에 대한 의존도 증가가 조합되면, 더 지속적으로 관계를 맺는 친족의 테두리도 넓어지고 **대리양육**도 늘어날 것이다. 대리양육이란 어미 이외의 개체가 새끼 돌보기를 돕는 상황을 가리킨다. 인간이 아닌 경우, 친족이어서 도울 의욕이 있는 친척, 그리고 친척은 아니지만 강압적인 위협을 받고 있거나 생존을 위해서는 선택의 여지가 없는 개체가 대리부모에 포함된다. 수렵채취인 사이에서는 어느 자식의 아버지(또는 아버지들, 9장 참조), 형제, 자매, 고모/이모, 양가의 조부모를 비롯해 어머니의 친구들까지 대리부모에 포함된다. 소규모 사회 여덟 곳의 대리양육에 관한 자세한 연구는 어머니가 직접적인 아이 돌보기를 약 절반밖에 하지 않는다는 것을 보여준다. 나머지 50퍼센트 가운데 약 절반은 동기간과 조부모가 감당하고, 아버지와 고모/이모를 비롯한 다른 모든 사람이 마지막 4분의 1을 맡는다. 이와 대조적으로, 다른 유인원들은 직접적 돌보기의 거의 100퍼센트를 어미가 한다. 전부는 아니지만 일부 수렵채취인들 사이에서는 심지어 젖먹이기의 10~25퍼센트를 고모/이모와 할머니를 비롯한 몇몇 다른 사람들이 담당하기도 한다.[15]

짝 결속은 곧, 이전에는 친척임을 거의 또는 전혀 알지 못했을 많은 친척들이 이제 서로를 확인하고 관계를 형성할 수 있음을 뜻한다. 사회적 학습은 상승작용에 의해 딸이나 여동생처럼 어미를 모방하는 모든 개체가 그 젖먹이를 어미가 하듯이 돌볼 것임을 뜻한다. 아비의 입장에서 이러한 친족관계에 관해 안다는 것은 이제 어미와 어미의 새끼를 보호할 이유가 있다는 것을 뜻한다. 수컷으로 성공하는 법을 배우고자 하는 아들은 자기 아비의, 또는 나중에는 다른 수컷들의 견습생이 되어 가족 구성원을 적응적인 방식으로 보호하고 돌볼 줄 알게 될 것이다. 이 모든 것이 〈그림 16.1b〉에서 보이는 N-Q 경로를 구성한다.

사회적 학습의 증가는 또한 젊은 부모와 대리부모가 이전 세대의 노하우를 재빨리 활용해 고기, 곤충, 견과, 물, 꿀과 땅속의 덩이줄기 따위의 귀중한 식량원을 찾아내고 끄집어냄(화살표 Q를 보강함)으로써 아이의 길어진 발달기간을 위해 필요한 추가 에너지를 공급하는 데에 도움을 줄 수 있음을 뜻한다. 더 나아가, 사회적 학습이 정교해진다는 것은 다양한 암컷에게 새끼가 있는 어미를 도울 의욕이 생긴다는 뜻이다(화살표 P). 경험이 적은 암컷이 젖먹이를 관찰하고 실제로 다루어볼 기회를 얻음으로써, 나중에 자신의 젖먹이를 돌보는 데에 이를 이용할 수 있게 되는 것이다. 그리고 다른 암컷들이 적극적으로 협조하면, 어미도 그들이 주변에 머물러서 배우는 것을 허용하고 싶은 마음이 훨씬 더 많이 들 것이다. 사회적 학습이 선택적으로 되는 순간, 더 성공한 명망 있는 어미는 학습자가 본보기로서 찾아다니며 공경의 한 형태로 아이를 돌보아줌에 따라, 더 많은 도움을 받을 것이다(8장 참조). 한편, 할머니는 손자를 직접 돌보아주고 싶기도 하고 어미에게 돌보는 법을 보여주고(가르치고) 싶기도 할 것이다. 앞의 여러 장에서 언급했듯이 조부모는 경험과 지식을 방대하게 모아두었으므로, 사회적 학습이 개선되어 문이 열리는 순간, 이 문화적 유산을 자식과 손자에게 물려줄 수단이 생긴다. 이 일이 일어나려면 먼저 조부모가 손주들이 어디에 있는지 찾을 수 있어야 하는데, 짝 결속이 이러한 진화적인 문을 열어준다.

미숙한 소녀와 젊은 여성이 어머니나 할머니에게서 배울 만한 것들에 대해 생각하다 보면, 포유류로서 기본적인 기능들을 얻기 위해 인간이 얼마나 많이 문화적 학습에 의존하는지 놀라울 정도이다. 예컨대 인간의 어머니에게는 젖먹이가 젖꼭지를 깨물지 못하도록 젖먹이를 밀착시켜 젖을 제대로 먹이는 법을 가르쳐주어야 한다. 마찬가지로, 문화적으로 전달해주지 않으면, 많은 어머니들이 출산 후 젖이 나오기 전에 가슴에서 분비되는 끈끈하고 노르스름한 액체를 버리고 싶어한다. 이 귀중한 액체, 초유는 젖먹이의 면역계가 잘 돌아가도록 돕는 일을 포함해 몇 가지 중요한 생물학적 구실을 한다. 그런데도 많은 사람들은 직관적으로 초유를 젖먹이에게 주어서는 안 되는 '쉰 젖'으로 인식한다.[16] 다른 종들은 이처럼 심각한 실수를 하지 않는다.

말할 것도 없이, 인간의 진화에서 뒤로 갈수록, 대리양육은 사회규범의 영향을 점점 더 많이 받게 되었을 것이다. 예컨대 하드자족 수렵채취

호모 사피엔스

인 사이에서, 진화인류학자 알리사 크리텐던이 들려주는 이야기 속의 어느 여자아이는 어느 어머니의 아기 돌보는 일을 도우려 하지 않는다는 이유로 반복해서 꾸중을 들었다. 그 여자아이는 자기와 아무 관계도 아닌 그 어머니에게서 꾸중을 들었을 뿐만 아니라, 젖먹이 돌보기를 도우라는 요구에 응할 때까지 다른 아이들에게서도 따돌림을 받았다.[17] 따라서 사회규범은 소규모사회에서 관계가 멀거나 무관한 사람들이 직접적 아이 돌보기의 20~30퍼센트를 제공하는 이유를 설명하는 데에 도움이 된다.

문화적 학습과 대리양육의 수렴은 남을 보살피기 위한 심리적 능력과 문화적 전달을 위한 심리적 능력 사이에서 상승효과를 낳는다. 정신화 또는 마음의 이론(4장 참조)에 의해, 그리고 더 커다란 친사회성에 의해 두 능력이 모두 향상된다는 말이다. 대리부모는 돌보는 대상의 욕망, 믿음, 목적을 가늠할 수 있을 때 돌보기를 더 잘하게 될 테고, 그러한 필요를 만족시키려는 동기도 생기게 된다. 최근 영장류 열네 종에 걸쳐 실시한 실험적 연구는 대리양육을 더 집중적으로 하는 종이 자기 집단의 짝을 돕는 데에서도 더 주도적이라는 것을 보여줌으로써 이를 입증한다. 대리부모처럼, 문화적 학습자도 자기 본보기의 목적, 욕망, 믿음, 전략을 추론할 필요가 있다. 그리고 문화적 전달에 참여하는 대리부모이기도 한 선생들은 학습자가 무엇을 알고 무엇을 모르는지 판단하는 능력뿐만 아니라 학습자를 지도하고 싶어하는 성향에 의해서도 도움을 받을 것이다. 따라서 대리양육을 더 철저하게 하는 종일수록 문화적으로 배울 준비가 잘 되어 있을 것이고, 그 반대도 사실일 것이다. 더 나은 문화적 학습 역량의 진화가 마음을 읽는 능력을 더 날카롭게 다듬고 친사회적 동기를 형성함으로써 양육과 대리 양육(화살표 P)을 향상시켰을 것이다.[18]

(1)사회적 학습에 대한 의존성의 증가와 (2)짝 결속과 대리양육의 등

장이라는 두 요소의 조합은 성별 분업의 등장을 설명할 것이다. 그러나 노동의 분화를 이해하는 열쇠는 그것의 뿌리가 정보의 분화에 있음을 인식하는 것이다. 문화적 정보가 축적되기 시작해서 어떤 개인도 모든 것을 알 수 없을 정도가 되면, 짝 결속으로 맺어진 쌍은 문화적으로 습득한 두 덩어리의 보완적 기술, 관행, 지식에 전문가가 될 수 있다. 여성 수렵채취인은 출산, 수유, 일차적 육아 덕분에 젖먹이 다루기, 젖먹이기, 젖떼기, 먹거리 준비와 가공을 비롯해 지속적인 열량 공급을 보장하는 모든 섭식 기술에 관해 배우는 데에 초점을 둘 필요가 있다. 한편 남성은 도구 만들기, 방어, 무기, 사냥, 추적에 관한 노하우에 전문가가 될 수 있다.

이 정보의 분화는 많은 소규모 사회들에서 관찰할 수 있다. 예컨대 인류학자 프랭크 말로위는 하드자족 사이에서 청소년 세 명과 함께, 보통은 여자들이 캐는 덩이줄기를 캐러 갔던 때의 이야기를 전해준다. 세 사람은 덩이줄기를 캔 다음, 프랭크와 함께 그것을 날로 먹었다. 그리고 머지않아 모두 탈이 났다. 그 소년들은 덩이줄기를 잘못 보았거나, 특정한 덩이줄기는 먼저 익혀야 한다는 사실을 몰랐던 것이었다. 이는 하드자족 여자들이 그 일을 할 때는 절대로 벌어지지 않는 일이다.[19] 비슷하게, 피지 남자들은 임신기와 수유기에 여자들과 젖먹이를 시구아테라 중독에서 보호해주는 물고기 금기들을 하나도 모르고, 나처럼 남성인 동료 교수들은 대개 초유에 관해 모른다.

우리의 사회적 학습에 편향이 있다는 것은 최소한 처음에는 이러한 특수화를 더 성공한 남성과 더 성공한 여성 가운데 한쪽만 주목하고 본받음으로써—4장에서 논의했던 '동성' 편향을 통해—얻으리라는 뜻이다. 그러나 문화-유전자 공진화는 결국 남성과 여성에게 서로 다른 내용 편향을 부여함으로써 구별되는 주제에 관한 학습에 많든 적든 다르게

호모 사피엔스

관심을 두도록 만들었을 것이다. 예컨대 소녀는 젖먹이에게 더 많은 관심을 두는 성향이 있는 반면 소년은 발사체에 더 흥미를 갖는 성향이 있을지도 모른다. 이러한 가능성을 뒷받침하듯이, 6~9개월 된 젖먹이들도 동성의 본보기가 (풍선을 톡톡 쳐서) 풍선에 가하는 부드러운 추진 동작을 보여줬을 때 남아가 여아보다 쉽사리 모방한다(여아들은 추진운동에 그만큼은 매료되지 않는 것 같다).[20]

부족의 탄생

짝 결속은 또한 서로 다른 집단을 사회적으로 연결할 수 있고, 그럼으로써 문화적 정보의 흐름을 열고 집단두뇌를 확장시켜 도구모음의 크기와 복잡성을 증가시킨다(〈그림 16.1b〉의 R-S 경로). 이러한 효과가 발생하는 이유는 짝 결속이 여성과 그들의 남자형제, 아버지, 삼촌 사이에 지속되는 관계를 확립할 수 있기 때문이다. 짝을 찾기 시작할 때 고향 집단을 떠나는 여성들은 많은 경우 가까운 집단에 안착할 것이다. 10장에서 보았듯이, 침팬지 무리는 이웃과의 관계가 적대적이다. 그처럼 지속적인 적대관계는 집단들 사이에서 문화적 노하우의 흐름을 제한함으로써—그것이 집단두뇌의 크기를 제한해서—적응적인 문화적 진화를 저해한다. 그러나 인간은 다른 특성을 보인다. 짝 결속을 한 두 집단이 서로 마주치면 남매 또는 부녀가 서로를 알아볼 테고, 이 우호관계가 그러한 집단 간 마주침의 긴장을 늦출 것이다. 게다가 그러한 누이와 딸이 어느 남성과 짝 결속을 맺고 자녀를 가졌을 수도 있다. 그렇다면 오라버니와 아버지는 자신들의 조카와 손자뿐만 아니라 이 조카와 손주의 아버지, 다시 말해 이들을 보호하고 돌보는 사람도 확인할 수 있게 된다(그리고 이 친구는 죽이지 않는 게 최선일 것이다). 그런 사회적 연결이 집단들로 하여금 더 편하게 서로 섞이도록 해줌으로써, 어쩌면 물웅덩이나 과일나무숲 같은 것을

공유하게도 해줄 것이다.[21]

관행, 도구, 기법이 가족관계가 만들어준 사회적 통로를 통해 집단들 사이에서 흐를 수 있다. 새롭게 확장된 이 연결망은 도구, 기술, 관행, 노하우 목록의 크기와 복잡성을 증가시킬 것이다. 이렇게 해서 이 시점에는 세상의 문화적 복잡성이 더 커질 테고, 이는 배울 것이 더 많기 때문에 더 큰 뇌가 들인 비용을 더 쉽사리 돌려받을 수 있다는 것을 의미한다.

훗날, 우리 조상들이 행동양식을 규정하고 확장하며 보강하는 사회규범의 묶음을 획득한 순간, 짝 결속은 결혼으로, 아버지는 아빠들로 탈바꿈한다(9장 참조). 문화적 진화는 심지어 아들과 어머니의 남자형제 간 관계도 반복해서 강화해왔고, 인류학자들은 이를 숙권제叔權制라고 부른다. 숙권제는 흔히 서로 다른 공동체 사이의 연결을 돕는 특수한 관계다. 조카들은 외삼촌을 방문하고 선물을 받을 (그리고 여러 가지를 배울) 특권을 누린다. 앞에서 말한 요점 하나를 강조하자면, 이러한 관계들은 영장류 친족 심리의 기본적인 측면을 기저에 두고 있기는 하지만, 이제는 그것이 동시에 공동체라는 제삼자에 의해 감시되며 집행된다는 게 바로 사회규범이 의미하는 바다.[22]

노하우 경로와 교차함으로써, 사회성 보육 경로는 루비콘 강을 건너는 데에 여러 방식으로 기여한다. 첫째, 짝 결속과 사회적 학습의 조합이 친족관계 연결망을 확장함으로써, 남에게서 배울 기회를 더 많이 만들어내고 새로이 찾은 친척에게서 대리양육을 받는 분위기를 조성한다. 친족의 유대가 사회적 관용을 증가시키고, 이는 남에게서 배울 기회를 더 많이 만들어냄으로써 도구와 노하우 집적체의 문화적 진화를 부채질한다. 그 집적체는 점점 크고 복잡해져서 개인들로 하여금 남에게서 배워야겠다는 마음을 가지게 한다. 이런 상황은 결국 가장 단순한 형태의 가르침으로 가는 문을 연다. 이제 우리에게는 자신의 친척을 알아보고 이들에게 투자할 다양한 의욕을 가진 노련한 개인들이 있기 때문이다. 적어도 친족연결망은 가치 있는 노하우, 기량, 또는 먹거리 추출 기법을 숨기지는 않을 테고, 많은 경우 쉽게 숨길 수도 없을 것이다. 둘째, 새롭게 유대를 형성한 친척들 및 젖먹이에 관해 배우고자 하는 학습자가 제공하는 보살핌과 투자가 어머니에게는 더 빨리 다시 임신할 기회를 제공한다. 동시에 자식에게는 갈수록 이용 가능성이 높아지고 있는 관행, 도구, 기법, 전문지식의 덩어리에 관심을 집중시키는 데에 필요한 시간과 기회를 허락한다. 그 결과로 뇌가 커질 테고, 그 뇌에 관찰, 놀이, 연습을 통해 모으고 연마한 노하우를 채우는 데에 필요한 아동기도 길어질 것이다. 그 길을 더 따라가면, 문화적 진화가 사회규범의 틀을 짓고 의례와 같은 사회적 기술을 동원해서, 커다란 개체군을 가로질러 집단과 개인을 연결하는 확장된 연결망을 확립하고 유지하고 있음이 드러날 것이다.

왜 현생 유인원은 루비콘강을 건너지 않았을까

문화적 축적에서 집단 크기, 사회적 상호작용, 짝 결속이 차지하는 중요성을 이해하면, 왜 현생 유인원들은 누적적인 문화적 진화의 체제로 들어가는 문턱을 넘은 적이 없는지를 이해하는 데에 도움이 된다. 예컨대 고릴라는 짝 결속을 하기는 하지만, 수컷 한 마리와 암컷 여러 마리로 이루어진 한 가족 집단 안에서 살아간다. 이 집단은 너무 작아서 누적적인 문화적 진화의 요건을 만족시키지 못한다. 비슷하게, 오랑우탄은 고독을 즐겨서 짝 결속을 하지 않는데, 이는 어린 오랑우탄이 자라는 동안 본보기가 어미뿐인 경우가 많다는 뜻이다. 사회적 학습을 위해 다른 개체에게 접근할 기회가 거의 없다면, 문화적 노하우의 뭉치가 발생하기는 매우 힘들다. 침팬지는 더 집단지향적이지만 뭉치고 흩어지는 사회 조직

형태를 갖고 있고, 이는 아직까지 어린 침팬지가 주로 어미 주위를 맴돈다는 뜻이다. 젖먹이와 어린 침팬지가 어떻게 막대를 도구로 써서 개미나 흰개미를 낚을 줄 알게 되는지에 관한 연구가 보여주는 바에 따르면, 어린 침팬지가 본보기로서 접근할 수 있는 개체는 (90퍼센트의 경우) 실제로 어미뿐이다. 기회가 주어지면 이 침팬지들도 다른 개체를 지켜볼 테지만, 그 개체도 대개는 더 나이 든 암컷 친척일 것이다.[23] 따라서 루비콘강을 가로질러 내가 걸쳐놓은 좁은 다리는 땅에서 거주하는 어느 큰 유인원이 (포식 때문에) 하는 수 없이 더 커다란 집단 안에서 살게 되고, 그 안에서 최소한 일부 구성원이 암수 모두 짝 결속을 하려는 진화적 의욕을 가질 때만 비로소 개통된다.

이 장을 요약해 보자. 왜 우리 계통은 루비콘강을 건넜고 그토록 많은 다른 종은 그런 적이 없는지를 설명하는 열쇠는 우리가 **시동 문제**를 어떻게 풀었는지를 이해하는 것이다. 남에게서 배우는 데에 의존하게끔 조정된 더 큰 뇌는 저 밖에 있는 남들의 마음속에 배울 것이 이미 많이 들어 있지 않은 한 들인 비용을 회수할 수 없다는 문제 말이다. 그래서 우리는 우리가 훌륭한 개별 학습능력을 갖춘 생명체(예: 커다란 유인원)에서 출발한다고 가정하고, 먼저 뇌의 크기를 늘리지 않고도 배울 가능성이 있는 노하우의 양을 늘리는 쪽을 선호할 만한 조건을 떠올려본다. 육상생활은 더 나은 개별학습의 기회와 더 많은 사회적 학습의 확률을 제공함으로써 활력을 불어넣는다. 포식은 영장류가 보호를 위해 더 큰 집단 속에서 살도록 강제함으로써 집단의 크기와 상호연결성을 증가시킨다. 이로써 육상생활과 포식은 둘 다 집단의 문화적 목록의 크기를 증가시키고, 어느 종이 문턱을 넘도록 떠밀기 시작할 것이다.

그럼에도, 더 많은 문화적 정보를 저장하기 위해 뇌를 확장하는 일 앞에는 여전히 중요한 장애물이 버티고 있다. 성장하는 데에도, 생존하

호모 사피엔스

려면 알아야 하는 것을 배우는 데에도 오랜 시간이 걸리는 새끼에게 투자하는 일이 어미에게 부과하는 높은 비용 말이다. 이 투자는 단기적으로는 어미에게 이득이 될지 몰라도, 기근이나 가뭄, 홍수가 닥치는 경우에는 장기적으로 멸종을 야기할 수도 있다.

포식에 의해 만들어진 더 커다란 사회적 학습자 집단은 이러한 제약을 극복하는 과정에서 한편으로 짝 결속 전략을 확산시킬 수 있으며, 이를 통해 결국 친족관계의 범위가 확장되고, 사회적 학습의 기회가 늘고, 대리양육이 증가한다. 친척을 비롯한 다른 개체의 대리양육으로 인해 (사회적 학습의 기회가 많아진 덕분에) 문화적 노하우가 늘어남으로써 더 많은 양질의 먹거리 생산이 가능해지고, 어미의 비용은 장단기 양면에서 낮아진다. 덕분에 어미는 자식을 더 자주 낳을 수 있게 된다. 이렇게 뇌의 대규모 확장의 문이 열렸다. 그리고 더 큰 뇌는 문화적 학습능력 때문에 점점 더 많이 선택된다.

17장

문화적 진화가 만들어낸
신종 동물

이 책에서 내가 제시해온 사례는 인간이 (생물학자들 말로) **대전환**을 겪고 있음을 시사한다. 이러한 전환은 덜 복잡한 형태의 생명체가 어떤 방식으론가 결합해 더 복잡한 형태를 낳을 때 발생한다. 그 보기에 들어가는 게 바로 독립적인 자기복제 분자들이 염색체라 부르는 자기복제 묶음으로 전환되는 경우, 또는 서로 다른 종류의 단순한 세포들이 더 복잡한 세포로 전환되는 경우다. 한때 구별되던 이 단순한 세포 유형들은 복잡한 세포 안에서 아주 중요한 기능을 수행하게 되었고, 그래서 전적으로 상호의존하게 된다. 우리 자신의 세포 안에 있는 핵과 미토콘드리아처럼 말이다. 우리 종이 생존을 위해 누적적인 문화에, 협동적인 집단 안에서 살아가는 데에, 대리양육 및 노동과 정보 분화에, 우리의 의사소통 목록에 의존한다는 것은, 인간이 생물학적 대전환의 조건을 모두 만족시키기 시작했음을 의미한다. 따라서 우리는 문자 그대로 어떤 신종 동물의 시조다.[1]

호모 사피엔스

이와 대조적으로, 인간을 이해하는 잘못된 방식은 우리가 비록 털은 다소 적지만, 정말로 영리한 침팬지일 뿐이라고 생각하는 것이다. 이 관점은 놀라울 만치 흔하다.

이 대전환이 어떻게 일어나는지를 이해하는 일은 우리 종의 기원에 관한, 우리가 생태적으로 엄청나게 성공한 원인에 관한, 자연에서 우리가 차지하는 독특한 위치에 관한 사고방식을 바꾼다. 그렇게 만들어진 통찰들은 지능, 믿음, 혁신, 집단 간 경쟁, 협동, 제도, 의례, 개체군 간 심리적 차이에 대한 우리의 이해를 바꾼다. 우리가 문화적인 종임을 인정한다는 것은, 심지어 단기적으로도(유전자가 변화할 시간이 없어도) 제도, 기술, 언어 따위가 심리적 편향, 인지능력, 정서적 대응, 선호와 함께 공진화하고 있음을 의미한다. 더 장기적으로, 유전자는 이 문화적으로 구축된 세계에 적응하기 위해 진화하고 있고, 이것이 지금껏 그래왔고 지금도 그렇듯, 인간의 유전적 진화의 일차 주도자다.

이는 일반적인 이야기와는 전혀 다르다. 인간 진화의 표준적인 그림은 유전적 진화가 오래도록 상당히 지루한 기간을 보내다가, 당신이 누구의 글을 읽고 있느냐에 따라 10만 년 전이나 5만 년 전, 혹은 1만 년 전 이후 어느 시기에 혁신과 창조성이 폭발하면서 정점에 달했다는 의견을 내놓는다. 이때 이후로, 유전적 진화는 멈춘 것처럼 보이고 문화적 진화가 세를 장악한다. 문화는 그런 다음 유전학뿐만 아니라 뇌와 생물학과도 이혼하고, 그 나머지는 역사학이다.

그림 17.1 인간의 생물학, 심리, 행동, 문화의 진화에 대한 표준적 접근법

더 근래에는 진화적 사고를 인간의 뇌, 생물학, 행동에 적용하려는 노력들이 상당히 진척되어 왔지만, 이 접근법들은 〈그림 17.1〉이 보여주는 것처럼, 여전히 많은 경우 한 방향으로 된 인과적 경로만을 그린다.

이 더 오래된 진화적 접근법들이 인식하는 한에서는, 문화 또는 문화적 진화는 상대적으로 근래에 나타난 현상으로, 기껏해야 순전히 유전적인 진화 과정을 통해 등장한 인간 본성의 커다란 핵심의 겉만 긁고 있는 것으로 나타난다.[2] 예컨대 21세기 진화심리학 교과서에서도, 문화를 정중하게 인정해준 다음 대부분 '훌라후프 열풍, 복식이나 패션의 변화, 외계인에 관한 믿음, 농담'[3] 같은 현상을 설명하는 데에 관련된 사항으로 치부해버리는 경우가 많다.

문화가 유전자나 생물학과는 단절된 어떤 천상의 세계에 존재했던 예전의 비진화적 관점을 기준으로 보면 커다란 진전이지만, 상대적으로 오래된 이 진화적 접근법은 여전히 표적을 빗나간다. 우리가 보아왔듯이, 훌라후프 같은 현상은 이누이트족의 얼음집, 적응적 음식 금기, 복합궁, 점을 쳐서 사냥을 개선하는 의례, 오스트레일리아의 사막에서 물을 찾는 노하우로, 다시 말해 우리 종이 수렵채취인으로서 생존할 능력에 직접 영향을 주는 것들로 대체할 수 있을 것이다. 이는 단순히 이 오래된 접근법이 생물에 미치는 문화의 사소한 영향들을, 또는 소젖을 마시는 것과 같은 문화적 관행이 어떻게 유전적 변화를 조형해 왔는지를 보여주는 최근의 드문 되먹임고리들을 고려하지 못한다는 말이 아니다. 이제는 구식이 된 이 진화적 관점이 깨닫지 못하는 것은 문화적 진화의 가치이다. 인간의 유전적 진화를 주도하는 중심이 되는 힘은 수십만 년 동안, 또는 더 오랫동안 문화적 진화였다. 문화적 진화의 결과들은 깊고도 넓게 퍼져 있다(〈표5.1〉 참조).

- 우리 생리와 해부구조의 많은 측면들은 불, 조리, 자르는 도구, 발사 무기, 물통, 여러 인공물, 사냥감 추적 노하우, 의사소통 목록 같은 것들의 문화적 진화가 만들어낸 선택압에 대해 유전적으로 진화한 반응으로서만 이해가 된다. 이러한 접근법은 셀 수 없이 많은 인간의 특징들 중에서 우리의 작은 치아, 짧은 결장, 작은 위, 빈약한 식물 해독 능력, 정확한 던지기 실력, 목덜미인대(달리는 동안 머리를 안정시키는 장치), 수많은 에크린 땀샘, 긴 번식후기, 낮은 후두, 재주 많은 혀, 하얀 공막, 커다란 뇌 등을 설명하는 데에 도움을 준다(5장과 13장 참조).

- 우리의 인지능력과 편향 가운데 다수는 가치 있는 문화적 정보의 존재에 대해 유전적으로 진화한 적응물로서만 이해가 된다(4, 5, 7장). 우리의 잘 연마된 문화적 학습능력, '과잉모방'하는 경향, 동식물에 관해 알게 되는 것들을 조직화하고 농축하는 민간생물학적 능력을 포함해 많은 것들이 이렇게 진화한 기제들이다.

- 공경할 동기, 여러 양상의 흉내와 모방, 다면적 자존심, 협력하는 경향, 신체적 표시를 포함한 우리 종의 지위 심리 대부분은, 가치 있는 문화적 정보가 우리의 사회적 집단 구성원의 마음 곳곳에 고르지 않게 분포되어 있던 세상에 대해 유전적으로 진화한 적응물인 것처럼 보인다(8장).

- 우리의 사회적 심리는 사회적 규칙과 평판이 존재하는 세상, 다시 말해 그러한 규칙을 배우고 따르는 게 무엇보다 중요하며 집단마다 상당히 다른 규범을 보유하는 곳을 항행하기 위해 설계된 것처럼 보인다(9~11장). 우리는 대가가 비싼 규범 자체를 보통 문화적 학습을 통해 목적으로서 내면화하고, 위반이 협력과 무관한 경우에도 규범 위반자를 찾아내는 데에 뛰어나다. 우리 자신의 집단을

위해 최선인 규범을 배우고 남과 잘 어울리지 못하는 위험을 피하기 위해, 우리는 우선 방언이나 언어와 같은 표지 형질을 사용해 잠재 본보기를 구별한 다음, 우리의 표지 형질을 공유하는 사람을 문화적 학습과 사회적 상호작용의 우선적 목표로 삼는다.

내 요점은, 문화-유전자 공진화를 고려하지 않고 인간의 해부구조, 생리, 심리의 진화를 이해하려는 것은 물고기의 진화를 연구하면서 물고기가 물속에서 살면서 진화했다는 사실을 무시하는 것과 마찬가지라는 것이다.[4]

이 책에서 내가 전개해온 생각들을 종합하기 위해, 이제 일련의 핵심 질문을 제기하고 내 대답을 제시하겠다.

왜 인간은 독특할까?

....

인간이 우리의 생리, 해부, 심리와 관련한 무수한 면에서 다른 동물과 다르다는 점은 말할 필요도 없다. 몇 가지만 예를 들어도, 우리 인간은 인상적인 오래달리기 선수, 던지기 선수, 추적자, (음성 또는 몸짓 언어를 구사하는) 의사전달자, 식량공유자, 선생, 도구 제작자, 요리사, 인과모형 건축자, 독심술사, 의례 거행자다. 그러나 언어, 협력, 도구 제작 등의 특정 산물을 하나 고른 다음 진화 이야기를 꺼내는 대신에, 나는 이 책을 진화 과정의 한 유형, 즉 문화-유전자의 공진화에 초점을 맞추는 것으로 시작한 다음 그것이 우리 종에게 의미하는 바를 추적하고자 했다.

'왜 인간은 다른가'에 대한 답은, '우리는 루비콘강을 건넜다'는 것이다. 문화적 진화가 누적적이었고, 그런 다음 이 축적되고 있는 정보 덩어

호모 사피엔스

리와 그것의 문화적 산물 모두가, 불과 식량 공유 규범처럼, 인간의 유전적 진화에서 중심적인 추동력으로 발전했다. 우리가 이토록 독특해 보이는 이유는, 다른 어떤 현생 동물도 이 길을 밟지 않았고, 이 길을 밟았던 자들은 네안데르탈인이 그랬듯 우리 종이 여러 번에 걸쳐 확장하던 어느 한 기간에 대체되었기 때문이다. 앞장들에서 내가 설명하고자 해온 것은 문화-유전자 공진화가 어떻게 위의 인상적인 목록을 낳았느냐는 것이다. 이와 같이, 우리의 독특함을 이해하는 핵심은 그 과정을 이해하는 데에 있으며, 그 과정의 특정 산물인 언어, 협력, 도구 따위를 강조하는 데에 있지 않다.

루비콘강을 건넌 이상, 우리는 돌아갈 수 없다. 이 전환의 영향력을 강조하는 게 바로, 우리는 수렵채취인으로서 진화해온 긴 역사가 있음에도, 문화적으로 습득한 관련 노하우를 빼앗기고 나면, 대체로 수렵과 채집으로는 생존하지 못한다는 사실이다. 우리는 큰 뇌를 가진 탐험가들이 북극이나 오스트레일리아의 오지 등 여러 환경에서 거듭해서 허우적거리는 모습을 보았다. 식량과 물 찾기와 같은, 구석기 시대 조상들이 되풀이해서 직면했던 난관에 맞서고자 했던 우리의 영웅들은, 늘 고전했다. 식량을 구하는 어떤 방식도 작동하지 않았고, 어떤 종류의 불 피우는 본능도 효과를 발휘하지 못했다. 그들은 대부분 그냥 병들어 죽었고, 이는 앞선 세대에게서 물려받은 문화적 노하우를 갖춘 현지 원주민이었다면 십대라도 하지 않았을 실수를 저지른 결과였다.

이는 단순히 현대 사회에서 사는 사람들은 생존하려면 문화가 필요하다는 말이 아니다. 수렵채취인도, 인류학자들이 연구한 다른 소규모 사회들과 마찬가지로 사냥감 추적, 먹거리 가공, 사냥, 도구 제작과 관련한, 문화적으로 습득한 커다란 노하우 덩어리에 막대하게 의존한다. 이러한 전문지식은 많은 경우 국지적 난관에 잘 적응된 복잡한 것이어서, 인과관계를 제대로 이해하는 실사용자는 거의 없다. 시안화물을 제거하기 위한 카사바 처리, 펠라그라를 예방하기 위한 옥수수-재 혼합물, 푸에고 섬 사람들의 화살 제조 과정을 떠올려보라. 모든 인간사회는, 그들이 수렵채취인으로서 살고 있거나 말거나, 전적으로 문화에 의존한다.

이 장을 시작하면서 언급했듯이, 인간은 신종 동물의 형성이라는 생물학적 대전환의 시작 단계에 있다. 우리 종에 관한 한, 우리의 기법 목록—그리고 우리의 생태적 우위도—의 범위와 정교함은 우리가 보유한 집단두뇌의 크기와 상호연결성에 의존한다. 우리의 집단두뇌는 차례로, 우리의 공동체를 한데 엮고, 상호의존성을 만들어내고, 연대를 조성하고, 우리의 문화적 정보와 노동을 세분하는 사회규범과 제도의 묶음에 막중하게 의존한다. 오랜 세월에 걸친 집단 간 경쟁 때문에 서서히 선택된 이 사회규범들은 우리를 더 온순한 규칙 추종자가 되도록, 뿐만 아니라 더 주의 깊은 부모, 충실한 배우자, 좋은 친구(호혜자), 정직한 공동체 구성원이 되도록 길들여왔다. 우리 몸 안의 세포들처럼, 모든 인간 사회는 노동과 정보가 분화되어 있어서, 서로 다른 하위집단은 서로 다른 임무와 문화적 지식에 특수화되어 있다. 이 분화의 정도와 그것이 만들어내는 상호의존성은 계속해서 확대된다. 비슷하게, 인간사회 대부분은 여러 가지 제도를 보유하고 있어서, 이를 통해 집단 수준의 결정—구성원들의 장기적 생존과 번식에 강하게 영향을 끼치는 결정—을 하고, 심지어 집단의 목적을 위해 일부 구성원을 희생시키기도 한다.

개별 유기체가 세포들의 집단에서 등장하듯이, 문화가 주도하는 유전적 진화는 서서히 우리 사회를 다듬어가면서 일종의 초超유기체로 만들어가고 있는 것처럼 보인다.

왜 인간은 다른 동물에 비해 이토록 협력적일까?

....

사람들이 남들의 행동을 심판하는 데에 필요한 사회적 행동, 동기, 규칙을 습득할 수 있는 지점까지 문화적 학습이 진화한 순간, 규범이 저절로 등장했다. 규범은 사람들이 어떻게 행동해야 한다는 인식을 공유할 수 있게 만들고, 그 기준을 공유하는 개인들 사이에서 평판 정보가 흐를 수 있게 해준다. 유전자가 생존해야 했던 역동적인 사회적 경관 안에서 서로 다른 집단은 서로 다른 것을 하고 있었고, 그러한 것(의례 거행 또는 식량 공유)을 제대로 하지 못한다는 것은 평판의 손상, 짝짓기 전망의 감소, 따돌림, 최악의 경우에는 집단에 의한 처형에 직면한다는 것을 뜻했다. 자연선택은 우리의 심리를 다듬어 우리를 유순해지도록, 규범 위반을 수치스럽게 여기도록, 사회규범을 능숙하게 습득하고 내재화하도록 만들었다. 이것이 자기 길들이기 과정이다.

문화적 진화와 사회규범에 의해 생겨난 집단 간 차이들은 집단 간 경쟁을 만들어냈을 것이다. 만약 그것이 이미 존재하지 않았다면 말이다. 다양한 형태의 집단 간 경쟁─이 가운데 한 형태만 폭력을 수반한다─은 이 경쟁에서 성공을 촉진한 사회규범을 점점 더 선호했고, 그러한 규범에는 흔히 집단의 크기, 결속력, 사회적 상호연결성, 협동, 경제적 생산, 내부 화합, 위험 분담을 비롯한 다른 많은 영역들을 키워주는 규범들이 포함되었을 것이다. 이 과정은 유전자가 갈수록 친사회적 규범의 세상, 편협한 이기심에서 저지른 규범 위반은 처벌을 받는 곳에서 생존을 위해 몸부림치게 될 것을 의미했다. 이 과정은 같은 공동체 구성원을 향한 위해와 공평성에 관한 규범이 중요한 세상을 항행할 준비가 된, 친사회적 심리에 관여하는 유전자를 선호했을 것이다. 우리는 11장의 9개월도 되지 않은 아기들과 함께 한 실험에서 이러한 효과의 단서들을 살펴보았다.

친사회적 규범을 가장 효과적으로 구축하기 위해, 문화적 진화는 자주 우리가 지닌 선천적 심리의 여러 측면을 활용하고 확대하거나, 때로는 억제한다. 우리는 9장에서 문화적 진화가, 우리의 친족 심리, 짝 결속 본능, 근친상간 회피를 활용해 인척, 유별적 형제와 자매, 우리가 '아버지'라고 부르는 삼촌들을 포함하는 확장된 친족관계 연결망을 엮어내는 규범들을 반복해서 구축해왔음을 보았다. 문화적 진화가 우리의 짝 결속 심리를 보강해 더 훌륭한 아버지를 만들 수도 있고, 아니면 그 심리를 억제해 아이의 유전적 아버지에게 주어지는 모든 사회적 소임을 제거할 수도 있다는 사실도 보았다.

친족관계와 호혜를 위한 사회규범이 만들어내는 평판 손상과 처벌의 위협은 이미 진화된 우리의 친족 심리와 호혜 심리를 더욱 증진시킨 유전자를 선호한다. 이것이 바로 우리가 가족과 친구 수준뿐만 아니라 공동체와 부족 수준에서도 다른 종보다 더 협력적이게 된 까닭이다. 물론, 이는 한편으로 두 수준 사이에 지속적인 긴장을 만들어내고, 그 긴장은 현대 생활과 제도에 계속 스며들어 조직, 정부, 국가가 잘 돌아가려면 넘어야 할 주요한 난관 가운데 하나로 자리잡는다.

따라서 인간의 사회가 협력의 규모와 강도 면에서 그토록 많이 다른 이유는 사회마다 문화적으로 서로 다른 사회규범을 진화시켜 왔기 때문이다. 그러한 규범은 곧잘 선천적 기제를 활용함으로써 우리의 동기, 호르몬, 판단, 지각을 수정해 우리를 서로 다른 맥락에서 다소간에 협력적으로 만드는 심오한 심리적 효과를 지니고 있다.

전반적으로, 이 문화-유전자 공진화 과정은 인간의 협력이라는 특정한 본성의 설명을 가로막는 주요한 난제들을 잘 풀어간다. 그것은 왜 우리 종은 다른 종보다 이토록 더 많이 협력적인지를 해명할 뿐 아니라, 왜 인간의 협력은 (1)사회와 행동 분야(예: 식량 공유, 공동체 방어, 의례 참여 따위)에 따라 이토록 많이 다른지, (2)지난 1만 년 사이에 이토록 극적으로 증가해왔는지, (3)문화적 학습에 의해 이토록 쉽사리 영향을 받는지, (4)의례적 관행이나 음식 금기처럼 협력과 무관한 많은 분야에서 작동하는 것과 똑같은, 평판을 통한 강요 기제에 의존하는지, (5)사회에 따라 수반하는 보상, 처벌, 자질의 신호, 규범 위반자를 선택적으로 이용해먹는 방식이 천차만별인, 전혀 다른 유인체계에 의해 유지되는지도 설명해준다.[5]

왜 우리는 다른 동물에 비해 이토록 영리해 보일까?
··········

우선 알아야 할 것은, 당신은 문화적으로 물려받은 방대한 공용 노하우와 관행에 접속해 막대하게 비축된 정신적 앱들을 내려받아왔기 때문에, 그러지 않았을 때보다 훨씬 더 영리하다는 사실이다. 내가 논의해 온 앱들을 빠짐없이 담은 목록은 꽤 길고 여러 장에 흩어져 있다. 다음은 당신이 마음껏 쓸 수는 있지만 결코 스스로 알아낼 수는 없었을 정신적 도구 몇 가지의 간단한 목록이다.

십진법, 분수, 시간 단위(분, 시, 일 따위), 도르래, 불, 바퀴, 지레, 열한 가지 기본 색이름, 풍력, 문자, 탄성에너지, 곱하기, 읽기, 연, 다양한 매듭, 삼차원 공간 좌표계, 종속접속사. 16장에서 언급했듯이, 이 가운데 일부는 당신 뇌에 펌웨어로 장착되어 있는 반면에 일부는 이제 하드웨어가 되어 있다. 당신은 이 책을 읽고 있으므로, 우리는 그렇지 않을 경우보다 당신의 뇌량—뇌의 두 반구를 연결하는 정보고속도로—이 더 굵을 거라고 확신할 수 있다.

이런 상상을 해 보자. 만약 당신이 지금부터 한 세기 단위로 시간을 거슬러가면서 그 시대에 살고 있는 성인 한 명을 무작위로 골라 머릿속에 어떤 정신적 도구를 문화적으로 습득해 담고 있는지를 들여다본다면? 아마 시간을 거슬러 올라갈수록 지금 당신의 머릿속에 있는 것들이 서서히 사라져가는 것을 알게 될 것이다. 대신에 다른 종류의 아주 멋진 정신적 도구와 능력들을—이를테면 정신적 주판, 향상된 수중 시력, 미묘한 농사의 발견법, 동물의 자취를 찾아내는 정신적 지도, 예민한 후각 따위를—발견할 것이다. 앞서 언급해왔듯이, 이러한 정신적 도구 다수는 얻는 데에 대가가 따른다. 예컨대 열한 가지 기본 색이름을 습득하면 언어상으로 다른 명칭을 가진 색을 구별하는 능력은 향상되지만, 동시에 같은 명칭을 가진 여러 색조를 구별하는 능력은 퇴화한다. 생물학적 범주도 중요한 관계(펭귄은 새의 한 유형이므로, 알을 낳는다)는 강조할 수 있지만, 이러한 범주가 다른 관계(펭귄은 물에 살아서, 다른 새들과 달리 뼈가 치밀하다)를 감출 수도 있다. 그래도 여전히, 과거의 사람들은 우리가 오늘날 '영리하다'고 생각하는 많은 것을 하는 데에 덜 능숙할 것이다. 만약 앞선 시대 사람들의 지능지수를 측정하고 그것을 오늘날의 척도로 환산한다면, 1815년을 사는 미국인의 평균 지능지수가 70도 되지 않는다는 사실을 알게 될 것이다.[6]

문화에 덜 동화된 인간—아이들—이 어린 유인원과 나이 든 유인원 모두를 상대로 어느 정도의 성적을 거두었는지를 기억하라. 만약 인간이 유전적으로 더 강력한 하드웨어를 갖추고 있다면, 아이들은 상대 유인원보다 훨씬 더 큰 뇌까지 가지고 있으니, 자기들의 털북숭이 형제들을 바닥에 깔아뭉갰으리라고 예측할 수 있다. 하지만, 아이들은 대개의 경우 광범위한 인지 분야에서 동점을 기록했다. 아이들이 뛰어난 면을 보인 분야는 오직 사회적 학습뿐이었음을 우리는 2장에서 보았고, 12장의 누적적인 문화적 전달 실험에서도 다시 보았다. 말할 것도 없이, 아이들은 나이를 먹어가면서 앞에서 언급한 앱들을 내려받을 시간을 얻음에 따

호모 사피엔스

라, 모든 인지 분야에서 유인원을 빠르게 앞지를 것이다. 대조적으로 어린 유인원들은 나이를 먹어도 이러한 인지 과제에서는 조금도 나아지지 않을 것이다.

여기서 일어나는 의문은, 우리를 더 영리하게 만드는 이 모든 정교한 심리적 도구, 복잡한 인공물, 훈련 체제가 개별적 마음들의 천재성에서 나오는 게 아니라면, 도대체 어디서 오느냐는 것이다. 답은 그것들이 우리 집단두뇌로부터, 많은 경우 무슨 일이 일어나고 있는지 아무도 모르는 사이에, 누적적인 문화적 진화를 통해 태어났다는 것이다. 우리의 강력한 문화적 학습이 사회성과 결합하기 때문에, 정보가 생각, 도구, 관행, 통찰, 정신적 모형의 형태로 개인들 사이에서 흐르고, 다른 종류의 그 같은 정보와 다시 조합되고, 점차 개선될 수 있다. 그러는 동안 인간의 학습, 번식성공률, 집단 간 경쟁이라는 선택적 여과장치가 어떤 것들은 역사의 쓰레기 더미 위로 던져버리고 다른 것들은 다음 세대로 나아가게 밀어준다. 독특한 천재적 위업이 드문 이유는, 지각을 변동시키는 누적적인 문화적 진화의 힘이 지식의 격차를 좁혀가다가 어느 한 지점에 도달한 순간에야 비로소 한 사람이 건널 수 있기 때문이다. 지성의 역사는 다수의 사람들이 자주 독자적으로 용케 그 발걸음을 내딛는다는 것을 보여준다.[7]

나는 집단두뇌의 크기와 사회적 상호연결성의 중요성을 태즈메이니아, 북부 그린란드, 오세아니아에서뿐만 아니라 실험실에서도 실제로 보여주었다. 더 큰 집단두뇌는 누적적인 문화적 진화를 더 많이, 더 빨리 발생시킨다. 뿐만 아니라 어느 집단의 크기나 상호연결성이 갑자기 줄어들면, 그 집단은 여러 세대에 걸쳐 문화적 노하우를 집단적으로 잃게 될 수도 있다.

이 모두가 어느 집단의 집단두뇌가 발휘하는 힘은 그 집단의 사회규범과 제도에 달려 있음을 의미한다. 이것이 내가 9장과 10장에서, 수렵채취인에게는 인척(사돈)을 비롯해 교환도 의례적 유대도 모두 중요하다고 강조한 이유다. 수렵채취인 집단의 집단두뇌를 먹이고 키우는 것은—계통적 근연도가 아니라—문화적으로 구축된 관계이다. 따라서 이러한 종류의 사회제도가 부분적인 원인이 되어 파마늉안어, 이누이트어, 누믹어 사용자들처럼 확장하고 있던 개체군이 자신들이 대체한 사람들보다 기술적 우위를 점했고 유지할 수 있었다. 이렇게 인간 안에서 사회성과 기술적 노하우는 긴밀하게 서로 엮여 있다.

물론, 우리 인간에게는 세상이 어떻게 작동하는지에 관한 인과 모형을 세우는 뛰어난 능력이 있다. 그러나 우리는 그 이유를 물어야 한다. 내 관점은, **먼저** 문화적 진화가 점점 더 복잡한 관행과 기술을 생산하기 시작했고, 이것이—몇 가지만 예를 들자면—화학반응(태운 조개껍데기와 옥수수), 압축공기(바람총blowgun), 공기역학(곧고 매끄러운 창), 회전력 증폭 무기(투창기), 탄성에너지(활) 같은 것들을 탄생시켰다는 것이다. 이처럼 가치 있는 문화의 조각들을 더 효과적으로 배우고 다시 전달할 수 있으려면, 우리 종에게는 내가 소형 인과 모형이라고 불러온 '후진' 또는 역설계 능력이 필요했다. 이것은 학습자가 다양한 상황에 적응하는 동안 자신이 과제를 위한 목표 또는 하위목표를 달성하고 있는지를 확실히 하는 데에 도움을 준다. 예컨대 창 자루를 곧게 펴는 데에는 흔히 적시고, 가열하고, 문지르고, 닦는 복잡한 과정이 필요하다. 학습자는 이 절차가 창을 곧게 펴고, 균형을 잡고, 매끈하게 하고 있다는 것, 왜냐하면 더 곧고, 더 매끈하고, 더 균형 잡힌 창은 더 높은 정확도로 확실하게 던져지기 때문임을 이해해야 한다. 이를 염두에 두고 있는 누군가는 창을 만들면서 주기적으로 매끈함, 균형, 곧음을 목표로 자루를 살펴볼 테고, 정확도를 목표로 시험 삼아 창을 던져볼 것이다. 원하는 결과가 나오지 않으

호모 사피엔스

면 무엇을 해야 할지도 안다. 더 문지르고 닦으면 된다. 이것이 인과 모형의 시작이다. 왜냐하면 이 생각은 이 규정이 곧음, 매끈함, 균형을 **유발**함(또는 유발하기로 되어 있음)을, 그 유발된 특성들은 더 높은 정확도를 가지고 날아가는 예측 가능한 양상을 유발하기로 되어 있음을 인식하기 때문이다.

요점은, 이러한 인과성의 소형 모형을 구축하거나 습득하는 능력은 그것이 문화적 전달을 향상시켰기 때문에 유전적으로 진화했다는 것이다. 이 진화 과정을 주도한 선택압은 점점 더 복잡한 도구, 관행, 기술의 등장에 의해 생겨났다. 이 관점에 의하면, 소형 인과 모형들을 구축하는 능력이 세련된 도구와 관행을 **유발**한 게 아니다. 점점 더 정교해지는 도구와 관행의 문화적 진화가 먼저 이 인지능력의 등장을 주도했고, 그런 다음 그 둘이 문화-유전자 공진화의 이중주에 들어간 것이다. 이와 일관되게, 우리는 어떤 인공물을 사용하는 시연자를 관찰하는 것이 똑같은 인과 정보를 단순히 접했을 때보다 더 쉽게 우리의 인과적 추론 기계를 작동시켰음을 보았다.

종합하면, 우리가 다른 동물보다 영리한 데에는 문화적 원인과 유전적 원인이 둘 다 있지만, 결정적인 요인은 우리 종이 루비콘강을 건너는 다리를 발견했다는 점, 그리고 누적적인 문화적 진화가 마지막으로 건너편에서 좀 끌어주었다는 점이다.

그러므로 우리가 영리한 것은 맞지만, 그 이유는 우리가 거인의 어깨 위에 서 있어서도 아니고 우리 자신이 거인이어서도 아니다. 우리는 난쟁이들로 세워진 커다란 피라미드의 어깨 위에 서 있다. 난쟁이도 피라미드가 올라가는 동안 조금 자라기는 하지만, 우리가 더 멀리 보게 해주는 것은 여전히 난쟁이의 숫자이지, 특정한 난쟁이의 키가 아니다.[8]

이 모두가 여전히 진행 중일까?

....

그렇다. 이 모두가 여전히 진행 중이다. 누적적인 문화적 진화, 집단 간 경쟁, 문화-유전자 공진화는 여전히 계속되고 있을 뿐만 아니라 지난 1만 년 동안 빨라지기만 했다.[9] 1만 년 전에 지구의 기후가 안정되고 식량 생산이 점차 쉬워지면서, 집단 간 경쟁이 격렬해져 새로운 제도적 형태들을 뒷받침한 결과로 더욱더 큰 사회에 더욱더 많은 사람들이 살게 되었다. 이 경쟁은 결국 신뢰, 공평성, 외지인과의 협력을 선호하는 새로운 사회규범을 만들었고, 확산시켰다. 그 규범들은 점점 더 복잡해지는 다양한 정치적·종교적·사회적 제도에 의해 지속되었다.[10] 정치적으로는 법률, 재판소, 판사, 경찰 같은 제도들이 여기에 포함되어, 기나긴 세월 동안 소규모 인간사회를 지배해왔던 공동체 수준의 일상적 감시와 처벌을 뒷받침했다. 종교 분야에서는 초자연적 믿음, 의례, 규범의 새로운 묶음들이 등장하고, 퍼지고, 재조합되었다. 시간이 흐름에 따라 이러한 과정은 생소한 '높은 신'을 탄생시켰는데, 이 신은 같은 신자들 사이에서 하는 행동뿐만 아니라 모르는 사람들 사이에서 하는 행동에 관해서까지 윤리적으로 관심을 가졌고, 규범 위반자를 감시하는 능력(무소부지無所不知)과 처벌하는 능력(예: 지옥)이 갈수록 향상되었다. 명망과 순응주의의 단서들을 신뢰도증강표시 CRED(믿다)와 조합한 새로운 공동체 의례가 개발되고 확산되어 이 새로운 신에 대한 신심을 깊게 하고 국지적 공동체나 부족을 넘어서 연장되는 더 큰 믿음의 공동체를 건설했다.[11] 그 결과로 현대 종교는 우리의 정치제도와 마찬가지로, 우리 종의 진화사 대부분 동안 존재했던 종교 및 의례와는 상당히 다르다. 모두 똑같은 문화적 진화 과정에 의해 만들어졌지만 말이다.

사회제도의 경우, 고대의 몇몇 사회들은 심지어 아무리 부자인 남자

호모 사피엔스

라도 한 남자가 가질 수 있는 아내의 수를 (한 번에) 단 한 명으로 제한하는 규칙을 조성하고 강요하는 사회규범 묶음을 개발하기 시작했다.[12] 인간 사회의 85퍼센트에서 남자가 여러 명의 아내와 결혼하는 것을 허용한다는 것을 고려하면, 기이한 일이다. 규범적인 일부일처주의 결혼이 확산된 이유는 그것이 인간 심리의 다양한 측면을 이용함으로써 사회 내부의 남성 대 남성 경쟁을 억제했고, 그 결과로 범죄, 폭력, 강간, 살인이 줄어드는 동시에 부분적으로는 아이에 대한 남성의 투자가 늘어남으로써 더 많은 젖먹이가 건강하게 생존해서였을 것이다(이에 관해서는 아래에서 더 살펴보기로 한다).

현대 사회에 있는 제도들—이를테면 결혼이나 종교 관련 제도—에 관해 눈에 띄는 점은 이 제도들이 어떻게 또는 왜 작동하는지, 혹은 어떻게 그것들이 우리의 선천적 심리의 측면들을 활용해 우리 뇌와 생물학을 바꾸는지 사람들 대부분이 여전히 모른다는 것이다. 이 전선에서는 그다지 달라진 게 없다.

기술로 말하자면, 당연히 이처럼 더 큰 사회들이—특히 위도선을 따라 이루어진 무역과 이주에 의해 곧잘 서로 연결되어—더 큰 집단두뇌를 갖고 있었고, 그래서 갈수록 복잡해지는 도구, 기술, 관행, 그리고 노하우의 집적체를 계속 축적했다. 이는 서기 1500년경에 볼 수 있었던 가장 복잡한 기술 모음들을 대륙별로 비교해보면 알 수 있다. 단연, 유라시아가 가장 복잡한 도구와 노하우의 축적물을 갖고 있었고, 이는 어느 정도는 중동, 중국, 인도, 유럽의 곳곳에서 상승적으로 문화를 교환한 데에서 비롯했다. 반대편 끝에는 오스트레일리아와 뉴기니가 있었다. 오스트레일리아는 가장 작은 대륙인 데다, 내륙에 건조한 사막이 있어 고립된 상황을 더욱 부각시켰고, 뉴기니는 아주 작은 대륙, 혹은 사실대로 말하자면, 아주 큰 섬이다. 중간에는 북아메리카와 남아메리카가 있었는데, 아메리카는 크기는 하지만 남북 방향인 데다 파나마의 다리엔지협地峽에서 극도로 좁아지는 지형이 육상이동을 방해하고 있어서(심지어 오늘날에도), 그리고 다양한 산과 사막에 의해 고립되어 있었다. 국제 무역이 대양을 충분히 열어 고속도로로 만들 때까지, 우리의 집단두뇌는 대륙의 크기와 지리에 구속되어 있었다.[13]

노하우 모음이 충분히 복잡해지는 순간, 문화적 진화는 점점 더 복잡한 분업(실제로는 정보의 분화)을 선호하게 된다는 점은 강조해둘 만하다. 이 신세계에서는, 집단두뇌의 크기가 **지식의 최전선**—개인들이 기존 형태를 개선할 확률이 있을 정도의 지식을 갖고 있는 곳—에 있는 사람들의 크기와 상호연결성에 의해 영향을 받을 것이다. 예컨대 내가 요즘 속도가 느려지고 있는 내 아이폰을 개선하고 싶다고 하자. 방법이 명백한 것은 아니지만, 그것을 비집어 여는 방법은 나도 아마 알아낼 수 있을 것이고, 그때부터 안에 든 것들을 이리저리 만지작거릴 수도 있을 것이다. 아마 다용도윤활제 WD-40을 뿌려보고 (이게 잔디 깎는 기계에는 통하는 것 같은데) 도움이 되는지 볼 것이다. 그러나 이런 접근법은 실패할 가능성이 크다. 이것저것이 복잡해지면, 아무리 운이 좋아도 잘 모르는 사람이 복잡한 기술을 개선하기는 무척이나 힘들다. 따라서 더 복잡한 사회에서는 기술 축적이 지식의 최전선에 있는 하위 개체군의 크기와 상호연결성—다음 걸음마를 떼거나 운 좋은 실수를 알아볼 만큼 아는 사람의 수—에 크게 의존할 것이다. 지식의 최전선에 사람을 많이 보내는 일은 그 사회의 특정한 문화적 전달 제도(다시 말해, 교육제도)에 의존할 것이다.

집단두뇌의 중요성을 이해하는 순간, 왜 현대 사회의 혁신성에 차이가 있는지도 보이기 시작한다. 답은 개인들의 영리함이나 공적 유인책이 아니다. 그것은 지식의 최전선에 있는 수많은 개인들의 자유롭게 상호작용하고, 의견을 교환하고, 이의를 제기하고, 서로에게 배우고, 힘을 합치

호모 사피엔스

고, 낯선 사람을 신뢰하고, 실패를 두려워하지 않는 의지와 능력이다. 혁신에 필요한 것은 한 명의 천재나 하나의 마을이 아니라, 자유롭게 상호작용하는 마음들의 거대한 연결망이다. 이를 성취하는 일은 사람들의 심리에 달려 있고, 그 심리는 한 묶음의 사회규범과 믿음, 더불어 그것이 조성하거나 허용하는 공적 제도에서 탄생한다.[14]

인터넷의 확산과 함께, 우리의 집단두뇌는 극적으로 확장될 잠재력을 갖게 되었다. 비록 언어의 차이가 전 지구적인 집단두뇌는 가로막겠지만 말이다. 우리의 집단두뇌가 인터넷상에서 확장되는 것을 가로막는 다른 난관은 우리가 항상 직면해온 그것이다. 정보 공유의 협력 난제 말이다. 사회규범 또는 모종의 제도가 없다면, 이기심은 웹에서 좋은 아이디어와 통찰을 모두 빼내고 자신의 좋은 아이디어나 참신한 재조합은 남들이 사용하도록 게시하지 않는 개인을 선호할 것이다. 지금 당장은, 흔히 명망 획득에 기반을 둔 유인책들이 충분히 있는 것 같지만, 이는 사람들이 비용을 지불하지 않고도 정보의 편익을 얻게 해주는 새로운 전략이 확산되면 변할 것이다. 한 가지 주요 쟁점은 정보 공유를 위한 친사회적 규범이 인터넷상에서 장기간에 걸쳐 지속될 수 있는 정도가 될 것이다.

마지막으로, 내 학부생들은 때때로 내게 인간의 진화가 멈추었거나 거꾸로 가고 있느냐고 묻는다. 그들의 직관에 따르면, 자연선택은 유전자에 작용해 개인들을 더 적합하게 개조함으로써 그들이 처한 환경에서 생존하게 한다. 최근에 축적된 문화적 진화의 산물들이 이제 우리로 하여금 한때 치명적이었던 전염병을 치료하고, 한때 장애를 초래했던 찢어진 무릎 인대를 고치고, 한때 불임이었던 부부에게 인공수정을 하도록 해주므로, 자연선택은 어쨌든 우리를 더 낫게 개조해서 '자연계'라는 문화 없는 세계에 맞추는 작용을 하지 않고 있다는 것이다. 대답은 말할 것도 없이, 자연선택은 분명 멈춘 적이 없다는 것이다. 자연선택은 그저 방향을 바꿔왔을 뿐이다. 그러나 이것도 새로운 뭔가는 아니다.

이 질문을 더 명확히 하기 위해, 초기 호모 또는 호모 에렉투스도 같은 질문을 했을 수 있음을 깨닫자. 이 유인원은 큰 이빨, 강력한 턱 근육, 커다란 소화계를 서서히 잃어가면서 양질의 먹거리와 먹거리 가공 기술에 중독되어 가고 있었던 탓에 덩이줄기를 찾는 노하우가 필요했고, 따라서 자르는 도구를 제작해야 했고, 어느 시점에는 불을 써서 익히기도 해야 했다. 어느 조숙한 에렉투스는 내 학생들과 같은 혼란에 빠져서, 강력한 턱 근육과 큰 이빨이 한때 했던 일을 이제 석기와 불이 하고 있으니 자연선택이 멈추었거나 거꾸로 가게 된 것 아니냐고 걱정했을지도 모른다. 문화가 인간의 유전적 진화에 영향을 미치는 것은 새삼스러운 일이 아니다. 문화적 진화는 그저 한 번 더, 우리 종의 유전적 진화를 어딘가 새로운 방향으로, 다른 어떤 종도 아직까지 경험해보지 못한 공진화의 좁은 길을 따라 떠나보내고 있을 뿐이다.

이는 우리의 역사학, 심리학, 경제학, 인류학 연구 방법을 어떻게 변화시킬까?

....

이 모든 것이, 인간의 행동을 이해하기 위해서는 우리가 심리, 생물학, 문화, 유전자, 역사가 서로 얽혀 있는 방식들을 풀어내야 한다는 것을 의미한다. 아마도 그 첫 단계는 (핵심 분야 몇 개만 꼽자면) 매우 다른 제도, 기술, 언어, 종교를 경험하는 사람은 설사 유전자는 다르지 않더라도 심리적으로도 생물학적으로도 달라지리라는 점을 인정하는 것이다. 풍부한 실험 증거들이 이미 다른 문화에 의해 구축된 환경에서 성장하는 것이

호모 사피엔스

어떻게 우리의 시지각, 공정성 동기, 인내심, 명예의 위협에 대한 반응, 분석적 사고, 속이는 경향, 틀 의존성, 과신, 재능 편향을 바꾸는지를 보여준다. 그리고 이 심리적 차이들은 모두 어떤 면에서는 생물학적 차이다.[15]

따라서 **인간** 심리의 많은 부분을 설명하려면, 그리고 현재 통용되는 심리학 교과서 내용의 많은 부분을 설명하려면 분명히, 제도(예: 단혼)와 기술(예: 읽기) 같은 다양한 문화적 진화의 산물과 우리의 뇌, 생물학, 유전자, 심리가 지닌 특징들이 인과적으로 서로 연결되어 있음을 확실히 할 필요가 있다. 위에서 언급했듯이, 단혼 사회에서 결혼하는 남자는 테스토스테론이 낮아지고, 범죄를 저지를 확률이 줄어들고, 위험을 회피하는 성향이 커지고, 만족을 미루는 능력이 강해질 수 있다. 복혼 사회에서는 지위가 높은 남자들이 여자의 대부분을 첫째, 둘째, 셋째아내로 끌어가기 때문에 많은 가난한 남자들은 결혼할 수 없고, 그래서 이 결혼하지 못한 가난한 남자들 때문에 범죄율은 낮아지는 게 아니라 높아진다. 한편 복혼 사회에서 결혼한 남자는 단혼 사회에서 결혼한 남자와는 다르게 여전히 공개적으로 또 적극적으로 결혼 시장에 나와 있고 테스토스테론이 연애상대 여성을 찾는 일과 연결되어 있기 때문에, 아마도 테스토스테론이 떨어지지 않을 것이다. 이는 단혼이 일종의 범사회적 테스토스테론 억제 체제로 작용할 수도 있음을 뜻한다. 즉, 이 특이한 결혼규범 묶음이 만들어내는 심리적 효과가 바로 그것이 지난 수백 년 사이에 전 세계로 확산하는 데에 성공한 이유일 수 있다.[16]

기술 면에서 말하자면, 16장에서 논의했듯이 읽고 쓰는 능력이 뛰어난 사람은 인간 역사에서 비교적 최근까지 드물었던 존재로서, 신경이 어느 정도 다시 배선되어 있고, 말을 더 오래 기억하고, 뇌가 음성 언어에 더 활발히 반응하고, 얼굴인식 영역이 부실하다. 문자체계의 세부사항은 분명 유전적으로 명시된 우리의 뇌구조에 맞춰 진화했지만, 산업

혁명의 준비단계에서 개신교 및 인쇄기와 함께 빠르게 확산된 종교적 믿음 때문에 읽기가—그리고 연관된 신경적 변화가—처음으로 넓게 퍼졌을 때 그것이 어떤 영향을 끼쳤는지는 물어볼 가치가 있다. 이는 사상 처음으로 유럽에서 수많은 작가와 독자 사이에 문화적 전달 경로를 열면서 그동안 많은 사람들의 뇌를 변화시켰다. 그 결과는 집단두뇌의 갑작스러운 확장이었다.

이것이 우리가 뭔가를 짓는 데에 도움이 될까?

....

정치가, 최고경영자, 장군, 경제학자가 새로운 법률, 조직, 대테러 계획, 정책을 설계할 때, 그들은 피할 수 없이 인간의 본성에 관한 암묵적 가정들을 끌어들인다. 그 가정은 흔히 자신의 인생 경험, 개인적 성찰, 그리고 우리의 문화적 민간신앙의 조합에서 나오며, 그 민간신앙은 자주 어느 계몽주의 철학자의 꿈에 뿌리를 두고 있는 것처럼 보인다. 이러한 가정들에는 막대한 영향력이 있다. 몇 가지 보기를 살펴보자.

2003년에 미국이 이라크에서 거둔 군사적 승리의 여파로, 이라크가 사담 후세인의 독재적 억압에서 벗어나 미국과 유럽에서 수입된 최신 정치·경제제도를 선사받는 순간, 이라크 사람들은 새로운 제도에 빠르게 길들여져 오하이오 주민들처럼 행동하게 될 것이라고, 많은 사람들이 가정했다.[17] 그런 일은 벌어지지 않았는데, 아마도 새로운 제도와 조직은 기존의 사회규범, 비공식 제도, 문화적 심리와 이질적이지 않아야 한다는 게 그 부분적인 이유일 것이다.

치명적인 설사, 말라리아, 성병을 줄이는 것을 목표로 삼고서, 공중보건 전문가들은 오랫동안 '교육'의 필요성을 강조해왔다. 공중보건계의

호모 사피엔스

많은 사람들은 대중이 사실을 알기만 하면 합리적으로 행동할 것이라는, 다시 말해 화장실을 사용하고, 손을 씻고, 모기장을 치고 자고, 콘돔을 사용할 것이라는 생각에 충실하다(또는 충실했다). 그러나 경험에 따르면, 이 사례를 보건 저 사례를 보건 효과가 없는 게 바로 사람들에게 '사실' 또는 '교육'을 제공하는 방법이고, 그 이유의 일부는 우리가 관행을 습득하고 사회규범에 응답하도록 진화한 선택적인 문화적 학습자라는데에 있다. 결정적인 것은 전달하려는 내용을 어떤 틀에 담아 누가 전달하느냐이고, 그에 비해 소형 인과 모형들('사실들')은 이미 습득한 관행 또는 사회규범을 지원하는 데에만 필요한 부차적 요소에 지나지 않는다.[18]

이스라엘의 도시 하이파의 탁아소들은 부모가 아이를 정시에 데려가지 않아 골치를 썩고 있었다. 그런 탁아소 가운데 여섯 곳에서는 문제를 해결하기 위해 경제학의 전형적 처방에 따라 늦게 오는 부모에게 벌금을 물렸다. 만약 사람들이 유인책에 응답한다면, 벌금을 물렸을 때 늦게 오는 부모가 적어져야 한다. 그러나 늦는 부모 비율은 두 배로 늘었다. 12주 뒤, 벌금이 폐지되었을 때, 여전히 같은 수의 부모들이 아이를 늦게 데리러 왔고 벌금 이전 수준으로 돌아가지 않았다. 다시 말해, 벌금은 상황을 훨씬 더 나쁘게 만들었다. 벌금이라는 제도가 암묵적이던 사회규범을 명백하게 변화시킴으로써, 늦게 도착하는 것을 대인관계에서 지켜야 할 사회적 의무의 위반으로 만들어 수치심이나 당황스러움 또는 직원에 대한 감정이입을 유발하는 대신에, 그저 요금을 내고 구입할 수 있는 뭔가로 만들어버렸던 것이다. 내 생각에 더 나은 접근법은 반대 방향으로 가는 게 아니었을까 싶다. 명시적인 사회규범을 써서 대인관계의 의무를 강화하고 부모와 탁아소 직원 사이의 관계를 돈독히 하는 방향 말이다.[19]

이 실패들의 바탕에 있는 가정은, 우리는 인간으로서 모두가 세상을 비슷하게 지각하고, 같은 것을 원하며, 이러한 것들을 추구할 때 믿음(세상에 관한 '사실들')에 기반을 두고, 새로운 정보와 경험을 똑같은 방식으로 처리한다는 것이다. 우리는 이 모든 가정이 틀린 것임을 이미 알고 있다. 14장에서 동아시아인의 지각적 판단은 유럽계 미국인의 것과 다르다는 것을, 그리고 두 집단 모두 상대 집단은 신경적으로 고전하지 않는 지각 과제에서 고전하는 것을 보았다. 8장에서는 앤절리나 졸리의 기고문이 유방암 또는 유전자 검사에 관한 사람들의 지식을 늘린 것도 아니면서, 어떻게 왜 영국에서 뉴질랜드에 이르는 의료기관이 유전자 검사를 받으려는 여성들로 넘쳐나게 했는지를 논했다. 똑같은 복도 접촉사고에 디프사우스에서 자란 남자들은 열을 받아 공격과 폭행을 준비하는 반면, 북부 출신들은 개의치 않는 것도 보았다. 북부 출신은 남부를 방문해 상당한 시간을 보내지 않은 한, 남부 출신 학우들의 그런 행동을 예측하지 못했을 것으로 보인다. 11장에서는 사회규범이 문자 그대로 우리 뇌에 배선되어 자동적이고 직관적인 동기가 되는 것을 보았다.

인간을 문화적인 종으로 이해하는 순간, 새로운 조직, 정책, 제도의 설계에 사용할 도구모음이 상당히 달라 보이기 시작한다. 다음은 이 책에서 이끌어낸 여덟 가지 통찰이다.

1. 인간은 생각, 믿음, 가치, 사회규범, 동기, 세계관을 공동체 안의 남들에게서 습득하는 적응적인 문화적 학습자다. 문화적 학습의 초점을 맞추기 위해, 우리는 무엇보다도 명망, 성공, 성별, 방언, 민족의 단서를 사용하고 특히 음식, 성관계, 위험, 규범 위반과 같은 특정한 분야에 주목한다. 불확실성, 시간의 압박, 스트레스에 눌리면 특히 더 그렇게 한다. 문화적 학습의 힘을 못 믿겠다면, 4장의 유명인 모방자살을 떠올려보라.

2. 그러나 우리는 호구가 아니다. 이상한 음식을 먹는 것이나 사후세계를 믿는 것처럼 비용이 많이 드는 관행 또는 비직관적 믿음을 받아들이기 전에, 우리는 신뢰도증강표시를 요구한다. 우리의 본보기는 극한의 고통이나 큰 재정적 타격과 같은 비용을 감당함으로써 자신이 전달하는 믿음이나 관행에 대한 깊은 헌신을 보여주어야 한다. 신뢰도증강표시는 통증을 쾌감으로 바꾸고 순교자를 가장 강력한 문화전달자로 만들 수 있다.

3. 인간은 지위를 추구하는 자이며, 명망의 영향을 강하게 받는다. 하지만 어떤 행동이나 행실이 높은 명망으로 이어지느냐는 지극히 가변적이다. 사람들이 남에게 큰 명망을 부여하는 것은 그가 사나운 전사여서일 수도, 상냥한 간호사여서일 수도 있다. 성 암브로시우스를 기억하라. 그가 설득한 고대 후기의 부유한 로마인은 자기 재산을 가난한 사람들에게 주어야 했다. 관대하게 베푸는 것만이 자신에게 천국에 갈 자격이 있음을 입증할 것이었다. 말할 것도 없이, 암브로시우스는 이 운동을 시작하기 전에 자기부터 상당한 재산의 대부분을 내놓았다(신뢰도증강표시의 일례).

4. 우리가 습득하는 사회규범은 많은 경우 (우리가 주목하고 기억할 방향을 안내하는) 내면화한 동기와 세계관을 동반할 뿐만 아니라, 남을 심판하고 처벌하는 기준도 동반한다. 사람들의 선호와 동기는 고정되어 있지 않아서, 잘 설계한 계획이나 정책으로 사람들이 바람직하고, 자동적이고, 직관적이라고 느끼는 대상을 바꿀 수 있다.

5. 사회규범은 우리의 선천적 심리를 끌어들일 때 특히 강하고 오래 간다. 예컨대 외국인에게 공정할 것을 요구하는 사회규범은 어머니에게 자식을 돌볼 것을 요구하는 규범보다 확산되고 지속되기가 훨씬 더 어려울 것이다. 나는 이 책 전반에서 가까운 친족을 향한

편애, 근친상간에 대한 혐오, 호혜에 대한 선호, 고기를 피할 용의, 짝 결속의 욕구를 포함하는 우리 심리의 선천적 측면들에 갇혀 있는 규범들을 논의해왔다. 우리가 살펴본 것처럼, 의례도 우리 심리의 많은 선천적 측면들을 강력하게 이용하도록 문화적으로 진화해왔다.

6. 혁신은 우리의 집단두뇌가 확장되는 데에 달려 있고, 집단두뇌 자체는 그것이 만들어내는 사회규범, 제도, 심리가 사람들을 고무해 참신한 생각, 믿음, 통찰, 관행을 자유롭게 생산하고, 공유하고, 재조합하도록 하는 능력에 달려 있다.

7. 다른 사회는 전혀 다른 사회규범, 제도, 언어, 기술을 보유하고, 그 결과로 보유하는 추리 방식, 정신적 발견법, 동기, 정서적 반응도 다르다. 다른 곳에서 들여온 새로운 공식 제도를 개체군에 부과하면 곧잘 불화가 일어난다. 그 결과 그렇게 부과한 공식 제도는 상당히 다르게 작동하거나, 어쩌면 전혀 작동하지 않을 것이다.

8. 인간은 의도적으로 효과적인 제도나 조직을 설계하는 데에 서툴다. 나는 우리가 인간의 본성과 문화적 진화를 더 깊이 통찰함으로써 이 상황이 나아질 수 있기를 바라고 있지만 말이다. 그때까지, 우리는 문화적 진화의 각본을 선례로 삼아 선택 가능한 제도들 또는 조직형태들의 경쟁을 허락할 '변이와 선택 체계'를 설계해야 한다. 우리는 패자를 버리고 승자를 간직하면서, 바라건대 그 과정에서 어떤 일반적 통찰을 얻을 수 있을 것이다.

인간의 삶을 더 잘 이해하기 위한 탐구를 진전시키려면 심리, 문화, 생물학, 역사, 유전자의 풍부한 상호작용과 공진화에 초점을 맞추는 새로운 종류의 진화과학을 받아들일 필요가 있다. 이 과학의 길은 인적이

호모 사피엔스

드물고 장애물과 함정이 있을 게 틀림없지만, 아무도 밟은 적 없는 지적 영역으로 들어가는 흥미진진한 여행을 보증한다. 우리가 이해하고자 하는 것은 새로운 종류의 동물이기 때문이다.

1장 수수께끼 같은 영장류

1   이 소개말은 앞으로 나올 후데크, 무투크리슈나와 나의 연구를 토대로 한 것이다.

2장 우리가 똑똑해서 살아남았을까?

1   Vitousek et al. 1997 and Smil 2002, 2011을 참조. http://www.newstatesman.com/
    node/147330도 참조. 이 정보에 주목하게 해준 킴 힐에게 감사한다.

2   여기서 '성공'이란 다양한 지구 환경에서 에너지를 획득하는 면에서 우리 종이 거둔 생태
    적 성공을 의미한다.

3   인류가 대형 동물군에게 병을 옮겼다는 가설을 포함해, 이 멸종에 기여하는 힘에 관해서
    는 여전히 논란이 많다. 그러나 겉으로 보자면 직접적 사냥을 통해서도, 불(오스트레일리아
    의 광대한 면적을 불태움)과 그 밖의 생태적 교란(다른 상위 육식 동물과의 경쟁)과 같은 간접적
    영향을 통해서도, 인류가 이러한 멸종의 다수에 상당히 기여했을 가능성이 높다. Surovell
    2008과 Lorenzen et al. 2011을 참조.

4   규모와 속도 면에서 산업화한 사회가 지구에 끼친 영향력에 견줄 것은 우리 종의 역사에,
    아니 다른 어떤 종의 역사에도 없음은 말할 것도 없다(Smill 2011).

5   개미 자료는 Hölldobler and Wilson 1990에서 인용.

6   Boyd and Silk 2012의 논의를 참조. 우리의 지구적 확장은 진화 기간에서 상대적으로 근
    래에 일어났기 때문에, 유전적 분화가 일어날 시간이 많지 않았다.

7   Dugatkin 1999와 Dunbar 1998을 참조.

8   우리 종이 성공한 열쇠가 우리의 '지능'이라는 관념은 어디에서나 볼 수 있다(Bingham
    1999). 그러나 최근에는 이 생각이 Barrett, Tooby, and Cosmides(2007)나 Pinker(2010)와 같
    은 진화심리학자들의 저작에서도 모습을 드러내왔다. '즉흥적으로'라는 인용구는 Pinker

호모 사피엔스

에서, '즉흥적 지능'이라는 말은 Barrett et al.에서 왔다. 논의를 더 알아보려면 Boyd et al. 2011a를 참조.

9 Pinker 1997:184.

10 이 견해는 널리 퍼져 있지만, 최근의 것은 E. O. Wilson(2012)과 D. S. Wilson(2005)의 저작에서 볼 수 있다.

11 달리 언급하지 않는 한, 나는 지능이라는 단어를 대체로 상식적인 방식으로 사용할 것이다. 지능은 개체들이 어려운 문제에 대해 새롭고 더 나은 해결책을 알아내도록 해주는 특징이다. 지능이 높은 사람일수록 이전에 인식하지 못했던 문제를 포함해, 문제 또는 난관에 대한 해결책을 스스로 고안하는 능력이 우수하다. 우리는 전형적으로 남을 베끼는(또는 모방하는) 능력은 '지능'의 일부로 포함시키지 않는다. 예컨대 지능지수 검사를 받는, 아니 학교에서 거의 모든 종류의 시험을 치는 아이들은 자기들이 선호하는 문화적 학습전략(4장 참조)—교실에서 가장 영리한 아이의 답을 베껴라—을 쓰는 것을 금지당한다. 유사하게, 집단에는 **집단지능**이 있을 수 있고, 이것이 측정하고자 하는 것은 집단의 문제 해결 능력이다. 이것은 개별 구성원의 지능을 직접 반영할 필요가 없다(Woolley et al. 2010). 집단지능에도 다른 집단의 해결책을 모방하는 능력은 포함되지 않는다. 따라서 문화적 학습전략을 지능의 한 유형으로 포함시키려 하는 것은 일반적 용법에 어긋난다.

12 이러한 연구 결과는 Herrmann et al. 2007, 2010에서 인용했다. 이 데이터를 끌어낼 때 내 논점과 관계있는 주요한 결과에만 좁게 초점을 두었으므로, 예컨대 의사소통이나 정신화 능력과 관련한 연구 결과는 제시하지 않았다. 제시한다 해도 이 책의 전반적인 논증을 더 강조하는 데에 그칠 것이다.

13 사실은, 공간 검사에서는 나이와 함께 미미한 성적 향상이 있다. 나이 든 동물의 성적이 약간 더 낫다(Ester Herrmann, pers. comm., 2013).

14 우리는 이 연구와 함께 세 가지 사항을 고려해야 한다(De Waal et al. 2008). 첫째, 이러한 과제에서 시연자는 참가자의 종과 무관하게 언제나 인간이었기 때문에, 유인원은 사회적 학습에서 불리한 위치에 있었을 것이다. 그러나 Dean et al.(2012)의 연구는 동종의 시연자를 써도 사회적 학습에서 인간과 침팬지의 격차는 좁아지지 않는다는 것을 보여준다. 둘째, 유인원 참가자들은 완전한 야생이 아니라 야생의 고아로서 유인원 보호구역으로 옮겨져 나이가 뒤섞인 사회집단에 편입되었다. 이 유인원들은 (1)인간에게 광범위하게 노출되어왔고 (2)먹이 부족이나 심각한 포식 위협에 직면하지 않는다는 뜻이다. 이는 진정한 격정거리이지만, 이전의 연구 결과는 인간과 더 큰 안전성에 노출되면 인지능력, 특히 사회적 학습능력은 오히려 향상됨을 시사한다(van Schaik and Burkart 2011, Henrich and Tennie, forthcoming). 게다가 이 유인원들은 이러한 보호구역이 사회적 집단에게 기본으로 제공하는 접근 가능한 열대림에서 시간의 많은 부분을 보낸다. (3)어쩌면 유인원들은 (어미와 함께

데려오지 않아서) 더 수줍었거나 자신이 없었던 탓에 덜 인상적인 결과를 냈는지도 모른다. Herrmann et al.은 이 수줍음을 포착하는 것을 목표로 '숫기'와 체온을 측정했다. 이 결과들이 가리키는 바에 따르면, 인간이 유인원(더 열성적이었다)보다 더(유인원 못지않게) 숫기가 없었을 뿐만 아니라, 체온과 숫기의 측정치가 사회적 학습 성적과 연관되지도 않는다. 왜 이러한 차이들이 사회적 학습 과제에서만 작용하고 다른 모든 과제에서는 작용하지 않을 것인지도 분명치 않다.

15 Fry and Hale 1996과 Kail 2007을 참조.

16 Inoue and Matsuzawa 2007을 참조.

17 Silberberg and Kearns 2009와 Cook and Wilson 2010을 참조.

18 인간은 틀림없이, 침팬지는 순서를 정확히 짚을 때마다 과자라는 보상을 받았지만 학생들은 아무 과자도 받지 못했다고(그래서 핵심 요소의 하나인 포도당의 후원을 얻지 못했을 거라고) 항의할 것이다. 또한 아유무는 어떤 동료 침팬지도 재현한 적 없는 모종의 승리 비결을 알아낸 부정 출장 선수가 분명하다고 주장할 것이다. Humphrey(2012)가 이 연구에 따를 수 있는 쟁점들에 관한 흥미로운 논의를 제공한다.

19 Byrne and Whiten 1992, Dunbar 1998, Humphrey 1976을 참조.

20 Martin et al. 2014를 참조. 표적인 내시 균형과의 평균 편차가 침팬지의 경우는 0.02였지만 인간의 경우는 0.14였다.

21 Cook et al. 2012, Belot, Crawford, and Heyes 2013, Naber, Pashkam, and Nakayama 2013을 참조.

22 심리학과 경제학에서 나오는 다양한 발견법과 편향에 관해서는 Gilovich, Griffin, and Kahneman 2002, Kahneman 2011, Kahneman, Slovic, and Tversky 1982, Camerer 1989, Gilovich, Vallone, and Tversky 1985, Camerer 1995를 참조. 우리의 명백한 불합리함을 고려할 때, 우리가 어떻게 그토록 잘 적응하느냐는 물음에 관해서는 Henrich 2002와 Henrich et al. 2001a를 참조. 인간 이외의 동물을 대상으로 한 연구에 관해서는 Real 1991, Kagel, McDonald, and Battalio 1990, Stanovich 2013, Herbranson and Schroeder 2010을 참조.

3장 무인도에 떨어지면 살아남을 수 있을까?

1 프랭클린 탐험대에 관한 내 논의는 다양한 출처의 자료를 토대로 한다(Lambert 2009, Cookman 2000, Mowat 1960, Woodman 1991, Boyd, Richerson, and Henrich 2011a). Lambert가 '아폴로 계획'을 언급한다.

2 프랭클린 탐험대는 그동안 학계의 지속적이고 열띤 관심 대상이었다. 연구는 새로이 통조림 식품을 사용한 것과 연관된 납 중독과 음식물 중독도 둘 다 이 탐험의 문제들에 기여했

을 수 있음을 시사해왔다. 납 가설은 탐험대가 남긴 인간 유해성 검사에서도 유효성을 유지해왔지만, 납 중독의 발병은 비교적 조금밖에 기여하지 않았을 수 있다. 음식물 중독 가설은 터무니없지는 않지만, 잘 뒷받침되어온 가설은 아니었다. 이 통조림과 관련된 우려도 괴혈병 발병율도, 만약 탐험대원들이 이누이트족의 생활양식을 도입했다면 문제가 아니었을 것이다. 로스와 아문센 양쪽의 선원들은 그들의 식사에 보충되는 이누이트족의 먹거리에 잘 적응했다.

3 Boyd, Richerson and Henrich 2011a에서 인용.

4 위와 같음.

5 킹윌리엄섬 서쪽은 넷실릭족이 알기로 그 섬이나 인근 지역보다 생산성이 낮다는 점도 지적해둘 만하다(Balikci 1989). 그러나 우리의 탐험가 세 사람—프랭클린, 로스, 아문센—은 모두 종국에는 대략 같은 영역에 도달해, 프랭클린의 대원들이 로스가 남긴 돌무덤을 찾아내기도 했다. 이누이트족의 증언과 고고학적 유물들은 프랭클린의 대원들이 결국 여러 무리로 나뉘어 섬의 양쪽을 헤매고 다녔음을 시사한다(Woodman 1991).

6 의복, 썰매, 얼음집에 관한 인용문과 언급은 각각 Amundsen 1908: 149, 156, 142에서 나온다.

7 이 분류명은 로버트 보이드가 처음 만들었다.

8 이 소재는 Phoenix 2003, Henrich and McElreath 2003, and Wills, Wills, and Farmer 1863 및 burkeandwills.slv.vic.gov.au와 www.burkeandwills.net.au라는 귀중한 웹사이트 두 곳을 포함해, 버크와 윌스에 관한 각종 자료에서 인용했다.

9 윌스의 사후에 출간된 일기에서 직접 옮겨적은 인용문의 첫 부분은 1861년 6월 20일자 일기에서 나오고 두 번째 부분은 마지막 일기에서 나오는데, 마지막 일기는 날짜가 1861년 6월 26일로 적혀 있지만 실제로는 그보다 늦은 6월 28일이었을 수도 있다. www.burkeandwills.net.au/JournalsASCillsJournals/Wills_Journal_of_a_trip.htm을 참조. 흥미롭게도, 윌스의 아버지가 출간한 1863년판 윌스의 일기에 실린 첫 번째 일기는 완전한 형태로 등장하지 않는다. 두 번째 부분은 302쪽에 빠짐없이 등장한다(Wills, Wills, and Farmer 1863).

10 몇몇 출처(Earl and Mccleary 1994, Mccleary and Chick 1977, Earl 1996)와 http://burkeandwills.slv.vic.gov.au/ask-an-expert/did-burke-and-wills-die-because-they-ate-nardoo에 있는 Phoenix의 견해들을 조합.

11 내 설명은 거의 전부 Goodwin의 책(2008)에서 인용했고, 카란카와족에 관한 보충 소재는 www.tshaonline.org/handbook/online/articles/bmk05를 포함한 다른 출처에서 인용했다.

12 슬프게도, 이 여주인공은 샌타바버라의 선교단에 도착한 뒤에도 여전히 외톨이 신세였다.

아무도 그녀의 언어를 할 줄 몰랐기 때문이다. 그녀와 같은 샌니콜라스섬 사람들은 모두 병으로 죽었거나 사라진 다음이었다. 많은 보살핌과 관심을 받았지만, 그녀 자신도 몇 주 밖에 버티지 못했다. 내 설명은 몇몇 출처(Hardacre 1880, Hudson 1981, Morgan 1979, Kroeber 1925)에서 인용했다. 이 실화는 스콧 오델의 유명한 소설 《푸른 돌고래 섬》(우리교육, 1999)의 기초가 되었다. 본문에서 인용한 문구는 《Schribner's Monthly》에 실린 Hardacre의 1880 년 기사에 나온다.

4장 문화적인 종을 만드는 법

1 Boyd and Richerson(1985)의 바탕에는 유전적 진화와 별개의 과정으로서 문화적 진화의 모형을 구축하는 분야에서 앞장섰던 Luca Luigi Cavalli-Sforza and Marc Feldman(1981) 의 선구적 노력이 깔려 있다. 이들 말고 이 쟁점에 관한 초기 작업에 기여한 주요 인물로 는 Durham(1982), Sperber(1996), Campbell(1965), Lumsden and Wilson(1981), Pulliam and Dunford(1980)가 있다. 지적 맥락은 James Mark Baldwin(1896)까지 거슬러 올라갈 수 있 다. 가치 있고 통찰력 있는 개관을 바란다면 Hoppitt and Laland 2013, Brown et al. 2011, Rendell et al. 2011을 참조하라.

2 이 목록에 들어 있는 항목은 대부분 이 책의 어느 지점에서 다뤄진다. 다루지 않는 항목 에 관해서는 다음을 참조하라. 판단의 발견법(Rosenthal and Zimmerman 1978), 처벌의 기준 (Salali, Juda, and Henrich, 2015), 신/세균(Harris et al. 2006).

3 Bandura and Kupers 1964를 참조.

4 Henrich and Broesch 2011를 참조.

5 이러한 사냥의 사례에 관해서는 Henrich and Gil-White 2001를 참조하라.

6 나는 브리티시컬럼비아대학에서 경제학과 교수진으로서 밴쿠버캠퍼스 경제학과에 10년 가까이 재직했다. 뉴욕대학 스턴경영대학원에서 경영대학원생을 가르친 적도 있고 미시간 대학 경영대학원에서 초빙교수로 재직하기도 했다. 그래서 경영대학원생과 경제학자를 둘 다 잘 안다.

7 Kroll and Levy 1992를 참조.

8 Henrich and Gil-White 2001, Rogers 1995b, Henrich and Broesch 2011, N. Henrich and Henrich 2007: chapter 2를 참조.

9 여러 진화적 모형의 예측에 따르면, 개별적 학습이 어렵거나 비용이 많이 들 때와 학습 자가 자신이 없을 때 문화적 학습이 우세해야 한다(Hoppitt and Laland 2013, Laland, Atton, and Webster 2011, Laland 2004, Boyd and Ricrherson 1988, Nakahashi, Wakano, and Henrich 2012, Wakano and Aoki 2006, Wakano, Aoki, and Feldman 2004).

10 이 점을 지적해준 마이클 무투크리슈나에게 감사한다. www.forbes.com/sites/ money

builder/2013/11/14/investing-with-billionaires-the-ibillionaire-index/을 참조.

11 Pingle 1995, Pingle and Day 1996, Selten and Apesteguia 2005, N. Henrich and Henrich 2007, Fowler and Christakis 2010, Apesteguia, Huck, and Oechssler 2007, Offerman, Potters, and Sonnemans 2002, Offerman and Sonnemans 1998, Rogers 1995a, Conley and Udry 2010, Morgan et al. 2012를 참조.

12 심리학계에서 문화적 학습을 연구한 역사는 길다(Rosenbaum and Tucker 1962, Baron 1970, Kelman 1958, Mausner 1954, Mausner and Bloch 1957, Greenfield and Kuznicki 1975, Chalmers, Home, and Rosenbaum 1963, Miller and Bollard 1941, Bandura 1977). 관련 논의와 검토 자료가 필요하면 Henrich and Gil-White 2001을 참조하라.

13 Mesoudi and O Brien 2008, Atkisson, O'Brien, and Mesoudi 2012, Mesoudi 2011a.

14 이 실험은 Kim and Kwak(2011)에 나온다. 이 특정한 실험에서는 낯선 사람이 엄마보다 더 활동적이었고, 그래서 젖먹이의 참조가 낯선 사람 쪽으로 치우쳤을지 모른다고 염려하는 사람도 있을지 모른다. 그러나 이와 관련한 스웨덴의 젖먹이 연구(Stenberg 2009)와 미국의 젖먹이 연구(Walden and Kim 2005)가 이러한 염려를 누그러뜨린다.

15 이 사례는 Zmyj et al. 2010에 나오지만, Poulin-Dubois, Brooker, and Polonia 2011과 Chow, Poulin-Dubois, and Lewis 2008도 참조하라.

16 이제는 범례가 된 한 실험에서, Kathleen Corriveau and Paul Harris(2009b)는 서너 살 된 아이들을 두 명의 잠재적 본보기(어른)에 노출시켰다. 본보기는 오리나 숟가락처럼 아이들에게 이미 친숙할 흔한 물건 네 가지의 이름(언어적 명칭)에 관한 자신의 의견을 말해주었다. 한 본보기는 모든 품목을 정확하게 호명한 반면, 다른 본보기는 틀린 명칭을 제시했다. 그런 다음 어린 피험자들에게, 잠재적 본보기가 아이들에게 익숙하지 않은 생소한 물건의 이름을 부르는 모습을 보여주었다. 물건의 명칭을 다르게 제시하는 두 본보기의 말을 모두 들은 꼬마들에게 그 물건의 명칭을 물어보았다. 꼬마들은 누구를 믿어야 할까? 밝혀진 비에 따르면, 꼬마들은 자신이 그 물건의 명칭을 내놓는 데에서 누가 다른 것들의 명칭을 붙이는 데에 유능한지를 추적할 뿐만 아니라, 이 정보를 최소한 일주일 동안 기억하기도 한다. 같은 아이들을 일주일 뒤에 다시 시험했을 때, 본보기들이 친숙한 물건들에 붙이는 명칭을 다시 듣지 않고도, 아이들은 여전히 이전에 더 정확했던 사람이 사용하는 명칭을 베꼈다. 독자는 단어 학습에 관한 Koenig and Harris 2005, Corriveau, Meints, and Harris 2009, Scofield and Behrend 2008, and Harris and Corriveau 2011과 인공물의 기능 학습에 관한 Birch, Vauthier, and Bloom 2008도 참조해야 한다. 어린아이들은 또한 더 자신 있는 본보기를 보고 학습하기를 선호한다(Birch, Akmal, and Frampton 2010, Jaswal and Malone 2007, Sabbagh and Baldwin 2001).

17 검토를 바란다면 Henrich and Gil-White 2001을 참조하라.

18 이 실험은 Chudek et al. 2012에서 인용했다. 어른에 관해서는 Atkisson, O'Brien, and Mesoudi 2012를 참조하라.

19 문화적 학습의 동성 편향을 뒷받침하는 증거의 표본들은 Bussey and Bandura 1984, Bussey and Perry 1982, Perry and Bussey 1979, Basow and Howe 1980, Rosekrans 1967, Shutts, Banaji, and Spelke 2010, Wolf 1973, 1975, Bandura 1977, Bradbard et al. 1986, Bradbard and Endsley 1983, Martin and Little 1990, and Martin, Eisenbud, and Rose 1995에서 나온다. 월령 6~9개월 범위에서 실시한 근래의 연구에 관해서는 Benenson, Tennyson, and Wrangham 2011을 참조하라.

20 언어와 방언 단서에 관해 조사한 자료가 필요하면 Kinzler et al. 2009, Kinzler, Dupoux, and Spelke 2007, Shutts et al. 2009, Kinzler, Corriveau, and Harris 2011을 참조하라. 아이들도(Gottfried and Katz, 1977) 어른들도(Hilmert, Kulik, and Christenfeld 2006) 자신의 기존 믿음을 공유하는 사람을 본받으려는 성향 또한 뚜렷한 듯하다. 젖먹이도 민족 단서(언어)를 써서 선택적으로 모방한다는 증거가 필요하다면 Buttelmann et al. 2012를 참조하라.

21 Hoffmann and Oreopoulos 2009와 Fairlie, Hoffmann, and Oreopoulos 2011에서 인용했지만, Nixon and Robinson 1999, Bettinger and Long 2005, Dee 2005도 참조하라.

22 아이들 사이에서 나타나는 나이의 효과 및 나이 대 실력의 상쇄 효과를 뒷받침하는 실험적 연구에 관해서는 Jaswal and Neely 2006과 Brody and Stoneman 1981, 1985를 참조하라. 아이들은 나이를 때로는 실력의 단서로 사용하고 때로는 자기유사성단서로 동원하면서 정교한 방식으로 사용할 수 있다(VanderBorght and Jaswal 2009, Hilmert, Kulik, and Christenfeld 2006). 음식 선호의 습득에 관해서는 Birch 1980 and Duncker 1938을 참조하라. 14~18개월 된 젖먹이들의 경우, 자신과 나이가 가까운 본보기의 동작을 더 흡사하게 모방한다(Ryalls, Gul, and Ryalls 2000).

23 소규모 사회에서 고령자의 지위가 문화적 전달에 영향을 미치는 방식에 관한 연구는 막 시작되고 있을 뿐이니, 내가 피지에서 제임스 브로에스크와 함께 한 연구(Henrich and Broesch 2011)뿐만 아니라 볼리비아 아마존 지역에서 Reyes-García와 동료들이 했던 연구(2008, 2009)도 참조하라. 그러나 다양한 사회에 걸친 인류학적 민족지가 나이와 명망의 분명한 연관성 및 명망이 문화적 학습에 미치는 강력한 효과들을 드러낸다. 8장에서는 사회의 변화 속도가 나이와 명망의 관련성에 어떻게 영향을 미치는지 설명하고, 이로써 왜 우리 자신의 사회에서는 노인의 명망이 특별히 높지 않은지도 설명한다.

24 Ffferson et al. 2008, McFlreath et al. 2005, 2008, Rendell et al. 2011, Morgan and Laland 2012도 참조해야겠지만, Morgan et al.(2012)과 Muthukrishna et al.(2015)이 인간들 사이에서의 순응전달을 보여주는 최신 증거를 제공한다. 물고기 사이에서의 순응전달에 관해서는 Pike and Laland 2010을 참조하라. 이론적 모형 구축에 관한 문헌으로 들어가려면

Nakahashi, Wakano, and Henrich 2012와 Perreault, Moya, and Boyd 2012를 참조하라. 이 모형 구축 작업은 우리가 사회적 학습에 의존하는 많은 종에서 순응-전달을 발견해야 한다는 것을 시사한다.

25 전국적 자료가 궁금하면, 미국에 관해서는 Stack 1990을, 독일에 관해서는 Jonas 1992를, 일본에 관해서는 Stack 1996을 참조하라. 명망과 자기유사성 효과 및 모방하는 방법들 에 대한 증거가 필요하면 Stack 1987, 1990, 1992, 1996, Wasserman, Stack, and Reeves 1994, Kessler and Stipp 1984, Kessler, Downey, and Stipp 1988을 참조하라.

26 개관을 원하면 Rubinstein 1983을 참조하라. 미국에서 청소년 유행의 증거를 얻고 싶으면 Bearman 2004를 참조하라.

27 Chudek et al., n.d., Birch and Bloom 2002, Barrett et ai. 2013, Scott et al. 2010, Hamlin, forthcoming, Tomasello, Strosberg, and Akhtar 1996, Harris and Corriveau 2011, Corriveau and Harris 2009a, Koenig and Harris 2005, Buttelmann. Carpenter, and Tomasello 2009, Hamlin, Hallinan, and Woodward 2008을 참조.

28 Byrne and Whiten 1988과 Humphrey 1976을 참조.

29 Humphrey(1976)는 마키아벨리적 지능 가설(Byrne and Whiten 1992)과 문화적 지능 가설 (Herrmann et al. 2007, Whiten and van Schaik 2007)을 둘 다 개략적으로 기술했다.

30 Schmelz, Call, and Tomasello 2011, 2013, Hare et al. 2000, Hare and Tomasello 2004를 참조.

31 Heyes 2012a를 참조. 물론, 어떤 것이 경험에 의해 영향을 받을 수 있음을 보여준다고 해 서 그것의 발달이 과연 자연선택에 의해 조성 또는 조형되어 왔느냐에 관해서도 많은 것을 알게 되는 것은 결코 아니다.

32 Heyes 2012b를 참조.

33 Whiten and van Schaik 2007과 van Schaik and Burkart 2011을 참조.

34 이 문헌에 들어 있는 논쟁들 중 하나는 우리의 능력과 행동을 설명하는 데에서 '선천적인 것'과 '학습된 것'의 대결을 수반한다. 앞으로 보겠지만, 많은 행동은 100퍼센트 선천적인 동시에 100퍼센트 학습된다. 예컨대 인간은 분명히 두 다리로 걷도록 진화해왔고, 이는 우 리 종의 행동적 징표 가운데 하나다. 그렇지만 우리는 한편으로 분명히 걷기를 **배운다**. 자 연선택의 관점에서 보자면, 자연선택은 오직 '원하는' 표현형이 필요할 때 등장하는 것에 만 신경을 쓴다. 그리고 거기에 도달하기 위해, 학습, 주의 편향, 동기 변화, 해부구조 조정, 추론 편향, 통증 반응을 써서 필요한 발달 과정이 완료될 때까지 예정대로 실행되도록 확 실히 할 것이다. 따라서 어떤 것이 학습된다는 사실을 보여주면 발달 과정에 관해 알게 될 뿐, 과연 자연선택이 유전자에 작용함으로써 그것을 선호했는지에 관해서는 알지 못한다. 예컨대 역사를 통틀어 많은 사람들은 성교하는 법을 남에게서 아무 정보도 얻지 못한 채

즉흥적으로 알아내야 했으므로, 그에 관해 스스로 학습했다. 그렇지만, 그 과정에서 학습이 중요함을 무릅쓰고, 그것을 자연선택이 조형해오지 않았다는 의견은 그럴듯해 보이지 않는다. 성교에 관한 학습을 유인하기 위해, 자연선택은 어떤 것들은 '옳게 느껴지는' 반면에 다른 것들은 별로 그렇지 않도록 만들었다. 그 결과로, 대부분의 한 쌍은 마침내 무엇을 어디에 얼마나 오래 집어넣을지를, 최소한 자연선택의 목적에 부합할 만큼은 알아낼 수 있다. 걷기에도 성교에도 학습이 중요하지만, 한 발로 깡충깡충 뛰거나 엉금엉금 기기만 하는 외딴 사회, 혹은 아기를 만들지 않는 외딴 사회는 하나도 연구된 바 없다. 인간 개체군 간의 문화적 학습 차이에 대한 증거가 필요하면, Mesoudi et al. 2014를 참조하라.

5장 문화가 우리 몸을 약하게 만들었다

1   Tomasello 1999를 참조. 문화적 진화의 구실과 문화적 진화가 유전적 진화에 미치는 영향을 이해하려는 근래의 다른 노력들로는 Sterelny 2012a와 Pagel 2012가 있다.

2   Roth and Dicke 2005, Lee and Wolpoff 2002, Striedter 2004를 참조.

3   〈그림 5.2〉의 자료는 Miller et al. 2012에서 인용했다. 나는 이들의 표 S2에 있는 분수들을 뇌 영역별로 평균했다. 이 데이터에 관해서는 두 가지가 염려된다. 첫째, 표본들이 작다. 둘째, 이 차이들이 어느 정도나 인간이 침팬지에 비해 상대적으로 자극이 풍부한 환경을 경험하는 데에서 기인할 수 있는지는 불분명하다.

4   Sterelny 2012a를 참조.

5   Campbell 2011, Thompson and Nelson 2011, Kaplan et al. 2000, Bogin 2009, Nielsen 2012를 참조.

6   Clancy, Darlington, and Finlay(2001)는 95가지 신경적 사건의 시기를 아홉 종에 걸쳐 비교함으로써 인간 아기의 뇌가 출생 시점에 발달적으로 앞선 상태임을 보여주었다. Hamlin(2013a)은 8개월 된 아기들이 남을 판단하는 데에서 의도를 이용한다는 것을 보여주었다.

7   먹거리 가공과 조리에 관한 소재는 주로 Wrangham 2009, Wrangham, Machanda, and McCarthy 2005, Wrangham and Conklin-Brittain 2003에서 인용했다.

8   태즈메이니아인, 시리오노족, 안다만제도 사람들 사이의 불 피우기에 관해서는 Radcliffe-Brown 1964, Holmberg 1950, Gott 2002를 참조하라. 북부 아체족에 관해서는 킴 힐이 말해주었다.

9   Aldeias et al. 2012와 Sandgathe et al. 2011a를 참조. 물론, 네안데르탈인에 관한 이 주장에는 논의의 여지가 많다(Sandgathe et al. 2011b, Shimelmitz et al. 2014). 그러나 내가 볼 때, 고고고학 분야의 많은 연구들은 어떤 도구나 기술이 물질적인 기록에서 모습을 드러내는 순간, 그때부터 우리 계통은 그것을 영원히 보유한다는 가정에 물들어 있다. 12장에서 보겠

지만, 그것은 의심스러운 가정이고, 도구와 기술을 문화적 진화의 산물이 아니라 개인적인 인지능력의 산물로 생각하는 데에서 생겨난다.

10 이 불 제어 수업에 특히 더 기가 꺾인 이유는 내가 왕년에 이글스카우트(21개 이상의 공훈 배지를 받은 최우수 보이스카우트-옮긴이)였고 그래서 모닥불에 관해서는 좀 안다고 생각했기 때문이다. 우둔한 어린애가 된 이 느낌은 나의 인류학 현장 연구에서 자꾸자꾸 재발하는 경험이었다.

11 북극곰의 간에 관해서는 Rodahl and Moore 1943을 참조하라. 이는 해양 포유류 전체에 똑같이 해당될 수도 있다.

12 다른 종들도 조리한 음식을 선호하는 취향을 지녔으므로(Felix Warneken, pers. comm., 2012), 이 취향이 어쩌면 조리로 가는 길을 닦은 일종의 전前적응 구실을 했을 것이다(Wrangham 2009). 다른 동물과 마찬가지로, 우리는 일반적으로 소화하기 쉬운 음식을 선호한다.

13 Fessler 2006을 참조.

14 석기로 먹거리를 가공한 효과에 관한 증거가 필요하면 Zink, Lieberman, and Lucas 2014 를 참조하라.

15 Noell and Himber 1979를 참조.

16 Leonard et al. 2003과 Leonard, Snodgrass, and Robertson 2007을 참조.

17 덧붙여, 침팬지와 보노보가 포함되는 판속屬의 구성원들과는 어떤 종류의 높이뛰기 시합도 피하라(Scholz et al. 2006).

18 뇌와 재주에 관해서는 Striedter 2004를 참조하라. 던지기에 관해서는 Roach and Lieberman 2012, 2013과 Bingham 1999를 참조하라.

19 Gelman 2003, Greif et al. 2006, Meltzoff, Waismeyer, and Gopnik 2012를 참조.

20 말을 이기기는 힘들다. 이길 수 있다는 것을 웨일스에서 해마다 열리는 인간 대 말 22 마일 마라톤이 보여주긴 하지만 말이다. http://news.bbc.co.uk/2/hi/uk_news/wales/mid_/6737619.stm을 참조.

21 오래달리기에 관한 소재는 Bramble and Lieberman 2004, Lieberman et al. 2009, 2010, Carrier 1984, Heinrich 2002, Liebenberg 1990, 2006에서 얻었다. 가벼운 입문서를 원한다면 McDougall 2009를 참조하라.

22 이는 걷기에는 아무 도움도 되지 않지만, 달리는 데에 드는 대사비용을 반으로 줄여준다.

23 Liebenberg 2006, Heinrich 2002, Falk 1990에서.

24 Carrier 1984와 Newman 1970을 참조.

25 Liebenberg 1990과 Gregor 1977을 참조. 수렵채취인들은 아마 인간도 발자국으로 알아볼 수 있을 것이다. 수많은 민족지를 비롯해, 나 자신이 남태평양에서 얻은 경험도 발자국으로 한 사람 한 사람을 확인하는 사람들의 능력을 입증한다. 추적 전문가이자 현장 민족지학자

인 리벤버그가 칼라하리사막에 사는 수렵채취인들에게 발자국으로 동물을 하나하나 확인할 수 있느냐고 물었을 때, 그 사냥꾼 집단은 너무나도 어리석은 질문에 웃음을 터뜨렸다. 그리고 도대체 어떤 사람에게 발자국으로 개체를 구분할 능력이 **없을** 수 있는지 의아해했다. 남태평양에서 여러 해 동안 야사와섬 바닷가를 따라 걸었던 나 또한 많은 촌락민들에게 우리가 다음 물굽이에 들어서면 만나게 될 사람을 순전히 발자국만 보고 예측하는 귀신같은 능력이 있음을 알아차렸다. 나는 심지어 한 촌락민에게 몰래 발자국을 한 줄 찍으라고(그리고 아무에게도 말하지 말라고) 시킨 다음 다른 촌락민들에게 그 발자국의 주인을 확인해달라고 부탁하는 방법으로 그들을 공식적으로 시험한 적도 있다. 어른 열 명을 무작위로 뽑아서 내가 낸 시험을 치르게 했지만, 열 명 모두 정답을 맞혔다.

26 Heinrich 2002와 Carrier 1984를 참조.

27 Liebenberg 1990, 2006을 참조. 또 http://www.youtube.com/watch?v=826HMLoiE_o에서 지구력 사냥의 동영상을 볼 수 있다.

28 대니얼 리버만과 주고받은 대화와 서신(2013-14)에서.

29 Atran and Medin 2008, Atran, Medin, and Ross 2005, Lopez et al. 1997, Atran 1993, 1998, Medin and Atran 1999를 참조.

30 Atran, Medin, and Ross 2004와 Atran et al. 2001을 참조.

31 Colman 2003, Lopez et al. 1997, Coley, Medin, and Atran 1997, Atran et al. 2001, 2002, Wolff, Medin, and Pankratz 1999. Medin and Atran 2004, Atran, Medin, and Ross 2005를 참조.

32 Wertz and Wynn 2014a, 2014b를 참조.

33 동물에 관한 학습을 위한 인지적 체계는 다른 종류의 적응적인 내용 편향들도 보유하고 있는데, 이는 학습자들이 일정한 종류의 정보에 초점을 맞추고 특정한 종류의 실수를 피하게 한다. 클라크 배럿, 제임스 브로에스크와 나는 피지, 에콰도르 아마존 지역, 로스앤젤레스 출신의 아동과 성인을 대상으로 가르침-회상 과제를 써서 이 주제를 탐구한 적이 있다. 우리는 사진을 시각적 보조도구로 사용해, 여러 아동과 성인에게 그들이 전에 한 번도 마주친 적 없는 동물들에 관한 정보를 주었다. 그런 다음 그들이 무엇을 기억하는지를 가르친 직후에도 시험하고 일주일 뒤에도 시험했다. 우리의 결과는 많은 경우 아이들이 위험성에 관한 정보를 다른 종류의 정보, 이를테면 그 종의 서식지나 식습관에 관한 정보보다 우선적으로 떠올렸음을 시사한다. 뿐만 아니라, 참가자들이 어느 동물의 위험성을 잘못 회상했을 때 그들은 그 동물을(실제로는 위험한데) 안전한 놈으로 잘못 회상하는 경우보다(위험하지 않은데) 위험한 놈으로 잘못 회상하는 경우가 더 잦은 경향이 있었다. 따라서 우리의 회상장치는 안전한 동물을 위험한 놈으로 생각하는 것보다 비용이 높은 실수인 위험한 동물을 안전한 놈으로 생각하는 것을 피하도록 적응적으로 편향되어 있다고 볼 수 있다(Barrett

호모 사피엔스

and Broesch 2012, Broesch, Henrich, and Barrett 2014). 유사하게, 음식 분야에서는 댄 페슬러가 우리에게는 진화사에 걸쳐 병원균에 의해 제기된 위협 때문에 동물성 음식(예: 쇠고기)의 회피를 습득할 용의가 진화되어 있다고 주장해왔다. 이것이 동물성 음식에 대한 금기가 모든 문화에 그토록 흔한 이유, 그리고 채식주의자는 비교적 흔하지만 채소를 금기시하는 사람은 드문 이유를 설명할 수도 있을 것이다(Fessler 2002, 2003, Fessler et al. 2003).

6장 왜 어떤 사람들은 눈이 파랄까

1 이 사례를 가리켜준 매트 리들리에게 감사한다. Kayser et al. 2008을 참조.

2 Jablonski and Chaplin 2000, 2010을 참조.

3 Eiberg et al. 2008, Sturm et al. 2008, Kayser et al. 2008을 참조. http://essays. hackintyme.biz/item/4도 참조. 푸른 눈에 관여하는 유전적 변이체는 자연선택이 직접 선호했을 수도 있고 성선택이 간접적으로 선호했을 수도 있다. 기술한 조건에서 성선택을 거쳤다면, 푸른 눈을 가진 상대와의 짝짓기가 선호된 결과로 그러한 선호를 가진 사람이 태양으로부터 비타민 D를 합성하는 능력이 더 뛰어난 아이를 가질 가능성이 높아졌을 것이다. 그러한 선호는 문화적으로 또는 유전적으로, 혹은 둘 다로 진화할 수 있을 것이다.

4 Carrigan et al. 2014을 참조.

5 Tolstrup et al. 2008, Edenberg et al. 2006, Danenberg and Edenbeig 2005, Edenberg 2000, Gizer et al. 2011, Meyers et al. 2013, Luczak, Glatt, and Wall 2006을 참조. 연대 측정에 관해서는 Peng et al. 2010을 참조하라. 더 근래의 시기에 관해서는 Li et al. 2011을 참조해야겠지만 말이다.

6 Borinskaya et al. 2009와 Peng et al. 2010을 참조.

7 Peng et al. 2010을 참조.

8 McGovern et al. 2004를 참조.

9 일부 해양 포유류의 젖에는 유당이 거의 또는 전혀 들어 있지 않다(Lomer, Parkes, and Sanderson 2008). 전 세계적 유당분해효소 지속증의 추정치들은 30~40퍼센트 범위에 분포한다(Gerbault et al. 2013, Lomer, Parkes, and Sanderson 2008, Bloom and Sherman 2005). 내가 본문에서 언급한 68퍼센트라는 추정치는 Gerbault et al. 2013에서 나온다. 개관과 맥락을 원한다면, O'Brien and Laland 2012를 참조하라. 유당분해효소 결핍증의 증상들이 나타나는지 여부는 직장 내부의 특정한 미생물상相에 달려 있는 듯하다. 예컨대 소말리족 유목민이 보유하고 있는 장내 미생물군은 이들로 하여금 유당 내성이 없이도(그래서 열량의 대부분은 얻을 수 없지만) 우유를 마셔서 칼슘과 물을 얻을 수 있도록 해준다.

10 Ingram, Mulcare, et al. 2009, O'Brien and Laland 2012, Bloom and Sherman 2005, Gerbault et al. 2009, 2011, 2013, Leonardi et al. 2012를 참조. 이 근래의 연구는 초기의 중

요한 연구(Simoons 1970, Aoki 1986, Durham 1991)를 토대로 한다.

11 Gerbault et al. 2011, 2013, Leonardi et al. 2012, Itan et al. 2010, Ingram, Raga, et al, 2009, Ingram, Mulcare, et al. 2009를 참조. 중석기시대 유럽의 수렵채취인들과 초기 신석기시대 농부들에게서 추출한 DNA가 보여주는 바에 따르면, 이 개체군들은 유당분해효소 지속증 유전자를 매우 낮은 빈도로 지니고 있고(Gerbault et al. 2013), 따라서 문화적 진화가 유당분해효소 지속증 유전자의 확산을 주도했음이 분명해진다. 이 증거 이전에는, 이 유전자가 이미 높은 빈도로 존재하던 개체군 속으로 문화적 관행(목축과 착유)이 퍼져 들어갔으리라는 주장이 가능했다.

12 최초의 의학적 연구 결과는 1965년 학술지 〈랜싯〉에 실린 어느 논문(Cuatreca, Lockwood, and Caldwell 1965)에서 아프리카계 미국인과 유럽계 미국인의 우유 처리 차이에 주목했을 때로 거슬러 올라간다. 흥미롭게도, 아시아계와 아프리카계와 유럽계 사람들이 보이는 우유 마시기의 행동적 차이에 연구자들은 최소한 1931년부터 주목해왔다. 이 같은 차이들은 일반적으로 교육이나 소득의 차이 탓으로 돌려졌다(Paige, Bayless, and Graham 1972). 이 행동적 편차의 원인을 이해하지 못한 덕에 미국 정부는 수십 년 동안 모든 사람을 대상으로 우유 마시기를 홍보할 수 있었다. 'Got Milk?' 자료가 필요하면 Wiley(2004)를 참조하라. 여기서 얻을 교훈은 소득과 교육은 중요하지 않다는 게 아니라(소득과 교육은 매우 중요하다), 정책 입안자들에게는 훌륭한 행동과학이 필요하다는 것이다.

13 Laland, Odling-Smee, and Myles 2010, Richerson, Boyd, and Henrich 2010, Fisher and Ridley 2013을 참조.

14 Perry et al. 2007을 참조.

15 Oota et al. 2001을 참조.

16 Cavalli-Sforza and Feldman 2003과 Brown and Armelagos 2001을 참조.

17 이 측면을 다루는 교과서를 원하면, Boyd and Silk 2012를 참조하라.

18 최근에는 언론인 Nicholas Wade(2014)가 대륙적 인종은 인간에게 있는 행동적으로 중요한 유전적 변이를 포착하기는 한다는 논증을 시도한 적이 있다. 웨이드가 조합하는 세 가닥의 증거는 다음과 같다. (1)전 세계 유전적 변이에 대한 분석, (2)이 장에서 논의했듯이, 자연선택은 국지적으로locally 또는 지역적으로regionally 적응적인 형질을 선호한다는 구체적 사례들, (3)행동이나 심리, 생물체에서 나타나는 표현형의 차이(지능지수, 공격성 따위). 그는 근래의 전 세계 표본 분석을 증거의 첫 가닥으로 사용해 고전적인 대륙 인종과 관련된 유전적 실체를 확립하려 한다. 그리고 맞다. 대륙 수준의 유전적 변이는 존재하지만, 앞으로 설명할 것과 같이, 그렇다고 해서 자연선택이 이 대륙적 개체군들을 분화시키는 방향으로 작용하고 있다는 뜻은 아니다. 다음으로 웨이드가 가리키는 국지적 사례들에서는 자연선택을 특정한 유전적 변화의 원인으로서 거의 분리해 낼 수 있다. 이 지점에서, 그는 독자를 유

호모 사피엔스

도해. 만약 자연선택이 이 국지적이거나 지역적인 유전적 변화의 원인이라면, 자연선택은 대륙 수준의 유전적 변이에도 책임이 있을 수 있다고 추론하게 한다. 더 나아가 그는, 만약 자연선택이 대륙 수준의 변이를 설명한다면, 아마도 그것이 대륙을 건널 때마다 관찰되는 보편적인 심리적·행동적·생물적 차이도 설명할 것이라고 주장한다.

이 두 가닥의 증거 사이에서 웨이드가 추론을 진행하는 단계들은 양쪽 모두 문제투성이다. 첫 번째 추론에 따라붙는 쟁점들을 이해하려면, 서로 다른 대륙 단위 개체군 사이에서 나타나는 유전적 변이의 기원은 인류가 아프리카에서 나와 확산한 시점까지 거슬러 올라가며, 그 사건은 상대적으로 최근에 일어났다는 점을 알아야만 한다. 이 같은 이주는 진화적인 유전적 부동genetic drift과 창시자 효과founder effect를 낳았다. 훨씬 더 큰 개체군에서 추출된 작은 표본들(집단들)이 새로운 대륙에서 창시 개체군이 되는 사건을 유발했다는 말이다. 이 같은 이주는 유전적 변이를 만들어냈지만, 자연선택으로 인한 기능적 변이를 만들어낸 것은 아니다. 이만큼 오래된 이주를 연구하는 데에 가장 적합한 유전적 변이는 종에 중립적인(선택을 받지 않는) 변이다. DNA는 돌연변이를 자주 겪는데, 이때마다 유기체의 작용이 바뀌지 않는 이유는 어느 특정 서열에 기능이 없기 때문일 수도 있고, DNA 염기들이 치환되어도 만들어낼 단백질의 부호는 바뀌지 않을 수 있기 때문일 수도 있다. 따라서 대륙 수준의 유전적 변이가 발견되는 것은 이만큼 오래된 이주 뒤에 예상해야 하는 바와 정확히 일치하지만, 그것이 중요한 기능적 변이가 존재한다는 의미를 함축하지는 않는다. 더구나 대륙 수준의 선택압은 하나도 확인된 적이 없으므로, 이 변이의 대부분이 자연선택에서 기인한다는 증거는 전혀 없다. 다음으로, 웨이드가 특정한 유전자에 작용하고 있는 자연선택의 국지적 또는 지역적 보기들을 가리킬 때, 그는 이것이 실제로는 대륙적 인종이라는 **자신의 발상에 반대하는** 구실을 한다는 사실을 깨닫지 못한다. 내가 본문에서 설명했듯이, 이 같은 국지적 과정들은 종종 대륙적 인종들을 유전적으로 덜 유사하게 만들지만, 동시에 서로 다른 대륙적 개체군 간에 유사성을 증가시키기도 한다. 따라서 자연선택은 곧잘 멀리 떨어진 개체군 간의 변이를 줄이는 방향으로 작용할 수도 있다.

마지막으로, 행동과 심리에서 출발해 유전자로 돌아가는 웨이드의 추론은 유전자를 생물과 합체시키고, 그럼으로써 현대의 문화진화론에 대한 이해 부족을 드러낸다. 그는 문화가 아닌 다른 것으로 대륙 수준의 행동적·심리적·생물적 변이를 설명할 수 있다고 문화를 무시하면서, 우리가 인간의 학습, 발달, 동기와 문화신경과학에 관해 현재 알고 있는 것을 진지하게 고려하지 않는다. 예컨대 그는 아무 생각 없이, 이라크 사람들이 2003년에 미국이 침공한 뒤에도 미국의 정치제도를 곧바로 도입하지 않은 사실을 문화가 하나의 설명이라는 데에 대한 반론으로 지목한다. 분명, 만약 답이 문화였다면, 이라크 사람들은 미국의 제도를 곧바로 도입했을 것이므로, 답은 그들의 부족적 유전자가 틀림없다는 게 그의 주장이다. 앞으로 여러 장에서 내가 진화생물학, 신경과학, 심리학, 인류학에 기반을 둔 제대로 된 문화진화론을 펼쳐가면, 그러한 논증이 얼마나 터무니없이 표적을 빗나가는지 알게 될 것이다. 문화, 사회규범, 제도 모두가 우리의 뇌, 생물, 호르몬을 비롯해 우리의 지각, 동기, 판단까지 모양짓는다. 우리가 우리의 바탕에 깔린 문화적 지각과 동기를 들춰내지 못하는 것은 우리가 새로운 언어를 갑자기 말하지 못하는 것과 마찬가지다.

19 Kinzler and Dautel 2012, Esteban, Mayoral, and Ray 2012a, Gil-White 2001, Moya, Boyd, and Henrich forthcoming, Astuti, Solomon, and Carey 2004, Dunham, Baron, and Banaji 2008, Baron and Banaji 2006을 참조.

7장 신뢰의 기원에 관하여

1 건강 효과에 대한 검토 자료를 원한다면 Nhassico et al. 2008을 참조하라.

2 Dufour 1994, Wilson and Dufour 2002, Jackson and Jackson 1990, and Dufour 1988a, 1988b를 참조. 여러 품종의 마니오크는 가뭄에 시안 생성물 산출량을 엄청나게 늘리는 것으로 대응한다. 쏩쓸한 마니오크는 투카노족이 섭취하는 열량의 70퍼센트를 공급한다.

3 Dufour 1984, 1985를 참조.

4 콩고민주공화국에서 이 일이 일어났던 것으로 보인다(Tylleskar et al. 1991, 1992).

5 건강에 부정적인 영향이 구체적으로 나타나는 과정은 복잡하고, 식단에 황이 존재하느냐와 같은 다른 요인들에도 의존한다(Jackson and Jackson 1990, Tylleskar et al. 1992, 1993 Peterson, Legue, et al. 1995, Peterson, Rosling, et al. 1995). Jackson and Jackson이 실제로는 시안 생성물 함량을 높이는 한 가공법을 거론한다. 가공법들을 검토한 자료는 Padmaja 1995를 참조하라.

6 내 민족지 연구에서 나오는 개인의 이름은 모두 가명으로 바꾸었다.

7 Henrich and Henrich 2010을 참조. Henrich and Broesch 2011도 참조.

8 Henrich 2002를 참조.

9 우리는 여성들이 들었을지도 모르는 물고기 관련 중독의 실제 사례도 설명하도록 유도했다. 거의 모든 여성이 몇 안 되는 똑같은 사례를 중계했다. 이는 금기의 목록이 '사례 지식'으로, 다시 말해 여성들이 저마다 이야기를 듣고 자신의 금기를 각 항목에 따라 구성되었을 리는 없음을 의미한다. 금기시되는 종의 대부분이 전하는 사례에서는 하나도 나타나지 않는다.

10 Katz, Hediger, and Valleroy 1974와 Mcdonough et al. 1987을 참조.

11 Bollet 1992와 Roe 1973을 참조.

12 이는 Bollet 1992에서 나온다. '황당무계'와 '체질적으로 내성이 있었음'이라는 인용구는 217쪽에 있다. Jobling and Petersen 1916을 참조.

13 Whiting 1963, Beck 1992, Mann 2012를 참조.

호모 사피엔스

14 도박사의 오류와 우리의 무작위성 문제에 관해서는 Kahneman 2011와 Gilovich, Griffin, and Kahneman 2002를 참조하라.

15 비버 사냥에는 비버의 엉덩이를 썼고, 물고기가 있는 곳을 찾는 데에는 물고기 머리를 썼다.

16 Moore 1957을 참조.

17 통계자료가 강우 양상과 홍수는 무작위라서 구분 가능한 주기나 연속성이 없음을 보여준다.

18 Dove 1993과 Henrich 2002를 참조. 유사한 사례를 원한다면 Lawless 1975을 참조하라.

19 화살 만들기에 관해서는 Lothrop 1928를 참조하라. 이어지는 논의와 더 많은 사례가 궁금하면 Henrich 2008을 참조하라.

20 McGuigan 2012, McGuigan, Makinson, and Whiten 2011, McGuigan et al. 2007, Horner and Whiten 2005를 참조.

21 Lyons, Young, and Keil 2007을 참조.

22 여기서 본보기의 상대적 실력, 나이, 기량은 적당히 조정했다고 가정한다. 어른이 세 살배기를 과잉모방하는 일은… 많지 않을 것이다.

23 Nielsen and Tomaselli 2010, McGuigan, Gladstone, and Cook 2012, McGuigan 2012, 2013, McGuigan, Makinson, and Whiten 2011을 참조.

24 Horner and Whiten 2005를 참조.

25 침팬지 문화에 관한 자세한 논의로는 조만간 나올 Henrich and Tennie를 참조하라.

26 이 모든 각도에 대한 연구상으로 중요한 줄기들에 관해서는 Herrmann et al. 2013, Over and Carpenter 2012, 2013, Kenward 2012를 참조하라.

27 Billing and Sherman 1998, Sherman and Billing 1999, Sherman and Flaxman 2001, Sherman and Hash 2001을 참조.

28 이를 뒷받침하는 증거는 이 시점에서는 시사적일 뿐이다(Billing and Sherman 1998, Sherman and Billing 1999, Sherman and Flaxman 2001, Sherman and Hash 2001).

29 이 밖에도 선천적일 수 있는 여러 혐오감을 문화적 학습이 극복해 왔다는 사실은 언급할 가치가 있다. 예컨대 우리는 똥을 먹는 것에 대해 선천적 혐오감이 있을 가능성이 높지만, 이누이트족 섭식자들은 사슴 똥을 딸기처럼 먹을 것이고(보아하니, 수프에 넣어도 좋을 듯: Wrangham 2009), 하드자족 수렵채취인들은 비비 똥에서 부분적으로 소화된 견과를 골라 먹기를 즐긴다(Marlowe 2010).

30 Rozin, Gruss, and Berk 1979, Rozin and Schiller 1980, Rozin, Mark, and Schiller 1981, Rozin, Ebert, and Schull 1982, Rozin and Kennel 1983을 참조. 고추를 잔뜩 먹은 뒤의 얼얼함을 유발하는 고추의 효과에 약하나마 감각을 없애는 작용이 있다는 증거가 있다

(Rozin and Schiller 1980, Rozin, Mark, and Schiller 1981). 그러나 이는 타는 듯한 감각을 분명히 즐기고 고추를 선호하는 데에 대한 설명이 아니다. 쥐를 훈련시켜서 고추를 좋아하게 하려던 노력들은 실패해왔다(Rozin, Grass, and Berk 1979). 타는 듯한 불쾌감 다음에는 바람직한(덜 아픈 상태가 온다)는 상관관계를 학습함으로써 고추가 들어간 먹이를 선택적으로 먹도록 훈련시킬 수는 있지만 말이다. 멕시코에서는, 고추가 잔뜩 들어간 음식 찌꺼기를 먹어야 살아남을 수 있으므로 개나 돼지도 고추를 개의치 않게 된다(다른 경우는 고추를 싫어하므로, 이는 굉장한 진전이다). 인간 이외의 동물이 고추를 선호하는 취향을 습득한다는 것을 뒷받침하는 유일한 증거는 인간이 기른 어린 침팬지 두 마리와 애완견 세 마리에게서 나온다. Rozin and Kennel(1983)은 인간이 개체발생기에 경험하는 환경이 그러한 취향 습득을 위한 장을 마련한다고 주장한다. 이는 16장에서 우리 종의 그럴싸한 진화 경로를 고려할 때 중요해질 것이다.

31 Williams 1987과 Basalla 1988을 참조.

32 Meltzoff, Waismeyer, and Gopnik 2012를 참조.

33 Buss et al. 1998과 Pinker and Bloom 1990을 참조

34 Boyd, Richerson, and Henrich 2013을 참조.

35 Boyd, Rkherson, and Henrich 2011a를 참조.

8장 명망과 권력, 그리고 폐경

1 Krakauer 1997: 78.

2 Raddiffe-Brown 1964: 45. 캐나다 북부에서는 민족지학자 로버트 페인이 북극의 수렵채취인 사이에서의 연구를 다음 글로 요약했다. "인정된 전문지식은, 어쩌면 일시적일 뿐인지도 모르지만, 소위 추종자들을 끌어들인다. 이 사람들은—사냥꾼의 전문지식이 주는 최고의 혜택인—명망의 주요 원천으로서 환영받을 것이다. 이 전문지식은 그에게 달라붙은 다른 사람들과 공유해야 한다고 해서 반드시 줄어들거나 흩어지는 것도 아니다."(1971: 165)

3 아프리카 칼라하리사막의 평등주의적 수렵채취인 사이에서 민족지학자 Richard Lee(1979: 343)가 관찰했듯이, 각별히 숙련된 웅변가, 논객, 의례 전문가, 사냥꾼은 "남들보다 더 거리낌 없이 말할 것이고, 다른 토론자의 공경을 받을 것이고, 그래서 사람들은 이들의 의견이 다른 토론자의 의견보다 조금 더 무게가 있다는 느낌을 받는다". 아마존 지역에서의 명망에 대한 분명한 기술은 Goldman 1979와 Krackle 1978에서도 찾아볼 수 있다.

4 이 이론은 Henrich and Gil-White(2001)가 전개했다.

5 학습자는 그런 다음 이 명망 정보를 자신이 성공과 기량을 직접 관찰한 바와 통합하면 된다. 초기에는, 학습자의 본보기 선택이 명망 정보—이들이 관찰하는 공경의 유형들—의 지배를 받을 것이다. 나중에는, 학습자가 자신의 기량과 노하우 및 뛰어남을 판단하는 능력

호모 사피엔스

을 축적함에 따라, 누구를 본받을지를 주로 남들의 공경 유형을 관찰하는 데에 의지해 판단하는 쪽에서 자신의 직접적 관찰에 의지해 판단하는 쪽으로 옮겨가는 경우가 많아질 것이다.

6 Henrich and Broesch 2011, Henrich and Gil-White 2001, Chudek et al. 2012를 참조.

7 James et al. 2013을 참조.

8 Boyd and Silk 2012, Fessler 1999, Henrich and Gil-White 2001, Eibl-Eibesfeldt 2007을 참조.

9 권력과 명망이 인간에게서 유전적으로 진화한 사회적 지위의 형태라고 주장하려면, 둘 다 소규모 사회에서 더 높은 번식성공률과 연관되어야 한다. 그러나 현대 세계에서는 인구통계적 변화 때문에 지위와 번식적합도를 연관짓기가 더 까다롭다. 19세기 중반 유럽에서는 여성들이 자신의 번식력(자녀 수)을 상당히 낮추기 시작했다. 이 양상이 이후로 많은 나라들에 퍼져왔다. 교육을 가장 많이 받았고 가장 부유한 여성들이 자녀 수를 가장 극적으로 줄여왔다. 따라서 현대 세계에서는 높은 지위의 성취가 실제로는 자녀가 많은 쪽이 아니라 적은 쪽과 연관될 것이고, 이유는 아마도 자녀가 적어야 능력주의 제도들을 가진 세계에서 명망을 얻을 수 있기 때문일 것이다(Richerson and Boyd 2005).

10 von Rueden, Gurven, and Kaplan 2008, 2011을 참조. 이 연구에서 명망을 어떻게 조작 가능하게 만들었는지 나도 염려스럽기는 하다. 권력도 '공동체 영향력'에 기여할 것이기 때문이다. 그러나 크리스는 공동체 영향력과 그의 다양한 적합도 대용물 간의 관계를 볼 때 싸움 능력을 대조함으로써 이 효과를 제거하려고 노력했다.

11 여기서 나는 이 용어들을 이 문헌에서 전개하는 특수한 이론적 의미로 사용한다. 그래서 용어들의 용법이 모든 영어 사용자의 직관과 완전히 일치하지는 않을 것이다.

12 많은 진화 연구자들이 지금은 명망과 권력을 인간 지위의 서로 다른 유형으로 구분한다 (Cheng et al. 2013, Chudek et al. 2012, Atkisson, O'Brien, and Mesoudi 2012, von Rueden, Gurven, and Kaplan 2011, Homer et al. 2010, Hill and Kintigh 2009, Reyes-Garcia et al. 2008, 2009, Snyder, Kirkpatrick, and Barrett 2008, Johnson, Burk, and Kirkpatrick 2007). 명망 위계는 남들이 윗사람과 상호작용하고자 하는 긍정적 욕구에서 자유롭게 공경을 부여할 때 탄생하는 반면, 권력 위계는 남들이 힘에 의해, 또는 힘의 위협에 의해 공경하고, 현재 상황을 최소한 일시적으로 감수하도록 강요를 받아왔기 때문에 등장한다. 사냥 노하우와 같은 가치 있는 문화적 정보 외에, 상위자는 공경이라는 편익과 교환될지도 모르는 '상품'을 보유했을지도 모른다. 예컨대 아름다운 여성은—그녀가 감당할 수 있거나 원하는 수보다—많은 남성 구혼자를 끌어들일지도 모른다. 덜 매력적인 다른 여성들은 남성들이 있는 곳에서 시간을 보내기 위해 그녀 주위에 있고 싶을지도 모른다(Pinker 1997). 아니면 전직 대통령이나 수상의 아들 또는 딸이 공경을 받을지도 모르는데, 이는 그들이 강압적이어서, 또는 그들의 지식이나 기

량 때문이 아니라, 그들의 가치 있는(물려받은) 사회적 관계들 때문이다. 그저 그들 주위에서 맴돌 능력만 있어도 그 결과로 중요한 친구와 연줄을 많이 만들 수 있을 것이다. 이 관점에서, 우리가 위에서 논의하는 정보 상품은 그저 공경을 지불함으로써 얻을 수 있는 '상품'의 한 유형으로서 짝, 동맹자, 사회적 연줄에게 접근하는 것과 다르지 않을지도 모른다.

이 같은 여러 종류의 상황과 비정보 상품의 중요성을 이해한다는 것은 분명 다양한 인간 사회 다수의 특징인 동시에, 어떤 사람의 명망 지위는 성공 관련 기량 및 지식의 보유 말고도 여러 요인에 의해 영향을 받을 것임을 강하게 시사한다. 그러나(정보는 말고) 짝이나 동맹자, 또는 사회적 연줄을 얻어야 할 진화적 압력이 명망의 진화를 주도했다는 발상은 실세계 명망의 많은 측면들을 설명하지 못한다. 첫째, 권력자와 달리 명망가는 진정으로 설득력이 있으며, 이는 명망가에게 복종하는 사람이 실제로 자신의 관점을 그 명망가의 것에 가깝게 바꾼다는 뜻이다. 공경과 맞바꾸려는 게 짝이나 동맹자라면, 왜 그 결과로 겉으로 표현되는 의견만 일치시키는 대신에 실제로 의견을 바꾸는지가 분명치 않다. 유사하게, 사람들은 명망가를 우선적으로 모방하면서, 온갖 단서를 사용해 베낄 사람을 알아내고자 한다. 사람들은 명망 있는 사람에게서 음식 선호부터 자선 기부까지 모든 것을, 심지어 명망가 본인을 한 번이라도 실제로 만날 가능성은 전혀 없는 경우에도 모방한다. 이번에도, 공경을 동맹자로 또는 공경을 짝 접근으로 맞바꾼 결과가 왜 그처럼 편향된 모방인지가 분명치 않다. 예컨대 실험의 결과는 여성들이 짝 선택의 선호도 우선적으로 더 매력적인 여성들에게서 베낄 것임을 시사한다. 그들은 어떤 남성이 매력적인지도 배우고 어떤 요소(옷차림, 대화의 종류)가 남성에게 매력적인지도 배운다(14장 참조). 둘째, 명망 위계 안의 복종자에게서 발견되는 한 벌의 정서—경외와 흠모—와 동물행동학적 유형은 학습자가 학습을 목적으로 본보기를 찾은 뒤 그의 주위를 맴돌아야 하는 상황에 잘 맞추어져 있다. 이 두 현상은 정보가 아닌 것의 교환으로는 쉽사리 설명되지 않는다. 마지막으로, 우리가 아는 한은 오직 인간만이 명망 지위라는 장치를 충분히 발달시켜 왔으므로, 대체 가능한 이론이라면 왜 명망이 비인간 영장류 사이에서는 강하게 등장한 적이 없는지, 누가 짝을 구하고, 동맹을 형성하고, 특정한 사회적 상대에게 의존해야 하는지를 설명해야 할 것이다. 이와 대조적으로, '정보 상품' 관점에서 명망에 접근하면 이는 쉽사리 설명된다. 이유는 우리의 진화 계통만이 문화-유전자 공진화 체제로 들어가는 누적적인 문화적 진화의 루비콘강을 건넜기 때문이다.

물론, 아직까지 아무도 분리시켜 효과적으로 특징지은 뒤 연구한 적 없는 세 번째 종류의 지위가 있을 가능성도 있다. 그것은 명망의 일종이지만, 정보를 수집하는 요소는 하나도 없을 것이다. 예컨대 어떤 학자들은 부나 소득, 또는 교육이 지위의 일종일지도 모른다는 의견을 비쳐왔다. 사회학자 막스 베버는 지위를 세 유형으로 구분한 것으로 유명하고, 그 가운데 둘이 대략 권력과 명망에 해당한다(논의가 궁금하면 Henrich and Gil-White 2001를 참조하라). 그의 세 번째 유형은 부를 기반으로 했다. 그러나 부는 소득이나 교육과 마찬가지로, 그저 (1)기량, 지식, 성공(명망) 아니면 (2)비용과 편익에 대한 통제력(권력)을 가리키는 단서로 작용할 뿐이다. 게다가 어떤 진화적 관점에서 보든, 부가 한 개인의 손에 축적될 수 있는 이유는 오로지 일련의 사회규범과 제도가 재산권을 강조하기 때문이다. 사회규범이 없는 영장류의 세계에서는, 당신에게 바나나가 100개 있고 우리는 바나나가 하나도 없더라도, 당신은 그 바나나들 가운데 당신이 힘으로 지킬 수 있는 만큼만 보관할 수 있을 것이다.

13 동료의 보고를 기반으로 명망과 권력을 측정하는 법은 Cheng Tracy, and Henrich(2010)가 개발해 유용성을 입증했다. '달에서 살아남기'의 연구 결과들은 Cheng et al. 2013에서 나온다.

14 그렇다. 이 결과들은 모두 여성에게도 적용된다(Cheng et al. 2013, Cheng, Tracy, and Henrich 2010).

15 이 효과에 대한 논의가 궁금하면 Gregory, Webster, and Huang 1993, Gregory, Dagan, and Webster 1997, Chartrand and Bargh 1999를 참조하라.

16 Gregory and Webster 1996을 참조.

17 나는 지금 Neal Gabled '자자 요인Zsa Zsa factor'을 최신화하고 있다. 일부 독자들은 아마도 자자 가보르Zsa Zsa Gabor가 누구인지 짐작도 못할 것이기 때문이다. 그 밖의 관련 용어로는 'famesque'와 'celebutante'가 있다. 셋 가운데 아무 표제어나 Wikipedia를 검색하라.

18 Watts 2011을 참조.

19 젖먹이 연구에 관해서는 Thomsen et al. 2011을 참조하라. Mascaro and Csibra(2012)가 수행한 유사한 연구가 가리키는 바에 따르면, 젖먹이들은 권력관계가 맥락과 무관하게 안정적임을 쉽게 추론하지만 일관성을 가정하지는 않는다.

20 명망은 우리 계통에서 권력보다 한참 뒤에 진화했으므로, 명망이 권력의 정서와 표시 일부를 굴절적응(어떤 형질의 기능이 나중에 다른 목적을 위해 전용되는 현상-옮긴이)시켜왔다고 해도 놀랄 일은 아니다(Henrich and Gil-White 2001). 인간이 얼굴과 몸으로 하는 표현의 다수가 그렇듯, 이 같은 표시들은 복잡한 되먹임체계의 일부여서 내적 동기와 맥락 단서가 개인에게서 표시를 유도하기도 하지만, 동시에 표시하는 행위가 심리적·생리적 되먹임을 초래하기도 한다. 예컨대 부풀리는 자세나 웅크리는 자세로 배정된 학생들은 뒤이은 실험에서 더 많은 위험을 감수하거나 통증을 훨씬 더 잘 참음으로써 높은 지위나 낮은 지위와 일치하는 행동 전환을 보여준다. 권력자의 자세와 복종자의 자세는 심지어 테스토스테론이나 코르티솔 같은 호르몬의 전환까지 일으킬 수 있다(Bohns and Wiltermuth 2012, Camey, Cuddy, and Yap 2010). 이러한 연구 결과는 검증이 더 필요하지만 말이다.

21 자부심과 수치심의 표시는 다양한 사회 전반에서 인식되고(Tracy and Matsumoto 2008, Tracy

and Robins 2008, Fessler 1999), 어린아이들 사이에서도 인식되며(Tracy, Robins, and Lagattuta 2005), 남에게 자동으로 또 무의식적으로 지위 정보를 전달하거나, 최소한 표현자가 자신의 지위에 관해 믿는 바를 전달한다(Tracy et al. 2013).

22 자부심과 명망과 권력의 이 같은 측면들 간의 관련성은 Cheng, Tracy, and Henrich(2010) 에 의해 규명되었다. 호르몬 증거에 관해서는 Johnson, Burk, and Kirkpatrick 2007을 참조하라.

23 Fessler 1999 and Eibl-Eibesfeldt 2007을 참조.

24 복종자의 **근접성** 관리는 권력과 명망의 대비를 강조하기도 한다. 권력 상황에서는 복종자들이 권력자에게서 거리를 유지하려 노력한다. 권력자는 변덕스럽게 발작적으로 화를 내기 쉽기 때문인데, 이 성향은 복종자와 관찰자에게 누가 대장인지를 상기시키는 동시에, 복종자들의 신체적 능력을 떨어뜨리는 한 수단으로서 복종자의 건강과 인지능력을 해침으로써 복종자에게 만성적 스트레스를 만들어주기 위해 진화했을 수 있다(Silk 2002). 반대로, 명망 위계 안의 복종자들은 명망가와 엮이기를 기대하며 근접성을 추구한다. 그래서 명망가에게는 '추종자'가 있다.

25 Brown 2012를 참조.

26 애스터에 관한 소재는 〈뉴욕타임스〉에 나오는데(Mar. 30, 2002, by Alex Kuczynski), Potters, Sefton, and Vesterlund 2005도 참조하라. 유사하게, 대학이 기부자들에게 그들의 기여 사실을 공표해도 된다는 허락을 요청하는 이유를 물었을 때, 존스홉킨스 신탁 관리자 대표는 이렇게 설명했다. "기본적으로 우리는 모두 추종자입니다. 제가 누군가를 지도자로 만들 수 있다면, 남들은 따르기 마련입니다. 저는 그 선물을 여러 번 활용하고 또 활용할 수 있습니다."(Kumru and Vesterlund 2010)

27 물론, 지위가 높은 사람들의 관대함은 원인도 많고 공헌하는 바도 많은 복잡한 현상이다. 예컨대 많은 소규모 사회에서 성공한 개인들이 관대하게 베푸는 이유는, 만약 그러지 않으면 질투를 받을 테고 질투는 흔히 그 표적에게 병, 부상, 죽음과 같은 부정적 결과를 초래한다고 믿기 때문이다. 내 생각에 질투가 일어날 가능성이 가장 높은 때는 어떤 사람의 성공이 그의 부나 노력, 또는 재능에 어울리지 않는다고 여겨질 때다. 그렇지만 어떤 곳에서는 거의 모든 성공을 어울리지 않는다고 가정한다.

28 Kumru and Vesterlund 2010을 참조. 관련 연구로는 Potters, Sefton, and Vesterlund 2005, 2007, Guth et al. 2007, Gillet, Gartwright, and Van Vugt 2009, Ball et al. 2001, Eckel and Wilson 2000, Eckel, Fatas, and Wilson 2010을 참조.

29 Birdsell 1979에서.

30 Henrich and Gil-White 2001, Simmons 1945, Silverman and Maxwell 1978을 참조. 일정한 형태의 정치적 지도자 자격을 연장자로 한정하는 것은 사회적 분쟁에 관한 이들의 우월

한 추리력을 이용하려는 것일 수 있다(Grossmann et al. 2010).

31 인용문에 관해서는 Simmons 1945:79를 참조하라.

32 이 '정보 조부모 가설'은 Henrich and Henrich 2010이 전자電子적 보완 정보 분야에서 문화-유전자 공진화 이론을 다루는 맥락에서 개발되었다. 이는 다시 Hill, Kaplan, Gurven과 동료들(Kaplan et al. 2000, 2010, Gurven et al. 2012, Gurven and Kaplan 2007)이 개발한 연구의 이론적·실증적 노선과 밀접하게 관련되어 있지만 말이다. 인간의 긴 번식 후기에 관한 자료와 논의가 궁금하면 Kaplan et. al. 2010을, 비인간 영장류와의 비교에 관해서는 Alberts et. al. 2013을 참조하라.

33 Sear and Mace 2008을 참조.

34 이를 실증적으로 연구하기 까다로운 이유 중 하나는 자식과 손자에 대한 연장자의 문화적 전달에 의해 생겨나는 이점이 간접적일 수 있다는 점이다. 예컨대 내가 연구한 피지의 여러 공동체에서는 연장자들이 본질적으로(최소한) 그 촌락의 아무에게나 기꺼이 지식과 지혜를 베풀고, 이는 그들의(친척들의 공동체에 이롭기는 하지만) 친척들에게 특별한 정보적 이점을 주지 않는다. 대신 조부모는 명망을 쌓고 명망에 연관된 공경을 함께 얻는다. 이는 그런 다음 다시 그 조부모 자신의 가족이 더 좁게 공유하는 편익으로 전환될 것이다.

35 고래와 돌고래의 문화를 검토하려면 Rendell and Whitehead 2001을, 폐경에 관한 논의 (McAuliffe and Whitehead 2005도 참조)와 더불어 참조하라. 범고래의 실험적 연구에 관해서는 Abramson et al. 2013을, 인구통계학적 연구에 관해서는 Foster et al. 2012를, 일반적 정보에 관해서는 Baird 2000을 참조하라.

36 Foley, Pettorelli, and Foley 2008을 참조.

37 수컷 사자, 동료 코끼리, 위험한 인간의 나이와 재인에 관한 야생 실험은 McGomb et al. 2001, 2011, 2014와 Mutinda, Poole, and Moss 2011을 참조하라. 이 연구로부터 코끼리에게 명망 지위의 한 유형이 있다는 주장이 나올 수도 있다고 생각한다. 그러나 코끼리가 진정한 폐경을 겪는지 아니면 생식력이 급속히 감소할 뿐인지에 관해서는 논란이 있음을 유의하라. 이는 흥미롭지만 사실 내가 여기서 전하려는 요지에는 문제가 되지 않는다. 진정한 폐경으로 가는 길도 후년에 생식력이 감소하는 데에서 시작할 것이기 때문이다. 코끼리 암컷은 생식력 감소 면에서 인간 암컷보다 인간 수컷과 더 비슷할 수도 있다.

38 심지어 산헤드린 안에서도, 결백이라는 쟁점을 논의할 때에는 발언 순서가 뒤집혔다. Schnall and Greenberg 2012와 Hoenig 1953을 참조. http://www.come-and- hear.com/ sanhedrin/sanhedrin_32.html#chapter_iv에서 4장 Tractate Sanhedrin도 참조.

9장 사돈, 근친상간 금기와 의례

1 야사와에서는 피지의 다른 곳들과 달리, 가장 가까운 교차사촌과의 성관계와 결혼을 피해

야 한다. '쿨라'도 가명이다.

2 Pinker 1997과 Dawkins 1976, 2006을 참조. 그 밖의 순수하게 유전적인 진화 기제, 이를 테면 상대자 선택이나 '생물학적 시장'에 기반을 둔 기제(Baumard, Andre, and Sperber 2013)도 마찬가지로 인간의 협동을 설명하지 못하며(Chudek, Zhao, and Henrich 2013, Chudek and Henrich 2010), 이유는 다섯 가지 난관(10장을 참조)을 해결하지 못하기 때문이다.

3 이를 비롯한 협력의 여러 측면에 관한 더 자세한 설명이 필요하면《Why Humans Cooperate》(N. Henrich and Henrich 2007)를 참조하라.

4 소개를 원하면《Why Humans Cooperate》(N. Henrich and Henrich 2007)의 4장과 5장을 참조하라.

5 당신은 수렵채집 군집들이 주로 가까운 친척이라는, 반대의 글을 읽었을 수도 있다. 널리 반복되기는 하지만, 이는 뒷받침하는 진정한 증거가 거의 또는 전혀 없는 주장이다. 수렵채집 군집에서의 근연도에 관해 구할 수 있는 최고의 증거는 나중에 이 장에서 제시된다.

6 이 문헌으로 들어가려면 Chudek and Henrich's(2010)의 개관에서 시작하라.

7 Edgerton 1992와 Durham 1991을 참조.

8 Henrich, Boyd, and Richerson 2012를, 특히 이 논문의 부록을 참조하라.

9 짝 결속에 관해서는 Chapais 2008을 참조하라. 아비의 양육 투자와 부성 확실성에 관해서는 Buchan et al. 2003, Neff 2003을 참조하라.

10 그럼에도 영장류에게 누가 부계 친척인지를 알아내기 위한 기제가 있는 것 같기는 하지만, 이러한 친족 확인 기제는 매우 약하다(Langergraber 2012).

11 동남아시아에 서식하며 나무 위에서 생활하는 더 작은 유인원인 샤망의 수컷은 짝의 젖먹이를 데리고 다님으로써 조금 더 도움을 준다. 예상대로, 일부일처로 짝을 맺는 수컷들이 한 마리 암컷을 짝으로 공유하는 수컷들보다 젖먹이를 데리고 다니는 경우가 훨씬 더 많다 (Lappan 2008).

12 Lee 1986, Draper and Haney 2005, Marshall 1976을 참조.

13 이러한 모계 편향은 여러 현대 사회에서 관찰되어 왔다(Gaulin, Mc-Burney, and Brakeman-Wartell 1997, Pashos 2000, Euler and Weitzel 1996). 결정적으로, 부성 불확실성을 줄이고 수컷과 수컷 쪽의 혈통을 선호하는 명시적 사회규범과 믿음을 가진 사회에서는 이 효과가 사라진다(Pashos 2000).

14 Garner 2005를 참조. 이는 이름 효과에 관한 많은 문헌의 일부로, 사람들은 상품명이 자신의 이름과 비슷한 제품을 좋아한다는 것을 보여주는 연구(Brendl et al. 2005)도 여기에 들어간다. 근연도 판단에 외모의 유사성을 사용하는 관행에 관해서는 DeBruine 2002를 참조하라.

15 Hill and Hurtado 1996과 Lee and Daly 1999를 참조.

16 Hua 2001.

17 Beckerman and Valentine 2002a, 2002b, Beckerman et al. 2002, Crocker 2002, Hill and Hurtado 1996, Walker, Flinn, and Hill 2010을 참조.

18 왜 아버지가 둘일 때 최고이던 자녀 생존율이 아버지가 둘을 넘어 추가되면 낮아지는지는 분명치 않다. 나는 책임이 분산되어서가 아닐까 생각한다. 다시 말해, 만약 일차적 아버지가 죽거나 다친 뒤 남은 아버지가 하나뿐이면, 책임은 분명히 그에게 떨어진다. 그러나 아버지가 둘보다 많이 남아 있으면 누가 무엇을 해야 할지, 또는 누가 나서야 할지가 분명치 않다. 서양인 사이에서는 심리학자들이 이 책임의 분산 현상을 기록해왔고 '방관자 효과'라 부른다(Fischer et al. 2011).

19 Lieberman, Fessler, and Smith 2011, Chapais 2008, Sepher 1983, Wolf 1995, Hill et al. 2011을 참조.

20 Fessler and Navarrete 2004와 Lieberman, Tooby, and Cosmides 2003을 참조.

21 Henrich 2014, Henrich, Boyd, and Richerson 2012, Talheim et al. 2014를 참조.

22 Fiske 1992와 N. Henrich and Henrich 2007을 참조.

23 Richerson and Boyd 1998, Simon 1990, Richerson and Henrich 2012를 참조.

24 여기서는 몇 가지 배경 사항이 중요하다. 첫째, 수렵채취인 사회는 사실 굉장히 다양하다. 첫째, 민족지적으로 또 역사적으로 알려진 많은 수렵채취인들은 이주하지 않았고 복잡한 분업체계, 축적된 부, 세습되는 지도자, 노예를 포함한 사회계급을 지니고 있었다. 표준적 관점과 달리, 나는 이 복잡성의 일부가 구석기시대 동안, 맨 처음 농경의 징후가 나타나기 이전에 최소한 한동안씩은 존재하지 않았을까 생각한다(Price and Brown 1988). 인간의 진화에 관해 넓게 생각하는 데에는 중요하지만, 내가 이 장에서 이동하는 수렵채집 개체군조차도 협력을 위해서는 문화에 의존한다는 점을 보여주는 데에는 이것으로 충분하다. 둘째, 나는 이러한 개체군을 구석기인의 대표자로, 또는 원시인으로 사용하고 있지 않다. 그렇게 한다면 바보 같은 일일 것이다. 얼마 남지 않은 수렵채취인 사회들은 구석기시대의 유물이 아니며, 막중한 부분이 그들 자신의 역사와 혁신 및 다른 집단과의 상호작용에 의해 조형되어 왔다. 10장에서 바로 이 사실을 이용해 몇 가지 요점을 예시할 것이다. 그러나 동시에, 수렵채집 개체군을 포함한 다양한 소규모사회의 연구들은, 현대의 국가, 세금, 경찰, 병원, 산업기술에서 동떨어져 친족체계의 지배를 받는 자급사회에서는 인간의—온갖—사회생활이 어떠할 수 있는가를 이해하기 위한 귀중한 도구를 제공하기도 한다. 고인류학(고대 개체군의 돌과 뼈), 영장류학, 유전학에서 나오는 증거를 다양한 소규모 사회에서 나오는 충분한 범위의 통찰과 결합하면, 먼 과거의 삶(Flannery and Marcus 2012)과 그것이 인간에게 의미하는 바에 대한 우리의 이해가 엄청나게 풍요로워진다.

25 Hill et al. 2011을 참조.

26 Lee(1986)를 참조. 그는 주호안시족에게도 '친구' 또는 '동등하다'에 해당하는 용어가 있기
는 있지만, 친척이 아닌 두 사람을 나이로 구분할 수 없는(그래서 손위-손아래 용어를 적용할 수
없는) 경우에만 사용한다고 언급한다.

27 고인류학의 요약이 필요하면 Boyd and Silk 2012를 참조하라. 명망에 대한 사냥의 중요성
에 관해서는 Henrich and Gil-White 2001을 참조하라.

28 어떤 이들은, 사냥꾼들이 고기를 공유해야 하는 이유가 고기를 저장할 수 없기 때문이라
고 주장해왔다. 그러나 하드자족 사이에서는, 우리가 알기로 이는 사실이 아니다. 고기의
소유자인 사냥꾼들도 고기를 말리고 저장하는 법을 알고 있기 때문이다. 저장을 막는 것
은 분배에 관한 사회규범과 다른 하드자족이 부여한 권리의식이지, 노하우의 결여가 아니
다(Woodburn 1982, Marlowe 2010).

29 수렵채취인들 사이에서의 식량 공유에 관한 문헌은 많이 있다(예: Gurven 2004a, 2004b,
Marlowe 2004). 진화적 관점에서 공유를 설명하려던 초기의 노력들은 계통적 근연도와 호
혜에 초점을 두었다. 많은 종류의 식량에 대해 두 요인이 어떤 구실을 하는 것은 분명하지
만, 군집 전체에게 커다란 포획물을 분배하는 행동은 이것으로 쉽사리 설명되지 않는다.
고기를 공유하는 행동의 여러 양상은 사회규범을 포함하는 진화적 접근법을 요구한다(Hill
and Hurtado 2009, Hill 2002).

30 Lee 1979와 Wiessner 2002를 참조.

31 Wiessner 1982, 2002를 참조.

32 Schapera 1930을 참조. 금기를 몰래 어기기는 어려울 것이다. 모든 큰 포획물은 야영지로
다시 가져와서 촌장이 맛본 다음에야 몫이 할당되기 때문이다. 그런 다음 받은 몫을 공개
적으로 조리해서 먹지만, 먹는 사람의 범주에 따라 별개의 화덕에서 조리한다.

33 아체족(Kim Hill, 개인적 교신, 2012, 2013), 음부티족(Ichikawa 1987), 하드자족(Woodburn 1982,
1998, Marlowe 2010) 사이에서, 그리고 인도네시아의 렘바타섬(Barnes 1996, Alvard 2003)에서
지켜지는 고기 금기를 참조하라.

34 Fessler et al. 2003과 Fessler and Navarrete 2003을 참조.

35 하드자족은 질병의 원인을 의례적으로 금기시하는 '에페메 고기'(신의 고기: Woodburn 1998)
를 먹은 탓으로 돌린다. 또 한 가지 이유는, 금기 위반이 나쁜 일을 유발하지 않는다는 사
실을 알아내는 사람이라도 평판의 손상을 피하려면 금기시되는 부위를 몰래 먹는 수밖에
없을 테고, 그래서 학습자들이 그를 베낄 수 없을 테고, 이렇게 해서 금기 위반이 퍼지지
못하게 된다는 것이다.

36 Marshall 1976, Wiessner 2002, Altman and Peterson 1988, Endicott 1988, Heinz 1994,
Myers 1988, Woodburn 1982를 참조.

37 이동하는 수렵채취인 사이에서의 협력과 공유의 한 가지 뚜렷한 특징은 집단이 해당되는

호모 사피엔스

공유 규범이 없는 생소한 상황을 마주치는 경우에 벌어지는 일을 수반한다. 진화 연구자 니컬러스 블러턴 존스는 그가 자신을 도와준 한 무리의 하드자족 남자들에게 보상을 하고 싶어했을 때의 이야기를 들려준다. 블러턴 존스는 처음에 그 집단에게 담배 한 보루로 값을 치르려 했다. 그러면 그들이 고기와 꿀을 일상적으로 공유했듯이, 담배도 곧바로 공유할 것으로 가정했다. 그러나 그 남자들은 보수를 보루 단위로는 절대로 받고 싶어하지 않았고, 블러턴 존스에게 개인의 몫을 만들어달라고 부탁했다. 그들은 자기들 스스로 그것을 나누게 되면 싸움이 터져서 관계가 손상될까 봐 두려워했다(Blurton Jones, 개인적 교신).

38 Wade 2009: chapter 5, Marshall 1976: 63–90, Biesele 1978을 참조.

39 Biesele 1978: 169.

40 나는 의례에 관한 근래의 연구 결과를 모으고 있다(Whitehouse 2004, Fischer et al. 2014, Xygalatas et al. 2013, Konvalinka et al. 2011, Atran and Henrich 2010, Solar 2010, Alcorta, Sosis, and Finkel 2008, Sosis, Kress, and Boster 2007, Alcorta and Sosis 2005, McNeill 1995, Ehrenreich 2007, Whitehouse and Lanman 2014). 이븐 칼둔의 연구에 관해서는 Khaldun 2005를 참조하라. 물론, 의례와 사회성을 관련지은 것으로 가장 유명한 사람은 Durkheim([1915] 1965)과 Frazer(1996)와 같은 사회이론가들이었다.

41 Wiltermuth and Heath 2009를 참조. 장단 맞추기에 관한 그 밖의 관련 연구가 궁금하면 Hove and Risen 2009, Valdesolo and DeSteno 2011, Valdesolo, Guyang, and De-Steno 2010, Paladino et al. 2010을 참조하라.

42 아이들을 연구한 결과에 관해서는 Kirschner and Tomasello 2009, 2010을 참조하라.

43 Spencer and Gillen 1968을 참조.

44 Birdsell 1979와 Elkin 1964를 참조.

45 Spencer and Gillen 1968: 271을 참조.

46 Whitehouse et al. 2014, Whitehouse 1996, Whitehouse and Lanman 2014를 참조. 이 저자들이 '공포의 의식'이라는 용어를 사용한다.

47 Chapais 2008, Apicella et al. 2012, Wiessner 1982, 2002를 참조.

48 Hill et al., 2014를 참조.

49 에페메 의례에 관해서는 Woodburn 1998을 참조.

50 Wiessner 1982, 2002를 참조.

10장 집단 간 경쟁이 만든 문화적 진화의 틀

1 Mitani, Watts, and Amsler 2010을 참조.

2 이 발상에 관한 초기 연구가 궁금하면 Darwin 1981, Boyd and Richerson 1985, 1990, Hayek and Bartley 1988을 참조하라.

3 이 사고방식의 개관을 원한다면 Henrich 2004a를 참조하라.

4 Choi and Bowles 2007, Bowles 2006, Boyd, Richerson, and Henrich 2011b, Boyd et al. 2003, Wrangham and Glowacki 2012를 참조.

5 Smaldino, Schank, and McElreath 2013을 참조. 집단 간 폭력의 비율이 낮았음을 보여준 다음, 따라서 집단 간 경쟁은 중요하지 않았다고 주장하는 것은, 신체적 폭력은 집단 간 경쟁의 오직 한 유형에 해당함을 깨닫지 못하는 것이다.

6 이론적 모형에 관해서는 Boyd and Richerson 2009를 참조하라. 소규모 사회에서 더 성공한 집단으로 차등 이주한 효과에 관해서는 Knauft 1985와 Tuzin 2001, 1976을 참조하라.

7 Richerson and Boyd 2005를 참조하고, 종교와 번식력에 관한 연구를 검토한 자료로는 Blume 2009, Norenzayan 2013, Slingerland, Henrich, and Norenzayan, 2013을 참조하라.

8 Boyd and Richerson 2002와 Henrich 2004a를 참조.

9 Wrangham and Glowacki 2012, Wilson et al. 2012, Wilson and Wrangham 2003을 참조. 침팬지와 인간의 공통조상을 대변하는 모형으로 침팬지를 사용하는 것에 관한 검토 자료로는 조만간 나올 Muller, Wrangham, and Pilbeam을 참조하라. 특히 지금까지 알기로 우리의 가장 가까운 영장류 친척인 보노보는 집단 간에 폭력을 행사하지 않으므로, 우리와 침팬지 및 보노보의 공통조상에게 집단 간 분쟁이 있었다고 곧바로 추론하는 것은 옳지 않다. 그러나 보노보는 몇 가지 면에서 분명 특이한 유인원이므로, 보노보보다는 침팬지를 쓰는 편이 우리의 마지막 공통조상에 관해 상대적으로 더 많은 통찰을 제공한다는 논거는 충분하다(Muller, Wrangham, and Pilbeam, 2017).

10 이론적으로 주도한 침팬지와 인간의 문화 비교에 관해서는 곧 나올 Henrich and Tennie를 참조하라.

11 Pinker 2011과 Morris 2014를 참조.

12 내가 주로 의존하고 있는 것은 Bowles 2006의 부록이며, Keeley 1997, P. Lambert 1997, Ember 1978, 2013, Ember and Ember 1992에도 의존한다. 일부 집단은 지속적인 평화를 경험하기도 했느냐는 여기서 내 관심사와 무관한데, 폭력적 분쟁은 집단 간 경쟁의 오직 한 형태만 대변하므로 특히 더 그렇다.

13 '전쟁(war와 warfare)'이라는 말에, 나는 기습과 매복을 포함한 모든 종류의 폭력적인 집단 간 상호작용을 포함시키고 있다.

14 Ember, Adem, and Skoggard 2013, Ember and Ember 1992, Lambert 1997을 참조.

15 Boyd 2001을 참조.

16 Wiessner and Tumu 1998: 195-196을 참조.

17 Tuzin 1976, 2001을 참조. 터진은 일라히타가 참마를 키우기 위한 정교한 재배기술도 아벨람에서 습득했다고 주장한다. 또한 전달은 더 성공한 쪽에서 덜 성공한 쪽으로, 일방적으

호모 사피엔스

로 이루어졌다고 지적한다. 일라히타의 다채로운 신화와 정교한 사냥 마법을 아라페시족은 아벨람에게, 또는 다른 누구에게도 전달하지 않았다(Tuzin 1976:79).

18 Sosis, Kress, and Boster 2007을 참조.

19 집단 간 경쟁이 문화적 진화에 미치는 효과의 민족지적 사례는 풍부하다(Currie and Mace 2009). 예컨대 Atran et al.(2002)은 과테말라에서 보존을 지향하는 생태적 믿음들이 어떻게 국지적으로 명망 있는 이트사 마야족으로부터 라디노(혼혈)들에게로 퍼졌는지, 그리고 단단히 결속된 협동적 제도들 및 상업을 지향하는 경제적 생산력을 갖춘 고지대의 케치 마야족은 어떻게 이트사 마야족과 라디노들을 둘 다 희생시키며 퍼지고 있는지를 보여주었다. 뉴기니에서는 Soltis Boyd, and Richerson(1995)이 민족지에서 모은 정량적 자료를 써서, 가장 느린 형태의 문화적 집단선택(정복) 조차도 500~1,000년의 시간 규모에서 일어날 수 있음을 보여주었다. 아프리카에서는 Kelly(1985)가 민족사 자료를 써서, 신부 값에 관해 문화적으로 습득한 믿음의 차이가 어떻게 딩카족이 아닌 누에르족의 확장을 촉진했는지, 그리고 동등한 권한과 의무를 갖는 분절적 부족체계에 관한 문화적 믿음에 의해 뒷받침되는 색다른 사회제도가 어떻게 결정적인 경쟁적 이점을 제공했는지를 보여주었다(Richerson and Boyd 2005). Sahlins(1961)도 환절적 계통에 대한 문화적 믿음이 누에르족과 티브족 둘 다의 확장을 거들었다고 주장한 바 있다. 고고학 자료를 써서, 인류학자들은 집단 간 경쟁이 선사시대 동안의 문화적 진화와 정치적 복잡성에 중요했음을 점점 더 강하게 변론하고 있다(Flannery and Marcus 2000, Spencer and Redmond 2001).

20 Evans and McConvell 1998, Bowern and Atkinson 2012, McConvell 1985, 1996, Evans 2005, 2012를 참조.

21 Evans and McConvell 1998을 참조. 전자우편으로 매우 유용한 대화를 나눠준 닉 에번스에게 감사한다.

22 Elkin 1964:32-35와 McConvell 1985, 1996을 참조.

23 McConvell 1996을 참조.

24 Maxwell 1984, Hayes, Coltrain, and O'Rourke 2003, McGhee 1984를 참조.

25 Spencer 1984, McGhee 1984, Johnson and Earle 2000, Anderson 1984, Briggs 1970을 참조.

26 Burch 2007을 참조.

27 Maxwell 1984, McGhee 1984, Anderson 1984, Sturtevant 1978을 참조.

28 문화적 전달이 양방향으로 이루어지기는 했다. 이누이트족은 작살 설계를 받아들였는데, 어쩌면 이들이 등잔에 비누석을 사용하고 얼음집을 짓는 관행도 도싯족에게서 유래했을 것이다(Maxwell 1984:368).

29 Bettinger and BaumhofF 1982, Young and Bettinger 1992, Bettinger 1994를 참조. 구전

에서 나오는 증거에 관해서는 Sutton 1986, 1993을 참조하라. 일부 증거가 가리키는 바에 따르면 누믹어 사용자들은 멕시코를 나와 북쪽으로 이동한 유토·아즈텍어족 확장 사건의 일부라는 점을 언급해둘 만하다. 이 확장은 농민들에게서 시작되었으므로, 누믹어를 쓰는 우리의 섭식자들은 아마 농민들의 유전적 후손은 아니라도, 문화적 후손일 것이다(lingweb. eva.mpg.de/Hunter-GathererWorkshop2006/Hill.pdf에 있는 Jane Hill의 글을 참조).

30 Hämäläinen 2008을 참조. 우리가 코만치족의 삶에 관해 뭔가를 아는 이유는 코만치 족이 백인 거주자의 아이들을 유괴한 다음 끝에 가서는 그 부족의 일원으로 받아들이곤 했기 때문이다. 많은 세월이 흐른 뒤, 때로는 본인의 의지에 반해 풀려난 이 예전 포로들이 그들의 이야기를 들려주었다(Zesch 2004).

31 급변하는 구석기시대 환경에 관해서는 Richerson, Boyd, and Bettinger 2001을 참조하라.

32 다른 종들과 소규모 사회들로부터 다각도로 접근하자면, 이러한 사례들은 폭력적인 집단 간 상호작용에서 발생했다는 게 최선의 추론이다. 이는 자신의 공동체 구성원을 죽여서 먹는 것 또는 평화로운 장례의 일부로 죽은 친척을 먹는 것과 대비된다(Stringer 2012). '등이 있는 돌날'에 관해서는 Ambrose 2001을 참조하라. 아프리카에서 나와 확장한 사건의 일부로 본 활과 화살에 관해서는 Shea 2006과 Shea and Sisk 2010을 참조하라. 전체 맥락이 궁금하면 Klein 2009와 Boyd and Silk 2012를 참조하라.

33 복잡한 사회의 탄생에 관해서는 Ensminger and Henrich 2014: chapter 2와 Turchin 2010을 참조하라. 다이아몬드의 견해에 관해서는 Diamond 1997과 Diamond and Bellwood 2003을 참조하라. 다이아몬드에 따르면, Ian Morris(2014)가 복잡한 사회의 문화적 진화를 주도하는 데에서 전쟁이 중요함을 뒷받침하는 역사적 사례를 더 구체화한다고 한다. 불행히도, 이언은 너무 좁게 전쟁에만 초점을 맞추고 전쟁은 집단 간 경쟁의 한 유형일 뿐임을 깨닫지 못한다. 또한 전쟁이 사실은 문화적 진화에 영향을 미치고 있음을 깨닫지 못하고, 이상하게도 자신의 설명을 '문화적 설명'과 대비시킨다(두 설명은 상충하지 않는다).

34 집단 간 경쟁, 특히 폭력적 분쟁의 형태를 띤 집단 간 경쟁이 아마도 옛날 수렵채취인 사회에서 생활의 일부였으리라는 데에는 대부분의 진화 연구자가 동의하는 반면, 이 경쟁이 우리의 유전적 진화에 어떻게 영향을 미쳤느냐에 관해서는 대체 가능한 주요 관점이 두 가지 더 있다. 심리학자 스티븐 핑커가 충실하게 수호하는 표준적 관점은 집단 간 경쟁은 유전적 진화를 조형하는 데서든 문화적 진화를 조형하는 데서든 아무 구실도 하지 않는다는 것이다. 근래에 다시 활력을 얻은 다른 관점 하나는, 집단 간 경쟁이—내가 주장하듯이—문화적 진화를 조형한 게 아니라 유전적 진화를 조형했다는 것이다. 이 관점은 전쟁과 차등 멸종이 유전적 진화를 주도해 인간의 본성을 직접 조형했다고 본다(Haidt 2012, Wilson 2012, Wilson and Wilson 2007, Bowles 2006). 핑커의 표준적 관점은 집단 간 경쟁이 사회규범과 기술을 모두 포함하는 일정한 문화적 형질들의 차등 확산으로 이어짐을 보여주는 증거와 모순

된다. 집단 간 경쟁은 협력을 확장하고 지속하는 다양한 사회 전역에서 우리가 흔히 관찰하는 복잡하고 미묘한 제도들을 설명하는 데에도 도움이 된다. 표준적 관점의 지지자들은 한결같이 이렇게 주장한다. 맞다, 집단 간 경쟁은 흔했지만, 아니다, 그것은 어쨌거나 어떤 사회규범 또는 관행이 살아남았고, 베껴졌고, 퍼졌느냐 하는 문제에는 결코 영향을 미치지 않았다고. 당신이 지금까지 본 것은 집단 간 경쟁이 문화적 진화에서 차지하는 중요성을 보여주는 증거의 빙산의 일각일 뿐이다(Richerson et al, 2016). 집단선택에 관한 핑커의 관점이 궁금하면 http://edge.org/conversation/the-false-allure-of-group-selection을 참조하라. 그러나 같은 사이트에서 핑커의 글에 내가 단 댓글도 꼭 읽기 바란다.

집단 간 경쟁이 인간의 유전적 진화를 직접 조형해왔다는 다른 관점은 여기서 내가 초점을 두는 것과 충돌할 필요가 없다. 그러나 집단 간 경쟁이 유전적 진화에 대해 직접 맡고 있는 소임은, 내가 기술하고 있는 과정에는 최소한 부차적이고, 어쩌면 사소할지도 모른다고 의심할 몇 가지 이유가 있다. 핵심은 이렇다. 문화적 진화든 유전적 진화든 간에 진화 과정에 집단 간 경쟁이 영향을 미치려면, 어떤 차원이 되었건 경쟁에서 어떤 집단에게 다른 집단보다 유리한 점을 제공하고 있는 차원을 따라 집단들이 상대적 차이를 유지해야 한다. 사회규범의 경우는 이것을 알아보기가 쉽다. 만약 내가 다른 집단에 있다가 당신의 집단으로 옮겨간다면, 내 아이들과 나는 당신의 친족관계 및 결혼 규범을 받아들여야 한다. 그러지 않으면, 내 아이들은 (상호부조, 식량분배, 성관계, 거래 따위를 지배하는) 어떤 관계도 맺지 못하거나, 잘못이란 잘못(규범 위반)은 모두 저지르게 될 것이다. 예컨대 어떤 여자아이나 남자아이 곁에 잘못 앉음으로써 근친상간 금기를 어기는 쿨라의 실수를 반복할지도 모르고, 그러면 어떤 식으로든 제재를 받을 것이다. 그러나 유전자의 경우는, 만약 서로 다른 집단 출신의 사람들이 성관계를 하면, 집단 간의 유의미한 유전적 차이들은 빠르게 사라질 것이다.

처음에 유리했던 집단이 불리한 집단에게서 '나쁜' 유전자를 받을 수도 있고, 불리했던 집단이 '좋은' 유전자를 받을 수도 있다. 이렇게 유전자가 섞인다는 것은 집단들을 점점 더 구분할 수 없게 된다는 뜻이다. 요컨대 문화적 진화는 유전적 진화가 할 수 없는 방식으로 집단 간의 차이를 지속시킬 수 있다는 것이다. 인간 사회에서 집단 간 경쟁은 많은 경우 유전자 흐름을 증가시켜서 유전적 혼합을 더 강화한다. 전쟁에서 승리한 집단은 패배한 집단의 젊은 여인네들을 '아내'로 취하곤 한다. 실은, '아내'를 구하러 간다는 게 바로 한 집단의 남자들이 다른 집단을 공격하는 노골적인 명분인 경우도 많다. 그 결과로 대량의 유전자가 패자에게서 승자에게로 흘러든다. 또는 폭력이 없는 경우라도, 더 성공한 집단의 남자들이 덜 성공한 집단에서 미래의 아내(또는 단기적인 짝)를 물색하고, 찾는 것은 여전하다. 이 또한 유전자가 더 성공한 집단으로 빠르게 흘러드는—그래서 집단 간의 유전적 차이가 지워지게 되는—원인이다. 그 부부의 자식은 아버지의 공동체에서 생활함으로써 아버지의 사회규범을 통째로 받아들일지도 모르지만, 아무리 그래도 어머니 유전자의 절반을 보유한다. 이를 비롯한 여러 형태의 차등 이주가 집단 간의 문화적 차이는 줄이지 않으면서도 유전적 차이를 격감시킨다. 현대 세계에서 나오는 유전자와 문화에 관한 자료들이 유전적으로는 구분할 수 없지만 문화적으로는 여전히 딴판인 많은 집단을 들어 이 극명한 차이들을 입증한다. 유전적 변이 대 문화적 변이의 분석에 관해서는 Bell, Richerson, and McElreath 2009를 참조하라. 더 일반적으로는 Henrich 2004a, N. Henrich and Henrich 2007, Boyd, Richerson, and Henrich 2011b를 참조하라.

이를 넘어, 우리 종의 대규모 협력을 위한 역량은 문화적으로 진화한 평판 및 제재 체계에, 그리고 내면화한 사회규범에 단단히 맞물려 있다. 따라서 인간의 사회성과 도덕성에 관한 심리적 증거는 문화적으로 구축된 세계에 맞게 개조된 선천적 기제들(11장 참조)과 가장 잘 일치한다. 이 실증적 증거는 위에 기술한 두 가지 다른 관점 가운데 어떤 것에도 맞추기 어렵다.

11장 자기 길들이기

1 Schmidt, Rakoczy, and Tbmasello 2012, Schmidt and Tomasello 2012, Rakoczy et al. 2009, Rakoczy, Wameken, and Tomasello 2008을 참조.

2 이 통찰들은 많은 민족지에 걸쳐서 모은 것이다. 예컨대 Boehm 1993, Bowles et al. 2012, Mathew and Boyd 2011, Wiessner 2005를 참조하라.

3 인간과 가축화한 동물의 유사성은 오래전부터 깨닫고 논의해왔다(Leach 2003). 그렇다고 해서 인간이 의도적으로 개를 가축화했다는 뜻은 아니며, 이는 인간 공동체가 의도적으로 공동체의 일원들을 가축화하지 않은 것과 마찬가지다.

4 규범 위반자를 악용하는 사람들이 이름을 숨기고 지낼 수 있는 이유는 공동체의 나머지 사람들에게 그 범죄를 누가 저질렀는지 알아낼 동기가 없기 때문이다. 평판이 좋은 누군가가 해를 입으면, 공동체가 정력적으로 관여하고 소문을 공유함으로써 범인을 밝히는 경우가 많다(Henrich and Henrich 2014). 이 진화 기제의 공식 모형이 궁금하면 Chudek and Henrich n.d.를 참조하라.

5 아이들 사이에서의 평판과 규범 위반 탐지에 관해서는 Engelmann et al. 2013, Engelmann, Herrmann, and Tomasello 2012, Cummins 1996b, 1996a, Nunez and Harris 1998을 참조하라.

6 규범 심리에 관해서는 Chudek, Zhao, and Henrich 2013, and Chudek and Henrich 2010을 참조하라. 인간은 왜 선호를 내면화하도록 진화했나에 관한 논의를 더 알고 싶으면 Ensminger and Henrich 2014를 참조하라.

7 Bryan 1971, Bryan, Redfield, and Mader 1971, Bryan and Test 1967, Bryan and Walbek

호모 사피엔스

1970a, 1970b, Grusec 1971, M. Harris 1971,1970, Elliot and Vasta 1970, Rice and Grusec 1975, Presbie and Coiteux 1971, Rushton and Campbell 1977, Rushton 1975, and Midlarsky and Bryan 1972를 참조.

8 본보임의 지속 효과에 관해서는 Mischel and Liebert 1966을 참조하라.

9 물론, 이 가운데 어느 것도 아이들에게 한정되지 않는다. 자연스러운 상황에서 사회규범을 시연할 본보기를 제공하면 (1)실험에 지원하기, (2)오도 가도 못하게 된 운전자 돕기, (3)구세군 냄비에 돈 넣기, (4)헌혈하기가 증가한다는 것이 밝혀져 있다. 본을 보이면 종종 도와주는 비율이 100퍼센트까지 증가한다(Bryan and Test 1967, Rosenbaum and Blake 1955, Schachter and Hall 1952, Rushton and Campbell 1977).

10 비교문화 실험들이 궁금하면 Ensminger and Henrich 2014, Henrich et al., Foundations, 2004, Gowdy, lorgulescu, and Onyeiwu 2003, Paciotti and Hadley 2003을 참조하라. 영장류 연구가 궁금하면 Silk and House 2011, Silk et al. 2005, Cronin et al. 2009, Jensen, Call, and Tomasello 2007a, 2007b, 2013, Jensen et al. 2006, de Waal, Leimgruber, and Greenberg 2008, Burkart et al. 2007을 참조하라. 물론, 어떤 사람들은 이러한 실험에서 비인간 영장류들도 인간처럼 행동한다고 애써 주장해왔다(Burkart et al. 2007, Proctor et al. 2013, Brosnan and de Waal 2003). 대중매체에서 폭넓게 다뤄지기는 하지만, 이 주장들은 몇 가지 방법론적인 이유에서 실패인데, 무엇보다도 낯선 상대를 무작위로 짝짓지 않거나 아예 낯선 상대를 짝짓지 않는다(Henrich and Silk 2013, Henrich 2004c, Jensen, Call, and Tomasello 2013).

11 약 25세가 넘은 교육받은 서구인은 전형적으로 독재자 게임에서 절반을 준다. 그러나 학생들과 진행한 많은 실험들은 독재자 게임에서 더 낮은 제안액을 보여주므로, 이 사실이 연구자들 사이에서 커다란 혼란을 일으켜왔다. 왜냐하면 독재자 게임의 제안액은 나이와 함께 대략 20대 중반까지 꾸준히 증가하기 때문이다(N. Henrich and Henrich 2007, Henrich, Heine, and Norenzayan 2010b). 이 결과는 낯선 이를 향한 평등을 추구할 정도의 동기를 충분히 내면화하려면 긴 시간이 걸림을 시사한다. 학생들에게 초점을 맞추면 다른 이상 현상들도 나타나는데, 이를테면 독재자 게임 제안액에 대한 이중맹검 조건의 효과가 많이 거론된다(Cherry, Frykblom, and Shogren 2002, Lesorogol and Ensminger 2013). 왜 실험적 게임들이 사회규범의 척도인지에 관해 더 알고 싶으면 Chudek, Zhao, and Henrich 2013, Chudek and Henrich 2010, Henrich et al., "Overview," 2004, Henrich and Henrich 2014를 참조하라.

12 Henrich 2000, Henrich, Boyd, et al. 2001, Henrich et zl.. Foundations, 2004, Henrich et al. 2005, 2006, 2010, Silk et al. 2005, Vonk et al. 2008, Brosnan et al. 2009, House, Silk, et al. 2013, House, Henrich, et al. 2013, Ensminger and Henrich 2014를 참조.

13 Henrich and Smith 2004와 Ledyard 1995를 참조.

14 랜드와 동료들의 연구에 관해서는 Rand, Greene, and Nowak 2012, 2013과 Rand et al.

2014을 참조하라.

15 최후통첩 게임의 제안자들은 시간의 압박을 받을 때 더 평등한 액수를 제시하기도 한다 (Crockett et al. 2008, 2010, Cappelletti, Guth, and Ploner 2011, van't Wout et al.2006).

16 Kimbrough and Vostroknutov 2013을 참조.

17 de Quervain et al. 2004, Fehr and Camerer 2007, Rilling et al. 2004, Sanfey et al. 2003, Tabibnia, Satpute, and Eieberman 2008, and Harbaugh, Mayr, and Burghart 2007을 참조. 이는 선택지가 단순한 규범 순응일 경우 사실이다(Zaki and Mitchell, 2013). '상품'을 맞바꾸는 더 까다로운 상황(이를테면 공정함 대 돈 벌기)은 이 신속한, 직관적 가치 영역도 활성화하고 반성적 제어 및 전략적 사고와 연관되는 영역도 활성화한다. 마찬가지 경우로, 자선단체에 기부하는 것도 규범에 순응하는 보상영역(중간변연계)과 더불어 사회적 애착과 연관되는 친화 중추들까지 활성화하는 듯하며, 사회적 애착은 본질적으로 감정이입에 의한 이해관계와 연관된다(Zahn et al. 2009, Moll et al. 2006).

18 Baumgartner et al. 2009와 Greene et al. 2004를 참조.

19 이 특정한 예에 관해서는 Cummins 1996b를 참조하라. 이 점에 관해 더 폭넓게 알고 싶으면 Cummins 1996a, Harris and Nunez 1996, Harris, Nunez, and Brett 2001, Nunez and Harris 1998, Cummins 2013을 참조하라. 실험 대상이 성인일 때의 비슷한 연구가 궁금하면 Cosmides, Barrett, and Tooby 2010과 Cosmides and Tooby 1989를 참조하라. 코스미데스와 그녀의 공동연구자들이 이 흥미로운 연구 노선을 개척했다. 비록 그들은 이 연구 결과들의 원인이 호혜적 이타주의를 위한 심리에 있다고 보지만 말이다. 이러한 추리는 호혜적 이타주의가 비용이 드는 규범과 함께 작용하는 듯한 이유, 또는 그 규칙들이 문화적으로 전달될 수 있는 이유를 설명해주지 않는다는 게 문제다(N. Henrich and Henrich 2007).

20 Fessler 1999, 2004를 참조. 수치심 표시의 보편성을 보여주는 연구로는 Tracy and Matsumoto 2008을 참조하고, 수치심과 자부심에 의해 전달되는 자동적이고 무의식적인 신호들을 다양한 사회에서 조사하는 연구로는 Tracy et al. 2013을 참조하라.

21 Hamlin et al. 2011, 2013, Hamlin, forthcoming, 2013b, Hamlin and Wynn 2011, Hamlin, Wynn, and Bloom 2007, Sloane, Baillargeon, and Premack 2012를 참조. 젖먹이와 걸음마쟁이 사이에서의 공정성에 관한 연구로는 Sloane, Baillargeon, and Premack 2012를 참조하라. 나는 이 논문들이 인용하는 월령들에 주목해왔지만, 이러한 성숙 양상이 다양한 사회 어디서나 똑같지 않을까 생각할 이유는 없다. 이러한 평판 논리가 소규모 사회에서 어떻게 작동하는지에 관해서는 Henrich and Henrich 2014 and Mathew n.d.를 참조하라. 이러한 양상을 예측하는 모형들로는 Panchanathan and Boyd 2004, Henrich and Boyd 2001, Chudek and Henrich n.d., Boyd and Richerson 1992, and Axelrod 1986을 참조하라.

22 인류학자들이 오래전부터 주장해왔듯이, '부족'이라는 말은 모든 사람이 결코 변하지 않고

언제까지나 지속되는, 따로따로 경계가 지어져 밀폐된 단 하나의 집단에 속해 있음을 시사한다. 이 책은 전적으로 문화적 진화의 동역학에 관한 책이므로, 내가 여기서 그 단어를 사용하는 게 이 케케묵은 생각을 시사한다고 오해하지 않기를 바란다.

23 Diamond 1997을 참조.

24 McElreath, Boyd, and Richerson 2003, Boyd and Richerson 1987, N. Henrich and Henrich 2007을 참조.

25 Shutts, Kinzler, and Dejesus 2013, Kinzler, Dupoux, and Spelke 2007, Kinzler, Shutts, and Spelke 2012, and Kinzler et al. 2009를 참조.

26 민족 표지의 위조하기 힘든 특징과 일관되게, 언어를 단순히 어떤 식으로든 사용하는 것으로는 충분치 않다. 그 언어를 (학습자의 관점에서) 어떤 억양 없이 제대로 사용해야 한다. 이러한 선호를 주도하는 것은 아이들의 해석이 아니라는 점도 여기서 데이터가 분명히 한다. 또한 8장에서 보았듯이, 모든 나이의 사람들은 명망의 차이에 날카롭게 조율되어 있어서 상호작용과 학습 대상으로 명망이 더 높은 사람을 선호한다. 따라서 어떤 개인의 언어나 방언이 관찰자에게 명망단서를 주면, 이 또한 상호작용과 학습의 결정에 영향을 줄 수 있다 (Kinzler, Shutts, and Spelke 2012).

27 이 연구에 관해서는 우리의 책을 참조하라(N. Henrich and Henrich 2007). 분명, 칼데아인은 다수의 다른 성공한 이민자 개체군, 이를테면 유태인, 한국인, 아르메니아인과 닮은 데가 있다. 일부 칼데아인은 이 사항에 관해 견줄 만한 대상으로 유태인을 명백히 지목하기도 했다.

28 Gerszten and Gerszten 1995와 Tubbs, Salter, and Oakes 2006을 참조.

29 Kanovsky 2007, Gil-White 2001, Hirschfeld 1996, Moya, Boyd, and Henrich, forthcoming, Baron et al. 2014, Dunham, Baron, and Banaji 2008을 참조.

30 물론, 아이들과 어른들이 외집단 사람의 규범 위반에 반응하도록 하는 것도 가능하다. 위반의 정도를 높이기만 하면 된다. 요지는 비대칭적 반응이 있는데, 그것이 같은 내집단 구성원에게 불리한 쪽으로 간다는 것이다(Schmidt, Rakoczy, and Tomasello 2012). 성인에 대한 비교문화 연구로는 Bernhard, Fischbacher, and Fehr 2006과 Gil-White 2004를 참조하라.

31 이 문제에 관해서는 연구가 더 필요하지만, Esteban, Mayoral, Ray 2012a, 2012b와 Eearon 2008을 참조하라. 분명히 말하지만, 여기서 하는 주장은 민족의 구성이 복잡한 곳에 내전이 더 많을 것이라는 게 아니라, 내전이 일어나는 경우 그 분파는 민족 또는 종교노선에 따라 나뉘는 경향이 있다는 것이다.

32 미국인이 우세한 심리학계는 그동안 실험실 친화적인 임의의 집단(모두 다 어떤 그림을 좋아하는 사람들에 혹은 미국 내 흑인과 백인 간의 특이한 차이에 초점을 맞춤으로써) 인간심리 분야에서 핵심적인 여러 노선이 잘못되었음을 놓치고 있었다.

33 Kinzler et al. 2009와 Pietraszewski and Schwartz 2014a, 2014b를 참조. 피부색과 같은 특징들로 표시되는 사회적 범주들 사이에 적대감이 있는 곳에서는, 사람들이 그러한 특징을 동맹의 표시로도 사용할 것이다(Pietraszewski, Cosmides, and Tooby 2014).

34 이 관념에 관해서는 Mathew, Boyd, and van Veelen 2013과 N. Henrich and Henrich 2007을 참조하라. 게부시족의 사례에 관해서는 Knauft 1985를 참조하라.

35 Gilligan, Benjamin, and Samii 2011을 참조.

36 분명히 말하지만, 이 과정은 유전적 집단선택을 필요로 하지 않는다. 집단 간 경쟁이 선호할 문화적 관행은 규범 위반을 이유로 사람들을 제재할 뿐 아니라, 집단이 위협을 받는 상황에서는 규범 위반자를 제재하지 않는 사람까지 아울러 (필요하다면) 훨씬 더 엄하게 제재한다. 집단 내 제재 기제는, 이를테면 짝짓기 기회 상실이 그렇듯, 관련 유전자를 선호하는 데에 충분할 수 있다. 그러나 충분히 안정적인 집단 간 유전적 변이가 존재한다면, 그것이 유전자-문화 공진화 과정을 키울 수는 있을 것이다.

37 Bauer et al. 2013을 참조.

38 Voors et al. 2012, Gneezy and Fessler 2011, Bellows and Miguel 2009, Blattman 2009를 참조. Cassar, Grosjean, and Whitt(2013)의 증거는 모순처럼 보일지도 모르지만, 실은 여기 제시한 이론을 뒷받침한다. 왜냐하면 이 내전은 이웃과 이웃을 맞붙였고, 그래서 결속할 내집단이나 국지적 공동체가 없었기 때문이다. 심리학 실험실에서 학부생과 함께 한 통제된 실험들로부터 나오는, 수렴하는 증거는 집단 간 경쟁을 감지하기만 해도 공공재 게임에서 협력이 순식간에 증가함을 입증한다(Puurtinen and Mappes 2009, Saaksvuori, Mappes, and Puurtinen 2011, Bornstein and Erev 1994, Bornstein and Benyossef 1994). 유사하게, 실험실에서 불확실성이나 죽음의 위협을 유도하면, 규범에 대한 순종도 규범 위반자를 처벌할 용의도 훨씬 더 커진다(Heine, Proulx, and Vohs 2006, Hogg and Adelman 2013, Grant and Hogg 2012, Smith et al. 2007).

39 Bauer et al. 2013을 참조.

12장 집단두뇌

1 극지 이누이트족의 사례에 관해서는 Boyd, Richerson, and Henrich 2011a, Rasmussen, Herring, and Moltke 1908, Gilberg 1984를 참조하라. 내가 기술 재도입의 중요성을 언급하는 이유는 일부 연구자들이 모든 수렵채취인은 언제나 최적으로 행동하고 있다고, 고로 잃어버린 모든 기술에는 그것을 비효율적인 것으로 만드는 모종의 사소한 생태적 차이가 있는 게 틀림없다고 주장하고 싶어하기 때문이다.

2 이러한 과정에 관한 이론적 연구로는 Shennan 2001, Powell, Shennan, and Thomas 2009, Henrich 2004b, 2009b, Kobayashi and Aoki 2012, Lehmann, Aoki, and Feldman 2011,

호모 사피엔스

and van Schaik and Pradhan 2003을 참조하라.

3 이 모형을 완전한 형태로 보려면 Henrich 2009를 참조하라.

4 Muthukrishna et al. 2014.

5 Derex et al. 2013을 참조.

6 Kline and Boyd(2010)는 다수의 생태적·환경적 변수를 분석했지만 도구모음의 크기나 기술의 정교함과의 관계를 보여주는 변수는 거의 없었음을, 그리고 개체군 크기와의 관계의 정도를 실질적으로 감소시킨 변수는 전혀 없었음을 발견했다.

7 Collard, Ruttie, et al. 2013을 참조.

8 반면에, 자유시간이나 추가 식량원의 필요성으로는 먹이 관련 기법의 수가 쉽사리 설명되지 않는다(van Schaik et al. 2003; Jaeggi et al. 2010도 참조). 침팬지 사이에서도 유사한 관계가 나타나기는 하지만, 데이터 집합이 작다(Lind and Lindenfors 2010).

9 W.H.R. 리버스의 에세이는 http://en.wikisource.org/wiki/The_Disappearance_of_Useful_Arts#cite_note-1에서 볼 수 있다.

10 Henrich 2004b, 2006, Jones 1974, 1976, 1977c, 1977b, Diamond 1978을 참조. 불에 관하여: 여기서 하는 주장은 태즈메이니아인이 불을 피우는 능력을 잃었다는 것이다. 그들도 불은 여전히 가지고 있었다. 불 피우는 능력을 잃는다는 말은 새롭지 않지만 (Holmberg 1950, Radcliffe-Brown 1964), 이 특정한 주장은 논쟁을 불러일으킨다(Gott 2002).

11 태즈메이니아인의 기술은 같은 남위에 있는 다른 수렵채집 개체군, 이를테면 남아메리카의 남쪽 끝에 있는 푸에고인이나 뉴질랜드 남부 및 채텀제도 주민의 것과 비교해도 단순하다(Henrich 2004b, 2006).

12 구석기시대 증거에 관해서는 McBrearty and Brooks 2000, Boyd and Silk 2012, Klein 2009를, 원양어로에 관해서는 O'Connor, Ono, and Clarkson 2011을, 골각기에 관해서는 Yellen et al. 1995를, 석기에 관해서는 Jones 1977a, 1977b를, 도착 사건들에 관해서는 Boyd and Silk 2012를, 자루 달린 석기의 촉에 관해서는 Wilkins et al. 2012를 참조하라.

13 Jones 1974, 1976, 1977a, 1977b, 1977c, 1990, 1995, Colley and Jones 1988, Diamond 1978을 참조. 지금껏 태즈메이니아 사례를 검토했으니 Henrich 2004b and 2006에서 다양한 반론을 고려하라.

14 이 일련의 주장과 관련해 내가 거론하지 않은 한 가지 중요한 변칙적 데이터 집합이 있다. 수렵채취인들에게서 취한 도구 복잡성 데이터를 분석하면서, 칼러드와 그의 동료들은 개체군 크기 또는 상호연결성과 도구의 복잡성 측정치 사이에서 아무 관계도 보이지 않는다고 주장해왔다(Collard et al. 2011, 2012, Collard, Kemery, and Banks 2005). 대신에, 그들은 생태적 위험이 **위험과 관련한** 기술적 복잡성에 대한 개인적 투자의 증가를 선호한다고 주장한다. 그들의 논지는 명심할 만하지만, 이 시도에는 두 가지 문제가 있다. 첫째, 수렵채취인들은

위험이나 재난이 닥치면 의지할 수 있는 광범위한 사회적 관계의 연결망을 형성하여 대처한다는 것은 기정사실이다(Wiessner 1982, 1998, 2002). 따라서 생태적 위험과 기술적 복잡성 사이에서 정적 관계가 눈에 띄는 것은 이 장에서 제시하는 관점을 대체로 뒷받침하기도 한다. 왜냐하면 더 큰 위험은 개인들로 하여금 자신의 문화적 기술(예: 의례, 작명, 선물 주기)을 써서 연결망을 더 넓히도록 할 테고, 하나의 결과물로서(그리고 어쩌면 부산물로서) 도구가 더 복잡해질 것이기 때문이다. 이 관점을 뒷받침하는 증거를 Collard et al. 2013에서 찾아볼 수 있는데, 여기서 생태적 위험이 정적 관계를 보이는 요인은 모든 종류의 기술을 보유하는 것이며, 이 기술 중에는 위험 관리와는 아무 관계도 없는 것들도 포함되어 있다. 둘째, 수렵채집 집단의 본성상 기술에 관한 정보 흐름과 관계 있는 개체군 크기를 결정하기는 까다롭고 믿음직스럽지 못하다. 많은 곳에서 수렵채집 군집들의 연결망은 분명한 경계 없이 느슨하게 서로 연결되어 있다. 이와 달리 대다수의 농민이나 목축민 개체군은 많은 경우 영토를 관리하고 수호한다. 그래서 유의미한 학습자들의 풀pool을 분리하기가 어려움을 고려하면, 수렵채취인들의 경우 부정적인 결과가 나오는 것은 뜻밖이 아니다. 이는 칼러드의 다양한 분석에서 농민과 목축민의 경우는 예측되는 관계가 보이지만 수렵채취인들의 경우는 보이지 않는 이유도 설명해준다.

15 침팬지와 꼬리감는원숭이가 둘 다 흥미로운 이유는 둘 다 비교적 큰 뇌를 가졌고, 현장 연구들이 단순한 몇몇 양상의 문화적 변이를 가리키기 때문이다. 이 뛰어난 연구에 관해서는 Dean et al. 2012를 참조하라.

16 곧 나올 Henrich and Tennie를 참조.

17 Stringer 2012, Klein 2009, Pearce, Stringer, and Dunbar 2013을 참조.

18 Deaner et al. 2007을 참조.

19 풍요로운 바닷가 환경의 중요성에 관해서는 Terardino and Marean 2010을 참조하라.

20 이 논점의 더 초기 형태가 궁금하면 Henrich 2004b를 참조하라. 네안데르탈인과 뒤이은 상부 구석기시대 사람들의 수명 차이에 대한 증거를 원한다면 Caspari and Lee 2004, 2006과 Bocquet-Appel and Degioanni 2013을 참조하라. 개체군 크기 추정치와 분산도에 관해서는 Klein 2009 and Mellars and French 2011을 참조하라. 확장하는 아프리카인 개체군의 발사체에 관해서는 Shea and Sisk 2010을 참조하라. 사회연결망의 상호연결성 차이를 시사하는, 상부 구석기시대 사람들과 네안데르탈인의 물물교환 연결망 차이에 대한 논의가 궁금하면 Ridley 2010을 참조하라.

21 Henrich 2004b를 참조.

22 McBrearty and Brooks 2000을 참조. 구석기시대 활과 화살에 관한 정보가 필요하면 Shea and Sisk 2010, Shea 2006, Lombard 2011을 참조하라. 활과 화살, 배, 도기의 상실에 관해서는 Rivers 1931을 참조하라.

23 Powell, Shennan, and Thomas 2009를 참조.

24 van Schaik and Burkart 2011을 참조.

25 Gruberet al. 2009, 2011을 참조.

26 오스트레일리아의 기술에 관해서는 Testart 1988을 참조하라. 바퀴에 관해서는 Diamond 1997을 참조하라. 마야족의 장난감에는 바퀴가 있었으며, 이는 내 논점을 의미심장하게 강조한다.

27 Frank and Barner 2012를 참조. 계산기를 빼앗으면, 계산기 사용자들은 전형적으로 허둥댄다. 나에게 이 연구를 가리켜준 Yarrow Dunham에게 감사한다.

13장 규칙이 있는 의사소통 도구

1 19세기에는 언어의 기원에 관한 논의들이 무식한 사변을 양산한 나머지 1866년에 영향력 있는 파리언어학회가 이 주제를 금지했을 정도다(Deutscher 2005, Bickerton 2009).

2 이 점에 관한 논의가 궁금하면 Deutscher 2005를 참조하라.

3 Tomasello 2010, Kuhl 2000, Fitch 2000을 참조.

4 Webb 1959, Kendon 1988, Mallery 2001(1881), Tomkins 1936, Kroeber 1958을 참조. 대평원 인디언들 사이에서는 군사적 목적과 장거리 의사소통을 위해 특수화된 신호들도 발달되어 있었다. 이것이 미군 안에서 수많은 개발에 영감을 주었고, 통신부대도 그 결과 중 하나다.

5 Kendon 1988을 참조.

6 Busnel and Classe 1976과 Meyer 2004를 참조. Busnel and Classe는 인간의 외이도(바깥귀길) 길이가 사실은 음성언어보다 휘파람의 주파수를 탐지하는 데에 더 알맞게 맞춰져 있다고 주장한다. 휘파람 언어로 대화하는 사람들을 https://www.youtube.com/watch.'v=:P0aoguO_tvL 또는 https://www.youtube.com/watch.'v=COCIRCjoICA에서 볼 수 있다. 북, 나팔 따위에 대한 논의가 궁금하면 Stern 1957을 참조하라.

7 Munroe, Fought, and Macaulay 2009와 Fought et al. 2004를 참조.

8 Ember and Ember 2007과 Nettle 2007을 참조.

9 Nettle 2007을 참조.

10 단어 집계에 관해서는 Bloom 2000과 Deutscher 2010를 참조하라. 소규모 사회의 사람들은 대개 여러 언어를 사용하므로, 알려진 단어의 총수는 상당히 클지도 모른다는 점을 염두에 두는 게 중요하다. 그래도 특정 언어에 있는 이용 가능한 단어의 수는 대규모 사회의 언어에 있는 것보다 적다.

11 Deutscher 2010에서 기술한 W. H. R. 리버스.

12 Kay and Regier 2006, Webster and Kay 2005, Kay 2005, Berlin and Kay 1991, D'Andrade

1995를 참조.

13 Deutscher 2010을 참조. 이 주제에 관한 연구의 긴 역사를 추적하면서, Brent Berlin and Paul Kay(1969)는 기본 색이름이 색과 그 색을 지닌 수많은 물건을 분리하기 위한 기술들의 문화적 진화에 대한 응답으로—옷을 비롯한 문화적 산물을 위해 색을 고를 수 있었을 때—등장한다고 주장한다. 문화적 진화가 색이름 명세서를 늘려가는 방법은 많은데, 일례가 그 색이름이 융합되어 있던 물건에서 이름을 추출하는 것이다.

초록을 가리키는 단어는 종종 (과일 따위가) '안 익었다' 또는 '덜 자랐다'를 가리키는 단어에서 유래하고, '보라'는 꽃을 가리키는 단어에서 오는 식이다. 아니면 단순히 언어 접촉을 통해 이름을 빌려오기도 한다.

14 이에 관해서는 아직까지 논란이 있으니 Kay and Regier 2006, Xu, Dowman, and Griffiths 2013, Franklin et al. 2005, Baronchelli et al. 2010을 참조하라. 이 연구에 관해 한 가지 우려되는 점은 그것이 인간의 색 지각 안에서 지각되는 윤곽은 고정되어 있으며 보편적이라고 가정한다는 점이다. 이 부분을 짚는 이유는 일부 언어의 색이름 지도는 이 접근법의 예측에서 벗어나기도 하기 때문이다. 눈에 띄는 한 가지 질문은 '색 명명 체계를 세우기 위해 문화적 진화가 달리 어떤 경로를 취할 수 있겠느냐'는 것이다. 우세한 세계적 유형도 복수의 가능한 경로들 가운데 한 경로일 뿐일 수 있다. 한 가지 더 예측할 수 있는 것은 개체군 크기와 상호연결성으로, 어떤 언어가 우리 시각계의 윤곽을 이용하도록 최적화되어 있는 정도를 예측할 수 있을 것이다.

15 모음의 소리들도 유사한 과정을 통해 생겨날 것이다(Lindblom 1986).

16 Franklin et al. 2005, D'Andrade 1995, Goldstein, Davidoff, and Roberson 2009, Kwok et al. 2011을 참조.

17 Gordon 2005, Dehaene 1997. 뉴기니의 셈법에 관해서는 http://www.uog.ac.pg/glec/thesis/thesis.htm을 참조하라.

18 Pitchford and Mullen 2002를 참조.

19 Flynn 2012를 참조.

20 Tomasello 2000a, 2000b를 참조.

21 Deutscher 2010과 Everett 2005를 참조.

22 놀라울 것도 없이, 이에 관해서는 아직까지 논란이 많다. Flay and Bauer 2007, Moran, McCloy, and Wright 2012, Atkinson 2011, Wichmann, Rama, and Holman 2011을 참조.

23 Nettle 2012와 Wichmann, Rama, and Holman 2011을 참조.

24 Goldin-Meadow et al. 2008을 참조. 문화적 학습은 인간에게 의사소통 절약이라는 마지막 원리를 제공한다. 말은 의사소통이라는 공통된 목표를 가지고 하는 것이므로, 맥락적으로 명백한 정보는 포함시킬 필요가 없고 기본 정보는 반복하지 말아야 한다. 청자는 화자

가 뭔가를 전달하려 애쓰고 있으며 청자가 아는 것을 감안하고 있다고 가정해야 한다(그렇지만 Pawley 1987도 참조하라). 인간은 어떻게 서로의 의도와 목표를 공유하게 될까? 모방한다. 그것은 문화적 학습의 산물이라는 말이다. 만약 당신은 정직한 의사소통이라는 목표를 갖고 있고 나는 당신이 훌륭한 본보기라고, 다시 말해 베낄 가치가 충분하다고 생각한다면, 나는 정직한 의사소통이라는 목표도 모방하는 경향이 있을 것이다. 이제 당신과 나는 최소한 의사소통에 관한 한 **공통된 지향성**(Tomasello 1999)을 가지게 된다.

25 Christiansen and Kirby 2003, Heine and Kuteva 2002a, 2002b, 2007, Deutscher 2005를 참조.

26 Fedzechkina, Jaeger, and Newport 2012를 참조.

27 Deutscher 2005를 참조.

28 Wray and Grace 2007, Kalmar 1985, Newmeyer 2002, Pawley 1987, Mithun 1984를 참조. Kalmar는 캐나다 이누이트족의 언어가 읽고 쓰는 능력과 문자의 확산으로 인해 본격적인 종속 관계 도구를 진화시키는 과정에 있다고 주장한다.

29 Lupyan and Dale 2010을 참조.

30 Deacon 1997과 Kirby 1999를 참조.

31 문화적 진화는 단어—또는 언어학자들이 합성성이라 부르는 것—와 같은 기본적 요소의 등장까지도 설명할 수 있다. 의사소통체계들은 무수한 방법으로 재조합될 수 있을 개별 단어 없이 출발했을 것이다. 대신에 소리들 또는 소리의 조합들이 지금 우리가 단어들의 조합 또는 구절로 여길 수 있는 것에 대응되었을지도 모른다. '바마쿠바'라는 단어가 '고기를 더 익혀라'를 뜻하고, '고기', '더', '익혀라'를 가리키는 별개의 단어들은 없었을지도 모른다. 구절이나 문장마다 별개의 소리나 소리 집합이 있다면, 어휘는 금세 폭발해서 감당할 수 없게 될 수 있다. 그러나 기억력에 한계가 있는 문화적 전달은 모든 것을 기억하기 쉬운 방식으로 쪼개기—합성성—를 선호한다(Brighton, Kirby, and Smith 2005). 아마도 이 과정은 'Watergate Hotel(워터게이트 호텔)'에 들어 있던 '-gate'가 떨어져 나와, Monicagate(모니카게이트: 42대 미국 대통령 빌 클린턴과 당시 백악관 인턴 모니카 르윈스키가 일으킨 성추문-옮긴이)나 Climategate(기후게이트: 2009년 기후온난화 안건 반대자들이 영국 기후연구소 컴퓨터 서버를 해킹해 정보를 누출한 사건-옮긴이)에서처럼 '스캔들'을 뜻하도록 재동원 되는 것과 비슷한 어떤 것이었을 것이다. 모든 것을 남들이 배우기 쉬운 방식으로 쪼개기 시작하는 개인들은 더 성공해서 모방될 가능성이 높아질 것이다. 합성성(단어들)을 가진 언어는 존속하면서 합성성이 없는 언어를 앞지를 것이다.

32 Kirby, Christiansen, and Chater 2013, Smith and Kirby 2008, Kirby, Cornish, and Smith 2008, Christiansen and Chater 2008을 참조.

33 Striedter 2004를 참조.

34 Striedter 2004와 Fitch 2000을 참조.

35 이 문화-유전자 공진화 초기 과정에 대한 모든 설명은 매우 사변적이다. 그러나 우리의 문화적으로 전달되고 진화하는 의사소통체계에 대한 이 '몸짓 먼저' 설명은 몇몇 경험적 사실과 일치한다. 첫째, 다른 유인원이 의사소통의 요소를 배울 수 있는 한, 그들은 손짓(신호체계)을 배우며, 발성이나 표정은 배우지 않는다. 유인원에게 말을 가르치려던 시도들은 지금껏 실패했다. 유인원들도 발성을 가지고 의사소통을 하기는 하지만, 이러한 발성은 집단 간에 차이가 없는 정해진 소리들의 목록으로서, 이들의 몸짓과는 다르다. 이는 인간의 조상들도 발성보다는 문화적으로 전달되는 몸짓에 훨씬 더 민감했을 것임을 시사한다 (Tomasello 2010). 둘째, 우리가 보았듯이, 몸짓은 아직도 우리의 의사소통체계의 일부이고, 많은 수렵채취인들은 음성언어와 몸짓신호 언어를 둘 다 보유하고 있다. 셋째, 젖먹이들은 말을 배우는 것 만큼 의사소통을 위해 몸짓신호를 배우는 데에도 (어쩌면 더) 능숙하다. 수화 학습이 아이들에게는 음성언어 학습보다 조금도 더 어려운 것처럼 보이지 않는다. 젖먹이들은 말 소리 내는 법을 배울 때 열심히 몸짓을 흉내낸다. 그리고 본보기의 입을 주의 깊게 지켜보는데, 이것이 수행에 영향을 준다. 어른이라도 화자의 입이 보이지 않으면 'bat'와 'pat'에 들어 있는 /b/와 /p/ 같은 소리는 혼동할 것이므로(Tomasello 2010, Kuhl 2000, Corballis 2003), 입짓도 말 처리 과정의 일부다. 넷째, 도구 사용, 몸짓, 말 모두 상당한 넓이의 신경회로를 공유한다.

36 Fitch 2000을 참조.

37 Csibra and Gergely 2009와 Kuhl 2000을 참조. 우리 팀은 일곱 곳의 다양한 사회에 걸쳐 교육적 단서를 연구했는데, 일곱 사회 모두에서 최소한 약간의 단서를 자발적으로 사용하는 것을 발견했다. 그러나 단서를 주는 빈도는 상당히 가변적이었고, 특정한 단서들의 작은 집합 중에서 어떤 것을 사용할지도 마찬가지였다. 가르치는 도중에 잠깐씩 멈췄으나 나아가는 행동만은 모든 곳에서 발견되었다. 모성어의 경우, 일부는 그것이 어떤 사회에는 존재하지 않는다고 주장해왔지만, 이 주장들이 체계적인 관찰 데이터 수집과 정량적 분석을 기반으로 한 것은 아니다. 나는 남태평양 피지 현장에서 연구하는 동안, 발달심리학자Tanya Broesch(2011)는 그곳의 모성어 사용 빈도가 미국 어머니들 사이에서보다 훨씬 낮다는 것을 발견했지만, 어느 정도의 모성어는 그래도 분명히 존재했다. 일반적으로, 교육받은 서구인들이 교육적 단서와 모성어 둘 다의 사용 빈도에서 최상단에 분포한다.

38 Bickerton 2009, Christiansen and Kirby 2003.

39 Sterelny 2012b를 참조. Wadley(2010)는 역사가 수십만 년을 거슬러 올라가는 접착제 제조와 관련해 이 귀환에 대해 논의한다.

40 Conway and Christiansen 2001을 참조. 철학자들을 감동시키는 또 한 가지 언어의 특징은 우리가 언어를 써서 현재 없는 사람, 물건, 사건뿐만 아니라 과거와 미래에 대해서도 논

의할 수 있다는 점, 그러므로 언어는 '자극과 무관하다'는 점이다. 하지만 언어의 계층구조에 관해 논의했듯이, 자극과 무관하게 과거와 미래에 관해 생각하고 계획하는 역량을 갖고 있다 해도 남들 또한 그럴 수 있지 않은 한 의사소통에는 그다지 가치가 없을 것이다. 여기서 도구 제작, 학습된 기량, 사회규범을 위한 문화-유전자 공진화가 다시 한번 언어를 위해 앞장섰을지도 모른다. 예컨대 창을 정확하게 던지기 같은 어려운 기량은 오프라인에서(다시 말해, 사냥이나 공격을 실제로 하고 있지 않을 때), 그렇지만 미래 상황을 예상하면서 연습해야 한다. 언어와 달리, 이 역량을(예컨대 창던지기에) 유용하게 만드는 데에는 이 역량을 가진 다른 사람이 필요하지 않다. 게다가 도구와 기량이 복잡해지고 남들도 연습을 시작함에 따라 연습을 선호하는 선택압은 더욱 강해질 것이다(Sterelny 2012b). 유사하게, 사회규범도 언어에서 많은 물건이 그렇듯 눈에 보이지 않지만. 등장하는 대로, 개인들은 그것을 위반하면 무슨 일이 벌어질지를 예상해야 할 것이다. 따라서 기량과 규범 모두의 진화가 다음 선택에서는 사회규범처럼 물리적으로 나타나지 않는 것뿐만 아니라 과거와 미래에 관해서도 더 능숙하게 생각할 능력이 있는 마음들을 선호할 것이다.

41 Conway and Christiansen 2001과 Reali and Christiansen 2009를 참조.

42 Reali and Christiansen 2009, Tomblin, Mainela-Arnold, and Zhang 2007, Enard et al. 2009를 참조. FOXP2를 더 일반적으로 검토하고 싶으면 Enard 2011를 참조하라.

43 Stout and Chaminade 2012, Stout et al. 2008, Stout and Chaminade 2007, Calvin 1993을 참조.

44 Dediu and Ladd 2007을 참조.

45 기만과 언어에 관한 모형을 구축하는 작업에 관해서는 Lachmann and Bergstrom 2004를 참조하라.

46 N. Henrich and Henrich 2007과 Boyd and Mathew n.d.를 참조.

47 소개를 원하면 Henrich 2009a를 참조하라. 반직관적 믿음의 전달에 관한 실험들이 궁금하면 Willard et al., n.d.를 참조하라. 관련 연구로는 Sperber et al. 2010을 참조 하라.

14장 문화에 동화된 뇌와 명예로운 호르몬

1 더 엄밀하게 말하자면, 이 영역은 대개 시각적 단어 형태 영역이라고 부른다(Coltheart 2014). '글자상자'는 Dehaene 2009에서 따왔다.

2 글자상자의 정확한 위치는 문자체계에 따라 다르다. 예컨대 일본어 독자는 음절문자인 가나를 담는 글자상자와 표어문자인 한자를 담는 글자상자가 따로따로 있는 것으로 보인다. 중요한 점은 위치가 과제의 요구사항과 인간 뇌의 선천적 신경지리에 의해 한정된다는 것이다(Coltheart 2014, Dehaene 2014).

3 Dehaene 2009, Ventura et al. 2013, Szwed et al. 2012, Dehaene et al. 2010을 참조.

4 Dehaene 2009, Ventura et al. 2013, Szwed et al. 2012, Dehaene et al. 2010, Carreiras et al. 2009, Castro-Caldas et al. 1999를 참조.

5 Ventura et al. 2013과 Dehaene et al. 2010을 참조. 이는 '인간들' 안에서 뇌의 얼굴 처리가 명백히 비대칭인 원인이 실험에서 읽고 쓰는 능력이 뛰어난 참가자들에게 의존하는 데에 있었음을 의미한다.

6 Coltheart 2014와 Dehaene 2014를 참조.

7 Downey 2014를 참조.

8 Little et al. 2008, 2011, Jones et al. 2007, Bowers et al. 2012, Place et al. 2010을 참조. 짝 짓기의 진화심리학을 개관하려면 Buss 2007을 참조하라.

9 Zaki, Schirmer, and Mitchell 2011과 Klucharev et al. 2009를 참조.

10 Plassmann et al. 2008을 참조.

11 맹검 시음에 관해서는 Goldstein et al. 2008을 참조하라.

12 Woollett and Maguire 2009, 2011, Woollett, Spiers, and Maguire 2009, Maguire, Woollett, and Spiers 2006, Draganski and May 2008을 참조.

13 Hedden et al. 2008을 참조.

14 Nisbett 2003을 참조.

15 이민 연구들로는 Algan and Cahuc 2010, Fernandez and Fogli 2006, 2009, Guiso, Sapienza, and Zingales 2006, 2009, Giuliano and Alesina 2010, Almond and Edlund 2008을 참조하라.

16 Nisbett and Cohen 1996을 참조.

17 Grosjean 2011을 참조.

18 Benedetti and Amanzio 2011, 2013, Benedetti, Carlino, and Polio 2011, Finniss et al. 2010, Price, Finniss, and Benedetti 2008, Benedetti 2008, 2009, Guess 2002를 참조.

19 Moerman 2000, 2002를 참조.

20 검토를 원하면 Finniss et al. 2010, Price, Finniss, and Benedetti 2008, Benedetti 2008을 참조하라. 촉각 자극이 어떻게 노세보를 거쳐 통증으로 바뀌는지를 보여주는 연구로 Colloca, Sigaudo, and Benedetti 2008을 참조하라.

21 말할 것도 없이, 자기조절에 능한 사람은 복약 말고 다른 것들도 올바르게 했을 것이다. 이러한 쟁점을 다루고자 하는 분석으로 Horwitz et al. 1990을 참조하라.

22 Benedetti et al. 2013을 참조.

23 이 실험은 Craig and Prkachin 1978에서 나온다. Goubert et al. 2011과 Craig 1986도 참조. 관찰학습의 강력함이 말을 통한 암시나 조건화에 비교됨을 보여주는 근래의 더 멋진 실험으로 Colloca and Benedetti 2009를 참조하라.

24 Finniss et al. 2010, Price, Finniss, and Benedetti 2008, Benedetti 2008, Kong et al. 2008, Scott et al. 2008을 참조.

25 Phillips. Ruth, and Wagner 1993을 참조.

26 이와 같은 결과들은 경제이론에 심각한 도전을 제기한다. 경제학자들이 사람들의 선택을 재료로 해서 만드는 모형은 선택을 그것의 궁극적 결과와 연관시켜야 한다. 예컨대 만약 H가 요통 때문에 '알파'라는 약을 먹기로 한다면, 경제학자는 약 알파로 H가 나을 가능성은 p(이를테면 확률 65퍼센트)이고 낫지 않을 가능성은 1-p(이를테면 확률 35퍼센트)라고 가정할지도 모른다. 이 가능성 p는 전형적으로 세계의 한 특징으로 가정된다. 그러나 내가 본문에서 방금 설명한 대로라면, 진정한 생물적 방식으로 p는 사실 약 알파에 관한 H의 믿음에 상당히 의존한다. 알파에 관한 H의 믿음과 세상에서 다양한 결과(낫거나 낫지 않거나)가 일어날 확률 사이에 인과적 연관성이 있는 것이다. 이는 좁은 범위의 약 선택에만 적용되는 괴상한 사례가 아니다. 우리가 보았듯이, 이는 캘리포니아에서 수명에 영향을 주고 아마 '전통'·뉴에이지·영적 치유산업 전체와 보건 관행에도 영향을 미칠 테고, 유행하는 식이요법과 운동 일상에는 말할 것도 없다. 세계의 많은 곳에 주술은 널리 퍼져 있고 눈에 띄게 안정적인 일련의 믿음이라는 점이 더 중요하다. 이러한 믿음은 끈질기게 살아남을 텐데, 부분적인 이유는 그것이 노세보 효과의 작용에 의해 보강됨으로써, 주술을 믿는 상황에서 남이 화가 났거나 질투한다는 사실을 지각하는 게 실제로 생물학적 효과를 유발해 질병의 확률을 높이기 때문이다. 그러므로 어떤 의미에서는, 주술은 효과가 있다.

15장 진화의 문턱

1 입문을 원하면 Klein 2009와 Boyd and Silk 2012를 참조하라. 마지막 공통조상에 대한 추론에 관해서는 곧 나올 Henrich and Tennie를 참조하라. 우리가 침팬지와의 마지막 공통조상에서 분기한 시점에 관한 갖가지 날짜에 관해서는 Suwa et al. 2009, Scally et al. 2012, Klein 2009를 참조하라. 내가 침팬지를 기준으로 이 공통조상의 문화적 능력에 **상한**을 설정하는 이유는, 우리가 분기한 이후로 우리 계통을 더 문화적으로 만들어왔을 가능성이 높은 선택압 가운데 하나—기후 변동—는 다른 종들에게도 유사하게 영향을 미쳐왔을 텐데, 침팬지가 그런 종에 포함되기 때문이다. 문화-유전자 공진화를 떠받치는 수학적 이론 대부분이 시사하는 바에 따르면, 지난 300만 년에 걸쳐 최근 1만 년 전까지 일어난 비교적 급속한 종류의 환경 변동은 사회적 학습에 더 크게 의존하는 성향을 선호해야 한다(Boyd and Richerson 1985, 1988, Wakano and Aoki 2006, Aoki and Feldman 2014). 다시 말해 급변하는 환경에 적응하는 데에서 많은 종들이 사회적 학습에 더 많이 의존하도록 만들었어야 한다. 결과적으로, 현대 유인원으로 이어지는 계통들도 이러한 변동을 경험했으니, 그들 또한 이 시기 동안 사회적 학습에 대한 의존성을 키우는 방향으로 진화해왔을 것이다.

2　Klein 2009를 참조.

3　침팬지 문화에 관해서는 곧 나올 Henrich and Tennie를 참조하고, '솔'에 관해서는 Sanz and Morgan 2007, 2011을 참조하라. 전체적인 뇌 크기가 사회적 학습을 비롯한 인지능력에 미치는 효과에 관해서는 Deaner et al. 2007, Reader, Hager, and Laland 2011, Klein 2009, Boyd and Silk 2012를 참조하라. 상대적인 뇌 크기에 관해서는 Klein 2009와 Boyd and Silk 2012를 참조하라.

4　McPherron et al. 2010을 참조.

5　Hyde et al. 2009를 참조.

6　Panger et al. 2002를 참조하되, 긴엄지굽힘근은 아르디피테쿠스 라미두스에서 더 일찍 나타났을 수도 있음에 유의하라(White et al. 2009).

7　Klein 2009와 Boyd and Silk 2012를 참조.

8　Stout and Chaminade 2012를 참조. 칸지에 관해서는 Schick et al. 1999와 Toth and Schick 2009를 참조하라.

9　Klein 2009, Ambrose 2001, Wrangham and Carmody 2010, Boyd and Silk 2012를 참조. 물고기와 거북에 관해서는 Stewart 1994와 Archer et al. 2014를 참조하라. 물고기는 초기 호모 이전의 사람족이 이용했을 수도 있음에 유의하라.

10　Stedman et al. 2003, 2004, McCollum et al. 2006, Perry, Verrelli, and Stone 2005를 참조.

11　Backwell and d'Errico 2003, d'Errico and Backwell 2003, d'Errico, Backwell, and Berger 2001을 참조.

12　Stout and Chaminade 2012, Stout 2011, Faisal et al. 2010, Stout et al. 2008, Klein 2009를 참조.

13　Morgan et al. 2015를 참조.

14　Stout 2011, Faisal et al. 2010, Stout et al. 2010, Klein 2009, Delagnes and Roche 2005를 참조.

15　먹거리 가공과 관련한 해부구조의 변화에 관해서는 Wrangham and Carmody 2010과 Wrangham 2009를 참조하라. 불의 사용에 관해서는 Goren-Inbar et al. 2004, Klein 2009, Berna et al. 2012를 참조하라.

16　Stout 2002, 2011, Beyene et al. 2013, Perreault et al. 2013을 참조. 이 더욱 새로운 관점은 논란이 있는데, 많은 연구자들이 이것은 기술적 정체라고 오래전부터 주장해왔기 때문이다. 내가 생각할 때 연구자들이 정체를 보는 이유는 그들이 문화적 진화의 동역학을, 그리고 구체적으로 말해 개체군 크기, 사회성, 이주, 생태적 충격이 문화적 진화에 영향을 미치는 방식들을 이해하지 못하는 데에 있다.

17　Roach et al. 2013을 참조. 던지기를 진화시키는 데에서, 호모 에렉투스는 아마도 오스트랄

로피테쿠스에게서 두발보행이나 달리기가 진화한 부산물로 일어났던 약간의 해부구조적
전적응으로부터 도움을 받았을 것이다.

18 5장의 참고문헌을 참조하라.

19 이 도판(《그림 15.1》)을 사용하게 해준 KGA Research Project와 Berhane Asfaw에게 감사
한다.

20 초기 아슐 도구 전통의 변화에 관해서는 Beyene et al. 2013을 참조하고, 누적적으로 추가
된 다양한 기법에 관해서는 Stout and Chaminade 2012와 Stout 2011을 참조하라.

21 Stout et al. 2010을 참조.

22 해부학적으로 말하자면, 내가 가리키고 있는 것은 세 번째 손바닥뼈 끝에 달린 줄기 모양
의 돌기(제3중수골의 경상돌기)다(Ward et al. 2013, 2014).

23 복잡성의 일시적 축적에 관한 증거와 논의가 궁금하면 Stout 2011과 Perreault et al. 2013
을 참조하라. 언급했듯이, 이 관점은 아직까지 꽤 논란이 된다. 심지어 상당히 보수적인 접
근법에서조차 올도완 및 아슐리안 석기 공작 둘 다를 덜 복잡한 변형과 더 복잡한 변형으
로 구분하면서도 말이다(Klein 2009).

24 Alperson-Afil et al. 2009, Goren-Inbar et al. 2002, 2004, Rabinovich, Gaudzinski-
Windheuser, and Goren-Inbar 2008, Goren-Inbar 2011, Sharon, Alperson-Afil, and
Goren-Inbar 2011을 참조.

25 Wilkins et al. 2012, Wilkins and Chazan 2012, Klein 2009, Wadley 2010, Wadley,
Hodgskiss, and Grant 2009, McBrearty and Brooks 2000을 참조. 호모 하이델베르겐시스
의 귀와 청력에 관해서는 Martinez et al. 2013을 참조하라.

16장 왜 인간이었을까?

1 Reader, Hager, and Laland 2011, Reader and Laland 2002, van Schaik, Isler, and Burkart
2012, Pradhan, Tennie, and van Schaik 2012, van Schaik and Burkart 2011, Whiten and
van Schaik 2007을 참조.

2 Boyd and Richerson 1996을 참조.

3 개별적 학습이라는 말로 내가 가리키고 있는 것은 개체로 하여금 환경을 직접 경험함으로
써 평균적으로 더 적응적인 행동을 선택하도록 해주거나 목표 달성 또는 선호 충족의 수
준을 향상시키도록 해주는 폭넓은 종류의 인지능력이다. 이는 비사회적 학습으로도 부른
다. 이러한 능력이 전적으로 '분야 일반적'이어야 하거나 좁게 '분야 특수적'이어야 하는 것
은 아니다. 나는 이 능력들이 많은 문제들에 적용되지만 모든 문제에 적용되지는 않을 것
으로 예상한다.

4 여기서 하는 기초적 논변에 관해서는 Meulman et al. 2012를 참조하라.

5 인정하건대, 이는 왜 보노보와 고릴라가 오랑우탄보다 도구를 더 많이 사용하지 않느냐는 의문은 답이 없는 채로 남겨둔다.

6 아르디피테쿠스 라미두스에 관해서는 Suwa et al. 2009와 White et al. 2009를 참조하라. 지상에 거주하는 유인원의 역사는 500만 년보다 훨씬 더 오래되었을 수도 있지만, 이러한 세부사항은 내 논변과 무관하다.

7 포식자에 관해서는 Plummer 2004와 Klein 2009:277을 참조하라.

8 사회적 학습의 진화적 모형에 관해서는 Boyd and Richerson 1985, 1988과 Aoki and Feldman 2014를 참조하라. 이론적 통찰과 실증적 통찰을 통합하는 논문들로 Richerson and Boyd 2000a, 2000b를 참조하라. 만약 환경이 지나치게 빨리, 이를테면 세대마다 혹은 10년마다 바뀐다면, 자연선택은 개별적 학습을 선호할 것이다. 그 극단에서 만약 환경이 매우 급속히, 이를테면 한 시간마다 바뀌고 있다면, 개별적 학습도 사회적 학습도 도움을 주지 못한다. 자연선택은 경험하는 환경 범위에 걸쳐 적당히 평균한 최고의 형질을 붙박는 유전자를 선호하는 쪽으로 돌아갈 것이다.

9 Isler and van Schaik 2009, 2012와 Isler et al. 2012를 참조.

10 Langergraber, Mitani, and Vigilant 2007, 2009를 참조. 이러한 자료가 함축하는 의미를 과장하지 않는 게 중요하다. 다른 침팬지 공동체에게서 얻은 대등한 자료를 가지고 있는 것은 아니므로, 짝 결속의 원인이 이례적으로 큰 집단 크기에 있다고 지나치게 자신해서는 안 된다.

11 집단 크기와 사회적 학습의 효과에 더해 포식, 특히 다른 집단에 의한 기습의 형태를 띤 포식의 위협도 권력 경쟁의 효능을 더욱 떨어뜨릴 것이다. 경쟁자들과 지나치게 많이 싸우고 다치다 보면 수컷들은 약해져서 포식자에 대처할 여력이 남지 않을 것이다.

12 Chapais 2008; 205를 참조. 여기서 하는 논의에서 나는 우리가 침팬지의 경우처럼 암컷이 떠나고 수컷이 떠나지 않는 대규모 영장류 집단에서 출발한다고 가정하고 있다. 그러나 이는 그다지 중요하지 않다. 우리는 이미 짝 결속을 하는 고릴라 같은 집단에서 출발한 다음 포식의 위협이 이들에게 더 큰 집단을 강요할 때 어떤 일이 벌어지는지를 조사할 수도 있을 것이다. 영장류는 내가 여기서 기술했던 친숙함의 기제를 통해서가 아니라도, 부계 친척을 포함한 친척들을 알아보는 한정된 능력이 있는 것처럼 보이기는 한다는 점에도 유의하라 (Langergraber 2012).

13 짝 결속이 하나의 전략으로 퍼지면 수컷 대 수컷 경쟁이 감소할 테고, 그 결과로 수컷들이 서로 싸울 때 사용하는 큰 송곳니도 줄어들 것이다(Lovejoy 2009).

14 이 친족 인식 묶음의 일부가 이러한 친척과의 성관계에 대한 혐오감이므로, 딸이 아빠를 향한 엄마의 성적 욕구를 베낄까 봐 걱정할 필요는 없다.

15 수렵채취인을 비롯한 소규모 사회에서의 대리양육에 관해서는 Crittenden and Marlowe

2008, Hewlett and Winn 2012, Kramer 2010, Kaplan et al. 2000을 참조하라.

16 Morse, Jehle, and Gamble 1990과 Lozoff 1983을 참조. 많은 사회의 어머니들이 초유를 내다버린다.

17 젖먹이를 돕지 않는다고 야단맞은 소녀의 사례에 관해서는 Crittenden and Marlowe 2008을 참조하라. 알리사가 전자우편 왕래(2014)를 통해 이 사례를 더 보강해주었다. 대리양육에 대한 데이터를 검토한 자료로는 Kramer 2010을 참조하라.

18 Hrdy 2009, Burkart, Hrdy, and Van Schaik 2009, Burkart et al. 2014를 참조. 물론, 이러한 실험에서 보여주는 친사회성은 가까운 친척들의 아주 작은 집단으로 한정된다. 이것으로 11장에서 논의한 친사회성의 양상들을 설명하기 시작할 수는 없다.

19 그 소년들이 상대적으로 어리고 경험이 없어서 필요한 덩이줄기 전문지식이 없었을 수도 있다. 그렇지만 프랭크가 전자우편(2014)을 통해 덩이줄기에 관해서는 하드자족 여자들이 남자들보다 많이 안다는 점을 확인해주었다.

20 Benenson, Tennyson, and Wrangham 2011을 참조.

21 Chapais 2008과 Hill et al. 2011을 참조.

22 제11장에서 언급했듯이, 문화적 학습은 호혜에 기반을 둔 협력의 효능에 극적으로 기여한다. 그 결과로 자연선택이 개체의 문화적 학습능력을 향상시키면 호혜는 협력을 유지하고 지속적인 사회적 관계를 확립하는 더 효과적인 전략이 될 것이다. 이러한 관계는 사회적으로 남을 본받을 기회와 엄마의 친구들에게서 대리양육을 받을 가능성을 더욱 부채질할 수밖에 없다(Crittenden and Marlowe 2008, Hewlett and Winn 2012).

23 오랑우탄에 관해서는 Jaeggi et al. 2010을 참조하고, 침팬지에 관해서는 곧 나올 Henrich and Tennie를 참조하라.

17장. 문화적 진화가 만들어낸 신종 동물

1 Maynard Smith and Szathmary 1999를 참조.

2 Buss 1999, Tooby and Cosmides 1992, Pinker 1997, 2002, Smith and Winterhalder 1992를 참조.

3 Buss 2007:419.

4 인체의 진화를 돌아본 책으로 Lieberman 2013을 참조하라.

5 Richerson and Henrich 2012를 참조.

6 Fiynn 2007, 2012를 참조.

7 Basalla 1988, Mokyr 1990, Diamond 1997, Henrich 2009b를 참조.

8 이 은유는 로버트 보이드가 자주 사용하는 것을 토대로 한다.

9 빨라지고 있는 유전적 진화 속도에 관해서는 Cochran and Harpending 2009를 참조하라.

문화적 진화 속도에 관해서는 Mesoudi 2011b와 Perreault 2012를 참조하라. 집단 간 경쟁에 관해서는 Turchin 2005, 2010을 참조하라.

10 농경의 기원 이후 낯선 사람을 대하는 친사회적 규범의 확산에 관한 연구로 Ensminger and Henrich 2014, chapters 2 and 4를 참조하라.

11 더 오래된 '공포의 의식'은 흔히 문화적 진화에 의해 걸러졌는데, 왜냐하면 그 의식이 더 작은 정치적 단위들을 지나치게 단단히 결속시킴으로써 그 단위들을 아우르는 새롭고 더 큰 정치적 단위의 통합성과 안정성을 위협했기 때문이다(Norenzayan et al., forthcoming).

12 도덕을 가르치는 거대한 신을 둔 종교의 진화에 관한 연구로 Norenzayan 2014, Atran and Henrich 2010, Norenzayan et al., forthcoming을 참조하라.

13 Diamond 1997을 참조. 《총, 균, 쇠》에서 다이아몬드가 펼치는 유명한 논변의 많은 부분은 내가 여기서 전개한 진화적 기반에 비추어서만 이해가 된다.

14 Henrich 2009b와 나의 다음 책도 참조하라.

15 Henrich, Heine, and Norenzayan 2010a, 2010b, Apicella et al., forthcoming, Muthukrishna et al., n.d., S. Heine 2008을 참조.

16 Henrich, Boyd, and Richerson 2012를 참조.

17 Chandrasekaran 2006을 참조.

18 World Bank Group 2015를 참조.

19 Bowles 2008과 Gneezy and Rustichini 2000을 참조.

Abramson, J. Z., V. Hernandez-Lloreda, J. Call, and F. Colmenares.2013. "Experimental evidence for action imitation in killer whales(*Orcinus orca*)." *Animal Cognition* 16 (1):11-22.

Alberts, S. C., J. Altmann, D. K. Brockman, M. Cords, L. M. Fedigan, A. Pusey, T. S. Stoinski, K. B. Strier, W. F. Morris, and A. M. Bronikowski. 2013. "Reproductive aging patterns in primates reveal that humans are Axsnnct" *Proceedings of the National Academy of Sciences, USA* 110 (33):13440-13445.

Alcorta, C. S., and R. Sosis. 2005. "Ritual, emotion, and sacred symbols—The evolution of religion as an adaptive complex." *Human Nature* 16 (4):323~359.

Alcorta, C. S., R. Sosis, and D. Finkel. 2008. "Ritual harmony: Toward an evolutionary theory of mnsic." *Behavioral and Brain Sciences* 31 (5)-576-577.

Aldeias, V., P. Goldberg, D. Sandgathe, F. Berna, H. F. Dibble, S. P. McPherron, A.

Turq, and Z. Rezek. 2012. "Evidence for Neandertal use of fire at Roc de Marsal(France)." *Journal of Archaeological Science* 39 (7):2414-2423.

Algan, Y., and P. Cahuc. 2010. "inherited trust and growth." *American Economic Review* 100 (5):2060-2092.

Almond, D., and F. Fdlund. 2008. "Son-biased sex ratios in the 2000 United States Census." *Proceedings of the National Academy of Sciences, USA* 105 (15):5681- 5682.

Alperson-Afil, N., G. Sharon, M. Kislev, Y. Melamed, I. Zohar, S. Ashkenazi, R. Rabinovich, et al. 2009. "Spatial organization of hominin activities at Gesher Benot Ya'aqov, Israel." *Science* 326 (5960):1677-1680.

Altman. J., and N.Peterson. 1988. "Rights to game and rights to cash among contemporary Australian hunter-gatherers." In *Hunters and Gatherers: Property, Power and Ideology*, edited by T. Ingold, D. Riches and J. Woodburn, 75~94. Berg: Oxford.

Alvard, M. 2003. "Kinship, lineage, and an evolutionary perspective on cooperative hunting groups in InAonesla." *Human Nature* 14 (2):129-163.

Ambrose, S. H. 2001. "Paleolithic technology and human evolution." *Science* 291 (5509):1748-1753.

Amundsen, R. 1908. *The North West Passage, Being the Record of a Voyage of Exploration of the Ship "Gyoa"* 1903-1907. London: Constable.

Anderson, D. D. 1984. "Prehistory of North Alaska." In *Arctic*, Vol. 5 of Handbook of North American Indians, edited by D. Damas, 80-93. Washington DC; Smithsonian Institution Press.

Aoki, K. 1986. "A stochastic-model of gene culture coevolution suggested by the culture historical hypothesis for the evolution of adult lactose absorption in humans." *Proceedings of the National Academy of Science, USA* 83 (9);2929-2933.

Aoki, K., and M. W. Feldman. 2014. "Evolution of learning strategies in temporally and spatially variable environments; A review of theory." *Theoretical Population Biology* 91;3-19.

Apesteguia, J., S. Huck, and J. Oechssler. 2007. "Imitation—theory and experimental evidence." *Journal of Economic Theory* 136 (1);217-235.

Apicella, C., E. A. Azevedo, J. A. Fowler, and N. A. Christakis. 2014. "Isolated huntergatherers do not exhibit the endowment effect bias." *American Economic Review* 104(6) 1793-1805.

Apicella, C. L., F. Marlowe, J. Fowler, and N. Christakis. 2012. "Social networks and cooperation in Hadza hunter-gatherers." *American Journal of Physical Anthropology* 147:85-85.

Archer, W., D. R. Braun, J. W. K. Harris, J. T. McCoy, and B. G. Richmond. 2014. "Early Pleistocene aquatic resource use in the Turkana Basin." *Journal of Human Evolution* 77:74~87. http://dx.doi.org/10.1016/j.jhevol.2014.02.012.

Astuti, R., G. E. A. Solomon, and S. Carey. 2004. "Constraints on conceptual development." *Monographs of the Society for Research in Child Development* 69 (3);vii-135.

Atkinson, Q. D. 2011. "Phonemic diversity supports a serial founder effect model of language expansion from Airica." *Science* 332 (6027);346-349.

Atkisson, C., M. J. O'Brien, and A. Mesoudi. 2012. "Adult learners in a novel environment use prestige-biased social learning." *Evolutionary Psychology* 10 (3);519-537.

Atran, S. 1993. "Ethnobiological classification—Principles of categorization of plants and animals in traditional societies—Berlin, B." *Current Anthropology* 34 (2):195-198.

.1998. "Folk biology and the anthropology of science: Cognitive universals and cultural particulars." *Behavioral and Brain Sciences* 21;547-609.

Atran, S., and J. Henrich. 2010. "The evolution of religion; How cognitive by products, adaptive learning heuristics, ritual displays, and group competition generate deep commitments to prosocial religions." *Biological Theory* 5 (1);1-13.

Atran, S., and D. L. Medin. 2008. *The Native Mind and the Cultural Construction of Nature*. Cambridge, MA; MIT Press.

Atran, S., D. L. Medin, E. Lynch, V. Vapnarsky, E. E. Ucan, and P. Sousa. 2001. "Folkbiology doesn't come from folkpsychology; Evidence from Yukatek Maya in crosscultural perspective." *Journal of Cognition and Culture* 1 (1);3-42.

Atran, S., D. L. Medin, and N. Ross. 2004. "Evolution and devolution of knowledge; A tale of two biologies." *Journal of the Royal Anthropological Institute* 10 (2);395-420.

_____. 2005. "The cultural mind; Environmental decision making and cultural Modeling within and across Populations." *Psychological* Review 112 (4);744-776.

Atran, S., D. L. Medin, N. Ross, E. Lynch, V. Vapnarsky, E. U. Ek, J. D. Coley, C. Timura, and M. Baran. 2002. "Folkecology, cultural epidemiology, and the spirit of the commons—A garden experiment in the Maya lowlands, 1991-2001." *Current Anthropology* 43 (3):421-450.

Axelrod, R. 1986. "An evolutionary approach to norms." *American Political Science Review* 80 (4):1095-1111.

Backwell, L. R., and F. d'Errico. 2003. "Additional evidence on the early hominid bone tools from Swartkrans with reference to spatial distribution of lithic and organic artefacts." *South African Journal of Science* 99 (5-6):259-267.

Baird, R. W. 2000. "The killer whale: Foraging specializations and group hunting." In *Cetacean Societies: Field Studies of Dolphins and Whales*, edited by J. Mann, R. C. O'Connor, R L. Tyack, and H. Whitehead, 127-153. Chicago: University of Chicago Press.

Baldwin, J. M. 1896. "Physical and Social Heredity." *American Naturalist* 30:422-428.

Balikci, A. 1989. *The Netsilik Eskimo*. Long Grove, IL: Waveland Press.

Ball, S., C. Eckel, P. Grossman, and W. Zame. 2001. "Status in markets." *Quarterly Journal of Economics* 155 (1):161-181.

Bandura, A. 1977. *Social Learning Theory*. Englewood Cliffs, NJ: Prentice Flail.

Bandura, A., and C. J. Kupers. 1964. "Transmission of patterns of self-reinforcement through modeling." *Journal of Abnormal & Social Psychology* 69 (1):1-9.

Barnes, R. H. 1996. *Sea Hunters of Indonesia: Fishers and Weavers of Lamalera*. Oxford Studies in Social and Cultural Anthropology. Oxford: Clarendon Press.

Baron, A. S., and M. R. Banaji. 2006. "The development of implicit attitudes—Evidence of race evaluations from ages 6 and 10 and adulthood." *Psychological Science* 17 (1):53-58.

Baron, A. S., Y. Dunham, M. Banaji, and S. Carey. 2014. "Constraints on the acquisition of social category concepts." *Journal of Cognition and Development* 15 (2):238-268.

Baron, R. 1970. "Attraction toward the model and model's competence as determinants of adult imitative behavior." *Journal of Personality and Social Psychology* 14:345-351.

Baronchelli, A., T. Gong, A. Puglisi, and V. Loreto. 2010. "Modeling the emergence of universality in color naming patterns." *Proceedings of the National Academy of Sciences, USA* 107 (6):2403-2407.

Barrett, H. C., and J. Broesch. 2012. "Prepared social learning about dangerous animals in children." *Evolution and Human Behavior* 33 (5):499-508.

Barrett, H. C., T. Broesch, R. M. Scott, Z. J. He, R. Baillargeon, D. Wu, M. Bolz, et al. 2013. "Early false-belief understanding in traditional non-Western societies." *Proceedings of the Royal Society B: Biological Sciences* 280 (1755).

Barrett, H. C., L. Cosmides, and J. Tooby. 2007. "The hominid entry into the cognitive niche." *In Evolution of the Mind: Fundamental Questions and Controversies*, edited by S. Gangestad and J. Simpson, 241-248. New York: Guilford Press.

Basalla, G. 1988. *The Evolution of Technology*. New York: Cambridge University Press.

Basow, S. A., and K. G. Howe. 1980. "Role-model influence—Effects of sex and sexrole attitude in college students." *Psychology of Women Quarterly* 4 (4):558-572.

Bauer, M., A. Cassar, J. Chytilova, and J. Henrich. 2013. "War's enduring effects on the development of egalitarian motivations and in-group biases." *Psychological Science* 25 (1):47-57 doi:10.1177/0956797613493444.

Baumard, N., J. B. Andre, and D. Sperber. 2013. "A mutualistic approach to morality: The evolution of fairness by partner choice." *Behavioral and Brain Sciences* 36 (1):59~78.

Baumgartner, T., U. Fischbacher, A. Feierabend, K. Lutz, and E. Fehr. 2009. "The neural circuitry of a broken promise." *Neuron* 64 (5):756-770.

Bearman, P. 2004. "Suicide and friendship among American adolescents." *American Journal of Public Health* 94 (1):89-95.

Beck, W. 1992. "Aboriginal preparation of cycad seeds in Australia." *Botany* 46 (2):133-147.

Beckerman, S., R. Lizarralde, M. Lizarralde, J. Bai, C. Ballew, S. Schroeder, D. Dajani, et al. 2002. "The Bari Partible Paternity Project, Phase One." *In Cultures of Multiple Fathers: The Theory and Practice of Partible Paternity in Lowland South America*, edited by S. Beckerman and P. Valentine, 14-26. Gainesville: University Press of Florida.

Beckerman, S., and P. Valentine, eds. 2002a. *Cultures of Multiple Fathers: The Theory and Practice of Partible Paternity in Lowland South America*. Gainesville: University Press of Florida.

_____. 2002b. "Introduction: The concept of partible paternity among native South Americans." *In Cultures of Multiple Fathers: The Theory and Practice of Partible Paternity in Lowland South America*, edited by S. Beckerman and P. Valentine, 1-13. Gainesville: University Press of Florida.

Bell, A. V., P. J. Richerson, and R. McElreath. 2009. "Culture rather than genes provides greater scope for the evolution of large-scale human prosociality." *Proceedings of the National Academy of Sciences, USA* 106 (42):17671-17674. doi:10.1073/pnas.0903232106.

Bellows, J., and E. Miguel. 2009. "War and local collective action in Sierra Leone." *Journal of Public Economics* 93 (11-12):1144-1157.

Belot. M., V. P. Crawford.and C.Heyes. 2013. "Players of Matching Pennies automatically imitate opponents' gestures against strong incentives" *Proceedings of the National Academy of Sciences, USA* 110 (8):2763-2768.

Benedetti, F. 2008. "Mechanisms of placebo and placebo-related effects across diseases." *Review of Pharmacology and Toxicology* 48:33-60.

_____. 2009. *Placebo Effects: Understanding the Mechanisms in Health and Disease*. Oxford: Oxford University Press.

Benedetti, E, and M. Amanzio. 2011. "The placebo response: How words and rituals change the patient's brain." *Patient Education and Counseling* 84 (3):413-419.

_____. 2013. "Mechanisms of the placebo response." *Pulmonary Pharmacology & Therapeutics* 26 (5):520-523.

Benedetti, E, E. Carlino, and A. Polio. 2011. "How placebos change the patient's brain." *Neuropsychopharmacology* 36 (1):339-354.

호모 사피엔스

Benedetti, E, W. Thoen, C. Blanchard, S. Vighetti, and C. Arduino. 2013. "Pain as a reward: Changing the meaning of pain from negative to positive co-activatesopioid and cannabinoid systems." *Pain* 154 (3):361-367.

Benenson, J. E, R. Tennyson, and R. W. Wrangham. 2011. "Male more than female infants imitate propulsive motion." *Cognition* 121 (2):262-267. http://dx.doi.org/10.1016/j.cognition.2011.07.006.

Berlin, B., and P. Kay. 1991. *Basic Color Terms: Their Universality and Evolution.* Berkeley: University of California Press.

Berna, R, P. Goldberg, L. K. Horwitz, J. Brink, S. Holt, M. Bamford, and M. Chazan. 2012. "Microstratigraphic evidence of in situ fire in the Acheulean strata of Wonderwerk Cave, Northern Cape province. South Africa." *Proceedings of the National Academy of Sciences*, USA 109 (20):E1215-E1220.

Bernhard, H., U. Fischbacher, and E. Fehr. 2006. "Parochial altruism in humans." *Nature* 442 (7105):912-915.

Bettinger, E. P., and B. T. Long. 2005. "Do faculty serve as role models? The impact of instructor gender on female students." *American Economic Review* 95 (2):152-157.

Bettinger, R. L. 1994. "How, when and why Numic spread." In *Across the West: Human Population Movement and the Expansion of the Numa*, edited by D. Madsen and D. Rhode, 44-55. Salt Lake: University of Utah.

Bettinger, R. L., and M. A. Baumhoff. 1982. "The Numic spread: Great Basin cultures in competition." *American Antiquity* 47 (3):485-503.

Beyene, Y., S. Katoh, G. WoldeGabriel, W. K. Hart, K. Uto, M. Sudo, M. Kondo, et al. 2013. The characteristics and chronology of the earliest Acheulean at Konso, Ethiopia." *Proceedings of the National Academy of Sciences*, USA 110 (5):1584-1591.

Bickerton, D. 2009. *Adam's Tongue: How Humans Made Language, How Language Made Humans.* New York: Hill and Wang.

Biesele, M. 1978. "Religion and folklore." In *The Bushmen*, edited by P. V. Tobias, 162-172 Cape Town: Human & Rousseau.

Billing, J., and P. W. Sherman. 1998. "Antimicrobial functions of spices: Why some like it hot." *Quarterly Review of Biology* 73 (1):3-49.

Bingham, P. M. 1999. "Human uniqueness: A general theory." *Quarterly Review of Biology* 74 (2):133-169.

Birch, L. L. 1980. "Effects of peer model's food choices on eating behaviors on preschooler's food preferenves." *Child Development* 51:489-496.

Birch, S. A. J., N. Akmal, and K. L. Frampton. 2010. "Two-year-olds are vigilant of others non-verbal cues to credibility." *Developmental Science* 13 (2):363-369.

Birch, S. A. J., and P. Bloom. 2002. "Preschoolers are sensitive to the speaker's knowledge when learning proper names." *Child Development* 73 (2):434-444.

Birch, S. A. J., S. A. Vauthier, and P. Bloom. 2008. "Three-and four-year-olds spontane ously use others' past performance to guide their learning." *Cognition* 107 (3):1018-1034.

Birdsell, J. B. 1979. "Ecological Influences on Australian aboriginal social organization." In *Primate*

Ecology and Human Origins, edited by I. S. Bernstein and E. O. Smith, 117-151. New York: Garland STPM Press.

Blattman, C. 2009. "From violence to voting: War and political participation in Uganda." *American Political Science Review* 103 (2):231-247.

Bloom, G., and P. W. Sherman. 2005. "Dairying barriers affect the distribution of lactose malabsorption." *Evolution and Human Behavior* 26 (4):301-312.

Bloom, P. 2000. *How Children Learn the Meaning of Words*. Cambridge: MIT Press.

Blume, M. 2009. "The reproductive benefits of religious affiliation." In *The Biological Evolution of Religious Mind and Behavior*, edited by E. Voland and W. Schiefenhovel, 117-126. Berlin: Springer-Verlag.

Bocquet-Appel, J.-R, and A. Degioanni. 2013. "Neanderthal demographic estimates." *Current Anthropology* 54 (S8):S202-S213. doi:10.1086/573725.

Boehm, C. 1993. "Egalitarian behavior and reverse dominance hierarchy." *Current Anthrropology* 34 (3):227-254.

Bogin, B. 2009. "Childhood, adolescence, and longevity: A multilevel model of the evolution of reserve capacity in human life history." *American Journal of Human Biology* 21 (4):567-577.

Bohns, V. K., and S. S. Wiltermuth. 2012. "It hurts when I do this (or you do that): Posture and pain tolerance." *Journal of Experimental Social Psychology* 48 (1):341-345.

Bollet, A. J. 1992. "Politics and pellagra—The epidemic of pellagra in the United States in the early 20th century." *Yale Journal of Biology and Medicine* 65 (3):211-221.

Borinskaya, S., N. Kal'ina, A. Marusin, G. Faskhutdinova, I. Morozova, I. Kutuev, V. Koshechkin, et al. 2009. "Distribution of the alcohol dehydrogenase ADH1B*47His allele in Enrasia." *American Journal of Human Genetics* 84 (1):89-92.

Bornstein, G., and M. Benyossef. 1994. "Cooperation in intergroup and single-group social dilemmas." *Journal of Experimental Social Psychology* 30 (1):52-67.

Bornstein, G., and I. Erev. 1994. "The enhancing effect of intergroup competition on group perdormance." *International Journal of Conflict Management* 5 (3):271-283.

Bowem, C., and Q. Atkinson. 2012. "Computational phylogenetics and the internal structure of Pama-Nyungan." *Language* 88 (4):817-845.

Bowers, R. I., S. S. Place, P. M. Todd, L. Penke, and J. B. Asendorpf. 2012. "Generalization in mate-choice copying in humans." *Behavioral Ecology* 23 (1):112-124.

Bowles, S. 2006. "Group competition, reproductive leveling, and the evolution of human altruism." *Science* 314 (5805):1569-1572.

———. 2008. "Policies designed for self-interested citizens may undermine "the moral sentiments": Evidence from economic experiments." *Science* 320 (5883):1605-1609.

Bowles, S., R. Boyd, S. Mathew, and P. J. Richerson. 2012. "The punishment that sustains cooperation is often coordinated and costly." *Behavioral and Brain Sciences* 35 (1):20-21.

Boyd, D. 2001. "Life without pigs: Recent subsistence changes among the Irakia Awa, Papua New Guinea."

호모 사피엔스

Human Ecology 29 (3):259-281.

Boyd, R., H. Gintis, S. Bowles, and P. J. Richerson. 2003. "The evolution of altruistic punishment." *Proceedings of the National Academy of Sciences, USA* 100 (6):3531-3535.

Boyd, R., and S. Mathew, n.d. "The evolution of language may require third-party monitoring and sanctions." Unpublished manuscript.

Boyd, R., and P. J. Richerson. 1985. *Culture and the Evolutionary Process*. Chicago: University of Chicago Press.

_____. 1987. "The evolution of ethnic markers." *Cultural Anthropology* 2 (1):27-38.

_____. 1988. "An evolutionary model of social learning: the effects of spatial and temporal variation." *In Social Learning: Psychological and Biological Perspectives*, edited by T. R. Zentall and B. G. Galef, 29r48. Hillsdale, NJ; Lawrence Erlbaum.

_____. 1990. "Group selection among alternative evolutionarily stable strategies." *Journal of theoretical Biology* 145:331-342.

_____. 1992. "Punishment allows the evolution of cooperation (or anything else) in sizable groups." *Ethology & Sociobiology* 13 (3):171-195.

_____. 1996. "Why culture is common, but cultural evolution is rare." *Proceedings of the British Academy* 88:77-93.

_____. 2002. "Group beneficial norms can spread rapidly in a structured population." *Journal of Theoretical Biology* 215:287-296.

_____. 2009. "Voting with your feet: Payoff biased migration and the evolution of group beneficial behavior." *Journal of Theoretical Biology* 257 (2):331-339.

Boyd, R., P. J. Richerson, and J. Henrich. 2011a. "The cultural niche: Why social learning is essential for human adaptation." *Proceedings of the National Academy of Sciences, USA* 108:10918-10925.

_____. 2011b. "Rapid cultural adaptation can facilitate the evolution of large-scale cooperahon." *Behavioral Ecology and Sociobiology* 65 (3):431-444.

_____. 2013. "The cultural evolution of technolog." In *Cultural Evolution: Society, Language, and Religion*, edited by P. J. Richerson and M. H. Christiansen, 119-142. Cambridge, MA: MIT Press.

Boyd, R., and J. B. Silk. 2012. *How Humans Evolved*. 6th ed. New York: WW. Norton.

Bradbard, M. R., and R. C. Endsley. 1983. "The effects of sex-typed labeling on preschool children's information-seeking and retention." *SexRoles* 9 (2):247-260.

Bradbard, M. R., C. L. Martin, R. C. Endsley, and C. F. Halverson. 1986. "Influence of sex stereotypes on children's exploration and memory—A competence versus performance distinction." *Developmental Psychology* 22 (4):481-486.

Bramble, D. M., and D. E. Lieberman. 2004. "Endurance running and the evolution of Homo." *Nature* 432 (7015):345-352.

Brendl, C. M., A. Chattopadhyay, B. W. Pelham, and M. Carvallo. 2005. "Name letter branding: Valence transfers when product specific needs are aerive" *Journal of Consumer Research* 32 (3):405-415.

doi:10.1086/497552.

Briggs, J. L. 1970. *Never in Anger:Portrait of an Eskimo Family*. Cambridge, MA: Harvard University Press.

Brighton, H., K. N. Kirby, and K. Smith. 2005. Cultural selection for learnability: Three principles underlying the view that language adapts to be learnable. In *Language Origins: Perspectives on Evolution*, edited by M. Tallerman, 291-309. Oxford: Oxford University Press.

Brody, G. H., and Z. Stoneman. 1981. "Selective imitation of same-age, older, and younger peer models." *Child Development* 52 (2):717-720.

_____. 1985. "Peer imitation: An examination of status and competence hypothesis" *Journal of Genetic Psychology* 146 (2):161-170.

Broesch, J., J. Henrich, and H. C. Barrett. 2014. "Adaptive content biases in learning about animals across the lifecourse." *Human Nature* 25:181-199.

Broesch, T. 2011. *Social Learning across Cultures: Universality and Cultural Variability*. PhD diss., Emory University.

Brosnan, S., and F. B. M. de Waal. 2003. "Monkeys reject unequal pay." *Nature* 425:297-299.

Brosnan, S. P., J. B. Silk, J. Henrich, M. C. Mareno, S. P. Lambeth, and S. J. Schapiro. 2009. "Chimpanzees (Pan troglodytes) do not develop contingent reciprocity in an experimental task" *Animal Cognition* 12 (4):587-597.

Brown, G. R., T. E. Dickins, R. Sear, and K. N. Laland. 2011. "Evolutionary accounts of human behavioural diversity. Introduction." *Philosophical Transactions of the Royal Society B: Biological Sciences* 366 (1563):313-324.

Brown, P. 2012. *Through the Eye of a Needle: Wealth, the Fall of Rome, and the Making of Christianity in the West, 350-550AD*. Princeton, NJ: Princeton University Press.

Brown, R., and G. Armelagos. 2001. "Apportionment of racial diversity: A review." *Evolutionary Anthropology* 10:34-40.

Bryan, J. H. 1971. "Model affect and children's imitative altruism." *Child Development* 42 (6):2061-2065.

Bryan, J. H., J. Redfield, and S. Mader. 1971. "Words and deeds about altruism and the subsequent reinforcement power of the model." *Child Development* 42 (5):1501-1508.

Bryan, J. H., and M. A. Test. 1967. "Models and helping: Naturalistic studies in aiding behavior." *Journal of Personality and Social Psychology* 6:400-407.

Bryan, J. H., and N. H. Walbek. 1970a. "The impact of words and deeds concerning altruism upon children." *Child Development* 41 (3):747-757.

_____. 1970b. "Preaching and practicing generosity: Children's actions and reactions." *Child Development* 41 (2):329-353.

Buchan, J. C., S. C. Alberts, J. B. Silk, and J. Altmann. 2003. "True paternal care in a multi-male primate society." *Nature* 425 (6954):179-181.

Burch, E. S. J. 2007. "Traditional native warfare in western Alaska." In *North American Indigenous Warfare and Ritual Violence*, edited by R. J. Chacon and R. G. Mendoza, 11-29. Tucson: University of

Arizona Press.

Burkart, j. M., O. Allon, F. Amici, C. Fichtel, C. Finkenwirth, A. Heschl, J. Huber, et al. 2014. "The evolutionary origin of human hyper-cooperation." *Nature Com munications* 5. doi:10.1038/ncomms5747.

Burkart, J. M., E. Fehr, C. Efferson, and C. P. van Schaik. 2007. "Other-regarding preferences in a non-human primate: Common marmosets provision food altruistically." *Proceedings of the National Academy of Sciences, USA* 104 (50):19762-19766.

Burkart, J. M., S. B. Hrdy, and C. P. Van Schaik. 2009. "Cooperative breeding and human cognitive evolution." *Evolutionary Anthropology* 18 (5):175-186.

Busnel, R. G., and A. Glasse. 1976. *Whistled Languages*. Vol. 13 of Communication and Cybernetics. Berlin: Springer-Verlag.

Buss, D. 1999. *Evolutionary Psychology: The New Science of the Mind*. Boston: Allyn & Bacon.

_____. 2007. *Evolutionary Psychology: The New Science of the Mind*. 3rd ed. Boston: Allyn & Bacon.

Buss, D. M., M.G. Haselton, T. K. Shackelford, A. L. Bleske, andJ. C. Wakefield. 1998. "Adaptations, exaptations, and spandrels." *American Psychologist* S3 (5):533-548.

Bussey, K., and A. Bandura. 1984. "Influence of gender constancy and social power on sex-linked modeling." *Journal of Personality and Social Psychology* 47 (6):1292-1302.

Bussey, K., and D. G. Perry. 1982. "Same-sex imitation—The avoidance of cross-sex models or the acceptance of same-sex models." *Sex Roles* 8 (7):773-784.

Buttelmann, D., M. Carpenter, and M. Tomasello. 2009. "Eighteen-month-old in fants show false belief understanding in an active helping paradigm." *Cognition* 112 (2);337-342.

Buttelmann, D., N. Zmyj, M. M. Daum, and M. Carpenter. 2012. "Selective imitation of in-group over out-group members in 14-month-old infants." *Child Development* 84 (2):422-428.

Byrne, R. W., and A. Whiten. 1988. *Machiavellian Intelligence: Social Expertise and the Evolution of Intellect in Monkeys, Apes, and Humans*. Oxford; Oxford University Press.

_____. 1992. "Cognitive evolution in primates—Evidence from tactical deception." *Man* 27 (3):609-627.

Calvin, W. H. 1993. "The unitary hypothesis: A common neural circuitry for novel manipulations, language, plan-ahead, and throwing?" In *Tools, Language, and Cognition in Human Evolution*, edited by E. R. Gibson and T. Ingold, 230-250. Cambridge; Cambridge University Press.

Camerer, C. F. 1989. "Does the basketball market believe in the 'hot hand'" *American Economic Review* 79:1257-61.

_____. 1995. "Individual decision making." In *The Handbook of Experimental Economics*, edited by J. H. Kagel and A. E. Roth, 587-703. Princeton, NJ: Princeton University Press.

Campbell, B. C. 2011. "Adrenarche and middle childhood." *Human Nature* 22 (3):327-349.

Campbell, D. T. 1965. "Variation and selective retention in socio-cultural evolution." In *Social Change in Developing Areas: A Reinterpretation of Evolutionary Theory*, edited by H. R. Barringer, G. I. Glanksten, and R. W. Mack, 19-49. Cambridge, MA: Schenkman.

Cappelletti, D., W. Guth, and M. Ploner. 2011. "Being of two minds: Ultimatum of fers under cognitive constrains." *Journal of Economic Psychology* 32 (6):940-950.

Carney, D. R., A. J. C. Cuddy, and A. J. Yap. 2010. "Power posing: Brief nonverbal displays affect neuroendocrine levels and risk tolerance." *Psychological Science* 21 (10):1363-1368.

Carreiras, M., M. L. Seghier, S. Baquero, A. Estevez, A. Lozano, J. T. Devlin, and CJ. Price. 2009. "An anatomical signature for literacy." *Nature* 461 (7266):983-986. doi:10.1038/nature08461.

Carrier, D. R. 1984. "The energetic paradox of human running and hominid evolution." 25 (4):483-495.

Carrigan, M. A., O. Uryasev, C. B. Frye, B. L. Eckman, C. R. Myers, T. D. Hurley, and S. A. Benner. 2014. "Hominids adapted to metabolize ethanol long before human-directed fermentation." *Proceedings of the National Academy of Sciences, USA.* doi:10.1073/pnas.1404167111.

Caspari, R., and S-H. Lee. 2004. "Older age becomes common late in human evolution." *Proceedings of the National Academy of Sciences, USA* 101 (30):10895-10900. http://www.pnas.org/tontent/101/30/10895. abstract.

Cassar, A., P. Grosjean, and S. Whitt. 2013, "Legacies of violence: Trust and market development." *Journal of Economic Growth* 18 (3):285-318.

Castro-Caldas, A., P. C. Miranda, I. Carmo, A. Reis, F. Leote, C. Ribeiro, and E. Ducla-Soares. 1999. "Influence of learning to read and write on the morphology of the corpus callosum" *European Journal of Neurology* 6 (1):23-28. doi:10.1046/j.1468-1331.1999.610023.x.

Cavalli-Sforza, L. L., and M. Feldman. 1981. *Cultural Transmission and Evolution.* Princeton, NJ: Princeton University Press.

_____. 2003. "The application of molecular genetic approaches to the study of human evolution." *Nature Genetics* 33:266-275.

Chalmers, D. K., W. C. Home, and M. E. Rosenbaum. 1963. "Social agreement and the learning of matching behavior." *Journal of Abnormal & Social Psychology* 66:556-561.

Chandrasekamn, R. 2006. *Imperial Life in the Emerald City: Inside Iraq's Green Zone.* New York: Alfred A. Knopf.

Chapais, B. 2008. *Primeval Kinship: How Pair-Bonding Gave Birth to Human Society.* Cambridge, MA; Harvard University Press.

Chartrand, T. L., and J. A. Bargh. 1999. "The chameleon effect: The perception-behavior link and social interaction." *Journal of Personality and Social Psychology* 76 (6):893-910.

Cheng, J., J. Tracy, T. Foulsham, and A. Kingstone. 2013. "Dual paths to power: Evidence that dominance and prestige are distinct yet viable Avenues to social status." Journal of Personality and Social Psychology 104:103-125.

Cheng, J. T., J. L. Tracy, and J. Henrich. 2010. "Pride, personality, and the evolutionary foundations of human social status." *Evolution and Human Behavior* 31 (5):334-347.

Cherry, T. L., P. Frykblom, and J. F. Shogren. 2002. "Hardnose the AictitoK *American Economic Review* 92 (4):218-1221.

Choi, J.-K., and S. Bowles. 2007. "The coevolution of parochial altruism and war." *Science* 318 (5850):636-640.

Chow, v., D. Poulin-Dubois, and J. Lewis. 2008. "To see or not to see: Infants prefer to follow the gaze of a reliable looker." *Developmental Science* 11 (5):761-770. doi:10.111 l/j.1467-7687.2008.00726.x.

Christiansen. M. H,, and N. Chater. 2008. "Language as shaped by the brain." *Behavioral and Brain Sciences* 31 (5):489-509.

Christiansen, M. H., and S. Kirby. 2003. *Language Evolution*. Studies in the Evolution of Language. Oxford: Oxford University Press.

Chudek, M., S. Heller, S. Birch, and J. Henrich. 2012. "Prestige-biased cultural learning: bystander's differential attention to potential models influences children's learning." *Evolution and Human Behavior* 33 (1):46-56.

Chudek, M., and J. Henrich. 2010. "Culture-gene coevolution, norm-psychology, and the emergence of human prosociality." *Trends in Cognitive Sciences* 15 (5):218-226.

_____. n.d. "How exploitation launched human cooperation." Unpublished manuscript.

Chudek, M., J. M. McNamara, S. Birch, P. Bloom, and J. Henrich, n.d. "Developmen tal and cross-cultural evidence for intuitive dualism." Unpublished manuscript.

Chudek, M., M. Muthukrishna, and J. Henrich. Forthcoming. "Cultural evolution." In *Evolutionary Psychology*, edited by D. Buss. Wiley and Sons.

Chudek, M,, W. Zhao, and J. Henrich. 2013. "Culture-gene coevolution, largescale cooperation and the shaping of human social psychology." In *Signaling, Commitment, and Emotion*, edited by R Joyce, K. Sterelny, and B. Calcott, 425-458. Cambridge, MA: MIT Press.

Clancy, B,, R. B. Darlington, and B. L. Finlay. 2001. "Translating developmental time across mammalian species." *Neuroscience* 105 (1):7-17.

Cochran, G., and H. Harpending. 2009. *The 10,000 Year Explosion: How Civilization Accelerated Human Evolution*. New York: Basic Books.

Coley, J. D., D. L. Medin, and S. Atran. 1997. "Does rank have its privilege? Inductive inferences within folkbiological taxonomies." *Cognition* 64 (1):73-112.

Collard, M., B. Buchanan, J. Morin, and A. Costopoulos. 2011. "What drives the evolution of hunter-gatherer subsistence technology? A reanalysis of the risk hypothesis with data from the Pacific Northwest." *Philosophical Transactions of the Royal Society B: Biological Sciences* 366 (1567):1129-1138.

Collard, M., B. Buchanan, M.J. O'Brien, and J. Scholnick. 2013. "Risk, mobility or population size? Drivers of technological richness among contact-period western North American hunter-gatherers." *Philosophical Transactions of the Royal Society B: Biological Sciences* 368 (1630). doi:10.1098/rstb.2012.0412.

Collard, M., M. Kemery, and S. Banks. 2005. "Causes of toolkit variation among hunter-gatherers: A test of four competing hypotheses." *Journal of Canadian Archaeology* 29:1-19.

Collard, M., A. Ruttle, B. Buchanan, and M. J. O'Brien. 2012. "Risk of resource failure and toolkit variation in small-scale farmers and herders." *Plos One* 7 (7):e40975.

_____. 2013. "Population size and cultural evolution in nonindustrial foodproducing societies." *PLoS ONE* 8 (9):e72628.doi:10.1371/journal.pone.0072628.

Colley, S., and R. Jones. 1988. "Rocky Cape revisited—New light on prehistoric Tasmanian fishing." In *The

Walking Larder, edited by J. Clutton-Brock, 336-346. London: Allen & Unwin.

Colloca, L., and F. Benedetti. 2009. "Placebo analgesia induced by social observational learning." *Pain* 144 (1-2):28-34.

Colloca, L., M. Sigaudo, and F. Benedetti. 2008. "The role of learning in nocebo and placebo effects." *Pain* 136 (1-2):211-218.

Coltheart, M. A. X. 2014. "The neuronal recycling hypothesis for reading and the question of reading universals." Mind & Language 29 (3):255-269. doi:10.1111/mila.12049.

Conley, T. G., and C. R. Udry. 2010. "Learning about a new technology: Pineapple in Ghana." *American Economic Review* 100 (1):35-69.

Conway, C. M., and M. H. Christiansen. 2001. "Sequential learning in non-human primates." *Trends in Cognitive Sciences* 5 (12):539-546.

Cook, P., and M. Wilson. 2010. "Do young chimpanzees have extraordinary working memory." *Psychonomic Bulletin & Review* 17 (4):599-600.

Cook, R., G. Bird, G. Liinser, S. Fluck, and C. Heyes. 2012. "Automatic imitation in a strategic context: players of rock-paper-scissors imitate opponents' gestures." *Proceedings of the Royal Society B: Biological Sciences* 279 (1729):780-786. doi:10.1098/rspb.2011.1024.

Cookman, S. 2000. *Ice Blink: The Tragic Fate of Sir John Franklin's Lost Polar Expedition*. New York: Wiley.

Corballis, M. C. 2003. "From Hand to Mouth: The Gestural Origins of Language." In *Language Evolution*, edited hy M. H. Christiansen and S. Kirhy, 201-218. New York; Oxford University Press.

Corriveau, K., and P. L. Harris. 2009a. "Choosing your informant: weighing familiarity and recent accuracy." *Developmental Science* 12 (3):426-437.

———. 2009h. "Preschoolers continue to trust a more accurate informant 1 week after exposure to accuracy information." *Developmental Science* 12 (1):188-193.

Corriveau, K. H., K. Meints, and P. L. Harris. 2009. "Early tracking of informant accuracy and inaccuracy." *British journal of Developmental Psychology* 27:331-342.

Cosmides, L., H. C. Barrett, and J. Tbohy. 2010. "Adaptive specializations, social exchange, and the evolution of human intelligence." *Proceedings of the National Academy of Sciences, USA* 107:9007-9014.

Cosmides, L., and J. Toohy. 1989. "Evolutionary psychology and the generation of culture: ii. Case study: a computational theory of social exchange." *Ethology & Sociobiology* 10 (1-3):51-97.

Craig, K. D. 1986. "Social modeling influences: Pain in context." In *The Psychology of Pain*, edited hy R. A. Sternhach, 67-95. New York: Raven Press.

Craig, K. D., and K. M. Prkachin. 1978. "Social modeling influences on sensory decision-theory and psychophysiological indexes of pain." *Journal of Personality and Social Psychology* 36 (8):805-815.

Crittenden, A. N., and F. W. Marlowe. 2008. "Allomaternal care among the Hadza of Tanzania." *Human Nature* 19 (3):249-262.

Crocker, W. H. 2002. "Canela other fathers': Partible paternity and its changing practices." In Cultures of Multiple Fathers: The Theory and Practice of Partible Paternity in Lowland South America, edited by S.

Beckerman and P. Valentine, 86-104. Gainesville: University Press of Florida.

Crockett, M. J., L. Clark, M. D. Lieherman, G. Tahihnia, and T. W. Rohhins. 2010. "Impulsive choice and altruistic punishment are correlated and increase in tandem with serotonin depletion." *Emotion* 10 (6):855-862.

Crockett, M. J., L. Clark, G. Tahihnia, M. D. Lieherman, and T. W. Rohhins. 2008. "Serotonin modulates behavioral reactions to unfairness." *Science* 320 (5884):1739-1739.

Cronin, K. A., K. K. E. Schroeder, E. S. Rothwell, J. B. Silk, and C. T. Snowdon. 2009. "Cooperatively breeding cottontop tamarins (Saguinus oedipus) do not donate rewards to their long-term mates." *Journal of Comparative Psychology* 123 (3):231-241.

Csihra, G., and G. Gergely. 2009. "Natural pedagogy." *Trends in Cognitive Sciences* 13 (4):148-153.

Cuatrecasas, P., D. H. Lockwood, and J. R. Caldwell. 1965. "Lactase deficiency in adults—A common occurrence." *Lancet* 1 (7375):14-18

Cummins, D. D. 1996a. "Evidence for the innateness of deontic reasoning." Mind & Language 11 (2):160-190.

_____. 1996h. "Evidence of deontic reasoning in 3- and 4-year-old children." *Memory & Cognition* 24 (6):823-829.

_____. 2013. "Deontic and epistemic reasoning in children revisited; Comment on Back and Astington." *journal of Experimental Child Psychology* 116 (3):762-769.

Currie, T. E., and R. Mace. 2009. "Political complexity predicts the spread of ethno-linguistic groups." *Proceedings of the National Academy of Sciences, USA* 106 (18):7339-7344. doi:10.1073/pnas.0804698106.

D'Andrade, R. G. 1995. *The Development of Cognitive Anthropology.* Cambridge: Cambridge University Press.

Danenberg, L. O., and H. J. Edenberg. 2005. "The alcohol dehydrogenase IB (ADH1B) and ADH1C genes are transcriptionally regulated by DNA methylation and histone deacetylation in hepatoma cells" *Alcoholism—Clinical and Experimental Research* 29 (5):136a.

Darwin, C. 1981. *The Descent of Man and Selection in Relation to Sex.* Princeton, NJ: Princeton University Press. Original published in 1871 by J. Murray, London.

Dawkins, R. 1976. The Selfish Gene. Oxford: Oxford University Press.

_____. 2006. *The God Delusion.* Boston: Houghton Mifflin.

Deacon, T. W. 1997. *The Symbolic Species: The Co-evolution of Language and the Brain.* New York: Norton.

Dean, L. G., R. L. Kendal, S. J. Schapiro, B. Thierry, and K. N. Laland. 2012. "Identification of the social and cognitive processes underlying human cumulative culture." *Science* 335 (6072):1114-1118.

Deaner, R. O., K. Isler, J. Burkart, and C. van Schaik. 2007. "Overall brain size, and not encephalization quotient, best predicts cognitive ability across non-human primates." *Brain Behavior and Evolution* 70 (2):115-124.

DeBruine, L. 2002. "Facial resemblance enhances trust.MProceedings of the Royal Society of London Series B: Biological Sciences 269:1307-1312.

Dediu, D., and D. R. Ladd. 2007. 'Linguistic tone is related to the population frequency of the adaptive haplogroups of two brain size genes, ASPM and Microcepbali.n Proceedings of the National Academy of Sciences, USA 104 (26):10944-10949.

Dee, T. S. 2005. A teacher like me: Does race, ethnicity, or gender matter?" *American Economic Review* 95 (2):158-165.

Dehaene, S. 1997. *The Number Sense: How the Mind Creates Mathematics*. New York: Oxford University Press.

———. 2009. Reading in the Brain: The Science and Evolution of a Human Invention.

New York: Viking.

———. 2014. "Reading in the Brain revised and extended: Response to comments." *Mind & Language* 29 (3):320-335. doi:10.1111/mila.l2053.

Dehaene, S., L. Pegado, L. W. Braga, P. Ventura, G. Nunes, A. Jobert, G. Dehaene-Lambertz, et al. 2010. "How learning to read changes the cortical networks for vision and language." Science 330 (6009):1359-1364.

Delagnes, A., and H. Roche. 2005. "Late Pliocene hominid knapping skills: The case of Lokalalei 2C, West Turkana, Kenya." Journal of Human Evolution 48:435-472.

de Quervain, D. J., U. Fischbacher, V. Treyer, M. Schellhammer, U. Schnyder, A. Buck, and L. Fehr. 2004. "The neural basis of altruistic punishment." Science 305:1254-1258.

Derex, M., M.-P. Beugin, B. Godelle, and M. Raymond. 2013. "Lxperimental evidence for the influence of group size on cultural complexity." Nature 503 (7476):389-391. doi:10.1038/naturel2774.

d'Lrrico, E, and L. R. Backwell. 2003. "Possible evidence of bone tool shaping by Swartkrans early hominids" *Journal of Archaeological Science* 30 (12):1559-1576. http://www.sciencedirect.com/science/article/pii/S0305440303000529.

d'Errico, E, L. R. Backwell, and E. R. Berger. 2001. "Bone tool use in termite foraging by early hominids and its impact on our understanding of early hominid behaviour." *South African Journal of Science* 97 (3-4):71-75.

Deutscher, G. 2005. *The Unfolding of Language: An Evolutionary Tour of Mankind's Greatest Invention*. New York: Metropolitan Books.

———. 2010. *Through the Language Glass: Why the World Looks Different in Other Languages*. New York: Metropolitan Books/Henry Holt.

de Waal, F. B. M., C. Boesch, V. Horner, and A. Whiten. 2008. "Comparing social skills of children and apes." *Science* 319 (5863):569.doi:10.1126/science.319.5863.569c.

de Waal, F. B. M., K. Leimgruber, and A. R. Greenberg. 2008. "Giving is self-rewarding for monkeys." *Proceedings of the National Academy of Sciences, USA* 105 (36):13685-13689.doi:10.1073/pnas.0807060105.

Diamond, J. 1978. "The Tasmanians: The longest isolation, the simplest technology." *Nature* 273:185T86.

———. 1997. *Guns, Germs, and Steel: The Fates of Human Societies*. New York: WW. Norton.

Diamond, J., and P. Bellwood. 2003. "Farmers and their languages: The first expansions." 300 (5619):597-603.

Dove, M. 1993. "Uncertainty, humility and adaptation in the tropical forest: The agricultural augury of the

Kantu." *Ethnology* 32 (2):145-167.

Downey, G. 2014. "All forms of writing." *Mind & Language* 29 (3):304-319. doi:10.1111/mila.12052.

Draganski, B., and A. May. 2008. "Training-induced structural changes in the adult human brain." *Behavioural Brain Research* 192 (1):137-142.

Draper, P., and C. Haney. 2005. "Patrilateral bias among a traditionally egalitarian people: Ju/'hoansi naming practice." *Ethnology* 44 (3):243-259.

Dufour, D. L. 1984. "The time and energy-expenditure of indigenous women horticulturalists in the northwest Amazon." *American Journal of Physical Anthropology* 65 (1):37-46.

_____. 1985. "Manioc as a dietary staple: Implications for the budgeting of time and energy in the Northwest Amazon." In *Food Energy in Tropical Ecosystem*, edited by D. J. Cattle and K. H. Schwerin, 1-20. New York: Gordon and Breach.

_____. 1988a. "Cyanide content of cassava (Manihot esculenta, Euphorbiaceae) cultivars used by Tukanoan Indians in northwest Amazonia." *Economic Botany* 42 (2):255-266.

_____. 1988b. "Dietary cyanide intake and serum thiocyanate levels in Tukanoan Indians in northwest Amazonia." *American Journal of Physical Anthropology* 75 (2):205.

_____. 1994. "Cassava in Amazonia: Lessons in utilization and safety from native peoples." *Acta Horitculturae* 375:175-182.

Dugatkin, L. 1999. *Cheating Monkeys and Citizen Bees*. New York: Free Press.

Dunbar, R. I. M. 1998. "The social brain hypothesis." *Evolutionary Anthropology* 6 (5):178-190.

Duncker, K. 1938. "Experimental modification of children's food preferences through social suggestion." *Journal of Abnormal Psychology* 33:489-507.

Dunham, Y., A. S. Baron, and M. R. Banaji. 2008. "The development of implicit intergroup cognition." *Trends in Cognitive Sciences* 12 (7);248-253.

Durham, W. H. 1982. "The relationship of genetic and cultural evolution: Models and examples." *Human Ecology* 10 (3):289-323.

_____. 1991. Coevolution: Genes, Culture, and Human Diversity. Stanford, CA: Stanford University Press.

Durkheim, E. (1915) 1965. *Elementary Forms of Religious Life*. Translated by J. W. Swain. New York: George Allen ScUnwin.

Earl, J. W. 1996. "A fatal recipe for Burke and Wills." *Australian Geographic* 43:2S-29.

Earl, J. W., and B. V. McCleary. 1994. "Mystery of the poisoned expedition." *Nature* 368 (6473):683-684.

Eckel, C., E. Fatas, and R. Wilson. 2010. "Cooperation and status in organizations." *Journal of Public Economic Theory* 12 (4):737-762.

Eckel, C., and R. Wilson. 2000. "Social learning in a social hierarchy: An experimental study." Unpublished manuscript, http://www.ruf.rice.edu/~rkw/RKW_FOLDER/AAAS2000_ABS.htm.

Edenberg, H. J. 2000. "Regulation of the mammalian alcohol dehydrogenase genes." *Progress in Nucleic Acid Research and Molecular Biology* 64:295-341.

Edenberg, H. J., X. L. Xuei, H. J. Chen, H. J. Tian, L. F. Wetherill, D. M. Dick, L. Almasy, et al. 2006. "Association of alcohol dehydrogenase genes with alcohol dependence: A comprehensive analysis."

Human Molecular Genetics 15 (9):1539-1549.

Edgerton, R. B. 1992. *Sick Societies: Ghallenging the Myth of Primitive Harmony.* New York: Free Press.

Efferson, C., R. Lalive, P. J. Richerson, R. McElreath, and M. Lubell. 2008. "Conformists and mavericks: The empirics of frequency-dependent cultural transmission." *Evolution and Human Behavior* 29 (1):56-64. doi:10.1016/j.evolhumbehav. 2007.08.003.

Ehrenreich, B. 2007. *Dancing in the Streets: A History of Collective Joy.* New York: Metropolitan Books.

Eiberg, H., J. Troelsen, M. Nielsen, A. Mikkelsen, J. Mengel-From, K. W. Kjaer, and L. Hansen. 2008. "Blue eye color in humans may be caused by a perfectly associated founder mutation in a regulatory element located within the *HERC2* gene in hibiting OCA2 expression." Human Genetics 123 (2):177-187.

Eibl-Eibesfeldt, 1.2007. *Human Ethology.* New Brunswick, NJ: Aldine Transaction.

Elkin, A. P. 1964. *The Australian Aborigines: How to Understand Them.* Garden City, NY: Anchor Books.

Elliot, R., and R. Vasta. 1970. "The modeling of sharing; Effects associated with vicarious reinforcement, symbolization, age, and generalization." *Journal of Experimental Child Psychology* 10:8-15.

Ember, C. R. 1978. "Myths about hunter-gatherers." *Ethnology* 17 (4):439-448.

_____. 2013. "Introduction to 'Coping with environmental risk and uncertainty: Individual and cultural responses.'" *Human Nature* 24 (1):1-4.

Ember, C. R., T. A. Adem, and I. Skoggard. 2013. "Risk, uncertainty, and violence in eastern Africa." *Human Nature* 24 (1):33-58.

Ember, C. R., and M. Ember. 1992. "Resource unpredictability, mistrust, and war—A cross-cultural study." *Journal of Conflict Resolution* 36 (2):242-262.

_____. 2007." Climate, econiche, and sexuality: Influences on sonority in language." *American Anthropologist* 109 (1):180-185. doi:10.1525/Aa.2007.109.1.180.

Enard, W. 2011. "*FOXP2* and the role of cortico-basal ganglia circuits in speech and language evolution." Current Opinion in Neurobiology 21 (3):411-424.

Enard, W., S. Gehre, K. Hammerschmidt, S. M. Holter, T. Blass, M. Somel, M. K. Bruckner, et al. 2009. "A humanized version of *Foxp2* affects cortico-basal ganglia circuits in mice." Cell 137 (5):961-971.

Endicott, K. 1988. "Property, power and conflict among the Batek of Malaysia." In *Hunters and Gatherers: Property, Power and Ideology,* edited by T. Ingold, D. Riches, and J. Woodhum, 110-128. Berg: Oxford.

Engelmann, J. M., E. Herrmann, and M. Tomasello. 2012. "Five-year olds, but not chimpanzees, attempt to manage their reputations." *Plos One* 7 (10):e48433. doi:10.1371/journal.pone.0048433.

Engelmann, J. M., H. Over, E. Herrmann, and M. Tomasello. 2013. "Young children care more about their reputation with ingroup members and potential reciprocators." *Developmental Science* 16 (6):952-958.

Ensminger, J., and J. Henrich, eds. 2014. *Experimenting with Social Norms: Fairness and Punishment in Cross-Cultural Perspective.* New York: Russell Sage Press.

Esteban, J., L. Mayoral, and D. Ray. 2012a. "Ethnicity and conflict: An empirical study." *American Economic Review* 102 (4):1310-1342.

_____. 2012b. "Ethnicity and conflict: Theory and facts." Science 336 (6083):858-865.

Euler, H. A., and B. Weitzel. 1996. "Discriminative grandparental solicitude as reproductive strategy."
  Nature 7 (1):39-59.

Evans, N. 2005. "Australian languages reconsidered: A review of Dixon (2002)." *Oceanic Linguistics* 44
  (1):216-260.

_____. 2012. "An enigma under an enigma: Tracing diversification and dispersal in a continent of hunter-
  gatherers." Paper presented at the KNAW (Royal Netherlands Academy of Arts and Sciences) conference
  Patterns of Diversification and Contact; A Global Perspective, Amsterdam, December 11-14.

Evans, N., and P. McConvell. 1998. *The enigma of Pama-Nyungan expansion in Australia. In
  Archaeology and Language II: Correlating Archaeological and Linguistic Hypotheses,* edited by R.
  Blench and M. Spriggs, 174-191. London: Routledge.

Everett, D. L. 2005. Cultural constraints on grammar and cognition in Piraha—Another look at the design
  features of human language." *Current Anthropology* 46 (4):621-646.

Fairlie, R., F. Hoffmann, and P. Oreopoulos. 2011. "A community college instructor like me: Race and
  ethnicity interaction in the classroom." Working Paper 17381. National Bureau of Economic Research,
  Cambridge, MA.

Faisal, A., D. Stout, J. Apel, and B. Bradley. 2010. "The manipulative complexity of Lower Paleolithic stone
  toolmaking." *Plos One* 5 (11):e13718.

Falk, D. 1990. "Brain evolution in Homo—The radiator theory.." *Behavioral and Brain Sciences* 13 (2):333-
  343.

Fearon, J. D. 2008. "Ethnic mobilization and ethnic violence." In *The Oxford Handbook of Political
  Economy,* edited by D. A. Wittman and B. R. Weingast, 852-868. Oxford: Oxford University Press.

Fedzechkina, M., T. F. Jaeger, and E. L.Newport. 2012. "Language learners restructure their input to
  facilitate efficient communication." *Proceedings of the National Academy of Sciences, USA* 109
  (44):17897-17902.

Fehr, E., and C. F. Camerer. 2007. "Social neuroeconomics: The neural circuitry of social preferences."
  Trends in Cognitive Sciences 11 (10):419-427.

Fernandez, R., and A. Fogli. 2006. "Fertility: The role of culture and family experience" *Journal
  oftbeEuropean Economic Association* 4 (2-3):552-561.

_____. 2009. "Culture: An empirical investigation of beliefs, work, and fertility." *American Economic
  Journal-Macroeconomics* 1 (1):146-177.

Fessler, D. M. T. 1999. "Toward an understanding of the universality of second order emotions." In *Beyond
  Nature or Nurture: Biocultural Approaches to the Emotions,* edited by A. Hinton, 75-116. Cambridge;
  Cambridge University Press.

_____. 2002. "Reproductive immunosuppression and diet—An evolutionary perspective on pregnancy
  sickness and meat consumption." *Current Anthropology* 43 (1):19-61.

_____. 2004. "Shame in two cultures." *Journal of Cognition and Culture* 4 (2):207-262.

_____. 2006. "A burning desire: Steps toward an evolutionary psychology of fire learning." *Journal of
  Cognition and Culture* 6 (3-4):429-451.

참고문헌

Fessler, D. M. T, A. P. Arguello, J. M. Mekdara, and R. Macias. 2003. "Disgust sensitivity and meat consumption: A test of an emotivist account of moral vegetarianism." *Appetite* 41 (1):31-41.

Fessler, D. M. T, and C. D. Navarrete. 2003. "Meat is good to taboo: Dietary proscriptions as a product of the interaction of psychological mechanisms and social processes." *Journal of Cognition and Culture* 3 (1):1-40.

_____. 2004. "Third-party attitudes toward incest: Evidence for the Westermarck Effect." *Evolution and Human Behavior* 25 (5):277-294.

Finniss, D. G., T. J. Kaptchuk, F. Miller, and F. Benedetti. 2010. "Biological, clinical, and ethical advances of placebo effects." *Lancet* 375 (9715):686-695.

Fischer, P., J. I. Krueger, T. Greitemeyer, C. Vogrincic, A. Kastenmiiller, D. Frey, M. Heene, M. Wicher, and M. Kainbacher. 2011. "The bystander-effect: A metaanalytic review on bystander intervention in dangerous and non-dangerous emergencies." *Psychological Bulletin* 137 (4):517-537. http://dx.doi.org/10.1037/a0023304.

Fischer, R., D. Xygalatas, P. Mitkidis, P. Reddish, P. Tok, I. Konvalinka, and J. Bulbulia. 2014. "The fire-walker's high: Affect and physiological responses in an extreme collective ritual." *Plos One* 9 (2):e88355. doi:10.1371/journal.pone.0088355.

Fisher, S. E., and M. Ridley. 2013. "Culture, genes, and the human revolution." *Science* 340 (6135):929-930.

Fiske, A. 1992. "The four elementary forms of sociality: framework for a unified theory of social relation." *Psychological Review* 99 (4):689-723.

Fitch, W. T. 2000. "The evolution of speech: a comparative review." *Trends in Cognitive Sciences* 4 (7):258-267.

Flannery, K. V., and J. Marcus. 2000. "Formative Mexican chiefdoms and the myth of the 'Mother Culture.'" *Journal of Anthropological Archaeology* 19 (1-37).

_____. 2012. *The Creation of Inequality: How our Prehistoric Ancestors Set the Stage for Monarchy, Slavery, and Empire*. Cambridge, MA: Harvard University Press.

Flynn, J. R. 2007. *What Is Intelligence? Beyond the Flynn effect*. Cambridge: Cambridge University Press.

_____. 2012. *Are We Getting Smarter? Rising IQ in the Twenty-First Century*. Cambridge: Cambridge University Press.

Foley, C., N. Pettorelli, and L. Foley. 2008. "Severe drought and calf survival in elephants." *Biology Letters* 4 (5):541-544.

Foster, E. A., D. W. Franks, S. Mazzi, S. K. Darden, K. C. Balcomb, J. K. B. Ford, and D. P. Croft:. 2012. "Adaptive prolonged postreproductive life span in killer whales." *Science* 337 (6100):1313-1313.

Fought. J. G., R. L. Munroe, C. R. Fought, and E. M. Good. 2004. "Sonority and climate in a world sample of languages: Findings and prospects." *Cross-Cultural Research* 38 (1):27-51. doi:10.1177/1069397103259439.

Fowler, J. H., and N. A. Christakis. 2010. "Cooperative behavior cascades in human social networks." *Proceedings of the National Academy of Sciences, USA* 107 (12):5334-5338.

Frank, M. C., and D. Earner. 2012. "Representing exact number visually using mental abacus." *Journal of*

Experimental Psychology—General 141 (1):134-149.

Franklin, A., A. Clifford, E. Williamson, and I. Davies. 2005. "Color term knowledge does not affect categorical perception of color in tooddlers." *Journal of Experimental Child Psychology* 90 (114-141).

Frazer, J. G. 1996. *The Golden Bough: A Study in Magic and Religion.* Harmondsworth, UK: Penguin Books.

Fry, A. E, and S. Hale. 1996. "Processing speed, working memory, and fluid intelligence; Evidence for a developmental cascade." *Psychological Science* 7 (4):237-241.doi:10.1111/j.l467-9280.1996.tb00366.x.

Garner, R. 2005. "What's in a name. Persuasion perhaps." *Journal of Consumer Psychology* 15 (2):108-116. http://dx.doi.org/10.1207/sl5327663jcpl502_3.

Gaulin, S. J. C., D. H. McBurney, and S. L. Brakeman-Wartell. 1997. "Matrilateral biases in the investment of aunts and uncles: A consequence and measure of paternity uncertainty." *Human Nature* 8 (2):139-151.

Gelman, S. A. 2003. *The Essential Child: Origins of Essentialism in Everyday Thought.* Oxford: Oxford University Press.

Gerbault, P., A. Liebert, Y. Itan, A. Powell, M. Currat, J. Burger, D. M. Swallow, and M. G. Thomas. 2011. "Evolution of lactase persistence: an example of human niche construction." *Philosophical Transactions of the Royal Society B: Biological Sciences* 366 (1566):863-877.

Gerbault, P., C. Moret, M. Currat, and A. Sanchez-Mazas. 2009. "Impact of selection and demography on the diffusion of lactase persistnece." *Plos One* 4 (7).e6369.

Gerbault, P. M. Roffet-Salque, R. P. Evershed, and M. G. Thomas. 2013. "How long have adult humans been consuming milk?" *IUBMB Life* 65 (12):983-990.

Gerszten. P. G., and E. M. Gerszten. 1995. "Intentional cranial deformation: A disappearing form of self-mutilation." *Neurosurgery* 37 (3)374-382.

Gil-White, F. 2001. "Are ethnic groups biological 'species' to the human brain? Essentialism in our cognition of some social categories." *Current Anthropology* 42 (4):515-554.

_____. 2004. "Ultimatum game with an ethnicity manipulation: Results from Khovdiin Bulgan Cum, Mongolia." In *Foundations of Human Sociality: Economic Experiments and Ethnographic Evidence from Fifteen Small-Scale Societies*, edited by J. Henrich, R. Boyd, S. Bowies, C. Camerer, E. Fehr, and H. Gintis, 260-304. New York: Oxford University Press.

Gilberg, R. 1984. "Polar Eskimo." In *Handbook of North American Indians*, edited by D. Damas, 577-594. Washington, DC; Smithsonian Institution Press.

Gillet, J., E. Cartwright, and M. Van Vugt. 2009. "Leadership in a weak-link game." *Economic Inquiry* 51 (4):2028-2043. http://dx.doi.org/10.llll/ecin.12003.

Gilligan, M., J. P. Benjamin, and C. D. Samii. 2011. "Civil war and social capital:Behavioral-game evidence from Nepal." Unpublished manuscript. New York University.

Gilovich, T., D. Griffin, and D. Kahneman, eds. 2002. *Heuristics and Biases: The Psychology of Intuitive judgment.* New York: Cambridge University Press.

Gilovich, T., R. Vallone, and A. Tversky. 1985. "The hot hand in basketball: On the misperception of random sequences." *Cognitive Psychology* 17 (3):295-314.

Giuliano, P., and A. Alesina. 2010. "The power of the family." *Journal of Economic Growth* 15 (2):93-125.

Gizer, I. R., H. J. Edenberg, D. A. Gilder, K. C. Wilhelmsen, and C. L. Ehlers. 2011. "Association of alcohol dehydrogenase genes with alcohol-related phenotypes in a Native American community sample." *Alcoholism: Clinical and Experimental Research* 35 (11):2008-2018.

Gneezy, A., and D. M. T. Fessler. 2011. "Conflict, sticks and carrots: war increases prosocial punishments and rewards." *Proceedings of the Royal Society B: Biological Sciences*, doi:10.1098/rspb.2011.0805.

Gneezy, U., and A. Rustichini. 2000. "A fine is a price." *Journal of Legal Studies* 29 (1):1-17.

Goldin-Meadow, S., W. C. So, A. Ozyurek, and G. Mylander. 2008. "The natural order of events: How speakers of different languages represent events nonverbally." *Proceedings of the National Academy of Sciences, USA* 105 (27):9163-9168.

Goldman, I.1979. *The Cubeo*. Urbana: University of Illinois Press.

Goldstein, J., J. Davidoff, and D. Roberson. 2009. "Knowing color terms enhances recognition: Further evidence from English and Himba." *Journal of Experimental Child Psychology* 102 (2):219-238.

Goldstein, R., J. Almenberg, A. Dreber, J. W. Emerson, A. Herschkowitsch, and J. Katz. 2008. "Do more expensive wines taste better? Evidence from a large sample of blind tasting." *Journal of Wine Economics* 3 (01):1-9. doi:10.1017/ Sl931436100000523.

Goodwin, R. 2008. *Crossing the Continent*, 1527-1540: The Story of the First African-American Explorer of the American South. New York: Harper.

Gordon, P. 2005. "Numerical cognition without words: Evidence from Amazonia." *Science* 306:496-499.

Goren-Inbar, N. 2011. "Culture and cognition in the Acheulian industry: A case study from Gesher Benot Ya'aqov." *Philosophical Transactions of the Royal Society B: Biological Sciences* 366 (1567):1038-1049.

Goren-Inbar, N., N. Alperson, M. E. Kislev, O. Simchoni, Y. Melamed, A. Ben-Nun, and E. Werker. 2004. "Evidence of hominin control of fire at Gesher Benot Ya'aqov, Israel." *Science* 304 (5671):725-727.

Goren-Inbar, N., G. Sharon, Y. Melamed, and M. Kislev. 2002. "Nuts, nut cracking, and pitted stones at Gesher Benot Ya'aqov, Israel." *Proceedings of the National Academy of Sciences, USA* 99 (4):2455-2460.

Gott, B. 2002. "Fire-making in Tasmania; Absence of evidence is not evidence." *Current Anthropology* 43 (4):650-655.

Gottfried, A. E., and P. A. Katz. 1977. "Influence of belief, race, and sex similarities between child observers and models on attitudes and observational learning." *Child Development* 48 (4):1395-1400. http:/Avww.jstor.org/stable/1128498.

Goubert, L., J. W. S. Vlaeyen, G. Crombez, and K. D. Craig. 2011. "Learning about pain from others: An observational learning account." *Journal of Pain* 12 (2):167-174.

Gowdy, J., R. lorgulescu, and S. Onyeiwu. 2003. "Fairness and retaliation in a rural Nigerian village." *Journal of Economic Behavior Organization* 52:469-479.

Grant, E, and M. A. Hogg. 2012. "Self-uncertainty, social identity prominence and group identification." *Journal of Experimental Social Psychology* 48 (2):538-542.

Greene, J. D., L. E. Nystrom, A. D. Engell, J. M. Darley, and J. D. Cohen. 2004. "The neural bases of cognitive conflict and control in moral judgment." *Neuron* 44 (2):389-400.

Greenfield, N., and J. T. Kuznicki. 1975. "Implied competence, task complexity, and imitative behavior." *Journal of Social Psychology* 95:251-261.

Gregor, T. 1977. *Mehinaku: The Drama of Daily Life in a Brazilian Indian Village.* Chicago: University of Chicago Press.

Gregory, S. W., K. Dagan, and S. Webster. 1997. "Evaluating the relation of vocal accommodation in conversation partner's fundamental frequencies to perceptions of communication quality." *Journal of Nonverbal Behavior* 21 (1):23-43.

Gregory, S. W., and S. Webster. 1996. "A nonverbal signal in voices of interview partners effectively predicts communication accommodation and social status perceptions." *Journal of Personality and Social Psychology* 70 (6):1231-1240.

Gregory, S, W, S. Webster, and G. Huang. 1993. "Voice pitch and amplitude convergence as a metric of quality in dyadic interviews." *Language & Communication* 13 (3):195-217.

Greif, M. L., D. G. K. Nelson, F. C. Keil, and F. Gutierrez. 2006. "What do children want to know about animals and artifacts. Domain-specific requests for information." *Psychological Science* 17 (6):455-459.

Grosjean, P. 2011. "A history of violence: The culture of honor as a determinant of homocide in the US South." Unpublished manuscript, http://papers.ssrn.com/sol3/papers.cfm?abstract_Id=1917113.

Grossmann, I., J. Y. Na, M. E. W. Varnum, D. C. Park, S. Kitayama, and R. E. Nisbett. 2010. "Reasoning about social conflicts improves into old age." *Proceedings of the National Academy of Sciences, USA* 107 (16):7246-7250.

Gruber, T, M. N. Mullet, V. Reynolds, R. Wrangham, and K. Zuberbuhler. 2011. "Community-specific evaluation of tool affordances in wild chimpanzees." *Scientific Reports* 1.

Gruber, T., M. N. Mullet, P. Strimling, R. Wrangham, and K. Zuberbuhler. 2009. "Wild chimpanzees rely on cultural knowledge to solve an experimental honey acquisition task." *Current Biology* 19 (21):1806-1810.

Grusec, J. E. 1971. "Power and the internalization of self-denial." *Child Development* 42 (1):93-105.

Guess, H. A. 2002. *The Science of the Placebo: Toward an Interdisciplinary Research Agenda.* London; BMJ Books.

Guiso, L., P. Sapienza, and L. Zingales. 2006. "Does culture aflFect economic outcomes?" *Journal of Economic Perspectives* 20 (2);23-48.

_____. 2009. "Cultural biases in economic exchange?" *Journal of Economics* 124 (3):1095-1131.

Gurven, M. 2004a. "To give and to give not: The behavioral ecology of human food transfers." *Behavioral and Brain Sciences* 27 (4):543-559.

_____. 2004b. "Tolerated reciprocity, reciprocal scrounging, and unrelated kin; Making sense of multiple models." *Behavioral and Brain Sciences* 27 (4);1572-579.

Gurven, M., and H. Kaplan. 2007. "Longevity among hunter-gatherers; A crosscultural examination." *Population and Development Review* 33 (2);321-365.

Gurven, M., J. Stieglitz, P. L. Hooper, C. Gomes, and H. Kaplan. 2012. "From the womb to the tomb; The role of transfers in shaping the evolved human life history." *Gerontology* 47 (10);807-813.

Guth, W., M. V. Levati, M. Sutter, and E. Van der Heijden. 2007. "Leading by example with and without exclusion power in voluntary contribution experiments." *Journal of Public Economics* 91 (5-6);1023-1042.

Haidt, J. 2012. *The Righteous Mind: Why Good People Are Divided by Politics and Religion.* New York; Pantheon Books.

Hamiilainen, P. 2008. *The Comanche Empire. Lamar Series in Western History.* New Haven, CT; Yale University Press.

Hamlin, J. K. 2013a. "Failed attempts to help and harm; Intention versus outcome in preverbal infants' social evaluations." *Cognition* 128 (3);451-474. http;//www.sciencedirect.eom/science/article/pii/S0010027713000796.

_____. 2013b. "Moral judgment and action in preverbal infants and toddlers; Evidence for an innate moral core." *Current Directions in Psychological Science* 22 (3);186-193.

Hamlin, J. K., E. V. Hallinan, and A. L. Woodward. 2008. "Do as I do; 7-month-old infants selectively reproduce others' goals." *Developmental Science* 11 (4);487-494.

Hamlin, J. K., N. Mahajan, Z. Liberman, and K. Wynn. 2013. "Not like me = Bad infants prefer those who harm dissimilar others." *Psychological Science* 24 (4);589-594.

Hamlin, J. K., and K. Wynn. 2011. "Young infants prefer prosocial to antisocial others." *Cognitive Development* 26 (1):30-39.

Hamlin, J. K., K. Wynn, and P. Bloom. 2007. "Social evaluation by preverbal infants." *Nature* 450 (7169);557-559.

Hamlin, J. K., K. Wynn, P. Bloom, and N. Mahajan. 2011. "How infants and toddlers react to antisocial others." *Proceedings of the National Academy of Sciences, USA* 108 (50):19931-19936.

Harbaugh, W. T, U. Mayr, and D. R. Burghart. 2007. "Neural responses to taxation and voluntary giving reveal motives for charitable donations." *Science* 316 (5831):1622-1625.

Hardacre, E. 1880. "Eighteen years alone." *Schribner's Monthly* 20 (5);657-664.

Hare, B., J. Call, B. Agnetta, and M. Tomasello. 2000. "Chimpanzees know what conspecifics do and do not see." *Animal Behaviour* 59:771-785.

Hare, B., and M. Tomasello. 2004. "Chimpanzees are more skillful in competitive than in cooperative task." *Animal Behaviour* 68:571-581.

Harris, M. B. 1970. "Reciprocity and generosity; Some determinants of sharing in children." *Child Development* 41:313-328.

_____. 1971. "Models, norms and shaiing" *Psychological Reports* 29:147-153.

Harris, R L., and K. H. Corriveau. 2011. "Young children's selective trust in informants." *Philosophical Transactions of the Royal Society B: Biological Sciences* 366 (1567):1179-1187.

Harris, P. L., and M. Nunez. 1996. "Understanding of permission rules by preschool children." *Child Development* 67 (4):1572-1591.

Harris, R. L., M. Nunez, and C. Brett. 2001. "Let's swap: Early understanding of social exchange by British and Nepali children." *Memory & Cognition* 29 (5):757- 764.

Harris, P. L., E. S. Pasquini, S. Duke, J. J. Asscher, and F. Rons. 2006. "Germs and angels: The role of testimony in young children's ontology." *Developmental Science* 9 (l):76-96.

Hay, J., and L. Bauer. 2007. "Phoneme inventory size and population size." *Language* 83 (2):388-400.

Hayek, F. A. v., and W. W. Bartley. 1988. *The Fatal Conceit: The Errors of Socialism*. London: Routledge.

Hayes, M. G., J. B. Coltrain, and D. H. O'Rourke. 2003. "Mitochondrial analyses of Dorset, Thule, Sadlermiut, and Aleut skeletal samples from the prehistoric North American arctic." *In Mummies in a New Millennium: Proceedings of the 4th World Congress on Mummy Studies*, edited by N. Lynnerup, C. Andreasen, and J. Berglund, 125-128. Copenhagen: Danish Polar Center.

Hedden, T, S. Ketay, A. Aron, H. R. Markus, and J. D. E. Gabrieli. 2008. "Cultural in fluences on neural substrates of attentional control." *Psychological Science* 19:12-17.

Heine, B., and T. Kuteva. 2002a. *On the evolution of grammatical forms. In The Transition to Language*, edited by A. Wray, 376-397. New York: Oxford University Press.

_____. 2002b. *World Lexicon of Grammaticalization*. New York: Cambridge University Press.

_____. 2007. *The Genesis of Grammar: A Reconstruction Studies in the Evolution of Language*. Oxford: Oxford University Press.

Heine, S. J. 2008. *Cultural Psychology*. New York: W. W. Norton.

Heine, S. J., T. Proulx, and K. D. Vohs. 2006. "The meaning maintenance model: On the coherence of social motivations." *Personality and Social Psychology Review* 10 (2):88-110.

Heinrich, B. 2002. *Why We Run: A Natural History*. New York: Ecco.

Heinz, H. 1994. *Social Organization of the !Ko Bushmen*. Cologne: Rudiger Koppe.

Henrich, J. 2000. "Does culture matter in economic behavior: Ultimatum game bargaining among the Machiguenga." *American Economic Review* 90 (4):973-980.

_____. 2002. "Decision-making, cultural transmission and adaptation in economic anthropology." In *Theory in Economic Anthropology*, edited by J. Ensminger, 251-295. Walnut Creek, CA: AltaMira Press.

_____. 2004a. "Cultural group selection, coevolutionary processes and large-scale cooperation." *Journal of Economic Behavior & Organization* 53:3-35.

_____. 2004b. "Demography and cultural evolution: Why adaptive cultural processes produced maladaptive losses in Tasmania." *American Antiquity* 69 (2):197-214.

_____. 2004c. "Inequity aversion in Capuchins?" *Nature* 428:139.

_____. 2006. "Understanding cultural evolutionary models: A reply to Read's critique." *American Antiquity* 71 (4):771-782.

_____. 2008. "A cultural species." In Explai*ning Culture Scientifically*, edited by M. Brown, 184-210. Seattle: University of Washington Press.

_____. 2009a. "The evolution of costly displays, cooperation, and religion: Credibility enhancing displays and their implications for cultural evolution." *Evolution and Human Behavior* 30:244-260.

_____. 2009b. "The evolution of innovation-enhancing institutions." In *Innovation in Cultural Systems:*

Contributions in Evolution Anthropology, edited by S. J. Shennan and M. J. O'Brien, 99-120. Cambridge, MA: MIT Press.

_____. 2014. "Rice, psychology and innovation." *Science* 344:593.

Henrich, J., W. Albers, R. Boyd, K. McCabe, G. Gigerenzer, H. P. Young, and A. Ockenfels. 2001. "Is culture important in bounded rationality?" In *Bounded Rationality: The Adaptive Toolbox*, edited by G. Gigerenzer and R. Selten, 343-359. Cambridge, MA: MIT Press.

Henrich, J., and R. Boyd. 2001. "Why people punish defectors: Weak conformist transmission can stabilize costly enforcement of norms in cooperative dilemmas" *Journal of Theoretical Biology* 208:79-89.

Henrich, J., R. Boyd, S. Bowles, C. Camerer, E. Fehr, and H. Gintis, eds. 2004. *Foundations of Human Sociality: Economic Experiments and Ethnographic Evidencefrom Fifteen Small-Scale Societies.* Oxford: Oxford University Press.

Henrich, J., R. Boyd, S. Bowles, C. Camerer, E. Fehr, H. Gintis, and R. McElreath. 2004. "Overview and Synthesis." In *Foundations of Human Sociality: Economic Experiments and Ethnographic Evidencefiom Fifteen Small-Scale Societies*, edited by J. Henrich, R. Boyd, Samuel Bowles, C. Camerer, E. Fehr, and H. Gintis, 9-51. Oxford: Oxford University Press.

Henrich, J., R. Boyd, S. Bowles, C. Camerer, E. Fehr. H. Gintis, R. McElreath, M. Alvard, A. Barr, J. Ensminger, N. S. Henrich, K. Hill, F. Gil-White, M. Gurven, F. W. Marlowe, J. Q. Patton, and D. Tracer. 2005. "'Economic man' in cross-cultural perspective: Behavioral experiments in 15 small-scale societies." *Behavioral and Brain Sciences* 28 (6):795-855.

Henrich, J., R. Boyd, S. Bowles, H. Gintis, C. Camerer, F. Fehr, and R. McElreath. 2001. "In search of Homo economicus: Experiments in 15 small-scale societies." *American Economic Review* 91:73-78.

Henrich, J., R. Boyd, and P. J. Richerson. 2012. "The puzzle of monogamous marriage." *Philosophical Transactions of the Royal Society B: Biological Sciences* 367:657-669.

Henrich, J., and J. Broesch. 2011. "On the nature of cultural transmission networks:Evidence from Fijian villages for adaptive learning biases." *Philosophical Transactions of the Royal Society B: Biological Sciences* 366:1139-1148.

Henrich, J., J. Ensminger, R. McElreath, A. Barr, C. Barrett, A. Bolyanatz, J. C. Cardenas, et al. 2010. "Market, religion, community size and the evolution of fairness and punishment." *Science* 327:1480-1484.

Henrich J., and F. Gil-White. 2001. "The evolution of prestige: Freely conferred deference as a mechanism for enhancing the benefits of cultural transmission." Evolution and Human Behavior 22 (3):165-196.

Flenrich, J., S. J. Heine, and A. Norenzayan. 2010a. "Beyond WEIRD: Towards a broad-based behavioral science." *Behavioral and Brain Sciences* 33 (2/3):51-75.

_____. 2010b. "The weirdest people in the world?" *Behavioral and Brain Sciences* 33 (2/3):1-23.

Henrich, J., and N. Henrich. 2010. "The evolution of cultural adaptations: Fijian taboos during pregnancy and lactation protect against marine toxins" *Proceedings of the Royal Society B: Biological Sciences* 366:1139-1148.

_____. 2014. "Fairness without Punishment: Behavioral Experiments in the Yasawa Island, Fiji." In *Experimenting with Social Norms: Fairness and Punishment in Cross-Cultural Perspective*, edited by J. Ensminger and J. Henrich, 225-258. New York:Russell Sage Press.

Henrich, J., and R. McElreath. 2003. "The evolution of cultural evolution." *Evolutionary Anthropology* 12 (3);123-135.

Henrich, J., R. McElreath, J. Ensminger, A. Barr, C. Barrett, A. Bolyanatz, J. C. Carde nas, et al. 2006. "Costly punishment across human societies." *Science* 312:1767-1770.

Henrich, J., and J. B. Silk. 2013. "Interpretative problems with chimpanzee ultimatum game." White paper. Social Science Research Network (SSRN). http://www.pnas.org/content/110/33/E3049.full?ijkey=ca7el6c 2e252064447c5e7447884aab7c8cb598e&keytype2=tf_ipsecsha.

Henrich, J., and N. Smith. 2004. "Comparative experimental evidence from Machiguenga, Mapuche, and American populations." In *Foundations of Human Sociality: Economic Experiments and Ethnographic Evidence fiom Fifteen Small-Scale Societies*, edited by J. Henrich, R. Boyd, S. Bowles, H. Cintis, E. Fehr, and C. Camerer, 125-167. Oxford: Oxford University Press.

Henrich, J., and C. Tennie. Forthcoming. "Cultural evolution in chimpanzees and humans." In *Chimpanzees and Human Evolution*, edited by M. Muller, R. Wrangham, and D. Pilbream. Cambridge, MA: Harvard University Press.

Henrich, N., and J. Henrich. 2007. *Why Humans Cooperate: A Cultural and Evolutionary Explanation.* Oxford; Oxford University Press.

Herbranson, W. T, and J. Schroeder. 2010. "Are birds smarter than mathematicians? Pigeons (Columba livia) perform optimally on a version of the Monty Hall Dilemma." *Journal of Comparative Psychology* 124 (1):1-13.

Herrmann, E., J. Call, M. V. Hernandez-Lloreda, B. Hare, and M. Tomasello. 2007. "Humans have evolved specialized skills of social cognition: The cultural intelligence hypothesis." *Science* 317 (5843):1360-1366.

Herrmann, E., M. V. Hernandez-Lloreda,). Call, B. Hare, and M. Tomasello. 2010. "The structure of individual differences in the cognitive abilities of children and chimpanzees" *Psychological Science* 21 (1):102-110.

Herrmann, P. A., C. H. Legare, P. L. Harris, and H. Whitehouse. 2013. "Stick to the script: The effect of witnessing multiple actors on children's imitation." *Cognition* 129 (3):536-543. http://dx.doi.Org/10.1016/ j.cognition.2013.08.010.

Hewlett, B., and S. Winn. 2012. "Allomaternal gatherers, nursing among huntergatherers." *American journal of Physical Anthropology* 147:165-165.

Heyes, C. 2012a. "Grist and mills: On the cultural origins of cultural learning." *Philosophical Transactions of the Royal Society B: Biological Sciences* 367 (1599):2181-2191.

_____. 2012b. "What's social about social learning?" *Journal of Comparative Psychology* 126 (2):193-202.

Hill, K. 2002. "Altruistic cooperation during foraging by the Ache and the evolved human predisposition to cooperate." *Human Nature* 13 (1):105-128.

Hill, K., and A. M. Hurtado. 1996. *Ache Life History.* New York: Aldine de Gruyter.

_____. 2009. "Cooperative breeding in South American hunter-gatherers." *Proceedings of the Royal Society B: Biological Sciences* 276 (1674);3863-3870.

Hill, K., and K. Kintigh. 2009. "Can anthropologists distinguish good and poor hunters? Implications for hunting hypotheses, sharing conventions, and cultural transmission." *Current Anthropology* 50 (3):369-377.

Hill, K., R. S. Walker, M. Božičević, J. Eder, T. Headland, B. Hewlett, A. M. Hurtado, F. Marlowe, R Wiessner, and B. Wood. 2011. "Co-residence patterns in huntergatherer societies show unique human social structure. "Sa'ewce 331 (6022):1286-1289. doi:10.1126/science.l199071.

Hill, K. B. Wood, J. Baggio, A. M. Hurtado, and R. Boyd. 2014(YES AU: OK?). "Hunter-gatherer Inter-band Interaction Rates: Implications for Cumulative Culture." *PLoSONE* 9 (7):el02806.

Hilmert, C. J., J. A. Kulik, and N. J. S. Christenfeld. 2006. "Positive and negative opinion modeling: The influence of another's similarity and dissimilarity," *Journal of Personality and Social Psychology* 90 (3):440-452.

Hirschfeld, L. A. 1996. *Race in the Making: Cognition, Culture, and the Child's Construction of Human Kinds*. Cambridge, MA: MIT Press.

Hoenig, S. B. 1953. *The Great Sanhedrim A Study of the Origin, Development, Composition, and Functions of the Bet Din ba-Gadol during the Second Jewish Common wealth*. Philadelphia,: Dropsie College for Hebrew and Cognate Learning.

Hoffmann, P., and P. Oreopoulos. 2009. "A professor like me: The influence of in structor gender on college achievement." *Journal of Human Resources* 44 (2):479-494.

Hogg, M. A., and J. Adelman. 2013. "Uncertainty-identity theory: Extreme groups, radical behavior, and authoritarian leadership." *Journal of Social Issues* 69 (3):436-454.

Holldobler, B., and E. O. Wilson. 1990. *The Ants*. Cambridge, MA: Belknap Press of Harvard University Press.

Holmberg, A. R. 1950. *Nomads of the Long Bow*. Smithsonian Institution Institute of Social Anthropology Publ. No. 10. Washington DC: United States Government Printing Office.

Hoppitt, W, and K. N. Laland. 2013. *Social Learning: An Introduction to Mechanisms, Methods, and Models. Princeton*, NJ: Princeton University Press.

Homer, V., D. Proctor, K. E. Bonnie, A. Whiten, and F. B. M. de Waal. 2010. "Prestige affects cultural learning in chimpanzees." *PLoSONE* 5 (5):el0625.

Horner, V., and A. Whiten. 2005. "Causal knowledge and imitation/emulation switching in chimpanzees (Pan troglodytes) and children (Homo sapiens)." *Animal Cognition* 8 (3):164-181.

Horwitz, R. I., C. M. Viscoli, L. Berkman, R. M. Donaldson, S. M. Horwitz, C. J. Murray, D. F. Ransohoff, and J. Sindelar. 1990. "Treatment adherence and risk of death after a myocardial infarction." *Lancet* 336 (8714):542-545.

House, B., J. Henrich, B. Sarnecka, and J. B. Silk. 2013. "The development of contingent reciprocity in children." *Evolution and Human Behavior* 34 (2):86-93.

House, B. R., J. B. Silk, J. Henrich, H. C. Barrett, B. A. Scelza, A. H. Boyette, B. S. Hewlett, R. McElreath, and S. Laurence. 2013. "Ontogeny of prosocial behavior across diverse societies." *Proceedings of the National Academy of Sciences, USA* 110 (36):14586-14591.doi:10.1073/pnas.l221217110.

Hove, M. J., and J. L. Risen. 2009. "It's all in the timing: Interpersonal synchrony in creases affiliation." *Social Cognition* 27 (6):949-960.

Hrdy, S. B. 2009. *Mothers and Others: The Evolutionary Origins of Mutual Understanding*. Cambridge, MA; Belknap Press of Harvard University Press.

Hua, C. 2001. *A Society without Fathers or Husbands*. New York: Zone Books.

Hudson, T. 1981. "Recently discovered accounts concerning the "lone woman" of San Nicolas Island." *Journal of California and Great Basin Anthropology* 3 (2):187-199.

Humphrey, N. 1976. "The social function of intellect." In *Growing Points in Ethology*, edited by P. P. G. Bateson, and R. A. Hinde, 303-317. Cambridge; Cambridge University Press.

_____. 2012. "This chimp will kick your ass at memory games—But how the hell does he do it?" Trends in Cognitive Sciences 16 (7);353-355. doi;10.1016/j.tics.2012.05.002.

Hyde, T. M., S. V. Mathew, T. Ali, B. K. Lipska, A. J. Law, O. L. Metitiri, D. R. Weinberger, and J. L. Kleinman. 2009. "Cation chloride cotransporters; Expression patterns in development and schizophrenia." *Schizophrenia Bulletin* 35:150-151.

Ichikawa, M. 1987. "Lood restrictions of the Mbuti Pygmies, Eastern Zaire." *African Study Monographs Suppl*. (6);97-121.

Ingram, C. J. E., C. A. Mulcare, Y. Iran, M. G. Thomas, and D. M. Swallow. 2009. "Lactose digestion and the evolutionary genetics of lactase persistence." *Human Genetics* 124 (6);579-591.

Ingram, C. J. E., T. O. Raga, A. Tarekegn, S. L. Browning, M. E. Elamin, E. Bekele, M. G. Thomas, et al. 2009. "Multiple rare variants as a cause of a common phenotype: Several different lactase persistence associated alleles in a single ethnic group." *Journal of Molecular Evolution* 69 (6);579-588.

Inoue, S., and T. Matsuzawa. 2007. "Working memory of numerals in chimpanzees." *Current Biology* 17 (23);R1004-R1005.

Isler, K., and C. P. Van Schaik. 2009. "Why are there so few smart mammals (but so many smart birds." Biology Letters 5 (1);125-129.

_____. 2012. "Allomaternal care, life history and brain size evolution in mammals." *Journal of Human Evolution* 63 (1);52-63.

Isler, K., J. T. Van Woerden, A. E. Navarrete, and C. P. Van Schaik. 2012. "The "gray ceiling"; Why apes are not as large-brained as humans." *American Journal of Physical Anthropology* 147:173-173.

Itan, Y, B. L. Jones. C. J. E. Ingram, D. M. Swallow and M. G. Thomas. 2010. "A worldwide correlation of lactase persistence phenotype and genotypes." *BMC Evolutionary Biology* 10. doi; 10.1186/1471-2148-10-36.

Jablonski, N. G., and G. Chaplin. 2000. "The evolution of human skin coloration." *Journal of Human Evolution* 39 (1):57-106.

_____. 2010. "Human skin pigmentation as an adaptation to UV radiation." *Proceedings of the National Academy of Sciences, USA* 107:8962-8968.

Jackson, F. L. C., and R. T. Jackson. 1990. "The role of cassava in African famine prevention." In *African Food Systems in Crisis, Part 2, Contending luith Change*, edited by R. Huss-Ashmore, 207-225.

Amsterdam: Gordon and Breach.

Jaeggi, A. V., L. P. Dunkel, M. A. Van Noordwijk, S. A. Wich, A. A. L. Sura, and C. P. Van Schaik. 2010. "Social learning of diet and foraging skills by wild immature Bornean orangutans: Implications for culture." *American Journal of Primatology* 72 (1):62-71.

James, P. A., G. Mitchell, M. Bogwitz, and G. J. Lindeman. 2013. "The Angelina Jolie effect." *Medical Journal of Australia* 199 (10):646-646.

Jaswal, V. K., and L. S. Malone. 2007. "Turning believers into skeptics: 3-year-olds' sensitivity to cues to speaker credibility." *Journal of Cognition and Development* 8 (3):263-283.

Jaswal, V. K., and L. A. Neely. 2006. "Adults don't always know best: Preschoolers use past reliability over age when learning new words." Psychological Science 17 (9):757-758.

Jensen, K., J. Call, and M. Tbmasello. 2007a. "Chimpanzees are rational maximizers in an ultimatum game." *Science* 318 (5847):107-109.

_____. 2007b. "Chimpanzees are vengeful but not spiteful." *Proceedings of the National Academy of Sciences, USA* 104 (32):13046-13050.

,2013. "Chimpanzee responders still behave like rational maximizers." Pro ceedings of the National Academy of Sciences, USA. doi:10.1073/pnas.1303627110.

Jensen, K., B. Hare, J. Call, and M. Tomasello. 2006. "What's in it for me? Self-regard precludes altruism and spite in chimpanzees" *Proceedings of the Royal Society B; Biological Sciences* 273 (1589):1013-1021.

Jerardino, A., and C. W. Marean. 2010. "Shellfish gathering, marine paleoecology and modern human behavior: Perspectives from cave PP13B, Pinnacle Point, South Africa." *Journal of Human Evolution* 59 (3-4):412-424.

Jobling, J. W., and W. Petersen. 1916. "The epidemiology of pellagra in Nashville Tennessee" *Journal of Infections Diseases* 18 (5):501-567.

Johnson, A., and T. Earle. 2000. *The Evolution of Human Societies*. 2nd ed. Stanford, CA: Stanford University Press.

Johnson, R. T, J. A. Burk, and L. A. Kirkpatrick. 2007. "Dominance and prestige as differential predictors of aggression and testosterone levels in men." *Evolution and Human Behavior* 28 (5)-345-351. doi:10.1016/j.evolhumbehav.2007.04.003.

Jonas, K. 1992. "Modeling and suicide: A test of the Werther eSect" *British Journal of Social Psychology* 31:295-306.

Jones, B. C., L. M. DeBruine, A. C. Little, R. P. Burriss, and D. R. Feinberg. 2007. "Social transmission of face preferences among humans." *Proceedings of the Royal Society B: Biological Sciences* 274 (1611):899-903.

Jones, R. 1974. 'Tasmanian tribes." In *Aboriginal Tribes of Australia*, edited by N. B. Tindale, 319-354. San Francisco: UCLA Press.

_____. 1976. "Tasmania: Aquatic machines and off-shore islands." In *Problems in Economic and Social Archaeology*, edited by G. Sieveking, I. H. Longworth, and K. E. Wilson, 235-263. London; Duckworth.

_____. 1977a. "Man as an element of a continental fauna: The case of the sundering of the Bassian bridge."

In *Sunda and Sahul: Prehistoric Studies in Southeast Asia, Melanesia and Australia*, edited by J. Allen, J. Golson, and Rhys Jones, 317-386. London: Academic Press.

_____. 1977b. "The Tasmanian paradox." In *Stone Tools as Cultural Markers: Change, Evolution and Complexity*, edited by V. S. Wright, 189-204. Atlantic Highlands, NJ: Humanities Press.

_____. 1977c. "Why did the Tasmanians stop eating fish?" In *Explorations in Ethnoarchaeology*, edited by R. Gould, 11-47. Santa Fe: University of New Mexico Press.

_____. 1990. "From Kakadu to Kutikina: The southern continent at 18,000 years ago." In *Low Latitudes, Vol. 2 of The World at 18,000 B.P.*, edited by C. Gamble and O. Softer, 264-295. London: Unwin Hyman.

_____. 1995. "Tasmanian archaeology: Establishing the sequence." *Annual Review of Anthropology* 24:423-46.

Kagel, J. C., D. McDonald, and R. C. Battalio. 1990. "Tests of "fanning out" of indifference curves: Results from animal and human experiments." *American Economic Review* 80:912-21.

Kahneman, D. 2011. *Thinking, Fast and Slow*. New York: Farrar, Straus and Giroux.

Kahneman, D., P. Slovic, and A. Tversky. 1982. *Judgment under Uncertainty: Heuristics and Biases*. Cambridge: Cambridge University Press.

Kail, R. V. 2007. "Longitudinal evidence that increases in processing speed and working memory enhance children's reasoning." *Psychological Science* 18 (4):312-313. doi:10.1111/j.l467-9280.2007.01895.x.

Kalmar, 1.1985. "Are there really no primitive languages?" In *Literacy, Language and Learning: The Nature and Consequences of Reading and Writing*, edited by D. R. Olson, N. Torrance, and A. Hildyard, 148-166. Cambridge: Cambridge University Press.

Kanovsky, M. 2007. "Essentialism and folksociology: Ethnicity again." *Journal of Cognition and Culture* 7:241-281.

Kaplan, H., M. Gurven, J. Winking, P. L. Hooper, and J. Stieglitz. 2010. "Learning, menopause, and the human adaptive complex." *Reproductive Aging* 1204:30-42.

Kaplan, H., K. Hill, J. Lancaster, and A. M. Hurtado. 2000. "A theory of human life history evolution: Diet, intelligence, and longevity." *Evolutionary Anthropology* 9 (4):156-185.

Katz, S. H., M. L. Hediger, and L. A. Valleroy. 1974. "Traditional maize processing techniques in the New World: Traditional alkali processing enhances the nutritional quality of maize." *Science* 184 (17 May):765-773.

Kay, P. 2005. "Color categories are not arbitrary." *Cross-Cultural Research* 39 (1):39-55.

Kay, P., and T. Regier. 2006. "Language, thought and color: recent developments." *Trends in Cognitive Sciences* 10 (2):51-54.

Kayser, M., F. Liu, A. C. J. W. Janssens, F. Rivadeneira, O. Lao, K. van Duijn, M. Vermeulen, et al. 2008. "Three genome-wide association studies and a linkage analysis identify *HERC2* as a human iris color gene." American Journal of Human Genetics 82 (2):411-423.

Keeley, L. 1997. *War before Civilization*. Oxford: Oxford University Press.

Kelly, R. C. 1985. *The Nuer Conquest*. Ann Arbor: University of Michigan Press.

Kelman, H. C. 1958. "Compliance, identification, and internalization: Three processes of attitude change." *Journal of Conflict Resolution* 2:51-60.

Kendon, A. 1988. *Sign Languages of Aboriginal Australia: Cultural, Semiotic, and Communicative Perspectives*. Cambridge: Cambridge University Press.

Kenward, B. 2012. "Over-imitating preschoolers believe unnecessary actions are normative and enforce their performance by a third party." *Journal of Experimental Child Psychology* 112 (2):195-207.

Kessler, R. C., G. Downey, and H. Stipp. 1988. "Clustering of teenage suicides after television news stories about suicide: A reconsideration." *American Journal of Psychiatry* 145:1379-83.

Kessler, R. C., and H. Stipp. 1984. "The impact of fictional television suicide stories on U.S. fatalities: A replication." *Journal of Sociology* 90 (1):151-167.

Khaldun, I. 2005. *The Muqaddimab: An Introduction to History*. Princeton, NJ:Princeton University Press.

Kim, G., and K. Kwak. 2011. "Uncertainty matters: Impact of stimulus ambiguity on infant social referencing." *Infant and Child Development* 20 (5):449-463. doi:10.1002/icd.708.

Kimbrough, E., and A. Vostroknutov. 2013. "Norms make preferences social." Unpublished manuscript. Simon Eraser University.

Kinzler, K. D., K. H. Corriveau, and P. L. Harris. 2011. "Children's selective trust in native-accented speakers." Developmental Science 14 (1):106-111.

Kinzler, K. D., and J. B. Dautel. 2012. "Children's essentialist reasoning about language and race." *Developmental Science* 15 (1):131-138.

Kinzler, K. D., E. Dupoux, and E. S. Spelke. 2007. "The native language of social cognition." *Proceedings of the National Academy of Sciences, USA* 104 (30):12577-12580.

Kinzler, K. D., K. Shutts, J. Dejesus, and E. S. Spelke. 2009. "Accent trumps race in guiding children's social preferences." *Social Cognition* 27 (4):623-634.

Kinzler, K. D., K. Shutts, and E. S. Spelke. 2012. "Language-based social preferences among children in South Africa." *Language Learning and Development* 8 (215-232).

Kirby, S. 1999. *Function, Selection, and Innateness: The Emergence of Language Universals*. Oxford: Oxford University Press.

Kirby, S., M. H. Christiansen, and N. Chater. 2013. "Syntax as an adaptation to the learner." In *Biological Foundations and Origin of Syntax*, edited by D. Bickerton and E. Szathmary, 325-344. Cambridge, MA: MIT Press.

Kirby, S., H. Cornish, and K. Smith. 2008. "Cumulative cultural evolution in the laboratory: An experimental approach to the origins of structure in human language." *Proceedings of the National Accademy of Sciences, USA* 105 (31):10681-10686.

Kirschner, S., and M. Tomasello. 2009. "Joint drumming: Social context facilitates synchronization in preschool children." *Journal of Experimental Child Psychology* 102 (3):299-314.

_____. 2010. "Joint music making promotes prosocial behavior in 4-year-old children." *Evolution and Human Behavior* 31 (5):354-364.

Klein, R. G. 2009. *The Human Career: Human Biological and Cultural Origins*. 3rd ed. Chicago:

University of Chicago Press.

Kline, M. A., and R. Boyd. 2010. "Population size predicts technological complexity in Oceania." *Proceedings of the Royal Society B: Biological Sciences* 277 (1693):2559-2,364.

Klucharev, V., K. Hytonen, M. Rijpkema, A. Smidts, and G. Fernandez. 2009. "Reinforcement learning signal predicts social conformity." Neuron 61 (1):140-151.

Knauft, B. M. 1985. *Good Company and Violence: Sorcery and Social Action in a Lowland New Guinea Society.* Berkeley: University of California Press.

Kobayashi, Y, and K. Aoki. 2012. "Innovativeness, population size and cumulative cultural evolution." *Theoretical Population Biology* 82 (1):38-47.

Koenig, M. A., and P. L. Harris. 2005. "Preschoolers mistrust ignorant and inaccurate speakers." *Child Development* 76 (6):1261-1277.

Kong, J., R. L. Gollub, G. Polich, I. Kirsch, P. LaViolette, M. Vangel, B. Rosen, and T. J. Kaptchuk. 2008. "A functional magnetic resonance imaging study on the neural mechanisms of hyperalgesic nocebo effect." *Journal of Neuroscience* 28 (49):13354-13362.

Konvalinka, I., D. Xygalatas, J. Bulbulia, U. Schjodt, E. M. Jegindo, S. Wallot, G. VanOrden, and A. Roepstorff. 2011. "Synchronized arousal between performers and related spectators in a fire-walking ritual." *Proceedings of the National Academy of Sciences, USA* 108 (20):8514-8519.

Krackle, W. H. 1978. *Force and Persuasion: Leadership in an Amazonian Society.* Chicago: University of Chicago Press.

Krakauer, J. 1997. *Into Thin Air: A Personal Account of the Mount Everest Disaster.* New York: Villard.

Kramer, K. L. 2010. "Cooperative breeding and its significance to the demographic success of humans." *Annual Review of Anthropology* 39:417-436.

Kroeber, A. L. 1925. *Handbook of the Indians of California. Bulletin of the Smithsonian Institution.* Bureau of American Ethnology. Washington, DC: U.S. Government Printing Office.

_____. 1958. "Sign language inquiry." *International Journal of American Linguistics* 24 (1):1-19. doi:10.2307/1264168.

Kroll, Y, and H. Levy. 1992. "Further tests of the Separation Theorem and the Capital Asset Pricing Model." *American Economic Review* 82 (3):664-670.

Kuhl, P. K. 2000. "A new view of language acquisition." *Proceedings of the National Academy of Sciences, USA* 97 (22):11850-11857. doi:10.1073/pnas.97.22.11850.

Kumru, C. S., and L. Vesterlund. 2010. "The effect of status on charitable giving." *Journal of Public Economic Theory* 12 (4):709-735.

Kwok, v., Z. D. Niu, P. Kay, K. Zhou, L. Mo, Z. Jin, K. F. So, and L. H. Tan. 2011. "Learning new color names produces rapid increase in gray matter in the intact adult human cortex." *Proceedings of the National Academy of Sciences, USA* 108 (16):6686—6688.

Lachmann, M., and C. T. Bergstrom. 2004. "The disadvantage of combinatorial communication." *Proceedings of the Royal Society of London Series B: Biological Sciences* 271 (1555):2337-2343.

Laland, K. N. 2004. "Social learning strategies." *Learning & Behavior* 32 (1):4-14.

Laland, K. N., N. Atton, and M. M. Webster. 2011. "From fish to fashion: Experimental and theoretical insights into the evolution of culture." *Philosophical Transactions of the Royal Society B: Biological Sciences* 366 (1567):958-968.

Laland, K. N., J. Odling-Smee, and S. Myles. 2010. "How culture shaped the human genome: Bringing genetics and the human sciences together." *Nature Reviews Genetics* 11 (2):137-148.

Lambert, A. D. 2009. *The Gates of Hell: Sir John Franklin's Tragic Quest for the North West Passage.* New Haven, CT: Yale University Press.

Lambert, P. M. 1997. "Patterns of violence in prehistoric hunter-gatherer societies of coastal southern California." In *Troubled Times: Violence and Warfare in the Past*, edited by D. L. Martin and D. W. Prayer, 77-109. Amsterdam: Gordon and Breach.

Langergraber, K. 2012. "Cooperation among kin." In *The Evolution of Primate Societies*, edited by J. C. Mitani, J. Call, P. M. Kappeler, R. A. Palombit, and J. B. Silk, 491-513. Chicago: University of Chicago Press.

Langergraber, K., J. Mitani, and L. Vigilant. 2009. "Kinship and social bonds in female chimpanzees (Pan troglodytes)." *American Journal of Primatology* 71 (10):840-851.

Langergraber, K. L., J. C. Mitani, and L. Vigilant. 2007. "Wild male chimpanzees preferentially affiliate and cooperate with maternal but not paternal siblings." *American Journal of Physical Anthropology*: 150-150.

Lappan, S. 2008. "Male care of infants in a siamang (Symphalangus syndactylus) population including socially monogamous and polyandrous groups." *Behavioral Ecology and Sociobiology* 62 (8):1307-1317.

Lawless, R. 1975. "Effects of population growth and environment changes on divination practices in northern Luzon." *Journal of Anthropological Research* 31 (1):18-33.

Leach, H. M. 2003. "Human domestication reconsidered." *Current Anthropology* 44 (3)349-368.

Ledyard, J. 0.1995. "Public goods: A survey of experimental research." In *The Handbook of Experimental Economics*, edited by John H. Kagel and Alvin L. Roth, 111-194. Princeton, NJ: Princeton University Press.

Lee, R. B. 1979. *The !Kung San: Men, Women, and Work in a Foraging Society.* Cambridge; Cambridge University Press.

———. 1986. "!Kung Kin terms: The name relationship and the process of discovery." In *The Past and Future of !Kung Ethnography: Essays in Honor of Lorna Marshall*, edited by M. Biehle, R. Gordon, and R. B. Lee, 77-102. Hamburg: Helmut Buske.

Lee, R. B., and R. H. Daly. 1999. *The Cambridge Encyclopedia of Hunters and Gatherers.* Cambridge: Cambridge University Press.

Lee, S. H., and M. H. Wolpoff. 2002. "Pattern of brain size increase in Pleistocene Homo." *Journal of Human Evolution* 42 (3):A19-A20.

Lehmann, L., K. Aoki, and M. W. Feldman. 2011. "On the number of independent cultural traits carried by individuals and population." *Philosophical Transactions of the Royal Society B: Biological Sciences* 366 (1563):424-435.

Leonard, W. R., M. L. Robertson, J. J. Snodgrass, and C. W. Kuzawa. 2003. "Metabolic correlates of hominid brain evolution." *Comparative Biochemistry and Physiology A: Molecular & Integrative Physiology* 136 (1):5-15.

Leonard, W. Snodgrass, and M. L. Robertson. 2007. "Effects of brain evolution on human nutrition and metabolism." *Annual Review of Nutrition* 27:311-327.

Leonardi, M., R Gerbault, M. G. Thomas, and J. Burger. 2012. "The evolution of lactase persistence in Europe. A synthesis of archaeological and genetic evidence." *International Dairy Journal* 22 (2):88-97.

Lesorogol, C., and J. Ensminger. 2013. "Double-blind dictator games in Africa and the U.S.: Differential experimenter effects." In *Experimenting with Social Norms: Fairness and Punishment in Cross-Cultural Perspective*, edited by J. Ensminger and J. Henrich, 149-157. New York: Russell Sage Press.

Li, H., S. Gu, Y. Han, Z. Xu, A. J. Pakstis, L. Jin, J. R. Kidd, and K. K. Kidd. 2011. "Diversification of the *ADH1B* gene during expansion of modern humans." Annals of Human Genetics 75:497-507.

Liebenberg, L. 1990. *The Art of Tracking: The Origin of Science*. Cape Town, South Africa: David Philip Publishers.

_____. "Persistence hunting by modern hunter-gatherers." *Current Anthropology* 47 (6):1017-1025.

Lieberman, D. 2013. *The Story of the Human Body: Evolution, Health, and Disease*. New York: Random House.

Lieberman, D. E., D. M. Bramble, D. A. Raichlen, and J. J. Shea. 2009. "The evolutionary question posed by human running capabilities." In *The First Humans: Origin and Early Evolution of the Genus Homo*, edited by E. E. Grine, J. G. Eleagel, and R. E. Leakey, 77-92. New York: Springer.

Lieberman, D., D. M. T. Fessler, and A. Smith. 2011. "The relationship between familial resemblance and sexual attraction: An update on Westermarck, Freud, and the incest taboo." *Personality and Social Psychology Bulletin* 37 (9):1229-1232.

Lieberman, D., J. Tooby, and L. Cosmides. 2003. "Does morality have a biological basis? An empirical test of the factors governing moral sentiments relating to incest." *Proceedings of the Royal Society B: Biological Sciences* 270 (15T7):819-826.

Lieberman, D. E., M. Venkadesan, W. A. Werbel, A. 1. Daoud, S. D'Andrea, I. S. Davis, R. O. Mang'Eni, and Y. Pitsiladis. 2010. "Foot strike patterns and collision forces in habitually barefoot versus shod runners." *Nature* 463 (7280):531-U149.

Lind, J., and P. Lindenfors. 2010. "The number of cultural traits is correlated with female group size but not with male group size in chimpanzee communities." *PLoSONE* 5 (3):e9241. doi:10.1371/journal. pone.0009241.

Lindblom, B. 1986. "Phonetic universals in vowel systems." In *Experimental Phonology*, edited by J. J. Ohala and J. J Jaeger, 13-14. Waltham, MA: Academic Press.

Little, A. C., R. P. Burriss, B. C. Jones, L. M. DeBruine, and C. A. Caldwell. 2008. "Social influence in human face preference: men and women are influenced more for long-term than short-term attractiveness decisions." *Evolution and Human Behavior* 29 (2):140-146.

Little, A. C., B. C. Jones, L. M. DeBruine, and C. A. Caldwell. 2011. "Social learning and human mate preferences: a potential mechanism for generating and main taining between-population diversity in attraction." *Philosophical Transactions of the Royal Society B: Biological Sciences* 366 (1563):366-375.

Lombard, M. 2011. "Quartz-tipped arrows older than 60 ka: Further use-trace evidence from Sibudu, KwaZulu-Natal, South Africa." *Journal of Archaeological Science* (8):1918-1930.

Lomer, M. C. E., G. C. Parkes, and J. D. Sanderson. 2008. "Review article; Lactose intolerance in clinical practice—myths and realities." *Alimentary Pharmacology & Therapeutics* 27 (2):93-103.

Lopez, A., S. Atran, J. D. Coley, D. L. Medin, and L. L. Smith. 1997. "The tree of life: Universal and cultural features of folkbiological taxonomies and inductions." *Cognitive Psychology* 32 (3):251-295.

Lorenzen, L. D., D. Nogues-Bravo, L. Orlando, J. Weinstock, J. Binladen, K. A. Marske, A. Ugan, et al. 2011. "Species-specific responses of Late Quaternary megafauna to climate and humans." *Nature* 479 (7373);359-365.

Lothrop, S. K. 1928. *The Indians of Tierra del Fuego*. New York: Museum of the American Indian and Heye Loundation.

Lovejoy, C. O. 2009. "Reexamining human origins in light of Ardipithecus ramidus" *Science* 326 (5949).

Lozoff, B. 1983. "Birth and bonding in non-industrial societies." *Developmental Medicine and Child Neurology* 25 (5):595-600.

Luczak, S. L., S. J. Glatt, and T. L. Wall. 2006. "Meta-analyses of *ALDH2* and ADH1B with alcohol dependence in Asian." Psychological Bulletin 132 (4):607-621.

Lumsden, C., and L. O. Wilson. 1981. *Genes, Mind and Culture*. Gambridge, MA:Harvard University Press.

Lupyan, G., and R. Dale. 2010. "Language structure is partly determined by social structure." *Plos One* 5 (1):e8559. doi:10.1371/iournal.pone.0008559.

Lyons, D. L., A. G. Young, and P. C. Keil. 2007. "The hidden structure of overimitation" *Proceedings of the National Academy of Sciences* 104 (50):19751-19756.

Maguire, L. A., K. Woollett, and H. J. Spiers. 2006. "London taxi drivers and bus drivers; A structural MRI and neuropsychological analysis." *Hippocampus* 16 (12):1091-1101.

Mallery, G. 2001 (1881). *Sign Language among North American Indians*. Kindle ed. New York: Dover Publications.

Mann, C. C. 2012. 1493: *Uncovering the New World Columbus Created*. New York Vintage Books.

Marlowe, F. W. 2004. "What explains Hadza food sharing." In *Research in Economic Anthropology: Aspects of Human Behavioral Ecology*, edited by M. Alvard, 67-86. Greenwich, CT: JAI Press.

Marlowe, L. 2010. *The Hadza: Hunter-Gatherers of Tanzania*. Berkeley: University of California Press.

Marshall, L. 1976. *The !Kung of Nyae Nyae*. Cambridge, MA: Harvard University Press.

Martin, C. L, R. Bhui, P. Bossaerts, T. Matsuzawa, and G. L. Camerer. 2014. "Experienced chimpanzees are more strategic than humans in competitive games." *Scientific Reports* 4:5182. doi:10.1038/srep05182.

Martin, C. L., L. Lisenbud, and H. Rose. 1995. "Children's gender-based reasoning about toys." *Child Development* 66 (5):1453-1471.

호모 사피엔스

Martin, C. L., and J. K. Little. 1990. "The relation of gender understanding to children's sex-type preferences and gender stereotypes." *Child Development* 61 (5):1427-1439.

Martinez, I., M. Rosa, R. Quam, R Jarabo, C. Lorenzo, A. Bonmati, A. Gomez-Olivencia, A. Gracia, and J. L. Arsuaga. 2013. "Communicative capacities in Middle Pleistocene humans from the Sierra de Atapuerca in Spain." *Quaternary International* 295:94-101.

Mascaro, O., and G. Csibra. 2012. "Representation of stable social dominance relations by human infants." *Proceedings of the National Academy of Sciences, USA* 109 (18):6862-6867.

Mathew, S. n.d. "Second-order free rider elicit moral punitive sentiments in a smallscale society." Unpublished manuscript. Arizona State Univ.

Mathew, S., and R. Boyd. 2011. "Punishment sustains large-scale cooperation in prestate warfare." *Proceedings of the National Academy of Sciences, USA* 108 (28):11375-11380.

Mathew, S., R. Boyd, and M. van Vieelen. 2013. "Human cooperation among kin and close associates may require enforcement of norms by third parties." In *Cultural Evolution*, edited by P. J. Richerson and M. H. Christiansen, 45-60. Cambridge, MA: MIT Press.

Mausner, B. 1954. "The effect of prior reinforcement on the interaction of observe pairs." *Journal of Abnormal Social Psychology* 49:65-68.

Mausner, B., and B. L. Bloch. 1957. "A study of the additivity of variables affecting social interaction." *Journal of Abnormal Social Psychology* 54:250-256.

Maxwell, M. S. 1984. "Pre-Dorset and Dorset prehistory of Canada." In *Arctic*, Vol. 5 of Handbook of North American Indians, edited by D. Damas, 359-368. Washington, DC: Smithsonian Institution Press.

Maynard Smith, J., and E. R. Szathmary. 1999. *The Origins of Life: From the Birth of Life to the Origin of Language*. Oxford: Oxford University Press.

McAuliffe, K., and H. Whitehead. 2005. "Eusociality, menopause and information in matrilineal whales." *Trends in Ecology and Evolution* 20 (12):650.

McBrearty, S., and A. Brooks. 2000. "The revolution that wasn't: A new interpretation of the origin of modern human behavior." *Journal of Human Evolution* 39:453-563.

Mccleary, B. V, and B. E. Chick. 1977. "Purification and properties of a thiaminase I enzyme from nardoo (*Marsilea drummondii*)." Phytochemistry 16 (2):207-213.

McCollum, M. A., C. C. Sherwood, C. J. Vinyard, C. O. Lovejoy, and F. Schachat. 2006. "Of muscle-bound crania and human brain evolution: The story behind the *MYH16* headlines." Journal of Human Evolution 50 (2):232-236.

McComb, K., C. Moss, S. M. Durant, L. Baker, and S. Sayialel. 2001. "Matriarchs as repositories of social knowledge in African elephants." *Science* 292 (5516):491-494.

McComb, K., G. Shannon, S. M. Durant, K. Sayialel, R. Slotow, J. Poole, and C. Moss. 2011. "Leadership in elephants: The adaptive value of age." *Proceedings of the Royal Society B: Biological Sciences* 278 (1722):3270-3276.

McComb, K., G. Shannon, K. N. Sayialel, and C. Moss. 2014. "Elephants can determine ethnicity, gender, and age from acoustic cues in human voices." *Proceedings of the National Academy of Sciences, USA*

111 (14):5433-5438.

McConvell, P. 1985. "The origin of subsections in northern Australia." Oceania 56 (1):1-33. doi:10.2307/40330845.

———. 1996. "Backtracking to Babel: The chronology of Pama-Nyungan expansion in Australia." *Archaeology in Oceania* 31 (3):125-144. doi:10.2307/40387040.

McDonough, C. M., A. Tellezgiron, M. Gomez, and L. W. Rooney. 1987. "Effect of cooking time and alkali content on the structure of corn and sorghum nixtamal." *Cereal Foods World* 32 (9):660-661.

McDougall, C. 2009. *Born to Run: A Hidden Tribe, Superathletes, and the Greatest Race the World Has Never Seen.* New York: Alfred A. Knopf.

McElreath, R., A. V. Bell, C. Efferson, M. Lubell, P. J. Richerson, and T. Waring. 2008. "Beyond existence and aiming outside the laboratory: estimating frequency dependent and pay-off-biased social learning strategies." *Philosophical Transactions of the Royal Society B: Biological Sciences* 363 (1509):3515-3528. doi:10.1098/rstb.2008.0131.

McElreath, R., R. Boyd, and P. J. Richerson. 2003. "Shared norms and the evolution of ethnic markers." *Current Anthropology* 44 (1):122-129.

McElreath, R., M. Lubell, P. J. Richerson, T. M. Wairing, W. Baum, E. Edsten, C. Efferson, and B. Paciotti. 2005. "Applying evolutionary models to the laboratory study of social learning." *Evolution and Human Behavior* 26 (6):483-508. doi:10.1016/j.evolhumbehav.2005.04.003.

McGhee, R. 1984. "Thule prehistory of Canada." In *Arctic*, Vol. 5 of Handbook of North American Indians, edited by D. Damas, Washington, DC: Smithsonian Institution Press.

McGovern, P. E., J. H. Zhang, J. G. Tang, Z. Q. Zhang, G. R. Hall, R. A. Moreau, A. Nunez, et al. 2004. "Fermented beverages of pre- and proto-historic China." *Proceedings of the National Academy of Sciences, USA* 101 (51):17593-17598.

McGuigan, N. 2012. "The role of transmission biases in the cultural diffusion of irrelevant actions." *Journal of Comparative Psychology* 126 (2):150-160.

———. 2013. "The influence of model status on the tendency of young children to over-imitate." *Journal of Experimental Child Psychology* 116 (4):962-969. http://dx.doi.org/10.1016/j.jeep.2013.05.004.

McGuigan, N., D. Gladstone, and L. Cook. 2012. "Is the cultural transmission of irrelevant tool actions in adult humans (Homo sapiens) best explained as the result of an evolved conformist bias?" *Plos One* 7 (12):e50863. doi:10.1371/journal.pone.0050863.

McGuigan, N., J. Makinson, and A. Whiten. 2011. "From over-imitation to supercopying: Adults imitate causally irrelevant aspects of tool use with higher fidelity than young children." *British Journal of Psychology* 102:1-18.

McGuigan, N., A. Whiten, E. Flynn, and V. Hornet. 2007. "Imitation of causally opaque versus causally transparent tool use by 3-and 5-year-old children." *Cognitive Development* 22 (3):353-364.

McNeill, W. H. 1995. *Keeping Together in Time: Dance and Drill in Human History.* Cambridge, MA: Harvard University Press.

McPherron, S. P., Z. Alemseged, C. W. Marean, J. G. Wynn, D. Reed, D. Geraads, R. Bobe, and H. A. Bearat.

2010. "Evidence for stone-tool-assisted consumption of animal tissues before 3.39 million years ago at Dikika, Ethiopia." *Nature* 466 (7308):857-B60.

Medin, D. L.t and S. Atran. 1999. *Folkbiology.* Cambridge, MA: MIT Press.

_____. 2004. "The native mind: Biological categorization and reasoning in development and across cultures." *Psychological Review* 111 (4):960-983.

Mellars, P., and J. C. French. 2011. "Tenfbld population increase in Western Europe at the Neandertal-to-modem human transition." *Science* 333 (6042);623-627.

MeltzofF, A. N., A. Waismeyer, and A. Gopnik. 2012. "Learning about causes from people: Observational causal learning in 24-month-old infants." *Developmental Psychology* 48 (5):1215-1228. doi:10.1037/a0027440.

Mesoudi, A. 2011a. "An experimental comparison of human social learning strate gies: Payoff-biased social learning is adaptive but underused." *Evolution and Human Behavior* 32 (5):334-342.

_____. 2011b. "Variable cultural acquisition costs constrain cumulative cultural evolution." *Pios One* 6 (3):el8239. http://dx.doi.org/10.1371%2Fjournal.pone.0018239.

Mesoudi, A., L. Chang, K. Murray, and H. J. Lu. 2014. "Higher frequency of social learning in China than in the West shows cultural variation in the dynamics of cultural evolution." *Proceedings of the Royal Society B: Biological Sciences* 282 (1798).doi:10.1098/rspb.2014.2209.

Mesoudi, A., and M. O Brien. 2008. "The cultural transmission of Great Basin projectile-point technology: An experimental simulation." *American Antiquity* 73 (1)3-28.

Meulman, E. J. M., C. M. Sanz, E. Visalberghi, and C. P. van Schaik. 2012. "The role of terrestriality in promoting primate technologyf Evolutionary Anthropology 21 (2):58-68.

Meyer, J. 2004. "Bioacoustics of human whistled languages: An alternative approach to the cognitive processes of language." *Anais da Academia Brasileira de Ctencias* 76 (2):405-412.

Meyers, J. L., D. Shmulewitz, E. Aharonovich, R. Waxman, A. Frisch, A. Weizman, B. Spivak, H. J. Edenberg, J. Gelernter, and D. S. Hasin. 2013. "Alcohol-metabolizing genes and alcohol phenotypes in an Israeli household sample." *Alcoholism: Clinical and Experimental Research* 37 (11):1872-1881.

Midlarsky, E., and J. H. Bryan. 1972. "Affect expressions and children's imitative altruism" *Journal of Experimental Child Psychology* 6:195-203.

Miller, D. J., T. Duka, C. D. Stimpson, S. J. Schapiro, W. B. Baze, M. J. McArthur, A. J. Fobbs, et al. 2012. "Prolonged myelination in human neocortical evolution." *Proceedings of the National Academy of Sciences*, USA 109 (41):16480-16485.

Miller, N. E., andJ. Dollard. 1941. *Social Learning and Imitation.* New Haven, CT: Yale University Press.

Mischel, W, and R. M. Liebert. 1966. "Effects of discrepancies between observed and imposed reward criteria on their acquisition and transmission." *Journal of Personality and Social Psychology* 3:45-53.

Mitani, J. C., D. P. Watts, and S. J. Amsler. 2010. "Lethal intergroup aggression leads to territorial expansion in wild chimpanzees." *Current Biology* 20 (12):R507-R508.doi:10.1016/j.cub.2010.04.021.

Mithun, M. 1984. "How to avoid subordination." *Berkeley Linguistics Society* 10:493-523.

Moerman, D. 2002. "Explanatory mechanisms for placebo effects: Cultural influences and the meaning response." In *The Science of the Placebo: Toward an Interdis ciplinary Research Agenda*, edited by H. A. Guess, A. Kleinman, J. W. Kusek, and L. W. Engel, 77-107. London: BMJ Books.

_____, 2000. "Cultural variations in the placebo effect: Ulcers, anxiety, and blood pressure." *Medical Anthropology Quarterly* 14 (1):51-72.

Mokyr, J. 1990. *The Lever of Riches*. New York: Oxford University Press.

Moll, J., F. Krueger, R. Zahn, M. Pardini, R. de Oliveira-Souzat, and J. Grafman. 2006. "Human fronto-mesolimbic networks guide decisions about charitable donation." *Proceedings of the National Academy of Sciences, USA* 103 (42):15623- 15628.

Moore, O. K. 1957. "Divination—A new perspective." *American Anthropologist* 59:69-74.

Moran, S., D. McCioy, and R. Wright. 2012. "Revisiting population size vs. phoneme inventory size" *Language* 88 (4):877-893.

Morgan, R. 1979. "An account of the discovery of a whale-bone house on San Nicolas Island." *Journal of California and Great Basin Anthropology* 1 (1):171-177.

Morgan, T. J. H., and K. Laland. 2012. "The biological bases of conformity." *Frontiers in Neuroscience* 6 (87):1-7.

Morgan, T. J. H., L. E. Rendell, M. Ehn, W. Hoppitt, and K. N. Laland. 2012. "The evolutionary basis of human social learning." *Proceedings of the Royal Society B: Biological Sciences* 279 (1729):653-662.

Morgan, T. J. H., N. T. Uomini, L. E. Rendell, E. Chouinard-Thuly, S. E. Street, H. M. Lewis, C. P. Cross, et al. 2015. "Experimental evidence for the co-evolution of hominin tool-making teaching and language." *Mttere Communications* 6. http://dx.doi.org/10.103 8/ncomms7029.

Morris, 1.2014. War, *What Is It Good For? The Role of Conflict in Civilisation, from Primates to Robots*. London: Profile Books.

Morse, J. M., C. Jehle, and D. Gamble. 1990. "Initiating breastfeeding: A world survey of the timing of postpartum breastfeeding." *International Journal of Nursing Studies* 17 (3):303-313. http://dx,d0i.0rg/10.1016/0020-7489 (90)90045-K.

Mowat, F. 1960. *Ordeal by Ice, His The Top of the World*, Vol. 1. [Toronto]: McClelland & Stewart.

Moya, C., R. Boyd, and J. Henrich. Forthcoming. "Reasoning about cultural and genetic transmission: Developmental and cross-cultural evidence from Peru, Fiji, and the US on how people make inferences about trait and identity transmission." *Topics in Cognitive Science*.

Muller, M., R. Wrangham, and D. Pilbeam, eds. Forthcoming. *Chimpanzees and Human Evolution*. Cambridge, MA: Harvard University Press.

Munroe, R. L., J. G. Fought, and R. K. S. Macaulay. 2009. "Warm climates and sonority classes not simply more vowels and fewer consonants." *Cross-Cultural Research* 43 (2):123-133. doi:10.1177/1069397109331485.

Muthukrishna, M., S. J. Heine, W. Toyakawa, T. Hamamura, T. Kameda, and J. Henrich, n.d. "Overconfidence is universal? Depends what you mean." Unpublished manuscript, http://coevolution.psych.ubc.ca/pdfs/OverconfidenceManuscript2014.pdf.

Muthukrishna, M., T. Morgan, and J. Henrich. Forthcoming. "The when and who of social learning and conformist transmission." *Evolution and Human Behavior.*

Muthukrishna, M., B-W. Shulman, V. Vasilescu, and J. Henrich. 2014. "Sociality influences cultural complexity." *Proceedings of the Royal Society B: Biological Sciences* 281 (1774).doi:10.1098/rspb.2013.2511.

Mutinda, H., J. H. Poole, and C. J. Moss. 2011. "Decision making and leadership in using the ecosystem." In *The Amboseli Elephants: A Long-Term Perspective on a Long-Lived Mammal*, edited by C. J. Moss, H. Croze, and P. C. Lee, 246-259. Chicago: University of Chicago Press.

Myers, F. 1988. "Burning the truck and holding the country: Property, time and the negotiation of identity among the Pintupi Aborigines." In *Hunters and Gatherers: Property, Power and Ideology*, edited by T. Ingold, D. Riches, and J. Woodburn, 15-43. Oxford: Berg.

Naber, M., M. V. Pashkam, and K. Nakayama. 2013. "Unintended imitation affects success in a competitive game." *Proceedings of the National Academy of Sciences, USA* 110 (50):20046-20050.

Nakahashi, W., J. Y. Wakano, and J. Idenrich. 2012. "Adaptive social learning strategies in temporally and spatially varying environments: How temporal vs. spatial variation, number of cultural traits, and costs of learning influence the evolution of conformist-biased transmission, payoff-biased transmission, and individual learning." *Human Nature* 23 (4):386-418.

Neff, B. D. 2003. "Decisions about parental care in response to perceived paternity." *Nature* 422 (6933):716-719.

Nettle, D. 2007. "Language and genes: A new perspective on the origins of human cultural diversity." *Proceedings of the National Academy of Sciences, USA* 104 (26):10755-10756. doi:10.1073/pnas.0704517104.

_____. 2012. "Social scale and structural complexity in human languages." *Philosophical Transactions of the Royal Society B: Biological Sciences* 367 (1597):1829-1836.

Newman, R. W. 1970. "Why man is such a sweaty and thirsty naked animal—A speculative review." *Human Biology* 42 (1):12-27.

Newmeyer, E J. 2002. "Uniformitarian assumptions and language evolution research." In *The Transition to Language*, edited by A. Wray, 359-375. Oxford: Oxford University Press.

Nhassico, D., H. Muquingue, J. Cliff, A. Cumbana, and J. H. Bradbury. 2008. "Rising African cassava production, diseases due to high cyanide intake and control measures." *Journal of the Science of Food and Agriculture* 88 (12):2043-2049.

Nielsen, M. 2012. "Imitation, pretend play, and childhood; Essential elements in the evolution of human culture?" *Journal of Comparative Psychology* 126 (2):170-181.

Nielsen, M., and K. Tomaselli. 2010. "Overimitation in Kalahari Bushman children and the origins of human cultural cognition" *Psychological Science* 21 (5):729-736.

Nisbett, R. E. 2003. *The Geography of Thought: How Asians and Westerners Think Differently...and Why.* New York: Free Press.

Nisbett, R. E., and D. Cohen. 1996. *Culture of Honor.* Boulder, CO: Westview Press.

Nixon, L. A., and M. D. Robinson. 1999. "The educational attainment of young women: Role model effects of female high school faculty." *Demography* 36 (2):185-194.

Noell, A. M., and D. K. Himber. 1979. *The History of Noeii's Ark Gorilla Show: The Funniest Show on Earth, Which Features the "Worlds Only Athletic Apes."* Tarpon Springs, PL: Noell's Ark Publisher.

Norenzayan, A. 2013. *Big Gods: How Religion Transformed Cooperation and Conflict.* Princeton, NJ: Princeton University Press.

Norenzayan, A., A. F. SharifF, W. M. Gervais, A. Willard, R. McNamara, E. Slingerland, and J. Henrich. Forthcoming. "The cultural evolution of prosocial religions." *Behavioral and Brain Sciences.*

Nunez, M., and P. L. Harris. 1998. "Psychological and deontic concepts: Separate domains or intimate connection?" *Mind & Language* 13 (2):153-170.

O'Brien, M. J., and K. N. Laland. 2012. "Genes, culture, and agriculture: An example of human niche construction" *Current Anthropology* 53 (4):434-470.

O'Connor, S., R. Ono, and C. Clarkson. 2011. "Pelagic fishing at 42,000 years before the present and the maritime skills of modern humans." *Science* 334 (6059):1117-1121. doi:10.1126/science.1207703.

Offerman, T, J. Potters, and J. Sonnemans. 2002. "Imitation and belief learning in an oligopoly experiment." *Review of Economic Studies* 69 (4):973-998.

Offerman, T, and J. Sonnemans. 1998. "Learning by experience and learning by imitating others" *Journal of Economic Behavior and Organization* 34 (4):559-575.

Oota, H., W. Settheetham-Ishida, D. Tiwawech, T. Ishida, and M. Stoneking. 2001. "Human mtDNA and Y-chromosome variation is correlated with matrilocal versus patrilocal residence." *Nature Genetics* 29 (1):20-21.

Over, H., and M. Carpenter. 2012. "Putting the social into social learning: Explaining both selectivity and fidelity in children's copying behavior." *Journal of Comparative Psychology* 126 (2):182-192.

_____. 2013. "The social side of imitation." Child Development Perspectives 7 (1):6-11.

Paciotti, B., and C. Hadley. 2003. "The ultimatum game in southwestern Tanzania." *Current Anthropology* 44 (3):427-432.

Padmaja, G. 1995. "Cyanide detoxification in cassava for food and feed uses." *Critical Reviews in Food Science and Nutrition* 35 (4):299-339.

Pagel, M. D. 2012. *Wired for Culture: Origins of the Human Social Mind.* New York:W. W. Norton.

Paige, D. M., T. M. Bayless, and G. G. Graham. 1972. "Milk programs—Helpful or harmful to Negro children?" *American Journal of Public Health and the Nations Health* 62 (11):1486-1488. doi:10.2105/Ajph.62.11.1486.

Paine, R. 1971. "Animals as capital—Comparisons among northern nomadic herders and hunters" *Anthropological Quarterly* 44 (3):157-172.

Paladino, M. P., M. Mazzurega, F. Pavani, and T. W. Schubert. 2010. "Synchronous multisensory stimulation blurs self-other boundaries." *Psychological Science* 21 (9):1202-1207.

Panchanathan, K., and R. Boyd. 2004. "Indirect reciprocity can stabilize cooperation without the second-order free rider problem." *Nature* 432:499-502.

Panger, M. A., A. S. Brooks, B. G. Richmond, and B. Wood. 2002. "Older than the Oldowan? Rethinking the emergence of hominin tool use." *Evolutionary Anthropology* 11 (6):235-245.

Pashos, A. 2000. "Does paternal uncertainty explain discriminative grandparental solicitude? A cross-cultural study in Greece and Germany." *Evolution and Human Behavior* 21 (2):97-109.

Pawley, A. 1987. "Encoding events in Kalam and English: Different logics for reporting experience." In *Coherence and Grounding in Discourse*, edited by R. Tomlin, 329-360. Amsterdam: John Benjamins.

Pearce, E., C. Stringer, and R. I. M. Dunbar. 2013. "New insights into differences in brain organization between Neanderthals and anatomically modern humans." *Proceedings of the Royal Society B: Biological Sciences* 280 (1758). doi:10.1098/rspb.2013.0168.

Peng, Y., H. Shi, X. B. Qi, C. J. Xiao, H. Zhong, R. L. Z. Ma, and B. Su. 2010. "The *ADH1B Arg47* His polymorphism in East Asian populations and expansion of rice domestication in history." BMC Evolutionary Biology 10:15. doi:10.1186/1471-2148-10-15.

Perreault, C. 2012. "The pace of cultural evolution." *PLoS ONE* 7 (9):e45150. doi:10.1371/journal. pone.0045150.

Perreault, C., P. J. Brantingham, S. L. Kuhn, S. Wurz, and X. Gao. 2013. "Measuring the complexity of lithic technology." *Current Anthropology* 54 (S8):S397-S406. doi:10.1086/673264.

Perreault, C., C. Moya, and R. Boyd. 2012. "A Bayesian approach to the evolution of social learning." *Evolution and Human Behavior* 33 (5):449-459.

Perry, D. G., and K. Bussey. 1979. "Social-learning theory of sex differences—Imitation is alive and well." *Journal of Personality and Social Psychology* 37 (10):1699-1712.

Perry, G. H., N. J. Dominy, K. G. Claw, A. S. Lee, H. Fiegler, R. Redon, J. Werner, et al. 2007. "Diet and the evolution of human amylase gene copy number variation." *Nature Genetics* 39 (10):1256-1260.

Perry, G. H., B. C. Verrelli, and A. C. Stone. 2005. "Comparative analyses reveal a complex history of molecular evolution for human*MYH16*." Molecular Biology and Evolution 22 (3):379-382.

Peterson, S., R Legue, T. Tylleskar, E. Kpizingui, and H. Rosling. 1995. "Improved cassava-processing can help reduce iodine deficiency disorders in the Central African Republic." *Nutrition Research* 15 (6):803-812.

Peterson, S., H. Rosling, T. Tylleskar, M. Gebremedhin, and A. Taube. 1995. "Endemic goiter in Guinea." *Lancet* 345 (8948):513-514.

Phillips, D. P., T. E. Ruth, and L. M. Wagner. 1993. "Psychology and survival." Lancet 342 (8880):1142-1145.

Phoenix, D. 2003. "Burke and Wills: Melbourne to the Gulf—A. brief history of the Victorian Exploring Expedition of 1860-1." http://www.burkeandwills.net.au/downloads/.

Pietraszewski, D.. L. Cosmides, and J. Tooby. 2014, "The content of our cooperation, not the color of our skin: An alliance detection system regulates categorization by coalition and race, but not sex." *Plos One* 9 (2):e88534. doi:10.1371/journal.pone.0088534.

Pietraszewski, D., and A. Schwartz. 2014a. "Evidence that accent is a dedicated dimension of social categorization, not a byproduct of coalitional categorization." *Evolution and Human Behavior* 35 (1):51-57.

_____. 2014b. "Evidence that accent is a dimension of social categorization, not a byproduct of perceptual salience, familiarity, or ease-of-processing." *Evolution and Human Behavior* 35 (1):43-50.

Pike, T. W., and K. N. Laland. 2010. "Conformist learning in nine-spined stickle backs' foraging decisions." *Biology Letters* 6 (4):466-468.

Pingle, M. 1995. "Imitation vs. rationality: An experimental perspective on decision-making." *Journal of Socio-Economics* 24:281-315.

Pingle, M., and R. H. Day. 1996. "Modes of economizing behavior: Experimental evidence" *Journal of Economic Behavior & Organization* 29:191-209.

Pinker, S. 1997. *How the Mind Works*. New York: W. W. Norton.

_____. 2002. *The Blank Slate: The Modern Denial of Human Nature*. New York: Viking.

_____. 2010. "The cognitive niche: Coevolution of intelligence, sociality, and language." *Proceedings of the National Academy of Sciences* 107 (Suppl. 2):8993-8999. doi:10.1073/pnas.0914630107.

_____. 2011. The Better Angels of Our Nature: Why Violence Has Declined. New York: Viking.

Pinker, S., and P. Bloom. 1990. "Natural language and natural selection." *Behavioral and Brain Sciences* 13 (4) 707-726.

Pitchford, N. J., and K. T. Mullen. 2002. "Is the acquisition of basic-colour terms in young children constrained?" *Perception* 31 (11):1349-1370.

Place, S. S., P. M. Todd, L. Penke, and J. B. Asendorpf. 2010. "Humans show mate copying after observing real mate choices." *Evolution and Human Behavior* 31 (5):320-325.

Plassmann, H., J. O'Doherty, B. Shiv, and A. Rangel. 2008. "Marketing actions can modulate neural representations of experienced pleasantness." *Proceedings of the National Academy of Sciences, USA* 105 (3):1050-1054.

Plummet, T. 2004. "Flaked stones and old bones: Biological and cultural evolution at the dawn of technology." *Yearbook of Physical Anthropology* 47:118-164.

Potters, J., M. Sefton, and L. Vesterlund. 2005. After you—Endogenous sequencing in voluntary contribution games." *Journal of Public Economics* 89 (8):1399-1419.

_____. 2007. "Leading-by-example and signaling in voluntary contribution games: An experimental study." *Economic Theory* 33 (1):169-182.

Poulin-Dubois, D., I. Brooker, and A. Polonia. 2011. "Infants prefer to imitate a reliable person." *Infant Behavior and Development* 34 (2):303-309. http://dx.doi.org/10.1016/j.infbeh.2011.01.006.

Powell, A., S. Shennan, and M. G. Thomas. 2009. "Late Pleistocene demography and the appearance of modern human behavior." *Science* 324 (5932):1298-1301.

Pradhan, G. R., C. Tennie, and C. P. van Schaik. 2012. "Social organization and the evolution of cumulative technology in apes and hominins." *Journal of Human Evolution* 63 (1):180-190.

Presbie, R. J. and P. F. Coiteux. 1971. "Learning to be generous or stingy: Imitation of sharing behavior as a function of model generosity and vicarious reinforce merit." *Child Development* 42 (4):1033-1038.

Price, D. D., D. G. Finniss, and F. Benedetti. 2008. "A comprehensive review of the placebo effect: Recent advances and current thought." *Annual Review of Psychology* 59:565-590.

Price, T. D., and J. A. Brown, eds. 1988. *Prehistoric Hunter Gathers: The Emergence of Cultural Complexity*. New York: Academic Press.

Proctor, D., R. A. Williamson, F. B. M. de Waal, and S. E Brosnan. 2013. "Chimpanzees play the ultimatum game." *Proceedings of the National Academy of Sciences, USA* 110 (6):2070-2075.

Pulliam, H. R., and C. Dunford. 1980. *Programmed to Learn: An Essay on the Evolution of Culture*. New York: Columbia University Press.

Puurtinen, M., and T. Mappes. 2009. "Between-group competition and human cooperation." *Proceedings of the Royal Society B: Biological Sciences* 276 (1655):355-360.

Rabinovich, R., S. Gaudzinski-Windheuser. and N. Goren-Inbar. 2008. "Systematic butchering of fallow deer (Dama) at the early middle Pleistocene Acheulian site of Gesher Benot Ya'aqov (Israel)." *Journal of Human Evolution* 54 (1):134-149.

Radcliffe-Brown, A. R. 1964. *The Andaman Islanders*. New York: Free Press.

Rakoczy, Fi., N. Brosche, F. Warneken, and M. Tomasello. 2009. "Young children's understanding of the context-relativity of normative rules in conventional games." *British Journal of Developmental Psychology* 27:446-456.

Rakoczy, H., F. Wameken, and M. Tomasello. 2008. "The sources of normativity: Young children's awareness of the normative structure of games." *Developmental Psychology* 44 (3):875-881.

Rand, D. G., J. D. Greene, and M. A. Nowak. 2012. "Spontaneous giving and calculated greed." *Nature* 489 (7416):427-430.

_____. 2013. "Intuition and cooperation reconsidered. Reply." *Nature* 498 (7452):E2-E3.

Rand, D. G., A. Peysakhovich, G. T. Kraft-Todd, G. E. Newman, O. Wurzbacher, M. A. Nowak, and J. D. Greene. 2014. "Social heuristics shape intuitive cooperation." *Nature Communications* 5:3677. doi:10.1038/hcomms4677.

Rasmussen, K., G. Herring, and H. Moltke. 1908. *The People of the Polar North: A Record*. London: K. Paul, Trench, Triibner & Co.

Reader, S. M., Y. Hager, and K. N. Laland. 2011. "The evolution of primate general and cultural intelligence." *Philosophical Transactions of the Royal Society B: Biological Sciences* 366 (1567):1017-1027.

Reader, S. M., and K. N. Laland. 2002. "Social intelligence, innovation, and enhanced brain size in primates." *Proceedings of the National Academy of Sciences, USA* 99 (7):4436-4441.

Real, L. A. 1991. "Animal choice behavior and the evolution of cognitive architecture." *Science* 253:980-86.

Reali, E, and M. H. Christiansen. 2009. "Sequential learning and the interaction between biological and linguistic adaptation in language evolution." *Interaction Studies* 10 (1):5-30.

Rendell, L., L. Fogarty, W. J. E. Hoppitt, T. J. H. Morgan, M. M. Webster, and K. N. Laland. 2011. "Cognitive culture: Theoretical and empirical insights into social learning strategies." *Trends in Cognitive Sciences* 15 (2):68-76.

Rendell, L., and H. Whitehead. 2001. "Culture in whales and dolphms" *Behavioral and Brain Sciences* 24 (2):309-382

Reyes-Garcia, V., J. Broesch, L. Calvet-Mir, N. Fuentes-Pelaez, T. W. McDade, S. Parsa, S. Tanner, et al.

2009. "Cultural transmission of ethnobotanical knowledge and skills: An empirical analysis from an Amerindian society." *Evolution and Human Behavior* 30 (4);274-285.

Reyes-Garcia, V., J. L. Molina, J. Broesch, L. Calvet, T. Huanca, J. Saus, S. Tanner, W. R. Leonard, and T. W. McDade. 2008. "Do the aged and knowledgeable men enjoy more prestige? A test of predictions from the prestige-bias model of cultural transmission." *Evolution and Human Behavior* 29 (4):275-281.

Rice, M. E., and J. E. Grusec. 1975. "Saying and doing: Effects of observer performance." *Journal of Personality and Social Psychology* 32:584-593.

Richerson, R. J., R. Baldini, A. Bell, K. Demps, K. Frost, V. Hillis, S. Mathew, et al. Forthcoming. "Cultural group selection plays an essential role in explaining human cooperation: A sketch of the evidence." *Behavioral & Brain Sciences.*

Richerson, P. J., and R. Boyd. 1998. "The evolution of ultrasociality." In *Indoctrinability, Ideology and Warfare,* edited by I. Eibl-Eibesfeldt and E. K. Salter, 71-96. New York: Berghahn Books.

_____. 2000a. "Climate, culture and the evolution of cognition." In *The Evolution of Cognition,* edited by C. M. Heyes, 329-345. Cambridge, MA: MIT Press.

_____. 2000b. "Built for speed: Pliestocene climate variation and the origins of human culture" In *Perspectives in Ethology,* edited by F. Tonneau and N. Thompson, 1-45. New York: Springer.

_____. 2005. *Not by Genes Alone: How Culture Transformed Human Evolution.* Chicago: University of Chicago Press.

Richerson, P. J., R. Boyd, and R. L. Bettinger. 2001. "Was agriculture impossible during the Pleistocene but mandatory during the Holocene? A climate change hypothesis" *American Antiquity* 66 (3):387-411.

Richerson, P. J., R. Boyd, and J. Henrich. 2010. "Gene-culture coevolution in the age of genomics." *Proceedings of the National Academy of Sciences* 107 (Suppl. 2):8985-8992. doi:10.1073/pnas.0914631107.

Richerson, P. J., and J. Henrich. 2012. "Tribal social instincts and the cultural evolution of institutions to solve collective action problems." *Cliodynamics 3* (1):38-80.

Ridley, M. 2010. *The Rational Optimist: How Prosperity Evolves.* New York: Harper.

Rilling, J. K., A. G. Sanfey, L. E. Nystrom, J. D. Cohen, D. A. Gutman, T. R. Zeh, G. Pagnoni, G. S. Berns, and C. D. Kilts. 2004. "Imaging the social brain with fMRI and interactive games." *International Journal of Neuropsycbopbarmacology* 7:S477-S478.

Rivers, W. H. R. 1931. "The disappearance of useful arts." In *Source Book in Anthropology,* edited by A. L. Kroeber and T. Waterman, 524-534. New York: Harcourt Brace.

Roach, N. T, and D. E. Lieberman. 2012. "Derived anatomy of the shoulder and wrist enable throwing ability in Homo." *American Journal of Physical Anthropology* 147:250-250.

Roach, N. T, and D. E. Lieberman. 2013. "The biomechanics of power generation during human high-speed throwing." *American Journal of Physical Anthropology* 150:233-233.

Roach, N. T, M. Venkadesan, M. J. Rainbow, and D. E. Lieberman. 2013. "Elastic energy storage in the shoulder and the evolution of high-speed throwing in Homo." *Nature* 498 (7455):483-486.

Rodahl, K., and T. Moore. 1943. "The vitamin A content and toxicity of bear and seal liver" *Biochemical*

호모 사피엔스

Journal 37:166-168.

Roe, D. A. 1973. *A Plague of Corn: The Social History of Pellagra*. Ithaca, NY: Cornell University Press.

Rogers, E. M. 1995a: *Diffusion of Innovations*. New York: Free Press.

Rosekrans, M. A. 1967. "Imitation in children as a function of perceived similarity to a social model and vicarious reinforcement." *Journal of Personality and Social Psychology* 7 (3):307-315.

Rosenbaum, M., and R. R. Blake. 1955. "The effect of stimulus and background factors on the volunteering response." *Journal Abnormal Social Psychology* 50:193-196.

Rosenbaum, M. E., and I. F. Tucker. 1962. "The competence of the model and the learning of imitation and nonimitation." *Journal of Experimental Psychology* 63 (2):183-190.

Rosenthal, T. L., and B. J. Zimmerman. 1978. *Social Learning and Cognition*. New York: Academic Press.

Roth, G., and U. Dicke. 2005. "Evolution of the brain and intelligence." *Trends in Cognitive Sciences* 9 (5):250-257.

Rozin, P., L. Ebert, and J. Schull. 1982. "Some like it hot—A temporal analysis of hedonic responses to chili pepper." *Appetite* 3 (1):13-22.

Rozin, P., L. Gruss, and G. Berk. 1979. "Reversal of innate aversions—Attempts to induce a preference for chili peppers in rats." *Journal of Comparative and Physiological Psychology* 93 (6):1001-1014.

Rozin, P., and K. Kennel. 1983. "Acquired preferences for piquant foods by chimpanzees." *Appetite* 4 (2):69-77.

Rozin, P., M. Mark, and D. Schiller. 1981. "The role of desensitization to capsaicin in chili pepper ingestion and preference." *Chemical Senses* 6 (1):23-31.

Rozin, P., and D. Schiller. 1980. "The nature and acquisition of a preference for chili pepper by humans." *Motivation and Emotion* 4 (1):77-101. doi-10.1007/bf00995932.

Rubinstein, D. H. 1983. "Epidemic Suicide among Micronesian Adolescents." *Social Science Medicine* 17 (10):657-665.

Rushton, J. P. 1975. "Generosity in children: Immediate and long term effects of modeling, preaching, and moral judgement." *Journal of Personality and Social Psychology* 31:459-466.

Rushton, J. P., and A. C. Campbell. 1977. "Modeling, vicarious reinforcement and extraversion on blood donating in adults. Immediate and long-term effects." *European Journal of Social Psychology* 7 (3):297-306.

Ryalls, B. O., R. E. Gul. and K. R. Ryalls. 2000. "Infant imitation of peer and adult models: Evidence for a peer model advantage." *Merrill-Palmer Quarterly Journal of Developmental Psychology* 46 (1):188-202.

Saaksvuori, L., T. Mappes, and M. Puurtinen. 2011. "Costly punishment prevails in intergroup conflict." *Proceedings of the Royal Society B: Biological Sciences* 278 (1723):3428-3436.

Sabbagh, M. A., and D. A. Baldwin. 2001. "Learning words from knowledgeable versus ignorant speakers: Links between preschoolers' theory of mind and semantic development." *Child Development* 72 (4):1054-1070.

Sahlins, M. 1961. "The segmentary lineage: An organization of predatory expansion." *American*

Anthropologist 63 (2):322-345.

Salali, G. D., M. Juda, and J. Henrich. 2015. "Transmission and development of costly punishment in children." *Evolution and Human Behavior* 36 (2):86-94.

Sandgathe, D., H. Dibble, P. Goldberg, S. J. P. McPherron, A. Turq, L. Niven, and J. Hodgkins. 2011a. "On the role of fire in Neanderthal Adaptations in Western Europe: Evidence from Pech de l'Aze and Roc de Marsal, France." *Paleo Anthropology* 2011:216-242.

_____. 2011b. "Timing of the appearance of habitual fire use." *Proceedings of the National Academy of Sciences, USA* 108 (29):E298-E298.

Sanfey, A. G., J. K. Rilling, J. A. Aronson, L. E. Nystrom, and J. D. Cohen. 2003. "The neural basis of economic decision-making in the ultimatum game." *Science* 300:1755-1758.

Sanz, C. M., and D. B. Morgan. 2007. "Chimpanzee tool technology in the Goualougo Triangle, Republic of Congo." *Journal of Human Evolution* 52 (4):420-433.

_____. 2011. "Elemental variation in the termite fishing of wild chimpanzees (*Pantroglodytes*)." Biology Letters 7 (4):634-637. doi:10.1098/rsbl.2011.0088.

Scally, A., J. Y. Dutheil, L. W. Hillier, G. E. Jordan, I. Goodhead, J. Herrero, A. Hobolth, et al. 2012. "Insights into hominid evolution from the gorilla genome sequence." *Nature* 483 (7388):169-175.

Schachter, S., and R. Hall. 1952. "Group-derived restraints and audience persuasion." *Human Relations* 5:397-406.

Schapera, 1.1930. *The Khoisan Peoples of South Africa.* London: Routledge.

Schick, K. D., N. Toth, G. Garufi, E. S. Savage-Rumbaugh, D. Rumbaugh, and R. Sevcik. 1999. "Continuing investigations into the stone tool-making and toolusing capabilities of a bonobo (*Pan paniscus*)" Journal of Archaeological Science 26:821-832.

Schmelz, M., J. Call, and M. Tomasello. 2011. "Chimpanzees know that others make inferences." *Proceedings of the National Academy of Sciences, USA* 108 (7):3077-3079.

_____. 2013. "Chimpanzees predict that a competitor's preference will match their own." *Biology Letters* 9 (1).

Schmidt, M. F. H., H. Rakoczy, and M. Tomasello. 2012. "Young children enforce social norms selectively depending on the violator's group affiliation." *Cognition* 124 (3):325f 33.

Schmidt, M. F. H., and M. Tomasello. 2012. "Young children enforce social norms." *Current Directions in Psychological Science* 21 (4):232-236.

Schnall, E., and M. J. Greenberg. 2012. "Groupthink and the Sanhedrin: An analysis of the ancient court of Israel through the lens of modern social psychology." *Journal of Management History* 18 (3):285-294.

Scholz, M. N., K. D'Aout, M. F. Bobbert, and P. Aerts. 2006. "Vertical jumping performance of bonobo (*Pan paniscus*) suggests superior muscle properties." Proceedings of the Royal Society B: Biological Sciences 173 (1598):2177-2184. doi:10.1098/rspb.2006.3568.

Scofield, j., and D. A. Behrend. 2008. "Learning words from reliable and unreliable speakers." *Cognitive Development* 23 (2):278-290. doi:10.1016/j.cogdev.2008.01.003.

Scott, D. J., C. S. Stohler, C. M. Egnatuk, H. Wang, R. A. Koeppe, and J. K. Zubieta. 2008. "Placebo and nocebo effects are defined by opposite opioid and dopaminergic responses." *Archives of General Psychiatry* 65 (2);220-231.

Scott, R. M., R. Baillargeon, H. J. Song, and A. M. Leslie. 2010. "Attributing false beliefs about non-obvious properties at 18 monthsy Cognitive Psychology 61 (4):366-395.

Sear, R., and R. Mace. 2008. "Who keeps children alive. A review of the effects of kin on child survival." *Evolution and Human Behavior* 29 (1):1-18.

Selten, R., and J. Apesteguia. 2005. "Experimentally observed imitation and cooperation in price competition on the circle." *Games and Economic Behavior* 51 (1):171-192.

Sepher, J. 1983. *Incest; The Biosocial View*. New York; Academic Press.

Sharon, G., N. Alperson-Afil, and N. Goren-Inbar. 2011. "Cultural conservatism and variability in the Acheulian sequence of Gesher Benot Ya'aqov. *Journal of Human Evolution* 60 (4):387-397.

Shea, J. J. 2006. "The origins of lithic projectile point technology; evidence from Africa, the Levant, and Europe." *Journal of Archaeological Science* 33 (6);823-846.

Shea, J. J., and M. Sisk. 2010. "Complex projectile technology and Homo sapiens dispersal into Western Europe." *PaleoAntbropology*:100-121.

Shennan, S. 2001. "Demography and cultural innovation; A model and its implications for the emergence of modern human culture." *Cambridge Archaeology Journal* 11 (1);5-16.

Sherman, P. W, and J. Billing. 1999. "Darwinian gastronomy; Why we use spices." *Bioscience* 49 (6);453-463.

Sherman, P. W, and S. M. Elaxman. 2001. "Protecting ourselves from food." *American Scientist* 89 (2);142-151.

Sherman, P. W, and G. A. Hash. 2001. "Why vegetable recipes are not very spicy." *Evolution and Human Behavior* 22 (3);147-163.

Shimelmitz, R., S. L. Kuhn, A. J. Jelinek, A. Ronen, A. E. Clark, and M. Weinstein-Evron. 2014. "'Fire at will'; The emergence of habitual fire use 350,000 years ago." *Journal of Human Evolution* 77:196-203. http;//dx.doi.org/10.1016/j.jhevol.2014.07.005.

Shutts, K., M. R. Banaji, and E. S. Spelke. 2010. "Social categories guide young children's preferences for novel objects." *Developmental Science* 13 (4);599-610.

Shutts, K., K. D. Kinzler, and J. M. Dejesus. 2013. "Understanding infants' and children's social learning about foods; Previous research and new prospects." *Developmental Psychology* 49 (3);419-425.

Shutts, K., K. D. Kinzler, C. B. Mckee, and E. S. Spelke. 2009. "Social information guides infants' selection of foods." *Journal of Cognition and Development* 10 (1-2):1-17.

Silberberg, A., and D. Kearns. 2009. "Memory for the order of briefly presented numerals in humans as a function of practice." *Animal Cognition* 12 (2);405-407.

Silk, J. B. 2002. "Practice random acts of aggression and senseless acts of intimidation: The logic of status contests in social groups." *Evolutionary Anthropology* 11 (6);221-225.

Silk, J. B., S. F. Brosnan, J. Vonk, J. Henrich, D. J. Povinelli, A. S. Richardson, S. P. Lambeth, J. Mascaro, and S. J. Shapiro. 2005. "Chimpanzees are indifferent to the welfare of unrelated group members." *Nature* 437:1357-1359.

Silk, J. B., and B. R. House. 2011. "Evolutionary foundations of human prosocial sentiments." *Proceedings of the National Academy of Sciences, USA* 108:10910-10917.

Silverman, R, and R. J. Maxwell. 1978. "How do I respect thee? Let me count the ways: Deference towards elderly men and women." *Behavior Science Research* 13 (2):91-108.

Simmons, L. W. 1945. *The Role of the Aged in Primitive Society*. New Haven, CT: Yale University Press.

Simon, H. 1990. "A mechanism for social selection and successful altruism." *Science* 250:1665-1668.

Simoons, P. J. 1970. "Primary adult lactose intolerance and the milking habit: A problem in biologic and cultural interrelations: 11. A culture historical hypothesis." *American Journal of Digestive Diseases* 15 (8):695-710.

Slingerland, E., J. Henrich, and A. Norenzayan. 2013. The evolution of prosocial religions. In *Cultural Evolution: Society, Technology, Language and Religion*, edited by P. J. Richerson and M. H. Christiansen, 335-348. Cambridge: MIT Press.

Sloane, S., R. Baillargeon, and D. Premack. 2012. "Do infants have a sense of fairness?" *Psychological Science* 23 (2):196-204.

Smaldino, P. E., J. C. Schank, and R. McElreath. 2013. "Increased costs of cooperation help cooperators in the long run" *American Naturalist* 181 (4):451-463.

Smil, V. 2002. "Biofixation and nitrogen in the biosphere and in global food production." In *Nitrogen Fixation: Global Perspectives*, edited by T. M. Einan, M. R. O'Brian, D. B. Layzell, and J. K. Vessey, 7-10. Wallingford, UK: CAB International.

Smil, V. 2011. "Harvesting the Biosphere: The Human Impact." *Population and Development Review* 37 (4):613-636

Smith, E. A., and B. Winterhalder. 1992. *Evolutionary Ecology and Human Behavior*. New York: Aldine de Gruyter.

Smith, J. R., M. A. Hogg, R. Martin, and D. J.Terry. 2007. "Uncertainty and the influence of group norms in the attitude-behaviour relationship." *British journal of Social Psychology* 46:769-792.

Smith, K., and S. Kirby. 2008. "Cultural evolution: Implications for understanding the human language faculty and its evolution." *Philosophical Transactions of the Royal Society B: Biological Sciences* 363 (1509):3591-3603.

Snyder, J. K., L. A. Kirkpatrick, and H. C. Barrett. 2008. "The dominance dilemma: Do women really prefer dominant mates" *Personal Relationships* 15 (4):425-444. doi:10.1111/j.1475-6811.2008.0020.x.

Soler, R. 2010. "Costly signaling, ritual and cooperation: Bindings from Candomble, an Afro-Brazilian religion." Unpublished manuscript.

Soltis, J., R. Boyd, and R. J. Richerson. 1995. "Can group-functional behaviors evolve by cultural group selection? An empirical test." *Current Anthropology* 36 (3):473-494.

Sosis, R., H. Kress, and J. Boster. 2007. "Scars for war: Evaluating signaling explanations for cross-cultural variance in ritual costs." *Evolution and Human Behavior* 28:234-247.

Spencer, B., and F. J. Gillen. 1968. *The Native Tribes of Central Australia*. New York: Dover Publications.

Spencer, C., and E. Redmond. 2001. "Multilevel selection and political evolution in the Valley of Oaxaca."

호모 사피엔스

Journal of Anthropological Archaeology 20:195-229.

Spencer, R. F. 1984. "North Alaska Coast Eskimo." In Arctic, Vol. 5 of Handbook of North American Indians, edited by D. Damas. Washington, DC: Smithsonian Institution Press.

Sperber, D. 1996. *Explaining Culture: A Naturalistic Approach*. Oxford: Blackwell.

Sperber, D., F. Clement, C. Heintz, O. Mascaro, H. Mercier, G. Origgi, and D. Wilson. 2010. "Epistemic vigilance." *Mind & Language* 25 (4):359-393.

Stack, S. 1987. "Celebrities and suicide: A taxonomy and analysis, 1948-1983." *American Sociological Review* 52 (3):401-412.

_____. 1990. "Divorce, suicide, and the mass media: An analysis of differential identification, 1948-1980." *Journal of Marriage & the Family* 52 (2):553-560.

_____. 1992. "Social correlates of suicide by age: Media impacts." In *Life Span Perspectives of Suicide: Time-lines in the Suicide Process*, edited by A. Leenaars, 187-213. New York: Plenum Press.

_____. 1996. "The effect of the media on suicide: Evidence from Japan, 1955-1985." Suicide & Life-Threatening Behavior 26 (2):132-142.

Stanovich, K. E. 2013. "Why humans are (sometimes) less rational than other animals: Cognitive complexity and the axioms of rational choice." *Thinking & Reasoning* 19 (1):1-26.

Stedman, H. H., B. W. Kozyak, A. Nelson, D. M. Thesier, J. B. Shrager, C. R. Bridges, N. Minugh-Purvis, and M. A. Mitchell. 2003. "Inactivating mutation in the MYH16 'superfast' myosin gene abruptly reduced the size of the jaw closing muscles in a recent human ancestor." *Molecular Therapy* 7 (5):S106-S106.

Stedman, H. H., B. W. Kozyak, A. Nelson, D. M. Thesier, L. T. Su, D. W. Low, C. R. Bridges, J. B. Shrager, N. Minugh-Purvis, and M. A. Mitchell. 2004. "Myosin gene mutation correlates with anatomical changes in the human lineage." *Nature* 428 (6981):415-418.

Stenberg, G. 2009. "Selectivity in infant social referencing." 14 (4):457-473.

Sterelny, K. 2012a. *The Evolved Apprentice: How Evolution Made Humans Unique. The Jean Nicod Lectures*. Cambridge, MA: The MIT Press.

_____. 2012b. "Language, gesture, skill: The co-evolutionary foundations of language." *Philosophical Transactions of the Royal Society B: Biological Sciences* 367 (1599):2141-2151.

Stern, T. 1957. "Drum and whistle languages—An analysis of speech surrogates." *American Anthropologist* 59 (3):487-506.

Stewart, K. M. 1994. "Early hominid utilization of fish resources and implications for seasonality and behavior." *Journal of Human Evolution* 27 (1-3):229-245.

Stout, D. 2002. "Skill and cognition in stone tool production—An ethnographic case study from Irian Jaya." *Current Anthropology* 43 (5):693-722.

_____. 2011. "Stone toolmaking and the evolution of human culture and cognition." *Philosophical Transactions of the Royal Society B: Biological Sciences* 366 (1567):1050-1059.

Stout, D., and T. Chaminade. 2007. "The evolutionary neuroscience of tool making." *Neuropsycbologia* 45 (5):1091-1100.

_____. 2012. "Stone tools, language and the brain in human evolution." *Philosophical Transactions of the Royal Society B: Biological Sciences* 367 (1585):75-87.

Stout, D., S. Semaw, M. J. Rogers, and D. Cauche. 2010. "Technological variation in the earliest Oldowan from Gona, Afar, Ethiopia." *Journal of Human Evolution* 58 (6):474-491.

Stout, D., N. Toth, K. Schick, and T. Chaminade. 2008. "Neural correlates of Early Stone Age toolmaking: Technology, language and cognition in human evolution." *Philosophical Transactions of the Royal Society B: Biological Sciences* 363 (1499):1939-1949.

Striedter, G. E. 2004. *Principles of Brain Evolution*. Sunderland, MA; Sinauer Associates.

Stringer, C. 2012. *Lone Survivors: How We Came to Be the Only Humans on Earth*. New York: Henry Holt and Company.

Sturm, R. A., D. L. Duffy, Z. Z. Zhao, F. RN. Leite, M. S. Stark, N. K. Hayward, N. G. Martin, and G. W. Montgomery. 2008. "A single SNP in an evolutionary conserved region within intron 86 of the *HERC2* gene determines human bluebrown eye color" American journal of Human Genetics 82 (2):424-431.

Sturtevant, W. C. 1978. Arctic, Vol. 5 of *Handbook of North American Indians*. Washington, DC: Smithsonian Institution Press.

Surovell, T. A. 2008. "Extinction of big game." In Encyclopedia of Archaeology, edited by D. Pearsall, 1365-1374. New York: Academic Press.

Sutton, M. Q. 1986. "Warfare and expansion: An ethnohistoric perspective on the Numic spread." *Journal of California and Great Basin Anthropology* 8 (1):65-82.

_____. 1993. "The Numic expansion in Great Basin Oral Tradition." *Journal of California and Great Basin Anthropology* 15 (1):111-128.

Suwa, G., B. Asfaw, R. T. Kono, D. Kubo, C. O. Lovejoy, and T. D. White. 2009. "The Ardipithecus ramidus skull and its implications for hominid origins." *Science* 326 (5949).

Szwed, M., E Vinckier, L. Cohen, and S. Dehaene. 2012. "Towards a universal neurobiological architecture for learning to read." *Behavioral and Brain Sciences* 35 (5):308-309.

Tabibnia, G., A. B. Satpute, and M. D. Lieberman. 2008. "The sunny side of fairness—Preference for fairness activates reward circuitry (and disregarding unfairness activates self-control circuitry." *Psychological Science* 19 (4)339-347.

Talheim, T, X. Zhang, S. Gishi, C. Shimin, D. Duan, X. Lan, and S. Kitayama. 2014. "Large-scale psychological differences within China explained by rice versus wheat agriculture." *Science* 344 (6184):603-608.

Testart, A. 1988. "Some major problems in the social anthropology of huntergatherers." *Current Anthropology* 29 (1):1-31.

Thompson, J., and A. Nelson. 2011. "Middle childhood and modern human origins." *Human Nature* 22 (3):249-280. doi:10.1007/sl2110-011-9119-3.

Thomsen, L., W. E. Erankenhuis, M. Ingold-Smith, and S. Carey. 2011. "Big and mighty: Preverbal infants mentally represent social dominance." *Science* 331 (6016):477-80.doi:10.1126/science.ll99198.

Tolstrup, J. S., B. G. Nordestgaard, S. Rasmussen, A. Tybjaerg-Hansen, and M. Gron-back. 2008. "Alcoholism and alcohol drinking habits predicted from alcohol dehydrogenase genes" *Pharmacogenomics journal* 8 (3):220-227.

Tomasello, M. 1999. *The Cultural Origins of Human Cognition*. Cambridge, MA: Harvard University Press.

_____. 2000a. "Culture and cognitive development." *Current Directions in Psychological Science* 9 (2):37-40.

_____. 2000h. "Primate cognition: Introduction to the issue." *Cognitive Science* 24 (3)351-361.

_____. 2010. *Origins of Human Communication*. Cambridge. MA: MIT Press.

Tomasello, M., R. Strosherg, and N. Akhtar. 1996. "Eighteen-month-old children learn words in non-ostensive contests." *Journal of Child Language* 23 (1):157-176.

Tomhlin, J. B., E. Mainela-Amold, and X. Zhang. 2007. "Procedural learning in adolescents with and without specific language impairment." *Learning and Development* 3 (4):269-293. doi:10.1080/15475440701377477.

Tomkins, W. 1936. *Universal Sign Language of the Plains Indians of North America*. San Diego: Erye 8c Smith.

TbohyJ., and L. Cosmides. 1992. "The psychological foundations of culture." In *The Adapted Mind*, edited by J. Barkow, L. Cosmides, and J. Toohy, 19-136. New York: Oxford University Press.

Toth, N., and K. Schick. 2009. "The Oldowan: The tool making of early hominins and chimpanzees compared." *Annual Review of Anthropology* 38:289-305. doi:10.1146/annurev-anthro-091908-164521.

Tracy, J. L., and D. Matsumoto. 2008. "The spontaneous expression of pride and shame: Evidence for biologically innate nonverbal displays." *Proceedings of the National Academy of Sciences, USA* 105 (33):11655-11660. doi:10.1073/pnas.0802686105.

Tracy, J. E., and R. W. Robins. 2008. "The nonverbal expression of pride: Evidence for cross-cultural recognition." *Journal of Personality and Social Psychology* 94 (3):516-530.

Tracy, J. L., R. W. Robins, and K. H. Lagattuta. 2005. "Can children recognize pride?" *Emotion* 5 (3):251-257.

Tracy, J. L., A. F. Shariff, W. Zhao, and J. Henrich. 2013. "Cross-cultural evidence that the pride expression is a universal automatic status signal." *Journal of Experimen tal Psychology-General* 142:163-180.

Tubbs, R. S., E. G. Salter, and W. J. Oakes. 2006. "Artificial deformation of the human skull: A review." *Clinical Anatomy* 19 (4):372-377.

Turchin, P. 2005. *War and Peace and War: The Life Cycles of Imperial Nations*. New York: Pearson Education.

_____. 2010. "Warfare and the evolution of social complexity: A multilevel-selection approach." *Structure and Dynamics* 4 (3). http://escholarship.org/uc/item/7j11945r.

Tuzin, D. 1976. *The Ilabita Arapesh*. Berkeley: University of California Press.

_____. 2001. *Social Complexity in the Making: A Case Study among the Arapesh of New Guinea*. London: Routledge.

Tylleskar, T, M. Banea, N. Bikangi, R. D. Cooke, N. H. Poulter, and H. Rosling. 1992. "Cassava cyanogens and konzo, an upper motoneuron disease found in Africa." *Lancet* 339 (8787):208-211.

Tylleskar, T., M. Banea, N. Bikangi, L. Fresco, L. A. Persson, and H. Rosling. 1991. "Epidemiologic evidence from Zaire for a dietary etiology of konzo, an upper motorneuron disease." *Bulletin of the World Health Organization* 69 (5):581-589.

Tylleskar, T, W. P. Hewlett, H. T. Rwiza, S. M. Aquilonius, E. Stalberg, B. Linden, A. Mandahl, H. C. Larsen, G. R. Brubaker, and H. Rosling. 1993. "Konzo—A distinct disease entity with selective upper motor-neuron damage." *Journal of Neurology Neurosurgery and Psychiatry* 56 (6):638-643.

Valdesolo, P., and D. DeSteno. 2011. "Synchrony and the social tuning of compassion." *Emotion* 11 (2):262-266.

Valdesolo, P., J. Ouyang, and D. DeSteno. 2010. "The rhythm of joint action: Synchrony promotes cooperative ability." *Journal of Experimental Social Psychology* 46 (4):693-695.

van Schaik, C. P., M. Ancrenaz, B. Gwendolyn, B. Galdikas, C. D. Knott, I. Singeton, A. Suzuki, S. S. Utami, and M. Merrill. 2003. "Orangutan cultures and the evolution of material culture." *Science* 299:102-105.

van Schaik, C. P., and J. M. Burkart. 2011. "Social learning and evolution: the cultural intelligence hypothesis" *Philosophical Transactions of the Royal Society B: Biological Sciences* 366 (1567):1008-1016. doi:10.1098/rstb.2010.0304.

van Schaik, C. P., K. Isler, and J. M. Burkart. 2012. "Explaining brain size variation: from social to cultural brain." *Trends in Cognitive Sciences* 16 (5):277-284.

van Schaik, C. P., and G. R. Pradhan. 2003. "A model for tool-use traditions in primates: implications for the coevolution of culture and cognition." *Journal of Human Evolution* 44:645-664.

Vander Borght, M., and V. K. Jaswal. 2009. "Who knows best? Preschoolers sometimes prefer child informants over adult informants." *Infant and Child Development* 18 (1):61-71.

van't Wout, M., R. S. Kahn, A. G. Sanfey, and A. Aleman. 2006. "Affective state and decision-making in the ultimatum game." *Experimental Brain Research* 169 (4):564-568.

Ventura, P., T. Fernandes, L. Gohen. J. Morais, R. Kolinsky, and S. Dehaene. 2013. "Literacy acquisition reduces the influence of automatic holistic processing of faces and houses." *Neuroscience Letters* 554:105-109.

Vitousek, P. M., H. A. Mooney, J. Lubchenco, and J. M. Melillo. 1997. "Human domination of Earth's ecosystems." *Science* 277 (5325):494-499. doi:10.1126/science.277.5325.494.

von Rueden, C., M. Gurven, and H. Kaplan. 2008. "The multiple dimensions of male social status in an Amazonian society." *Evolution andHumctvi Behavior* 29 (6):402-415.

von Rueden, C., M. Gurven, and H. Kaplan. 2011. "Why do men seek status? Fitness payoffs to dominance and prestige." *Proceedings of the Royal Society B: Biological Sciences* 278 (1715):2223-2232.

Vonk, J., S. F. Brosnan, J. B. Silk, J. Henrich, A. S. Richardson, S. P. Lambeth, S. J. Schapiro, and D. J. Povinelli. 2008. "Chimpanzees do not take advantage of very low cost opportunities to deliver food to unrelated group members." *Animal Behaviour* 75:1757-1770.

Voors, M. J., E. E. M. Nillesen, P. Verwimp, E. H. Bulte, R. Lensink, and D. P. Van Soest. 2012. "Violent conflict and behavior: A field experiment in Burundi." *American Economic Review* 102 (2):941-964.

호모 사피엔스

Wade, N. 2009. *The Faith Instinct: How Religion Evolved and Why It Endures.* New York: Penguin Press.

_____. 2014. *A Troublesome Inheritance: Genes, Race, and Human History.* New York: Penguin Press.

Wadley, L. 2010. "Compound-adhesive manufacture as a behavioral proxy for complex cognition in the Middle Stone Age." *Current Anthropology* 51:5111-5119.

Wadley, L., T. Hodgskiss, and M. Grant. 2009. "Implications for complex cognition from the hafting of tools with compound adhesives in the Middle Stone Age, South Africa." *Proceedings of the National Academy of Sciences, USA* 106 (24):9590-9594.

Wakano, J. Y, and K. Aoki. 2006. "A mixed strategy model for the emergence and intensification of social learning in a periodically changing natural environment." *Theoretical Population Biology* 70 (4):486-497.

Wakano, J. Y, K. Aoki, and M. W. Feldman. 2004. "Evolution of social learning: A mathematical analysis." *Theoretical Population Biology* 66 (3):249-258.

Walden, T. A., and G. Kim. 2005. "Infants' social looking toward mothers and strangers." *International Journal of Behavioral Development* 29 (5):356-360.

Walker, R. S., M. V. Flinn, and K. R. Hill. 2010. "Evolutionary history of partible paternity in lowland South America." *Proceedings of the National Academy of Sciences, USA* 107 (45):19195-19200.doi:10.1073/pnas.l002598107.

Ward, C. v., M. W. Tocheri, J. M. Plavcan, F. H. Brown, and F. K. Manthi. 2013. "Earliest evidence of distinctive modern human-like hand morphology from West Turkana, Kenya." *American Journal of Physical Anthropology* 150:284-284.

_____. 2014. "Early Pleistocene third metacarpal from Kenya and the evolution of modern human-like hand morphology." *Proceedings of the National Academy of Sciences, USA* 111 (1):121-124.

Wasserman, I. M., S. Stack, and J. L. Reeves. 1994. "Suicide and the media: The New York Times's presentation of front-page suicide stories between 1910 and 1920." *Journal of Communication* 44 (2):64-83.

Watts, D. J. 2011. *Everything Is Obvious*. How Common Sense Fails Us.* New York: Crown Business.

Webb, W. P. 1959. *The Great Plains.* Waltham, MA: Blaisdell.

Webster, M. A., and P. Kay. 2005. "Variations in color naming within and across populations." *Behavioral and brain Sciences* 28 (4):512-513.

Wertz, A. E., and K. Wynn. 2014a. "Selective social learning of plant edibility in 6-and 18-month-old infants." *Psychological Science* 25 (4):874-882.

_____. 2014b. "Thyme to touch: Infants possess strategies that protect them from dangers posed by plants." *Cognition* 130 (1):44-49.

White, T. D., B. Asfaw, Y. Beyene, Y. Haile-Selassie, C. O. Lovejoy G. Suwa, and G. WbldeGabriel. 2009. "Ardipithecus ramidus and the paleobiology of early hominids." *Science* 326 (5949):75-86.

Whitehouse, H. 1996. "Rites of terror: Emotion, metaphor and memory in Melanesian initiation cults." *Journal of the Royal Anthropological Institute* 2 (4):703-715.

_____. 2004. *Modes of Religiosity: A Cognitive Theory of Religious Transmission.* Lanham, MD:

Altamira Press.

Whitehouse, H., and J. A. Lanman. 2014. "The ties that bind us: Ritual, fusion, and identification." *Current Anthropology* 55 (6):674-695. doi:10.1086/678698.

Whitehouse, H., B. McQuinn, M. Buhrmester, and W. B. Swann. 2014. "Brothers in arms: Libyan revolutionaries bond like family." *Proceedings of the National Academy of Sciences, USA* 111 (50):17783-17785.doi:10.1073/pnas.1416284111.

Whiten, A., and C. R van Schaik. 2007. "The evolution of animal 'cultures' and social intelligence." *Philosophical Transactions of the Royal Society B: Biological Sciences* 362 (1480):603-620.

Whiting, M. G. 1963. "Toxicity of cycads." *Economic Botany* 17:271-302.

Wichmann, S., T. Rama, and E. W. Holman. 2011. "Phonological diversity, word length, and population sizes across languages: The ASJP evidence." *Linguistic Typology* 15:177-197.

Wiessner, P. 1982. "Risk, reciprocity and social influences on !Kung San economics." In *Politics and History in Band Societies*, edited by E. Leacock and R. B. Lee, 61-84. New York: Cambridge University Press.

_____. 1998. "On network analysis: The potential for understanding (and misunderstanding) !Kung Hxaro." *Current Anthropology* (4):514-517.

_____. 2002. "Hunting, healing, and hxaro exchange—A long-term perspective on !Kung (Ju/'hoansi) large-game hunting." *Evolution and Human Behavior* 23 (6):407-436.

_____. 2005. "Norm enforcement among the Ju/'hoansi Bushmen—A case of strong reciprocity?" *Human Nature* 16 (2):115-145.

Wiessner, P., and A. Tumu. 1998. *Historical Vines. Smithsonian Series in Ethnographic Inquiry*, edited by William Merrill and Ivan Karp. Washington DC: Smithsonian Institution Press.

Wiley, A. S. 2004. "'Drink milk for fitness': The cultural politics of human biological variation and milk consumption in the United States." *American Anthropologist* 106 (3):506-517.

Wilkins, J., and M. Chazan. 2012. "Blade production similar to 500 thousand years ago at Kathu Pan 1, South Africa: Support for a multiple origins hypothesis for early Middle Pleistocene blade technologies." *Journal of Archaeological Science* 39 (6):1883-1900.

Wilkins, J.. B. J. Schoville, K. S. Brown, and M. Chazan. 2012. "Evidence for early hafted hunting technology." *Science* 338 (6109):942-946.

Willard, A. K., J. Henrich, and A. Norenzayan. n.d. "The role of memory, belief, and familiarity in the transmission of counterintuitive content." Unpublished manuscript. http://coevolutiGn.psych.ubc.ca/pdfs/AKWillard_CogSci_Total.pdf.

Williams, T. 1.1987. *The History of Invention*. New York: Facts on File.

Wills, W. J., W. Wills, and G. Farmer. 1863. *A Successful Exploration through the Interior of Australia from Melbourne to the Gulf of Carpentaria*. London: R. Bentley.

Wilson, D. S. 2005. "Evolution for everyone: How to increase acceptance of, interest in, and knowledge about evolution." *Plos Biology* 3 (12):2058-2065.

Wilson, D. S., and E. O. Wilson. 2007. "Rethinking the theoretical foundation of sociobiology." *Quarterly*

·

Review of Biology 82 (4):327-348.

Wilson, E. 0.2012. *The Social Conquest of Earth*. New York: Liveright.

Wilson, M. L., C. Boesch, T. Euruichi, I. C. Gilby, C. Hashimoto, G. Hohmann. N. Itoh, et al. 2012. "Rates of lethal aggression in chimpanzees depend on the number of adult males rather than measures of human disturbance." *American Journal of Physical Anthropology* 147:305-305.

Wilson, M. L., and R. W. Wrangham. 2003. "Intergroup relations in chimpanzees." *Annual Review of Anthropology* 32:363-392.

Wilson, W, and D. L. Dufour. 2002. "Why 'bitter' cassava. Productivity of 'bitter' and 'sweet' cassava in a Tukanoan Indian settlement in the northwestern Amazon." *Economic Botany* 56 (1):49-57.

Wiltermuth, S. S., and C. Heath. 2009. "Synchrony and coopemtion." *Psychological Science* 20 (1):15

Wolf, A. P. 1995. *Sexual Attraction and Childhood Association: A Chinese Brieff or Edward Westermarck*. Stanford, CA: Stanford University Press.

Wolf, T. M. 1973. "Effects of live modeled sex-inappropriate play behavior in a naturalistic setting." *Developmental Psychology* 9 (1):120-123.

_____. 1975. "Influence of age and sex of model on sex-inappropriate play." *Psychological Reports* 36 (1):99-105.

Wolff, P., D. L. Medin, and C. Pankratz. 1999. "Evolution and devolution of folkbiological knowledge." *Cognition* 73 (2):177-204.

Woodburn, J. 1982. "Egalitarian societies." *Man* 17 (3):431-451.

_____. "'Sharing is not a form of exchange': An analysis of property-sharing in immediate-return hunter-gatherer societies." In *Property Relations*, edited by C. M. Hann, 48-237. Cambridge: Cambridge University Press.

Woodman, D. C. 1991. *Unravelling the Eranklin Mystery Inuit Testimony*. Montreal: McGill-Queen's University Press.

Woollett, K., and E. A. Maguire. 2009. "Navigational expertise may compromise anterograde associative memory." *Neuropsychologia* 47 (4):1088-1095.

_____. 2011. "Acquiring 'the knowledge' of London's layout drives structural brain changes." *Current Biology* 21 (24):2109-2114.

Woollett, K., H. J. Spiers, and E. A. Maguire. 2009. "Talent in the taxi: A model system for exploring expertise." *Philosophical Transactions of the Royal Society B: Biological Sciences* 364 (1522):1407-1416.

Woolley, A. W., C. E Chabris, A. Pentland, N. Hashmi, and T. W. Malone. 2010. "Evidence for a collective intelligence factor in the performance of human groups." *Science* 330 (6004):686-688.

World Bank Group. 2015. *Mind, Society and Behavior*. World Development Report 2015. Washington DC: World Bank.

Wrangham, R. W 2009. *CatchingEire: How Cooking Made Us Human*. New York: Basic Books.

Wrangham, R., and R. Carmody. 2010. "Human adaptation to the control of fire." *Evolutionary Anthropology* 19 (5):187-199.

Wrangham, R., and N. Conklin-Brittain. 2003. "'Cooking as a biological trait'." *Comparative Biochemistry and Physiology A: Molecular & Integrative Physiology* 136 (1):35-46.

Wrangham, R., Z. Machanda, and R. McCarthy. 2005. "Cooking, time-budgets, and the sexual division of labor." *American Journal of Physical Anthropology.* 126-117.

Wrangham, R. W, and L. Glowacki. 2012. "Intergroup aggression in chimpanzees and war in nomadic hunter-gatherers evaluating the chimpanzee model." *Human Nature* 23 (1):5-29.

Wray, A., and G. W. Grace. 2007. "The consequences of talking to strangers: Evolutionary corollaries of socio-cultural influences on linguistic form." *Lingua* 117 (3)543-578.

Xu, J., M. Dowman, and T. L. Griffiths. 2013. "Cultural transmission results in convergence towards colour term universals." *Proceedings of the Royal Society B: Biological Sciences* 280 (1758).

Xygalatas, D., P. Mitkidis, R. Fischer, P. Reddish, J. Skewes, A. W. Geertz, A. Roepstorff, and J. Bulbulia. 2013. "Extreme rituals promote prosociality." *Psychological Science* 24 (8):1602-1605.

Yellen, J. E., A. S. Brooks, E. Cornelissen, M. J. Mehlman, and K. Stewart. 1995. "A Middle Stone Age worked bone industry from Katanda, Upper Semliki Valley, Zaire." *Science* 268:553-556.

Young, D., and R. L. Bettinger. 1992. "The Numic spread: A computer simulation." *American Antiquity* 57 (1):85-99.

Zahn, R., R. de Oliveira-Souza, I. Bramati, G. Garrido, and J. Moll. 2009. "Subgenual cingulate activity reflects individual differences in empathic concern." *Neuroscience Letters* 457 (2):107-110.

Zaki, J., and J. P. Mitchell. Forthcoming, "Intuitive prosocialityf Current Directions in *Psychological Science.*

Zaki, J., J. Schirmer, and J. P. Mitchell. 2011."Social influence modulates the neural computation of value." *Psychological Science* 22 (7):894-900.

Zesch, S. 2004. *The Captured: A True Story of Indian Abduction on the Texas Frontier.* New York: St. Martin's Press.

Zink, K. D., D. E. Lieberman, and P. W. Lucas. 2014. "Food material properties and early hominin processing techniques." *Journal of Human Evolution* 77 (0):155-166. http://dx.doi.Org/10.1016/j.jhevol.2014.06.012.

Zmyj, N., D. Buttelmann, M. Carpenter, and M. M. Daum. 2010. "The reliability of a model influences 14-month-olds' imitation." *Journal of Experimental Child Psychology* 106 (4):208-220. http://dx.doi.Org/10.1016/j.jecp.2010.03.002.

그림 2.1. Museum Victoria.

그림 2.2. Herrmann et al., 2007의 데이터에서 인용.

그림 2.3. Current Biology, 17/23. Sana Inoue and Tetsuro Matsuzawa. "Working memory of numerals in chimpanzees." R10004-R1005. Copyright 2007에서 Elsevier의 허락을 얻어 다시 인쇄.

그림 2.4. "Chimpanzee choice rates in competitive games match equilibrium game theory predictions." Christopher Flynn Martin, Rahul Bhui, Peter Bossaerts, Tetsuro Matsuzawa, Colin Camerer. Scienctific Reports, Jun, 2014. Published by Nature Publishing Group에서 가져와 다시 그림.

그림 3.1. Museum of Cultural History, University of Oslo / 촬영: Anette Slettnes and Nina Wallin Hansen.

그림 3.2. William John Wills, Successful Exploration through the Interior of Australia from Melbourne to the Gulf of Carpentaria. From the Journals and Letters of William John Wills. 저자의 아버지 William Wills 편집. London: Richard Bendy, 1863에 수록된 Scott Melbourne의 그림.

그림 6.1. The American Journal of Human Genetics, 84.1, Borinskaya et al., "Distribution of the Alcohol Dehydrogenase ADH18'47His Allele in Eurasia." 88-92. Copyright © 2009 The American Society of Human Genetics에서 Eisevier Ltd. and the American Society of Human Genetics의 허락을 얻어 다시 인쇄.

그림 6.2. Gerbault et al. "Evolution of lactase persistence: An example of human niche construction." Philosophical Transactions B, 2011, 366, 1566. the Royal Society의 허락을 얻어 전재.

그림 7.1. Dufour, 1994에서 가져와 다시 그림.

그림 8.1. Copyright 2004 Studio Southwest, Bob Willingham.

그림 9.1. Hill et al., 2011에서 가져와 다시 그림.

그림 10.1. Evans, 2005에서 가져와 다시 그림.

그림 11.1. "Young Children Enforce Social Norms." Marco F. H. Schmidt, Michael Tomasello, Current Directions in Psychological Science (21:4). Copyright © 2012 by the Association for Psychological Science. SAGE Publications의 허락을 얻어 다시 인쇄.

그림 11.2. Rand, Greene, and Nowak, 2012에서 가져와 다시 그림.

그림 11.3. Macmillan Publishers, Ltd.의 허락을 얻어 개작. Nature ("Spontaneous giving and calculated greed." David G. Rand, Joshua D. Greene, Martin A. Nowak. September 19. 2012.). Copyright 2012.

그림 11.4. Paul Kane. Caw-Wacham. About 1848, oil on canvas. The Montreal Museum of Fine Arts, purchase, William Gilman Cheney, bequest. Photo: The Montreal Museum of Fine Arts, Christine Guest.

그림 12.2. Kline 2010, #9767에서 가져와 다시 그림.

그림 12.3. Muthukrishna et al, 2014에서 가져와 다시 그림.

그림 13.1. William Tomkins. Indian Sign Language. Dover Publications, 1931. Dover Publications의 허락을 얻어 다시 인쇄.

그림 14.1. Sylvanus Griswold Morley. "An Introduction to the Study of the Maya Hieroglyphs." Smithsonian Institution Bureau of American Ethnology, Bulletin S7. Washington DC: Washington Government Printing Office, 1915.

그림 14.3. Hedden et al., 2008에서 가져와 다시 그림.

호모 사피엔스

호모 사피엔스

호모 사피엔스

KI신서 11896

호모 사피엔스

1판 1쇄 발행 2024년 5월 30일
1판 3쇄 발행 2024년 9월 30일

지은이 조지프 헨릭
옮긴이 주명진 · 이병권
펴낸이 김영곤
펴낸곳 ㈜북이십일 21세기북스

정보개발팀장 이리현 **정보개발팀** 강문형 이수정 박종수 이종배 최수진 김설아
디자인 표지 수란 **본문** 푸른나무
교정교열 박혜연
출판마케팅팀 한충희 남정한 나은경 한경화 정유진 백다희 최명열
영업팀 변유경 김영남 전연우 강경남 최유성 권채영 김도연 황성진
해외기획팀 최연순 소은선 홍희정
제작팀 이영민 권경민

출판등록 2000년 5월 6일 제406-2003-061호
주소 (10881) 경기도 파주시 회동길 201(문발동)
대표전화 031-955-2100 **팩스** 031-955-2151 **이메일** book21@book21.co.kr

(주)북이십일 경계를 허무는 콘텐츠 리더

21세기북스 채널에서 도서 정보와 다양한 영상자료, 이벤트를 만나세요!
페이스북 facebook.com/jiinpill21   **포스트** post.naver.com/21c_editors
인스타그램 instagram.com/jiinpill21   **홈페이지** www.book21.com
유튜브 youtube.com/book21pub

서울대 가지 않아도 들을 수 있는 **명강의!** 〈서가명강〉
유튜브, 네이버, 팟캐스트에서 '서가명강'을 검색해보세요!

ⓒ 조지프 헨릭, 2024

ISBN 979-11-7117-584-0 (03900)